Rechnungswesen Spedition und Logistikdienstleistung

A Geschäftsprozesse dokumentieren und Zahlungsvorgänge bearbeiten

B Geschäftsprozesse erfolgsorientiert steuern

C Leasing oder Bankkredit oder doch Miete?

D Einkommensteuererklärung des Arbeitnehmers

E Frachtrechnen

F Grundlagen des kaufmännischen Rechnens

G Anhang zur Weiterbildung

H Fit für die Prüfung? Aufgaben zur Prüfungsvorbereitung

von

Manfred Eberhardt
Norbert Egger
Michael Weckbach

unter Mitarbeit der Verlagsredaktion

Winklers

64251

13., überarbeitete und erweiterte Auflage, 2012
Druck 1, Herstellungsjahr 2012

Westermann Schroedel Diesterweg
Schöningh Winklers GmbH
Postfach 33 20, 38023 Braunschweig
service@winklers.de
www.winklers.de
Redaktion: Katja Becker
Lektorat: Jürgen Umstadt, Worms
Druck: westermann druck GmbH, Braunschweig

ISBN: 978-3-8045-**6403**-9

Auf verschiedenen Seiten dieses Buches befinden sich Verweise (Links) auf Internetadressen.

Haftungshinweis: Trotz sorgfältiger inhaltlicher Kontrolle wird die Haftung für die Inhalte der externen Seiten ausgeschlossen. Für den Inhalt dieser externen Seiten sind ausschließlich deren Betreiber verantwortlich. Sollten Sie bei dem angegebenen Inhalt des Anbieters dieser Seite auf kostenpflichtige, illegale oder anstößige Inhalte treffen, so bedauern wir dies ausdrücklich und bitten Sie, uns umgehend per E-Mail davon in Kenntnis zu setzen, damit beim Nachdruck der Verweis gelöscht wird.

Vorwort

Dieses Buch wendet sich an die Auszubildenden im Verkehrsgewerbe, insbesondere an die Auszubildenden des Berufsbildes „Kaufmann/-frau für Spedition und Logitikdienstleistung“, aber auch an alle Praktiker, die ihr Wissen – vor allem im Bereich der speditionellen Kostenrechnung und Kalkulation – auffrischen und erweitern möchten.

Das Buch ist hauptsächlich zur Unterrichtsbegleitung und Nachbereitung gedacht, kann aber durch den systematischen Aufbau der einzelnen Kapitel (Einführung – Musteraufgabe – Musterlösung – Zusammenfassung – Aufgaben) auch zum Selbststudium verwendet werden.

Die zunehmende Wettbewerbssituation im Speditionsgewerbe erfordert eine differenzierte Kosten- und Leistungsrechnung. Das Lehrbuch berücksichtigt diese Entwicklung mit einer umfangreichen und leicht verständlichen Darstellung der speditionellen Kosten- und Leistungsrechnung. Die Kapitel „Buchführung“ – „Kosten- und Leistungsrechnung“ – „Frachtrechnen“ sind eng miteinander verknüpft.

Der Inhalt ist in sieben Hauptbereiche gegliedert:

A Geschäftsprozesse dokumentieren und Zahlungsvorgänge bearbeiten

Die gesamte Buchführung wird speditionsbezogen dargestellt. Dies gilt insbesondere für die Kapitel „Betriebsübersicht“, „Jahresabschluss“ und „Analyse des Jahresabschlusses“.

B Geschäftsprozesse erfolgsorientiert steuern

Die Kosten- und Leistungsrechnung wird sehr ausführlich und speditionsbezogen dargestellt. Dabei wird größter Wert auf das leichte Verständnis der komplexen Materie gelegt. Neben der Kostenarten- und Kostenstellenrechnung wird die Kostenträgerrechnung intensiv behandelt. Die Erstellung von kostenorientierten Angeboten wird erläutert. Mithilfe der einstufigen und mehrstufigen Deckungsbeitragsrechnung sowie der Break-even-Analyse werden Preisuntergrenzen berechnet.

C Leasing oder Kreditfinanzierung oder doch Miete?

D Einkommensteuererklärung des Arbeitnehmers

E Frachtrechnen

Das praxisbezogen dargestellte Frachtrechnen baut teilweise auf der Vorstruktur der Kosten- und Leistungsrechnung auf. Der Bezug zur Kostenrechnung wird ständig hergestellt.

F Grundlagen des kaufmännischen Rechnens

Die traditionellen Rechengebiete werden speditionsbezogen behandelt. Das Kapitel „Währungsrechnen“ wurde gemäß der neuen Notierungen auf die Mengennotierung umgestellt. Im Kapitel „Währungsrechnen“ wird auch das Rechnen mit Sonderziehungsrechten (SZR) dargestellt.

G Anhang zur Weiterbildung

Die Kapitel „Zeitliche Abgrenzung“ und „Bewertung von Vermögen und Schulden“ dienen in erster Linie der Weiterbildung im Anschluss an die Ausbildung.

H Fit für die Prüfung?

Aufgaben zur Prüfungsvorbereitung

Für Verbesserungsvorschläge werden wir stets dankbar sein.

Heilbronn, im Frühjahr 2012

Die Verfasser

Inhalt

A Geschäftsprozesse dokumentieren und Zahlungsvorgänge bearbeiten

1 Aufgaben und Gliederung des speditionellen Rechnungswesens 11
1.1 Aufgaben des speditionellen Rechnungswesens 11
1.2 Gliederung des speditionellen Rechnungswesens 11
1.2.1 Buchführung 11
1.2.2 Kosten- und Leistungsrechnung 11
1.2.3 Statistik 12
1.2.4 Planungsrechnung 12

2 Aufgaben und gesetzliche Grundlagen der Buchführung 12
2.1 Aufgaben der Buchführung 12
2.2 Gesetzliche Grundlagen der Buchführung 13
2.2.1 Die Buchführungspflicht 13
2.2.2 Grundsätze ordnungsmäßiger Buchführung 13

3 Inventur – Inventar – Bilanz 14
3.1 Inventur 14
3.2 Inventar 15
3.3 Bilanz 20

4 Wertveränderungen in der Bilanz 23

5 Buchen auf Bestandskonten 27
5.1 Auflösung der Bilanz in Bestandskonten 27
5.2 Buchung von Geschäftsfällen auf Bestandskonten 29
5.3 Der Buchungssatz 33
5.3.1 Der einfache Buchungssatz 33
5.3.2 Der zusammengesetzte Buchungssatz 35
5.3.3 Buchung nach Belegen 39

6 Buchen auf Erfolgskonten 44
6.1 Erfolgskonten 44
6.2 Buchung von Aufwendungen und Erträgen auf den Erfolgskonten 46
6.3 Abschluss der Aufwands- und Ertragskonten 47
6.4 Erfolgsermittlung auf dem GuV-Konto 48
6.5 Buchung nach Belegen 52

7 Privatbuchungen 58

8 Organisation der Speditionsbuchführung 60
8.1 Speditionskontenrahmen 60
8.2 Speditionskontenrahmen und Kontenplan 61

9 Sachliche Abgrenzungen 63
9.1 Geschäftsbuchführung und Kosten- und Leistungsrechnung 63
9.2 Aufwendungen und Erträge der Kontenklasse 2 und ihre Behandlung in der Geschäftsbuchführung sowie in der Kosten- und Leistungsrechnung 65

10 Speditionsaufwand – Speditionsertrag 67
10.1 Speditionsaufwand 67
10.2 Speditionsertrag 68
10.3 Ermittlung des Unternehmenserfolges 68

11 Die Umsatzsteuer 70
11.1 Das System der Umsatzsteuer 70
11.2 Buchung der Vorsteuer und der Umsatzsteuer 74

Inhalt

11.2.1 Buchung von Eingangs- und Ausgangsrechnungen ... 74
11.2.2 Buchung der Zahllast ... 75
11.2.3 Buchung der Umsatzsteuer am Jahresende ... 75
11.3 Buchung der Umsatzsteuer bei unentgeltlicher Wertabgabe (Sachentnahme, Leistungsentnahme) ... 77

12 Buchungen im Sachanlagebereich ... 78
12.1 Anschaffung von Anlagegütern ... 79
12.2 Verkauf von Anlagegütern ... 82
12.3 Inzahlungnahme von Anlagegütern ... 84
12.4 Privatentnahme von Anlagegütern ... 85

13 Abschreibungen auf Anlagen ... 87
13.1 Wertansätze der Anlagegüter in der Jahresbilanz ... 87
13.2 Der Abschreibungskreislauf ... 89
13.3 Methoden der planmäßigen Abschreibung ... 90
13.3.1 Lineare Abschreibung ... 90
13.3.2 Degressive Abschreibung ... 91
13.3.3 Abschreibung nach Leistungseinheiten ... 94
13.4 Geringwertige Wirtschaftsgüter ... 95

14 Jahresabschluss bei Kapitalgesellschaften ... 100
14.1 Bilanz ... 100
14.2 Gewinn- und Verlustrechnung ... 101

15 Personalaufwendungen erfassen, zuordnen und verbuchen ... 105
15.1 Grundlagen der Lohn- und Gehaltsabrechnung ... 105
15.2 Verbuchung von Lohn- und Gehaltszahlungen ... 108
15.3 Verbuchung von Lohn- und Gehaltsvorschüssen ... 113
15.4 Verbuchung von Minijob-Entgelten bei geringfügiger Beschäftigung ... 114

16 Vorräte in der Spedition ... 118
16.1 Speditionstypische Vorräte ... 118
16.1.1 Verbrauch von Vorräten bei der Einzelerfassung ... 118
16.1.2 Verbrauch von Vorräten bei der Gesamterfassung ... 121
16.2 Waren im Nebenbetrieb ... 122

17 Steuern und Versicherungen ... 123
17.1 Steuern ... 123
17.2 Versicherungen ... 126

18 Die Umsatzsteuer im internationalen Handel ... 130
18.1 Handel mit Drittländern ... 130
18.2 Innergemeinschaftlicher Erwerb ... 132

19 Fallstudie: Geschäftsprozesse dokumentieren und Zahlungsvorgänge bearbeiten ... 135

B Geschäftsprozesse erfolgsorientiert steuern

1 Gliederung des Rechnungswesens ... 138

2 Grundbegriffe ... 139
2.1 Ausgaben – Einnahmen ... 139
2.2 Aufwendungen – Erträge ... 139
2.2.1 Aufwendungen ... 139
2.2.2 Erträge ... 141
2.3 Kosten und Leistungen im Speditionsbetrieb ... 142

Inhalt

3 Abgrenzungsrechnung – unternehmens- und betriebsbezogene Abgrenzungen 143
3.1 Aufgabe der Abgrenzungsrechnung 143
3.2 Unternehmensbezogene Abgrenzungen 143
3.2.1 Abgrenzung der neutralen Aufwendungen und Erträge 143
3.2.2 Übernahme der aufwandsgleichen Kosten 143
3.3 Kostenrechnerische Korrekturen 145
3.3.1 Aufgaben der kostenrechnerischen Korrekturen 145
3.3.2 Kalkulatorische Abschreibungen 146
3.3.3 Kalkulatorische Zinsen 148
3.3.4 Kalkulatorische Wagnisse 150
3.3.5 Kalkulatorische Miete 151
3.3.6 Kalkulatorischer Unternehmerlohn 152
3.4 Erstellung und Auswertung einer Ergebnistabelle 153
3.5 Zusammenfassung der Abgrenzungsrechnung 157

4 Kostenartenrechnung 160
4.1 Kosten nach der Art der verbrauchten Kosten 161
4.2 Kosten nach der Zurechenbarkeit auf die Kostenträger im Rahmen der Vollkostenrechnung 161
4.3 Kosten nach dem Verhalten bei Beschäftigungsänderungen im Rahmen der Teilkostenrechnung 162

5 Kostenstellenrechnung 162
5.1 Aufgaben der Kostenstellenrechnung 162
5.2 Gliederung des Speditionsbetriebes in Kostenstellen (Hauptkostenstellen) 162
5.3 Betriebsabrechnungsbogen (BAB) als Hilfsmittel der Kostenstellenrechnung 163
5.3.1 Einstufiger Betriebsabrechnungsbogen 163
5.3.2 Mehrstufiger Betriebsabrechnungsbogen 168
5.4 Zusammenfassung der Kostenstellenrechnung 171

6 Kostenträgerrechnung 177
6.1 Einführung in die Kostenträgerrechnung 177
6.2 Kalkulation der Fahrzeug-Selbstkosten 177
6.2.1 Aufbereitung der Kapitalwerte 177
6.2.2 Trennung der Fahrzeug-Selbstkosten in Einsatzkosten und anteilige Verwaltungskosten 181
6.2.3 Trennung der Einsatzkosten in fixe und variable Bestandteile 181
6.2.4 Fallstudie: Fahrzeugkosten kalkulieren (mit Excel-Anwendung) 184
6.2.5 Ermittlung der allgemeinen Kosten 189
6.2.6 Auswertung der Fahrzeugkostenkalkulation oder Selbstkostentarif für Fahrzeuge 192
6.3 Kalkulation der Lagerkosten 197
6.3.1 Berechnung der Umschlagkosten pro 100 kg 198
6.3.2 Lagerungskosten 204
6.3.3 Berechnung der Kommissionierungskosten 207
6.3.4 Berechnung der Lagerverwaltungskosten 208
6.3.5 Zusammenfassung der Kalkulation der Lagerkosten 209
6.3.6 Fallstudie: Kalkulation der Lagerkosten 209

7 Deckungsbeitragsrechnung 214
7.1 Vergleich Vollkostenrechnung – Deckungsbeitragsrechnung (Teilkostenrechnung) 214
7.2 Abhängigkeit der Kosten von der Beschäftigung 215
7.2.1 Variable Kosten 215

7.2.2 Fixe Kosten ... 215
7.3 Der Deckungsbeitrag ... 215
7.4 Deckungsbeitragsrechnung als Mittel der Sortimentgestaltung ... 218
7.5 Bestimmung der Preisuntergrenze ... 220
7.6 Lkw-Transportleistung – make or buy? ... 223
7.7 Zusammenfassung der Deckungsbeitragsrechnung ... 224
7.8 Mehrstufige Deckungsbeitragsrechnung als Controlling-Instrument ... 225

8 Break-even-Analyse (kritische Kostenpunkte) als Controlling-Instrument ... 230

9 Analyse des Jahresabschlusses als Controlling-Instrument ... 236
9.1 Auswertung der Bilanz ... 236
9.1.1 Kennzahlen der Vermögensstruktur ... 236
9.1.2 Kennzahlen der Kapitalstruktur (vertikale Kennzahlen) ... 237
9.1.3 Kennzahlen der Kapital- und Vermögensstruktur ... 239
9.2 Auswertung der Gewinn- und Verlustrechnung ... 243
9.2.1 Rentabilität ... 243
9.2.2 Cashflow-Analyse ... 245
9.2.3 Weitere Erfolgskennzahlen ... 249

10 Führen mit Kennzahlen ... 252
10.1 Kennzahlenanalyse und Führungsentscheidungen ... 252
10.2 Fallstudie: Führen mit Kennzahlen ... 258

C Leasing oder Bankkredit oder doch Miete?

1 Der Bankkredit ... 260

2 Leasing ... 265

3 Leasing oder Kreditfinanzierung? ... 267

4 Miete ... 272

D Einkommensteuererklärung des Arbeitnehmers

1 Die Antragsveranlagung beim Finanzamt ... 273
1.1 Wie wird die Antragsveranlagung durchgeführt? ... 273
1.2 Werbungskosten bei Einkünften aus nichtselbstständiger Tätigkeit ... 275
1.3 Sonderausgaben ... 277
1.4 Außergewöhnliche Belastungen ... 278
1.5 Sonderfreibeträge ... 278

2 Weitere Einkunftsarten ... 280

3 Vermögenswirksame Leistungen und Wohnungsbauprämie ... 281

Inhalt

E Frachtrechnen

1 Güterkraftverkehr ... **283**
1.1 Preisermittlung ... 283
1.2 Grundsätze der Frachtberechnung ... 283
1.3 Frachtberechnungen – Haustarife ... 283
1.3.1 Haustarife im Nahbereich ... 284
1.3.2 Haustarife im Fernbereich – Stückgut ... 287
1.3.3 Haustarife im Fernbereich – Expressdienste ... 290
1.3.4 Haustarife im Fernbereich – Komplett- und Teilladungsverkehre ... 291

2 Eisenbahnverkehr ... **297**
2.1 Preisermittlung ... 297
2.2 Grundlagen der Frachtberechnung im Wagenladungsverkehr ... 297
2.2.1 Grundsätze der Frachtberechnung ... 297
2.2.2 Wagenladungen nach Allgemeiner Preisliste ... 298
2.3 Abrechnung im Kombiverkehr ... 300
2.3.1 Allgemeine Grundsätze der Frachtberechnung ... 300
2.3.2 Containerverkehr ... 301

3 Sammelgutverkehr ... **302**
3.1 Preisermittlung ... 302
3.2 Grundsätze der Frachtberechnung im Spediteursammelgutverkehr ... 302
3.3 Abrechnung mit den Frachtführern im Güterkraftverkehr ... 303
3.4 Abrechnung mit den Kunden im Spediteursammelgutverkehr ... 304
3.5 Vermischte Aufgaben ... 307

4 Binnenschifffahrt ... **309**
4.1 Preisermittlung ... 309
4.2 Frachtberechnung ... 309
4.2.1 Kalkulation der Schiffskosten ... 309
4.2.2 Erfassung von öffentlich-rechtlichen Schifffahrtsabgaben sowie Ufer- und Hafengeldern in der Binnenschifffahrtskalkulation ... 312
4.2.3 Haustarif für die Massengutverfrachtung ... 315
4.3 Umschlaggebühren ... 318
4.3.1 Ufergeld und Hafengeld ... 318
4.3.2 Umschlag- und Lagergeldsätze, Gebühren für Nebenleistungen ... 320

5 Seefrachtverkehr ... **327**
5.1 Preisermittlung ... 327
5.2 Frachtberechnung im Stückgutverkehr ... 327
5.2.1 Reine Gewichtsraten ... 327
5.2.2 Reine Maßraten ... 327
5.2.3 Maß-/Gewichtsraten ... 328
5.2.4 Seefrachtraten mit Wertstaffel ... 330
5.2.5 Wertraten (Ad Valorem Rates) ... 330
5.2.6 FAK-Raten (Freight All Kinds) ... 331
5.2.7 Lumpsum-Raten ... 332
5.2.8 Zuschläge ... 332
5.2.9 Treuerabatte ... 333
5.3 Abrechnung von Seehafenspeditionsleistungen ... 335
5.3.1 Umschlagsentgelte und Lagergelder ... 335
5.3.2 Abrechnung von Speditionsleistungen im Versand ... 341
5.3.3 Abrechnung von Speditionsleistungen im einkommenden Verkehr ... 345

6 Luftfrachtverkehr ... 351
6.1 Preisermittlung ... 351
6.2 Der TACT der IATA ... 351
6.2.1 Allgemeines ... 351
6.2.2 Gewichtsberechnung ... 351
6.2.3 Volumenberechnung ... 352
6.2.4 Mindestfrachten ... 353
6.2.5 Luftfrachtraten ... 353
6.2.6 Surcharges ... 366
6.2.7 Zusammenfassung Luftfracht ... 368
6.3 Preisermittlung ohne TACT ... 372
6.3.1 Komponenten der Marktrate bzw. „all in“ Rate ... 372
6.3.2 Kalkulation mit der „all in“ Rate ... 372

F Grundlagen des kaufmännischen Rechnens

1 Prozentrechnung ... 376
1.1 Berechnung des Prozentwertes ... 377
1.2 Berechnung des Prozentsatzes ... 378
1.3 Berechnung des Grundwertes ... 379
1.4 Prozentrechnung vom vermehrten Grundwert ... 380
1.5 Prozentrechnung vom verminderten Grundwert ... 380

2 Zinsrechnung ... 381
2.1 Einführung ... 381
2.2 Berechnung der Zinstage bei der kaufmännischen Zinsrechnung ... 382
2.3 Berechnung der Zinsen ... 382
2.4 Berechnung von Kapital, Zeit und Zinssatz ... 383
2.4.1 Berechnung des Kapitals ... 383
2.4.2 Berechnung der Zeit ... 384
2.4.3 Berechnung des Zinssatzes ... 385
2.5 Effektive Verzinsung ... 386
2.5.1 Effektivverzinsung bei der Inanspruchnahme von Krediten ... 386
2.5.2 Effektivverzinsung bei Zahlung mit Skontoabzug ... 387

3 Währungsrechnen ... 389
3.1 Kursnotierungen ... 389
3.1.1 Preisnotierung und Mengennotierung ... 389
3.1.2 Geldkurs und Briefkurs ... 390
3.1.3 Kurstabellen ... 390
3.2 Umtausch von Währungen zwischen EU-Mitgliedsländern und Nicht-EU-Mitgliedsländern ... 391
3.2.1 Umtausch von Euro in Auslandswährungen ... 391
3.2.2 Umtausch von Auslandswährungen in Euro ... 392
3.3 Sonderziehungsrecht (SZR) ... 393

4 Indexzahlen ... 396
4.1 Preisindex der Lebenshaltung ... 397
4.2 Indexzahlen für Kraftfahrzeuge ... 399
4.3 Hamburg-Index für Containerschiffe (Containership Time-Charter-Rates) ... 400

Inhalt

G Anhang zur Weiterbildung

1 Zeitliche Abgrenzungen ... **404**
1.1 Notwendigkeit der zeitlichen Abgrenzung ... 404
1.2 Rückstellungen ... 404
1.2.1 Bildung von Rückstellungen/Arten der Rückstellungen ... 405
1.2.2 Die Buchung von Rückstellungen ... 405
1.2.3 Die Auflösung von Rückstellungen ... 406
1.3 Sonstige Forderungen ... 409
1.4 Sonstige Verbindlichkeiten ... 412
1.5 Aktive Rechnungsabgrenzung (ARA) ... 415
1.6 Passive Rechnungsabgrenzung (PRA) ... 418

2 Bewertung der Vermögensgegenstände und Schulden am Bilanzstichtag ... **423**
2.1 Notwendigkeit der Bewertung ... 423
2.2 Bewertungsübersicht nach HGB ... 424
2.2.1 Bewertung des Anlagevermögens ... 424
2.2.2 Bewertung des Umlaufvermögens ... 425
2.2.3 Bewertung der Schulden ... 426

H Fit für die Prüfung? Aufgaben zur Prüfungsvorbereitung

1 Abgrenzungsrechnung ... **429**
2 Kostenstellenrechnung/BAB ... **430**
3 Kostenträgerrechnung ... **433**
3.1 Fahrzeugkostenkalkulation ... 433
3.2 Lagerkalkulation ... 435
3.3 Äquivalenzziffernkalkulation ... 436
4 Deckungsbeitragsrechnung ... **436**
5 Break-even-Analyse ... **437**
6 Jahresabschluss und Kennzahlen ... **439**
7 Finanzierung ... **441**
8 Auswahlaufgaben (Multiple Choice) ... **443**
9 Gewichtsermittlung, Lademeter, Ladeplan ... **444**

Sachwortverzeichnis ... **445**

Bildquellenverzeichnis
Bergmoser + Höller Verlag AG, Aachen: 124
dpa-Infografik/Picture-Alliance GmbH, Frankfurt: 109, 245, 396
Getty Images, München/Ryan McVay: Cover (Frachtflugzeug)
Hamburger Hafen Marketing GmbH, Hamburg: 400
MergeGlobal, Inc: 375
Renault Deutschland AG, Brühl: 376
Statistisches Bundesamt, Wiesbaden: 397

Grafiken: Grafikdesign Claudia Hild, Angelburg

Umschlaggestaltung: Helmut Schmidt-Design, Braunschweig

Trotz intensiver Nachforschungen ist es uns in manchen Fällen nicht gelungen, die Rechteinhaber zu ermitteln. Wir bitten diese, sich mit dem Verlag in Verbindung zu setzen.

A

Geschäftsprozesse dokumentieren und Zahlungsvorgänge bearbeiten

Aufgaben und Gliederung des speditionellen Rechnungswesens — 1

Aufgaben des speditionellen Rechnungswesens — 1.1

Das Rechnungswesen des Speditionsbetriebes hat die **betriebliche Leistungserstellung** (Erbringung von Speditionsleistungen) zu erfassen, zu **überwachen** und **auszuwerten**.

- **Dokumentation** aller Geschäftsfälle anhand von Belegen,
- **Ermittlung des Jahresabschlusses** aufgrund gesetzlicher Bestimmungen,
- **Kontrolle** betrieblicher Kennzahlen wie Rentabilität, Wirtschaftlichkeit, Liquidität,
- **Planung** zukünftiger unternehmerischer Entscheidungen auf der Basis der ermittelten Zahlen.

Gliederung des speditionellen Rechnungswesens — 1.2

Bedingt durch die verschiedenen Ansprüche an das speditionelle Rechnungswesen ist eine Aufteilung in vier Bereiche notwendig:

Buchführung — 1.2.1

- Die **Buchführung erfasst**
  - alle Veränderungen des Vermögens und des Kapitals,
  - alle Aufwendungen und Erträge innerhalb eines bestimmten Zeitabschnittes (z. B. Geschäftsjahr).
- Die **Buchführung dokumentiert** alle Geschäftsfälle anhand von Belegen.
- Die **Buchführung legt Rechenschaft ab** über das Geschäftsjahr, indem im Jahresabschluss Gewinn oder Verlust, Veränderungen der Höhe und Zusammensetzung des Vermögens und des Kapitals dokumentiert werden. Große Kapitalgesellschaften müssen ihren Jahresabschluss veröffentlichen.

Kosten- und Leistungsrechnung[1] — 1.2.2

- Die **Kosten-und Leistungsrechnung erfasst** sämtliche Kosten und Speditionsleistungen einer Abrechnungsperiode.
- Die **Kosten- und Leistungsrechnung ermittelt** Preisuntergrenzen (z. B. Selbstkosten).
- Die **Kosten- und Leistungsrechnung überwacht** die Wirtschaftlichkeit.

---

1 ausführliche Behandlung der Kosten- und Leistungsrechnung ab Seite 138

1.2.3 Statistik

- Die **Statistik wertet** die Buchführung und die Kosten- und Leistungsrechnung aus.
- Die **Statistik vergleicht** die aufbereiteten Zahlen mit früheren Rechnungsperioden (Zeitvergleich) oder mit anderen Speditionen (Betriebsvergleich).

1.2.4 Planungsrechnung

- Die **Planungsrechnung berechnet** auf der Basis der Ergebnisse der Buchführung, Kosten- und Leistungsrechnung und Statistik die zukünftige Entwicklung der Spedition.
- Die Planungsrechnung erstellt Pläne (z. B. Investitionspläne, Finanzpläne). Die darin enthaltenen Sollzahlen werden mit den Istzahlen verglichen. Dadurch erhält das Speditionsunternehmen ein aussagefähiges Führungs- und Kontrollinstrument.

AUFGABE zum Sachverhalt

a) **Welche Aufgaben hat das Rechnungswesen für den Kaufmann zu erfüllen?**
b) **Welche Aufgaben hat das Rechnungswesen für die Öffentlichkeit zu erfüllen?**
c) **Weshalb bezeichnet man die Buchführung als Zeitrechnung?**

2 Aufgaben und gesetzliche Grundlagen der Buchführung

2.1 Aufgaben der Buchführung

Durch die fortlaufende und lückenlose Aufzeichnung aller Geschäftsfälle einer Rechnungsperiode erfüllt die Buchführung folgende Aufgaben:

- **Dokumentation aller Änderungen des Vermögens** während des Geschäftsjahres
- **Dokumentation aller Änderungen der Schulden** während des Geschäftsjahres
- **Ermittlung des Vermögens** am Jahresende
- **Ermittlung der Schulden** am Jahresende
- **Ermittlung des Jahresabschlusses**
- **Lieferung von aufbereiteten Zahlen** für
  - Kalkulation (Kosten- und Leistungsrechnung)
  - unternehmerische Entscheidungen (Planungsrechnung)
  - Gläubiger (bei Kreditaufnahme)
  - Steuererklärung

Gesetzliche Grundlagen der Buchführung 2.2

Die Buchführungspflicht 2.2.1

Die **Buchführungspflicht** ist im HGB geregelt, um die Gläubiger und Gesellschafter eines Kaufmanns zu schützen.

§ 238 Abs. 1 HGB	Jeder Kaufmann ist verpflichtet Bücher zu führen und in diesen seine Handelsgeschäfte und die Lage seines Vermögens nach den Grundsätzen ordnungsmäßiger Buchführung ersichtlich zu machen.
§ 241 a HGB	Einzelkaufleute, die an den Abschlussstichtagen von zwei aufeinander folgenden Geschäftsjahren nicht mehr als 500.000,00 € Umsatzerlöse und 50.000,00 € Jahresüberschuss aufweisen, brauchen § 238 nicht anzuwenden.
§ 141 Abs. 1 AO	Unternehmer unterliegen der **Buchführungspflicht**, wenn der Jahresumsatz mehr als 500.000,00 € beträgt oder der Jahresgewinn mehr als 50.000,00 € beträgt.

GESETZ

Zusätzlich zu den im Handelsrecht erfassten Kaufleuten werden durch die Abgabenordnung (AO) **aus steuerlichen Gründen** (Ermittlung der Bemessungsgrundlage nach gesetzlichen Grundsätzen für eine einheitliche Besteuerung) weitere Unternehmer zur Buchführung verpflichtet.

Die Buchführungsvorschriften der §§ 238 bis 263 HGB sind für alle Kaufleute verbindlich. So muss der Buchführungspflichtige die **Grundsätze ordnungsmäßiger Buchführung** (§ 239 HGB) beachten, zu Beginn der Geschäftstätigkeit und am Ende jeden Geschäftsjahres eine **Inventur** (§ 241 HGB) durchführen, ein **Inventar** (§ 240 HGB) und eine persönlich unterschriebene **Bilanz** (§ 242 ff. HGB) erstellen. Weiterhin hat er sämtliche **Buchführungsunterlagen** nach den im § 257 HGB festgelegten Mindestfristen aufzubewahren.

Grundsätze ordnungsmäßiger Buchführung 2.2.2

Die Grundsätze ordnungsmäßiger Buchführung sind erfüllt, wenn ein sachverständiger Dritter (z. B. Prüfer des Finanzamtes, Steuerberater) sich in angemessener Zeit einen Überblick verschaffen kann über die gebuchten Geschäftsfälle und die Lage des Unternehmens (§ 145 Abs. 1 AO, § 238 Abs. 1 HGB).

Als wichtigste Grundsätze ordnungsmäßiger Buchführung **(GoB)** gelten:

- **klare und übersichtliche Buchführung** (§ 145 Abs. 1 AO)
- **vollständige, richtige, zeitgerechte und geordnete Buchführung** (§ 146 Abs. 1 AO, § 239 HGB, § 246 HGB)
- **Vollständigkeit** (§ 246 Abs. 1 und 2 HGB)
  - Erfassung aller Geschäftsfälle
  - keine Verrechnung einzelner Geschäftsfälle miteinander
- **Richtigkeit**
  - Buchung entsprechend dem Beleg (z. B. Kontierung, Betrag)
  - keine Buchung ohne Beleg

- **Zeitgerechte Buchung**
  - möglichst geringer Zeitraum zwischen Geschäftsvorgang und Buchung (bis zu vier Wochen)
  - Erstellung der Abschlussbilanz binnen zirka sechs Monaten nach Bilanzstichtag
- **Geordnete Buchungen**
  - Buchung nach einem festgelegten und nachvollziehbaren System
  - Aufzeichnung in einer lebenden Sprache (§ 146 Abs. 3 AO, § 239 Abs. 1 HGB)
  - keine Korrekturen der Buchungen in der Art, dass ursprünglicher Inhalt nicht mehr lesbar ist (§ 146 Abs. 4 AO, § 239 Abs. 3 HGB)
- **Einhaltung der Aufbewahrungspflichten für Buchführungsunterlagen** (§ 147 AO, § 257 HGB)
- **10 Jahre** für Handelsbücher, Inventare, Bilanzen und Buchungsbelege
- **6 Jahre** für Geschäftsbriefe und sonstige Unterlagen, soweit sie für die Besteuerung von Bedeutung sind.

AUFGABEN zum Sachverhalt **1-6**

1 **Wozu braucht der Unternehmer eine Buchführung?**

2 **Welche Bedeutung hat die Buchführung für die anderen Bereiche des Rechnungswesens?**

3 **Welchen Sinn haben die Grundsätze ordnungsgemäßer Buchführung?**

4 **Warum ist die Finanzverwaltung an einer ordnungsgemäßen Buchführung interessiert?**

5 **Welche Interessen an einer ordnungsgemäßen Buchführung haben**
a) die Lieferanten eines Unternehmens?
b) die Kreditgeber (z. B. Banken)?

6 **Ein Gewerbetreibender ist nach Handelsrecht nicht buchführungspflichtig. Nennen Sie die steuerrechtlichen Bedingungen, nach denen er buchführungspflichtig wird.**

3 Inventur – Inventar – Bilanz

3.1 Inventur

Jeder Kaufmann hat gemäß § 240 HGB das Vermögen und die Schulden seines Unternehmens festzustellen

- bei der Gründung des Unternehmens,
- am Ende jedes einzelnen Geschäftsjahres,
- bei der Beendigung des Unternehmens (Auflösung, Verkauf).

Inventur

Dazu ist eine **Inventur (körperliche und buchmäßige Bestandsaufnahme)** durchzuführen.

- **Körperliche Bestandsaufnahme:** Im Unternehmen vorhandene Vermögenswerte wie Grundstücke, Gebäude, Betriebsausstattung, Geschäftsausstattung, Lkws, Lieferwagen, Vorräte und Bargeld werden gezählt, gemessen, gewogen und in Euro **bewertet**.
- **Buchmäßige Bestandsaufnahme:** Das übrige (nichtkörperliche) Vermögen (z. B. Forderungen, Bankguthaben) sowie die Schulden des Unternehmens sind anhand der Buchungsunterlagen zu ermitteln.

MERKE

Inventur ist die mengen- und wertmäßige Erfassung sämtlicher Vermögens- und Schuldenwerte eines Unternehmens durch Messen, Zählen und Wiegen zu einem bestimmten Stichtag.

Arten der Inventur:

- **Stichtagsinventur = zeitnahe körperliche Aufnahme:**
  Inventur am Ende des Geschäftsjahres zum Bilanzstichtag (häufig 31. Dez.).[1]
- **Permanente Inventur = laufende Inventur:**
  Der am Bilanzstichtag vorliegende buchmäßige Bestand darf als tatsächlicher Bestand angesetzt werden, wenn in den entsprechenden Unterlagen (z. B. Lagerkartei) alle Zu- und Abgänge mengenmäßig erfasst wurden.

Inventar 3.2

GESETZ

§ 240 Abs. 1 HGB	Jeder Kaufmann hat zu Beginn seines Handelsgewerbes seine Grundstücke, seine Forderungen und Schulden, den Betrag seines baren Geldes sowie seine sonstigen Vermögensgegenstände genau zu verzeichnen und dabei den Wert der einzelnen Vermögensgegenstände und Schulden anzugeben.
§ 240 Abs. 2 HGB	Er hat [...] für den Schluss eines jeden Geschäftsjahres ein solches Inventar aufzustellen. [...]

Im **Inventar** werden alle durch die Inventur gewonnenen Vermögens- und Schuldenwerte gegenübergestellt, um das Eigenkapital des Unternehmers zu ermitteln.

  Vermögen
– Schulden
= Eigenkapital (Reinvermögen)

Das Inventar (siehe Beispiel Seite 17) besteht demnach aus drei Teilen. Die Gliederung in **Staffelform** erfolgt in Anlehnung an die im § 266 HGB festgelegte Gliederung der Bilanz in Kontoform:

A. **Vermögen:**
Die Vermögensgegenstände werden zunächst getrennt in Anlagevermögen und Umlaufvermögen und danach innerhalb dieser beiden Gruppierungen nach ihrer **Liquidität**[2] (Flüssigkeit) angeordnet. Die Vermögensgegenstände mit der geringsten Liquidität (Grundstücke) werden zuerst, die Vermögensgegenstände mit der größten Liquidität (Bargeld) zuletzt aufgeführt.

---

1 In den Speditionen wird üblicherweise die Stichtagsinventur angewandt.
2 lat. liquidus = flüssig
Liquidität: Eigenschaft des Betriebsvermögens, sich in Zahlungsmittel („flüssige Mittel") umwandeln zu lassen.
Die Liquidität wird bestimmt von Zeitspanne und Schwierigkeit dieser Umwandlung.

- **Anlagevermögen:**

  Nach § 247 Abs. 2 HGB sind dies alle Vermögensteile, die dem Unternehmen *langfristig* dienen (mehrere Rechnungsperioden),
  z. B.: Grundstücke, Gebäude, Lkws, Lieferwagen, Gabelstapler, Hubwagen, Betriebsausstattung, Büroausstattung

- **Umlaufvermögen:**

  Alle Vermögensteile, die nur *kurzfristig* im Unternehmen bleiben und ständig umgeschlagen werden,
  z. B.: Vorräte (Treibstoffe, Reifen, Ersatzteile, Büromaterial), Forderungen, Bankguthaben, Postbankguthaben, Kassenbestand

B. **Schulden (Fremdkapital)**

Schulden werden nach ihrer Fälligkeit gegliedert in

- **langfristige Schulden** (Laufzeit mindestens vier Jahre)
  z. B.: Hypothekenschulden, Darlehensschulden
- **kurzfristige Schulden**
  z. B.: Bankschulden, Verbindlichkeiten an Frachtführer und Lieferanten

C. **Eigenkapital**

Eigenkapital (Reinvermögen) ist die Differenz zwischen Vermögen und Schulden.

Summe des Vermögens (Anlage- und Umlaufvermögen)
– Summe der Schulden (lang- und kurzfristige Schulden)

= Eigenkapital (Reinvermögen)

Das Inventar und alle zu seinem Verständnis erforderlichen Unterlagen (alle als Anlagen beigefügten Verzeichnisse, Inventurlisten usw.) sind nach § 257 Abs. 1 HGB und § 147 Abs. 1 und 3 AO 10 Jahre aufzubewahren.

FAZIT

Inventur: **Tätigkeit** der Bestandsaufnahme
Inventar: ausführliches **Verzeichnis** aller Vermögens- und Schuldenwerte zu einem Stichtag

Zweck: **Ermittlung des Eigenkapitals**

Termin der Erstellung:

- bei der Gründung des Unternehmens
- am Ende des Geschäftsjahres
- bei Auflösung oder Verkauf des Unternehmens

Gliederung:

Summe des Vermögens (angeordnet nach der Liquidität)
– **Summe der Schulden** (angeordnet nach der Fristigkeit)

= **Reinvermögen (Eigenkapital)**

INVENTAR
der Spedition Alban Knoll e. Kfm., Kanalstraße 17, 74072 Heilbronn,
zum 31. Dezember 20..

		€	€
A. Vermögen			
I. Anlagevermögen			
1. Lagergrundstück			112.000,00
2. Gebäude	Bürogebäude	487.400,00	
	Lagerhalle	1.208.600,00	
	Umschlaglager	313.700,00	
	Tankstelle	56.000,00	2.065.700,00
3. Fuhrpark	Lkws lt. Verzeichnis (Anlage 1)	1.035.600,00	
	Hänger lt. Verzeichnis (Anlage 2)	234.000,00	1.269.600,00
4. Stapler lt. Verzeichnis (Anlage 3)			89.700,00
5. Betriebsausstattung lt. Verzeichnis (Anlage 4)			270.900,00
6. Büroausstattung lt. Verzeichnis (Anlage 5)			214.500,00
II. Umlaufvermögen			
1. Vorräte			
Treibstoff lt. Inventurliste (Anlage 6)		67.894,00	
Schmierstoffe lt. Inventurliste (Anlage 7)		1.755,00	
Reifen lt. Inventurliste (Anlage 8)		26.512,00	
Ersatzteile lt. Inventurliste (Anlage 9)		33.513,00	
Büromaterial lt. Inventurliste (Anlage 10)		4.326,00	134.000,00
2. Forderungen lt. Saldenliste 1 (Anlage 11)			312.800,00
3. Kassenbestand lt. Kassenbuch (Anlage 12)			3.436,00
4. Bankguthaben			
Kreissparkasse Heilbronn lt. Kontoauszug (Anlage 13)		23.451,00	
Volksbank Heilbronn lt. Kontoauszug (Anlage 14)		45.332,00	
Commerzbank lt. Kontoauszug (Anlage 15)		7.892,00	
Postbank lt. Kontoauszug (Anlage 16)		11.689,00	88.364,00
Summe des Vermögens			**4.561.000,00**
B. Schulden			
I. Langfristige Verbindlichkeiten			
1. Hypotheken			
Kreissparkasse Heilbronn lt. Kontoauszug (Anlage 17)			1.240.000,00
Deutsche Bank lt. Kontoauszug (Anlage 18)		285.000,00	1.525.000,00
2. Darlehen			
Volksbank Heilbronn lt. Kontoauszug (Anlage 19)		420.000,00	
Spedition Schnell & Zuverlässig, Heidelberg lt. Darlehensvertrag (Anlage 20)		58.000,00	478.000,00
II. Kurzfristige Verbindlichkeiten			
1. Verbindlichkeiten aus Speditions-, Transport- und Lagerleistungen lt. Saldenliste 2 (Anlage 21)			467.223,00
2. Bankschulden			
Landesgirokasse lt. Kontoauszug (Anlage 22)		32.664,00	
Baden-Württembergische Bank lt. Kontoauszug (Anlage 23)		17.113,00	49.777,00
Summe der Schulden			**2.520.000,00**
C. Ermittlung des Eigenkapitals			
Summe des Vermögens			4.561.000,00
– Summe der Schulden			2.520.000,00
Eigenkapital (Reinvermögen)			**2.041.000,00**

Aufgaben zum Sachverhalt

1

a) **Ordnen Sie folgende Vermögensposten dem Anlagevermögen oder dem Umlaufvermögen zu.**

1. 3 Möbel-Lkws
2. Kassenbestand
3. 4 800 Liter Treibstoffvorrat
4. Umschlaghalle
5. Bankguthaben
6. Grundstücke
7. Lagergebäude
8. Computer
9. Forderungen
10. Bürogebäude
11. Lagerregale
12. 60 Lkw-Reifen
13. 9 Hubwagen
14. 27 Wechselbrücken

b) **Ordnen Sie das Anlage- und Umlaufvermögen nach steigender Liquidität.**

2

Ordnen Sie folgende Schulden den langfristigen oder den kurzfristigen Schulden zu.

1. Hypothekenschulden
2. Bankschulden
3. Schulden gegenüber den Zollbehörden
4. Verbindlichkeiten gegenüber einem Partnerspediteur
5. Darlehensschulden
6. Verbindlichkeiten gegenüber den Sozialversicherungsträgern

3

Die Spedition Jens Kanninga e. Kfm., Wismar, ermittelt zum 31. Dez. und zum 31. Dez. des Folgejahres durch Inventur folgende Vermögens- und Schuldenwerte.

		Jahr 1 €	Jahr 2 €
Grundstücke		680.000,00	680.000,00
Fuhrpark	5 Lkws	360.000,00	234.000,00
	2 Anhänger	37.200,00	48.400,00
	4 Lieferwagen	48.500,00	76.300,00
	3 Pkws	16.700,00	44.100,00
Tankstelle		33.100,00	78.200,00
Lagergebäude		1.245.000,00	2.120.500,00
Forderungen aus Speditions-, Transport-, Lager- und Logistikleistungen lt. Anlage		212.400,00	189.300,00
Verbindlichkeiten aus Speditions-, Transport- und Lagerleistungen lt. Anlage		316.800,00	412.400,00
Umschlaglager		234.500,00	196.700,00
Hypothekenschulden	Sparkasse Wismar	480.000,00	790.000,00
	Deutsche Bank	360.000,00	580.000,00
Vorräte lt. Inventurliste	Treibstoffe	65.800,00	12.500,00
	Ersatzteile	4.800,00	7.300,00
	Reifen	6.200,00	1.400,00
	Büromaterial	2.100,00	1.900,00
Bankschulden	Volksbank Wismar	16.300,00	73.900,00
	Deutsche Bank	400,00	51.300,00
Büroausstattung lt. Inventurliste		69.200,00	53.700,00
Bankguthaben	Sparkasse	7.700,00	8.200,00
	Postbank	3.900,00	1.100,00
Verbindlichkeiten an das Finanzamt		12.300,00	33.700,00
Darlehen	Volksbank Wismar	127.000,00	212.800,00
	Postbank	34.000,00	120.000,00
	Spedition Breuel, Dortm.	46.000,00	87.500,00
Kassenbestand lt. Inventurliste		4.800,00	2.100,00
Verwaltungsgebäude		680.300,00	672.400,00
Betriebsausstattung lt. Inventurliste	1 Stapler	23.800,00	11.900,00
	9 Hubwagen	5.600,00	8.700,00

a) **Erstellen Sie für das Jahr 1 das Inventar der Spedition Kanninga zum 31. Dez.**

b) **Erstellen Sie das Inventar der Spedition Kanninga zum 31. Dez. des Folgejahres.**

c) **Vergleichen Sie die beiden Inventare der Spedition Kanninga. Erklären Sie die Veränderungen im Anlagevermögen, im Umlaufvermögen, im Fremdkapital und im Eigenkapital.**

Zusammenfassende Aufgaben

1-9

1 Nennen Sie die vier Bereiche des betrieblichen Rechnungswesens.

2 Nennen Sie die Aufgaben der Buchführung.

3 Nennen Sie die Grundsätze ordnungsmäßiger Buchführung.

4 Nennen Sie Gründe, die zur Schaffung der Grundsätze ordnungsmäßiger Buchführung führten.

5 Erklären Sie den Unterschied zwischen Anlage- und Umlaufvermögen.

6 Erklären Sie den Unterschied zwischen Inventur und Inventar.

7 Erklären Sie den Unterschied zwischen körperlicher Inventur und Buchinventur.

8 Welche Vermögensteile müssen durch eine körperliche Inventur ermittelt werden?

9 Welche Vermögensteile müssen durch eine Buchinventur ermittelt werden?

10

10 Erstellen Sie das Inventar zum 31. Dez. .. unter Beachtung der Grundsätze ordnungsmäßiger Buchführung.

Spedition Hallwachs e. K., Minden, ermittelt zum 31. Dez. .. folgende Vermögens- und Schuldenwerte.

		€
Forderungen lt. Anlage		86.700,00
Hypothekenschulden	Commerzbank Osnabrück	280.000,00
	Sparkasse Bielefeld	270.000,00
	Volksbank Minden	420.000,00
Bürogebäude		756.400,00
Büroausstattung lt. Inventurliste		89.600,00
Fuhrpark	12 Lkws	458.700,00
	5 Hänger	112.700,00
	45 Wechselbrücken	387.200,00
Bankschulden		
Commerzbank Osnabrück		17.300,00
Postbank		4.800,00
Vorräte lt. Inventurliste		
Ersatzteile		7.600,00
Treibstoff		13.800,00
Schmierstoffe		500,00
Reifen		9.300,00
Büromaterial		2.100,00
Heizmaterial		6.790,00
Bankguthaben		
Sparkasse Bielefeld		11.700,00
Volksbank Minden		9.400,00
Umschlaglager		236.700,00
Kommissionierungslager		212.000,00
Verbindlichkeiten lt. Anlage		306.400,00
Bankdarlehen		
Sparkasse Bielefeld		106.000,00
Volksbank Hameln		154.000,00
Kassenbestand		2.800,00
Zollschulden lt. Zollbescheid		16.300,00
Verbindlichkeiten beim Finanzamt lt. Steuerbescheid		9.700,00
Garagen für Fahrzeuge		35.000,00
Tankstelle		12.500,00
Lagergrundstück		87.200,00

3.3 Bilanz

Die **Bilanz**[1] ermittelt der Kaufmann aus dem Inventar, das eine umfangreiche Aufstellung der gesamten Vermögensteile und Schulden ist, durch Zusammenfassung zu einzelnen Positionen.

GESETZ

§ 242 Abs. 1 HGB	Der Kaufmann hat zu Beginn seines Handelsgewerbes und für den Schluss eines jeden Geschäftsjahres einen das Verhältnis seines Vermögens und seiner Schulden darstellenden Abschluss (Eröffnungsbilanz, Bilanz) aufzustellen.
§ 245 HGB	Der Jahresabschluss ist vom Kaufmann unter Angabe des Datums zu unterzeichnen.
§ 247 Abs. 1 HGB	In der Bilanz sind das Anlage- und das Umlaufvermögen, das Eigenkapital, die Schulden sowie die Rechnungsabgrenzungsposten gesondert auszuweisen und hinreichend aufzugliedern.
§ 266 Abs. 1 HGB	Die Bilanz ist in Kontoform aufzustellen. [...]

Die Bilanz ist eine Kurzfassung des Inventars in Kontoform[2]. Die Bilanz enthält auf der linken Seite das Vermögen, unterteilt in Anlagevermögen und Umlaufvermögen, auf der rechten Seite das Kapital, unterteilt in Eigenkapital und Fremdkapital. Die beiden Seiten der Bilanz haben immer die gleiche Summe.
Die Vermögensteile (Anlagevermögen und Umlaufvermögen) heißen **Aktiva**[3]. Sie werden aktiv eingesetzt, um Leistungen des Speditionsbetriebes zu erbringen.
Die Kapitalteile (Fremdkapital und Eigenkapital) heißen **Passiva**[4]. Sie dienen der Finanzierung des betriebsnotwendigen Vermögens.
Aus dem Inventar der Spedition Alban Knoll KG (vgl. Seite 17) ergibt sich folgende Bilanz.

AKTIVA — **BILANZ** zum 31. Dezember des Vorjahres — **PASSIVA**

AKTIVA		PASSIVA	
I. Anlagevermögen		**I. Eigenkapital**	2.041.000,00
1. Grundstücke	112.000,00		
2. Gebäude	2.065.700,00	**II. Fremdkapital**	
3. Fuhrpark	1.269.600,00	1. Hypotheken	1.525.000,00
4. Stapler	89.700,00	2. Darlehen	478.000,00
5. Betriebsausstattung	270.900,00	3. Verbindlichkeiten	467.223,00
6. Büroausstattung	214.500,00	4. Bankschulden	49.777,00
II. Umlaufvermögen			
1. Vorräte	134.000,00		
2. Forderungen	312.800,00		
3. Kasse	3.436,00		
4. Bankguthaben	88.364,00		
	4.561.000,00		4.561.000,00

Heilbronn, 17. Januar .. — *Alban Knoll*

1 ital. bilancia = Waage. Begriff in der Buchführung für den Jahresabschluss in Form einer Gegenüberstellung von Vermögen und Kapital zu einem Stichtag.
2 ital. conto = Rechnung; gleichzeitige Rechnungsführung – Begriff in der Buchführung für eine zur Aufnahme und wertmäßigen Erfassung von Geschäftsfällen bestimmte Rechnung.
3 lat. für die Summe der Vermögensteile eines Unternehmens, die auf der linken Seite der Bilanz aufgeführt werden.
4 lat. Sammelbegriff für alle auf der Passivseite der Bilanz ausgewiesenen Positionen.

MERKE

Bilanz:
- Kurzfassung des umfangreichen Inventars

Gliederung der Bilanz:
- Gegenüberstellung von **Vermögen (Aktiva)** und **Kapital (Passiva)**
- Gliederung des Vermögens nach Liquiditätsnähe
- Gliederung des Kapitals nach Fälligkeit

Form der Bilanz:
- **Kontenform**
- persönliche Unterschrift des Unternehmers unter Angabe des Datums (§ 245 HGB)
- Der nicht beschriebene Raum im T-Konto wird durch die „Buchhalternase“ gesperrt.

AKTIVA	BILANZ zum 31. Dezember ..		PASSIVA
I. Anlagevermögen	4.022.400,00	**II. Eigenkapital**	2.041.000,00
II. Umlaufvermögen	538.600,00	**II. Fremdkapital**	2.520.000,00
= (Gesamt-)Vermögen	4.561.000,00	**= (Gesamt-)Kapital**	4.561.000,00

Kapitalverwendung (Investierung)
Die Aktivseite der Bilanz gibt Antwort auf die Frage:
„Wie ist das Kapital verwendet (investiert) worden?“

Die Bilanz zeigt auf der Aktivseite, wie das Kapital angelegt (investiert) wurde (=Kapitalverwendung).

Kapitalherkunft (Finanzierung)
Die Passivseite der Bilanz gibt Antwort auf die Frage:
„Wer hat das Kapital zur Verfügung gestellt?“

Die Bilanz zeigt auf der Passivseite, woher das Kapital eines Unternehmens stammt (= Kapitalherkunft). Daher sind die beiden Seiten der Bilanz immer gleich groß.

Die rechnerische Gleichheit der beiden Bilanzseiten lässt sich in der **Bilanzgleichung** darstellen (siehe unten).

Bilanzgleichung

AKTIVA = PASSIVA

VERMÖGEN = KAPITAL

VERMÖGEN = EIGENKAPITAL+FREMDKAPITAL

VERMÖGEN – FREMDKAPITAL = EIGENKAPITAL

VERMÖGEN – EIGENKAPITAL = FREMDKAPITAL

FAZIT

Von der Inventur zur Bilanz

Inventur:
- Tätigkeit der Bestandsaufnahme

Inventar:
- ausführliche Darstellung aller Vermögens- und Schuldenwerte in Staffelform
- Bewertung unter Angabe von Menge, Einzelwert und Gesamtwert

Bilanz:
- kurz gefasste Darstellung des Vermögens und des Kapitals in Kontenform

Aufgaben zum Sachverhalt

1

Erstellen Sie die Bilanz der Spedition Möhler KG zum 31. Dez. .. unter Beachtung der gesetzlichen Vorschriften.

	a) €	b)
Fuhrpark	212.500,00	307.800,00
Büroausstattung	64.800,00	37.000,00
Darlehensschulden	180.000,00	215.000,00
Gebäude	1.265.000,00	890.500,00
Vorräte	34.100,00	56.400,00
Hypothekenschulden	379.000,00	280.800,00
Betriebsausstattung	56.700,00	41.200,00
Grundstücke	196.300,00	220.000,00
Kassenbestand	4.100,00	2.300,00
Bankguthaben	9.500,00	7.900,00
Forderungen	93.200,00	54.700,00
Verbindlichkeiten	123.800,00	63.700,00

2

Erstellen Sie die Bilanz der Spedition Knobel e. Kfm. zum 31. Dez. .. unter Beachtung der gesetzlichen Vorschriften.

	a) €	b)
Verbindlichkeiten	212.512,00	307.839,00
Gebäude	641.900,00	436.700,00
Kassenbestand	8.753,00	3.126,00
Bankschulden	12.403,00	9.035,00
Vorräte	34.213,00	45.897,00
Büroausstattung	45.234,00	87.934,00
Forderungen	136.500,00	234.756,00
Fuhrpark	452.100,00	189.700,00
Darlehensschulden	534.000,00	280.000,00
Betriebsausstattung	87.550,00	47.608,00
Grundstücke	180.000,00	328.000,00
Hypothekenschulden	480.000,00	270.000,00
Bankguthaben	12.875,00	19.003,00

3

Erstellen Sie die Bilanz der Spedition Kanninga e. Kfm., Wismar, zum 31. Dez. .. auf der Basis des von Ihnen erstellten Inventars (Kap. Inventar, Aufg. 3).

Wertveränderungen in der Bilanz 4

Die Bilanz stellt die Vermögensteile und Schulden eines Unternehmens zu einem Stichtag dar. Die in der Bilanz aufgelisteten Werte sind während des Geschäftsjahres einer ständigen Änderung unterworfen. Jeder Geschäftsfall innerhalb eines Unternehmens ändert die Bilanz in zwei Positionen.

Musterbilanz der Spedition Graf OHG:

AKTIVA	BILANZ zum 31. Dezember ..		PASSIVA
I. Anlagevermögen		**I. Eigenkapital**	1.880.000,00
1. Gebäude	2.000.000,0		
2. Fuhrpark	400.000,00	**II. Fremdkapital**	
3. Betriebsausstattung	50.000,00	1. Hypotheken	500.000,00
4. Büroausstattung	60.000,00	2. Darlehen	250.000,00
		3. Verbindlichkeiten	120.000,00
II. Umlaufvermögen		4. Bankschulden	80.000,00
1. Vorräte	120.000,00 .		
2. Forderungen	110.000,00		
3. Kasse	10.000,00		
4. Bankguthaben	80.000,00		
	2.830.000,00		**2.830.000,00**

Welche Veränderungen verursachen folgende Geschäftsfälle **in der Musterbilanz** der Spedition Graf OHG?

Geschäftsfall 1: Die Spedition Graf OHG kauft ein neues Lieferfahrzeug für 50.000,00 € und bezahlt die Rechnung per Banküberweisung.
Durch diesen Geschäftsfall ändern sich folgende Bilanzpositionen:

Fuhrpark	**nimmt zu**	**um 50.000,00 €**	auf 450.000,00 €
Bankguthaben	**nimmt ab**	**um 50.000,00 €**	auf 30.000,00 €

AKTIVA	BILANZ zum 31. Dezember ..		PASSIVA
I. Anlagevermögen		**I. Eigenkapital**	1.880.000,00
1. Gebäude	2.000.000,00		
2. **Fuhrpark**	**450.000,00**	**II. Fremdkapital**	
3. Betriebsausstattung	50.000,00	1. Hypotheken	500.000,00
4. Büroausstattung	60.000,00	2. Darlehen	250.000,00
		3. Verbindlichkeiten	120.000,00
II. Umlaufvermögen		4. Bankschulden	80.000,00
1. Vorräte	120.000,00 .		
2. Forderungen	110.000,00		
3. Kasse	10.000,00		
4. **Bankguthaben**	**30.000,00**		
	2.830.000,00		**2.830.000,00**

Geschäftsfall 1 ist ein **Aktivtausch**

- und betrifft nur die Aktivseite der Bilanz;
- ein Vermögensposten nimmt um 50.000,00 € zu, ein anderer Vermögensposten nimmt um 50.000,00 € ab;
- **die Bilanzsumme ändert sich nicht**

Geschäftsfall 2: Die Spedition Graf OHG schuldet ihrem Partnerspediteur Binder aus erbrachten Speditionsleistungen 50.000,00 €. Die Verbindlichkeiten (kurzfristige Verbindlichkeiten) werden in ein Darlehen (langfristige Verbindlichkeiten) umgewandelt.

Durch diesen Geschäftsfall ändern sich folgende Bilanzpositionen gegenüber der Musterbilanz:

Verbindlichkeiten	**nehmen ab**	**um 50.000,00 €**	auf 70.000,00 €
Darlehen	**nimmt ab**	**um 50.000,00 €**	auf 300.000,00 €

AKTIVA — **BILANZ** zum 31. Dezember .. — **PASSIVA**

AKTIVA		PASSIVA	
I. Anlagevermögen		**I. Eigenkapital**	1.880.000,00
1. Gebäude	2.000.000,0		
2. Fuhrpark	400.000,00	**II. Fremdkapital**	
3. Betriebsausstattung	50.000,00	1. Hypotheken	500.000,00
4. Büroausstattung	60.000,00	2. **Darlehen**	**300.000,00**
		3. **Verbindlichkeiten**	**70.000,00**
II. Umlaufvermögen		4. Bankschulden	80.000,00
1. Vorräte	120.000,00		
2. Forderungen	110.000,00		
3. Kasse	10.000,00		
4. Bankguthaben	80.000,00		
	2.830.000,00		2.830.000,00

Geschäftsfall 2 ist ein **Passivtausch**

- und betrifft nur die Passivseite der Bilanz;
- ein Kapitalposten nimmt um 50.000,00 € zu,
- ein anderer Kapitalposten nimmt um 50.000,00 € ab;
- **die Bilanzsumme ändert sich nicht.**

Geschäftsfall 3: Die Spedition Graf OHG kauft Vorräte im Wert von 30.000,00 € auf Ziel.[1]

Durch diesen Geschäftsfall ändern sich folgende Bilanzpositionen gegenüber der Musterbilanz:

Vorräte	**nehmen zu**	**um 30.000,00 €**	auf 150.000,00 €
Verbindlichkeiten	**nehmen zu**	**um 30.000,00 €**	auf 150.000,00 €

1 Begleichung einer Rechnung erfolgt später, nach dem Ablauf des Zahlungsziels (z. B. 30 Tage).

AKTIVA	BILANZ zum 31. Dezember ..		PASSIVA
I. Anlagevermögen		**I. Eigenkapital**	1.880.000,00
1. Gebäude	2.000.000,0		
2. Fuhrpark	400.000,00	**II. Fremdkapital**	
3. Betriebsausstattung	50.000,00	1. Hypotheken	500.000,00
4. Büroausstattung	60.000,00	2. Darlehen	250.000,00
		3. **Verbindlichkeiten**	**150.000,00**
II. Umlaufvermögen		4. Bankschulden	80.000,00
1. **Vorräte**	**150.000,00**		
2. Forderungen	110.000,00		
3. Kasse	10.000,00		
4. Bankguthaben	80.000,00		
	2.860.000,00		2.860.000,00

Geschäftsfall 3 ist eine **Aktiv-Passiv-Mehrung**

- und betrifft die Aktiv- und die Passivseite der Bilanz;
- ein Vermögensposten nimmt um 30.000,00 € zu,
- ein Kapitalposten nimmt um 30.000,00 € zu;
- **die Bilanzsumme steigt** um 30.000,00 €

Geschäftsfall 4: Die Spedition Graf OHG zahlt ein Darlehen in Höhe von 50.000,00 € durch eine Banküberweisung zurück.

Durch diesen Geschäftsvorfall ändern sich folgende Bilanzpositionen gegenüber der Musterbilanz:

Darlehen	**nimmt ab**	**um 50.000,00 €**	auf 200.000,00 €
Bankguthaben	**nimmt ab**	**um 50.000,00 €**	auf 30.000,00 €

AKTIVA	BILANZ zum 31. Dezember ..		PASSIVA
I. Anlagevermögen		**I. Eigenkapital**	1.880.000,00
1. Gebäude	2.000.000,0		
2. Fuhrpark	400.000,00	**II. Fremdkapital**	
3. Betriebsausstattung	50.000,00	1. Hypotheken	500.000,00
4. Büroausstattung	60.000,00	2. **Darlehen**	**200.000,00**
		3. Verbindlichkeiten	120.000,00
II. Umlaufvermögen		4. Bankschulden	80.000,00
1. Vorräte	120.000,00		
2. Forderungen	110.000,00		
3. Kasse	10.000,00		
4. **Bankguthaben**	**30.000,00**		
	2.780.000,00		2.780.000,00

Geschäftsfall 4 ist eine **Aktiv-Passiv-Minderung**

- und betrifft die Aktiv- und die Passivseite der Bilanz;
- ein Vermögensposten nimmt um 50.000,00 € ab;
- ein Kapitalposten nimmt um 50.000,00 € ab;
- **die Bilanzsumme sinkt** um 50.000,00 €.

FAZIT

Bilanzänderungen: hervorgerufen durch jeden Geschäftsfall

Arten der Wertveränderungen:

Aktivtausch:
- Tausch auf der Aktivseite ➡ Bilanzsumme bleibt gleich

Passivtausch:
- Tausch auf der Passivseite ➡ Bilanzsumme bleibt gleich

Aktiv-Passiv-Mehrung:
- Vermehrung auf beiden Bilanzseiten ➡ Bilanzsumme steigt

Aktiv-Passiv-Minderung:
- Verminderung auf beiden Bilanzseiten ➡ Bilanzsumme sinkt

Aufgaben zum Sachverhalt

1-16

Beantworten Sie für jeden Geschäftsfall folgende Fragen.

a) Welche Bilanzposten werden berührt?

b) Handelt es sich bei den betroffenen Bilanzposten um Posten der Aktiv- oder Passivseite der Bilanz?

c) Wie wirkt sich der Geschäftsfall auf die betroffenen Bilanzposten aus?

d) Welche der vier Arten der Bilanzveränderungen liegt vor?

1	Kauf einer EDV-Anlage gegen Bankscheck	3.265,00 €
2	Kauf von Treibstoffvorräten auf Ziel	12.819,00 €
3	Rückzahlung einer Hypothekenschuld durch Banküberweisung	25.000,00 €
4	Bezahlung des eingekauften Treibstoffes durch Banküberweisung	12.819,00 €
5	Verkauf eines Lkw gegen Bankscheck	35.200,00 €
6	Einzahlung von Bargeld auf das Bankkonto	10.000,00 €
7	Aufnahme eines Darlehens und Gutschrift auf das Bankkonto	50.000,00 €
8	Barkauf von Büromaterialvorräten	912,00 €
9	Umwandlung einer Verbindlichkeit in ein Darlehen	12.000,00 €
10	Kunde bezahlt seine Schulden an uns durch Banküberweisung	3.578,00 €
11	Verkauf eines gebrauchten Pkw auf Ziel	8.250,00 €
12	Rückzahlung von Verbindlichkeiten durch Aufnahme eines Darlehens	8.900,00 €
13	Kunde zahlt unsere Forderungen bar	1.250,00 €
14	Wir bezahlen unsere Schulden an Frachtführer durch Banküberweisung	1.800,00 €
15	Eingangsrechnung für Lkw-Reifen	4.380,00 €
16	Bezahlung der Reifen durch Barzahlung	800,00 €
	und Überweisung des Restbetrages	3.580,00 €

Buchen auf Bestandskonten 5

Auflösung der Bilanz in Konten 5.1

Da in einer Spedition täglich viele, oftmals mehrere hundert Geschäftsfälle anfallen die jeweils mindestens zwei Posten der Bilanz verändern, ist es ersichtlich, dass diese Veränderungen der Aktiv- und Passivseite nicht fortlaufend in der Bilanz vorgenommen werden können. Deshalb löst man die Bilanz in **Konten** auf. Aus jeder Position der Aktivseite wird ein **Aktivkonto,** aus jeder Position der Passivseite ein **Passivkonto.**

AKTIVA	BILANZ zum 31. Dez. ..		PASSIVA
I. Anlagevermögen		**I. Eigenkapital**	460.000,00
2. Fuhrpark	400.000,00		
4. Büroausstattung	110.000,00	**II. Fremdkapital**	
		1. Hypotheken	80.000,00
II. Umlaufvermögen		2. Darlehen	70.000,00
1. Vorräte	120.000,00	3. Verbindlichkeiten	120.000,00
2. Forderungen	110.000,00	4. Bankschulden	20.000,00
3. Kasse	10.000,00		
	750.000,00		**750.000,00**

Aktivseite
jede Bilanzposition wird ein
Aktivkonto

Passivseite
jede Bilanzposition wird ein
Passivkonto

Soll	**Fuhrpark**	Haben
AB 400.000,00		

Soll	**Eigenkapital**	Haben
		AB 460.000,00

Soll	**Büroausstattung**	Haben
AB 110.000,00		

Soll	**Hypotheken**	Haben
		AB 80.000,00

Soll	**Vorräte**	Haben
AB 120.000,00		

Soll	**Darlehen**	Haben
		AB 70.000,00

Soll	**Forderungen a. LL**	Haben
AB 110.000,00		

Soll	**Verbindlichkeiten a. LL**	Haben
		AB 120.000,00

Soll	**Kasse**	Haben
AB 10.000,00		

Soll	**Bankschulden**	Haben
		AB 20.000,00

Soll	**Aktivkonto**	Haben
Anfangsbestand		**– Abgänge**
+ Zugänge		**= Saldo**

Soll	**Passivkonto**	Haben
– Abgänge		**Anfangsbestand**
= Saldo		**+ Zugänge**

Bei den **Aktivkonten** steht der Anfangsbescheid immer auf der **Sollseite**[1] (linke Seite eines Kontos), weil Sie sich auf der linken Seite der Bilanz befinden!

Bei den **Passivkonten** steht der Anfangsbestand immer auf der **Habenseite**[2] (rechte Seite des Kontos), weil sie sich auf der rechten Seite der Bilanz befinden!

1 Seitenbezeichnung für linke Seite eines Kontos.
2 Seitenbezeichnung für rechte Seite eines Kontos.

MERKE

- Jede Bilanzposition zeigt einen Vermögens- oder Kapitalbestand auf.
- Jede Bilanzposition der Aktivseite wird zu einem **aktiven Bestandskonto (Aktivkonto).**
- Jede Bilanzposition der Passivseite wird zu einem **passiven Bestandskonto (Passivkonto).**
- **Aktivkonten** erfassen die Veränderungen des Vermögens während einer Rechnungsperiode.
- **Passivkonten** erfassen die Veränderungen des Kapitals während einer Rechnungsperiode.
- Die linke Seite eines Kontos wird mit **Soll (S)**, die rechte Seite mit **Haben (H)** bezeichnet.
- **Zunahmen** (Mehrungen) werden immer **auf der Seite der Anfangsbestände** (AB) erfasst, weil der Bestand erhöht wird.
- **Abnahmen** (Minderungen) werden immer **auf der anderen Kontoseite** erfasst, weil der Bestand vermindert wird.
- Am Ende jeder Rechnungsperiode werden die Bestandskonten abgeschlossen. Für jedes Bestandskonto wird der Schlussbestand (SB) ermittelt.
  Anfangsbestand + Zugänge – Abgänge = Schlussbestand

Aufgaben zum Sachverhalt

1

Beantworten Sie folgende Fragen für die einzelnen Bestandskonten:
a) Um welche Art von Bestandskonto handelt es sich?
b) Auf welcher Seite wird der Anfangsbestand erfasst?
c) Auf welcher Seite werden die Zugänge erfasst?
d) Auf welcher Seite werden die Abgänge erfasst?
e) Auf welcher Seite steht der Schlussbestand?

1. Kasse
2. Darlehen
3. Fuhrpark
4. Bankschulden
5. Forderungen a. LL
6. Gebäude
7. Bankguthaben
8. Verbindlichkeiten a. LL
9. Hypotheken
10. Treibstoffvorräte

2

Buchen Sie folgende Geschäftsfälle für den 26. bis 30. Juni .. auf einem Kassenkonto. Schließen Sie das Konto am Monatsende ab und ermitteln Sie den Schlussbestand.

		€
26. Juni	Anfangsbestand	764,00
27. Juni	Kunde zahlt Nachnahmesendung bar	112,00
27. Juni	Kauf von Büromaterial	37,00
27. Juni	Tankbeleg eines Fahrers	235,00
28. Juni	Ein Kunde zahlt eine Rechnung bar	294,00
28. Juni	Kauf von Briefmarken	115,00
28. Juni	Privatentnahme des Inhabers	400,00
29. Juni	Frachtführer erhält bar	120,00
29. Juni	Abhebung von der Bank	2.000,00
30. Juni	Vorschuss an Lagerarbeiter	260,00
30. Juni	Barzahlung für örtliches Nachrichtenblatt	56,00
30. Juni	Einkauf von Ersatzteilen	348,00
30. Juni	Bezahlung eines Zeitungsinserates	395,00
30. Juni	Spende an den Sportverein	100,00

3

Buchen Sie folgende Geschäftsfälle für den 26. bis 30. Juni .. auf einem Verbindlichkeitskonto. Schließen Sie das Konto am Monatsende ab und ermitteln Sie den Schlussbestand.

		€
27. Juni	Anfangsbestand	45.376,00
27. Juni	Eingangsrechnung von dem Frachtführer Müller	2.312,00
28. Juni	Überweisung an den Frachtführer Knörzer & Co.	890,00
28. Juni	Kauf von Büromaterial auf Ziel	2.188,00
28. Juni	Eingangsrechnung unserer Partnerspedition Auberle	6.743,00
29. Juni	Einkauf von Treibstoff gegen Rechnung	12.455,00
29. Juni	Wir geben einem Gläubiger einen Verrechnungsscheck	769,00
30. Juni	Eingangsrechnung des Kurierdienstes „Ruck & Zuck"	1.357,00
30. Juni	Überweisung an Frachtführer Müller	2.312,00

Buchung von Geschäftsfällen auf Bestandskonten 5.2

Eröffnung der Bestandskonten: Die Schlussbilanz zum 31. Dezember ist gleichzeitig auch die Eröffnungsbilanz des neuen Geschäftsjahres. Am Jahresbeginn werden alle aktiven und passiven Bestandskonten eröffnet und die Anfangsbestände aus der Eröffnungsbilanz übernommen.

Buchung der Geschäftsfälle: Alle Geschäftsfälle des neuen Geschäftsjahres werden aufgrund von Belegen (Eingangsrechnungen, Ausgangsrechnungen, Bankbelege, Quittungen usw.) in den aktiven und passiven Bestandskonten gebucht. Jeder zu buchende Geschäftsfall verursacht zwei Kontenberührungen, je eine im Soll und eine im Haben.

Bei der Buchung der einzelnen Geschäftsfälle sind folgende Schritte zu überlegen.

1. Schritt: *Welche Konten werden berührt?*
2. Schritt: *Handelt es sich um ein Aktiv- oder Passivkonto?*
3. Schritt: *Handelt es sich um einen Zugang oder Abgang?*
4. Schritt: *Handelt es sich um eine Soll- oder Habenbuchung?*
5. Schritt: *Buchung auf den betreffenden Bestandskonten*
   - *zuerst immer im Soll*
   - *danach im Haben*

Abschluss der Bestandskonten: Am Ende der Rechnungsperiode wird die **Schlussbilanz** erstellt. Dazu werden die einzelnen Bestandskonten abgeschlossen, indem auf der jeweils „kleineren" Seite der Saldo als Ausgleich eingesetzt wird. Dieser Schlussbestand (Saldo) geht als Endbestand in die Schlussbilanz ein. Der Saldo der Aktivkonten steht auf der Habenseite und wird auf die Aktivseite der Schlussbilanz übertragen, der Saldo der Passivkonten steht auf der Sollseite und wird auf die Passivseite der Schlussbilanz übertragen.

Die **Schlussbilanz des laufenden Geschäftsjahres** ist zugleich die **Eröffnungsbilanz des nächsten Geschäftsjahres.**

Muster-
AUFGABE
mit
LÖSUNG

Von der Eröffnungsbilanz zur Schlussbilanz

Geschäftsfall **1**: Kauf eines Lieferwagens auf Ziel für 40.000,00 €.

	Konto 1	Konto 2
1: Welche Konten werden berührt?	Fuhrpark	Verbindlichkeiten
2: Aktiv- oder Passivkonto?	Aktivkonto	Passivkonto
3: Zugang oder Abgang?	Zugang	Zugang
4: Soll- oder Habenbuchung?	Sollbuchung	Habenbuchung
5: Buchung auf den Bestandskonten		
● zuerst immer im Soll	Fuhrpark	
● danach im Haben		Verbindlichkeiten

Geschäftsfall **2**: Wir zahlen Verbindlichkeiten bar, 5.000,00 €.

	Konto 1	Konto 2
1: Welche Konten werden berührt?	Verbindlichkeiten	Kasse
2: Aktiv- oder Passivkonto?	Passivkonto	Aktivkonto
3: Zugang oder Abgang?	Abgang	Abgang
4: Soll- oder Habenbuchung?	Sollbuchung	Habenbuchung
5: Buchung auf den Bestandskonten		
● zuerst immer im Soll	Verbindlichkeiten	
● danach im Haben		Kasse

Geschäftsfall **3**: Kunde zahlt seine Schulden bar, 14.000,00 €.

	Konto 1	Konto 2
1: Welche Konten werden berührt?	Kasse	Forderungen
2: Aktiv- oder Passivkonto?	Aktivkonto	Aktivkonto
3: Zugang oder Abgang?	Zugang	Abgang
4: Soll- oder Habenbuchung?	Sollbuchung	Habenbuchung
5: Buchung auf den Bestandskonten		
● zuerst immer im Soll	Kasse	
● danach im Haben		Forderungen

Geschäftsfall **4**: Verkauf von gebrauchten Büromöbeln auf Ziel für 2.000,00 €.

	Konto 1	Konto 2
1: Welche Konten werden berührt?	Forderungen	Büroausstattung
2: Aktiv- oder Passivkonto?	Aktivkonto	Aktivkonto
3: Zugang oder Abgang?	Zugang	Abgang
4: Soll- oder Habenbuchung?	Sollbuchung	Habenbuchung
5: Buchung auf den Bestandskonten		
● zuerst immer im Soll	Forderungen	
● *danach im Haben*		Büroausstattung

BILANZ zum 1. Januar ..

AKTIVA		PASSIVA	
I. Anlagevermögen		**I. Eigenkapital**	410.000,00
1. Fuhrpark	400.000,00	**II. Fremdkapital**	
2. Büroausstattung	110.000,00	1. Hypotheken	80.000,00
II. Umlaufvermögen		2. Verbindlichkeiten a. LL	120.000,00
1. Forderungen a. LL	110.000,00	3. Bankschulden	20.000,00
2. Kasse	10.000,00		
	630.000,00		**630.000,00**

Aktive Bestandskonten
jede Bilanzposition wird ein **Aktivkonto**.

Passive Bestandskonten
jede Bilanzposition wird ein **Passivkonto**.

Soll	Fuhrpark		Haben
AB	400.000,00	SB	440.000,00
1 Verb.	40.000,00		
	440.000,00		**440.000,00**

Soll	Eigenkapital		Haben
SB	410.000,00	AB	410.000,00

Soll	Büroausstattung		Haben
AB	110.000,00	4 Ford.	2.000,00
		SB	108.000,00
	110.000,00		**110.000,00**

Soll	Hypotheken		Haben
SB	80.000,00	AB	80.000,00

Soll	Forderungen a. LL		Haben
AB	110.000,00	3 Kasse	14.000,00
4 Büro	2.000,00	SB	98.000,00
	112.000,00		**112.000,00**

Soll	Verbindlichkeiten a. LL		Haben
2 Kasse	5.000,00	AB	120.000,00
SB	155.000,00	1 FP	40.000,00
	160.000,00		**160.000,00**

Soll	Kasse		Haben
AB	10.000,00	2 Verb.	5.000,00
3 Ford.	14.000,00	SB	19.000,00
	24.000,00		**112.000,00**

Soll	Bankschulden		Haben
SB	20.000,00	AB	20.000,00

SCHLUSSBILANZ zum 31. Dezember ..

AKTIVA		**PASSIVA**	
I. Anlagevermögen		**I. Eigenkapital**	410.000,00
1. Fuhrpark	440.000,00	**II. Fremdkapital**	
2. Büroausstattung	108.000,00	1. Hypotheken	80.000,00
II. Umlaufvermögen		3. Verbindlichkeiten a. LL	155.000,00
1. Forderungen a. LL	98.000,00	4. Bankschulden	20.000,00
2. Kasse	19.000,00		
	665.000,00		**665.000,00**

MERKE

- Jeder Geschäftsfall wird auf zwei verschiedene Konten gebucht,
  - zuerst im Soll,
  - danach im Haben.
- Die Buchungen auf der Sollseite müssen wertmäßig den Buchungen auf der Habenseite entsprechen.
- Bei der Buchung in den Bestandskonten wird jeweils das Gegenkonto eingetragen.
- Die Schlussbilanz eines Geschäftsjahres ist gleichzeitig die Eröffnungsbilanz für das neue Geschäftsjahr.

FAZIT

Von der Eröffnungsbilanz zur Schlussbilanz

1. Eröffnungsbilanz aufstellen
2. Eröffnung der Aktiv- und Passivkonten
3. Übertrag der Anfangsbestände
4. Buchung der Geschäftsfälle
5. Abschluss der Aktiv- und Passivkonten
6. Übertrag der Salden (Schlussbestand) auf die Schlussbilanz

6

Beleg 6

Nennen Sie den Geschäftsfall, der dem Beleg zugrunde liegt.

Bilden Sie den Buchungssatz.

Deutsche Post AG
7420 Heilbronn
85041961 ..-08-21

8232
Postwertzeichen ohne Zuschlag
*71,00 EUR A

Bruttoumsatz ***71,00 EUR**
umsatzsteuerbefreit nach §4 UStG A
Nettoumsatz A *71,00 EUR

Steuernummer der Deutschen Post AG:
5205/5777/1510

Vielen Dank für Ihren Besuch.
Ihre Deutsche Post AG

6 Buchen auf Erfolgskonten

6.1 Erfolgskonten

Alle bisherigen Geschäftsfälle veränderten lediglich die Bestände auf den aktiven und passiven Bestandskonten und waren ohne Einfluss auf den Betriebserfolg (Gewinn/Verlust) des Speditionsunternehmens. In der Speditionspraxis werden laufend betriebliche Leistungen selbst erbracht sowie Speditions- und Frachtführerleistungen von Dritten eingekauft. Selbst erbrachte Speditionsleistungen werden den Auftraggebern mit den Selbstkosten und einem Gewinnzuschlag, Fremdleistungen mit dem Einkaufspreis und einem Gewinnzuschlag in Rechnung gestellt.

Diese Herstellung und der Absatz von Speditions- und Frachtführerleistungen machen den Erfolg eines Speditionsunternehmens aus und bewirken deshalb eine Änderung des Eigenkapitals.

Für die Herstellung von Leistungen werden Anlagegüter genutzt und verlieren an Wert. Löhne und Gehälter fallen an, weiterhin entstehen Kosten für die eigenen Fahrzeuge und für den Einsatz fremder Speditionen und Frachtführer. Diese und alle anderen **Aufwendungen mindern das Eigenkapital** des Speditionsunternehmens.

Zu den **Aufwendungen** zählen vor allem:

- Aufwendungen für den Einsatz von Arbeitskräften
  - **Löhne** für die Arbeiter des Speditionsbetriebes
  - **Gehälter** für die Angestellten des Speditionsbetriebes
  - gesetzliche und freiwillige **Sozialabgaben**
- Fuhrparkkosten
  z. B. **Treibstoffverbrauch, Reifenverbrauch, Kfz-Versicherung, Kfz-Steuer** usw.
- Aufwendungen für **Miete, Verwaltung, betriebliche Steuern, betriebliche Versicherungen, Zinsen** usw.
- Wertminderungen des Anlagevermögens durch Abnutzung **(Abschreibungen)**
- Kosten für **eingekaufte Speditions- und Frachtführerleistungen**

Die Erträge des Speditionsunternehmens (z. B. Entgelte für erbrachte oder vermittelte Speditions- und Frachtführerleistungen, Zinserträge, Mieterträge für vermietete Lagerhallen) **mehren das Eigenkapital.**

Würden alle Aufwendungen und Erträge über das Eigenkapitalkonto gebucht, wäre die Übersichtlichkeit und Klarheit der Buchführung nicht gewährleistet. Deshalb werden die einzelnen Aufwands- und Ertragsarten auf speziellen Erfolgskonten gebucht. Die **Erfolgskonten** sind Unterkonten des Eigenkapitalkontos und werden in **Aufwands- und Ertragskonten** unterschieden.

SOLL	EIGENKAPITAL	HABEN
• **Minderung des Eigenkapitals** • **deshalb Buchung auf der Sollseite**		• **Mehrung des Eigenkapitals** • **deshalb Buchung auf der Habenseite**

Aufwandskonten
(= Unterkonten des Eigenkapitalkontos)

↓

Soll	**Gehälter**	Haben
Aufwand		

Soll	**Zinsaufwendungen**	Haben
Aufwand		

Soll	**Mietaufwendungen**	Haben
Aufwand		

Ertragskonten
(= Unterkonten des Eigenkapitalkontos)

↓

Soll	**Speditionsleistungen**	Haben
		Ertrag

Soll	**Zinserträge**	Haben
		Ertrag

Soll	**Mieterträge**	Haben
		Ertrag

Erfolgskonten zur Ermittlung des Gewinnes oder Verlustes

1. Die Erfolgskonten sind Unterkonten des Eigenkapitalkontos.
2. Die Erfolgskonten werden unterteilt in:

Aufwandskonten
- **Aufwendungen mindern das Eigenkapital.**
- **Buchung im Soll**

Ertragskonten
- **Erträge erhöhen das Eigenkapital.**
- **Buchung im Haben**

MERKE

6.2 Buchung von Aufwendungen und Erträgen auf den Erfolgskonten

In einer Spedition fallen folgende Geschäftsfälle an.

1. **Banküberweisung** von Löhnen 6.500,00 € und Gehältern 12.300,00 €.

Buchungssatz 1

Löhne	6.500,00 €		
Gehälter	12.300,00 €	an Bank	18.800,00 €

Soll	Löhne	Haben
Aufwand	6.500,00	

Soll	Gehälter	Haben
Aufwand	12.300,00	

Soll	Bank	Haben
		18.800,00

2. **Bankbelege** für die Überweisung der Gewerbesteuer 6.560,00 € und der Kfz-Steuer für einen betrieblich genutzten Pkw 315,00 €.

Buchungssatz 2

Gewerbesteuer	6.560,00 €		
Kfz-Steuer	315,00 €	an Bank	6.875,00 €

Soll	Gewerbesteuer	Haben
Aufwand	6.560,00	

Soll	Kfz-Steuer	Haben
Aufwand	315,00	

Soll	Bank	Haben
		6.875,00

3. **Ausgangsrechnungen** an unseren Auftraggeber über erbrachte
   - Lkw-Speditionsleistungen .... 18.340,00 €,
   - Bahn-Speditionsleistungen .... 5.200,00 €,
   - Luftfrachtleistungen .... 6.870,00 €.

Buchungssatz 3

Forderungen a. LL	30.410,00 €	an	Kraftwagenspeditionsleistungen	18.340,00 €
			Bahnspeditionsleistungen	5.200,00 €
			Luftfrachtspeditionsleistungen	6.870,00 €

Soll	Forderungen a. LL		Haben
~~Aufwand~~	30.410,00		

Soll	Kraftwagenspeditionsleist.		Haben
		Ertrag	18.340,00

Soll	Bahnspeditionsleist.		Haben
		Ertrag	5.200,00

Soll	Luftfrachtspeditionsleist.		Haben
		Ertrag	6.870,00

4. **Eingangsrechnung** der Railion AG für Frachtführerleistungen 1.260,00 €.

   Buchungssatz 4

   Bahnspeditionskosten .... 1.260,00 € an Verbindlichkeiten a. LL ... 1.260,00 €

Soll	Bahnspeditionskosten	Haben
Aufwand	1.260,00	

Soll	Verbindlichkeiten a. LL	Haben
		1.260,00

6.3 Abschluss der Aufwands- und Ertragskonten

Am Ende des Geschäftsjahres werden die Erfolgskonten zunächst auf das **Gewinn-und Verlustkonto** abgeschlossen, um den **Gewinn oder Verlust** des Speditionsunternehmens zu ermitteln. Der auf dem Gewinn- und Verlustkonto (GuV-Konto) ermittelte Gewinn oder Verlust wird ins Eigenkapitalkonto übertragen. Ein **Gewinn erhöht das EK,** ein **Verlust mindert das EK.**

Zusammenfassung der Buchungssätze aus Kapitel 6.2

Soll	Löhne		Haben
1 Aufwand	6.500,00	GuV	6.500,00

Soll	Gehälter		Haben
1 Aufwand	12.300,00	GuV	12.300,00

Soll	Gewerbesteuer		Haben
2 Aufwand	6.560,00	GuV	6.560,00

Soll	Kfz-Steuer		Haben
2 Aufwand	315,00	GuV	315,00

Soll	Bahnspeditionskosten		Haben
2 Aufwand	1.260,00	GuV	1.260,00

Soll	Kraftwagenspeditionsleist.		Haben
GuV	18.340,00	3 Aufwand	18.340,00

Soll	Bahnspeditionsleist.		Haben
GuV	5.200,00	3 Aufwand	5.200,00

Soll	Luftfrachtspeditionsleist.		Haben
GuV	6.870,00	3 Aufwand	6.870,00

Abschluss der Erfolgskonten auf das GuV-Konto:

GEWINN- UND VERLUSTKONTO

SOLL			HABEN
Löhne	6.500,00	Kfz-Speditionsleistungen	18.340,00
Gehälter	12.300,00	Bahnspeditionsleistungen	5.200,00
Gewerbesteuer	6.560,00	Luftfrachtspeditionsleist.	6.870,00
Kfz-Steuer	315,00		
Bahnspeditionskosten	1.260,00		
Gewinn (EK)	3.475,00		
	30.410,00		**30.410,00**

Abschluss des GuV-Kontos auf das Eigenkapitalkonto:

SOLL	EIGENKAPITALKONTO		HABEN
Schlussbilanz	1.253.475,00	Eröffnungsbilanz	1.250.000,00
		Gewinn (GuV-Konto)	3.475,00
	1.253.475,00		1.253.475,00

MERKE

Aufwendungen werden immer im Soll gebucht.

Erträge werden immer im Haben gebucht.

Die Erfolgskonten werden auf das GuV-Konto abgeschlossen:
- die Aufwendungen stehen auf der Sollseite,
- die Erträge stehen auf der Habenseite.

Im GuV-Konto wird der Gewinn oder Verlust ermittelt:
- Gewinn: Erträge > Aufwendungen
- Verlust: Erträge < Aufwendungen

Das GuV-Konto wird auf das Eigenkapitalkonto abgeschlossen:
- ein Gewinn erhöht das Eigenkapital,
- ein Verlust mindert das Eigenkapital.

6.4 Erfolgsermittlung auf dem GuV-Konto

1 Muster-AUFGABE

Die Erträge sind größer als die Aufwendungen.

Soll	Aufwandskonten		Haben
Aufwand	780.000,00	GuV	780.000,00

Soll	Ertragskonten		Haben
GuV	800.000,00	Ertrag	800.000,00

LÖSUNG

SOLL	GEWINN- UND VERLUSTKONTO		HABEN
Aufwand	780.000,00	Ertrag	800.000,00
EK (Gewinn)	20.000,00		
	800.000,00		**800.000,00**

SOLL	EIGENKAPITALKONTO		HABEN
Schlussbilanz	1.270.000,00	Eröffnungsbilanz	1.250.000,00
		GuV (Gewinn)	20.000,00
	1.270.000,00		**1.270.000,00**

2 Muster-AUFGABE

Die Erträge sind geringer als die Aufwendungen.

Soll	Aufwandskonten		Haben
Aufwand	800.000,00	GuV	800.000,00

Soll	Ertragskonten		Haben
GuV	780.000,00	Ertrag	780.000,00

LÖSUNG

SOLL		GEWINN- UND VERLUSTKONTO	HABEN
Aufwand	800.000,00	Ertrag	780.000,00
		EK (Verlust)	20.000,00
	800.000,00		800.000,00

SOLL		EIGENKAPITALKONTO	HABEN
GuV (Verlust)	20.000,00	Eröffnungsbilanz	1.250.000,00
Schlussbilanz	1.230.000,00		
	1.250.000,00		1.250.000,00

MERKE

- **Abschluss der einzelnen Aufwandskonten:**
  GuV . . . . an . . . . Aufwandskonto
  ➡ alle Aufwendungen stehen im Soll des GuV-Kontos
- Abschluss der einzelnen Ertragskonten:
  Ertragskonto . . . . an . . . . GuV
  ➡ alle Erträge stehen im Haben des GuV-Kontos
- Abschluss des GuV-Kontos bei Erwirtschaftung eines Gewinns:
  GuV . . . . an . . . . EK
  ➡ Buchung im Haben des Eigenkapitalkontos, denn das Eigenkapital des Unternehmens nimmt zu
- Abschluss des GuV-Kontos bei Erwirtschaftung eines Verlustes:
  EK . . . . an . . . . GuV
  ➡ Buchung im Soll des Eigenkapitalkontos, denn das Eigenkapital des Unternehmens nimmt ab

3 Muster-AUFGABE

Geschäftsgang mit Bestands- und Erfolgskonten:

AKTIVA	SCHLUSSBILANZ zum 31. Dezember des Vorjahres		PASSIVA
I. Anlagevermögen		**I. Eigenkapital**	370.000,00
1. Fuhrpark	455.000,00		
2. Büroausstattung	110.000,00	**II. Fremdkapital**	
		1. Darlehen	150.000,00
II. Umlaufvermögen		2. Verbindlichkeiten a. LL	120.000,00
1. Waren	25.000,00		
2. Bank	50.000,00		
	640.000,00		640.000,00

Geschäftsfälle für das Geschäftsjahr:

1. Barkauf von zwei Personalcomputern	2.800,00 €
2. Wir erhalten Bankgutschrift für Lkw-Speditionsleistungen	12.900,00 €
3. Banküberweisung von Löhnen	7.800,00 €
4. Kauf eines Lieferwagens durch Aufnahme eines Darlehens	47.500,00 €
5. Wir begleichen eine Schuld durch Banküberweisung	17.300,00 €
6. Wir überweisen die Miete für einen Lagerplatz	4.250,00 €
7. Die Bank schreibt Zinsen gut	830,00 €

LÖSUNG

Soll		**Fuhrpark**	Haben
AB	455.000,00	SB	502.500,00
4 Darl.	47.500,00		
	502.500,00		**502.500,00**

Soll		**Eigenkapital**	Haben
SB	371.680,00	AB	370.000,00
		GuV	1.680,00
	371.680,00		**371.680,00**

Soll		**Büroausstattung**	Haben
AB	110.000,00	SB	112.800,00
1 Bank	2.800,00		
	112.800,00		**112.800,00**

Soll		**Darlehen**	Haben
SB	197.500,00	AB	150.000,00
		4 Fuhrp.	47.500,00
	197.500,00		**197.500,00**

Soll		**Kasse**	Haben
AB	25.000,00	1 B.-Aus.	2.800,00
		SB	22.200,00
	25.000,00		**25.000,00**

Soll		**Verbindlichkeiten a. LL**	Haben
5 Bank	17.300,00	AB	120.000,00
SB	102.700,00		
	120.000,00		**120.000,00**

Soll		**Bank**	Haben
AB	50.000,00	3 Löhne	7.800,00
2 KW-Sp.	12.900,00	5 Verb.	17.300,00
7 Zinsertr.	830,00	6 Miet.	4.250,00
		SB	34.380,00
	63.730,00		**63.730,00**

Soll		**Löhne**	Haben
3 Bank	7.800,00	GuV	7.800,00

Soll		**Kraftwagensped.-leist.**	Haben
GuV	12.900,00	2 Bank	12.900,00

Soll		**Mietaufwand**	Haben
6 Bank	4.250,00	GuV	4.250,00

Soll		**Zinserträge**	Haben
GuV	830,00	7 Bank	830,00

GEWINN- UND VERLUSTKONTO

SOLL			HABEN
Löhne	7.800,00	Kraftwagenspeditionsleist.	12.900,00
Mietaufwand	4.250,00	Zinserträge	830,00
Eigenkapital (Gewinn)	1.680,00		
	13.730,00		**13.730,00**

SCHLUSSBILANZ zum 31. Dezember des laufenden Jahres

AKTIVA			PASSIVA
I. Anlagevermögen		**I. Eigenkapital**	371.680,00
1. Fuhrpark	502.500,00		
2. Büroausstattung	112.800,00	**II. Fremdkapital**	
		1. Darlehen	197.500,00
II. Umlaufvermögen		2. Verbindlichkeiten	102.700,00
1. Kasse	22.200,00		
2. Bank	34.380,00		
	671.880,00		671.880,00

MERKE

Vorgehensweise bei der Buchung eines Geschäftsganges mit Bestands- und Erfolgskonten

1. **Bestandskonten einrichten.**
2. **Anfangsbestände** aus der Schlussbilanz des letzten Jahres (= Eröffnungsbilanz des laufenden Jahres) **übernehmen.**
3. Alle **Geschäftsfälle buchen und Erfolgskonten eröffnen**, sobald für die einzelne Buchung eine neues Erfolgskonto notwendig wird.
4. **Erfolgskonten abschließen und Salden auf GuV-Konto übertragen.**
5. **Im GuV-Konto Gewinn/Verlust des laufenden Geschäftsjahres ermitteln und auf EK-Konto übertragen.**
6. **Bestandskonten abschließen und Salden auf Schlussbilanzkonto übertragen.**
7. **Ermittlung des neuen Eigenkapitals:**
   (1) aus den Änderungen auf den Bestandskonten:
   Eigenkapital = Anlagevermögen + Umlaufvermögen – Fremdkapital
   (2) aus den Aufwendungen und Erträgen einer Rechnungsperiode:
   Eigenkapital zu Beginn der Rechnungsperiode
   + Gewinn (– Verlust)
   = Eigenkapital zum Ende der Rechnungsperiode

Aufgaben zum Sachverhalt

1

Nennen Sie den Buchungssatz zu folgenden Geschäftsfällen und deren jeweilige Auswirkung auf das Eigenkapital:

a)	Wir zahlen per Banküberweisung Miete für unseren Lagerplatz		4.800,00 €
b)	Ein Fahrer tankte unterwegs und lässt sich den Betrag bar auszahlen		265,00 €
c)	Für die Kfz-Versicherung überweisen wir		5.670,00 €
d)	Für ein Darlehen belastet uns die Bank mit Zinsen		900,00 €
e)	Für ein vermietetes Büro erhalten wir die Miete bar		1.500,00 €
f)	Zinsgutschrift		128,00 €
g)	Banküberweisung für Gehälter	6.800,00 €	
	Löhne	8.650,00 €	15.450,00 €
h)	Barkauf von Briefmarken		70,00 €

2

Nennen Sie den Geschäftsfall zu folgenden Buchungssätzen.

a)	Bank	an	Zinserträge
b)	Mietkosten	an	Kasse
c)	Löhne	an	Kasse
d)	Kfz-Steuern	an	Bank
e)	Bank	an	Mieterträge
f)	Reparaturen	an	Kasse
g)	Pacht	an	Bank
h)	Betriebshaftpflichtversicherung	an	Bank
i)	GuV	an	Zinsaufwand
j)	Speditionsleistungen	an	GuV
k)	GuV	an	EK
l)	EK	an	GuV
m)	EK	an	SB

8

Beleg 8

1. **Nennen Sie den Geschäftsfall, der dem Beleg zugrunde liegt.**
2. **Buchen Sie den Geschäftsfall.**
3. **Buchen Sie die Zahlung am 17.10. ..**

Spedition Knoll GmbH

Kanalstraße 17
74080 Heilbronn

Knoll GmbH • Kanalstr. 17 • 74080 Heilbronn

Landhandel
Maximilian Denninger e. K.
Am Bähnle 3
74613 Öhringen

Telefon: 07131 22251-0
Telefax: 07131 22251-55
E-Mail: spedknoll@wvd.de
www.spedknoll-wvd.de

Wir arbeiten ausschließlich auf Basis der Allgemeinen Deutschen Spediteurbedingungen (ADSp 2004).

Rechnung Nr.: 086-09-119 ***Datum:*** ..-09-24

Datum	Leistung/Bezeichnung	Euro
..-08-21	21,6 t Futtermais Duisburg – Öhringen	389,00
..-08-28	19,9 t Weizen HKL 1 Öhringen – Amberg	413,90
..-08-29	9,3 t Mehl Bad Wimpfen – Öhringen	196,40
..-08-31	19,5 t Futtermais Bremen – Öhringen	490,00
	Nettobetrag	1.489,30

Volksbank Heilbronn • 323 232 223 • BLZ 620 901 00 • IBAN DE79 6209 0100 0323 2322 23 • BIC GENODES1VHN
Kreissparkasse Heilbronn • 199 455 631 • BLZ 620 500 00 • IBAN DE90 6205 0000 0199 4556 31 • BIC HEISDE66
Deutsche Bank Heilbronn • 000 334 129 • BLZ 620 700 24 • IBAN DE78 6207 0024 0000 3341 29 • BIC DEUTDEDB620
Commerzbank Heilbronn • 011 997 541 • BLZ 620 400 60 • IBAN DE30 6204 0060 0011 9975 41 • BIC COBADEFF620

Geschäftsführer: Alban Knoll, Viola Bauer • HRB 1429, Amtsgericht Heilbronn
Erfüllungsort und Gerichtsstand: Heilbronn • USt-IdNr.: DE 998 517 317

Zusammenfassende Aufgaben

1

Buchen Sie folgende Geschäftsfälle auf T-Konten und schließen Sie diese ordnungsgemäß ab.

Bestandskonten mit den jeweiligen Anfangsbeständen:

Fuhrpark	230.000,00 €	BGA	46.000,00 €
Forderungen a. LL	83.000,00 €	Kasse	17.800,00 €
Bank	33.200,00 €	Darlehen	100.000,00 €
Eigenkapital	?	Verbindlichkeiten a. LL	10.000,00 €

Erfolgskonten:

- **Aufwandskonten:** Kfz-Steuern, Kommunikationskosten, Kraftwagenspedi-tionskosten, Gehälter, Zinsaufwendungen,
- **Ertragskonten:** Mieterträge, Kraftwagenspeditionserlöse, Zinserträge

a) **Eröffnen Sie die Bestandskonten und tragen Sie die Anfangsbestände ein.**
b) **Eröffnen Sie die Erfolgskonten.**
c) **Buchen Sie unten stehende Geschäftsfälle auf den Konten.**
d) **Schließen Sie die Erfolgskonten ab und ermitteln Sie den Gewinn/Verlust.**
e) **Schließen Sie die Bestandskonten ab.**

Geschäftsfälle:

1.	Wir zahlen per Banküberweisung Kfz-Steuern	5.850,00 €
2.	Barkauf von Briefmarken	60,00 €
3.	Bankgutschrift für vermietete Büroräume	2.315,00 €
4.	Eingangsrechnung eines Lkw-Frachtführers	5.320,00 €
5.	Banküberweisung für Gehälter	7.310,00 €
6.	Ausgangsrechnung für Lkw-Speditionsleistungen	8.270,00 €
7.	Für ein Darlehen belastet uns die Bank mit Zinsen	900,00 €
8.	Zinsgutschrift	185,00 €

2

Buchen Sie folgende Geschäftsfälle auf T-Konten und schließen Sie diese ordnungsgemäß ab.

AKTIVA — SCHLUSSBILANZ zum 31. Dezember .. des Vorjahres — PASSIVA

AKTIVA		PASSIVA	
I. Anlagevermögen		**I. Eigenkapital**	359.000,00
1. Fuhrpark	317.000,00	**II. Fremdkapital**	
2. Büroausstattung	96.000,00	1. Darlehen	105.000,00
II. Umlaufvermögen		2. Verbindlichkeiten a. LL	76.000,00
1. Forderungen a. LL	53.000,00		
2. Treibstoffvorrat	13.000,00		
3. Kasse	19.000,00		
4. Bank	42.000,00		
	540.000,00		540.000,00

a) **Eröffnen Sie die Bestandskonten und tragen Sie die Anfangsbestände ein.**
b) **Eröffnen Sie folgende Erfolgskonten.**
Aufwandskonten: Gehälter, Kfz-Steuern, Kfz-Versicherungen, Löhne, Mietaufwand, Zinsaufwand
Ertragskonten: Kraftwagenspeditionsleistungen, Lagerleistungen, Luftfrachtspeditionsleistungen, Mieterträge
c) **Buchen Sie unten stehende Geschäftsfälle auf den Konten.**
d) **Schließen Sie die Erfolgskonten ab und ermitteln Sie den Gewinn/Verlust.**
e) **Schließen Sie die Bestandskonten ab.**

Fortsetzung

Geschäftsfälle:

1. Wir erhalten Mietzahlung für vermietete Lagerhalle per Banküberweisung			12.000,00 €
2. Wir zahlen Miete für Flughafenbüro durch Banküberweisung			4.200,00 €
3. Überweisung der	Löhne	4.750,00 €	
	Gehälter	9.430,00 €	14.180,00 €
4. Überweisung der	Kfz-Steuer	3.250,00 €	
	Kfz-Versicherung	1.980,00 €	5.230,00 €
5. Kauf von Treibstoff auf Ziel			8.500,00 €
6. Bankgutschrift für	Luftfrachtsp.-Leistung	3.840,00 €	
	Kraftwagensp.-Leistung	7.730,00 €	
	Lagerleistungen	6.310,00 €	17.880,00 €
7. Kauf eines gebrauchten Lkw	per Bankscheck	4.000,00 €	
	auf Ziel	37.000,00 €	41.000,00 €
8. Verkauf gebrauchter Computer auf Ziel			1.650,00 €
9. Bankbelastung für Darlehenszinsen			360,00 €

7 Privatbuchungen

Immer wieder kommt es vor, dass Unternehmer zu privaten Zwecken Geld oder Leistungen aus dem Betrieb entnehmen. Diese **Privatentnahmen**, die das Eigenkapital des Inhabers mindern, dürfen allerdings den Erfolg (Gewinn/Verlust) der jeweiligen Rechnungsperiode nicht beeinflussen. Daher sind die Privatentnahmen separat auf dem Privatkonto zu erfassen. Das **Privatkonto** ist neben dem Gewinn- und Verlustkonto (Gesamtergebniskonto = GEK) ein weiteres Unterkonto des Eigenkapitalkontos.

Wenn ein Unternehmer Geld oder Sachleistungen in sein Speditionsunternehmen einbringt, erhöht er sein Eigenkapital. Damit der Erfolg der Rechnungsperiode nicht zu hoch ausgewiesen wird, sind **Privateinlagen** ebenfalls separat auf dem **Privatkonto** erfasst.

1 Muster-AUFGABE

Spediteur Saarstedt überweist von seinem Geschäftskonto für seine private Unfallversicherung 1.200,00 €.

Buchungssatz **1**:

LÖSUNG

Privatkonto	**1.200,00 €**	**an Bank**	**1.200,00 €**

2 Muster-AUFGABE

Spediteur Saarstedt entnimmt 144,00 € aus der Kasse, um das Abonnement einer Hobbyzeitschrift bar zu bezahlen.

Buchungssatz **2**:

LÖSUNG

Privatkonto	**144,00 €**	**an Kasse**	**144,00 €**

Spediteur Saarstedt gewinnt beim Lotto 2.750,00 € und bringt diesen Gewinn bar in das Unternehmen ein.

Buchungssatz 3:

3 Muster-AUFGABE

LÖSUNG

Kasse	**2.750,00 €**	**an Privatkonto**	**2.750,00 €**

Ermitteln Sie unter Berücksichtigung der Musteraufgabe 1 bis 3 den Jahresgewinn, wenn während der Rechnungsperiode 445.000,00 € Erträge und 432.000,00 € Aufwendungen entstanden sind. Das Eigenkapital betrug zu Beginn der Rechnungsperiode 205.000,00 €.

4 Muster-AUFGABE

LÖSUNG

Soll **Privatkonto** Haben

Soll		Haben	
1	1.200,00	3	2.750,00
2	144,00		
EK	1.406,00		
	2.750,00		**2.750,00**

Soll **GuV** Haben

Soll		Haben	
Aufw.	432.000,00	Erträge	445.000,00
EK (Gew.)	13.000,00		
	445.000,00		**445.000,00**

Soll **Eigenkapital** Haben

Soll		Haben	
SB	219.406,00	AB	205.000,00
		Privat	1.406,00
		GuV (Gew.)	13.000,00
	219.406,00		**219.406,00**

FAZIT

Privatentnahmen
- Inhaber entnimmt für Privatzwecke
  – Geld – Waren – Leistungen
- Minderung des Eigenkapitals
- keine betrieblichen Aufwendungen

➡ deshalb keine Minderung des Gewinns

Privateinlagen
- Inhaber bringt aus Privatbereich ein
  – Geld – Waren
- Erhöhung des Eigenkapitals
- keine betrieblichen Erträge

➡ deshalb keine Mehrung des Gewinns

Privatentkonto
- Privatentnahme ➡ Buchung im Soll des Privatkontos
- Privateinlage ➡ Buchung im Haben des Privatkontos
- Unterkonto des Eigenkapitalkontos ➡ daher Abschluss auf das Eigenkapitalkonto
- Privatentnahmen < Privateinlagen ➡ Eigenkapital-Mehrung
- Privatentnahmen > Privateinlagen ➡ Eigenkapital-Minderung

Aufgaben zum Sachverhalt

1-5

Buchen Sie nachstehende Geschäftsfälle:

1. Ein Spediteur entnimmt der Kasse 250,00 € für private Zwecke.
2. Ein Unternehmer schenkt seiner Tochter zum 18. Geburtstag ein älteres Kurierfahrzeug mit einem Buchwert von 2.800,00 €.
3. Spediteur Frankl bringt einen bisher privat genutzten, neuwertigen Personalcomputer, Buchwert 620,00 €, in das Betriebsvermögen ein.
4. Der Inhaber überweist vom Geschäftskonto für

Löhne der Mitarbeiter	5.080,00 €	
Gehälter der Mitarbeiter	7.760,00 €	
Einkommensteuer des Inhabers	3.370,00 €	
private Lebensversicherung	620,00 €	16.830,00 €

5. Spediteur Huber erhält von seiner privaten Krankenversicherung eine Rückzahlung von 215,00 € auf dem betrieblichen Bankkonto gutgeschrieben.

8 Organisation der Speditionsbuchführung

8.1 Speditionskontenrahmen

Anforderungen an ein Kontenordnungssystem. Die Zahlen der Buchführung sind zugleich Grundlage für die Planungen und Entscheidungen der Unternehmensleitung. Wichtige Bilanz-, Aufwands- und Ertragsposten sind durch Vergleich mit den Zahlen früherer Geschäftsjahre (Zeitvergleich) sowie mit branchengleichen Betrieben (Betriebsvergleich) betriebswirtschaftlich auszuwerten. Die Buchführung mit ihren zahlreichen Konten bedarf daher einer bestimmten Ordnung, die die Konten des Speditionsbetriebes und der branchengleichen Betriebe nicht nur systematisch und detailliert sowie EDV-gerecht gliedert, sondern vor allem auch einheitlich benennt.

Der Speditionskontenrahmen, der vom **Bundesverband Spedition und Logistik (BSL)**[1] herausgegeben wurde, ist ein übersichtliches Kontenordnungssystem, das den Speditionsbetrieben zur Anwendung empfohlen wird.[2] Für das Lehrbuch „Rechnungswesen Spedition und Logistikdienstleistung" ist auf der Grundlage des vom DSLV empfohlenen Kontenrahmens ein für Schulzwecke vereinfachter Kontenrahmen erstellt worden. Dieser vereinfachte Kontenrahmen befindet sich im Anhang des Lehrbuches.

Aufbau des Speditionskontenrahmens. Der Speditionskontenrahmen ist wie alle Kontenrahmen nach dem dekadischen System (Zehnersystem) aufgebaut. Die Konten werden zunächst eingeteilt in

10 Kontenklassen von 0 bis 9

wobei die Kontenklassen 0,1 und 3 Bestandskonten ausweisen, die Kontenklassen 2, 4, 7 und 8 Erfolgskonten. Die Kontenklasse 9 steht für die Abschlusskonten (Ergebnisrechnung) zur Verfügung. Die Kontenklassen 5 und 6 sind nicht besetzt. Sie stehen für interne Zwecke zur Verfügung.

1 heute: Deutscher Speditions- und Logistikverband (DSLV)
2 Für Industriebetriebe, den Groß- und Außenhandel, den Einzelhandel und das Handwerk sowie für Banken und Versicherungen gibt es jeweils eigene Kontenrahmen.

Kontenklasse	Inhalt der Kontenklasse	Kontenart
0	**Anlage- und Kapitalkonten** Anlagevermögen, mittel- und langfristige Schulden	Bestandskonten
1	**Finanz- und Privatkonten** Umlaufvermögen, kurzfristige Schulden	Bestandskonten
2	**Abgrenzungskonten** (Diese Konten müssen für die Kosten- und Leistungsrechnung eventuell umbewertet werden.)	Erfolgskonten
3	**Vorräte**	Bestandskonten
4	**Betriebliche Kosten** (Kostenartenkonten)	Erfolgskonten
5	frei	
6	frei	
7	**Auftragsgebundene, direkt zurechenbare Speditionskosten**	Erfolgskonten
8	**Speditionserlöse**	Erfolgskonten
9	**Ergebnisrechnung**	Abschlusskonten

Speditionskontenrahmen und Kontenplan 8.2

Im Kontenrahmen lässt sich jede der **10 Kontenklassen** (einstellige Zahl) in 10 Kontengruppen (zweistellige Zahl), jede Kontengruppe in **10 Kontenarten** (dreistellige Zahl) und jede Kontenart in **10 Kontenunterarten** (vierstellige Zahl) untergliedern.

Beispiel 1:

Aus der Kontennummer 0223 erkennt man die

• Konten**klasse**	0	Anlage- und Kapitalkonten	Kontenrahmen
• Konten**gruppe**	02	Anlagen, Betriebsausstattung	
• Konten**art**	022	Fuhrpark	Kontenplan
• Konten**unterart**	0220	Lkw DD-X-426	
• Konten**unterart**	0221	Lkw DD-Y-911	
• Konten**unterart**	0222	Lkw DD-Z-455	
• Konten**unterart**	0223	Lkw DD-Z-599	

Beispiel 2:

Aus der Kontennummer 1022 erkennt man die

• Konten**klasse**	1	Finanz- und Privatkonten	Kontenrahmen
• Konten**gruppe**	10	liquide Mittel	
• Konten**art**	102	Bank	Kontenplan
• Konten**unterart**	1020	Deutsche Bank Konto 45 748 666	
• Konten**unterart**	1021	Kreissparkasse Konto 84 522 717	
• Konten**unterart**	1022	Volksbank Konto 27 414 900	
• Konten**unterart**	1023	Deutsche Verkehrs-Bank	

Der Kontenplan bildet die einheitliche Grundordnung für die Aufstellung betriebsindividueller Kontenpläne der Unternehmen einer Wirtschaftsbranche. Aus dem Kontenrahmen entwickelt jedes Unternehmen seinen eigenen Kontenplan, der auf seine besonderen Belange (Speditionsschwerpunkte, Struktur, Größe, Rechtsform) ausgerichtet ist. So lässt sich im Kontenplan eine weitere Untergliederung der Kontenarten in Kontenunterarten entsprechend den Bedürfnissen des Speditionsbetriebes vornehmen. Der Kontenplan enthält somit nur die im Unternehmen geführten Konten.

Der Kontenplan vereinfacht die Buchungen in den Konten, da die Kontenbezeichnungen durch Kontennummern ersetzt werden.

Beispiel:	*statt:*	**Privat**	**500,00 €**	**an Kasse**	**500,00 €**
	kurz:	**18/100**	**500,00 €**		

Soll	**18 Privat**		Haben
100	500,00		

Soll	**100 Kasse**		Haben
Anfangsb.	9.000,00	18	500,00

Da der Speditionskontenrahmen zugleich auch in der EDV-Buchführung verwendet wird, ist jedes Sachkonto mit einer vierstelligen Kontenzahl zu versehen.

FAZIT

Zusammenfassung: Kontenrahmen – Kontenplan

Kontenrahmen + Kontenplan:
- dienen der Vereinheitlichung und Vereinfachung der Buchungen;
- ermöglichen Zeit- und Betriebsvergleiche.

Kontenrahmen:
- ist branchenbezogen, z. B. Spedition, Industrie;
- wird für alle Unternehmen eines Wirtschaftszweiges gebildet.

Kontenplan:
- ist unternehmensbezogen,
- wird auf die speziellen betrieblichen Belange abgestimmt. Elemente aus dem Kontenrahmen werden den betrieblichen Erfordernissen angepasst.

Sachliche Abgrenzungen 9

Geschäftsbuchführung und Kosten- und Leistungsrechnung 9.1

Geschäftsbuchführung einerseits und **Kosten- und Leistungsrechnung** andererseits haben teilweise unterschiedliche Zielsetzungen. So sind in der Geschäftsbuchführung alle Aufwendungen und Erträge zu erfassen, wobei diese Aufwendungen und Erträge unverändert oder mit einem anderen Wertansatz oder gar nicht in die Kosten- und Leistungsrechnung eingehen.

Die **Geschäftsbuchführung** nach HGB ist unternehmensbezogen, das heißt, es werden alle Aufwendungen und Erträge erfasst, unabhängig davon, ob sie zum Betriebszweck (= Speditionsbetrieb) gehören oder nicht.

Die **Kosten- und Leistungsrechnung** ist betriebsbezogen, das heißt, es werden lediglich Vorgänge berücksichtigt, die zum Betriebszweck (Speditionstätigkeit) gehören.

Beispiel: Spedition Zuverlässig spendet zu Weihnachten 5.000,00 € für ein SOS-Kinderdorf. Diese Spende stellt in der Geschäftsbuchführung eine Aufwendung dar. In der Kosten- und Leistungsrechnung werden diese Aufwendungen nicht erfasst, weil sie nicht aus Speditionstätigkeit herrühren, also nicht betrieblich bedingt sind.

Geschäftsbuchführung (unternehmenbezogen)	Kosten- und Leistungsrechnung (betriebsbezogen)
Aufwendungen	**Kosten**
• gesamter Werteverzehr eines Unternehmens	• tatsächlicher Werteverzehr des Betriebes
• Aufwendungen vermindern das Eigenkapital.	• Kosten vermindern das Betriebsergebnis.
• Aufwendungen sind immer mit Ausgaben verbunden.	• Kosten können in gleicher Höhe Aufwendungen und Ausgaben sein. • Kosten können in anderer Höhe als Ausgaben anfallen (z. B. kalkulatorische Abschreibungen). • Kosten können keinerlei Ausgaben verursachen (z. B. kalkulatorischer Unternehmerlohn).
Erträge	**Leistungen**
• Erträge sind alle erfolgswirksamen Wertzuflüsse in das Unternehmen.	• Leistungen sind alle betriebsbezogenen Wertzuflüsse.
• Erträge erhöhen das Eigenkapital.	• Leistungen erhöhen das Betriebsergebnis.

Die **Kosten- und Leistungsrechnung** greift auf die bereits in der Geschäftsbuchführung ermittelten Daten zurück. Mit ihrer Hilfe erfolgt die Kalkulation in der Kosten-und Leistungsrechnung. Um die Übernahme der Daten aus der Geschäftsbuchführung so einfach und reibungslos wie möglich zu gestalten, unterscheidet man in der Geschäftsbuchführung zwischen den Aufwandskontenklassen 2, 4 und 7.

In den **Kontenklassen 4 und 7** werden Aufwendungen erfasst, die ohne Veränderung in die Kosten- und Leistungsrechnung übernommen werden. Es handelt sich um sogenannte aufwandsgleiche Kosten oder Grundkosten bzw. Zweckaufwendungen. Bei den Kosten in der Kontenklasse 4 handelt es sich um Gemeinkosten, die dem einzelnen Speditionsauftrag nicht zugerechnet werden können. Bei den Kosten der Kontenklasse 7 handelt es sich um Einzelkosten, die dem einzelnen Speditionsauftrag zugerechnet werden können.

In der **Kontenklasse 2** werden einerseits Aufwendungen erfasst, die nicht in die Kosten- und Leistungsrechnung eingehen, weil sie nicht betriebsbezogen sind; wie z. B. Spenden. Andererseits werden in der Kontenklasse 2 Aufwendungen erfasst, die in anderer Höhe in die Kosten- und Leistungsrechnung eingehen als sie in der Geschäftsbuchführung erfasst worden sind (aufwandsungleiche Kosten), z. B.

Geschäftsbuchführung	**Bilanzmäßige Abschreibungen**	**150.000,00 €**
Kosten- und Leistungsrechnung	**Kalkulatorische Abschreibungen**	**120.000,00 €**

In Kapitel 3 der Kosten- und Leistungsrechnung „Abgrenzungsrechnung — Unternehmens- und betriebsbezogene Abgrenzung" wird dieser Sachverhalt ausführlich besprochen.

Zusammenfassung: Aufwandskontenklassen

Geschäftsbuchführung		
Abgrenzungsaufwendungen	**Betriebliche Aufwendungen Betriebskosten (Gemeinkosten)**	**Auftragsbezogene Speditionskosten (Einzelkosten)**
Kontenklasse 2	**Kontenklasse 4**	**Kontenklasse 7**
20 Außerordentliche Aufwendungen 21 Betriebs- u. periodenfremde Aufwendungen 22 Zinsen und ähnliche Aufwendungen 23 Steuern vom Einkommen und vom Ertrag 24 Sonstige Aufwendungen	40 Lohn- und Lohnnebenkosten 41 Gehalts- u. Gehaltsnebenkosten 42 Fuhrparkkosten 43 Kosten gemieteter Räume 44 Verwaltungskosten 45 Betriebliche Steuern 46 Unternehmenskosten 47 Kosten der Nebenbetriebe 48 Kalkulatorische Kosten	70 Internationale Spedition 71 Seehafenspedition 72 Luftfrachtspedition 73 Binnenschifffahrtsspedition 74 Kraftwagenspedition 75 Bahnspedition 76 Lagerei 77 Möbelspedition 78 Logistikprojekte
aufwandsungleiche Kosten	**aufwandsgleiche Kosten**	**aufwandsgleiche Kosten**
• Aufwendungen der Kontenklasse 2 müssen für die Kosten- und Leistungsrechnung umbewertet werden.	• Aufwendungen der Kontenklasse 4 werden unverändert in die Kosten- und Leistungsrechnung übernommen. • Sie können jedoch nicht dem einzelnen Speditionsauftrag zugeordnet werden.	• Aufwendungen der Kontenklasse 7 werden unverändert in die Kosten- und Leistungsrechnung übernommen. • Sie können dem einzelnen Speditionsauftrag zugeordnet werden.

Zusammenfassung: Ertragskonten

Geschäftsbuchführung	
Abgrenzungs-erträge	**Betriebliche Erträge (Leistungen)**
Kontenklasse 2	**Kontenklasse 8**
25 Außerordentliche Erträge 26 Betriebsfremde Erträge 27 Zinserträge 28 Sonstige Erträge	80 Internationale Spedition 81 Seehafenspedition 82 Luftfrachtspedition 83 Binnenschifffahrtsspedition 84 Kraftwagenspedition 85 Bahnspedition 86 Lagerei 87 Möbelspedition 88 Logistikprojekte
• Erträge der **Kontenklasse 2** werden nicht in die Kosten-und Leistungsrechnung übernommen, da diese Erträge nicht vom Speditionsbetrieb verursacht werden.	• Erträge der **Kontenklasse 8** werden unverändert in die Kosten- und Leistungsrechnung übernommen.

9.2 Aufwendungen und Erträge der Kontenklasse 2 und ihre Behandlung in der Geschäftsbuchführung sowie in der Kosten- und Leistungsrechnung

Aufwendungen Kontenklasse 2	Erfassung in der Geschäftsbuchführung?	Erfassung in der Kosten- und Leistungsrechnung?
20 Außerordentliche Aufwendungen	Ja, da Aufwendungen	Nein, da nicht betriebsbezogen
21 210 Betriebsfremde Aufwendungen	Ja, da Aufwendungen	Nein, da nicht betriebsbezogen
211 Periodenfremde Aufwendungen	Ja, da Aufwendungen	Nein, da nicht betriebsbezogen
22 Zinsen und ähnliche Aufwendungen 220 Zinsen 224 Diskont	Ja, in bezahlter Höhe, als tatsächlicher Zinsaufwand	Ja, aber in anderer Höhe (als kalkulatorische Zinsen)

Aufwendungen Kontenklasse 2	Erfassung in der Geschäftsbuchführung?	Erfassung in der Kosten- und Leistungsrechnung?
24 Sonstige Aufwendungen 240 Abgänge aus Anlagevermögen 242 Grundstücks- und Gebäudeaufwendungen 245 Abschreibungen auf Forderungen 247 Bilanzmäßige Abschreibungen	 Ja, mit gebuchtem Aufwand Ja, mit gebuchtem Aufwand Ja, mit gebuchtem Aufwand Ja, mit gebuchtem Aufwand	 Nein, da nicht betrieblich bedingt Nein, da nicht betrieblich bedingt Nein, da nicht betrieblich bedingt Ja, aber in anderer Höhe als kalkulatorische Abschreibung
Auswirkung	**Gebuchter Aufwand mindert den steuerpflichtigen Gewinn der Geschäftsbuchführung**	**Kosten vermindern das Betriebsereignis**

Erträge der Kontenklasse 2	Erfassung in der Geschäftsbuchführung?	Erfassung in der Kosten- und Leistungsrechnung?
25 Außerordentliche Erträge	Ja, da Ertrag	Nein, da nicht betriebsbezogen
26 Betriebs- und periodenfremde Erträge 260 Betriebsfremde Erträge 261 Periodenfremde Erträge	 Ja, da Ertrag Ja, da Ertrag	 Nein, da nicht betriebsbezogen Nein, da nicht betriebsbezogen
27 Zinserträge	Ja, da Ertrag	Nein, da nicht betriebsbezogen
28 Sonstige Erträge 280 Grundstückserträge 288 Erträge aus Anlageverkäufen 289 Erträge aus der Auflösung von Rückstellungen	 Ja, da Ertrag Ja, da Ertrag Ja, da Ertrag	Nein, da nicht betriebsbezogen, d. h. nicht vom Betrieb verursacht.
Auswirkung	**Gebuchter Ertrag erhöht den steuerpflichtigen Gewinn der Geschäftsbuchführung**	**Diese Erträge gehen nicht in die Kosten- und Leistungsrechnung ein.**

Aufgaben zum Sachverhalt

1

Begründen Sie, ob nachstehende Vorgänge in Kontenklasse 2, 4, 7 oder 8 gebucht werden.

a) Lohnzahlung
b) Zinszahlung
c) Eingangsrechnung des Lkw-Frachtführers
d) Bilanzmäßige Abschreibungen auf Fuhrpark
e) Ausgangsrechnung für Lkw-Speditionsleistung
f) Eingangsrechnung des Luftfrachtführers
g) Zinsgutschrift
h) Ausgangsrechnung für Luftfrachtspeditionsleistung

2

In welcher Kontenklasse werden

a) Aufwendungen erfasst, die in gleicher Höhe in die Kosten- und Leistungsrechnung eingehen und dem einzelnen Speditionsauftrag zugeordnet werden können?
b) Aufwendungen erfasst, die nicht oder in anderer Höhe in die Kosten- und Leistungsrechnung eingehen?
c) Erträge gebucht, die vom Speditionsbetrieb verursacht worden sind?
d) Aufwendungen erfasst, die in gleicher Höhe in die Kosten- und Leistungsrechnung eingehen und dem einzelnen Speditionsauftrag nicht zugeordnet werden können?
e) Erträge gebucht, die nicht vom Speditionsbetrieb verursacht worden sind?

Speditionsaufwand – Speditionsertrag 10

Sämtliche Aufwendungen und Erträge, die während einer Rechnungsperiode entstehen, bestimmen den Erfolg (Gewinn/Verlust) des Speditionsbetriebes.

Speditionsaufwand 10.1

Bei der Besorgung von Speditionsaufträgen entstehen **zwei Arten von Aufwendungen:**

- Eine **Aufwendung ist einem bestimmten Speditionsauftrag direkt zurechenbar.** Die Spedition erhält eine Rechnung eines anderen Unternehmens, da sie zur Besorgung des Speditionsauftrages fremde Leistungen einkauft. Dieser Aufwand entsteht **außerhalb** des Speditionsunternehmens und ist **auftragsgebunden.** Die auftragsgebundenen Speditionskosten werden in der Kontenklasse 7 erfasst.

  Beispiele für auftragsgebundene Speditionskosten:

  - Eingangsrechnung der Deutschen Bahn AG für erbrachten Transport
  - Eindeckung eines Auftrages mit Speditionsversicherung und Abführung der Speditionsversicherungsprämie
  - Ausführung eines Transportes durch fremden Frachtführer
  - Stundung von Zöllen aus einem Importauftrag

- Eine **Aufwendung ist keinem bestimmten Speditionsauftrag zurechenbar.** Die Spedition erbringt mit ihren Mitarbeitern „reine" Speditionsleistungen oder Frachtführerleistungen im Selbsteintritt. Der dabei **innerhalb** des Speditionsunternehmens entstehende Aufwand (z. B. Gehälter) lässt sich nicht einem bestimmten Speditionsauftrag zurechnen. Dieser Aufwand stellt **Betriebskosten** dar. Die Betriebskosten werden in der Kontenklasse 4 erfasst.

  Beispiele für Betriebskosten:

  - Fahrerlöhne
  - Kfz-Versicherungen
  - Kfz-Steuern
  - Mieten

AUFGABEN zum Sachverhalt **1-4**

1 **Erklären Sie den Unterschied zwischen auftragsgebundenen Speditionskosten und Betriebskosten.**

2 **Beschreiben Sie Maßnahmen, die ein Speditionsbetrieb zur Erhöhung seines Reingewinnes ergreifen kann.**

3 **Erklären Sie, ob folgende Aufwendungen zu den auftragsgebundenen Aufwendungen oder den Betriebskosten gerechnet werden.**

a) Abbuchungsbeleg der Lagermiete
b) Waggonmietgebühr der Railion AG
c) Treibstoffverbrauch
d) Transportversicherungsprämienabrechnung unseres Versicherungsmaklers
e) Konsulatsgebühren
f) Büromaterialverbrauch
g) Kfz-Steuern
h) Eingangsrechnung für Lagerleistungen
i) Liegegeld für Binnenschiff „Elbvogel"
j) Eingangsrechnung für Frachtführerleistungen
k) Wiegegeld
l) Abbuchung von Hafengebühren
m) Eingangsrechnung für Binnenschifffahrtsfrachten
n) Zollbescheid für Importauftrag koreanischer Produkte
o) Containermieten der Reederei „Safety & Fast"
p) Bescheid über Eingangsabgaben griechischer Produkte
q) Eingangsrechnung für Seeschiffsfrachten der Reederei „Safety & Fast"

4 Spedition Hasler GmbH hatte im vergangenen Geschäftsjahr folgende Leistungen und Kosten verbucht:

Miete 72.000,00 €; Lkw-Frachtvorlagen 103.000,00 €; Gehälter 252.000,00 €; Einnahmen aus Hausfrachten 189.000,00 €; verauslagte Bahnfrachten 32.000,00 €; Einnahmen aus Bahnspedition 46.000,00 €; Einnahmen aus internationaler Spedition 267.000,00 €; Zollvorlagen 37.000,00 €

a) Ermitteln Sie den Gewinn für das Geschäftsjahr rechnerisch.

b) Ermitteln Sie den Gewinn mithilfe folgender Konten: Bahnspeditionskosten; Bahnspeditionsleistungen; Gehälter, Internationale Speditionskosten; Internationale Speditionsleistungen; Kraftwagenspeditionsleistungen; Kraftwagenspeditionskosten; Mietaufwand; GuV-Konto.

11 Die Umsatzsteuer

11.1 Das System der Umsatzsteuer

Die Umsatzsteuer ist steuerrechtlich eine Verkehrsteuer, der genau bestimmte wirtschaftliche Vorgänge unterliegen. Alle umsatzsteuerpflichtigen Vorgänge sind im Umsatzsteuergesetz (UStG) geregelt:

GESETZ

§ 1 UStG

Nach **§ 1 UStG** unterliegen folgende Lieferungen der Umsatzsteuer:
- **Lieferungen und sonstige Leistungen,** die ein Unternehmer im Inland gegen Entgelt im Rahmen seines Unternehmens ausführt.
- **Einfuhr** von Gegenständen aus dem Drittlandsgebiet in das Zollgebiet (Einfuhrumsatzsteuer)
- **Innergemeinschaftlicher Erwerb**

§ 3 UStG

Nach **§ 3 UStG** unterliegt eine **unentgeltliche Wertabgabe** der Umsatzsteuer:

- **Sachentnahme:** Entnahme eines Gegenstandes für private Zwecke (§ 3 Abs. 1 b UStG)
  Beispiele: Privatentnahme von Treibstoff, Reifen, Büro- und Geschäftsausstattung
- **Leistungsentnahme:** Verwendung eines Gegenstandes für private Zwecke (§ 3 Abs. 9 a UStG)
  Beispiel: private Nutzung eines betrieblichen Fahrzeuges

Mehrwert: Die meisten Waren durchlaufen mehrere Produktionsstufen und Dienstleistungsunternehmen, bis sie von der Urerzeugung über Veredelung und Handel zum Letztverbraucher kommen. Auf jeder Stufe dieses Warenweges wird die Ware bearbeitet, manipuliert, transportiert, gelagert und dadurch **mehr wert** (wertvoller). Neben den Unternehmen, die direkt mit der Produktion (Industrie) und Verteilung (Handel) befasst sind, tragen auch die an der Produktion und Distribution beteiligten Verkehrsunternehmen (Frachtführer und Spediteure) zur Wertschöpfung bei. Jede Dienstleistung erzeugt einen **Mehrwert.** Der Mehrwert des einzelnen Unternehmens berechnet sich als die Differenz zwischen dem Verkaufspreis ihrer Dienstleistung und dem Einkaufspreis dieser Dienstleistung. Beispielsweise kauft ein Spediteur häufig Dienstleistungen (Transportleistungen) bei Frachtführern ein. Diese Transportleistungen stellt ihm der Frachtführer in Rechnung. Der Spediteur stellt seinem Auftraggeber genau diese Dienstleistung teurer in Rechnung, da er seine eigene erbrachte Dienstleistung (Speditionsleistung) zusätzlich berechnet.

Mehrwertbesteuerung: Da nach § 1 UStG alle Lieferungen und sonstigen Leistungen eines Unternehmens umsatzsteuerpflichtig sind, unterliegen sowohl Transportleistungen als auch Speditionsleistungen der Umsatzsteuer. Der **allgemeine Steuersatz beträgt 19 %,** der ermäßigte Steuersatz 7 %[1] für die im § 12 des UStG bestimmten Warengruppen.

1 Muster-AUFGABE

Spedition Knoll KG erhält von der Mabau AG den Auftrag, den Transport eines zylindrischen Tankes (Länge 12,80 m, Durchmesser 3,50 m) zu besorgen. Da Spedition Knoll keinen geeigneten Lkw besitzt, vergibt sie den Auftrag für 4.200,00 € + 19 % USt an den Schwergutunternehmer Knobel. Mit ihrem Auftraggeber rechnet die Knoll KG 4.800,00 € + 19 % USt ab.

Bestimmen Sie den Mehrwert.

LÖSUNG

	Nettobetrag	+	19 % Umsatzsteuer	=	Bruttobetrag
AR	4.800,00 €	+	912,00 €	=	5.712,00 €
ER	4.200,00 €	+	798,00 €	=	4.998,00 €
Mehrwert	**600,00 €**	+	114,00 €	=	714,00 €

Der Differenzbetrag zwischen Bruttoeinkaufs- und Bruttoverkaufspreis (714,00 €) setzt sich zusammen aus dem Mehrwert 600,00 € und der darauf entfallenden Umsatzsteuer (19 % von 600,00 € = 114,00 €).

MERKE

- **Mehrwert = Nettoverkaufspreis – Nettoeinkaufspreis.**
- **Jeder Unternehmer hat den auf seiner Umsatzstufe erwirtschafteten Mehrwert zu versteuern.**

1 u. a. Lebensmittel, Bücher, Zeitungen, Originalkunstwerke, Hoteldienstleistungen

Zahllast: Jeder Unternehmer muss die Umsatzsteuer für seinen erwirtschafteten Mehrwert an den Staat abführen. Dieser Betrag (im Beispiel 114,00 €) ist seine Zahllast. Der Nettoverkaufspreis eines Produktes entspricht der Summe der Mehrwerte aller beteiligten Industrie-, Handels- und Dienstleistungsbetriebe. Die Summe aller auf den einzelnen Umsatzstufen anfallenden Zahllasten ergibt die Umsatzsteuer, die auf den Nettoverkaufspreis entfällt.

2 Muster-**AUFGABE**

Ein Holzgroßhändler kauft bei einem Sägewerk für 100,00 € netto Holz ein und verkauft es für 150,00 € netto an einen Palettenhersteller, der daraus 30 Paletten herstellt. Ein Palettenhändler kauft die Paletten für netto 250,00 € ein und verkauft sie für 10,00 € netto je Palette an einen Spediteur weiter.

Berechnen Sie den Mehrwert auf jeder Stufe.

LÖSUNG

Unternehmen	Holzgroßhändler		Palettenhersteller		Palettenhändler	
	ER	AR	ER	AR	ER	AR
Nettobetrag + 19 % USt	100,00 € 19,00 €	150,00 € 28,50 €	150,00 € 28,50 €	250,00 € 47,50 €	250,00 € 47,50 €	300,00 € 57,00 €
= Bruttobetrag	119,00 €	178,50 €	178,50 €	297,50 €	297,50 €	357,00 €
Mehrwert	150,00 € – 100,00 € = **50,00 €**		250,00 € – 150,00 € = **100,00 €**		300,00 € – 250,00 € = **50,00 €**	
Summe der Mehrwerte	**200,00 €**					
Zahllast (19 % USt aus den Mehrwerten bzw. USt – VSt)	28,50 € – 19,00 € = **9,50 €**		47,50 € – 28,50 € = **19,00 €**		57,00 € – 47,50 € = **9,50 €**	
USt insges.	19 % von 200,00 € = **38,00 €**					

MERKE

- Auf jeder Produktions- und Dienstleistungsstufe entsteht eine Wertschöpfung (Mehrwert).
- Mehrwert = Nettoverkaufspreis – Nettoeinkaufspreis.
- Jeder Unternehmer muss die Umsatzsteuer (Zahllast) seiner Umsatzstufe ans Finanzamt abführen.

Vorsteuerabzug: Jeder Unternehmer belastet seinen Kunden mit der von ihm ans Finanzamt abzuführenden Umsatzsteuer. Dies bedeutet, dass beim Einkauf von Waren oder Dienstleistungen der Auftraggeber (z. B. Spediteur) vom Verkäufer der Ware oder einer Dienstleistung (z. B. Frachtführer) mit der vom Frachtführer ans Finanzamt abzuführenden Umsatzsteuer belastet wird. Da auf jeder Produktions- oder Dienstleistungsstufe nur der Mehrwert besteuert wird, muss der jeweilige Unternehmer die in der Ausgangsrechnung ausgewiesene Umsatzsteuer nicht in voller Höhe ans Finanzamt abführen. Er darf die ihm in der Eingangsrechnung von seinem Lieferanten in Rechnung gestellte Umsatzsteuer als Vorsteuer von seiner Steuerschuld abziehen.

3 Muster-AUFGABE

Spedition Knoll KG erhält von der Chemo AG den Auftrag, den Transport von 17,35 t kleinförmigem Kunststoffgranulat zu besorgen. Die Knoll KG vergibt den Auftrag für 1.200,00 € + 228,00 € USt an Frachtführer Hahne und stellt der Chemo AG 1.500,00 € + 285,00 € USt in Rechnung.

Berechnen Sie den Mehrwert der Spedition Knoll KG sowie deren Zahllast.

LÖSUNG

Unternehmen	Frachtführer	Spediteur		Chemo AG
	AR	ER	AR	ER
Nettobetrag + 19 % USt	1.200,00 € 228,00 €	1.200,00 € 228,00 €	1.500,00 € 285,00 €	1.500,00 € 285,00 €
= Bruttobetrag	1.428,00 €	1.428,00 €	1.785,00 €	1.785,00 €
Mehrwert der Spedition		1.500,00 € – 1.200,00 € = **300,00 €**		
Zahllast der Spedition		19 % von 300,00 € = **57,00 €**		

Zahllast: Die Steuerschuld des Steuerpflichtigen, die Zahllast, berechnet sich wie folgt:

Umsatzsteuer aus dem Verkauf einer Speditionsleistung (AR)	285,00 €
– **Vorsteuer** aus dem Einkauf einer Leistung (ER)	228,00 €
= **Zahllast** der Spedition (USt-Schuld an das Finanzamt) ...	57,00 €

MERKE

- **Berechnung der Zahllast**

  Umsatzsteuer (Verbindlichkeit an das Finanzamt)
  – **Vorsteuer (Forderung an das Finanzamt)**
  = **Zahllast** (tatsächliche Steuerschuld)

- **Die Zahllast entspricht der Besteuerung des Mehrwertes.**

Durchlaufende Posten: Die Umsatzsteuer, die beim Verkauf einer Speditionsleistung anfällt, wird dem Auftraggeber in Rechnung gestellt und stellt eine Schuld (unseres Auftraggebers) an das Finanzamt dar. Diese Schuld belastet die Spedition nicht. Die vom Spediteur an seinen Lieferanten bezahlte Umsatzsteuer (Vorsteuer aus der Eingangsrechnung) hingegen stellt eine Forderung an das Finanzamt dar und wird vom Finanzamt dem Spediteur „gutgeschrieben". Dadurch wird die Umsatzsteuer für den einzelnen Unternehmer zu einem durchlaufenden Posten, denn sie verursacht ihm keine Kosten. Sie wird vollständig an den Auftraggeber abgewälzt und schließlich trägt der Endverbraucher voll die Umsatzsteuer.

MERKE

- **Der Endverbraucher trägt die gesamte Umsatzsteuer.**
- **Die Umsatzsteuer ist für die Unternehmen kostenneutral.**
- **Die Umsatzsteuer ist für die Unternehmen ein durchlaufender Posten.**
  - **Sie wird gänzlich von den Auftraggebern (Kunden) bezahlt (USt der AR).**
  - **Gezahlte Vorsteuer wird vom Finanzamt gänzlich erstattet (USt der ER).**

Bemessungsgrundlage für die Berechnung der Umsatzsteuer ist das gezahlte Nettoentgelt. Bei Lieferungen und sonstigen Leistungen umfasst das Entgelt alles, was der Leistungsempfänger (Warenempfänger) aufwendet, um die Leistung zu erhalten abzüglich der Umsatzsteuer, beim Eigenverbrauch der Nettoeinkaufspreis und alle angefallenen Nebenkosten.

Verrechnung der Umsatzsteuer und Vorsteuer: Die Zahllast ist spätestens 10 Tage nach Ablauf des Kalendermonats an das Finanzamt abzuführen. Besteht ein Vorsteuerüberhang (die Vorsteuer eines Monats ist höher als die Umsatzsteuer dieses Monats), erstattet das Finanzamt die überschüssige Vorsteuer.

Ausweis der Umsatzsteuer: Unternehmer müssen
- die Umsatzsteuer bei Rechnungen grundsätzlich ausweisen,
- bei Kleinbetragsrechnungen bis 100,00 € (nur) die Höhe des Steuersatzes angeben,
- bei Rechnungen über 100,00 € die Umsatzsteuer gesondert in der Rechnung ausweisen.

11.2 Buchung der Vorsteuer und der Umsatzsteuer

11.2.1 Buchung von Eingangs- und Ausgangsrechnungen

Muster-**AUFGABE**

Spedition Knoll KG erhält von den Chemischen Werken Stuttgart AG den Auftrag, den Transport von 12,7 t Gefahrgut in Fässern von Stuttgart nach Dresden zu besorgen. Die Knoll KG vergibt den Auftrag für 1.700,00 € + 323,00 € USt an den Fernverkehrsunternehmer Rabold. Knoll stellt den Chemischen Werken Stuttgart AG 1.900,00 € + 361,00 € USt in Rechnung.

Buchen Sie diese Eingangs- und Ausgangsrechnung bei der Spedition Knoll KG.

LÖSUNG

BUCHUNGEN BEI DER SPEDITION KNOLL KG

Eingangsrechnung

1	74	KW-Sped. . .	1.700,00 €
	1457	VSt	323,00 €
		an 16 Verb.	2.023,00 €

Die in der Eingangsrechnung ausgewiesene Umsatzsteuer, die **Vorsteuer**, ist eine Forderung an das Finanzamt und wird deshalb im Soll des Aktivkontos Vorsteuer gebucht.

Ausgangsrechnung

2	1400	Ford. a. LL . .	2.261,00 €
		an 84 KW-Sped.	1.900,00 €
		1669 USt	361,00 €

Die in der Ausgangsrechnung ausgewiesene **Umsatzsteuer** ist eine Verbindlichkeit an das Finanzamt und wird deshalb im Haben des Passivkontos Umsatzsteuer gebucht.

BUCHUNG AUF T-KONTEN

Buchung der Eingangsrechnung

Soll	74 Kraftwagenspedition	Haben
1 Verb. a. LL 1.700,00		

Soll	1457 VSt	Haben
1 Verb. a. LL 323,00		

Soll	1600 Verb. a. LL	Haben
		1 KW-Sp/VSt 2.023,00

Buchung der Eingangsrechnung

Soll	1401 Ford. a. LL	Haben
2 KW-Sp/VSt 2.261,00		

Soll	84 Kraftwagenspedtition	Haben
		2 Ford. a. LL 1.900,00

Soll	1669 USt	Haben
		2 Ford. a. LL 361,00

Buchung der Zahllast 11.2.2

Bedingt durch den Speditionsauftrag der Chemischen Werke Stuttgart AG bucht die Knoll KG aufgrund der Eingangsrechnung (ER) eine Vorsteuer von 323,00 € und aufgrund der Ausgangsrechnung (AR) eine Umsatzsteuer von 361,00 €.

Umsatzsteuer aus der AR (= Verbindlichkeit an das Finanzamt)	361,00 €
– Vorsteuer aus der ER (= Forderung an das Finanzamt)	323,00 €
= Zahllast (= Steuerschuld an das Finanzamt)	38,00 €

Bis zum 10. des Folgemonats hat der Unternehmer seine Zahllast zu ermitteln (durch Verrechnung der Vorsteuer mit der Umsatzsteuer) und seine Steuerschuld an das Finanzamt zu überweisen.

Buchhalterische Ermittlung der Zahllast und Überweisung an das Finanzamt:

Soll	1457 Vorsteuer		Haben
1 Verb. a. LL	323,00	3 USt (Sald.)	323,00
	323,00		**323,00**

Soll	1669 Umsatzsteuer		Haben
3 VSt (Sald.)	323,00	2 Ford. a. LL	361,00
4 Ba (Zahl.)	38,00		
	361,00		**361,00**

Buchhalterische Ermittlung der Zahllast:

3 1669 USt. 323,00 € an 1457 VSt. . . . . 323,00 €

Banküberweisung der ermittelten Zahllast:

3 1669 USt . . . . 38,00 € an 102 Bank . . . . 38,00 €

Hinweis: Beim Monatsabschluss des VSt- und USt-Kontos wird immer der Saldo des umsatzschwächeren Kontos auf das umsatzstärkere Konto gebucht. Bei einer höheren monatlichen Vorsteuer als Umsatzsteuer, z. B. bei Saisonbetrieben, entsteht eine Forderung an das Finanzamt.

Buchung der Umsatzsteuer am Jahresende 11.2.3

Am Ende des Geschäftsjahres ist die Zahllast in der Bilanz auszuweisen.

Ist die im Dezember gebuchte Umsatzsteuer höher als die gebuchte Vorsteuer, stellt der Saldo eine Verbindlichkeit an das Finanzamt dar und wird in der Bilanz passiviert. Ist die gebuchte Umsatzsteuer niedriger als die gebuchte Vorsteuer, stellt der Saldo eine Forderung an das Finanzamt dar und wird in der Bilanz aktiviert.

Aufgaben zum Sachverhalt

1

Eingangsrechnung der Fluggesellschaft AIA für innerdeutsche Transporte:
Nettoentgelt 4.000,00 € + 19 % USt.

2

Eingangsrechnung über einen gekauften Schreibtisch.

Nettobetrag	1.490,00 €
+ 19 % USt	283,10 €
Bruttobetrag	1.773,10 €

3-14

3 Ausgangsrechnung über erbrachte Luftfrachtspeditionsleistungen.

Nettobetrag	4.300,00 €
+ 19 % USt	817,00 €
Bruttobetrag	5.117,00 €

4 Begleichung der Eingangsrechnung der Fluggesellschaft AIA (Fall 1) per Bankscheck.

5 Bareinkauf von Büromaterial, brutto 116,62 €.

6 Für eine Lkw-Reparatur erhalten wir eine Rechnung:

Nettobetrag	3.800,00 €
+ 19 % USt	722,00 €
Bruttobetrag	4.522,00 €

7 Ausgangsrechnung an die Chemo KG für erbrachte Speditionsleistungen:

– Lkw-Speditionsleistungen:	7.200,00 €	+	1.368,00 € USt
– Lager-Speditionsleistungen:	5.350,00 €	+	1.016,50 € USt
– Bahn-Speditionsleistungen:	2.020,00 €	+	383,80 € USt

8 Das Konto Vorsteuer weist am Monatsende einen Saldo von 12.345,00 € auf, das Konto Umsatzsteuer einen Saldo von 39.775,00 €.

a) **Ermitteln Sie die Zahllast rechnerisch.**
b) **Ermitteln Sie die Zahllast buchhalterisch.**

9 Werbedrucksachen werden bar bezahlt. Bruttobetrag einschließlich 19 % USt 160,65 €.

10 Die Konten Vor- und Umsatzsteuer weisen am Monatsende folgende Beträge aus.

Vorsteuer im Soll	13.568,00 €	Umsatzsteuer im Soll	4.676,00 €
Vorsteuer im Haben	2.788,00 €	Umsatzsteuer im Haben	28.913,00 €

a) **Ermitteln Sie die Zahllast rechnerisch.**
b) **Ermitteln Sie die Zahllast buchhalterisch.**

11 Eingangsrechnung des Paketdienstes EURO-PARCEL über 2.145,00 € + 19 % USt.

12 Ausgangsrechnung über erbrachte Binnenumschlags-Speditionsleistungen: Nettoentgelt 7.860,00 € + 19 % USt.

13 Irrtümlich wurden einem Kunden Lkw-Leistungen in Höhe von 200,00 € + 19 % USt in Rechnung gestellt.

14 a) Eingangsrechnung über den Kauf von vier gleichen Schreibtischen zu je 1.800,00 € + 19 % USt.

b) Einer der gelieferten Schreibtische weist mehrere Mängel auf, sodass er wieder zurückgeschickt wird. Korrigieren Sie die unter a) gebuchte Eingangsrechnung.

c) Der Restbetrag wird unter Abzug von 2 % Skonto überwiesen.

11.3 Buchung der Umsatzsteuer bei unentgeltlicher Wertabgabe (Sachentnahme, Leistungsentnahme)

GESETZ

§ 1 UStG	Der Umsatzsteuer unterliegen die folgenden Umsätze: die Lieferungen und sonstige Leistungen, die ein Unternehmer im Inland gegen Entgelt im Rahmen seines Unternehmens ausführt.
§ 3 Abs. 1 b UStG	Einer Lieferung gegen Entgelt werden gleichgestellt die Entnahme eines Gegenstandes durch einen Unternehmer aus seinem Unternehmen für Zwecke, die außerhalb des Unternehmens liegen.
§ 3 Abs. 9 a UStG	Einer sonstigen Leistung gegen Entgelt werden gleichgestellt die Verwendung eines dem Unternehmen zugeordneten Gegenstandes, [...], durch einen Unternehmer, für Zwecke, die außerhalb des Unternehmens liegen. [...]

Das Umsatzsteuerrecht unterscheidet bei der unentgeltlichen Wertabgabe an den Unternehmer in

- Entnahme von **Gegenständen für private Zwecke (Sachentnahme).**
  Beispiele: Zum Beispiel Waren des Nebenbetriebes, Vorräte wie Treibstoff, Reifen, Ersatzteile, Heizöl
- Verwendung eines **Gegenstandes für private Zwecke (Leistungsentnahme).**
  Beispiele: Nutzung eines betrieblichen Fahrzeuges oder des Betriebscomputers

Die **unentgeltliche Wertabgabe unterliegt** – wie die Lieferung von Gegenständen und Leistungen an Dritte – **der Umsatzsteuer**, denn der Unternehmer ist Endverbraucher. **Unentgeltliche Wertabgaben sind** als **Privatentnahmen** zu behandeln. Der Nettowert wird auf dem Ertragskonto **„891 Entnahme“** gebucht. Soweit in der Praxis erforderlich, kann eine weitere Unterteilung in **„(Geld-)Entnahme“**[1] sowie in **„Unentgeltliche Wertabgabe“**[2] erfolgen, wobei die unentgeltlichen Wertabgaben weiter unterteilt werden können in „Sachentnahme (Gegenstände)“, „Verwendungsentnahme“ und „Leistungsentnahme“.

1 Muster-AUFGABE

Transport von Baumaterial zur Privatbaustelle des Inhabers mit Betriebsfahrzeugen, insgesamt Nettofracht 1.350,00 €.

LÖSUNG

Buchungssatz:

18 Privatkonto .... (Bruttowert = 119 %)	**1.606,50 €**	**an**	**891 Entnahmen** .... (Nettowert = 100 %)	**1.350,00 €**
			1669 Umsatzsteuer .... (19 %)	**256,50 €**

2 Muster-AUFGABE

Spediteur Fiebig nutzt einen betrieblichen Lieferwagen zu 20 % privat. Die im Geschäftsjahr gebuchten Treibstoffkosten betragen 9.000,00 €.

LÖSUNG

Buchungssatz:

18 Privatkonto .... (Bruttowert = 119 %)	**2.142,00 €**	**an**	**891 Entnahmen** .... (Nettowert = 100 %)	**1.800,00 €**
			1669 Umsatzsteuer .... (19 %)	**342,00 €**

640377

1 ohne Bewertungsprobleme, da Wert in Euro festgelegt 2 mit Bewertungsproblemen (z. B. Tageswert, Buchwert)

MERKE

1. Unentgeltliche Wertabgabe liegt vor
   - bei Entnahme von Gegenständen für Privatzwecke,
   - bei privater Nutzung von Betriebsgegenständen,
   - bei der Inanspruchnahme betrieblicher Dienstleistungen.
2. Die unentgeltliche Wertabgabe unterliegt der Umsatzsteuer.

Aufgaben zum Sachverhalt

1

1 Buchen Sie die Geschäftsfälle.

a) Banküberweisung der Miete für ein Lagergebäude 4.800,00 €, für die Privatwohnung 1.900,00 €.

b) Spediteur Kaiser entnimmt für eine Urlaubsreise 2.500,00 € bar.

c) Einlage des Inhabers auf Bankkonto des Betriebes 5.000,00 €.

d) Die bereits gebuchten Fuhrparkkosten für einen Geschäftswagen betragen für die letzte Abrechnungsperiode 12.000,00 €. Die private Nutzung beträgt 25 %.

e) Privatentnahme in bar 800,00 €.

2-4

2 Welcher Zusammenhang besteht zwischen Gewinn und Privatentnahmen?

3 Begründen Sie, weshalb die unentgeltliche Wertabgabe umsatzsteuerpflichtig ist.

4 Stellen Sie die Konten GuV, Privat und Eigenkapital auf und schließen Sie diese Konten ab.

Privatentnahmen in bar 34.000,00 €; Privatentnahme von Treibstoffen 2.000,00 € netto; der Spediteur bringt seinen Privat-Pkw in das Geschäftsvermögen ein: 15.000,00 €; gesamter Aufwand während der Rechnungsperiode 172.000,00 €; Umsatzerlöse 190.000,00 €; Eigenkapital 180.000,00 €.

12 Buchungen im Sachanlagebereich

GESETZ

§ 247 HGB

(1) In der Bilanz sind das Anlage- und das Umlaufvermögen, das Eigenkapital, die Schulden sowie die Rechnungsabgrenzungsposten gesondert auszuweisen und hinreichend aufzugliedern.

(2) Beim Anlagevermögen sind nur die Gegenstände auszuweisen, die bestimmt sind, dauernd dem Geschäftsbetrieb zu dienen.

Das Anlagevermögen eines Speditionsbetriebes umfasst alle Vermögensgegenstände, die dazu bestimmt sind, dauernd (langfristig) dem Geschäftsbetrieb zu dienen. Dazu zählen nach § 266 HGB vor allem die Sachanlagen

- Grundstücke und Gebäude,
- Motorfahrzeuge (Fuhrpark),
- Geschäftsausstattung.
- Transportanlagen und -geräte,
- Anhänger/Container/Wechselbehälter,

Anschaffung von Anlagegütern 12.1

Vgl. § 253 Abs. 1 HGB	Gegenstände des Anlagevermögens sind zum Zeitpunkt der Beschaffung mit ihren Anschaffungskosten auf dem entsprechenden Anlagekonto zu aktivieren.
§ 255 Abs. 1 HGB	**Anschaffungskosten** sind die Aufwendungen, die geleistet werden, um einen Vermögensgegenstand zu erwerben und ihn in einen betriebsbereiten Zustand zu versetzen. **Anschaffungspreisminderungen** sind abzusetzen.

GESETZ

Die **Anschaffungskosten** sind folgendermaßen zu berechnen:

	Anschaffungspreis (ohne Umsatzsteuer)
+	Anschaffungsnebenkosten
–	Anschaffungspreisminderungen
=	Anschaffungskosten (Bemessungsgrundlage für die Abschreibungen)

Anschaffungspreis

Der Anschaffungspreis ist der Nettopreis des Anlagegutes. Die in Rechnung gestellte Vorsteuer stellt einen durchlaufenden Posten dar (vgl. Kapitel 11) und zählt deshalb nicht zu den Anschaffungskosten. Ebenso wird die Vorsteuer bei den Anschaffungsnebenkosten nicht berücksichtigt.

Anschaffungsnebenkosten

Anschaffungsnebenkosten sind alle Aufwendungen, die bei Anschaffung des Anlagegutes neben dem Anschaffungspreis gleichzeitig oder nachträglich anfallen. Sie sind als wichtiger Bestandteil der Anschaffungskosten zu aktivieren.[1] Typische Anschaffungsnebenkosten sind:

- Überführungskosten, Zulassungskosten und Zölle beim Kauf eines Kraftfahrzeugs,
- Transportkosten für gekaufte Anlagegüter,
- Fundamentierungs- und Montagekosten, Zölle beim Kauf von Maschinen,
- Notargebühren, Maklerprovision und Grunderwerbsteuer beim Erwerb von Grundstücken und Gebäuden,
- Maklerentgelte und Bankprovisionen beim Erwerb von Wertpapieren.

Das Steuerrecht schreibt die Aktivierung der Anschaffungsnebenkosten vor, um sie über die späteren Abschreibungen als Aufwand auf die gesamte Nutzungsdauer des Anlagegutes zu verteilen. Somit werden die Erfolgsrechnungen der einzelnen Nutzungsjahre gleichmäßig belastet.

Anschaffungspreisminderungen

Anschaffungspreisminderungen stellen alle Preisnachlässe dar, die beim Erwerb des Anlagegutes sofort oder nachträglich gewährt werden, wie Rabatte, Boni und Skonti und andere Minderungen (Preisgutschriften).

Bei sofortiger Rabattgewährung, also beispielsweise bereits auf der Eingangsrechnung ausgewiesene Rabatte, wird der Rabatt nicht gebucht (vgl. Musteraufgabe 2).

1 aktivieren = der Aktiva zuführen, beim Vermögen erfassen

	Beispiele:
Anschaffungspreis	• Netto-Kaufpreis (ohne Umsatzsteuer)
+ Anschaffungsnebenkosten	• Bezugskosten, Zölle • Zulassungskosten • Grunderwerbsteuer • Notargebühren • Maklerprovision • Montage • Sonderlackierung
+ nachträgliche Anschaffungskosten	• Umbau • Ausbau • Zubehöranteile für Anlagen
− Anschaffungspreisminderungen	• Skonto • Rabatt • Bonus • Gutschrift
= Anschaffungskosten	

1
Muster-
AUFGABE

1 Buchen Sie die Eingangsrechnung für einen Lkw:

Listenpreis, netto	80.000,00 €
Sonderlackierung in Speditionsfarbe und Speditionslogo	8.000,00 €
Überführungskosten	1.800,00 €
Zulassungskosten	200,00 €
	90.000,00 €
+ 19 % Umsatzsteuer	17.100,00 €
= Rechnungspreis	107.100,00 €

2 Rechnungsausgleich unter 2 % Skontoabzug auf den Listenpreis (80.000,00 €) durch Banküberweisung.

LÖSUNG

Buchungssatz: 1

022	Fuhrpark	90.000,00 €				
1457	Vorsteuer	17.100,00 €	an	1600	Verbindl. a. LL	107.100,00 €

Buchungssatz: 2

1600	Verbindl. a. LL	107.100,00 €	an	102	Bank	105.196,00 €
				022	Fuhrpark	1.600,00 €
				1457	Vorsteuer	304,00 €

1 Überführungs- und Zulassungskosten stellen Anschaffungsnebenkosten dar und sind deshalb zu aktivieren.

2
- Die Verbindlichkeiten nehmen in voller Höhe ab (107.100,00 €).
- Das Bankkonto wird mit 107.100,00 € abzüglich 2 % Skonto vom Listenpreis zuzüglich Umsatzsteuer (1.600,00 € + 304,00 € = 1.904,00 €) belastet; also mit 105.196,00 €.
- Der Skontoabzug beträgt 2 % von 80.000,00 € = 1.600,00 €. Er stellt eine Anschaffungspreisminderung in Höhe von 1.600,00 € dar (2 % von 80.000,00 €).
- Weiterhin wird die ursprüngliche Vorsteuer um 304,00 € vermindert. Diese Steuerberichtigung ist auf der Habenseite des Vorsteuerkontos vorzunehmen.

2 Muster-AUFGABE

Buchen Sie die Eingangsrechnung für einen Gabelstapler:

Listenpreis, netto	35.000,00 €
− 8 % Rabatt	2.800,00 €
	32.200,00 €
+ Überführungskosten	800,00 €
	33.000,00 €
+ 19 % Umsatzsteuer	6.270,00 €
= Rechnungspreis	39.270,00 €

LÖSUNG

020	**Transportger.**	**33.000,00 €**			
1457	**Vorsteuer**	**6.270,00 €**	**an**	**1600 Verbindl. a. LL**	**39.270,00 €**

Der bereits auf der Eingangsrechnung ausgewiesene Rabatt wird nicht gebucht. Somit betragen die Anschaffungskosten 32.200,00 € + 800,00 € = 33.000,00 €.

Aufgaben zum Sachverhalt

1-5

1 Kauf einer Verpackungsmaschine (ER 211) zum Nettopreis von 80.000,00 € + USt, Transportkosten 2.000,00 € + USt, Montagekosten 2.600,00 € + USt.

a) **Ermitteln Sie die Anschaffungskosten des Anlagegutes.**
b) **Buchen Sie die Anschaffung der Verpackungsmaschine.**

2 Kauf eines Gabelstaplers (ER 212) zum Nettopreis von 42.000,00 €.

3 Banküberweisung für ER 212 (Fall 2). Wegen Lackierungsmängeln gewährt uns der Verkäufer 5 % Preisnachlass.

4 Siehe kapitalzusammenfassende Aufgabe auf Seite 427.

5

Kauf einer Lagerhalle am 7. Febr. .. (ER 213); Kaufpreis	500.000,00 €
+ Notargebühren	4.000,00 €
+ 19 % USt auf Notargebühren	760,00 €
+ 3,5 % Grunderwerbsteuer	17.500,00 €
	522.260,00 €

Im Kaufpreis ist der Grundstücksanteil in Höhe von 100.000,00 € enthalten.

a) **Ermitteln Sie die Anschaffungskosten der Lagerhalle.**
b) **Buchen Sie die Anschaffung der Lagerhalle.**

6

Die Lkw-Handelsgesellschaft mbH stellt uns für den Kauf eines Lastkraftwagens in Rechnung (ER 214):

Nettopreis des Lastkraftwagens lt. Preisliste	210.000,00 €
Spezialaufbau	15.000,00 €
Sonderlackierung mit Werbeaufschrift	4.800,00 €
Anhängerkupplung	2.600,00 €
Überführungskosten	1.400,00 €
Tankfüllung	500,00 €
Zulassungskosten	200,00 €
	234.500,00 €
+ 19 % USt	44.555,00 €
Rechnungspreis	279.055,00 €

Die Kraftfahrzeugsteuer über 4.350,00 € und die Haftpflichtversicherung mit 5.260,00 € werden von uns durch Banküberweisung bezahlt.

a) Begründen Sie, welche Posten Anschaffungsnebenkosten bzw. keine Anschaffungsnebenkosten sind.

b) Ermitteln Sie die Anschaffungsnebenkosten des Lastkraftwagens.

c) Buchen Sie die Anschaffung auf den entsprechenden Konten.

7

Die ER 214 (Fall 6) wird unter Abzug von 2 % Skonto auf den Nettopreis des Lastkraftwagens lt. Preisliste durch Banküberweisung beglichen.

Buchen Sie den Rechnungsausgleich.

12.2 Verkauf von Anlagegütern

Der **Verkauf von Anlagegütern** stellt einen steuerpflichtigen Umsatz dar. Grundlage für die Berechnung der Umsatzsteuer ist der Nettoverkaufspreis. Verkäufe von Grundstücken und Gebäuden sind umsatzsteuerfrei, da der Erwerber hierfür bereits eine andere Verkehrsteuer, nämlich die Grunderwerbsteuer (3,5 %[1]), zu zahlen hat.

Der Buchwert des verkauften Anlagegutes stimmt nur selten mit dem erzielten Nettoverkaufspreis überein. In der Regel sind die Nettoverkaufspreise höher oder niedriger als der Buchwert.

Ist der **Nettoverkaufspreis höher als der Buchwert**, wirkt sich der Verkauf **gewinnerhöhend** aus. Der Buchwert ist über Abschreibungen auszubuchen, da ja das verkaufte Anlagegut nicht mehr zum Speditionsbetrieb gehört. Diesem Abgang aus Anlagevermögen ist der (höhere) Nettoverkaufspreis als außerordentlicher Ertrag gegenüberzustellen. Bei höherem Ertrag als Aufwand steigt der Gewinn in der GuV.

Ist der **Nettoverkaufspreis geringer als der Buchwert**, wirkt sich der Verkauf **gewinnmindernd** aus. Der Buchwert ist wieder über Abschreibungen auszubuchen. Diesem Abgang aus Anlagevermögen ist der (geringere) Nettoverkaufspreis als Ertrag gegenüberzustellen. Bei geringerem Ertrag als Aufwand wird der Gewinn in der GuV gemindert.

Hinweis: Wegen der Umsatzsteuerverprobung in der GuV sollte der gesamte Verkaufserlös als Ertrag gebucht werden, der auch umsatzsteuerpflichtig ist. So kann später die Ertragseite der GuV mit der Umsatzsteuererklärung verprobt

1 Unterschiedliche Steuersätze in den einzelnen Bundesländern, z. B. in Berlin und Hamburg beträgt der Steuersatz 4,5 %.

werden, das heißt, der Summenwert der Erträge in der GuV mit dem Umsatzsteuersatz multipliziert ergibt die Umsatzsteuerschuld. Wird lediglich die Differenz Nettoverkaufspreis – Buchwert als Ertrag gebucht, stimmen Ertrag in der GuV und Umsatzsteuerschuld (19 % aus Ertrag der GuV) nicht überein.

Es ist empfehlenswert, die **finanzielle Transaktion** einerseits und den **Vermögensabgang** andererseits getrennt zu buchen.

Muster-AUFGABE

Ein Gabelstapler wird am 15. August für 3.000,00 € + 570,00 € USt bar verkauft. Der Buchwert beträgt 1.000,00 €.

1 Buchen Sie die finanzielle Transaktion.

2 Buchen Sie den Vermögensabgang.

3 Wie wirkt sich der Verkauf in der GuV aus?

LÖSUNG

1 Finanzielle Transaktion:

100	Kasse		3.570,00 €	
	an 288	Erträge aus Anlageverkäufen		3.000,00 €
	1669	Umsatzsteuer		570,00 €

2 Vermögensabgang:

240	Abgänge aus Anlagevermögen		1.000,00 €	
	an 020	Transportgeräte		1.000,00 €

3
- Der Verkauf ist umsatzsteuerpflichtig. In der Kontenklasse 2 werden 3.000,00 € Ertrag gebucht.
- Der Gabelstapler steht noch mit 1.000,00 € in der Buchführung. Das Fahrzeug ist vollständig auszubuchen. Folglich ist es mit 1.000,00 € abzuschreiben.
- In der GuV werden durch a) 3.000,00 € Ertrag und b) 1.000,00 € Aufwand gebucht. Insgesamt wirkt sich dieser Vorgang um 2.000,00 € gewinnerhöhend aus.

Aufgaben zum Sachverhalt

1

Ein Gabelstapler, der zum Zeitpunkt des Ausscheidens einen Buchwert von 2.500,00 € hat, wird gegen Bankscheck verkauft für

a) 4.000,00 € + USt
b) 2.500,00 € + USt
c) 2.300,00 € + USt
d) 1.500,00 € + USt

1. Ermitteln Sie die Erfolgsauswirkung in den Fällen a) bis d).
2. Bilden Sie die jeweiligen Buchungssätze.

2

Ein nicht mehr benötigter Lkw wird auf Ziel (AR 755) verkauft. Nettopreis 32.000,00 € + USt. Der Buchwert des Lkw beträgt 20.000,00 €.

a) Buchen Sie den Verkauf.
b) Wie wirkt sich der Verkauf in der GuV aus?

12.3 Inzahlungnahme von Anlagegütern

Bei Anschaffung eines neuen Anlagegutes wird oft ein gebrauchtes in Zahlung gegeben. Es ist buchhalterisch klarer, zunächst den Kauf des neuen Anlagegutes als Verbindlichkeit zu buchen. Die Gutschrift über das in Zahlung gegebene Anlagegut wird dann ebenfalls über das Konto Verbindlichkeiten gebucht. Der Saldo des Kontos Verbindlichkeiten weist dann den zu zahlenden Restkaufpreis aus.

Muster-AUFGABE

Kauf eines neuen Lkw: 80.000,00 € + USt

Ein gebrauchter Lkw, der noch mit 5.000,00 € zu Buch steht, wird mit 9.000,00 € + USt in Zahlung gegeben.

1. **Buchen Sie die Anschaffung.**
2. **Buchen Sie die Inzahlungnahme.**
3. **Buchen Sie den Rechnungsausgleich durch Banküberweisung.**
4. **Buchen Sie den Vermögensabgang.**

LÖSUNG

1. 022 Fuhrpark .... 80.000,00 €
   1457 Vorsteuer .... 15.200,00 €
   an 1600 Verbindlichkeiten a. LL .... 95.200,00 €

   Der Kauf des neuen Anlagegutes wird zunächst als Verbindlichkeit gebucht.

2. 1600 Verbindlichkeiten a. LL. .... 10.710,00 €
   an 288 Erträge aus Anlagenverk. .... 9.000,00 €
   1669 Umsatzsteuer. .... 1.710,00 €

   Die Inzahlungnahme mindert die ursprüngliche Verbindlichkeit.
   Der Verkauf stellt einen umsatzsteuerpflichtigen Ertrag dar.

3. 1600 Verbindlichkeiten a. LL. .... 84.490,00 €
   an 102 Bank .... 84.490,00 €

   Die Restverbindlichkeit wird durch Banküberweisung beglichen.

4. 240 Abgänge aus Anlagevermögen .... 5.000,00 €
   an 022 Fuhrpark. .... 5.000,00 €

Der Vermögensabgang (alter Lkw) ist zu buchen.

AUFGABEN zum Sachverhalt **1-2**

1. Ein Speditionsbetrieb kauft eine neue Telefonanlage zu netto 40.000,00 € + USt. Die alte Telefonanlage wird mit 3.000,00 € + USt in Zahlung gegeben. Restzahlung durch Banküberweisung. Buchwert 1.000,00 €.
   a) **Buchen Sie die Anschaffung.**
   b) **Buchen Sie die Inzahlungnahme.**
   c) **Buchen Sie den Rechnungsausgleich durch Banküberweisung.**
   d) **Buchen Sie den Vermögensabgang.**
2. Anschaffung und Installation einer neuen EDV-Anlage: 100.000,00 € + USt. Eine gebrauchte EDV-Anlage, die noch mit 1,00 € zu Buch steht, wird mit 12.000,00 € netto + USt in Zahlung genommen. Restzahlung erfolgt durch Banküberweisung.
   a) **Buchen Sie die Anschaffung.**
   b) **Buchen Sie die Inzahlungnahme.**
   c) **Buchen Sie den Rechnungsausgleich durch Banküberweisung.**
   d) **Buchen Sie den Vermögensabgang.**

Privatentnahme von Anlagegütern 12.4

Wird ein Anlagegut in das Privatvermögen übernommen, liegt umsatzsteuerpflichtiger Eigenverbrauch vor. Die Entnahme ist zum **Teilwert**[1] anzusetzen und unterliegt mit diesem Wert der Umsatzsteuer. Wie schon beim Verkauf von Anlagegütern ist auch bei der Entnahme von Anlagegütern empfehlenswert die **finanzielle Transaktion** einerseits und den **Vermögensabgang andererseits** getrennt zu buchen.

Muster-AUFGABE

Ein betriebseigener Pkw wird am 15. Sept. privat entnommen. Der Buchwert beträgt 3.000,00 €, der Teilwert (Marktpreis)[2] 5.000,00 €.
Die USt beträgt 19 % von 5.000,00 € = 950,00 €.

a) Buchen Sie die finanzielle Transaktion.
b) Buchen Sie den Vermögensabgang.
c) Wie wirkt sich die Entnahme in der GuV aus?

LÖSUNG

a) **Finanzielle Transaktion:**

18	Privat	5.950,00 €	
an 288	Erträge aus Anlageverk.		5.000,00 €
1669	Umsatzsteuer		950,00 €

b) **Vermögensabgang:**

240	Abgänge aus Anlagevermögen	3.000,00 €	
an 022	Fuhrpark		3.000,00 €

c) In der GuV werden durch a) 5.000,00 € Ertrag und b) 3.000,00 € Aufwand gebucht. Insgesamt wirkt sich dieser Vorgang gewinnerhöhend (2.000,00 €) aus.

- Das Privatkonto ist mit dem Teilwert zuzüglich USt zu belasten, da die Privatentnahme umsatzsteuerpflichtig ist.
- Der Pkw steht noch mit 3.000,00 € in der Buchführung. Das Fahrzeug ist vollständig auszubuchen. Folglich ist es mit 3.000,00 € abzuschreiben.

AUFGABEN zum Sachverhalt 1-3

1 Der Geschäftsinhaber schenkt seinem Sohn einen gebrauchten Pkw, der zum Betriebsvermögen gehört und zum Zeitpunkt der Entnahme mit 2.000,00 € zu Buch steht. Der Tageswert beträgt 5.000,00 €.
a) Beurteilen Sie, ob die Entnahme umsatzsteuerpflichtig ist.
b) Buchen Sie die Entnahme.
c) Wie wirkt sich dieser Vorgang auf die GuV aus?

2 Ein betriebseigener Pkw wird privat entnommen.
Der Buchwert beträgt 6.000,00 €, der Tageswert 4.000,00 €.
a) Beurteilen Sie, ob die Entnahme umsatzsteuerpflichtig ist.
b) Buchen Sie die Entnahme.
c) Wie wirkt sich dieser Vorgang auf die GuV aus?

3 Ein betriebseigener Pkw wird privat entnommen.
Der Buchwert beträgt 5.000,00 €, der Tageswert 5.500,00 €.
a) Beurteilen Sie, ob die Entnahme umsatzsteuerpflichtig ist.
b) Buchen Sie die Entnahme.
c) Wie wirkt sich dieser Vorgang auf die GuV aus?

1 Teilwert = steuerlicher Wert, kann vereinfachend mit dem Marktwert bzw. Marktpreis gleichgesetzt werden. Vgl. § 6 EStG.
2 Der Teilwert für Pkws kann mit Wertlisten (Schwacke-Liste) oder Gutachten ermittelt werden.

Nutzungsjahr	Buchwert zu Jahresbeginn	25 % degressive Abschreibung vom Buchwert	Buchwert am Jahresende
1. Jahr	60.000,00 €	15.000,00 €	45.000,00 €
2. Jahr	45.000,00 €	11.250,00 €	33.750,00 €
3. Jahr	33.750,00 €	8.437,50 €	25.312,50 €
4. Jahr	25.312,50 €	6.328,13 €	18.984,37 €
5. Jahr	18.984,37 €	4.746,09 €	14.238,28 €
6. Jahr	14.238,28 €	3.559,57 €	10.678,71 €

MERKE

1. **Die degressive Abschreibung wird mit einem gleichbleibenden Prozentsatz vom jeweiligen Buchwert vorgenommen.**
2. **Die Abschreibungsbeträge fallen von Jahr zu Jahr, sind also „degressiv".**

Vorteile der degressiven Abschreibung: Die degressive Abschreibung führt in den ersten Nutzungsjahren zu **höheren Abschreibungsbeträgen** als die lineare Abschreibung, wenn die Nutzungsdauer 4 Jahre und mehr beträgt. Der höhere Abschreibungsaufwand bewirkt eine **stärkere Minderung des steuerpflichtigen Gewinns**. Die daraus resultierenden geringeren Steuerzahlungen erhöhen die Liquidität des Unternehmens, deshalb wird die degressive Abschreibung in der Praxis bevorzugt.

Vergleich: lineare Abschreibung – degressive Abschreibung

	Lineare Abschreibung	Degressive Abschreibung
Abschreibungsbasis	immer Anschaffungskosten	immer Buchwert
Berechnung des Prozentsatzes der Abschreibung	100 % : Nutzungsdauer	Linearer Abschreibungssatz · 2,5; max. jedoch 25 %
Buchwert am Ende der Nutzungsdauer	0,00 € (vollständige Abschreibung)	Restwert (mit degressiver Abschreibung wird das Anlagegut nie vollständig abgeschrieben)
Gewinnminderung in den ersten Nutzungsjahren	geringer als bei degressiver Abschreibung	höher als bei linearer Abschreibung

GESETZ

§ 7 Abs. 3 EStG Der Wechsel von der degressiven zur linearen AfA ist steuerrechtlich erlaubt, jedoch nicht umgekehrt.

Der Wechsel von der degressiven zur linearen AfA ist aus folgenden Gründen zu empfehlen:

- Mit dem Wechsel zur linearen Abschreibung wird das Anlagegut am Ende der Nutzungsdauer voll abgeschrieben.
- Der lineare Abschreibungsbetrag ist vom Zeitpunkt des Wechsels an höher als bei fortgesetzter degressiver Abschreibung.

Der günstigste Zeitpunkt des Wechsels ist gegeben, wenn der AfA-Betrag der **linearen Restabschreibung** größer ist als bei fortgeführter **degressiver Abschreibung**. Der Restbuchwert wird dann in gleichen Beträgen auf die restlichen Nutzungsjahre verteilt.

Beispiel: Die Anschaffungskosten für einen Lkw betragen **im Jahr 2009** 60.000,00 €. Der Lkw wird 6 Jahre genutzt. Das Anlagegut kann mit $16^2/_3$ % linear oder mit 25 % degressiv abgeschrieben werden.

	Lineare AfA 1. – 6. Jahr jeweils $16\,^2/_3$ % von den Anschaffungsk.	**Degressive AfA** 1. – 6. Jahr jeweils 25 % vom Buchwert	**Übergang degressiver zu linearer Abschreibung**
Anschaffungskosten **AfA 1. Jahr**	60.000,00 € 10.000,00 €	60.000,00 € 15.000,00 €	**degressive AfA** 15.000,00 € ist höher als lineare
Buchwert Beginn 2. Jahr **AfA 2. Jahr**	50.000,00 € 10.000,00 €	45.000,00 € 11.250,00 €	lineare AfA: 45.000,00 : 5 = 9.000,00 € **degressive AfA** ist höher (11.250,00 €)
Buchwert Beginn 3. Jahr **AfA 3. Jahr**	40.000,00 € 10.000,00 €	33.750,00 € 8.437,50 €	**lineare AfA:** 33.750,00 : 4 = 8.437,50 € **lineare Abschreibung ist gleich (8.437,50 €), jetzt erfolgt der Übergang**
Buchwert Beginn 4. Jahr **AfA 4. Jahr**	30.000,00 € 10.000,00 €	25.312,50 € 6.328,13 €	25.312,50 € 8.437,50 €
Buchwert Beginn 5. Jahr **AfA 5. Jahr**	20.000,00 € 10.000,00 €	18.984,37 € 4.746,09 €	16.875,00 € 8.437,50 €
Buchwert Beginn 6. Jahr **AfA 6. Jahr**	10.000,00 € 10.000,00 €	14.238,28 € 3.559,57 €	8.437,50 € 8.437,50 €
Buchwert nach 6 Jahren	0,00 €	10.678,71 €	0,00 €

Die lineare Abschreibung erreicht hier nach 6 Jahren den Nullwert. Die degressive Abschreibung endet dagegen nach 6 Jahren mit einem Restwert von 10.678,71 €. Es ist hier empfehlenswert, im 3. Jahr (bzw. im viertletzten Nutzungsjahr) von der degressiven zur linearen Abschreibung zu wechseln, da mit der linearen Abschreibung danach eine höhere Abschreibung erreicht wird.

13.3.3 Abschreibung nach Leistungseinheiten

Die Abschreibung kann bei Anlagegütern auch nach Maßgabe der Inanspruchnahme oder Leistung (km, Stunden u. a.) vorgenommen werden. Diese AfA-Methode kommt der technischen Abnutzung am nächsten. In diesen Fällen sind Fahrzeuge gemäß ihrer jährlichen Kilometerleistung abzuschreiben, wobei eine Gesamtkilometerleistung von 600 000 km zugrunde gelegt wird.

Beispiel: Betragen die Anschaffungskosten für einen Lkw 60.000,00 € und die voraussichtliche Gesamtleistung 600 000,00 km, so ergibt sich daraus ein Abschreibungsbetrag je Leistungseinheit (km) von 60.000,00 € : 600 000 = 0,10 €/km.

Den Jahresabschreibungsbetrag erhält man, indem die jährliche Kilometerleistung mit dem AfA-Betrag von 0,10 € je km multipliziert wird.

1. Jahr: 90 000 · 0,10€ = 9.000,00 € AfA
2. Jahr: 150 000 · 0,10€ = 15.000,00 € AfA
3. Jahr: 120 000 · 0,10€ = 12.000,00 € AfA

Aufgaben zum Sachverhalt

1

Ein Lkw wurde am 1. April 2012 für netto 125.000,00 € angeschafft. Er hat eine Nutzungsdauer von 10 Jahren und wird linear abgeschrieben.

Ermitteln Sie die zeitanteilige Abschreibung für das erste Geschäftsjahr.

2

Ein Gabelstapler wurde am 2. Januar 2010 für netto 40.000,00 € angeschafft. Er hat eine Nutzungsdauer von 8 Jahren.

a) **Wie viel Euro sind in den ersten drei Geschäftsjahren jährlich linear abzuschreiben?**
b) **Wie viel Euro sind in den ersten drei Geschäftsjahren jährlich degressiv abzuschreiben?**

3

Ein Pkw wurde am 2. Januar 2010 für netto 30.000,00 € angeschafft. Er wird bei einer Nutzungsdauer von 7 Jahren linear oder degressiv abgeschrieben.

Stellen Sie in einer tabellarischen Übersicht

a) **die lineare Abschreibung für die gesamte Nutzungsdauer dar.**
b) **die degressive Abschreibung für die gesamte Nutzungsdauer dar.**
c) **den günstigsten Übergang von der degressiven zur linearen Abschreibung dar.**
d) **Welche Gründe sprechen für einen Wechsel von der degressiven zur linearen AfA?**

4

Eine EDV-Anlage wurde am 2. Januar 2012 für 3.000,00 € + USt angeschafft. Sie wird 4 Jahre genutzt.

Wie viel Euro werden im ersten Jahr abgeschrieben:

a) **bei linearer Abschreibung?**
b) **bei degressiver Abschreibung?**

5

Die Anschaffungskosten eines Lkw betragen im Januar 2007 125.000,00 € + USt. Die Gesamtleistung wird auf 1 Mio. km geschätzt. Nutzungsdauer 5 Jahre. Die km-Leistung: 1. Geschäftsjahr: 240 000 km, 2. Jahr: 220 000 km, 3. Jahr: 200 000 km, 4. Jahr: 190 000 km, 5. Jahr: 150 000 km.

a) **Ermitteln Sie die AfA nach Leistungseinheiten für jedes Geschäftsjahr.**
b) **Ermitteln Sie die AfA für das erste Geschäftsjahr bei linearer Abschreibung.**
c) **Ermitteln Sie die AfA für das erste Geschäftsjahr bei degressiver Abschreibung.**
d) **Welche Gründe sprechen für bzw. gegen die AfA nach Leistungseinheiten?**

Geringwertige Wirtschaftsgüter 13.4

GESETZ

§ 6 Abs. 2 EStG Die Anschaffungs- oder Herstellungskosten von abnutzbaren beweglichen Wirtschaftsgütern des Anlagevermögens, die einer selbstständigen Nutzung fähig sind, können im Wirtschaftsjahr der Anschaffung oder Herstellung in voller Höhe als Betriebsausgaben abgezogen werden, wenn die Anschaffungs- oder Herstellungskosten, vermindert um einen darin enthaltenen Vorsteuerbetrag für das einzelne Wirtschaftsgut 410,00 € nicht übersteigen.

§ 6 Abs. 2a EStG **Abweichend** von § 6 Abs. 2 **kann** für die abnutzbaren beweglichen Wirtschaftsgüter des Anlagevermögens, die einer selbstständigen Nutzung fähig sind, im Wirtschaftsjahr der Anschaffung oder Herstellung ein Sammelposten gebildet werden, wenn die Anschaffungs- oder Herstellungskosten, vermindert um einen darin enthaltenen Vorsteuerbetrag, für das einzelne Wirtschaftsgut 150,00 €, aber nicht 1.000,00 € übersteigen. Der Sammelposten ist im Wirtschaftsjahr der Bildung und den folgenden vier Wirtschaftsjahren mit jeweils einem Fünftel gewinnmindernd aufzulösen. Scheidet ein Wirtschaftsgut im Sinne des Satzes 1 aus dem Betriebsvermögen aus, wird der Sammelposten nicht vermindert.

Anschaffungs- oder Herstellungskosten die 150,00 € nicht übersteigen, **können** im Jahr der Anschaffung in voller Höhe als Betriebsausgabe abgezogen werden. Entweder ist § 6 Abs. 2 oder § 6 Abs. 2a für alle in einem Wirtschaftsjahr angeschafften oder hergestellten Wirtschaftsgüter **einheitlich** anzuwenden.

Alternative Buchungsmöglichkeiten für bewegliche, abnutzbare Anlagegüter bis 1.000,00 € Anschaffungs- oder Herstellungskosten

AHK bis 150,00 €	**AHK 150,01 € bis 1.000,00 €**		
	GWG alt	**GWG (neu) Sammelposten**	**Weder GWG alt noch GWG neu**
	§ 6 Abs. 2 EStG	*§ 6 Abs. 2a EStG*	
Vollständige Aufwandsverrechnung[1] als Sofortabzug, z. B. über das Konto 440 Büromaterialverbrauch	**AHK 150,01 € bis 410,00 €:** Vollständige Abschreibung im Jahr der Anschaffung **AHK über 410,00 €:** Aktivieren und über die Nutzungsdauer abschreiben.	150,01 € bis 1.000,00 € … „Sammelposten GWG-neu" ist zu bilden und jährlich mit 20% abzuschreiben; unabhängig von der tatsächlichen Nutzungsdauer.	Aktivieren und über die Nutzungsdauer monatsgenau abschreiben. (z. B. auch über 3 Jahre)
	Beachte: Alle in einem Wirtschaftsjahr angeschafften oder hergestellten Wirtschaftsgüter müssen einheitlich bewertet werden. Der Ansatz einer Methode schließt also die beiden anderen Methoden aus.		

1 Auch eine Aktivierung und Abschreibung über die Nutzungsdauer wäre theoretisch möglich; damit könnten aber weder die „GWG (alt)" Regelung noch die „GWG (neu) Sammelposten" Anwendung finden.

1
Muster-
AUFGABE

Eingangsrechnung 277, 18. November 2011

Elektr. Entfernungs- und Frachtrechner	netto 139,00 €
+ 19% Umsatzsteuer	26,41 €
Rechnungspreis	165,41 €

LÖSUNG

440	**Büromaterialverbrauch**	**139,00 €**	
1457	**Vorsteuer**	**26,41 €**	
	an 1600 Verbindlichkeiten		**165,41 €**

2
Muster-
AUFGABE

Eingangsrechnung 278, 2. Mai 2012

Schreibtisch, Nutzungsdauer 10 Jahre	netto 380,00 €
+ 19% Umsatzsteuer	72,20 €
Rechnungspreis	452,20 €

a) **Buchen Sie die Anschaffung am 2. Mai und die Abschreibung zum 31.12., wenn die „GWG-alt-Methode" gewählt wird.**

b) **Buchen Sie die Anschaffung am 2. Mai und die Abschreibung zum 31.12., wenn die „GWG-neu-Sammelpostenmethode" angewandt wird.**

c) **Buchen Sie die Anschaffung am 2. Mai und die Abschreibung zum 31.12., wenn weder die „GWG-alt-Methode" noch die „GWG-neu-Sammelpostenmethode" gewählt wird.**

LÖSUNG

a) **Buchung am 2. Mai:**

026	**GWG alte Regelung**	**380,00 €**	
1457	**Vorsteuer**	**72,20 €**	
	an 1600 Verbindlichkeiten		**452,20 €**

Buchung am 31.12.:

247	**Bilanzmäßige Abschreibungen**	**380,00 €**	
	an 026 GWG alte Regelung		**380,00 €**

b) **Buchung am 2. Mai:**

0252	**Sammelposten GWG 2012**	**380,00 €**	
1457	**Vorsteuer**	**72,20 €**	
	an 1600 Verbindlichkeiten		**452,20 €**

Buchung am 31.12.:

247	**Bilanzmäßige Abschreibungen**	**76,00 €**	
	an 0252....Sammelposten GWG 2012		**76,00 €**

c) **Buchung am 2. Mai:**

024	**Betriebs- und Geschäftsausstattung**	**380,00 €**	
1457	**Vorsteuer**	**72,20 €**	
	an 1600 Verbindlichkeiten		**452,20 €**

Buchung am 31.12.:

247	**Bilanzmäßige Abschreibungen**	**25,33 €**[1]	
	an 024 Betriebs- und Geschäftsausstattung		**25,33 €**

3
Muster-
AUFGABE

Eingangsrechnung 279, 1. Juli 2011

Aktenschrank, Nutzungsdauer 8 Jahre	netto 920,00 €
+ 19% Umsatzsteuer	174,80 €
Rechnungspreis	1.094,80 €

1 380,00 € : 10 = 38,00 € jährlich; für 8 Monate = 25,33 €

a) Buchen Sie die Anschaffung am 1. Juli und die Abschreibung zum 31.12., wenn im laufenden Wirtschaftsjahr die „GWG-alt-Methode“ gewählt wird.

b) Buchen Sie die Anschaffung am 1. Juli und die Abschreibung zum 31.12., wenn im laufenden Wirtschaftsjahr die „GWG-neu-Sammelpostenmethode“ angewandt wird.

c) Buchen Sie die Anschaffung am 1. Juli und die Abschreibung zum 31.12., wenn im laufenden Wirtschaftsjahr weder die „GWG-alt-Methode“ noch die „GWG-neu-Sammelpostenmethode“ gewählt wird.

LÖSUNG

a) **Buchung am 1. Juli:**

024	Betriebs- und Geschäftsausstattung	920,00 €	
1457	Vorsteuer	174,80 €	
	an 1600 Verbindlichkeiten		1.094,80 €

Buchung am 31.12.:

247	Bilanzmäßige Abschreibungen	57,50 €[1]	
	an 024 Betr.- und Geschäftsausstattung	57,50 €	

b) **Buchung am 1. Juli:**

0251	Sammelposten GWG 2011	920,00 €	
1457	Vorsteuer	174,80 €	
	an 1600 Verbindlichkeiten		1.094,80 €

Buchung am 31.12.:

247	Bilanzmäßige Abschreibungen	184,00 €	
	an 0251 Sammelposten GWG 2011		184,00 €

c) siehe Lösung a)

---

1 920,00 € : 8 = 115,00 € jährlich, für 6 Monate = 57,50 €

Aufgaben zum Sachverhalt

1-3

1 ER 201, 30. April, Kleincontainer, 127,70 € + 19 % USt 24,26 €

2 ER 302, 12. August, Schreibtisch, 405,00 € + 19 % USt 76,95 € (Nutzungsdauer 8 Jahre)

a) Buchen Sie die Anschaffung am 12. August und die Abschreibung zum 31.12., wenn die „GWG-alt-Methode“ gewählt wird.

b) Buchen Sie die Anschaffung am 12. August und die Abschreibung zum 31.12., wenn die „GWG-neu-Sammelpostenmethode“ angewandt wird.

c) Buchen Sie die Anschaffung am 12. August und die Abschreibung zum 31.12., wenn weder die „GWG-alt-Methode“ noch die „GWG-neu-Sammelpostenmethode“ gewählt wird.

3 ER 303, 1. Dezember, Aktenschrank, 995,00 € + 19 % USt 189,05 € (Nutzungsdauer 8 Jahre)

a) Buchen Sie die Anschaffung am 1. Dez. und die Abschreibung zum 31.12., wenn im laufenden Wirtschaftsjahr die „GWG-alt-Methode“ gewählt wird.

b) Buchen Sie die Anschaffung am 1. Dez. und die Abschreibung zum 31.12., wenn im laufenden Wirtschaftsjahr die „GWG-neu-Sammelpostenmethode“ angewandt wird.

c) Buchen Sie die Anschaffung am 1. Dez. und die Abschreibung zum 31.12., wenn im laufenden Wirtschaftsjahr weder die „GWG-alt-Methode“ noch die „GWG-neu-Sammelpostenmethode“ gewählt wird

4-14

4 ER 288, Anrufbeantworter 99,00 € + 18,81 € USt

5

ER 289, Aktenschrank	415,00 €
+ Transportkosten	35,00 €
....	450,00 €
+ 19 % USt	85,50 €
Rechnungspreis	535,50 €

6

ER 290, 10 Schreibtische à 49,00 €	2.490,00 €
+ 19 % USt	473,10 €
Rechnungspreis	2.963,10 €

7 Banküberweisung für ER 288 (Aufgabe 1)

8 ER 291, Diktiergerät, netto 210,00 € + 39,90 € USt

9 Banküberweisung für ER 291 unter Abzug von 5 % Skonto

10 ER 292, Oktober, Bildschirm für PC, 250,00 € + 47,50 € USt, Nutzungsdauer 4 Jahre

11 ER 293, März, Schreibtisch 500,00 € + 95,00 € USt, Nutzungsdauer 10 Jahre

12 ER 294, Januar, Büroschrank 1.219,75 € einschl. 19 % USt, Nutzungsdauer 10 Jahre

13 ER 295, Dezember, Telefonanlage 980,00 € + USt, Nutzungsdauer 8 Jahre

14 Buchen Sie die Abschreibung am Jahresende für die Fälle 7 bis 10.

Zusammenfassende Aufgaben

1-11

1 ER 305, Lkw-Kauf am 2. Januar 2012; netto 100.000,00 €. Der Lkw hat eine Nutzungsdauer von 8 Jahren.

a) **Buchen Sie die Anschaffung.**

b) **Buchen Sie die Abschreibung am Ende des ersten Nutzungsjahres.**

2 ER 306; Rechnungsdatum 4. Januar; Aktenschrank netto 588,00 € + USt

3 ER 307; Schreibtisch; 1.013,00 € + USt

4 ER 308, Gabelstapler-Kauf am 5. Mai 2012; netto 30.000,00 € + USt, Nutzungsdauer 6 Jahre.

a) **Buchen Sie die Anschaffung.**

b) **Ermitteln und buchen Sie die Abschreibung im ersten Nutzungsjahr.**

5 Banküberweisung für ER 307 (Fall 3) unter Abzug von 3 % Skonto.

6 ER 309, Rechnungsdatum 1. März; bebautes Grundstück (Lagerhalle), 700.000,00 €. Im Kaufpreisn ist der Grundstückswert von 200.000,00 € enthalten.

a) **Ermitteln und buchen Sie die lineare Abschreibung in Höhe von 2 % für das erste Nutzungsjahr.**

b) **Ermitteln und buchen Sie die lineare Abschreibung in Höhe von 2 % für das zweite Nutzungsjahr.**

a) **Prüfen Sie, ob auch degressiv abgeschrieben werden könnte.**

7 ER 310, Pkw-Kauf am 5. Oktober 2012; netto 25.000,00 € + USt, Nutzungsdauer 6 Jahre.

a) **Buchen Sie die Anschaffung.**

b) **Ermitteln und buchen Sie die Abschreibung im ersten Nutzungsjahr.**

8 Banküberweisung für ER 310 unter Abzug von 3 % Skonto.

9

ER 311, Faxgerät	240,00 €
Papier, usw.	40,00 €
	280,00 €
+ 19 % USt	53,20 €
Rechnungspreis	333,20 €

10 Banküberweisung für ER 308 unter Abzug von 2 % Skonto.

11 ER 312, Rechnungsdatum 5. Mai 2012; bebautes Grundstück (Lagerhalle), 1,2 Mio. €. Der anteilige Grundstückswert beträgt 40%. Die Grunderwerbsteuer beläuft sich auf 3,5 %. Notariats- und sonstige Anschaffungsnebenkosten betragen 24.000,00 € ohne Umsatzsteuer.

a) **Ermitteln und buchen Sie die lineare Abschreibung in Höhe von 2 % für das erste Nutzungsjahr.**

b) **Ermitteln und buchen Sie die lineare Abschreibung in Höhe von 2 % für das zweite Nutzungsjahr.**

14 Jahresabschluss bei Kapitalgesellschaften

Die meisten Speditionen werden in der Rechtsform der GmbH geführt. Aus diesem Grund ist der hier dargestellte Jahresabschluss auf die GmbH bezogen. Dabei wird die einfachste Darstellungsmöglichkeit für sogenannte „kleine Kapitalgesellschaften" gewählt. Große Kapitalgesellschaften[1] müssen ihren Jahresabschluss ausführlicher gestalten.

Nach § 264 HGB besteht der Jahresabschluss der Kapitalgesellschaften aus

- Bilanz,
- Gewinn- und Verlustrechnung,
- Anhang, der Bilanz und GuV-Positionen erläutert.

Außerdem ist der Jahresabschluss um einen Lagebericht, der den Geschäftsverlauf und die Lage der Kapitalgesellschaft darstellt, zu ergänzen.

14.1 Bilanz

Die exakte Gliederung der Bilanz schreibt das HGB in § 266 vor.

Für die Bilanz ergibt sich folgendes Gliederungsschema:

Verkürzte Gliederung der Bilanz für kleine Kapitalgesellschaften (hier GmbH) gemäß § 266 Abs. 1 Satz 2 HGB

BILANZ

AKTIVA	PASSIVA
A. Anlagevermögen	**A. Eigenkapital**
I. Immaterielle Vermögensgegenstände	I. Stammkapital
II. Sachanlagen	II. Kapitalrücklage
III. Finanzanlagen	III. Gewinnrücklage
	IV. Gewinnvortrag/Verlustvortrag
B. Umlaufvermögen	V. Jahresüberschuss/Jahresfehlbetrag
I. Vorräte	
II. Forderungen und sonstige Vermögensgegenstände	**B. Rückstellungen**
III. Wertpapiere	**C. Verbindlichkeiten**
IV. Schecks, Kassenbestand, Bankguthaben	
	D. Passive Rechnungsabgrenzungsposten
C. Aktive Rechnungsabgrenzungsposten	

1 Je nach Bilanzsumme, Umsatzerlös und Zahl der Arbeitnehmer werden Kapitalgesellschaften in drei Größenklassen eingeteilt, wobei es für die Veröffentlichung des Jahresabschlusses der Gesellschaft unterschiedlich strenge Vorschriften gibt. (Vgl. § 267 HGB.)

Muster-
AUFGABE

Erstellen Sie die Bilanz aus den zum 31. Dezember des abgelaufenen Geschäftsjahres 03 bewerteten Vermögens- und Schuldwerten der EUROSPED GmbH, Köln.

Vermögenswerte: Verwaltungsgebäude 380.000,00 €, Lagergebäude 240.000,00 €, Bankguthaben 90.200,00 €, Kasse 3.800,00 €, Treibstoffvorrat 61.000,00 €, Heizölvorrat 23.000,00 €, Lagereinrichtung 160.000,00 €, Umlaufkettenanlage 80.000,00 €, Hochregallager 300.000,00 €, Lkws 580.000,00 €, Pkws 80.000,00 €, Beteiligung an der SEC AG 300.000,00 €, Forderungen gegenüber Kunden 542.000,00 €, Betriebs- und Geschäftsausstattung 180.000,00 €

Schuldwerte: Verbindlichkeiten aus Speditionsleistungen 382.000,00 €, Rückstellungen 60.000,00 €, Stammkapital 1.100.000,00 €, Bilanzgewinn 126.000,00 €, Kapitalrücklagen 72.000,00 €, Gewinnrücklagen 120.000,00 €, Darlehensschuld 1.124.000,00 €, sonstige Verbindlichkeiten 36.000,00 €

LÖSUNG

Die einzelnen Vermögens- und Schuldwerte der EUROSPED GmbH werden zu Bilanzpositionen zusammengefasst.

AKTIVA	BILANZ		PASSIVA
A. Anlagevermögen		**A. Eigenkapital**	
I. Sachanlagen		I. Stammkapital	1.100.000,00
1. Grundstücke/Bauten	620.000,00	II. Kapitalrücklag.	72.000,00
2. Techn. Anlagen	540.000,00	III. Gewinnrückl.	120.000,00
3. Fuhrpark	660.000,00	IV. Bilanzgewinn	126.000,00
4. Betriebs- u. Geschäftsausst.	180.000,00		
II. Finanzanlagen	300.000,00	**B. Rückstellungen**	60.000,00
B. Umlaufvermögen		**C. Verbindlichkeiten**	
I. Vorräte	84.000,00	I. Darl.-Schuld	1.124.000,00
II. Forderungen	542.000,00	II. Verbindlichkeiten a. LL.	382.000,00
III. Kasse, Bank	94.000,00	III. Sonst. Verbindl.	36.000,00
	3.020.000,00		3.020.000,00

Gewinn- und Verlustrechnung 14.2

In der Buchführung wird die Gewinn- und Verlustrechnung in T-Kontenform mit den Aufwendungen auf der Sollseite und den Erträgen auf der Habenseite dargestellt. Im Gegensatz dazu erfolgt die Darstellung der Gewinn- und Verlustrechnung im Jahresabschluss nach § 275 HGB in **Staffelform**.

Die Darstellung der Gewinn- und Verlustrechnung in **Staffelform** erleichtert die Beurteilung der erfolgswirksamen Vorgänge, da mehrere **Zwischenergebnisse** ausgewiesen werden:

- Betriebsergebnis
- Finanzergebnis
- Ergebnis der gewöhnlichen Geschäftstätigkeit
- außerordentliches Ergebnis
- Jahresüberschuss bzw. Jahresfehlbetrag

Das Gliederungsschema nach § 275 HGB ist hauptsächlich für Industriebetriebe gedacht. Das nachfolgend dargestellte Schema orientiert sich an § 275 HGB, ist jedoch vereinfacht und **konsequent auf Speditionsbetriebe** bezogen:

Gliederung der Gewinn- und Verlustrechnung der Kapitalgesellschaft gemäß § 275 Abs. 2 HGB für Speditionsbetriebe

GuV-Position	Erläuterung
1. Speditionserlöse + 2. sonstige betriebliche Erträge	Summe der betrieblichen Erträge
– 3. betriebliche Aufwendungen a) Aufwand für bezogene Leistungen b) Aufwendungen für Treibstoffe usw. – 4. Personalaufwand – 5. Abschreibungen – 6. sonstige betriebliche Aufwendungen	– Summe der betrieblichen Aufwendungen
= Betriebsergebnis	= vom **Betrieb** erwirtschaftetes Ergebnis
+ 7. Zinsen und ähnliche Erträge – 8. Zinsen und ähnliche Aufwendungen	+– Finanzergebnis
= **9. Ergebnis aus gewöhnlicher Geschäftstätigkeit**	= **Betriebsergebnis + Finanzergebnis**
+ 10. außerordentliche Erträge – 11. außerordentliche Aufwendungen = 12. außerordentliches Ergebnis	+– außerordentliches Ergebnis
– 13. Steuern vom Einkommen und Ertrag – 14. sonstige Steuern	– Steuern
= **15. Jahresüberschuss/Jahresfehlbetrag**	= vom **Unternehmen** erwirtschaftetes Ergebnis

Muster-AUFGABE

Erstellen Sie aus den Ergebnissen der Buchhaltung eine Gewinn- und Verlustrechnung in Staffelform nach § 275 HGB.

GEWINN- UND VERLUSTRECHNUNG

Aufwand					Ertrag
20	Außerordentliche Aufwendungen	66.000,00	25	Außerordentliche Erträge	224.000,00
22	Zinsaufwendungen	145.000,00	27	Zinserträge	172.000,00
247	Bilanzmäßige Abschreibungen	188.000,00	80	Internat. Speditionsleist.	1.029.000,00
40/41	Löhne/Gehälter	2.060.000,00	81	Seehafensped.-Leistungen	499.500,00
40/41	Soz. Abgaben	560.000,00	84	Kraftwagensped.-Leistungen	2.217.000,00
42	Fuhrparkkosten (Treibstoffverbr.)	744.000,00	85	Bahnspeditionsleistungen	411.500,00
44	Verwalt.-Kost.	520.000,00	88	Logistikprojekte	1.959.000,00
45	Betr.-Steuern	118.000,00	89	Umsatzerlöse Nebenbetrieb	20.000,00
7	Auftragsbed. Sped.-Kosten	2.005.000,00			
	Gewinn	126.000,00			
		6.532.000,00			**6.532.000,00**

LÖSUNG

GuV-Position	Rechenweg	Erläuterung
1. Speditionserlöse	6.116.000,00	
+ 2. sonstige betriebliche Erträge	20.000,00	
– 3. betriebliche Aufwendungen		
a) Aufwand für bezogene Leistungen	2.005.000,00	Betriebs-
b) Aufwendungen für Treibstoffe	744.000,00	ergebnis
– 4. Personalaufwand	2.620.000,00	59.000,00 €
– 5. Abschreibungen	188.000,00	
– 6. sonstige betriebliche Aufwendungen[1]	520.000,00	
+ 7. Zinsen und ähnliche Erträge	172.000,00	Finanzergebnis
– 8. Zinsen und ähnliche Aufwendungen	145.000,00	+ 27.000,00 €
= 9. Ergebnis aus gewöhnlicher Geschäftstätigkeit	**= 86.000,00**	**= 86.000,00 €**
+ 10. außerordentliche Erträge	+ 224.000,00	+ außerordent-
– 11. außerordentl. Aufwendungen	– 66.000,00	liches Ergebnis
= 12. außerordentl. Ergebnis	**= 158.000,00**	**158.000,00 €**
– 13. Steuern vom Einkommen und Ertrag		Steuern
– 14. sonstige Steuern	118.000,00	– 118.000,00 €
= 15. Jahresüberschuss/Jahresfehlbetrag	**126.000,00**	**126.000,00 €**

FAZIT

Jahresabschluss der kleinen Kapitalgesellschaft

Bilanz Gegenüberstellung von Vermögen und Schulden zum Abschlussstichtag

Bilanzerstellung in T-Kontenform

GuV Aufstellung von Erträgen und Aufwendungen, wobei verschiedene Zwischenergebnisse ausgewiesen werden müssen.

GuV-Erstellung in Staffelform

Anhang Erläuterung der Positionen der Bilanz und der Gewinn- und Verlustrechnung

1 Unter sonstige betriebliche Aufwendungen werden hier nur die Verwaltungskosten erfasst.

Aufgaben zum Sachverhalt

1

Bilanzieren Sie nachstehende Vermögens- und Schuldwerte der Albsped GmbH, Ulm:

Vermögenswerte: Verwaltungsgebäude 240.000,00 €, Lagergebäude 120.000,00 €, Bankguthaben 63.100,00 €, Kasse 1.900,00 €, Treibstoffvorrat 30.500,00 €, Heizölvorrat 11.500,00 €, Lagereinrichtung 280.000,00 €, Umlaufkettenanlage 90.000,00 €, Lkws 290.000,00 €, Pkws 40.000,00 €, Forderungen gegenüber Kunden 222.400,00 €, Betriebs- und Geschäftsausstattung 121.200,00 €.

Schuldwerte: Verbindlichkeiten aus Lieferung und Leistung 189.000,00 €, Rückstellungen 30.000,00 €, Stammkapital 550.000,00 €, Bilanzgewinn 63.000,00 €, Kapitalrücklagen 36.000,00 €, Gewinnrücklagen 62.400,00 €, Darlehensschuld 562.200,00 €, sonstige Verbindlichkeiten 18.000,00 €.

2

Erstellen Sie aus den Ergebnissen der Buchhaltung eine Gewinn- und Verlustrechnung in Staffelform nach § 275 HGB.

Aufwand GESAMTERGEBNIS (GuV) **Ertrag**

Konto	Aufwand	Betrag	Konto	Ertrag	Betrag
20	Außerordentliche Aufwendungen	43.000,00	25	Außerordentliche Erträge	122.000,00
22	Zinsaufwendungen	72.500,00	27	Zinserträge	96.000,00
247	Bilanzmäßige Abschreibungen	94.000,00	80	Internat. Speditionsleist.	617.000,00
40/41	Löhne/Gehälter	1.030.000,00	81	Seehafensped.-Leistungen	933.600,00
40/41	Soz. Abgaben	280.000,00	84	Kraftwagensped.-Leistungen	712.400,00
42	Fuhrparkkosten (Treibstoffverbr.)	372.000,00	85	Bahnspeditionsleistungen	295.000,00
44	Verwalt.-Kost.	260.000,00	88	Logistikprojekte	460.000,00
45	Betr.-Steuern	59.000,00	89	Umsatzerlöse Nebenbetrieb	40.000,00
7	Auftragsbed. Sped.-Kosten	1.002.500,00			
	Gewinn	63.000,00			
		3.276.000,00			**3.276.000,00**

Personalaufwendungen erfassen, zuordnen und verbuchen 15

Grundlagen der Lohn- und Gehaltsabrechnung 15.1

Als der Auszubildende Christian Eder seine erste Abrechnung der Ausbildungsvergütung zu Hause vorzeigt, meint sein Vater, hier müsse etwas falsch sein. Die Sozialversicherungsabzüge seien in Ordnung, aber man habe offenbar den Steuerabzug vergessen.

Ist die Verdienstabrechnung von Christian Eder tatsächlich falsch? Diskutieren Sie Ihre Ansicht im Klassenverband.[1]

Logistik-Speditions GmbH

Verdienstabrechnung
bitte sorgfältig aufbewahren, da Verdienstbescheinigung

DA/5000/003290
Christian Eder
Waldstraße 51
90002 Bildstein

Abrechnungsmonat	Steuerklasse	Kirche	Kinderfreibetrag	Versicherungsnummer	Bankverbindung	Gehaltsgruppe
Sept. ..	1	20	0,0	2325075X023	23 456 788	LA 01

Ihr zuständiger Personalsachbearbeiter: Herr Tax, Tel. 0233 1456-23

Bezeichnung	Prozent	Betrag
Ausbildungsvergütung		690,00
VWL-AG-Anteil		26,00
Gesamtbrutto		716,00
steuerpfl. Brutto		716,00
soz.-vers.pfl. Brutto		716,00
Krankenversicherung allgemein	7,00	50,27
Krankenversicherung Zahnersatz und Krankengeld	0,90	6,44
Rentenversicherung	9,80	70,17
Arbeitslosenversicherung	1,50	10,74
Pflegeversicherung	0,975	6,98
Netto		569,40
VWL-Abzug		26,00
Überweisung		**543,40**

Personalaufwand

Für die Arbeitsleistung im Unternehmen erhalten Arbeiter **Löhne** und Angestellte **Gehälter**. Löhne und Gehälter sind für die Arbeitnehmer Einkommen. Für das Unternehmen stellen Löhne und Gehälter buchhalterisch **Personalaufwand** und im Sinne der Kosten- und Leistungsrechnung Kosten zur Leistungserstellung **(Personalkosten)** dar.

Bruttoverdienst

Das gesamte Arbeitsentgelt des Arbeitnehmers aufgrund seiner **Arbeitsleistung** und **sonstiger Vereinbarungen** (z. B. Prämien, Überstundenzuschläge, Urlaubsgeld, Weihnachtsgeld, vermögenswirksame Leistungen des Arbeitgebers) ergibt seinen Bruttoverdienst.

Abzüge vom Bruttoverdienst

Der Bruttoverdienst wird durch Abzüge nach steuer- und abgaberechtlichen Vorschriften vermindert. Lohnsteuer, Solidaritätszuschlag und Kirchensteuer werden an das Finanzamt und die anteiligen Sozialversicherungen an die Sozialversicherungsträger überwiesen.

---

1 Lösungshinweis: Bis ca. 900,00 € monatliche Einnahmen wird keine Lohnsteuer berechnet.

Bruttolohn/Bruttogehalt einschließlich Urlaubsgeld, Arbeitgeberanteil VWL
– **Lohnsteuer**
– **Solidaritätszuschlag**
– **Kirchensteuer**
– **Arbeitnehmeranteil zur Sozialversicherung (Versichertenanteil)**
– **Überweisung der vermögenswirksamen Leistungen**

= **Nettolohn/Nettogehalt**

Das Nettoeinkommen wird auf das Girokonto des Arbeitnehmers überwiesen.

Lohnsteuer

Die individuelle Lohnsteuer des Arbeitnehmers wird aus der **Lohnsteuerabzugstabelle** abgelesen. Diese richtet sich nach der Höhe des steuerpflichtigen Lohnes bzw. Gehaltes und der Steuerklasse, in die der Arbeitnehmer nach seiner persönlichen Lebenssituation eingestuft wird. Auf der **Lohnsteuerkarte** des Arbeitnehmers werden alle für den Lohnsteuerabzug wichtigen Daten ausgewiesen. Die Lohnsteuerkarte berücksichtigt in **sechs Steuerklassen** die persönliche Lebenssituation.

Steuerklasse I: ledige, verwitwete, geschiedene sowie verheiratete Arbeitnehmer, die dauernd getrennt leben
Steuerklasse II: Arbeitnehmer der Steuerklasse I mit mindestens einem Kind
Steuerklasse III: verheiratete Arbeitnehmer, die nicht dauernd getrennt leben und deren Ehepartner keinen Arbeitslohn beziehen oder auf gemeinsamen Antrag in der Steuerklasse V eingestuft werden
Steuerklasse IV: Verheiratete, die beide Arbeitslohn beziehen
Steuerklasse V: Arbeitnehmer der Steuerklasse IV, wenn einer der Ehegatten auf gemeinsamen Antrag in die Steuerklasse III eingestuft wird
Steuerklasse VI: für eine zweite und alle weiteren Lohnsteuerkarten eines Arbeitnehmers, der Arbeitslohn von mehreren Arbeitgebern bezieht

Lohn/Gehalt bis	Steuerklasse	Lohnsteuer	ohne Kinderfreibetrag			mit 1,0 Kinderfreibetrag			mit 2,0 Kinderfreibeträgen		
			SolZ	Kirchensteuer		SolZ	Kirchensteuer		SolZ	Kirchensteuer	
			5,5 %	8 %	9 %	5,5 %	8 %	9 %	5,5 %	8 %	9 %
690,00	I	–	–	–	–						
	V	**70,33**	–	5,62	6,33						
	VI	**81,50**	0,10	6,52	7,33						
716,00	I	–	–	–	–						
	V	**73,16**	–	5,85	6,58						
	VI	**84,25**	0,65	6,74	7,58						
1.000,00	IV/I	**14,25**	5,13	1,14	1,28						
	V	**106,66**	7,34	8,53	9,60						
	VI	**133,50**		10,68	12,01						
1.500,00	I/IV	**106,50**	5,10	8,52	9,58						
	II	**80,16**									
	III	–									
	V	**286,08**	15,73	22,88	25,74		3,28				
	VI	**315,33**	17,34	25,22	28,38		–				
2.000,00	I	**225,91**	12,42	18,07	20,33						
	II	**196,83**					6,22	7,00			
	III	**41,33**		3,30	3,72		4,31	4,85			
	IV	**225,91**	12,42	18,07	20,33	8,22				6,22	7,00
	V	**450,50**	24,77	36,04	40,54		11,96	13,45			
	VI	**479,66**	26,38	38,37	43,17						
2.300,00	I	**298,58**	16,42	23,88	26,87	7,81	11,36	12,78		1,16	1,31
	II	**267,91**				6,31	9,18	10,33			
	III	**92,66**		7,41	8,34						
	IV	**298,58**	16,42	23,88	26,87	11,99	17,44	19,62	7,81	11,36	12,78
	V	**549,00**	30,19	43,92	49,41						
	VI	**580,50**	31,92	46,44	52,24						
3.000,00	I	**483,33**	26,58	38,66	43,50	16,88	24,56	27,63	8,22	11,96	13,46
	II	**449,08**				15,19	22,10	24,86	6,72	9,78	11,00
	III	**246,33**	13,54	19,70	22,17		8,76	9,85		0,49	0,55
	IV	**483,33**	26,58	38,66	43,50	21,61	31,43	35,36	16,88	24,56	27,63
	V	**802,91**	44,16	64,23	72,26						
	VI	**836,33**	15,99	66,90	75,27						
4.000,00	I	**789,91**	43,44	63,19	71,09	32,17	46,79	52,64	21,92	31,89	35,88
	III	**479,33**	26,36	38,34	43,14	17,86	25,98	29,23	3,56	14,38	16,18
	IV	**789,91**	43,44	63,19	71,09	37,67	54,80	61,65	32,17	46,79	52,64
5.000,00	I	**1.167,25**	64,19	93,38	105,05	51,23	74,52	83,83	39,29	57,16	64,30
	III	**753,33**	41,43	60,26	67,80	32,09	46,68	52,51	23,26	33,84	38,07
	IV	**1.167,25**	64,19	93,38	105,05	57,58	83,76	94,23	51,23	74,52	83,83
6.000,00	I	**1.579,75**	86,88	126,38	142,17	73,39	106,75	120,9	59,95	87,21	98,11
	III	**1.060,16**	58,30	84,81	95,41	48,09	69,96	78,70	38,40	55,86	62,85
	IV	**1.579,75**	86,88	126,38	142,17	80,13	116,56	131,13	73,39	106,75	120,09

Solidaritätszuschlag

Der Solidaritätszuschlag ist ein zeitlich begrenzter Zuschlag zur Finanzierung des Aufbaus der neuen Bundesländer. Der Solidaritätszuschlag beträgt 5,5 % der gezahlten Lohn- bzw. Einkommensteuer.

Kirchensteuer

Die Kirchensteuer wird ebenfalls in Prozenten der Lohn- bzw. Einkommensteuer bemessen. Der Kirchensteuersatz beträgt in Baden-Württemberg und Bayern 8 %, in allen anderen Bundesländern 9 %.

Sozialversicherungsbeiträge[1]

Die Sozialversicherungsbeiträge werden auf **Basis der Bruttoverdienste** berechnet:

Krankenversicherung:	einheitlich 14,6 % von max. 3.825,00 €[2], wobei der Arbeitnehmer die Krankenkasse frei wählen kann. Zusätzlich muss der Arbeitnehmer 0,9 % Arbeitnehmerbeitrag für Zahnersatz und Krankengeld bezahlen. Daran beteiligt sich der Arbeitgeber nicht. Der Krankenversicherungsbeitrag des Arbeitnehmers ist daher höher als der Arbeitgeberanteil zur Krankenversicherung.
Pflegeversicherung:	1,95 %[3] von max. 3.825,00 €[2] an die Krankenkasse
Rentenversicherung:	19,6 % von max. 5.600,00 €[2] (Ost: 4.800,00 €) an den Rentenversicherungsträger[4]
Arbeitslosenversicherung:	3,0 % von max. 5.600,00 €[2] (Ost: 4.800,00 €) für die Bundesagentur für Arbeit

Die Sozialversicherungsbeiträge werden zu einem Gesamtversicherungsbeitrag zusammengefasst. Mit Ausnahme der Krankenversicherung für Zahn und Krankengeld bezahlt der Arbeitgeber die **Hälfte des Sozialversicherungsbeitrages** und damit den gleichen Anteil wie der Arbeitnehmer.

Der Arbeitnehmeranteil wird zusammen mit dem Arbeitgeberanteil an den jeweiligen Träger der gesetzlichen Krankenkasse abgeführt.

Versichertenanteil[5] in €

Entgelt bis €	KV allgemein (14,6 % : 2)	KV Zahn + KG (0,90 %)	PV (1,95 % : 2)[6]	RV (19,6 % : 2)	ALV (3,0 % : 2)
690,00	50,37	6,21	6,73	67,62	10,35
716,00	52,27	6,44	6,98	70,17	10,74
1.000,00	73,00	9,00	9,75	98,00	15,00
1.500,00	109,50	13,50	14,63	147,00	22,50
2.000,00	146,00	18,00	19,50	196,00	30,00
2.300,00	167,90	20,70	22,43	225,40	34,50
3.000,00	219,00	27,00	29,25	294,00	45,00
4.000,00	279,23[7]	34,43[7]	37,29[7]	392,00	60,00
5.000,00	279,23	34,43	37,29	490,00	75,00
6.000,00	279,23	34,43	37,29	548,80[8]	84,00[8]
7.000,00	279,23	34,43	37,29	548,80	84,00

1 Die gesetzliche Unfallversicherung ist zu 100 % vom Arbeitgeber zu übernehmen und wird an die Berufsgenossenschaften gezahlt.
2 Stand 2012.
3 Kinderlose Arbeitnehmer zahlen ab dem 23. Lebensjahr einen Zuschlag von 0,25 Prozentpunkten.
4 Die Beiträge für Arbeiter und Angestellte erhält die „Deutsche Rentenversicherung Bund".
5 Der Versichertenanteil ist der Anteil des Arbeitnehmers (des Versicherten).
6 In Sachsen zahlen die AN 1,475 % und der AG 0,475 % als PV-Beitrages.
7 Beitragsbemessungsgrenze KV, PV; 2012: 3.825,00 €
8 Beitragsbemessungsgrenze RV, ALV; 2012: 5.600,00 €(West)

Arbeitgeberanteil zur Sozialversicherung von Hans Muster[1]:

KV Krankenkassenbeitrag (7,3 %)	DRV-Bund Deutsche Rentenversicherung Bund (9,8 %)	ALV Arbeitslosenversicherung (1,5 %)	PV Pflegeversicherung (0,975 %)
167,90 €	225,40 €	34,50 €	22,43 €

1 **Buchen Sie den Bankeinzug der SV-Beiträge.**

2 **Buchen Sie die Gehaltsabrechnung.**

3 **Buchen Sie den Arbeitgeberanteil zur Sozialversicherung.**

4 **Buchen Sie die Überweisungen an das Finanzamt**

LÖSUNG

1 **Buchung des Bankeinzugs der SV-Beiträge[2]:**

		Soll	Haben
1494	SV-Vorauszahlung	921,16 €	
	an 102 Bank		921,16 €

2 **Buchung der Gehaltszahlung:**

		Soll	Haben
410	Gehälter	2.300,00 €	
	an 1666 Verbindlichkeiten Finanzamt		338,88 €
	1494 SV-Vorauszahlung		470,93 €
	1020 Bank		1.490,19 €

3 **Überweisung der lohn- und gehaltsabhängigen Steuern zum 10. des Folgemonats:**

		Soll	Haben
411	Gesetzliche soziale Abgaben	450,23 €	
	an 1494 SV-Vorauszahlung		450,23 €

4 **Überweisung der lohn- und gehaltsabhängigen Steuern zum 10. des Folgemonats:**

		Soll	Haben
1666	Verbindlichkeiten Finanzamt	338,88 €	
	an 102 Bank		338,88 €

410 Gehälter

Soll	Haben
2 2.300,00	

1494 SV-Vorauszahlung

Soll	Haben
1 921.16	2 470.93
	3 450.23

411 ges. soz. Abgaben

Soll	Haben
3 450,23	

1666 Verb.-Finzanzamt

Soll	Haben
4 338.88	2 338.88

Bruttogehalt H. Muster	2.300,00 €
+ Arb.geberanteil zur SV	450,23 €
Personalkosten H. Muster	2.750,23 €

102 Bank

Soll	Haben
	1 921.16
	2 1.490.19
	4 338.88

1 Vgl. Tabelle S. 107.
2 am drittletzten Bankarbeitstag des laufenden Monats

MERKE

Die Einzelabrechnungen aller Arbeitnehmer werden in der Praxis auf Lohn- und Gehaltslisten zusammengefasst und bilden damit den Buchungssammelbeleg.

Aufgaben zum Sachverhalt

1

Für die Angestellte Hanna Hauber, Lohnsteuerklasse I/Ki 0, beschäftigt in Hamburg, liegt folgende Gehaltsabrechnung zur Verbuchung vor:

Bruttogehalt	2.000,00 €
Abzüge: Sozialversicherungsanteil Arbeitnehmer	409,50 €
Lohn-/Kirchensteuer, Solidaritätszuschlag	258,66 €
Nettogehalt	1.331,84 €
Sozialversicherungsanteil Arbeitgeber	391,50 €

a) **Buchen Sie den Bankeinzug der SV-Beiträge.**
b) **Buchen Sie die Gehaltsabrechnung.**
c) **Buchen Sie den Arbeitgeberanteil zur Sozialversicherung.**
d) **Buchen Sie die Überweisungen an das Finanzamt zum 10. des Folgemonats.**

2

Buchen Sie die Lohnabrechnung des Lagerarbeiters Heiner Renner, Nürnberg, für den Monat März:

Bruttolohn (200 Stunden zu je 7,50 €). LSt.-Klasse III/Ki 1.
Erstellen Sie zunächst die Gehaltsabrechnung.

a) **Buchen Sie den Bankeinzug der SV-Beiträge.**
b) **Buchen Sie die Lohnabrechnung.**
c) **Buchen Sie den Arbeitgeberanteil zur Sozialversicherung.**
d) **Buchen Sie die Überweisungen an das Finanzamt zum 10. des Folgemonats.**

3

Buchen Sie die folgenden Daten der Lohnliste der Internationalen Spedition Gerhardt Müller für den abgelaufenen Monat:

Bruttolöhne	27.754,00 €
Lohn- und Kirchensteuer, einschl. Solidaritätszuschlag	5.327,00 €
Sozialversicherungsanteil der Arbeitnehmer	6.064,25 €
Arbeitgeberanteil zur Sozialversicherung	5.814,46 €
Nettolohnauszahlungen	16.362,75 €

Hinweis: Die Auszahlungsbeträge werden als Einzelüberweisungen auf die Konten der Arbeitnehmer überwiesen.

a) **Buchen Sie den Bankeinzug der SV-Beiträge.**
b) **Buchen Sie die Lohnabrechnung.**
c) **Buchen Sie den Arbeitgeberanteil zur Sozialversicherung.**
d) **Buchen Sie die Überweisungen an das Finanzamt zum 10. des Folgemonats.**

4

Führen Sie die Gehaltsbuchung der Internationalen Spedition Gerhardt Müller auf Basis der Gehaltsliste für den abgelaufenen Monat durch:

Bruttogehälter	17.551,00 €
Lohn- und Kirchensteuer, Solidaritätszuschlag	3.866,00 €
ges. Sozialversicherungsbeiträge der Arbeitnehmer	3.834,89 €
ges. Sozialversicherungsbeiträge des Arbeitgebers	3.676,93 €

a) **Buchen Sie den Bankeinzug der SV-Beiträge.**
b) **Buchen Sie die Gehaltsabrechnung.**
c) **Buchen Sie den Arbeitgeberanteil zur Sozialversicherung.**
d) **Buchen Sie die Überweisungen an das Finanzamt zum 10. des Folgemonats.**

5

Führen Sie die Gehaltsbuchung für den abgelaufenen Monat durch:

Bruttogehälter	234.258,00 €
Lohn- und Kirchensteuer, einschl. Solidaritätszuschlag	44.563,00 €
ges. Sozialversicherungsbeiträge der Arbeitnehmer	51.185,37 €
ges. Sozialversicherungsbeiträge des Arbeitgebers	49.077,05 €

Hinweis: Die Auszahlungsbeträge werden als Einzelüberweisungen auf die Konten der Arbeitnehmer überwiesen.

a) **Buchen Sie den Bankeinzug der SV-Beiträge.**
b) **Buchen Sie die Gehaltsabrechnung.**
c) **Buchen Sie den Arbeitgeberanteil zur Sozialversicherung.**
d) **Buchen Sie die Überweisungen an das Finanzamt zum 10. des Folgemonats.**

6

Im Rahmen eines Logistikprojekts wird den gewerblichen Mitarbeitern einheitliche Arbeitskleidung kostenlos zur Verfügung gestellt:

	Rechnungsbetrag, netto	1.480,00 €
+	19 % Umsatzsteuer	281,20 €
	Rechnungsbetrag, brutto	1.761,20 €

Hinweis: Die vom Arbeitgeber gestellte Arbeitskleidung wird auf dem Konto 406 freiwillige Sozialleistungen verbucht.

7

Lastschrift der Berufsgenossenschaft über den Monatsbeitrag zur gesetzlichen Unfallversicherung: 3.578,80 €. Von den Mitarbeitern sind 60 % Arbeiter und 40 % Angestellte.

Hinweis: Aufgrund gesetzlicher Vorschriften zahlt der Arbeitgeber die Beiträge zur gesetzlichen Unfallversicherung zu 100 %.

8

Für die Gehaltsabrechnung von Beate Müller liegen folgende Daten vor: Nettogehalt 1.367,55 €, LSt, KSt, SolZ 700,00 €, Sozialversicherungsanteil Arbeitnehmer 20,475 %, Sozialversicherungsanteil Arbeitgeber 19,575 %.

a) **Berechnen Sie den Bruttolohn.**
b) **Buchen Sie die komplette Gehaltsabrechnung.**

9

Gehaltsabrechnung für den Angestellten Uwe Tammer, Osnabrück,
LSt-Klasse I/Ki 0:

	Bruttogehalt	3.960,00 €
+	vermögenswirksame Leistungen[1]	40,00 €
	steuer- und versicherungspflichtige Bezüge	4.000,00 €
	Abzüge:	
	Sozialversicherungsanteil Arbeitnehmer (lt. Tab. S. 107)	802,95 €
	Lohn-/Kirchensteuer, sonstige Steuern	904,44 €
	vermögenswirks. Leistungen (Bausparkasse)	40,00 €
	Nettogehalt (Überweisungsbetrag)	**2.252,61 €**
	Arbeitgeberanteil zur Sozialversicherung	**768,52 €**

Die Anlage erfolgt auf einem Bausparvertrag.
Die Überweisung erfolgt direkt durch den Arbeitgeber.

a) **Buchen Sie den Bankeinzug der SV-Beiträge.**
b) **Buchen Sie die Gehaltsabrechnung, einschl. der Überweisung des Bausparbetrags.**
c) **Buchen Sie den Arbeitgeberanteil zur Sozialversicherung.**
d) **Buchen Sie die Überweisungen an das Finanzamt zum 10. des Folgemonats.**

1 Vermögenswirksame Leistungen des Arbeitgebers stellen Bruttogehalt dar.

Verbuchung von Lohn- und Gehaltsvorschüssen 15.3

Benötigt ein Mitarbeiter vor **Fälligkeit** der Lohn- und Gehaltszahlung Bargeld, lässt er sich von der Personalabteilung einen **Vorschuss** auszahlen.

Das Unternehmen hat somit eine Forderung an den Mitarbeiter bis zur Lohn- und Gehaltszahlung. Vorschüsse werden daher auf dem Forderungskonto

1190 Vorschüsse

erfasst und dann mit der Lohn- und Gehaltszahlung am Monatsende verrechnet

Muster-**AUFGABE**

Die Lagerfachkraft Herbert Lutz erhält am 12.10. einen Vorschuss von 300,00 € bar, der mit dem Oktoberlohn verrechnet werden soll.

Herbert Lutz arbeitet im Oktober 150 Stunden zu je 10,00 €/Stunde.

Abzüge lt. Tab. S. 106/107

Arbeitnehmeranteil zur Sozialversicherung:	307,13 €
Arbeitgeberanteil zur Sozialversicherung:	293,63 €
gesamte Steuerabzüge, LSt I/0; keine KSt:	111,60 €
Verrechnung des Oktobervorschusses	300,00 €

1. **Buchen Sie die Vorschusszahlung vom 12.10.**
2. **Erstellen Sie die Lohnabrechnung „Herbert Lutz“ für den Monat Okt..**
3. **Buchen Sie den Bankeinzug der SV-Beiträge.**
4. **Buchen Sie die Lohnabrechnung Oktober.**
5. **Buchen Sie den Arbeitgeberanteil zur Sozialversicherung.**
6. **Buchen Sie die Überweisung der Sozialversicherungsbeiträge und die Steuerzahlung der Lagerfachkraft Herbert Lutz.**

LÖSUNG

			Soll	Haben
1	**1190**	**Vorschüsse**	**300,00 €**	
		an 100 Kasse		**300,00 €**

2

Bruttolohn: 150 Std. · 10,00 €/Std.	**1.500,00 €**
– Steuerabzüge	**111,60 €**
– Sozialversicherungsanteil des AN	**307,13 €**
Nettolohn	**1.081,27 €**
– Vorschusszahlung vom 12.10.	**300,00 €**
Auszahlungsbetrag (Überweisung)	**781,27 €**

			Soll	Haben
3	**1494**	**SV-Vorauszahlung**	**600,76 €**	
		an 102 Bank		**600,76 €**
4	**401**	**Löhne**	**1.500,00 €**	
		an 1666 Verbindlichkeiten Finanzamt		**111,60 €**
		1494 SV-Vorauszahlung		**307,13 €**
		1190 Vorschüsse		**300,00 €**
		102 Bank		**781,27 €**
5	**405**	**gesetzl. soziale Abgaben**	**293,63 €**	
		an 1494 SV-Vorauszahlung		**293,63 €**
6	**1666**	**Verbindlichkeiten Finanzamt**	**111,60 €**	
		an 102 Bank		**111,60 €**

Fortsetzung

Soll	100 Kasse		Haben
		1	300,00

Soll	1190 Vorschüsse		Haben
1	300,00	4	300,00

Soll	401 Löhne		Haben
4	1.500,00		

Soll	1666 Verb. FA		Haben
6	111,60	4	111,60

Soll	405 ges. soz. Abgaben		Haben
5	293,63		

Soll	1494 SV-Vorauszahlung		Haben
3	600,76	4	307,13
		5	293,63

Soll	102 Bank		Haben
		3	600,76
		4	781,27
		6	111,60

MERKE

- Vorschusszahlungen sind kurzfristige Forderungen des Unternehmens an den Mitarbeiter.
- Vorschusszahlungen werden mit der Lohn-/Gehaltszahlung an den Mitarbeiter verrechnet: Nettolohn/-gehalt – Vorschusszahlung = Auszahlungsbetrag

15.4 Verbuchung von Minijob-Entgelten bei geringfügiger Beschäftigung

Die Entgeltsgrenze für geringfügig Beschäftigte beträgt 400,00 €. Diese „Minijobs" sind für die Arbeitnehmer **steuerfrei** und **sozialversicherungsfrei**. Der gewerbliche Arbeitgeber entrichtet eine **Pauschalabgabe** von 30 % an die Minijobzentrale der Bundesknappschaft in Essen.

Bei 400,00 € fallen 120,00 € (30 %) Pauschalabgabe an:

Die Pauschalabgabe besteht aus folgenden Einzelbeiträgen:

1. **60,00 € an die Rentenkassen (15 %)**
2. **52,00 € an die Krankenkassen (13 %)**
3. **8,00 € Steuern (2 %)**

Muster-AUFGABE

Elke Maurer arbeitet bei der Spedition Transflex GmbH, Cottbus, als Datenerfasserin im Rahmen eines Minijobs bis 400,00 € Entgelt. Sie erhält 7,50 € pro Arbeitsstunde. Im März arbeitete sie 32 Stunden.

a) **Erstellen Sie die Märzabrechnung für Frau Maurer.**
b) **Berechnen Sie die Höhe der Pauschalabgabe an die Minijobzentrale.**
c) **Buchen Sie den Bankeinzug der SV-Beiträge.**
d) **Verbuchen Sie die Lohnzahlung und die Pauschalabgabe.**

LÖSUNG

a) Arbeitsentgelt für Elke Maurer, März 20..:
32 Arbeitsstunden · 7,50 € = 240,00 € Überweisungsbetrag

b) Pauschalabgabe an die Minijobzentrale:

$$30\ \%\ \text{von}\ 240{,}00\ € = \frac{240{,}00 \cdot 300}{100} = 72{,}00\ €$$

c) **1494 SV-Vorauszahlung ..... 72,00 € an 102 Bank............. 72,00 €**

d) **Verbuchung der Lohnzahlung an Frau Müller:**
401 Löhne ....240,00 € an 102 Bank.............240,00 €

Erfassung der Pauschalabgabe:
405 Gesetzl. soz. Abgaben.. 72,00 € an 1494 SV-Vorauszahlung.. 72,00 €

MERKE

- **Minijobs sind bis 400,00 € pro Monat für die Arbeitnehmer steuer- und sozialversicherungsfrei.**
- **Der Arbeitgeber zahlt in diesen Fällen eine Pauschalabgabe von 30% des Arbeitsentgeltes an die Minijobzentrale der Bundesknappschaft, Essen.**

Aufgaben zum Sachverhalt

1

Eine Reinigungskraft im Lager der Spedition Uwe Peters, Magdeburg, erhält im Rahmen eines Minijobs 6,40 € pro Arbeitsstunde. Im Monat Mai wurden 25 Stunden gearbeitet.

a) **Erstellen Sie die Maiabrechnung der Reinigungskraft.**
b) **Berechnen Sie die Höhe der Pauschalabgabe an die Minijobzentrale.**
c) **Buchen Sie den Bankeinzug der SV-Beiträge.**
d) **Verbuchen Sie die Lohnzahlung und die Pauschalabgabe.**

2

Bei einem Logistikprojekt setzt die Spedition Translog GmbH, Eisenach, Kommissionierer auf Minijobbasis ein.

a) **Wie viele Stunden darf eine Kommissionierkraft maximal pro Monat arbeiten, wenn 8,50 € pro Arbeitsstunde gezahlt werden.**
b) **Erstellen Sie auf Basis der höchstmöglichen Arbeitsstunden die Entgeltabrechnung des Kommissionierers Albert Seib für den Monat Oktober.**
Hinweis: Nur mit vollen Stunden rechnen.
c) **Berechnen Sie die Pauschalabgabe für Albert Seib an die Minijobzentrale.**
d) **Verbuchen Sie die Lohnzahlung und die Pauschalabgabe.**

Zusammenfassende Aufgaben

1

Für die Angestellte Petra Bayer, Köln, Lohnsteuerklasse IV/Ki 0, liegt folgende Gehaltsabrechnung zur Verbuchung vor:

Bruttogehalt	2.300,00 €
Abzüge: Sozialversicherungsanteil Arbeitnehmer	? €
Lohn-/Kirchensteuer (9 %), Solidaritätszuschlag	? €
Nettogehalt	? €
Sozialversicherungsanteil Arbeitgeber	? €

a) **Erstellen Sie die Gehaltsabrechnung.**

b) **Buchen Sie den Bankeinzug der SV-Beiträge.**

c) **Buchen Sie die Gehaltsabrechnung.**

d) **Buchen Sie den Arbeitgeberanteil zur Sozialversicherung.**

e) **Buchen Sie die Überweisungen an das Finanzamt.**

2

Buchen Sie die Lohnabrechnung des Aushilfsfahrers Olaf Haufe für den Monat März:

Bruttolohn (80 Stunden zu je 12,50 €)	1.000,00€
Abzüge: Sozialversicherungsanteil Arbeitnehmer	204,75€
Steuerabzüge LSt-Klasse III/Ki 2 (Lohn-, Kirchensteuer (8 %), Solidaritätszuschlag)	– 0, – €
Nettolohn	795,25€
Sozialversicherungsanteil Arbeitgeber	195,75€

a) **Buchen Sie den Bankeinzug der SV-Beiträge.**

b) **Buchen Sie die Lohnabrechnung.**

c) **Buchen Sie den Arbeitgeberanteil zur Sozialversicherung.**

3

Buchen Sie die folgenden Daten der Lohnliste der Internationalen Spedition Marco Kruse GmbH für den abgelaufenen Monat:

Bruttolöhne	34.500,00€
Lohn- und Kirchensteuer, einschl. Solidaritätszuschlag	6.520,00€
Sozialversicherungsanteil der Arbeitnehmer	7.538,25€
Arbeitgeberanteil zur Sozialversicherung	7.227,75€
Nettolohnauszahlungen	20.441,75€

Hinweis: Die Auszahlungsbeträge werden als Einzelüberweisungen auf die Konten der Arbeitnehmer überwiesen.

a) **Buchen Sie den Bankeinzug der SV-Beiträge.**

b) **Buchen Sie die Lohnabrechnung.**

c) **Buchen Sie den Arbeitgeberanteil zur Sozialversicherung.**

d) **Buchen Sie die Überweisungen an das Finanzamt.**

4

Lastschrift der Berufsgenossenschaft über den Monatsbeitrag zur gesetzlichen Unfall-versicherung: 4.200,00 €. Davon entfallen 30 % Angestellte und 70 % auf Arbeiter.

Hinweis: Aufgrund gesetzlicher Vorschriften zahlt der Arbeitgeber die Beiträge zur gesetzlichen Unfallversicherung zu 100 %.

5

Führen Sie die Gehaltsbuchung der Internationalen Spedition LogSpeed GmbH auf Basis der Gehaltsliste für den abgelaufenen Monat durch:

Bruttogehälter	78.320,00 €
Lohn- und Kirchensteuer, einschl. Solidaritätszuschlag	12.531,00 €
gesamte Sozialversicherungsbeiträge Arbeitnehmer	17.112,92 €
gesamte Sozialversicherungsbeiträge Arbeitgeber	16.408,04 €

a) **Buchen Sie den Bankeinzug der SV-Beiträge.**
b) **Buchen Sie die Gehaltsabrechnung.**
c) **Buchen Sie den Arbeitgeberanteil zur Sozialversicherung.**
d) **Buchen Sie die Überweisungen an das Finanzamt.**

6

Im Rahmen eines Logistikprojekts wird den gewerblichen Mitarbeitern einheitliche Arbeitskleidung kostenlos zur Verfügung gestellt:

	Rechnungsbetrag, netto	1.025,00 €
+	19 % Umsatzsteuer	194,75 €
	Rechnungsbetrag, brutto	1.219,75 €

7

Beate Müller arbeitet als Aushilfe 42 Stunden pro Monat zu je 9,15 €/Stunde. Als geringfügig Beschäftigte unterliegt sie nicht der Sozialversicherungspflicht.

Der Arbeitgeber, die Frankenspedition GmbH, übernimmt die pauschalierten Sozialversicherungsabgaben.

Erstellen und buchen Sie die Lohnabrechnung!

8

Gehaltsabrechnung für die Prokuristin Melanie Holly LSt-Klasse III/Ki 1:

Bruttogehalt	5.000,00 €
Abzüge: Sozialversicherungsanteil Arbeitnehmer	915,95 €
Lohn-/Kirchensteuer (9%), sonstige Steuern	837,93 €
Nettogehalt (Überweisungsbetrag)	3.246,12 €
Arbeitgeberanteil zur Sozialversicherung	881,52 €

Die Anlage erfolgt auf einem Bausparvertrag und auf einen Aktiensparvertrag. Die Überweisung erfolgt direkt durch den Arbeitgeber.

a) **Buchen Sie den Bankeinzug der SV-Beiträge.**
b) **Buchen Sie die Gehaltsabrechnung, einschl. der Überweisung des Bausparbetrags.**
c) **Buchen Sie den Arbeitgeberanteil zur Sozialversicherung.**
d) **Buchen Sie die Überweisungen an das Finanzamt und die Bausparkasse.**

9

Erstellen und buchen Sie die komplette Gehaltsabrechnung für den Geschäftsführer Peter Wagner. Bruttogehalt 6.000,00 €, Steuerklasse IV/keine Kinder, Kirchensteuer in Baden-Württemberg.

16 Vorräte in der Spedition

16.1 Speditionstypische Vorräte

Viele Spediteure mit eigenem Fuhrpark halten sich Vorräte an

- Treib- und Schmierstoffen,
- Reifen,
- Ersatzteilen,

um die Beschaffungskosten zu verringern, ihre Unabhängigkeit zu erhöhen und Preisschwankungen auszugleichen.

Die Vorräte werden zuerst angeschafft, dann gelagert und allmählich verbraucht. Die Beschaffungsmengen werden als **Bestände** ins Umlaufvermögen übernommen. Aus diesen Beständen werden im Bedarfsfall bestimmte Mengen entnommen, um die Transportleistungen erbringen zu können. Die Entnahme von Vorräten für betriebliche Zwecke stellt Betriebskosten dar und wird in der Kontenklasse 4 gebucht.

Die Entnahme ist laufend über Belege zu erfassen. Über die Kostenrechnung gehen die verbrauchten Vorräte in die Kalkulation[1] und damit in den Preis für die Speditionsleistung ein.

Der Vorratsverbrauch kann entweder laufend gebucht werden (Einzelerfassung) oder über den Inventurbestand erfasst werden (Gesamterfassung).

16.1.1 Verbrauch von Vorräten bei der Einzelerfassung

Der Vorratsverbrauch ist einzeln zu erfassen. Dies geschieht beispielsweise beim Tanken durch Aufzeichnung der Kraftstoffentnahme in Form von Entnahmescheinen oder Codekarten. Die Entnahmescheine sind interne Belege.

Muster-AUFGABE

a) **Buchen Sie folgende Eingangsrechnung.**

Mineralöl-großhandel Klenk GmbH Rehpfad 16–18 • 04249 Leipzig

Tel.: 0341 6699111-0
Fax: 0341 6699111-52
E-Mail: klenkoele@wvd.de
Internet: www. klenkoele-wvd.de
Steuer-Nr. 77 589 2296 6

Bankverbindung:
Commerzbank Leipzig,
Konto-Nr. 2 345 612, BLZ 860 400 00
IBAN DE86 8604 0000 0002 3456 12
BIC COBADEFF860

Klenk GmbH • Rehpfad 16–18 • 04249 Leipzig

Spedition
Schnell
Uferstraße 12
04105 Leipzig

Rechnung/Rechnungs-Nr. 48 533 ..-09-20

Wir lieferten Ihnen 20 000 l Diesel.

Nettobetrag	27.000,00 €
+ 19 % USt	5.130,00 €
Rechnungsbetrag	32.130,00 €

Der Betrag ist innerhalb von 14 Tagen netto Kasse zu bezahlen.

1 siehe Kapitel „Kosten- und Leistungsrechnung"

b) Buchen Sie den Verbrauch. Der Einkaufspreis beträgt 1,35 € je Liter.

Spedition Schnell
Uferstraße 12 • 04105 Leipzig

TANKBELEG

Kraftstoffentnahme aus Betriebstankstelle 1

Kfz-Kennzeichen: L-NN 361 Liter: 600

Fahrer: Herr Haniel km-Stand: 74 273

Datum: ..-10-10 Unterschrift: Haniel

c) Buchen Sie die Überweisung.

€uro-Überweisung COBADEFF860

Nur für Überweisungen in Deutschland, in andere EU-/EWR-Staaten und in die Schweiz in Euro.
Bitte Meldepflicht gemäß Außenwirtschaftsverordnung beachten!

COMMERZBANK LEIPZIG

Angaben zum Begünstigten: Name, Vorname/Firma (max. 27 Stellen, bei maschineller Beschriftung max. 35 Stellen)
Mineralölgroßhandlung Klenk
IBAN
DE86 8604 0000 0002 3456 12
BIC des Kreditinstituts (8 oder 11 Stellen)
COBADEFF860
Betrag: Euro, Cent
32.130,00----------------
Kunden-Referenznummer - Verwendungszweck, ggf. Name und Anschrift des Überweisenden - (nur für Begünstigten)
Rechnungs-Nr. 48 533 vom ..-09-20
noch Verwendungszweck (insgesamt max. 2 Zeilen à 27 Stellen, bei maschineller Beschriftung max. 2 Zeilen à 35 Stellen)
Angaben zum Kontoinhaber: Name, Vorname/Firma, Ort (max. 27 Stellen, keine Straßen- oder Postfachangaben)
Spedition Schnell, Leipzig
IBAN
DE 18 8604 0000 0002 4156 09 16
Datum
..-10-10
Unterschrift(en)
Schnell

SEPA

LÖSUNG mit Buchungssätzen

a)	300	Treib- und Schmierstoffe	27.000,00 €	
	1457	Vorsteuer	5.130,00 €	
		an 1600 Verbindlichkeiten		32.130,00 €
b)	420	Treib- und Schmierstoffverbrauch	810,00 €	
		an 300 Treib- und Schmierstoffe		810,00 €
c)	1600	Verbindlichkeiten	32.130,00 €	
		an 102 Bank		32.130,00 €

LÖSUNG auf Konten

300 Treib- u. Schmierstoffe

Soll		Haben	
a)	27.000,00	b)	810,00

1457 Vorsteuer

Soll		Haben	
a)	5.130,00		

1600 Verbindlichkeiten

Soll		Haben	
c)	32.130,00	a)	32.130,00

420 Treibstoffverbr. betriebl. Tankstelle

S		H	
b)	810,00		

100 Bank

S		H	
		c)	32.130,00

- **Private Steuern**

Private Steuern (Personensteuern) stellen keine Betriebsausgabe dar und mindern deshalb nicht den Gewinn. Sie sind vom Unternehmer persönlich zu tragen, und zwar:

- **Einkommensteuer[1] des Unternehmers einschließlich Solidaritätszuschlag**
- **Kirchensteuer des Unternehmers**
- **Erbschaftsteuer**

Übersicht Steuern

Betriebliche Steuern	Aktivierungspflichtige Steuern	Steuern als durchlaufende Posten	Steuern des Unternehmers (private Steuern)
Betriebsausgabe	Anschaffungsnebenkosten	keine Betriebsausgabe	keine Betriebsausgabe
mindern den Gewinn der Spedition	erhöhen die Aktiva (Vermögen) der Spedition	beeinflussen den Gewinn nicht	beeinflussen den Gewinn nicht
• Grundsteuer • Gewerbeertragsteuer • Kfz-Steuer	• Grunderwerbsteuer • Zölle	• Lohnsteuer der Arbeitnehmer • Kirchensteuer der Arbeitnehmer • Umsatzsteuer • Vorsteuer	• Einkommensteuer des Unternehmers • Kirchensteuer des Unternehmers • Kfz-Steuer für private Nutzung • Erbschaftsteuer
Kontenklasse 2, 4	Kontenklasse 0	Kontenklasse 1, 3	Kontenklasse 1

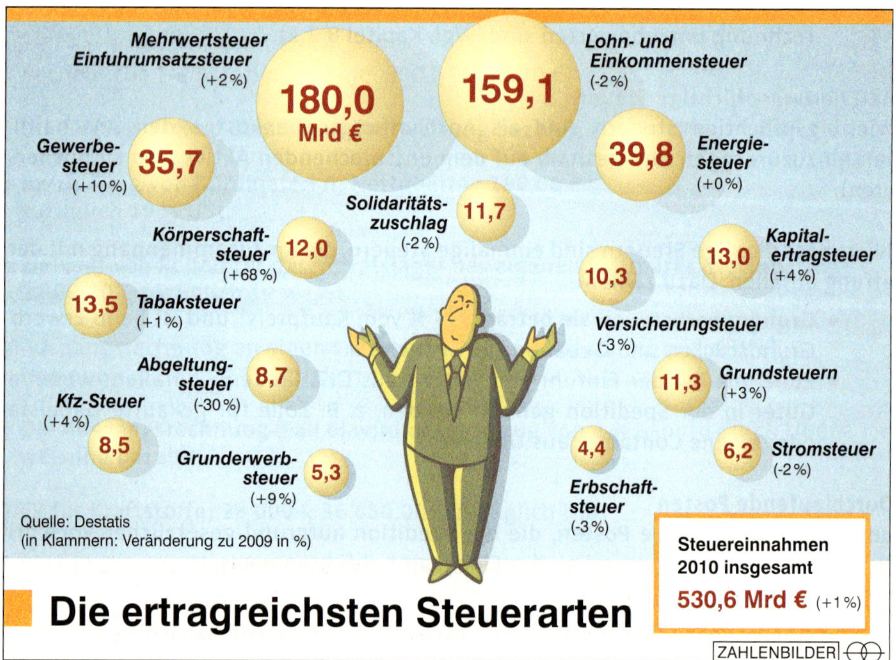

 181 161

1 Kapitalgesellschaften (AG, GmbH, Genossenschaften) zahlen anstelle von Einkommensteuer Körperschaftsteuer. Die Körperschaftsteuer stellt eine Betriebsausgabe dar, die den Gewinn der Spedition mindert. In Kapitalgesellschaften werden keine Privatkonten geführt.

Buchen Sie folgende Banküberweisungen für

1	Einkommensteuer des Unternehmers	2.500,00 €
2	Grunderwerbsteuer	6.000,00 €
3	Lohnsteuer der Arbeitnehmer	22.450,00 €
4	Kfz-Steuer für Betriebsfahrzeuge	16.300,00 €
5	Grundsteuer	500,00 €

Muster-AUFGABE

LÖSUNG

1 Einkommensteuer des Unternehmers = private Steuer (Kto.-Kl. 1)

18	Privat	2.500,00 €	
	an 102 Bank		2.500,00 €

2 Grunderwerbsteuer = aktivierungspflichtige (Kto.-Kl. 0)

011	Gebäude	6.000,00 €	
	an 102 Bank		6.000,00 €

3 Lohnsteuer der Arbeitnehmer = durchlaufender Posten (Kto.-Kl. 1)

1666	Verbindl. gegenüber dem Finanzamt	22.450,00 €	
	an 102 Bank		22.450,00 €

4 Kfz-Steuer = betriebliche Steuer (Kto.-Kl. 4)

425	Kfz-Steuer	16.300,00 €	
	an 102 Bank		16.300,00 €

5 Grundsteuer = betriebliche Steuer (Kto.-Kl. 2)

242	Grundstücks- und Gebäudeaufwendungen	500,00 €	
	an 102 Bank		500,00 €

Aufgaben zum Sachverhalt

1-5

1 Banküberweisungen:

Umsatzsteuer (Zahllast)	17.835,00 €
Einkommensteuer	1.860,00 €
Gewerbeertragsteuer	4.500,00 €

2

ER, Kauf einer Lagerhalle	140.000,00 €
+ 3,5 % Grunderwerbsteuer	4.900,00 €

3 Kfz-Steuer von 14.375,00 € wird von unserem Bankkonto abgebucht.

4 Das Finanzamt bucht für die neue Lagerhalle Grundsteuer von 620,00 € von unserem Bankkonto ab.

5 Einbehaltene Lohn- und Kirchensteuer aus der letzten Lohnabrechnung wird an das Finanzamt überwiesen; 14.582,00 €.

Aufgaben zum Sachverhalt

6-11

6 ER, Gabelstapler für das Speditionslager wird aus Japan importiert:

Gabelstapler	22.000,00 €
Einfuhrzoll	3.000,00 €
Einfuhrumsatzsteuer	4.750,00 €
	29.750,00 €

7 Bankabbuchungen:

Kfz-Steuer für Betriebs-Lkw	8.650,00 €
Kirchensteuer des Unternehmers	412,00 €
Grundsteuer	988,00 €
Gewerbeertragsteuer	3.277,00 €

8 Einfuhrabfertigung für Kunde Roth. Zoll und EUSt werden an die Zollbehörde überwiesen; 18.300,00 €.

9 Bankabbuchungen:

Einkommensteuer des Unternehmers	12.000,00 €
Lohn- und Kirchensteuer für Arbeitn	12.728,00 €
Kfz-Steuer	4.914,00 €

10 AR an Kunde Roth, Einfuhrabfertigung einschließlich Zollvorlage; (siehe Fall 8) Zollvorlage 18.300,00 €; Provision 400,00 € + 19 % USt 76,00 €.

11 Kfz-Steuer für Privatfahrzeuge des Unternehmers, Bankabbuchung 380,00 €.

17.2 Versicherungen

Durch den Abschluss von Versicherungen und den entsprechenden Prämienzahlungen erwirbt die Spedition einen Entschädigungsanspruch im Schadensfall. Die buchhalterische Behandlung der Versicherungen richtet sich danach, ob der Spediteur die Versicherungsprämien aus seinem Gewinn decken muss (Gemeinkosten) oder ob er sie seinen Kunden weiterbelasten kann (auftragsbezogene Einzelkosten).

- Der Spediteur hat nach Ziffer 29.1 und 29.3 ADSp eine **Haftungsversicherung** einzudecken, wenn er seinen Geschäften die ADSp zugrunde legt.
  Die **Prämie für die Haftungsversicherung des Spediteurs** ist an den Speditionsversicherer abzuführen. Sie stellt Gemeinkosten (Kontenklasse 4) dar, da die Prämie für die Haftungsversicherung den einzelnen Aufträgen nicht zurechenbar ist.

- Der Spediteur versichert die Güter, wenn der Auftraggeber ihn vor Übergabe der Güter mit der Besorgung einer Transport- oder Lagerversicherung beauftragt (Ziffer 21.1 ADSp).
  Die **Prämie für die Transport- oder Lagerversicherung des Auftraggebers** stellt auftragsbedingte Speditionskosten (Kontenklasse 7) dar, da die Prämie für die Haftungsversicherung den einzelnen Aufträgen **zurechenbar** und **belastbar** ist.
  An den Kunden berechnete Prämien für Transport- und Lagerversicherungen stellen Speditionserträge dar (Kontenklasse 8).

- **Selbstbeteiligung des Spediteurs im Schadensfall** (Ziffer 29.2. ADSp)
  Die an den Speditionsversicherer zu leistende Selbstbeteiligung des Spediteurs kann zwar einem bestimmten Auftrag zugeordnet, jedoch nicht dem Auftraggeber weiterbelastet werden. Deshalb wird die Selbstbeteiligung in der Kontenklasse 4 als Gemeinkosten erfasst.

Übersicht Versicherungen

Betriebliche Versicherung (aufwandsungleiche Kosten)	Betriebliche Versicherung (aufwandsgleiche Kosten)	Auftragsbedingte Versicherung	Versicherungen des Unternehmers (private Versicherungen)
Betriebsausgabe	Betriebsausgabe	Betriebsausgabe	keine Betriebsausgabe
• Gebäudebrandversicherung • Gebäudehaftpflichtversicherung	• Kfz-Versicherung • Güterschadenshaftpflichtversicherungen – GüKG-Police – CMR-Police • Betriebshaftpflichtversicherung • SpV-Selbstbeteiligung • Haftungsversicherung des Spediteurs	• Transportversicherung für fremde Rechnung • Lagerversicherung für fremde Rechnung	• Kfz-Versicherung für private Fahrzeuge • Lebensversicherung des Unternehmers • alle anderen privaten Versicherungen
Abgrenzungskonten ↓ Kontenklasse 2	Kostenartenkonten ↓ Kontenklasse 4	Auftragsgebundene Speditionskosten ↓ Kontenklasse 7	Finanz- und Privatkonten ↓ Kontenklasse 1
Übernahme in Kostenrechnung in anderer (abgegrenzter) Höhe	Übernahme in Kostenrechnung in gleicher Höhe	Übernahme in Kostenrechnung in gleicher Höhe	keine Übernahme in Kostenrechnung

Muster-AUFGABE

1

AR an Kunde SANTEX GmbH, Lkw-Sped.-Leist.	16.000,00 €
Transportversicherungsprämie	400,00 €
	16.400,00 €
+ USt	3.116,00 €[1]
	19.516,00 €

2 Die Transportversicherungsprämie aus Fall 1 wird unter Abzug von 5 % Provision an den Versicherer abgeführt.

3 Bankabbuchungen:

GüKG-Police	2.600,00 €
Gebäudehaftpflichtversicherung	1.225,00 €
Prämie für Haftungsversicherung	8.145,00 €
Lebensvers. des Unternehmers	718,00 €

1 In der Praxis gibt es keine einheitliche Regelung, ob SpV-Prämien umsatzsteuerpflichtig sind oder nicht.

LÖSUNG

1

1400 Forderungen		**19.516,00 €**	
	an 84 Kraftwagenspedition		**16.400,00 €**
	1669 Umsatzsteuer		**3.116,00 €**

2 Die Transportversicherungsprämie beträgt 400,00 €. Nach Abzug von 5 % Provision überweist der Spediteur 380,00 € an den Versicherer. Direkte Belastung bei einzelnem Auftrag möglich.

74 Kraftwagenspedition		**380,00 €**	
	an 102 Bank		**380,00 €**

3 GüKG-Police = Betriebliche Versicherung (Konto-Klasse 4)
Direkte Belastung bei einzelnem Auftrag nicht möglich.

452 Güterschadenshaftpflichtversicherung		**2.600,00 €**	
	an 102 Bank		**2.600,00 €**

Gebäudehaftpflichtversicherung = Betriebliche Versicherung (Konto-Klasse 2)
Direkte Belastung bei einzelnem Auftrag nicht möglich.

242 Grundstück- und Gebäudeaufwand		**1.225,00 €**	
	an 102 Bank		**1.225,00 €**

Prämie für Haftungsversicherung = Betriebliche Versicherung (Konto-Klasse 4)
Direkte Belastung bei einzelnem Auftrag nicht möglich.

454 Prämie an Haftungsversicherung		**8.145,00 €**	
	an 102 Bank		**8.145,00 €**

Prämie für Lebensversicherung des Unternehmers = private Versicherung (Konto-Klasse 1)

18 Privat		**718,00 €**	
	an 102 Bank		**718,00 €**

AUFGABEN zum Sachverhalt **1-5**

1	Bankabbuchungen:	CMR-Police	17.800,00 €
		Gebäudefeuerversicherung	5.645,00 €
		Kfz-Versicherung	7.490,00 €
2	Abführung der Transportversicherungsprämien		6.400,00 €
	abzüglich 5 % Provision		320,00 €
	Überweisungsbetrag		6.080,00 €
3	Anfallende Selbstbeteiligungen, Überweisungsbetrag		1.625,00 €
4	Bankabbuchung:	Lebensversicherungsprämie des Unternehmers	582,00 €
5	AR, Speditionsleistungen Kraftwagenspedition		19.000,00 €
	Transportversicherungsprämie		1.000,00 €
	Nettobetrag		20.000,00 €
	+ 19 % USt		3.800,00 €
			23.800,00 €

Zusammenfassende Aufgaben

1-17

1	Bankabbuchungen:	Kfz-Steuer	8.575,00 €
		Kfz-Versicherung	4.200,00 €
		DSLV-Beitrag	1.680,00 €
2	AR, Speditionsleistungen netto		4.248,00 €
	+ Transportversicherungsprämie		152,00 €
			4.400,00 €
	+ 19 % USt		836,00 €
			5.236,00 €
3	Banküberweisung an Versicherer Transportversicherungsprämie abzüglich 5 % Provision.		152,00 €
4	Steuerbescheid des Finanzamtes für eine neue Lagerhalle:		
	Grunderwerbsteuer		4.200,00 €
	Grundsteuer		600,00 €
5	Der Speditionsversicherer belastet uns mit Selbstbeteiligung von 1.245,00 €. Der Betrag wird sofort überwiesen.		
6	Banküberweisungen:	Lohn- und Kirchensteuer der Arbeitnehmer	8.645,00 €
		Einkommenst. des Unternehmens	490,00 €
		CMR-Police	2.938,00 €
7	Banküberweisung für IHK-Beiträge		3.825,00 €
8	Bankgutschrift für Einkommensteuerrückzahlung an Unternehmer		2.182,00 €
9	Einfuhrabfertigung für Kunden Lang GmbH, Zoll und EUSt werden an die Zollbehörde überwiesen,		12.695,00 €
10	ADSp-Schadenfall, Selbstbeteiligung, Überweisungsbetrag		3.450,00 €
11	Bankabbuchungen:	USt-Zahllast November	38.917,00 €
		Gewerbeertragsteuer	8.500,00 €
		DSLV-Beitrag	1.115,00 €
12	AR an Kunden Lang GmbH, Einfuhrabfertigung einschließlich Zollvorlage: Zollvorlage 12.695,00 €; Provision 350,00 € + 19 % USt (s. Fall 9)		
13	Bankabbuchung für Kfz-Steuer		785,00 €
14	Die Kfz-Steuer (Fall 13) betrifft zu 20 % private Zwecke.		
15	ER, Hubwagen für das Speditionslager wird aus der Schweiz importiert:		
	Hubwagen		1.200,00 €
	Einfuhrzoll		100,00 €
	Einfuhrumsatzsteuer		247,00 €
			1.547,00 €
16	Bankabbuchungen:	Gebäudefeuerversicherung	915,00 €
		Lebensversich. des Unternehmers	372,00 €
		Grundsteuer	955,00 €
17	Müllgebühren werden vom Bankkonto abgebucht; 220,00 € + 41,80 € USt.		

18 Die Umsatzsteuer im internationalen Handel

Die Berechnung und Erhebung der USt im internationalen Handel ist davon abhängig, ob es sich um einen **Handel mit Drittländern** (Kauf/Verkauf über die Grenzen der EU hinweg) oder um einen **innergemeinschaftlichen Erwerb** (Kauf/Verkauf innerhalb der EU) handelt. Einfuhren aus einem **Drittland** in das Zollgebiet der EU unterliegen der **Einfuhrumsatzsteuer** (EUSt). Einfuhren aus einem **EU-Land** in das Zollgebiet der EU unterliegen als innergemeinschaftlicher Erwerb der **USt.**

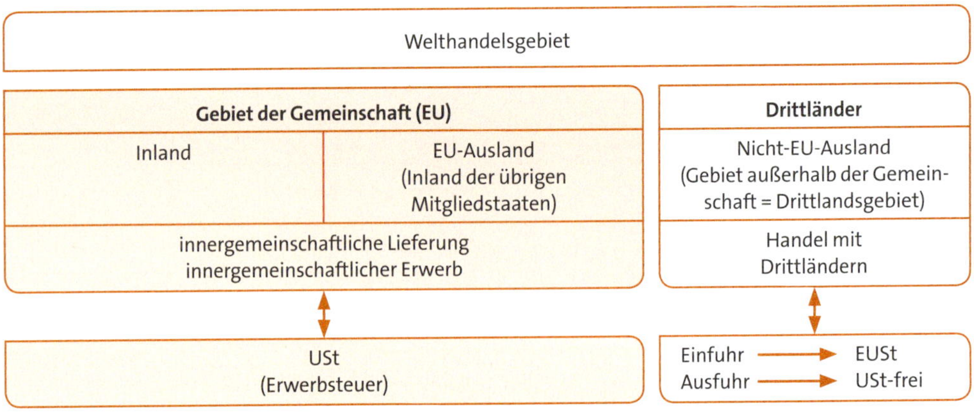

18.1 Handel mit Drittländern

Bei der **Ausfuhr** in Drittländer bleiben Ware, Transportleistung und Besorgungsleistung **im Ausfuhrland umsatzsteuerfrei,** weil im Ausfuhrland kein Verbrauch stattfindet. Bei der **Einfuhr** aus einem Drittland ist die Ware sowie die Beförderungsleistung und alle damit in Zusammenhang stehenden sonstigen Leistungen im Bestimmungsland (z. B. EU-Staat) **einfuhrumsatzsteuerpflichtig.** Der Einfuhrumsatzsteuersatz entspricht den Umsatzsteuersätzen der einzelnen Länder. Die **Bemessungsgrundlage für die Berechnung der EUSt** ist der Warenwert am ersten inländischen Bestimmungsort einschließlich aller bis dahin angefallenen Kosten wie Transport- und Versicherungsentgelte sowie Zoll.

Übersicht: Einfuhr aus einem Drittland/ Ausfuhr in ein Drittland

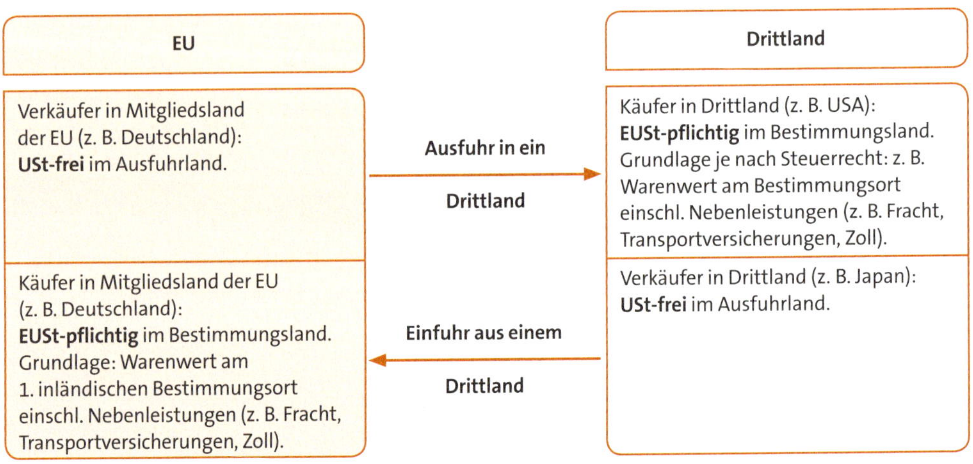

1 Muster-AUFGABE

Ausfuhr in ein Drittland: Spedition Hermes & Co. besorgt im Selbsteintritt für die Nester KG, Hersteller von Blechdosen, den Versand von 28 Paletten Weißblechdosen von Göttingen nach Luzern/Schweiz. Das vereinbarte Nettoentgelt beträgt 800,00 €. **Buchen Sie die Ausgangsrechnung (Transportkosten).**

LÖSUNG

Da es sich hier um einen **grenzüberschreitenden Speditionsauftrag** handelt – die Besorgung und Durchführung eines Lkw-Transportes von Göttingen über die EU-Außengrenze nach Luzern – rechnet Spedition Hermes & Co. ihrem Auftraggeber den Auftrag nach § 4 Nr. 3 Satz 1 UStG und § 3 Abs. 11 UStG steuerfrei ab.

Buchung der Ausgangsrechnung (Transportkosten):

1400	**Forderungen**	**800,00 €**	
	an 85 Lkw-Spedition		**800,00 €**

2 Muster-AUFGABE

Import aus einem Drittland: Spedition Euro-Fracht AG, transportiert im Selbsteintritt 13,6 t russischen Tabak per Lkw von Moskau nach Kaiserslautern. Das vereinbarte Nettoentgelt beträgt 1.850,00 € für den Transport (850,00 € für die Strecke außerhalb der EU und 1.000,00 € für die Strecke innerhalb der EU) und 150,00 € für die Eingangsabfertigung. Der Warenwert beträgt 28.000,00 € je Tonne, der Zollsatz für Tabak aus der Russischen Föderation (Russland) 18,4 %.

a) **Buchen Sie die Eingangsrechnung (Transportkosten).**
b) **Ermitteln und buchen Sie die Eingangsabgaben.**

LÖSUNG

Importe aus Drittländern sind einfuhrumsatzsteuerpflichtig, damit die eingeführte Ware genauso hoch belastet ist wie im Inland hergestellte und besteuerte Ware. Als Basis für die Berechnung der Einfuhrumsatzsteuer dient der Warenwert am ersten Bestimmungsort im Inland. Der Warenwert enthält den Rechnungspreis, alle Transport- und Besorgungskosten bis zum ersten inländischen Bestimmungsort sowie den Zoll.

a) Die **grenzüberschreitende Beförderung** Moskau – Kaiserslautern ist umsatzsteuerfrei. Buchung der Eingangsrechnung (Transportkosten):

70 Internationale Spedition	**1.850,00 €**	
an 1600 Verbindlichkeiten		**1.850,00 €**

b) Dem Wert der Ware müssen die Beförderungskosten bis Kaiserslautern, die Kosten der Eingangsabfertigung und der Zoll zugerechnet werden. Von diesem Betrag ist die EUSt zu berechnen.

	Warenwert 28.000,00 €/t · 13,6 t =		380.800,00 €
+	**18,4 % Zoll vom Cif-Wert an der EU-Grenze**		
	Warenwert	380.800,00 €	
+	Transportkosten bis EU-Grenze	850,00 €	
	Zollwert		381.650,00 €
	18,4 % von 381.650,00 €		**70.223,60 €**
+	Transportkosten bis zum ersten inländischen Bestimmungsort		1.000,00 €
+	Kosten der Eingangsabfertigung		150,00 €
	EUSt-Wert		453.023,60 €
	19 % EUSt von 453.023,60 €		**86.074,48 €**

Fortsetzung

1 Buchung beim Spediteur, der am Stundungsverfahren teilnimmt:

70	Internationale Spedition	156.298,08 €	
	an 1668 Verbindlichkeiten aus Eingangsabg.		156.298,08 €

2 AR an Auftraggeber:

1400	Forderungen	156.298,08 €	
	an 80 Internationale Spedition		156.298,08 €

18.2 Innergemeinschaftlicher Erwerb

Beim Warenhandel innerhalb der EU erfolgt die **Besteuerung innergemeinschaftlicher Lieferungen** nach dem **USt-Binnenmarktgesetz**[1]. Innergemeinschaftliche grenzüberschreitende Beförderungsleistungen und alle damit in Zusammenhang stehende sonstige Leistungen (z. B. Besorgen von Akkreditiv, Konsulats-, Handels-und Zollfaktura, Kassieren von Nachnahmen, Schreiben von Frachtbriefen, Borderos, ...) unterliegen der USt.

Die **Erhebung** erfolgt wie bei Lieferungen und Leistungen im Inland oder beim Selbstverbrauch (Privatentnahmen von Waren und Leistungen) **durch Selbstanmeldung** (Monats-/Jahresmeldung) beim zuständigen Finanzamt.

Die Besteuerung innergemeinschaftlicher Güterbeförderungen erfolgt seit dem 01.01.2010 gemäß § 3 a Abs. 2 UStG grundsätzlich am Ort des Leistungsempfängers **(Empfängerortprinzip)**. Das bisherige Reverse-Charge-Verfahren bei dem sich der Ort der Leistung durch Verwendung der USt-Identifikationsnummer (USt-ID Nr.) in den Mitgliedsstaat verlagert, der die USt-ID Nr. erteilt hat, ist hinfällig.

Übersicht: Innergemeinschaftliche Lieferung/ Innergemeinschaftlicher Erwerb/ Innergemeinschaftliche Güterbeförderung

Verkäufer in Mitgliedsland der EU (z. B. Deutschland)

USt-freie innergemeinschaftliche Lieferung

Lieferung ist im **Exportland** grundsätzlich **USt-frei!**

Kaufvertrag über 100 t Stahl →

Käufer in Mitgliedsland der EU (z. B. Niederlande)

USt-pflichtiger innergemeinschaftlicher Erwerb

Lieferung ist im **Importland** grundsätzlich **USt-pflichtig!**

↕

innergemeinschaftliche Güterbeförderung

grundsätzlich umsatzsteuerpflichtig in dem Staat, in dem der Leistungsempfänger seinen Sitz hat

1 Durch das USt-Binnenmarktgesetz wurden die innergemeinschaftliche Leistung (innergemeinschaftliche Lieferung/innergemeinschaftlicher Erwerb) und die innergemeinschaftliche Beförderungsleistung als Übergangslösung in das deutsche Umsatzsteuergesetz eingeführt. Voraussetzung für einen voll funktionsfähigen EU-Binnenmarkt ist die Harmonisierung der USt. Kernpunkte dieser USt-Harmonisierung müssten sein:
- die Besteuerung erfolgt im Abgangsland,
- die Umsatzsteuern sind über ein Clearingsystem abzurechnen, das die richtige Zuweisung der vereinnahmten Steuern auf die einzelnen EU-Länder besorgt,
- die Umsatzsteuersätze der EU-Länder sind anzugleichen.

MERKE

Eine innergemeinschaftliche Beförderungsleistung ist grundsätzlich in dem Land umsatzsteuerpflichtig, in dem der Leistungsempfänger seinen Sitz hat.

- Speditionen müssen innergemeinschaftliche Transporte in einer zusammenfassenden Meldung erfassen.
- Deutsches Umsatzsteuerrecht ist bei einem Transport nur anwendbar, wenn dieser
  - von einem Unternehmer,
  - im Inland (d. h. der Ort der Leistung liegt in Deutschland),
  - gegen Entgelt und
  - für unternehmerische Zwecke

  ausgeführt wird.
  Sind alle Bedingungen erfüllt, erstellt das ausführende Unternehmen eine Rechnung mit deutscher USt.
- Findet das deutsche USt-Recht keine Anwendung, erstellt das ausführende Unternehmen eine Rechnung ohne deutsche USt.
  - Liegt der Leistungsort innerhalb der EU, erfolgt die Besteuerung nach dem jeweiligen USt-Gesetz des Mitgliedslandes.
  - Liegt der Leistungsort in einem Drittland, erfolgt die Besteuerung des Transportes im Rahmen der Ermittlung der EUSt.

Übersicht

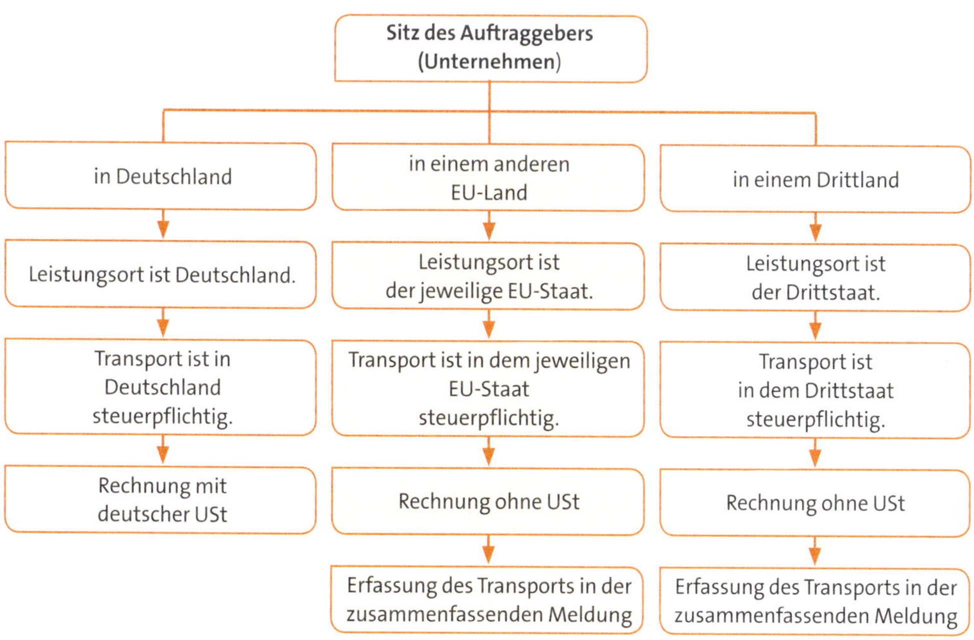

6403133

B

Geschäftsprozesse erfolgsorientiert steuern

1 Gliederung des Rechnungswesens

Das speditionelle **Rechnungswesen** gliedert sich in die vier Teilbereiche **Geschäftsbuchführung, Kosten- und Leistungsrechnung, Statistik** und **Planung**. In diesem Kapitel wird die Kosten- und Leistungsrechnung dargestellt.

Aufgaben der Geschäftsbuchführung

1. Chronologische Erfassung aller Geschäftsvorfälle auf Bestands- und Erfolgskonten.
2. Erstellung des **Jahresabschlusses** am Ende der Abrechnungsperiode
3. Rechenschaftslegung und Information für die Bilanzadressaten:
   - Unternehmer und Gesellschafter
   - Finanzamt
   - Kreditgeber
   - Öffentlichkeit

interne und externe Adressaten

Vorschriften für die Darstellung der Geschäftsbuchführung

Handelsgesetzbuch	**HGB**
Einkommensteuergesetz	**EStG**

Aufgaben der Kosten- und Leistungsrechnung

1. Erfassung sämtlicher Kosten.
2. Gegenüberstellung von Kosten und Speditionsleistungen einer Abrechnungsperiode.
3. Ermittlung von Preisuntergrenzen für die einzelnen Speditionsleistungen, z. B. Selbstkosten.
4. Kontrolle der Speditionsabteilungen in ihrer Kostenentwicklung.
5. Ertragsverbesserungen, z. B. durch Kostensenkungen.
6. Rechenschaftslegung für den Unternehmer.

interner Adressat

Vorschriften für die Darstellung der Kosten- und Leistungsrechnung

Keine Vorschriften, da lediglich für interne Zwecke.

Grundbegriffe 2

Verschiedene ökonomische Ausdrücke, z. B. Ausgabe, Aufwand, Kosten, werden umgangssprachlich gleichbedeutend verwendet. In den einzelnen Teilbereichen des Rechnungswesens werden die verschiedenen Größen begrifflich streng getrennt. Ihre **Kenntnis und Unterscheidung** ist eine Voraussetzung, um die Probleme zu verstehen, die sich in der Kosten- und Leistungsrechnung ergeben.

Ausgaben – Einnahmen 2.1

Ausgaben Einnahmen

Ausgaben stellen **Geldmittelabfluss** dar. Es sind die von dem Unternehmen gezahlten Geldbeträge.

Beispiele:
- Lohnzahlungen
- Banküberweisung für Lkw

Einnahmen stellen **Geldmittelzufluss** dar. Es sind die an das Unternehmen gezahlten Geldbeträge.

Beispiele:
- Bankgutschrift für erbrachte Speditionsleistung
- Bankgutschrift für zu viel bezahlte Steuern

Ausgaben und Einnahmen werden in der Geschäftsbuchführung erfasst. Sie sind Begriffe der Geldrechnung (Kassenrechnung).

Aufwendungen – Erträge 2.2

Aufwendungen und Erträge sind ebenfalls Begriffe der Geschäftsbuchführung. Alle Aufwendungen und Erträge werden in der Geschäftsbuchführung erfasst. In der Gewinn- und Verlustrechnung wird das Unternehmensergebnis als Saldo zwischen Erträgen und Aufwendungen errechnet.

Aufwendungen 2.2.1

Aufwendungen lassen sich in Zweckaufwendungen und neutrale Aufwendungen einteilen.

Zweckaufwendungen sind betriebsbezogene Aufwendungen. Sie sind zugleich Kosten, weil sie Aufwendungen darstellen, die zur Erreichung des Betriebszwecks notwendig sind. Sie dienen ausschließlich der Erfüllung des Betriebszwecks und sind die Grundlage für die Kosten- und Leistungsrechnung.

Beispiele Aufwendungen

Beispiele:
- Zahlung von Löhnen und Gehältern
- Verbrauch von Treibstoffen
- Zahlung der Betriebshaftpflichtversicherung

Neutrale Aufwendungen sind unternehmensbezogene Aufwendungen. Sie müssen von den betriebsbezogenen Aufwendungen abgegrenzt werden, weil sie entweder für den Betriebsablauf periodenfremd, ungewöhnlich bzw. atypisch sind oder mit der betrieblichen Leistungserstellung nichts zu tun haben.

Neutrale Aufwendungen werden nicht in der Kostenrechnung berücksichtigt. Sie verhalten sich also in Bezug auf die Kalkulation neutral und werden deshalb neutrale Aufwendungen genannt.

Die **neutralen Aufwendungen** werden unterteilt in:

- **Betriebsfremde Aufwendungen**
  Es besteht kein Zusammenhang mit der betrieblichen Leistungserstellung.

  Beispiel: – Spende für das Rote Kreuz

- **Sonstige Aufwendungen**
  Sie stehen im Zusammenhang mit dem Betriebszweck. Ihre Erfassung als betrieblicher Zweckaufwand würde jedoch wegen ihrer außergewöhnlichen bzw. schwankenden Höhe die Aussagefähigkeit des Betriebsergebnisses beeinträchtigen.

  Beispiele: – Verkauf eines gebrauchten Lkw unter Buchwert
  – Unwetterschäden

- **Periodenfremde Aufwendungen**
  Betriebsbezogene Aufwendungen, die jedoch eine frühere Periode betreffen und deshalb nicht in die Kalkulation der laufenden Periode einbezogen werden dürfen.

  Beispiele: – Nachzahlung der Gewerbesteuer für vergangene Jahre
  – Prozesskosten für einen im vergangenen Jahr abgeschlossenen Prozess sind höher als die gebildete Rückstellung.

Aufwendungen werden nach dem DSLV-Kontenrahmen (siehe Anhang) in den Kontenklassen 2, 4 und 7 dargestellt.

In den Kontenklassen 4 (Betriebskosten) und 7 (auftragsbedingte Einzelkosten) werden die Zweckaufwendungen dargestellt. Es handelt sich um aufwandsgleiche Kosten, die **unverändert** in die Kalkulation eingehen. In der Kontenklasse 2 (Abgrenzungskonten) werden zunächst die neutralen Aufwendungen dargestellt. Neutrale Aufwendungen werden nicht in die Kosten- und Leistungsrechnung übernommen.

Speditionskontenrahmen des DSLV

Kontenklasse 2 (Abgrenzungskonten)	**Kontenklasse 4** (Betriebskosten)
z. B. 20 Außerordentliche Aufwendungen 21 Betriebs- und periodenfremde Aufwendungen 23 Steuern vom Einkommen und Ertrag 24 Sonstige Aufwendungen	z. B. 40 Lohn- und Lohnnebenkosten 41 Gehalts- und Gehaltsnebenkosten 42 Fuhrparkkosten 43 Raumkosten 44 Verwaltungskosten 45 Steuern, Versicherungen 46 Unternehmenskosten
↓ **Keine Übernahme in die Kosten- und Leistungsrechnung, da es sich um neutrale Aufwendungen handelt**	**Kontenklasse 7** auftragsgebundene, direkt zurechenbare Speditionskosten
22 Zinsen und ähnliche Aufwendungen	z. B. 70 Internationale Speditionskosten 74 Kraftwagenspeditionskosten 77 Möbelspeditionskosten
↓ **Übernahme in die Kosten-und Leistungsrechnung nach Umbewertung als kalkulatorische Zinsen**	↓ **Übernahme in die Kosten- und Leistungsrechnung**

Erträge 2.2.2

Erträge sind alle Vorgänge, die das Eigenkapital vermehren. Sie sind Wertzugänge, die dem Unternehmen innerhalb einer Rechnungsperiode zufließen. Erträge werden in Betriebserträge und neutrale Erträge unterteilt.

Betriebserträge sind Wertezuflüsse, die Ergebnisse der betrieblichen Leistungserstellung im Speditionsbetrieb sind. Sie setzen sich zusammen aus:

- Speditionserlösen, z. B. Verkauf von Speditionsleistungen.
- Warenverkauf im Nebenbetrieb, z. B. Treibstoffverkauf an Betriebsfremde.

Neutrale Erträge werden – analog zu den neutralen Aufwendungen – folgendermaßen unterteilt:

- **Betriebsfremde Erträge**
  Es besteht kein Zusammenhang mit der Leistungserstellung im Speditionsbetrieb.

  Beispiel: Kursgewinne aus Wertpapierverkäufen

- **Sonstige Erträge**
  Sie stehen im Zusammenhang mit dem Betriebszweck der Spedition, sind jedoch wegen ihrer Unvorhersehbarkeit nicht kalkulierbar.

  Beispiel: Verkauf eines gebrauchten Lkw über dem Buchwert

- **Periodenfremde Erträge**
  Sie stellen häufig die Korrektur vorgezogener überhöhter Aufwendungen dar.

  Beispiele:
  – Rückerstattung von im vergangenen Jahr zu viel bezahlter Kfz-Versicherung
  – Auflösung einer im Vorjahr zu hoch angesetzten Prozesskostenrückstellung
  – Gutschriften von Zeitrabatten (nachträglich gewährten Seefrachtrabatten) für im Vorjahr bezahlte Seefracht

Betriebserträge werden nach dem DSLV-Kontenrahmen in der Kontenklasse 8 (Speditionserlöse) dargestellt. Die neutralen Erträge, gebucht in Kontenklasse 2, werden nicht in die Kosten- und Leistungsrechnung übernommen. Sie verhalten sich also in Bezug auf die Kalkulation neutral und werden deshalb neutrale Erträge genannt.

Speditionskontenrahmen des Deutschen Speditions- und Logistikverbandes (DSLV)

Kontenklasse 2 (Abgrenzungskonten)	**Kontenklasse 8** (Speditionserlöse)
z. B. 25 Außerordentliche Erträge 26 Betriebs- und periodenfremde Erträge 27 Zinserträge 28 Sonstige Erträge	z. B. 80 Internationale Speditionsleistungen 81 Seehafenspeditionsleistungen 84 Kraftwagenspeditionsleistungen 87 Möbelspeditionsleistungen 88 Logistikprojekte 89 Umsatzerlöse im Nebenbetrieb
⬇ **Keine Übernahme in die Kosten- und Leistungsrechnung, da es sich um neutrale Aufwendungen handelt**	⬇ **Übernahme in die Kosten- und Leistungsrechnung**

2.3 Kosten und Leistungen im Speditionsbetrieb

Kosten und Leistungen sind Begriffe der Kosten- und Leistungsrechnung. Sie sind betriebsbezogen.

Als **Kosten** bezeichnet man den wertmäßigen Verbrauch an Gütern, Diensten und Abgaben in einer Abrechnungsperiode zur Erstellung und Verwertung von Leistungen.

Von den gesamten Aufwendungen der Geschäftsbuchführung gehen lediglich die betrieblichen Aufwendungen als Grundkosten unmittelbar in die Kosten- und Leistungsrechnung ein. Darüber hinaus weist die Kosten- und Leistungsrechnung Kosten aus, für die in der Geschäftsbuchführung Aufwendungen in anderer Höhe oder keine Aufwendungen gebucht werden. (Vgl. Kapitel 3.3)

Leistungen. Betriebliche Erträge sind das Ergebnis der betrieblichen Leistungserstellung und -verwertung. In der Kosten- und Leistungsrechnung werden sie daher als Leistungen bezeichnet.

Zusammenfassende Aufgaben

1

Die Treibstoffrechnungen einer Tankstelle für die letzte Dezemberwoche werden im Januar beglichen.

a) In welchem Jahr handelt es sich um eine Ausgabe?
b) In welchem Jahr handelt es sich um einen Aufwand?
c) In welchem Jahr handelt es sich um Kosten?

2

Einem Kunden wird im Dezember eine erbrachte Frachtleistung in Rechnung gestellt. Der Kunde bezahlt im Januar.

a) In welchem Jahr handelt es sich um eine Einnahme?
b) In welchem Jahr handelt es sich um einen Ertrag?
c) In welchem Jahr handelt es sich um Leistungen?

3

Stellen Sie fest, in welcher Höhe im laufenden Geschäftsjahr neutrale Aufwendungen, Zweckaufwendungen und Grundkosten anfallen.

a) Lohnzahlung an Lagerarbeiter .... 2.800,00 €
b) Eingekaufter Treibstoff wird verbraucht .... 1.790,00 €
c) Spende an das Rote Kreuz .... 500,00 €
d) Ein gebrauchter Lkw wird für 30.000,00 € netto verkauft. Der Buchwert beträgt 40.000,00 €.
e) Banküberweisung für Gewerbeertragsteuer .... 5.800,00 €
Im Vorjahr wurde für die zu erwartende Nachzahlung eine Rückstellung von 4.500,00 € gebildet.

4

Handelt es sich bei folgenden Geschäftsfällen um Ausgaben, Aufwendungen, Kosten, Einnahmen, Erträge oder Leistungen? Begründen Sie Ihre Antwort.

a) Treibstoffverbrauch
b) Zinsgutschrift der Bank für eine festverzinsliche Anleihe
c) Treibstoffeinkauf auf Vorrat wird durch Bankscheck bezahlt.
d) Abschreibung auf Lkw, der vor einigen Jahren angeschafft wurde
e) unentgeltlicher Möbelumzug für einen Kindergarten
f) Der Unternehmer leistet eine Kapitaleinlage bar.
g) Darlehenstilgung
h) Löhne werden bar bezahlt.

Abgrenzungsrechnung – unternehmens- und betriebsbezogene Abgrenzungen 3

Aufgabe der Abgrenzungsrechnung 3.1

Die **Abgrenzungsrechnung** kann entweder buchhalterisch mit Buchungen in den Kontenklassen 2 und 4 oder außerhalb der Geschäftsbuchführung tabellarisch vorgenommen werden. In der Speditionspraxis wird häufig die tabellarische Abgrenzung gewählt, weil dann außerhalb der Geschäftsbuchführung die Kosten- und Leistungsrechnung erstellt werden kann. (Vgl. Kapitel 3.4)

Die **Abgrenzungsrechnung** ist eine notwendige **Vorstufe** der **Kosten- und Leistungsrechnung**. Ihr Zweck besteht darin, aus den in der Geschäftsbuchführung erfassten gesamten Aufwendungen und Erträgen die neutralen abzugrenzen, da in die Betriebsergebnisrechnung nur die betrieblichen Aufwendungen als Kosten und die betrieblichen Erträge als Leistungen eingehen.

Unternehmensbezogene Abgrenzungen 3.2

Abgrenzung der neutralen Aufwendungen und Erträge 3.2.1

Die Abgrenzungsrechnung trennt die neutralen Aufwendungen und Erträge von den gesamten Aufwendungen und Erträgen der Geschäftsbuchführung, um sie von der Kosten- und Leistungsrechnung fern zu halten.

Erster Schritt der Abgrenzungsrechnung

Ermittlung der neutralen Aufwendungen: **Welche Aufwendungen stellen keine Kosten dar?**	➡	Diese Aufwendungen werden nicht in die Kosten- und Leistungsrechnung übernommen.

Übernahme der aufwandsgleichen Kosten 3.2.2

Aus der Geschäftsbuchhaltung werden Aufwendungen in die Kosten- und Leistungsrechnung übernommen, die in gleicher Höhe Kosten darstellen. Man spricht von aufwandsgleichen Kosten oder Grundkosten.

Aufwandsgleiche Kosten sind die Kontenklassen 4 (Betriebskosten) und 7 (auftragsbedingte Einzelkosten).

Diese **Grundkosten** stellen den betriebsbedingten Werteverzehr dar, dem in der Geschäftsbuchführung in gleicher Höhe Aufwendungen gegenüberstehen. Diese Aufwendungen werden als Zweckaufwendungen bezeichnet. Da Grundkosten und Zweckaufwendungen gleich groß sind, werden die Grundkosten auch als aufwandsgleiche Kosten bezeichnet. Zweckaufwendungen werden in gleicher Höhe in die Kosten- und Leistungsrechnung übernommen.

Beispiele für Grundkosten = aufwandsgleiche Kosten:
- Treibstoffverbrauch
- Löhne
- Gehälter

Derartige Aufwendungen (Zweckaufwendungen, Grundkosten) werden ohne Korrektur aus der Geschäftsbuchführung in die Kosten- und Leistungsrechnung übernommen.

Zweiter Schritt der Abgrenzungsrechnung

Ermittlung der Grundkosten:
Welche Aufwendungen stellen in gleicher Höhe Kosten dar?

➡ Diese Aufwendungen werden in gleicher Höhe in die Kosten- und Leistungsrechnung übernommen.

Aufgaben zum Sachverhalt

1

Die Geschäftsbuchführung der Spedition Schnell & Zuverlässig e. Kfm. hat für das 1. Quartal folgende Aufwendungen und Erträge (in €) erfasst:

20	Außerordentliche Aufwendungen	25.000,00
21	Betriebs- und periodenfremde Aufwendungen	42.000,00
25	Außerordentliche Erträge	185.000,00
26	Betriebs- und periodenfremde Erträge	12.000,00
40	Lohn- und Lohnnebenkosten	120.000,00
41	Gehalts- und Gehaltsnebenkosten	135.000,00
42	Fuhrparkkosten	222.000,00
44	Verwaltungskosten	43.000,00
45	Sonstige Steuern, Versicherungen	8.500,00
70	Internationale Spedition	74.000,00
74	Kraftwagenspedition	114.000,00
75	Bahnspedition	49.000,00
80	Internationale Spedition	149.000,00
84	Kraftwagenspedition	580.000,00
85	Bahnspedition	85.000,00

a) **Ermitteln Sie das Unternehmensergebnis.**
b) **Ermitteln Sie das neutrale Ergebnis, indem Sie festlegen, welche Aufwendungen und Erträge nicht in die Kosten- und Leistungsrechnung übernommen werden.**
c) **Ermitteln Sie das Betriebsergebnis, indem Sie festlegen, welche Aufwendungen und Erträge in die Kosten- und Leistungsrechnung übernommen werden.**
d) **Beurteilen Sie die Erfolgssituation des Unternehmens.**

2

Die Geschäftsbuchführung der Spedition Max Müller & Co. OHG weist für das 1. Quartal folgende Aufwendungen und Erträge (in €) aus:

20	Außerordentliche Aufwendungen	13.000,00
21	Betriebs- und periodenfremde Aufwendungen	72.000,00
25	Außerordentliche Erträge	18.000,00
26	Betriebs- und periodenfremde Erträge	2.000,00
40	Lohn- und Lohnnebenkosten	144.000,00
41	Gehalts- und Gehaltsnebenkosten	108.000,00
42	Fuhrparkkosten	142.000,00
44	Verwaltungskosten	15.000,00
45	Sonstige Steuern, Versicherungen	12.500,00
72	Luftfrachtspedition	92.000,00
74	Kraftwagenspedition	129.000,00
76	Lagerei	52.000,00
82	Luftfrachtspedition	166.000,00
84	Kraftwagenspedition	495.000,00
86	Lagerei	92.000,00

a) **Ermitteln Sie das Unternehmensergebnis.**
b) **Ermitteln Sie das neutrale Ergebnis.**
c) **Ermitteln Sie das Betriebsergebnis.**
d) **Beurteilen Sie die Erfolgssituation des Unternehmens.**

Kostenrechnerische Korrekturen 3.3

Aufgaben der kostenrechnerischen Korrekturen 3.3.1

Anderskosten

Die Aufwendungen der Geschäftsbuchführung entsprechen nicht immer den übernommenen Kosten in der Kosten- und Leistungsrechnung. Bestimmte Aufwendungen müssen in ihrer Höhe erst angepasst werden, bevor sie in die Kostenrechnung eingehen können. Diese **Kosten**, die in der Kosten- und Leistungsrechnung in **anderer Höhe** erfasst werden als in der Geschäftsbuchführung (siehe Kapitel 3.3.2 bis 3.3.6), werden **Anderskosten** genannt. Anderskosten sind **aufwandsungleiche Kosten**, z. B. kalkulatorische Abschreibungen, kalkulatorische Zinsen, kalkulatorische Wagnisse).

Dritter Schritt der Abgrenzungsrechnung

Ermittlung der Anderskosten:
Welche Aufwendungen stellen zwar Kosten dar, jedoch in anderer Höhe?

➡

In die Kosten- und Leistungsrechnung wird abweichend von den Aufwendungen der Kontenklasse 2 ausschließlich der betrieblich bedingte Aufwand übernommen.

Leistung
kein
Ertrag
Anderskosten

Buchungssätze bei buchhalterischer Abgrenzungsrechnung:

482	Kalkulatorische Zinsen	an	292	Verrechnete kalkulatorische Zinsen
483	Kalkulatorische Abschr.	an	293	Verrechnete kalkulatorische Abschreibungen
485	Kalkulatorische Wagnisse	an	294	Verrechnete kalkulatorische Wagnisse

Zusammenfassung: kalkulatorische Abschreibung

FAZIT

Geschäftsbuchführung	Kosten- und Leistungsrechnung
Bilanzielle Abschreibung verringert das Unternehmensergebnis.	**Kalkulatorische Abschreibung** verringert das Betriebsergebnis.
Zielsetzung: Gewinnausweis und damit Steuerbelastung beeinflussen.	**Zielsetzung:** Tatsächlichen Werteverzehr ermitteln und in die Kalkulation einbeziehen.
Berechnungsweise: • lineare oder degressive Abschreibung von den Anschaffungs- oder Herstellungskosten • orientiert sich an AfA-Tabelle des Finanzamtes	**Berechnungsweise:** • lineare Abschreibung von den Wiederbeschaffungskosten • orientiert sich an der tatsächlichen Nutzungsdauer

Aufgaben zum Sachverhalt

1

Ein im Jahr 2009 angeschaffter Lkw wird aus steuerlichen Gründen mit 25 % degressiv abgeschrieben. Kalkulatorisch wird das Fahrzeug mit 15 % linear abgeschrieben.

Anschaffungskosten	120.000,00 €
Wiederbeschaffungswert	140.000,00 €
Buchwert Ende 2009	90.000,00 €

Berechnen Sie die kalkulatorische Abschreibung für das Jahr 2009.

2

Auf einen Gabelstapler werden 25 % degressiv bilanzmäßig abgeschrieben. Die betriebsgewöhnliche Nutzungsdauer beträgt 10 Jahre.

Anschaffungswert	75.000,00 €
Wiederbeschaffungswert	80.000,00 €
Buchwert zu Beginn des zweiten Nutzungsjahres	56.250,00 €

Berechnen Sie die kalkulatorische Abschreibung für das zweite Nutzungsjahr.

3

Welcher Wert stellt die Basis zur Berechnung der kalkulatorischen Abschreibung dar?
Begründen Sie Ihre Antwort.

4

Welche Abschreibungsmethode findet bei der Berechnung der kalkulatorischen Abschreibung Anwendung?
Begründen Sie Ihre Aussage.

3.3.3 Kalkulatorische Zinsen

Zinsen für das aufgenommene Fremdkapital werden in der Geschäftsbuchführung als Aufwand und Ausgaben erfasst. Der Spediteur kann mit Recht erwarten, dass ihm in den Speditionserlösen auch eine angemessene Verzinsung für das eingesetzte Eigenkapital zufließt. Um das zu erreichen, werden in der Kostenrechnung Zinsen für das gesamte bei der Leistungserstellung erforderliche Kapital **(betriebsnotwendiges Kapital)** angesetzt. Dadurch werden alle Speditionsbetriebe in der Kosten- und Leistungsrechnung (Selbstkosten- und Betriebsergebnisrechnung) gleichgestellt, unabhängig von dem Verhältnis der Eigen- und Fremdkapitalausstattung.

Das **betriebsnotwendige Kapital** enthält das gesamte für die speditionelle Leistungserstellung erforderliche Kapital; es enthält somit auch das **Eigenkapital**.

Das Eigenkapital löst zwar keine Zinszahlung aus, verursacht aber einen Nutzenentgang. Dies ist der Zinsertrag, den der Spediteur bei Kapitalanlage außerhalb seines Betriebes erzielen könnte.

Um eine gleichmäßige Belastung der Abrechnungsperioden mit Zinskosten zu erreichen, wird ein von zufälligen Schwankungen befreiter langfristiger **Zinssatz für langfristige Kapitalanlagen** verrechnet.

Die **kalkulatorischen Zinsen** gehen in anderer Höhe als die Zinsaufwendungen der Geschäftsbuchführung in die Kostenrechnung ein. Sie werden deshalb als **Anderskosten** oder **aufwandsungleiche Kosten** bezeichnet.

Muster-AUFGABE

Spedition Michelmann verfügt über betriebsnotwendige Vermögenswerte in Höhe von 1.850.000,00 €. Die tatsächlich gezahlten Fremdkapitalzinsen betragen im Geschäftsjahr 134.000,00 €. Der kalkulatorische Zinssatz wird mit 10 % angesetzt.

Berechnen Sie die kalkulatorischen Zinsen.

LÖSUNG

betriebsnotwendiges Kapital	·	kalkulatorischer Zinssatz	=	kalkulatorische Zinsen
1.850.000,00 €	·	10 %	=	185.000,00 €

Zusammenfassung: kalkulatorische Zinsen

FAZIT

Geschäftsbuchführung	Kosten- und Leistungsrechnung
Zinsaufwendungen verringern das Unternehmensergebnis.	**Kalkulatorische Zinsen** verringern das Betriebsergebnis.
Zielsetzung: Fremdkapitalzinsen mindern als Aufwand den Gewinn.	**Zielsetzung:** In den Speditionserlösen werden die Zinsen, auch für das Eigenkapital, vergütet.
Berechnungsweise: tatsächlich gezahlte Fremdkapitalzinsen	**Berechnungsweise:** langfristiger Zinssatz vom betriebsnotwendigen Kapital

Aufgaben zum Sachverhalt

1

Spedition Schneider e. K., Erfurt, verfügt über betriebsnotwendige Vermögenswerte in Höhe von 2.480.000,00 €. Für benötigtes Fremdkapital wurden 10,4 % Zinsen, insgesamt 156.000,00 € bezahlt. Der kalkulatorische Zinssatz wird mit 9,5 % angesetzt.

a) **Ermitteln Sie die kalkulatorischen Zinsen für das Geschäftsjahr.**
b) **Welche Ursache kann die unterschiedliche Zinssatzhöhe haben?**

2

Prüfen Sie die folgenden Aussagen auf ihren Wahrheitsgehalt:

a) Der Zinssatz für die Berechnung der kalkulatorischen Zinsen orientiert sich am aktuellen Kapitalmarktzins.
b) Kalkulatorische Zinsen werden vom betriebsnotwendigen Kapital berechnet.
c) Kalkulatorische Zinsen beinhalten auch Zinsen für das Eigenkapital.
d) Zinsaufwendungen beinhalten auch Zinsen für das Eigenkapital.

3.3.4 Kalkulatorische Wagnisse

Jede unternehmerische Entscheidung eröffnet Gewinnchancen, ist aber gleichzeitig mit Wagnissen (Risiken) verbunden. Es wird zwischen dem allgemeinen Unternehmerwagnis und den Einzelwagnissen unterschieden.

Das **allgemeine Unternehmerwagnis** betrifft Verluste, die das Unternehmen als Ganzes gefährden. Dazu zählen Wagnisverluste, die sich insbesondere aus der gesamtwirtschaftlichen Entwicklung ergeben, wie z. B. plötzliche Nachfrageverschiebung, Konjunktureinbrüche, technischer Fortschritt. Das **allgemeine Unternehmerrisiko** ist **kein Kostenbestandteil**. Es wird mit dem Gewinn abgegolten.

Einzelwagnisse stehen dagegen im unmittelbaren Zusammenhang mit der Leistungserstellung im Speditionsbetrieb. Da sie aufgrund von Erfahrungswerten berechenbar sind, haben sie grundsätzlich **Kostencharakter**.

Zu den Einzelwagnissen zählen:
- **Forderungswagnis:** Ausfälle und Währungsverluste bei Kundenforderungen
- **Selbstbeteiligungswagnis:** Selbstbeteiligungen an der Versicherungsleistung der Speditionsversicherung
- **Kaskobeteiligungswagnis:** Selbstbeteiligung bei Kfz-Kaskoschäden

Eingetretene Wagnisverluste werden als Aufwand in der Erfolgsrechnung der Geschäftsbuchführung erfasst. Die tatsächlichen Wagnisverluste fallen zeitlich unregelmäßig und in unterschiedlicher Höhe an und sind somit für die Kostenrechnung nicht geeignet.

Kalkulatorische Wagnisse. Anstelle der tatsächlich eingetretenen Wagnisverluste werden in der Kosten- und Leistungsrechnung kalkulatorische Wagnisse ermittelt und verrechnet. Grundlage für die Berechnung sind die **durchschnittlich** während eines längeren Zeitraumes (meist die letzten 5 Jahre) **eingetretenen Wagnisverluste**. Die Verrechnung von konstanten kalkulatorischen Wagnissen führt zu einer gleichmäßigen Belastung der Abrechnungsperioden mit Wagnisverlusten und beseitigt Zufallseinflüsse.

Fremdversicherungen. Soweit die Einzelwagnisse bereits durch den Abschluss von entsprechenden Versicherungen gedeckt sind, dürfen keine kalkulatorischen Wagnisse verrechnet werden. In diesem Fall sind die Versicherungsprämien als Kosten zu berücksichtigen.

Zusammenfassung: kalkulatorische Wagnisse

FAZIT

Geschäftsbuchführung	Kosten- und Leistungsrechnung
Bilanzielle Wagnisse verringert das Unternehmensergebnis.	**Kalkulatorische Wagnisse** verringern das Betriebsergebnis.
Zielsetzung: periodengerechte Erfolgsermittlung	**Zielsetzung:** Auf lange Sicht soll ein Ausgleich zwischen den Rückflüssen der Wagniskosten im Speditionserlös und dem bei Eintreten des Risikos entstehenden tatsächlichen Werteverzehr geschaffen werden.
Berechnungsweise: Tatsächliche eingetretene Wagnisverluste werden berücksichtigt.	**Berechnungsweise:** Durchschnittlich eingetretene Wagnisverluste werden berücksichtigt.

Aufgaben zum Sachverhalt

1

Die Währungsverluste bei Kundenforderungen betrugen in den letzten 5 Geschäftsjahren durchschnittlich 1,25%. Der Forderungsbestand betrug 1.153.000,00 €. Die tatsächlichen Währungsverluste des abgelaufenen Geschäftsjahres belaufen sich auf 18.750,00 €.

a) **In welcher Höhe werden die Wagnisse in der Geschäftsbuchführung als Aufwand erfasst?**

b) **In welcher Höhe werden die kalkulatorischen Wagnisse in der Kosten- und Leistungsrechnung erfasst?**

2

	Eingetretene Selbstbeteiligung Speditionsversicherung	Frachtumsatz
1. Jahr	15.000,00 €	900.000,00 €
2. Jahr	30.000,00 €	1.200.000,00 €
3. Jahr	18.000,00 €	1.080.000,00 €
4. Jahr	35.450,00 €	1.400.000,00 €
5. Jahr	22.000,00 €	1.510.000,00 €

Wie hoch sind

a) **das jährliche Wagnis in Prozent (tatsächliches Einzelwagnis),**

b) **der Wagniszuschlag für das 6. Geschäftsjahr aufgrund der eingetretenen Wagnisse der letzten 5 Jahre?**

c) **Im 6. Geschäftsjahr beträgt der Frachtumsatz 1.625.000,00 €. Die tatsächliche Selbstbeteiligung beträgt 28.970,00 €.**
   - **In welcher Höhe werden die Wagnisse in der Geschäftsbuchführung als Aufwand erfasst?**
   - **In welcher Höhe werden die kalkulatorischen Wagnisse in der Kosten- und Leistungsrechnung erfasst?**

Kalkulatorische Miete 3.3.5

Mietwert für betriebseigene Gebäude und Lagerhallen. Anstelle der tatsächlich anfallenden Gebäude- und Grundstücksaufwendungen, wie z.B. Abschreibungen auf Gebäude, Hypothekenzinsen, Grundsteuer, könnte eine kalkulatorische Miete ermittelt werden. In diesem Fall müssten jedoch alle tatsächlich entstandenen Gebäudeaufwendungen dem verrechneten kalkulatorischen Mietwert gegenübergestellt werden. Da aber wesentliche Teile der Gebäude- und Grundstücksaufwendungen durch die kalkulatorische Abschreibung und die kalkulatorischen Zinsen in der Kosten- und Leistungsrechnung bereits berücksichtigt werden, entfällt in den meisten Speditionsbetrieben die Verrechnung einer besonderen kalkulatorischen Miete für die betriebseigenen Gebäude.

Die **kalkulatorische Miete** sollte jedoch als fester Kostenbestandteil verrechnet werden, wenn ein **Einzelunternehmer oder Personengesellschafter** dem Speditionsbetrieb **unentgeltlich Räume** zur **Verfügung stellt, die zu seinem Privatvermögen** gehören. In diesem Fall ist die ortsübliche Miete als kalkulatorische Miete anzusetzen.

Die kalkulatorische Miete für betrieblich genutzte Privaträume stellt **Zusatzkosten** dar, da den Kosten kein Aufwand gegenübersteht.

MERKE

Für die Nutzung der betriebseigenen Gebäude und Lagerhallen wird in der Regel kein kalkulatorischer Mietwert verrechnet.

Zusammenfassung: kalkulatorische Miete

FAZIT

Einzelunternehmen und Personengesellschaften (OHG, KG)

↓

Miete für **betrieblich genutzte Privaträume des Unternehmers**

↓

kein Aufwand in der Gewinn- und Verlustrechnung der Geschäftsbuchführung

↓

Ortsübliche Miete wird als **kalkulatorische** Miete angesetzt. (**Zusatzkosten** bzw. aufwandslose Kosten)

Kapitalgesellschaften (AG, GmbH)

↓

Miete für **betrieblich genutzte Privaträume des Unternehmers**

↓

Aufwand in der Geschäftsbuchführung

↓

aufwandsgleiche Kosten in der Kosten- und Leistungsrechnung

3.3.6 Kalkulatorischer Unternehmerlohn

Der **kalkulatorische Unternehmerlohn** ist nur bei **Einzelunternehmen und Personengesellschaften (OHG, KG)** zu berechnen. Bei diesen Rechtsformen steht der in der Geschäftsbuchführung ausgewiesene Gewinn dem Unternehmer als Verzinsung des eingesetzten Eigenkapitals, als Vergütung für seine Mitarbeit (Unternehmerlohn) und als Entgelt für die übernommenen Risiken Verluste zu erleiden, zur Verfügung. In der Geschäftsbuchführung darf für die Mitarbeit des Unternehmers kein Aufwand berechnet werden.

Die Höhe des kalkulatorischen Unternehmerlohns richtet sich nach dem Gehalt eines leitenden Angestellten in vergleichbarer Position. Der kalkulatorische Unternehmerlohn wird in die Kosten- und Leistungsrechnung übernommen und in die Preise für Speditionsleistungen einkalkuliert. Durch die Einrechnung des kalkulatorischen Unternehmerlohns in die Kosten wird erreicht, dass Kapitalgesellschaften einerseits und Personengesellschaften sowie Einzelunternehmen andererseits in der Selbstkosten- und Betriebsergebnisrechnung gleichgestellt sind.

Zusammenfassung: kalkulatorischer Unternehmerlohn

FAZIT

Einzelunternehmen und Personengesellschaften (OHG, KG)

↓

Unternehmerlohn für mitarbeitenden Unternehmer

↓

kein Aufwand in der Gewinn- und Verlustrechnung der Geschäftsbuchführung

↓

kalkulatorischer Unternehmerlohn in der Kosten- und Leistungsrechnung. (**Zusatzkosten** bzw. aufwandslose Kosten)

Kapitalgesellschaften (AG, GmbH)

↓

Gehalt für mitarbeitenden Unternehmer

↓

Aufwand in der Geschäftsbuchführung

↓

aufwandsgleiche Kosten in der Kosten- und Leistungsrechnung

Bei **Kapitalgesellschaften** (GmbH, AG) fällt **kein kalkulatorischer Unternehmerlohn** an, weil die Vorstandsmitglieder der AG und die Geschäftsführer der GmbH Gehälter erhalten, die selbstverständlich als Aufwand in der Geschäftsbuchführung gebucht werden und somit als Kosten in die Kosten- und Leistungsrechnung eingehen.

Zusatzkosten. Der kalkulatorische Unternehmerlohn wird als Kostenbestandteil in die Kosten- und Leistungsrechnung eingebracht. Er darf aber nicht in der Geschäftsbuchführung gebucht werden, da er nicht zu Aufwendungen und Ausgaben führt. Der **kalkulatorische Unternehmerlohn stellt also aufwandslose Kosten** dar, die auch als Zusatzkosten bezeichnet werden.

Erstellung und Auswertung einer Ergebnistabelle 3.4

Wie in Kapitel 3.1 bereits kurz dargestellt, kann die Abgrenzungsrechnung entweder buchhalterisch mit Buchungen in den Kontenklassen 2 und 4 oder außerhalb der Geschäftsbuchführung tabellarisch (Ergebnistabelle) vorgenommen werden. In der Speditionspraxis wird häufig die **tabellarische Abgrenzung** gewählt, weil dann die Kosten- und Leistungsrechnung außerhalb der Geschäftsbuchführung erstellt werden kann. Die **Ergebnistabelle** enthält **auf einem Blatt in übersichtlicher Form**

- Aufwendungen und Erträge der Geschäftsbuchführung,
- das Unternehmensergebnis,
- Abgrenzungen der neutralen Aufwendungen und Erträge,
- die aufwandsungleichen Kosten (Anderskosten),
- die aufwandslosen Kosten (Zusatzkosten),
- Kosten und Leistungen der Betriebsbuchführung,
- das Betriebsergebnis.

In der **Ergebnistabelle** wird das Betriebsergebnis ermittelt. Ausgehend von der Gewinn- und Verlustrechnung der Geschäftsbuchführung wird folgendermaßen vorgegangen:

- Aufwendungen, denen keine Kosten gegenüberstehen **(neutrale Aufwendungen)**, werden nicht in die Kosten- und Leistungsrechnung übernommen, sie stellen unternehmensbezogene Abgrenzungen dar. Ebenso werden neutrale Erträge behandelt.
- **Aufwandsgleiche Kosten** und betriebliche Erträge werden unverändert in die Kosten- und Leistungsrechnung übernommen.
- **Aufwandsungleiche Kosten** werden in der Spalte „Kostenrechnerische Korrekturen“ umbewertet und mit anderen Werten in die Kosten- und Leistungsrechnung übernommen.
- **Aufwandslose Kosten** werden in der Spalte „Kostenrechnerische Korrekturen“ in die Kosten- und Leistungsrechnung übernommen.

Die Spalte „Geschäftsbuchführung“ weist das Unternehmensergebnis (Gesamtergebnis) durch Gegenüberstellung von Aufwendungen und Erträgen aus.

In der Spalte „Unternehmensbezogene Abgrenzungen“ des Abgrenzungsbereichs bleiben aufwandslose Kosten und betriebsfremde Erträge „hängen“.

In der Spalte **„Kostenrechnerische Korrekturen“** des Abgrenzungsbereichs werden **Anderskosten** und **Zusatzkosten** dargestellt. Zunächst passieren diese Aufwendungen der Geschäftsbuchführung den Bereich der unternehmensbezogenen Aufwendungen, da diese Aufwendungen gleichzeitig Kosten darstellen. Jedoch wird in der Kosten- und Leistungsrechnung ein anderer Wert angesetzt. Diese Umbewertung findet in der Spalte „Kostenrechnerische Korrekturen“ statt. Auf der linken Seite werden die Aufwendungen laut Geschäftsbuchführung dargestellt, auf der rechten Seite die verrechneten Kosten.

Die Zusatzkosten und Anderskosten erscheinen nur in den Spalten „verrechnete Kosten“ und „Kosten“, da ihnen kein Aufwand entspricht.
Nach der durchgeführten Abgrenzung sind die einzelnen Ergebnisse zu ermitteln und abzustimmen.

Abstimmung der Ergebnisse:

Unternehmensergebnis[1] der Geschäftsbuchführung laut GuV:

	Ergebnis aus unternehmensbezogener Abgrenzung (Gewinn oder Verlust)
+/–	Ergebnis aus kostenrechnerischen Korrekturen (+ Aufwendungen laut Geschäftsbuchführung) (– verrechnete Kosten)
+/–	**Betriebsergebnis** (+ Gewinn; – Verlust)
=	Unternehmensergebnis der Geschäftsbuchführung

Muster-
AUFGABE

Die Geschäftsbuchführung der Spedition Max Schmidt OHG hat für das Geschäftsjahr folgende Aufwendungen und Erträge (in €) erfasst:

20	Außerordentliche Aufwendungen	50.000,00
21	Betriebs- und periodenfremde Aufwendungen	84.000,00
22	Zinsaufwendungen	56.000,00
247	Bilanzmäßige Abschreibungen	232.000,00
249	Wagnisse	48.000,00
25	Außerordentliche Erträge	170.000,00
26	Betriebs- und periodenfremde Erträge	24.000,00
40	Lohn- und Lohnnebenkosten	240.000,00
41	Gehalts- und Gehaltsnebenkosten	270.000,00
42	Fuhrparkkosten	444.000,00
44	Verwaltungskosten	86.000,00
45	Sonstige Steuern, Versicherungen	17.000,00
46	Unternehmenskosten	108.000,00
70	Internationale Spedition	148.000,00
74	Kraftwagenspedition	228.000,00
75	Bahnspedition	98.000,00
80	Internationale Spedition	358.000,00
84	Kraftwagenspedition	1.588.000,00
85	Bahnspedition	274.000,00

Weitere Angaben:

Kalkulatorische Abschreibungen	198.000,00
Kalkulatorische Zinsen	148.000,00
Kalkulatorischer Unternehmerlohn	120.000,00
Kalkulatorische Wagnisse	34.000,00
Kalkulatorische Miete	24.000,00

Erstellen Sie die Ergebnistabelle. Überprüfen Sie die ermittelten Ergebnisse.

1 auch als Gesamtergebnis bezeichnet

LÖSUNG

Ergebnistabelle

Geschäftsbuchführung			Abgrenzungsbereich				Kosten- und Leistungsrechnung	
Unternehmensergebnis			Unternehmensbezogene Abgrenzungen		kostenrechnerische Korrekturen		Betriebsergebnis	
Konto	Aufwendungen	Erträge	Aufwendungen	Erträge	Aufwendungen lt. GB	verrechnete Kosten	Kosten	Leistungen
20	50.000	**1**	50.000					
21	84.000		**3** 84.000					
22	56.000				56.000	**4** 148.000	148.000	
247	232.000				232.000	198.000	198.000	
249	48.000				48.000	34.000	34.000	
25		170.000		170.000				
26		24.000		**5** 24.000				
40	240.000						**6** 240.000	
41	270.000						270.000	
42	444.000						444.000	
44	86.000						86.000	
45	17.000						17.000	
46	108.000						108.000	
70	148.000						148.000	
74	228.000						228.000	
75	98.000						98.000	
80		358.000						**7** 358.000
84		1.588.000						1.588.000
85		274.000						274.000
Kalk.U'lohn	–					120.000	120.000	
Kalk. Miete	–					**8** 24.000	24.000	
	2.109.000	2.414.000	134.000	194.000	336.000	524.000	2.163.000	2.220.000
	2 305.000		**9** 60.000		**9** 188.000		**9** 57.000	
	2.414.000	2.414.000	194.000	194.000	524.000	524.000	2.220.000	2.220.000

Der Unternehmensgewinn beträgt 305.000,00 €.
Der Betriebsgewinn beträgt 57.000,00 €.

LÖSUNGSWEG

1 Aufwendungen und Erträge der Geschäftsbuchführung werden in die Spalte **„Unternehmensergebnis“** übernommen.

2 Das **Unternehmensergebnis** wird festgestellt, indem die Summe der **Aufwendungen** und die Summe der **Erträge** saldiert werden.

3 Außerordentlichen Aufwendungen und die betriebs- und periodenfremden Aufwendungen gehen in die unternehmensbezogenen Abgrenzungen ein. Es handelt sich um **neutrale Aufwendungen**, die nicht in die Kosten- und Leistungsrechnung übernommen werden.

4 Zinsaufwendungen, bilanzmäßige Abschreibungen und Wagnisse „passieren“ die unternehmensbezogenen Abgrenzungen. In der linken Spalte der kostenrechnerischen Korrekturen werden z.B. die **Zinsaufwendungen der Geschäftsbuchführung (56.000,00 €)** festgehalten. In der rechten Spalte der kostenrechnerischen Korrekturen werden dann z.B. die **kalkulatorischen Zinsen (148.000,00 €)** gegenübergestellt. Die **kalkulatorischen Zinsen** werden in die Spalte **„Kosten“** des Betriebsergebnisses übernommen. Ebenso wird bei den bilanzmäßigen Abschreibungen und Wagnissen vorgegangen.

Fortsetzung

5 Außerordentliche Erträge und betriebs- und periodenfremde Erträge gehen in die unternehmensbezogenen Abgrenzungen ein. Es handelt sich um **neutrale Erträge**, die nicht in die Kosten- und Leistungsrechnung übernommen werden.

6 Die **Konten 40 bis 75** stellen **aufwandsgleiche Kosten** dar, die unverändert in die Betriebsergebnisrechnung als Kosten übernommen werden.

7 Die **Konten 80 bis 87** stellen **betriebliche Erträge** dar, die unverändert in die Betriebsergebnisrechnung als Leistungen übernommen werden.

8 **Kalkulatorischer Unternehmerlohn** und **kalkulatorische Miete** stellen in der Geschäftsbuchführung keinen Aufwand dar. Es handelt sich um **aufwandslose Kosten**. Sie werden in den Spalten kostenrechnerische Korrekturen und Kosten berücksichtigt.

9 Für jede Spalte wird die Summe gebildet. Für
- unternehmensbezogene Abgrenzungen,
- kostenrechnerische Korrekturen,
- das Betriebsergebnis

ist der jeweilige Saldo zu bestimmen.

10 Überprüfung der Ergebnisse:

	Unternehmensergebnis laut GuV-Rechnung		305.000,00 €
	Ergebnis aus unternehmensbez. Abgrenzung	60.000,00 €	
+	Ergebnis aus kostenrechn. Korrekturen	188.000,00 €	
+	Betriebsergebnis	57.000,00 €	
=	Unternehmensergebnis (Gesamtergebnis)		305.000,00 €

Zusammenfassung der Abgrenzungsrechnung 3.5

FAZIT

Datenlieferant für die Kosten- und Leistungsrechnung ist die Gewinn- und Verlustrechnung der Geschäftsbuchführung. Die Gewinn- und Verlustrechnung weist Aufwendungen und Erträge aus. In der Kosten- und Leistungsrechnung werden jedoch Kosten und Leistungen benötigt.

Folglich müssen die Aufwendungen und Erträge der Geschäftsbuchführung für die Kosten- und Leistungsrechnung teilweise umbewertet werden.

Nachstehende Schrittfolge ist bei der Abgrenzungsrechnung hilfreich:

1. Schritt: **Welche Aufwendungen stellen keine Kosten dar?**

z. B. Spende für das Rote Kreuz

⬇

Keine Übernahme in die Kostenrechnung

2. Schritt: **Welche Aufwendungen stellen in gleicher Höhe Kosten dar? (aufwandsgleiche Kosten)**

z. B. Personalkosten

⬇

Übernahme in die Kostenrechnung in gleicher Höhe

3. Schritt: **Welche Aufwendungen stellen in anderer Höhe Kosten dar? (aufwandsungleiche Kosten oder Anderskosten)**

z. B. Abschreibungen, Zinsen, Wagnisse

⬇

Übernahme in die Kostenrechnung in anderer Höhe

4. Schritt: **Sind Kosten vorhanden, die kein Aufwand darstellen? (aufwandslose Kosten oder Zusatzkosten)**

z. B. kalkulatorischer Unternehmerlohn, kalkulatorische Miete

⬇

vollständige Übernahme in die Kostenrechnung

6403157

Nachstehende Übersicht zeigt die Abgrenzung des Aufwandes für die Kosten- und Leistungsrechnung:

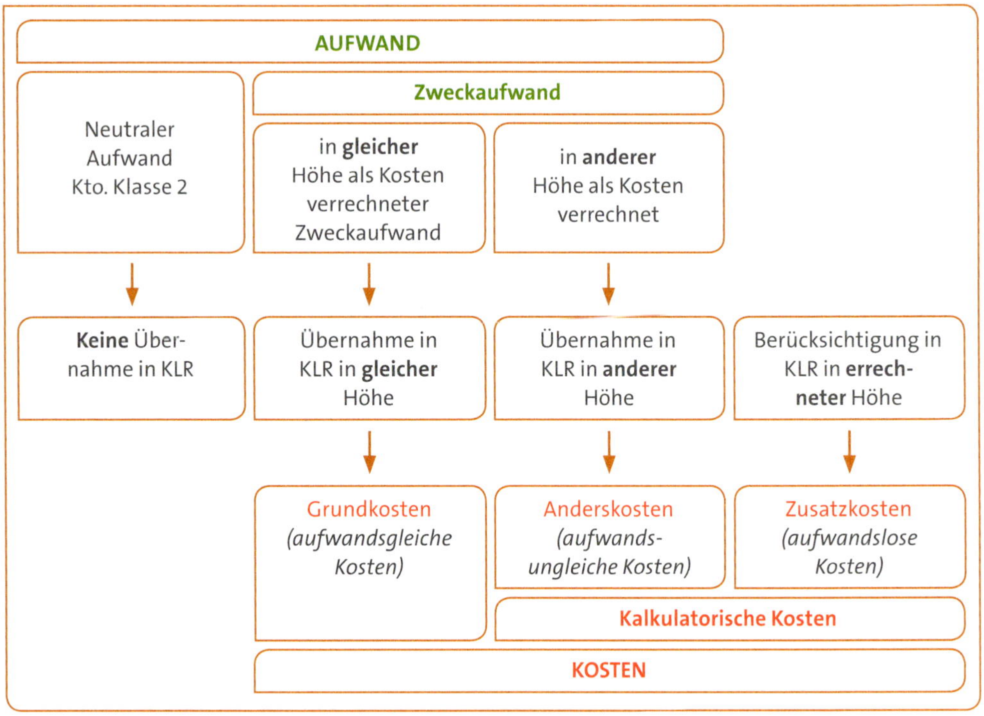

Aufgaben zum Sachverhalt

1

Die Geschäftsbuchführung der Spedition Schnell & Zuverlässig KG hat für das letzte Geschäftsjahr folgende Aufwendungen und Erträge (in €) erfasst:

20	Außerordentliche Aufwendungen	25.000,00
21	Betriebs- und periodenfremde Aufwendungen	42.000,00
22	Zinsaufwendungen	28.000,00
247	Bilanzmäßige Abschreibungen	116.000,00
249	Wagnisse	24.000,00
25	Außerordentliche Erträge	185.000,00
26	Betriebs- und periodenfremde Erträge	12.000,00
40	Lohn- und Lohnnebenkosten	120.000,00
41	Gehalts- und Gehaltsnebenkosten	135.000,00
42	Fuhrparkkosten	222.000,00
44	Verwaltungskosten	43.000,00
45	Sonstige Steuern, Versicherungen	8.500,00
46	Unternehmenskosten	54.000,00
70	Internationale Spedition	74.000,00
74	Kraftwagenspedition	114.000,00
75	Bahnspedition	49.000,00
80	Internationale Spedition	279.000,00
84	Kraftwagenspedition	844.000,00
85	Bahnspedition	152.000,00

Weitere Angaben:

Kalkulatorische Abschreibungen	99.000,00
Kalkulatorische Zinsen	74.000,00
Kalkulatorischer Unternehmerlohn	120.000,00
Kalkulatorische Wagnisse	17.000,00
Kalkulatorische Miete	96.000,00

a) Erstellen Sie die Ergebnistabelle und berechnen Sie
- **das Unternehmensergebnis,**
- **das Ergebnis aus unternehmensbezogener Abgrenzung,**
- **das Ergebnis aus kostenrechnerischen Korrekturen,**
- **das Betriebsergebnis.**

b) Überprüfen Sie die ermittelten Ergebnisse.

2

Die Geschäftsbuchführung der Spedition Max Müller & Co weist für das letzte Geschäftsjahr folgende Aufwendungen und Erträge (in €) aus:

20	Außerordentliche Aufwendungen	13.000,00
21	Betriebs- und periodenfremde Aufwendungen	72.000,00
22	Zinsen und ähnliche Aufwendungen	88.000,00
240	Aufwendungen aus Anlagenverkäufen	23.000,00
247	Bilanzmäßige Abschreibungen	200.000,00
249	Wagnisse	25.000,00
25	Außerordentliche Erträge	18.000,00
26	Betriebs- und periodenfremde Erträge	2.000,00
27	Zinserträge	8.600,00
40	Lohn- und Lohnnebenkosten	144.000,00
41	Gehalts- und Gehaltsnebenkosten	108.000,00
42	Fuhrparkkosten	142.000,00
44	Verwaltungskosten	15.000,00
45	Sonstige Steuern, Versicherungen	12.500,00
46	Unternehmenskosten	84.250,00
72	Luftfrachtspedition	92.000,00
74	Kraftwagenspedition	129.000,00
76	Lagerei	52.000,00
82	Luftfrachtspedition	266.000,00
84	Kraftwagenspedition	712.000,00
86	Lagerei	187.000,00

Weitere Angaben:
- Das betriebsnotwendige Kapital beträgt 1,6 Mio. €, der durchschnittliche Zinssatz 10 %.
- Der kalkulatorische Unternehmerlohn beträgt 220.000,00 €.
- Die betrieblich genutzten Räume sind Privaträume der Gebrüder Müller. Diese Räume haben 900 m². Die ortsübliche Miete beträgt 5,50 € pro m² und Monat.
- Anschaffungswert des Anlagevermögens: 1,0 Mio. €
  Bilanzieller Abschreibungssatz: 20 %
  Wiederbeschaffungswert des Anlagevermögens: 1,3 Mio. €
  Kalkulatorischer Abschreibungssatz: 12 %
- Aufgrund der langfristigen Erfahrung ist mit 34.000,00 € Wagniskosten zu rechnen.

a) Erstellen Sie die Ergebnistabelle und berechnen Sie
- **das Unternehmensergebnis,**
- **das Ergebnis aus unternehmensbezogener Abgrenzung,**
- **das Ergebnis aus kostenrechnerischen Korrekturen,**
- **das Betriebsergebnis.**

b) Überprüfen Sie die ermittelten Ergebnisse.

3

Analysieren Sie die einzelnen Ergebnisse und beschreiben Sie die wirtschaftliche Situation dieser Spedition. (in €)

Geschäftsbuchführung			Abgrenzungsbereich				Kosten- und Leistungsrechnung	
Unternehmensergebnis			Unternehmensbezogene Abgrenzungen		kostenrechnerische Korrekturen		Betriebsergebnis	
Konto	Aufwendungen	Erträge	Aufwendungen	Erträge	Aufwendungen lt. GB	verrechnete Kosten	Kosten	Leistungen
20	20.000		20.000					
21	74.000		74.000					
22	50.000				50.000	130.000	130.000	
247	260.000				260.000	210.000	210.000	
25		75.000		75.000				
26		24.000		24.000				
40	240.000						240.000	
41	270.000						270.000	
42	444.000						444.000	
44	86.000						86.000	
45	17.000						17.000	
46	108.000						108.000	
70	148.000						148.000	
74	228.000						228.000	
75	98.000						98.000	
80		399.000						399.000
84		1.652.000						1.652.000
85		344.000						344.000
Kalk.U'lohn	–					120.000	120.000	
Kalk. Miete	–					24.000	24.000	
	2.043.000	2.494.000	94.000	99.000	310.000	484.000	2.123.000	2.395.000
	451.000		5.000		174.000		272.000	
	2.494.000	2.494.000	99.000	99.000	484.000	484.000	2.395.000	2.395.000

4 Kostenartenrechnung

Nach durchgeführter Abgrenzungsrechnung (siehe Kapitel 3) sind die genauen Kosten und Leistungen einer Abrechnungsperiode bekannt. Die Kostenartenrechnung bildet nun die **erste Stufe der Kosten- und Leistungsrechnung**.

Die Kostenartenrechnung hat die Aufgabe, die **Kosten** nach verschiedenen Gesichtspunkten **zu gliedern**, z. B. nach der Art der verbrauchten Kostengüter, nach der Zurechenbarkeit auf die einzelnen Kostenträger (Speditionsleistungen) oder nach dem Verhalten bei Beschäftigungsschwankungen.

Kosten nach der Art der verbrauchten Kosten 4.1

Die Kontenklassen 4 und 7 enthalten die Kostenarten.

Kontenklasse 4 (Betriebskosten):

z. B. Personalkosten	Löhne, Gehälter, Spesen, soziale Abgaben
Fuhrparkkosten	Treibstoffverbrauch, Reifenverbrauch, Reparaturkosten, Abschreibungen für Fuhrpark
Steuern und Abgaben	Körperschaftsteuer Gewerbesteuer Abgaben für IHK und Speditionsverbände
Zusatzkosten	Kalkulatorische Miete Kalkulatorischer Unternehmerlohn

Kontenklasse 7 (auftragsbedingte Einzelkosten):

z. B. Seehafenspedition	Import See Export See Transit Sonstige Kosten der Seehafenspedition
Kraftwagenspedition	Spediteursammelgutverkehr Abfertigungsspedition Speditionsnahverkehr Güterfernverkehr Güternahverkehr Kombinierter Verkehr Sonstige Kosten der Kraftwagenspedition

Kosten nach der Zurechenbarkeit auf die Kostenträger im Rahmen der Vollkostenrechnung 4.2

Kosten-träger-rechnung

Aufgabe der Vollkostenrechnung ist es, alle Kosten den Kostenträgern (Speditionsleistungen) zuzurechnen. Nach der Zurechenbarkeit der Kosten auf die Kostenträger werden Einzelkosten und Gemeinkosten unterschieden.

- **Einzelkosten** können für den einzelnen Verkehrsauftrag dem einzelnen Kostenträger (Speditionsleistung) unmittelbar zugerechnet werden. In der **Kontenklasse 7** werden die auftragsbedingten Einzelkosten erfasst.

  Beispiele:
  - (70) Kosten der internationalen Spedition
  - (74) Kraftwagenspedition

- **Gemeinkosten** können dem einzelnen Kostenträger nicht unmittelbar zugerechnet werden, weil sie für mehrere oder alle Kostenträger gemeinsam anfallen. Die Gemeinkosten werden in der **Kontenklasse 4** erfasst.

4.3 Kosten nach dem Verhalten bei Beschäftigungsänderungen im Rahmen der Teilkostenrechnung

Die Deckungsbeitragsrechnung als Teilkostenrechnung (vgl. Kapitel 7) benötigt die Kostenarten fixe und variable Kosten.

Variable Kosten sind beschäftigungsabhängig. Sie verändern sich also mit dem Beschäftigungsgrad.

Fixe Kosten reagieren nicht auf Beschäftigungsänderungen. Fixe Kosten werden auch als zeitabhängige Kosten bezeichnet.

5 Kostenstellenrechnung

5.1 Aufgaben der Kostenstellenrechnung

Kosten-stellen-rechnung

Die Kostenstellenrechnung ist die **zweite Stufe der Kosten- und Leistungsrechnung**. Sie übernimmt die Kostenarten aus der Kostenartenrechnung und weist diese **verursachungsgerecht** den Stellen im Speditionsbetrieb zu, an denen sie bei der Leistungserstellung und -verwertung entstanden sind. Diese Stellen werden als **Kostenstellen** bezeichnet.

Für jede Kostenstelle werden den entstandenen Einzelkosten die anteiligen Gemeinkosten zugerechnet. Mit diesen Informationen können

- Kostenentwicklungen in den einzelnen Kostenstellen wirksam kontrolliert werden,
- Angebote für Speditionsleistungen kalkuliert werden (Vorkalkulation),
- abgerechnete Speditionsleistungen kostenrechnerisch überprüft werden (Nachkalkulation),
- Abteilungsergebnisse errechnet werden.

5.2 Gliederung des Speditionsbetriebes in Kostenstellen (Hauptkostenstellen)

Kostenstellen sind Orte der Kostenentstehung. Sie können nach verschiedenen Gesichtspunkten gebildet werden. Industriebetriebe werden meist nach Funktionsbereichen – Materialbeschaffung, Fertigung, Verwaltung, Vertrieb – untergliedert. In Speditionsbetrieben ergibt sich aufgrund der andersartigen Aufgabenstellung eine abweichende Einteilung der Kostenstellen. Als **Kostenstellen** bieten sich hier die **einzelnen Verkehrsarten** gemäß der Untergliederung der Kontenklasse 7 an.

Beispiele:
- Internationale Spedition
- Kraftwagenspedition
- Luftfrachtspedition

Die nach den **Verkehrsbereichen** gegliederten Kostenstellen werden als **Hauptkostenstellen** bezeichnet.

5.3 Betriebsabrechnungsbogen (BAB) als Hilfsmittel der Kostenstellenrechnung

5.3.1 Einstufiger Betriebsabrechnungsbogen

Die Kostenstellenrechnung kann buchhalterisch (Kontenklassen 5 und 6) oder tabellarisch außerhalb der Buchführung durchgeführt werden. In der Praxis überwiegt die **tabellarische Form**, weil sie weniger arbeitsaufwendig und zugleich übersichtlicher ist.

Im BAB werden die Gemeinkosten anteilig und verursachungsgerecht auf die Kostenstellen verteilt.

Die Verteilung der Gemeinkosten auf die Kostenstellen kann durch besondere betriebliche Aufzeichnungen erfolgen oder mithilfe von Verteilungsschlüsseln. Folgende Kriterien können für die Verteilung der Gemeinkosten auf die Kostenstellen herangezogen werden:

Kto.-Nr.	Gemeinkosten Kostenarten-Konten[1]	mögliche Verteilungskriterien
40	Lohn- und Lohnnebenkosten	nach Lohnliste oder Beschäftigtenanzahl
41	Gehalts- und Gehaltsnebenkosten	nach Gehaltsliste oder Beschäftigtenanzahl
42	Fuhrparkkosten	nach Leistungsinanspruchnahme der einzelnen Kostenstellen
43	Raumkosten	aufgeschlüsselt nach m^2 Fläche je Kostenstelle, Zahl der Heizkörper je Kostenstelle
44	Verwaltungskosten	nach Büromaterialverbrauch, nach EDV-Leistungen für die einzelnen Kostenstellen
45	Steuern, Versicherungen	Budgetierung (nach Absprache)
46	Unternehmenskosten	Budgetierung (nach Absprache)
48	Kalkulatorische Zusatzkosten	Budgetierung (nach Absprache)

Im BAB werden für die Verteilung der Beträge die Kostenarten vertikal und die Kostenstellen horizontal aufgeführt.

1 Hier wurde der BSL-Kontenrahmen verwendet. Andere gebräuchliche Kontenrahmen werden von der IHK, der AKA und DATEV herausgegeben.

Muster-
AUFGABE

Spedition Max Müller KG, Münster, hat nachstehendes Betriebsergebnis ermittelt:

(in €)		Kosten	Leistungen
40	Lohn- und Lohnnebenkosten	224.000	
41	Gehalts- und Gehaltsnebenkosten	185.000	
42	Fuhrparkkosten	600.000	
44	Verwaltungskosten	77.000	
45	Sonstige Steuern, Versicherungen	45.000	
46	Unternehmenskosten	50.000	
480	Kalkulatorischer Unternehmerlohn	60.000	
481	Kalkulatorische Miete	48.000	
482	Kalkulatorische Zinsen	120.000	
483	Kalkulatorische Abschreibungen	550.000	
485	Kalkulatorische Wagnisse	28.000	
72	Luftfrachtspeditionskosten	400.000	
74	Kraftwagenspeditionskosten	900.000	
75	Bahnspeditionskosten	550.000	
82	Luftfrachtspeditionserlöse		900.000
84	Kraftwagenspeditionserlöse		2.700.000
85	Bahnspeditionserlöse		900.000

Spedition Max Müller & Co. hat folgende Hauptkostenstellen: Luftfracht, Kraftwagen, Bahnspedition.

Die Gemeinkosten werden nach folgendem Schlüssel verteilt:

Gemeinkosten	Verteilung	Luft-Fracht	Kraft-wagen	Bahn-spedition
Lohn-und Lohnnebenkosten	lt. Lohnliste	43.000	140.000	41.000
Gehalts- und Gehaltsnebenkosten	lt. Gehaltsliste	54.000	96.000	35.000
Fuhrparkkosten	im Verhältnis der eingesetzten Fahrzeuge:	2	11	2
Verwaltungskosten	nach EDV-Nutzung, Materialverbrauch usw. im Verhältnis	2	8	1
Steuern, Versich.	im Verhältnis	3	10	2
Unternehmenskosten	nach Abteilungserlösen			
Kalk. Unternehmerlohn	nach zeitlicher Inanspruchnahme	3	5	2
Kalk. Miete	nach m^2	108	270	54
Kalk. Zinsen	im Verhältnis des jeweiligen betriebsnotwendigen Kapitals	4	10	1
Kalk. Abschreibungen	lt. Anlagenkartei im Verhältnis	2	8	1
Kalk. Wagnisse	nach Risikoanfall im Verhältnis	2	4	1

1. Verteilen Sie die Gemeinkostenarten auf die Kostenstellen.

2. Addieren Sie die Gemeinkostenarten insgesamt und in den Kostenstellen. Beide Ergebnisse müssen übereinstimmen.

3. Ermitteln Sie die jeweiligen Abteilungskosten für Luftfracht, Kraftwagen, Bahnspedition.

4. Ermitteln Sie die jeweiligen Abteilungsergebnisse.

LÖSUNG

Ergebnistabelle

Gemeinkosten	Betrag	Verteilung	Luftfracht	Kraftwagen	Bahnspedition
Lohn- und Lohnnebenkosten	(1) 224.000	lt. Liste	43.000	140.000	41.000
Gehalts- und Gehaltsnebenkosten	185.000	lt. Liste	54.000	96.000	35.000
Fuhrparkkosten	600.000	2 : 11 : 2	80.000	440.000	80.000
Verwaltungskosten	77.000	2 : 8 : 1	14.000	56.000	7.000
Sonstige Steuern, Versicherungen	45.000	3 : 10 : 2	9.000	30.000	6.000
Unternehmenskosten	50.000	1 : 3 : 1	(3) 10.000	(3) 30.000	(3) 10.000
Kalkulatorischer Unternehmerlohn	60.000	3 : 5 : 2	18.000	30.000	12.000
Kalkulatorische Miete	48.000	2 : 5 : 1	12.000	30.000	6.000
Kalkulatorische Zinsen	120.000	4 : 10 : 1	32.000	80.000	8.000
Kalkulatorische Abschreibungen	550.000	2 : 8 : 1	100.000	400.000	50.000
Kalkulatorische Wagnisse	28.000	2 : 4 : 1	8.000	16.000	4.000
Gemeinkosten insgesamt	(2) 1.987.000	GK je Abt.	(4) 380.000	(4) 1.348.000	(4) 259.000
+ Einzelkosten			(5) 400.000	(5) 900.000	(5) 550.000
= Abteilungskosten			(6) 780.000	(6) 2.248.000	(6) 809.000
Abteilungserlöse			(7) 900.000	(7) 2.700.000	(7) 900.000
Abteilungsergebnisse (Erlöse – Kosten)			(8) +120.000	(8) + 452.000	(8) + 91.000

LÖSUNGS-WEG

1. Gemeinkosten aus der Kostenartenrechnung in den BAB übertragen.
2. Gemeinkostensumme ermitteln.
3. Die einzelnen Gemeinkosten nach der vorgegebenen Verteilung auf die 3 Hauptkostenstellen aufteilen.
4. Die Gemeinkosten je Abteilung (Hauptkostenstelle) ermitteln. Die Summe der Abteilungsgemeinkosten muss mit der bereits unter 2 berechneten Gemeinkostensumme übereinstimmen.
5. Einzelkosten der drei Abteilungen (Kostenstellen) in den BAB übertragen.
6. Abteilungsgemeinkosten und Abteilungseinzelkosten zu **Abteilungskosten** addieren.
7. Abteilungskosten den jeweiligen Abteilungserlösen gegenüberstellen.
8. Abteilungserlöse abzüglich Abteilungskosten ergeben die jeweiligen Abteilungsergebnisse. Ein Abteilungsgewinn wird mit einem Pluszeichen gekennzeichnet, ein Abteilungsverlust mit einem Minuszeichen.

Beispiel / BAB
Was ist …
Wozu dient

Aufgaben zum Sachverhalt

1

Spedition Max Müller KG, Münster, hat nachstehendes Betriebsergebnis ermittelt:

(in €)		Kosten	Leistungen
40	Lohn- und Lohnnebenkosten	200.000	
41	Gehalts- und Gehaltsnebenkosten	168.000	
42	Fuhrparkkosten	600.000	
44	Verwaltungskosten	100.000	
45	Sonstige Steuern, Versicherungen	40.000	
46	Unternehmenskosten	120.000	
480	Kalkulatorischer Unternehmerlohn	66.000	
481	Kalkulatorische Miete	48.000	
482	Kalkulatorische Zinsen	80.000	
483	Kalkulatorische Abschreibungen	600.000	
485	Kalkulatorische Wagnisse	30.000	
71	Seehafenspeditionskosten	411.000	
74	Kraftwagenspeditionskosten	1.250.000	
76	Lagerei	750.000	
81	Seehafenspeditionserlöse		800.000
84	Kraftwagenspeditionserlöse		2.800.000
85	Lagereierlöse		1.200.000

Spedition Karsten Vogt KG hat folgende Hauptkostenstellen:
Seehafenspedition, Kraftwagenspedition, Lagerei

Die Gemeinkosten werden nach folgendem Schlüssel verteilt:

Gemeinkosten	Verteilung	Seehafen-spedition	Kraftwagen-wagen	Lagerei
Lohn-und Lohn-nebenkosten	lt. Lohnliste	48.000	111.000	41.000
Gehalts- und Ge-haltsnebenkosten	lt. Gehaltsliste	55.000	53.000	60.000
Fuhrparkkosten	im Verhältnis der ein-gesetzten Fahrzeuge	4	13	3
Verwaltungs-kosten	nach EDV-Nutzung, Materialverbrauch usw. im Verhältnis	2	7	1
Steuern, Versich.	im Verhältnis	2	13	5
Unternehmens-kosten	nach Abteilungs-erlösen			
Kalk. Unter-nehmerlohn	nach zeitlicher Inanspruchnahme	2	6	3
Kalk. Miete	nach m²	3	7	2
Kalk. Zinsen	im Verhältnis des jeweiligen betriebs-notwendigen Kapitals	3	4	1
Kalk. Abschreibungen	lt. Anlagenkartei im Verhältnis	1	8	1
Kalk. Wagnisse	nach Risikoanfall im Verhältnis	3	1	1

a) Verteilen Sie die Gemeinkostenarten auf die Kostenstellen.

b) Addieren Sie die Gemeinkostenarten insgesamt und in den Kostenstellen. Beide Ergebnisse müssen übereinstimmen.

c) Ermitteln Sie die jeweiligen Abteilungskosten für Seehafenspedition, Kraftwagenspedition und Lagerei.

d) Ermitteln Sie die jeweiligen Abteilungsergebnisse in Euro und in Prozent des Abteilungsumsatzes.

2

Die Transport AG, Leipzig, hat für den Monat April nachstehende Daten ermittelt:

(in €)		Kosten	Leistungen
40	Lohn- und Lohnnebenkosten	64.000	
41	Gehalts- und Gehaltsnebenkosten	108.000	
42	Fuhrparkkosten	600.000	
44	Verwaltungskosten	100.000	
45	Sonstige Steuern, Versicherungen	40.000	
46	Unternehmenskosten	90.000	
72	Luftfrachtspeditionskosten	481.000	
74	Kraftwagenspeditionskosten	1.400.000	
77	Möbelspeditionskosten	250.000	
82	Luftfrachtspeditionserlöse		900.000
84	Kraftwagenspeditionserlöse		3.000.000
87	Möbelspeditionserlöse		600.000

Weitere Angaben

- Das betriebsnotwendige Kapital beträgt 20,0 Mio. €.
  Der durchschnittliche Zinssatz beträgt 9,6 %.
  Das Konto „22 Zinsen und ähnliche Aufwendungen" weist für den Monat April 120.000,00 € aus.
- Anschaffungswert des Anlagevermögens: 25 Mio. €
  Bilanzieller Abschreibungssatz: 20 %
  Wiederbeschaffungswert des Anlagevermögens: 30 Mio. €
  Kalkulatorischer Abschreibungssatz: 15 %
- Auf Konto „249 Wagnisse" werden für den Monat April 6.500,00 € ausgewiesen. Aufgrund langfristiger Erfahrungen ist durchschnittlich mit 96.000,00 € Wagnissen jährlich zu rechnen.

Gemeinkosten	Verteilung	Luftfrachtspedition	Kraftwagenspedition	Möbelspedition
Lohnnebenkosten	lt. Lohnliste	10.000	41.000	13.000
Gehälter	lt. Gehaltsliste	35.000	38.000	35.000
Fuhrparkkosten	im Verhältnis der eingesetzten Fahrzeuge:	4	13	3
Verwaltungskosten	nach EDV-Nutzung, Materialverbrauch usw. im Verhältnis	2	7	1
Steuern, Versich.	im Verhältnis	2	13	5
Unternehmenskosten	nach Abteilungserlösen			
Kalk. Zinsen	im Verhältnis des jeweiligen betriebsnotwendigen Kapitals	3	4	1
Kalk. Abschreib.	lt. Anlagenkartei i. V.	1	8	1
Kalk. Wagnisse	nach Risikoanfall i. V.	3	1	1

a) Erstellen Sie einen BAB.

b) Ermitteln Sie die Gemeinkosten.

c) Verteilen Sie die Gemeinkostenarten auf die Kostenstellen.

d) Addieren Sie die Gemeinkostenarten insgesamt und in den Kostenstellen.

e) Ermitteln Sie die jeweiligen Abteilungskosten für Seehafenspedition, Kraftwagenspedition und Lagerei.

f) Ermitteln Sie die jeweiligen Abteilungsergebnisse in Euro und in Prozent des Abteilungsumsatzes.

g) Warum werden im BAB der Transport AG weder kalkulatorischer Unternehmerlohn noch kalkulatorische Miete angesetzt?

5.3.2 Mehrstufiger Betriebsabrechnungsbogen

Der mehrstufige Betriebsabrechnungsbogen berücksichtigt neben den Hauptkostenstellen auch Hilfskostenstellen, die ihre Leistungen an andere Kostenstellen abgeben. Die Hilfskostenstellen werden in allgemeine Hilfskostenstellen und besondere Hilfskostenstellen unterteilt.

Allgemeine Hilfskostenstellen geben ihre Leistungen an alle übrigen Kostenstellen ab. Typische Beispiele für allgemeine Hilfskostenstellen sind Kantine und Hausmeisterbüro.

Besondere Hilfskostenstellen[1] erbringen ausschließlich Leistungen für ihnen übergeordnete Hauptkostenstellen. Typische Beispiele für besondere Hilfskostenstellen sind Reparaturwerkstatt und Disposition.

Gegenüber dem einstufigen Betriebsabrechnungsbogen ist folglich nach der Verteilung der Gemeinkosten auf die Kostenstellen eine verursachungsgerechte Kostenumlage durchzuführen. **Die allgemeinen Hilfskostenstellen** geben Leistungen an besondere Hilfskostenstellen und Hauptkostenstellen ab. **Die besonderen Hilfskostenstellen** geben jedoch nur an bestimmte Hauptkostenstellen Leistungen ab und nehmen Leistungen der allgemeinen Hilfskostenstellen in Anspruch. Deshalb sind zuerst die allgemeinen Hilfskostenstellen und danach die besonderen Hilfskostenstellen umzulegen. Diese Art der innerbetrieblichen Leistungsverrechnung wird *Stufenumlage- oder Treppenverfahren* genannt.

Schritte für die Erstellung eines **mehrstufigen Betriebsabrechnungsbogens:**

1. Schritt: Verteilung sämtlicher Gemeinkosten auf die Kostenstellen.

2. Schritt: Umlage der Kostensummen der allgemeinen Hilfskostenstellen auf die übrigen Kostenstellen.

3. Schritt: Umlage der Kostensummen der besonderen Hilfskostenstellen auf ihnen übergeordnete Hauptkostenstellen.

4. Schritt: Ermittlung der Kostensummen aller Hauptkostenstellen.

Muster-**AUFGABE**

Spedition Hagen Itzerott KG, Bremen, hat nachstehendes Betriebsergebnis ermittelt:

(in €)		Kosten	Leistungen
40	Lohn- und Lohnnebenkosten	288.000	
41	Gehalts- und Gehaltsnebenkosten	340.000	
42	Fuhrparkkosten	750.000	
44	Verwaltungskosten	140.000	
45	Sonstige Steuern, Versicherungen	80.000	
46	Unternehmenskosten	125.000	
480	Kalkulatorischer Unternehmerlohn	60.000	
481	Kalkulatorische Miete	96.000	
482	Kalkulatorische Zinsen	240.000	
483	Kalkulatorische Abschreibungen	880.000	
485	Kalkulatorische Wagnisse	50.000	
740	Nationale Kraftwagenspedition	533.000	
745	Internationale Kraftwagenspedition	412.000	
76	Lagerei	79.000	
840	Nationale Kraftwagenspedition		2.274.000
845	Internationale Kraftwagenspedition		1.509.000
86	Lagerei		412.000

1 Die besonderen Hilfskostenstellen werden in der Speditionspraxis auch als „speditionelle Hilfskostenstellen“ bezeichnet.

Spedition Hagen Itzerott KG hat folgende Kostenstellen:

Hilfskostenstellen:
- Kantine (allgemeine Hilfskostenstelle); erbringt Leistungen für alle anderen Kostenstellen.
- Werkstatt (besondere Hilfskostenstelle); erbringt Leistungen für die nationale und internationale Kraftwagenspedition.

Hauptkostenstellen:
- Nationale Kraftwagenspedition
- Internationale Kraftwagenspedition
- Lagerei

Die Gemeinkosten werden nach folgendem Schlüssel verteilt:

Gemeinkosten	Verteilung				
	Kantine	Werkstatt	Nationale Kraftw.-Spedition	Intern. Kraftw.-Spedition	Lager
Lohn-und Lohnnebenkosten	1	3	12	4	4
Gehalts- und Gehaltsnebenkosten	1	2	10	5	2
Fuhrparkkosten	–	–	7	3	–
Verwaltungskosten	1	1	6	4	2
Steuern, Versich.	–	1	10	8	1
Untern.-kosten	1	1	9	9	5
Kalk. U-Lohn	1	1	3	3	2
Kalk. Miete	1	2	4	3	2
Kalk. Zinsen	3	2	5	10	4
Kalk. Abschreib.	1	1	3	5	1
Kalk. Wagnisse	–	–	3	6	1

Die Gemeinkosten der allgemeinen Kostenstelle „Kantine“ werden im Verhältnis 1 : 4 : 2 : 1 auf die nachfolgenden Kostenstellen verteilt. Die Gemeinkosten der besonderen Hilfskostenstelle „Werkstatt“ werden im Verhältnis 5 : 3 auf die Hauptkostenstellen nationale Kraftwagenspedition und internationale Kraftwagenspedition verteilt.

1. **Verteilen Sie die Gemeinkostenarten auf die Kostenstellen.**
2. **Addieren Sie die Gemeinkostenarten insgesamt und in den Kostenstellen. Beide Ergebnisse müssen übereinstimmen.**
3. **Verteilen Sie zunächst die Gemeinkosten der Allgemeinen Hilfskostenstelle „Kantine“ auf alle anderen Kostenstellen.**
4. **Verteilen Sie nun die gesamten Gemeinkosten der besonderen Hilfskostenstelle „Werkstatt“ auf die Hauptkostenstellen, welche Leistungen von der besonderen Hilfskostenstelle „Werkstatt“ bezogen haben.**
5. **Ermitteln Sie die jeweiligen Abteilungskosten für die drei Hauptkostenstellen.**
6. **Ermitteln Sie die jeweiligen Abteilungsergebnisse.**

LÖSUNG

Gemeinkosten	Betrag	Verteilung	Kantine	Werkstatt	Nationale Kraftwagenspedition	Internationale Kraftwagenspedition	Lager
Lohn- und Lohnnebenkosten	**1** 288.000	1:3:12:4:4	12.000	36.000	144.000	48.000	48.000
Gehalts- und Gehaltsnebenkosten	340.000	1:2:10:5:2	17.000	34.000	170.000	85.000	34.000
Fuhrparkkosten	750.000	0:0:7:3:0	–	–	525.000	225.000	–
Verwaltungskosten	140.000	1:1:6:4:2	10.000	10.000	60.000	40.000	20.000
Sonstige Steuern, Versicherungen	80.000	0:1:10:8:1	–	4.000	40.000	32.000	4.000
Unternehmenskosten	125.000	1:1:9:9:5	**3** 5.000	**3** 5.000	**3** 45.000	**3** 45.000	**3** 25.000
Kalkulatorischer Unternehmerlohn	60.000	1:1:3:3:2	6.000	6.000	18.000	18.000	12.000
Kalk. Miete	96.000	1:2:4:3:2	8.000	16.000	32.000	24.000	16.000
Kalk. Zinsen	240.000	3:2:5:10:4	30.000	20.000	50.000	100.000	40.000
Kalk. Abschreib.	880.000	1:1:3:5:1	80.000	80.000	240.000	400.000	80.000
Kalk. Wagnisse	50.000	0:0:3:6:1	–	–	15.000	30.000	5.000
	2 3.049.000		**4** 168.000	**4** 211.000	**4** 1.339.000	**4** 1.047.000	**4** 284.000
Umlage Kantine		1:4:2:1	**5** →	21.000	84.000	42.000	21.000
				232.000	1.423.000	1.089.000	305.000
Umlage Werkstatt		5:3:0		**6** →	145.000	87.000	–
Gemeinkosten je Hauptkostenstelle					**7** 1.568.000	**7** 1.176.000	**7** 305.000
+ Einzelkosten					**8** 533.000	**8** 412.000	**8** 79.000
= Abteilungskosten					**9** 2.101.000	**9** 1.588.000	**9** 384.000
Abteilungserlöse					**10** 2.274.000	**10** 1.509.000	**10** 412.000
Abteilungsergebnisse (Erlöse – Kosten)					**11** + 173.000	**11** – 79.000	**11** + 28.000

LÖSUNGSWEG

1 Gemeinkosten aus der Kostenartenrechnung in den BAB übertragen.

2 Gemeinkostensumme ermitteln.

3 Die einzelnen Gemeinkosten nach der vorgegebenen Verteilung auf die fünf Hauptkostenstellen aufteilen.

4 Gemeinkosten je Kostenstelle ermitteln. Die Summe der Kostenstellengemeinkosten muss mit der bereits unter 2 berechneten Gemeinkostensumme übereinstimmen.

5 Gemeinkosten der allgemeinen Kostenstelle „Kantine" auf alle anderen Kostenstellen verteilen. Kantine erbringt für alle anderen Kostenstellen, also auch für die Werkstatt, Leistungen.

6 Gemeinkosten der besonderen Hilfskostenstelle „Werkstatt" auf die leistungsbeziehenden Hauptkostenstellen (nationale und internationale Kraftwagenspedition) verteilen.

7 Gemeinkostensummen der drei Hauptkostenstellen ermitteln.

8 Einzelkosten der drei Hauptkostenstellen werden in den BAB übertragen.

9 Abteilungsgemeinkosten und Abteilungseinzelkosten zu Abteilungskosten addieren.

10 Abteilungskosten den jeweiligen Abteilungserlösen gegenüberstellen.

11 Abteilungserlöse abzüglich Abteilungskosten ergeben die jeweiligen Abteilungsergebnisse. Ein Abteilungsgewinn wird mit einem Pluszeichen gekennzeichnet, ein Abteilungsverlust mit einem Minuszeichen.

Zusammenfassung der Kostenstellenrechnung 5.4

FAZIT

Kostenstellen = Orte der Kostenentstehung

Kostenstellen

Hauptkostenstellen

In der Regel Speditionsabteilungen, z. B.:

- Luftfrachtspedition
- Kraftwagenspedition
- Lagerei
- Internationale Spedition

Hilfskostenstellen

- **Allgemeine Hilfskostenstellen** erbringen Leistungen für alle anderen Kostenstellen.
- **Besondere Hilfskostenstellen** erbringen nur für bestimmte Hauptkostenstellen Leistungen.

Im Betriebsabrechnungsbogen (BAB) erfolgt die verursachungsgerechte und anteilige Verteilung der Gemeinkosten auf die Kostenstellen in vier Schritten:

1. Schritt: Verteilung sämtlicher Gemeinkosten auf die Kostenstellen.
2. Schritt: Umlage der Kostensummen der allgemeinen Hilfskostenstellen auf die übrigen Kostenstellen.
3. Schritt: Umlage der Kostensummen der besonderen Hilfskostenstellen auf die ihnen übergeordneten Hauptkostenstellen.
4. Schritt: Ermittlung der Kostensummen aller Hauptkostenstellen.

Auswertung des Betriebsabrechnungsbogens:

  Gemeinkosten je Hauptkostenstelle
\+ Einzelkosten je Hauptkostenstelle
= Kosten je Hauptkostenstelle

  Erlöse je Hauptkostenstelle
− Kosten je Hauptkostenstelle
= Abteilungsergebnis je Hauptkostenstelle

Aufgaben zum Sachverhalt

1

Spedition Josef Schwarz KG, Regensburg, hat für das 1. Quartal nachstehendes Betriebsergebnis (in €) ermittelt:

		Kosten	Leistungen
40	Lohn- und Lohnnebenkosten	250.000,00	
41	Gehalts- und Gehaltsnebenkosten	168.000,00	
42	Fuhrparkkosten	600.000,00	
44	Verwaltungskosten	150.000,00	
45	Sonstige Steuern, Versicherungen	55.000,00	
46	Unternehmenskosten	125.000,00	
480	Kalkulatorischer Unternehmerlohn	21.000,00	
481	Kalkulatorische Miete	30.000,00	
482	Kalkulatorische Zinsen	125.000,00	
483	Kalkulatorische Abschreibungen	600.000,00	
485	Kalkulatorische Wagnisse	12.000,00	

Fortsetzung

		Kosten	Leistungen
72	Luftfrachtspeditionskosten	411.000,00	
74	Kraftwagenspeditionskosten	1.250.000,00	
76	Lagerei	750.000,00	
82	Luftfrachtspeditionserlöse		750.000,00
84	Kraftwagenspeditionserlöse		3.000.000,00
86	Lagereierlöse		1.300.000,00

Spedition Josef Schwarz KG hat folgende Kostenstellen:

- **Allgemeine Verwaltung** (allgemeine Hilfskostenstelle); erbringt Leistungen für alle anderen Kostenstellen.
- **Werkstatt** (besondere Hilfskostenstelle); erbringt Leistungen für die Luftfracht- und Kraftwagenspedition.
- **Luftfrachtspedition** (Hauptkostenstelle)
- Kraftwagenspedition (Hauptkostenstelle)
- **Lagerei** (Hauptkostenstelle)

Die Gemeinkosten werden nach folgendem Schlüssel verteilt:

Gemeinkosten	Verteilung				
	Allgem. Verwaltung	Werkstatt	Luftfracht-spedition	Kraft-wagen-spedition	Lagerei
Lohn-und Lohn-nebenkosten	1	3	12	23	11
Gehalts- und Ge-haltsnebenkosten	1	0	3	3	1
Fuhrparkkosten	0	0	1	9	0
Verwaltungs-kosten	1	0	0	0	0
Steuern, Versich.	0	1	2	6	1
Untern.-kosten	2	1	2	4	1
Kalk. U-Lohn	7	1	4	5	4
Kalk. Miete	5	2	2	3	3
Kalk. Zinsen	5	3	4	10	3
Kalk. Abschreib.	2	1	2	5	2
Kalk. Wagnisse	1	0	2	2	1

Die Gemeinkosten der allgemeinen Kostenstelle „Allgemeine Verwaltung" werden im Verhältnis 1 : 5 : 6 : 3 auf die nachfolgenden Kostenstellen verteilt.

Die Gemeinkosten der besonderen Hilfskostenstelle „Werkstatt" werden im Verhältnis 4 : 1 auf die Hauptkostenstellen Kraftwagenspedition und Luftfrachtspedition verteilt.

a) Erstellen Sie einen BAB.
b) Verteilen Sie die Gemeinkostenarten auf die Kostenstellen.
c) Addieren Sie die Gemeinkostenarten insgesamt und in den Kostenstellen.
d) Verteilen Sie zunächst die Gemeinkosten der Allgemeinen Hilfskostenstelle „Allgemeine Verwaltung" auf alle anderen Kostenstellen.
e) Verteilen Sie nun die gesamten Gemeinkosten der besonderen Hilfskostenstelle „Werkstatt" auf die Hauptkostenstellen, welche Leistungen von der besonderen Hilfskostenstelle „Werkstatt" bezogen haben.
f) Ermitteln Sie die jeweiligen Abteilungskosten für die drei Hauptkostenstellen.
g) Ermitteln Sie die jeweiligen Abteilungsergebnisse.

2

Die Transport GmbH, Bielefeld, hat folgende Kostenstellen:

- **Allgemeine Verwaltung** (Allgemeine Hilfskostenstelle); erbringt Leistungen für alle anderen Kostenstellen.
- **Werkstatt** (besondere Hilfskostenstelle); erbringt Leistungen für die Kraftwagen- und Möbelspedition.
- **Luftfrachtspedition** (Hauptkostenstelle)
- **Kraftwagenspedition** (Hauptkostenstelle)
- **Möbelspedition** (Hauptkostenstelle)

Für den Monat November wurden nachstehende Daten (in €) ermittelt:

		Kosten	Leistungen
40	Lohn- und Lohnnebenkosten	270.000,00	
41	Gehalts- und Gehaltsnebenkosten	120.000,00	
42	Fuhrparkkosten	810.000,00	
43	Raumkosten	330.000,00	
44	Verwaltungskosten	431.000,00	
45	Sonstige Steuern, Versicherungen	110.000,00	
46	Unternehmenskosten	132.000,00	
72	Luftfrachtspeditionskosten	411.000,00	
74	Kraftwagenspeditionskosten	1.250.000,00	
77	Möbelspeditionskosten	750.000,00	
82	Luftfrachtspeditionserlöse		1.100.000,00
84	Kraftwagenspeditionserlöse		2.800.000,00
87	Möbelspeditionserlöse		1.200.000,00

Weitere Angaben

- Das betriebsnotwendige Kapital beträgt 24,0 Mio. €. Der durchschnittliche Zinssatz beträgt 11 %.
  Das Konto „22 Zinsen und ähnliche Aufwendungen" weist für den Monat November 131.000,00 € aus.
- Anschaffungswert des Anlagevermögens: 30,0 Mio. €
  Bilanzielle Abschreibungen: 6,5 Mio. €
  Wiederbeschaffungswert des Anlagevermögens: 36,0 Mio. €
  Kalkulatorischer Abschreibungssatz: 15 % linear
- Auf Konto „249 Wagnisse" werden für den Monat November 17.500,00 € ausgewiesen. Aufgrund langfristiger Erfahrungen ist durchschnittlich mit 144.000,00 € Wagnissen jährlich zu rechnen.

Die Gemeinkosten werden nach folgendem Schlüssel verteilt:

Gemeinkosten	Verteilung				
	Allgem. Verwaltung	Werkstatt	Luftfracht-spedition	Kraft-wagen-spedition	Möbel-spedition
Löhne	2	4	6	10	5
Gehälter	3	1	5	5	1
Fuhrparkkosten	0	0	1	5	3
Raumkosten	2	1	2	4	2
Verwaltungs-kosten	1	0	0	0	0
Steuern, Versich.	0	1	3	6	1
Untern.-kosten	2	1	2	4	2
Zinsen	1	2	6	10	3
Abschreibungen	1	1	3	7	3
Wagnisse	1	0	4	5	2

Fortsetzung

Die Gemeinkosten der allgemeinen Kostenstelle „Allgemeine Verwaltung" werden im Verhältnis 1 : 4 : 11 : 4 auf die nachfolgenden Kostenstellen verteilt.

Die Gemeinkosten der besonderen Hilfskostenstelle „Werkstatt" werden im Verhältnis 1 : 12 : 5 auf die Hauptkostenstellen Luftfrachtspedition, Kraftwagenspedition und Möbelspedition verteilt.

a) Erstellen Sie einen BAB.
b) Verteilen Sie die Gemeinkostenarten auf die Kostenstellen.
c) Addieren Sie die Gemeinkostenarten insgesamt und in den Kostenstellen.
d) Ermitteln Sie die jeweiligen Abteilungskosten für die Hauptkostenstellen.
e) Ermitteln Sie die jeweiligen Abteilungsergebnisse in Euro.
f) Ermitteln Sie die jeweiligen Abteilungsergebnisse in % der Abteilungserlöse.
g) Warum werden im BAB der Transport GmbH weder kalkulatorischer Unternehmerlohn noch kalkulatorische Miete angesetzt?

Zusammenfassende Aufgaben

1

Die Geschäftsbuchführung der Spedition Logsped AG, Rostock, weist für das letzte Geschäftsjahr folgende Aufwendungen und Erträge (in €) aus:

20	Außerordentliche Aufwendungen	364.500,00
21	Betriebs- und periodenfremde Aufwendungen	209.800,00
22	Zinsen und ähnliche Aufwendungen	945.120,00
240	Aufwendungen aus Anlagenverkäufen	155.880,00
247	Bilanzmäßige Abschreibungen	1.425.000,00
249	Wagnisse	183.925,00
25	Außerordentliche Erträge	423.000,00
26	Betriebs- und periodenfremde Erträge	97.220,00
27	Zinserträge	72.685,00
288	Erträge aus der Auflösung von Rückstellungen	419.300,00
40	Lohn- und Lohnnebenkosten	1.545.000,00
41	Gehalts- und Gehaltsnebenkosten	909.000,00
42	Fuhrparkkosten	2.400.000,00
43	Raumkosten	440.000,00
44	Verwaltungskosten	960.000,00
45	Sonstige Steuern, Versicherungen	88.000,00
46	Unternehmenskosten	195.000,00
71	Seehafenspedition	2.129.000,00
72	Luftfrachtspedition	1.920.000,00
74	Kraftwagenspedition	5.121.000,00
77	Möbelspedition	852.000,00
81	Seehafenspedition	4.335.195,00
82	Luftfrachtspedition	4.266.000,00
84	Kraftwagenspedition	10.712.000,00
87	Möbelspedition	3.187.000,00

Weitere Angaben:

- Das betriebsnotwendige Kapital beträgt 19,5 Mio. €. Der durchschnittliche Zinssatz beträgt 10 %.
- Anschaffungswert des Anlagevermögens: 11,0 Mio. €
- Wiederbeschaffungswert des Anlagevermögens: 12,0 Mio. €
  Kalkulatorischer Abschreibungssatz: 15 %
- Aufgrund der langfristigen Erfahrung ist mit jährlich 120.000,00 € Wagniskosten zu rechnen.

a) Erstellen Sie die Ergebnistabelle und berechnen Sie
- **das Unternehmensergebnis,**
- **das Ergebnis aus unternehmensbezogener Abgrenzung,**
- **das Ergebnis aus kostenrechnerischen Korrekturen,**
- **das Betriebsergebnis.**

b) Überprüfen Sie die ermittelten Ergebnisse.

Die Logsped AG hat sechs Kostenstellen. Die Kostenstelle „Allgemeine Verwaltung" erbringt Leistungen für alle anderen Kostenstellen, die Kostenstelle „Werkstatt" erbringt für die Kraftwagen- und Möbelspedition Leistungen.

Kostenstellen:
- Allgemeine Verwaltung (allgemeine Hilfskostenstelle)
- Werkstatt (besondere Hilfskostenstelle)
- Seehafenspedition (Hauptkostenstelle)
- Luftfrachtspedition (Hauptkostenstelle)
- Kraftwagenspedition (Hauptkostenstelle)
- Möbelspedition (Hauptkostenstelle)

Die Gemeinkosten werden nach folgendem Schlüssel verteilt:

Gemeinkosten	Verteilung					
	Allgem. Verwaltung	Werkstatt	Seehafenspedition	Luftfrachtspedition	Kraftwagenspedition	Möbelspedition
Lohn- und Lohnnebenkosten	1	2	1	1	6	4
Gehalts- und Gehaltsnebenkosten	1	0	2	2	3	1
Fuhrparkkosten	0	0	1	1	7	3
Raumkosten	6	1	3	3	6	3
Verwaltungsk.	1	0	0	0	0	0
Steuern, Versich.	0	0	2	2	3	1
Untern.-Kosten	3	1	3	3	3	2
Zinsen	1	1	1	2	6	2
Abschreibungen	3	1	2	2	5	3
Wagnisse	1	0	2	3	4	2

Die Gemeinkosten der allgemeinen Kostenstelle „Allgemeine Verwaltung" werden im Verhältnis 1 : 2 : 4 : 8 : 5 auf die nachfolgenden Kostenstellen verteilt.

Die Gemeinkosten der besonderen Hilfskostenstelle „Werkstatt" werden im Verhältnis 3 : 2 auf die Hauptkostenstellen Kraftwagenspedition und Möbelspedition verteilt.

c) Erstellen Sie einen BAB.

d) Verteilen Sie die Gemeinkostenarten auf die Kostenstellen.

e) Addieren Sie die Gemeinkostenarten insgesamt und in den Kostenstellen.

f) Ermitteln Sie die jeweiligen Abteilungskosten für die Hauptkostenstellen.

g) Ermitteln Sie die jeweiligen Abteilungsergebnisse in Euro.

h) Ermitteln Sie die jeweiligen Abteilungsergebnisse in % der Abteilungserlöse.

2

Die Geschäftsbuchführung der Kraftwagenspedition Steffi Kolb e. K. weist auf dem GuV-Konto zum Jahresabschluss folgende Werte (in €) aus:

AUFWENDUNGEN		GuV		ERTRÄGE
2200 Zinsaufwendungen	16.500,00		2700 Zinserträge	6.900,00
2400 Verluste aus Abgang von Anlagevermögen	17.000,00		2890 Erträge aus der Auflösung von Rückstellungen	53.100,00
2450 Abschr. auf Forderungen	22.000,00		8000 Internationale Spedition	820.000,00
2470 Bilanzielle Abschreibungen	148.000,00		8400 Kraftwagenspedition	1.450.000,00
4100 Personalaufwendungen	227.000,00		8600 Lagerei	370.000,00
4200 Fuhrparkkosten	273.000,00			
4300 Mieten	71.000,00			
4400 Verwaltungskosten	46.000,00			
4500 Betriebliche Steuern	36.000,00			
4600 Unternehmenskosten	44.000,00			
7000 Internationale Spedition	392.000,00			
7400 Kraftwagenspedition	918.000,00			
7600 Lagerei	199.500,00			
Unternehmensergebnis	290.000,00			
	2.700.000,00			2.700.000,00

Weitere Angaben:

- Aus der Bilanz ergibt sich ein betriebsnotwendiges Vermögen von 830.000,00 € sowie ein zinsfreies Abzugskapital von 40.000,00 €. Der langfristige Zinssatz beträgt 6 %.
- Die kalkulatorischen Abschreibungen werden mit 140.000,00 € angesetzt.
- Für die Abgeltung der Arbeitskraft der Unternehmerin werden 45.000,00 € verrechnet.

a) **Erstellen Sie die Abgrenzungsrechnung.**

b) **Ermitteln Sie das Neutrale Ergebnis und das Betriebsergebnis.**

c) **Berechnen Sie das Abteilungsergebnis für die Kraftwagenspedition. Die in der Kosten- und Leistungsrechnung ermittelten Gemeinkosten trägt diese Abteilung zu 60 %.**

Kostenträgerrechnung 6

Einführung in die Kostenträgerrechnung 6.1

Die **Kostenträgerrechnung** bildet die nächste Stufe der Kosten- und Leistungsrechnung. Sie verrechnet sämtliche Einzel- und Gemeinkosten des Betriebes auf die Kostenträger.

Die **Kostenträgerrechnung** wird unterteilt in die **Kostenträgerzeitrechnung** und die **Kostenträgerstückrechnung**.

Aufgabe der Kostenträgerzeitrechnung ist es, Einzelkosten und Gemeinkosten einer Abrechnungsperiode insgesamt zu erfassen und unter Einbeziehung der Erlöse eine Ergebnisrechnung zu erstellen. Die Kostenträgerzeitrechnung wurde in Kapitel 5 dargestellt (BAB-Auswertung).

Aufgabe der Kostenträgerstückrechnung ist es, die **Kosten eines Verkehrsauftrages** zu ermitteln. Stellt der Spediteur den ermittelten Kosten das Marktentgelt gegenüber, kann er entscheiden, ob er den jeweiligen Verkehrsauftrag annimmt oder ablehnt. Weiterhin kann er entscheiden, ob eine **Transportleistung im Selbsteintritt** rentabel ist oder ob die **Transportleistung eingekauft** werden soll.

In diesem Abschnitt werden die **Fahrzeugkostenkalkulation** und die **Lagerkalkulation** als typische Kostenträgerstückrechnungen dargestellt. Ähnlich differenzierte Kostenträgerstückrechnungen können für alle übrigen Zweige des Speditionsgewerbes erstellt werden.

Kalkulation der Fahrzeug-Selbstkosten 6.2

Mit der **Fahrzeug-Selbstkostenrechnung** wird die **fortlaufende Kostenkontrolle** jedes einzelnen Fahrzeugs durchgeführt. Die ermittelten Fahrzeugkosten können mit den Kosten anderer (eigener und fremder) Fahrzeuge verglichen werden.

Die **Fahrzeugkosten** sind **Selbstkosten**, die der Marktpreis mindestens abdecken sollte. Der Marktpreis sollte neben den Selbstkosten einen angemessenen Gewinn enthalten. Für jeden Transport kann die Rentabilität festgestellt werden, um die rentablen Transporte herauszufinden und die **Entscheidung über den Einsatz eigener oder fremder Fahrzeuge** zu begründen.

Die dargestellte Kalkulationsmethode wurde weitgehend von der Unternehmensberatung Spedition und Logistik GmbH (USL)[1] übernommen.

Aufbereitung der Kapitalwerte 6.2.1

Beispiel:	Anschaffungskosten für einen Hochregalstapler	80.000,00 €
	Wiederbeschaffungskosten nach 5 Jahren	90.000,00 €
	Abschreibung	20 % linear

In der Kostenrechnung werden für die **kalkulatorische Abschreibung** die geschätzten **Wiederbeschaffungskosten** zugrunde gelegt. Dies ist leicht zu erklären, denn während der Nutzungsdauer muss so viel Geld für die Ersatzbeschaffung zurückfließen, damit diese auch zu den wohl gestiegenen Kosten (90.000,00 €) durchgeführt werden kann. Werden lediglich die Anschaffungskosten (80.000,00 €) abgeschrieben, kann die Ersatzbeschaffung nicht ausschließlich aus Abschreibungsrückflüssen finanziert werden. Es fehlen dann 10.000,00 €.

1 Die USL ist eine Tochtergesellschaft des Deutschen Speditions- und Logistikverbandes (DSLV).

Der voraussichtliche **Wiederverkaufserlös** nach Ablauf der betrieblichen Nutzungszeit wird von den Wiederbeschaffungskosten abgezogen, weil dieser Betrag nicht durch verrechnete Abschreibungen (kalkulatorische Abschreibungen) zurückfließen muss.

Die **Umsatzsteuer** wird bei der Abschreibung, wie in der gesamten Kosten- und Leistungsrechnung, **nicht berücksichtigt**, da sie einen durchlaufenden Posten darstellt.

Die geschätzten Wiederbeschaffungskosten des Fahrzeugs werden neben dem Netto-Wiederverkaufserlös noch um die **Wiederbeschaffungskosten der Bereifung** gekürzt. Dies ist notwendig, weil die Bereifung eine wesentlich geringere Nutzungsdauer hat als der Lkw.

So ist die Bereifung oftmals nach ca. 60 000 km verbraucht, während der Lkw eine Nutzungsdauer von ca. 250 000 km hat.

Die **kalkulatorischen Zinsen** werden von dem **durchschnittlich betriebsnotwendigen Kapital** berechnet, das sich aus dem durchschnittlich gebundenen Anlagevermögen (Lkw) zuzüglich durchschnittlich gebundenem Umlaufvermögen (z.B. Treibstoffvorrat, Reifenvorrat) zusammensetzt.

Beispiel: Betragen die Anschaffungskosten für einen Lkw 100.000,00 €, so sind bei linearer Abschreibung während einer 4-jährigen Nutzungsdauer durchschnittlich 50 % der Anschaffungskosten gebunden. Zu Beginn des ersten Nutzungsjahres sind 100.000,00 € gebunden. Die Kapitalbindung beträgt also 100 %. Am Ende des letzten Nutzungsjahres sind alle Abschreibungen zurückgeflossen; die Kapitalbindung beträgt jetzt 0 %. Durchschnittlich sind also

$$\frac{100\,\% + 0\,\%}{2} = 50\,\% \text{ gebunden oder } \frac{87{,}5\,\%\text{[1]} + 62{,}5\,\%\text{[2]} + 37{,}5\,\% + 12{,}5\,\%}{4} = 50\,\%$$

Bei der Berechnung der **kalkulatorischen Zinsen** werden die **Anschaffungskosten** zugrunde gelegt, da dieses Kapital auch gebunden wird. Die späteren Wiederbeschaffungskosten haben keinen kapitalbindenden Charakter.

Zusammenfassung – Aufbereitung der Kapitalwerte

FAZIT

Abschreibungsbasis für kalkulatorische Abschreibung:

	Geschätzte Wiederbeschaffungskosten Lkw
–	Wiederbeschaffungskosten der Bereifung
–	geschätzter Wiederverkaufserlös (Restwert), netto
=	Abschreibungsbasis für kalkulatorische Abschreibung

Berechnung der kalkulatorischen Zinsen:

	Durchschnittlich gebundenes Anlagevermögen (50 % der Anschaffungskosten)
+	durchschnittlich gebundenes Umlaufvermögen
=	durchschnittlich gebundenes Vermögen

Kalkulatorische Zinsen:

= durchschnittlich gebundenes Vermögen · kalkulatorischer Zinssatz

1 Zu Beginn des ersten Jahres sind 100 % gebunden, am Ende des ersten Jahres nur noch 75 %, da Abschreibungen in Höhe von 25 % zurückfließen. Durchschnittlich sind also im ersten Nutzungsjahr 87,5 % gebunden.

2 Zu Beginn des zweiten Jahres sind 75 % gebunden, am Ende des zweiten Jahres nur noch 50 %, da Abschreibungen in Höhe von 25 % zurückfließen. Durchschnittlich sind also im zweiten Nutzungsjahr 62,5 % gebunden.

Muster-**AUFGABE**

Spedition Kurzweg GmbH, München, kauft einen neuen Lkw. Der Lkw wird wie folgt in Rechnung gestellt:

Lkw	60.000,00 €
+ 19% Umsatzsteuer	11.400,00 €
Rechnungspreis	71.400,00 €

Im Rechnungspreis ist der Neuwert der Bereifung mit 2.200,00 € zuzüglich 19 % Umsatzsteuer enthalten.

Weitere Angaben:

- Geschätzte Wiederbeschaffungskosten ... 75.000,00 €
  Durch den Lkw durchschnittlich gebundenes Umlaufvermögen ... 7.500,00 €
- Geschätzte Leistung des Lkw ... 252 000 km
- Geschätzte Leistungsdauer der Reifen ... 60 000 km
- Geschätzter Wiederverkaufserlös nach Ablauf der betrieblichen Nutzungsdauer (netto) ... 2.800,00 €

a) **Berechnen Sie die Basis für die kalkulatorischen Abschreibungen.**
b) **Berechnen Sie die kalkulatorischen Zinsen auf das durchschnittlich benötigte Betriebsvermögen. Der kalkulatorische Zinssatz beträgt 9 %.**

LÖSUNG

a)

Wiederbeschaffungskosten Lkw	75.000,00 €
– Wiederbeschaffungskosten Bereifung	2.200,00 €
– Wiederverkaufserlös (Restwert)	2.800,00 €
= Abschreibungsbasis für kalk. Abschreibung	70.000,00 €

b) Durchschnittlich gebundenes Anlagevermögen

$$= \frac{\text{Anschaffungskosten}}{2} = \frac{60.000,00\ €}{2} = 30.000,00\ €$$

+ durchschnittlich gebundenes Umlaufvermögen =	7.500,00 €
= durchschnittlich gebundenes Vermögen	37.500,00 €
Kalkulatorische Zinsen: 9 % von 37.500,00 € =	3.375,00 €

Aufgaben zum Sachverhalt

1

Spedition Langhorn e. Kfm., Braunschweig, kauft einen neuen Lkw. Der Sattelzug wird wie folgt in Rechnung gestellt:

Lkw	90.000,00 €
+ 19 % Umsatzsteuer	17.100,00 €
Rechnungspreis	107.100,00 €

Im Rechnungspreis ist der Neuwert der Bereifung mit 4.100,00 € zuzüglich 19 % Umsatzsteuer enthalten.

Weitere Angaben:

- Geschätzte Wiederbeschaffungskosten ..... 108.000,00 €
- Durch den Lkw durchschnittlich gebundenes Umlaufvermögen ..... 13.000,00 €
- Geschätzte Leistung des Lkw ..... 350 000 km
- Geschätzte Laufleistung der Reifen ..... 80 000 km
- Geschätzter Wiederverkaufserlös nach Ablauf der betrieblichen Nutzungsdauer (netto) ..... 10.000,00 €

a) **Berechnen Sie die Basis für die kalkulatorischen Abschreibungen.**

b) **Berechnen Sie die kalkulatorischen Zinsen auf das durchschnittlich benötigte Betriebsvermögen. Der kalkulatorische Zinssatz beträgt 8 %.**

2

Spedition Langhorn e. Kfm. erwirbt für den Lkw (siehe Aufgabe 1) einen neuen Anhänger. Der Anhänger hat ein zulässiges Gesamtgewicht von 16 t bei einer Nutzlast von 12 t. Der Anhänger kostet 35.000,00 € netto. Die Wiederbeschaffungskosten der Reifen betragen 2.500,00 €. Die Wiederbeschaffungskosten des Anhängers werden auf 42.000,00 € geschätzt. Der Anhänger bindet durchschnittlich 800,00 € Umlaufvermögen. Nach Ablauf der betrieblichen Nutzungsdauer wird der Nettoverkaufserlös für den Anhänger auf 2.000,00 € geschätzt.

a) **Berechnen Sie die Basis für die kalkulatorischen Abschreibungen.**

b) **Berechnen Sie die kalkulatorischen Zinsen auf das durchschnittlich benötigte Betriebsvermögen. Der kalkulatorische Zinssatz beträgt 10 %.**

3

Spedition Tilkowski GmbH, Dortmund, erwirbt einen neuen Lkw für Spezialtransporte mit einem zulässigen Gesamtgewicht von 40 t. Der Lkw wird inklusive 19 % Umsatzsteuer mit 208.250,00 € in Rechnung gestellt. Im Rechnungspreis ist der Neuwert der Bereifung mit 8.000,00 € zuzüglich 19 % Umsatzsteuer enthalten.

Weitere Angaben:

- Geschätzte Wiederbeschaffungskosten, netto ..... 210.000,00 €
- Durch den Lkw durchschnittlich gebundenes Umlaufvermögen ..... 24.000,00 €
- Geschätzte Leistungsdauer des Lkw ..... 600 000 km
- Geschätzte Leistungsdauer der Reifen ..... 140 000 km
- Geschätzter Wiederverkaufserlös nach Ablauf der betrieblichen Nutzungsdauer (netto) ..... 18.000,00 €

a) **Berechnen Sie die Basis für die kalkulatorischen Abschreibungen.**

b) **Berechnen Sie die kalkulatorischen Zinsen auf das durchschnittlich benötigte Betriebsvermögen. Der kalkulatorische Zinssatz beträgt 7,5 %.**

Trennung der Fahrzeug-Selbstkosten in Einsatzkosten und anteilige Verwaltungskosten 6.2.2

Die **Fahrzeug-Selbstkosten** werden in **Fahrzeug-Einsatzkosten** und **anteilige Verwaltungskosten** unterteilt. Für die Berechnung der **Fahrzeug-Einsatzkosten** müssen zwei Fragen beantwortet werden:

1. Wie lange dauert der Auftrag?
   → Zeitverbrauch → zeitabhängige Einsatzkosten
2. Wie viele Kilometer werden zurückgelegt?
   → Leistungsverbrauch → Leistungsabhängige Einsatzkosten

Die vom Fahrzeug verursachten **Verwaltungskosten** werden über einen BAB-Verteilungsschlüssel ermittelt. Die anteiligen Verwaltungskosten werden entweder mit einem prozentualen Zuschlagsatz oder mit einem festen Betrag pro Lkw berücksichtigt.

Zusammenfassung

Fahrzeug-Selbstkosten

	zeitabhängige Einsatzkosten
+	leistungsabhängige Einsatzkosten
+	anteilige Verwaltungskosten
=	Fahrzeug-Selbstkosten

FAZIT

Trennung der Einsatzkosten in fixe und variable Bestandteile 6.2.3

Die mit dem **Fahrzeugeinsatz** verbundenen Kosten werden einerseits in variable (leistungsabhängige) Kosten und andererseits in **fixe (leistungsunabhängige bzw. zeitabhängige) Kosten** unterteilt.

Fixe Einsatzkosten (feste, zeitabhängige, leistungsunabhängige Kosten) sind:

- Kfz-Steuer,
- Kfz-Versicherung,
- Güterschadenshaftpflichtversicherung nach § 7a GüKG,
- Güterschadenshaftpflichtversicherung für Auslandstransporte,
- kalkulatorische Zinsen für betriebsnotwendiges Vermögen,
- kalkulatorische **Abschreibung**, sofern sie **zeitabhängig** ist,
- Löhne und Lohnnebenkosten des Fahrpersonals (Lohnnebenkosten stellen insbesondere der Sozialversicherungsaufwand des Arbeitgebers und die Spesen dar.),
- Autobahngebühren (Vignette),
- Gebäudemietwert für Unterstellung des Fahrzeugs.

In den Musterkalkulationen der Unternehmensberatung Spedition und Logistik (USL) wird die **Abschreibung** zur Hälfte als zeitabhängig, zur anderen Hälfte als **leistungsabhängig** angesehen. Folglich geht die Kfz-Abschreibung in der USL-Musterkalkulation zu jeweils 50 % in die variablen Kosten und fixen Kosten ein. Eine andere Gewichtung kann bei entsprechender Begründung vorgenommen werden.

Die **fixen Einsatzkosten** sind **zeitabhängige Einsatzkosten**. Folglich werden die fixen Einsatzkosten auf die **Einsatzdauer** bezogen. Der durchschnittliche Tagessatz der fixen Einsatzkosten wird folgendermaßen berechnet:

Tagessatz der fixen Einsatzkosten = fixe Einsatzkosten pro Jahr : Einsatztage pro Jahr

Variable Einsatzkosten (leistungsabhängig von den gefahrenen km) sind:

- Kraftstoffkosten,
- Schmierstoffkosten,
- Reifenkosten,
- Reparaturkosten,
- Wartungskosten,
- Abschreibung, sofern sie leistungsabhängig ist,
- kilometerabhängige Maut.

Die **kalkulatorische Abschreibung** wird zur **Hälfte** als **leistungsabhängig** angesehen. Folglich werden 50 % der Lkw-Wiederbeschaffungskosten abzüglich Kosten für die Bereifung bei den **variablen Einsatzkosten** berücksichtigt.

Die **variablen Einsatzkosten** sind **leistungsabhängige Einsatzkosten**. Folglich werden die variablen Einsatzkosten auf die **gefahrene Kilometerleistung** bezogen. Der durchschnittliche Kilometersatz der variablen Einsatzkosten wird folgendermaßen berechnet:

km-Satz = km-abhängige Kosten : km-Leistung

Muster-**AUFGABE**

Spedition Riemann GmbH & Co. KG, Mainz, erwirbt einen neuen Lkw mit einem zulässigen Gesamtgewicht von 40 t. Die Nutzlast beträgt 25 t. Der Lkw wird wie folgt in Rechnung gestellt.

	Lkw 40 t	180.000,00 €
+	19 % Umsatzsteuer	34.200,00 €
	Rechnungspreis	214.200,00 €

Im Kaufpreis ist der Neuwert der Bereifung mit 8.000,00 € zuzüglich 19 % Umsatzsteuer enthalten.

Weitere Angaben:

- Die Kosten für die Ersatzbeschaffung in einigen Jahren werden auf 220.000,00 € zuzüglich Umsatzsteuer geschätzt.
- Der Wiederverkaufserlös wird auf 10.000,00 € netto geschätzt.
- Der Lkw bindet durchschnittlich 24.000,00 € Umlaufvermögen.
- Geschätzte Nutzungsdauer in km .... 600 000 km
- Jährliche km-Leistung .... 120 000 km
- Geschätzte Nutzungsdauer der Reifen in km 140 000 km
- Einsatztage pro Jahr .... 240 Tage
- Kraftstoffverbrauch .... 36 l/100 km
- Kraftstoffpreis je l .... 1,20 € netto
- Schmierstoffkosten .... 3 % der Kraftstoffkosten
- Abschreibung ist zu 50 % leistungsabhängig
- Kfz-Steuer .... 3.500,00 € jährlich
- Kfz-Versicherung .... 3.000,00 € jährlich
- Garage/Unterstellung .... 50,00 € monatlich
- Reparaturkosten .... 2.000,00 € monatlich
- Der kalkulatorische Zinssatz beträgt .... 8 %
- Jährlich werden 30.000,00 € Fahrerlöhne bezahlt.
- Der Sozialversicherungsaufwand für den Arbeitgeber beträgt 24 %.
- Die jährlichen Fahrerspesen belaufen sich auf 5.000,00 €.

1. **Berechnen Sie die fixen Einsatzkosten pro Jahr.**
2. **Berechnen Sie die fixen Einsatzkosten pro Einsatztag (Tagessatz).**
3. **Berechnen Sie die variablen Einsatzkosten pro Jahr.**
4. **Berechnen Sie den km-Satz.**

LÖSUNG

Zunächst werden die Einsatzkosten in fixe und variable Bestandteile getrennt.

1. Fixe Einsatzkosten pro Jahr:

a) Kalkulatorische Abschreibung

Nutzungsdauer: $\frac{\text{Gesamt-km-Leistung}}{\text{jährliche km-Leistung}} = \frac{600\,000\text{ km}}{120\,000\text{ km/Jahr}} = 5\text{ Jahre}$

Die Nutzungsdauer ist 5 Jahre. Folglich beträgt der Abschreibungssatz 20 %.

Abschreibungsbasis: 220.000,00 € – 10.000,00 € – 8.000,00 €,
also 20 % von 202.000,00 € = 40.400,00 €,
davon 50 % zeitabhängig .... 20.200,00 €

b) Kalkulatorische Zinsen

$\frac{180.000{,}00\text{ €}}{2} + 24.000{,}00\text{ €} = 114.000{,}00\text{ €}$

8 % von 114.000,00 €			9.120,00 €
c) Kfz-Steuer			3.500,00 €
d) Kfz-Versicherung			3.000,00 €
e) Garage/Unterstellung (12 · 50,00 €)			600,00 €
f) Fahrpersonalkosten	Bruttolöhne	30.000,00 €	
	24 % Sozialaufw.	7.200,00 €	
	Spesen	5.000,00 €	42.200,00 €
Fixe Einsatzkosten pro Jahr			78.620,00 €

2. Fixe Einsatzkosten pro Einsatztag:

78.620,00 € : 240 = 327,58 €

3. Variable Einsatzkosten pro Jahr:

a) Kalkulatorische Abschreibung zur Hälfte .... 20.200,00 €

b) Kraftstoffkosten

$\frac{120\,000 \cdot 36 \cdot 1{,}20\text{ €}}{100}$ .... 51.840,00 €

c) Schmierstoffkosten: 3 % von 51.840,00 € .... 1.555,20 €

d) Reifenkosten

$\frac{8.000{,}00\text{ €} \cdot 120\,000}{140\,000}$ .... 6.857,14 €

e) Reparaturkosten: 2.000,00 € · 12 .... 24.000,00 €

Variable Einsatzkosten pro Jahr .... 104.452,34 €

4. Variable Einsatzkosten pro km:

104.452,34 € : 120 000 = 0,8704 €

6.2.4 Fallstudie: Fahrzeugkosten kalkulieren (mit Excel-Anwendung)

Muster-AUFGABE

Erstellen Sie die Fahrzeugkostenkalkulation für die Musteraufgabe 1 mit Excel-Tabellen. Gehen Sie wie folgt vor:

a) Übernehmen Sie zunächst die angegebenen Daten in eine Excel-Tabelle.
b) Erstellen Sie die Fahrzeugkostenkalkulation in der Excel-Tabelle.
c) Geben Sie die verwendeten Formeln an.

LÖSUNG

a) Tabelle 1:

	A	B	C	D
1	**Fahrzeugkostenkalkulation Lkw 40 t Gesamtgewicht, 25 t Nutzlast**			
2				
3	**Rahmendaten**			
4	Anschaffungskosten (AK)	180.000,00 €		
5	In AK enthaltene Bereifung	8.000,00 €		
6	Kosten der Ersatzbeschaffung	220.000,00 €		
7	Wiederverkaufserlös	10.000,00 €		
8	Gebundenes Umlaufvermögen	24.000,00 €		
9	Jährliche km-Leistung	120000		
10	Gesamte km-Leistung	600000		
11	Nutzungskilometer der Reifen	140000		
12	Einsatztage/Jahr	240		
13	Kraftstoffverbrauch in l auf 100 km	36		
14	Kraftstoffpreis je l, netto	1,20 €		
15	Abschreibung leistungsabhängig	50 %		
16	Abschreibung zeitabhängig	50 %		
17	Kfz-Steuer/Jahr	3.500,00 €		
18	Kfz-Versicherung/Jahr	3.000,00 €		
19	Garage monatlich	50,00 €		
20	Reparaturkosten monatlich	2.000,00 €		
21	Kalkulatorischer Zinssatz	8 %		
22	Fahrerlöhne/Jahr	30.000,00 €		
23	Fahrerspesen/Jahr	5.000,00 €		
24	Sozialvers.-Aufwand Arbeitgeber	24 %		
25	Schmierstoffkosten in % der Kraftstoffkosten	3 %		

b) Tabelle 2:

	A	B	C	D
1	**Fahrzeugkostenkalkulation Lkw 40 t Gesamtgewicht, 25 t Nutzlast**			
2				
3	**Rahmendaten**			
4	Anschaffungskosten (AK)	180.000,00 €		
5	In AK enthaltene Bereifung	8.000,00 €		
6	Kosten der Ersatzbeschaffung	220.000,00 €		
7	Wiederverkaufserlös	10.000,00 €		
8	Gebundenes Umlaufvermögen	24.000,00 €		
9	Jährliche km-Leistung	120 000		
10	Gesamte km-Leistung	600 000		
11	Nutzungskilometer der Reifen	140 000		
12	Einsatztage/Jahr	240		
13	Kraftstoffverbrauch in l auf 100 km	36		
14	Kraftstoffpreis je l, netto	1,20 €		
15	Abschreibung leistungsabhängig	50 %		
16	Abschreibung zeitabhängig	50 %		
17	Kfz-Steuer/Jahr	3.500,00 €		
18	Kfz-Versicherung/Jahr	3.000,00 €		
19	Garage monatlich	50,00 €		
20	Reparaturkosten monatlich	2.000,00 €		
21	Kalkulatorischer Zinssatz	8 %		
22	Fahrerlöhne/Jahr	30.000,00 €		
23	Fahrerspesen/Jahr	5.000,00 €		
24	Sozialvers.-Aufwand Arbeitgeber	24 %		
25	Schmierstoffkosten in % der Kraftstoffkosten	3 %		
26	Nutzungsdauer/Jahren	5		
27	Abschreibungssatz/Jahr	20 %		
28				
29	**1. Fixe Einsatzkosten/Jahr:**			
30	a) Kalkulatorische Abschreibung		20.200,00 €	
31	b) Kalkulatorische Zinsen		9.120,00 €	
32	c) Kfz-Steuer		3.500,00 €	
33	d) Kfz-Versicherung		3.000,00 €	
34	e) Garage		600,00 €	
35	f) Fahrpersonalkosten			
36	Bruttolöhne		30.000,00 €	
37	Sozialaufwand		7.200,00 €	
38	Spesen		5.000,00 €	
39				
40	**Fixe Einsatzkosten/Jahr**		**78.620,00 €**	
41				
42				
43	**2. Fixe Einsatzkosten/Einsatztag:**		**327,58 €**	
44				
45				
46	**3. Variable Einsatzkosten/Jahr:**			
47	a) Kalkulatorische Abschreibung		20.200,00 €	
48	b) Kraftstoffkosten		51.840,00 €	
49	c) Schmierstoffkosten		1.555,20 €	
50	d) Reifenkosten		6.857,14 €	
51	e) Reparaturkosten		24.000,00 €	
52	Variable Einsatzkosten/Jahr:		104.452,34 €	
53				
54	**4. Variable Einsatzkosten/km:**		**0,8704 €**	

Fortsetzung

Reparaturkosten jährlich	9.000,00 €	2.000,00 €
Kalkulatorischer Zinssatz	10 %	10 %
Einsatztage pro Jahr	230	230
Fahrpersonalkosten: Löhne	28.000,00 €	
Sozialaufwand	24 %	
Spesen	5.000,00 €	

a) **Berechnen Sie die fixen Einsatzkosten für den Motorwagen mit Anhänger pro Jahr.**
b) **Berechnen Sie die fixen Einsatzkosten für den Motorwagen mit Anhänger pro Einsatztag (Tagessatz).**
c) **Berechnen Sie die variablen Einsatzkosten für den Motorwagen mit Anhänger pro Jahr.**
d) **Berechnen Sie den km-Satz für den Motorwagen mit Anhänger.**

3

Erklären Sie Ihren Mitschülern den in der DVZ dargestellten Sachverhalt im Rahmen einer Präsentation.

Volvo FH 16-610 Kraftstoffverbrauch und Fahrleistung

Etappe	Verbrauch in l/100 km	Geschw. in km/h
leichte Autobahn	27,6	81,3
mittelschwere Autobahn	33,0	81,9
schwere Autobahn	45,4	78,0
Autobahn gesamt	35,0	80,6
Gesamt (mit Landstraße)	35,9	75,2
Bergmessung (5 km, max. 8 Prozent)	66,9	62,7

Die Wirtschaftlichkeitsberechnung Volvo FH 16-610 4 x 2 EURO 3

Hubraum in cm3 / Leistung in kW/PS	16 000 / 448 / 610
Verkehrsart	Gew.-Güter-Fernverkehr
Betriebsart	SZM
Bereifung	315/80 R 22,5
Zulässiges Gesamtgewicht (kg) Solo/Zug	25 000/40 600
Leergewicht fahrfertig (kg)	7 810
Nutzlast (kg)	–

Rahmenbedingungen		**Rahmenbedingungen**	
Listenpreis netto (€)	ca. 119.900	Leistungsabschreibung (%)	70
Anschaffungspreis netto (€)	111.444	Zeitabschreibung (%)	30
Restwert (€)	0	Einsatztage (Tage / Jahr)	235
Einsatzpreis-Reifen (€)	3.196	Auslastung (%)	80
Kraftstoffverbrauch (l/100 km)	35,90	Nutzungsdauer (Monate)	60
Kraftstoffpreis (€/l)	0,92	Jahreslaufleistung (km/Jahr)	120 000
Kalk. Zins (%)	7,50	Reifenlaufleistung (km)	125 000
Wartungs- und Rep.-kosten (€/Jahr)	12.140		
Variable Kosten		**Fixe Kosten**	
Leistungsabschreibung (€/100 km)	12,63	Zeitabschreibung (€/Jahr)	6.495
Kraftstoffkosten (€/100 km)	33,03	Kalk. Zins (€/Jahr)	4.179
Schmierstoffkosten (€/100 km)	0,99	Steuern (€/Jahr)	665
Reifenkosten (€/100 km)	2,56	Haftpflichtversicherung (€/Jahr)	6.250
Wartungs- und Rep.-Kost.(€/100 km)	10,12	Kasko-Versicherung (€/Jahr)	2.650
–	–	Sonstige Kosten	767
Variable Kosten (€/100 km)	59,32	Fixe Kosten (€/Jahr)	21.006
Auswertung		**Auswertung**	
Fixe Kosten (€/Tag)	89,39	Kosten Gesamt (€/Jahr)	92.192
Fixe Kosten (€/100 km)	17,51	Kosten Nutzungsdauer (€)	484.471
Variable Kosten (€/100 km)	59,32		
Fixe und variable Kosten (€/100 km)	76,83		
Tonnenkilometer (€/100 km)	–		

Quellen: DVZ, TÜV-NORD, Hans-Jürgen Wildhage, Nfz-Fachjournalist

Ermittlung der allgemeinen Kosten 6.2.5

Fixe und variable Einsatzkosten ergeben die gesamten Einsatzkosten eines Fahrzeugs. Hinzu kommen nun noch **allgemeine Kosten**, die sich aus den allgemeinen Verwaltungskosten und gegebenenfalls dem kalkulatorischen Unternehmerlohn und der kalkulatorischen Miete zusammensetzen.

Die Summe aus Einsatzkosten und allgemeinen Kosten wird als Fahrzeugkosten bezeichnet. **Fahrzeugkosten** deshalb, weil das Fahrzeug neben den reinen Einsatzkosten auch **allgemeine Verwaltungskosten** verursacht.

Der Zuschlagsatz der allgemeinen Verwaltungskosten kann über die Auswertung des Betriebsabrechnungsbogens (BAB) gewonnen werden. Der Zuschlagsatz für die allgemeinen Verwaltungskosten beträgt üblicherweise zwischen 10 % und 15 % der gesamten Einsatzkosten. Häufig werden die angefallenen allgemeinen Verwaltungskosten nicht prozentual, sondern absolut nach der Anzahl der Fahrzeuge verteilt.

Die **allgemeinen Kosten** haben **Fixkostencharakter**, da sie weitgehend zeitabhängig anfallen. Die bereits bekannten fixen Einsatzkosten und die **allgemeinen Kosten** ergeben die **fixen Fahrzeugkosten**. Dividiert man die fixen Fahrzeugkosten durch die Einsatztage, erhält man die fixen Fahrzeugkosten pro Einsatztag.

Zusammenfassung

Fahrzeug-Selbstkosten = Einsatzkosten + allgemeine Kosten

fixe Fahrzeugkosten = fixe Einsatzkosten + allgemeine Kosten

$$\textbf{fixe Fahrzeugkosten pro Einsatztag} = \frac{\text{fixe Einsatzkosten} + \text{allgemeine Kosten}}{\text{Einsatztage}}$$

FAZIT

EINSATZKOSTEN		
variable Einsatzkosten	fixe Einsatzkosten	allgemeine Kosten
	fixe Fahrzeugkosten	
FAHRZEUGKOSTEN		
⬇ km-Satz	⬇ Tagessatz	

Aufgaben zum Sachverhalt

1 Nennen Sie Beispiele für fixe Einsatzkosten.
2 Nennen Sie Beispiele für variable Einsatzkosten.
3 Wodurch unterscheiden sich Fahrzeug-Selbstkosten von Einsatzkosten?

1-3

4

Für einen Lkw mit 24 t zulässigem Gesamtgewicht fallen 72.300,00 € fixe Einsatzkosten an. Die km-abhängigen Kosten betragen 42.500,00 €.

Die BAB-Auswertung ergibt, dass für den Lkw 8.000,00 € allgemeine Kosten anfallen.

Die jährliche Fahrleistung beträgt 120 000 km. Das Fahrzeug wird an 240 Tagen eingesetzt.

a) **Berechnen Sie die fixen Fahrzeugkosten.**
b) **Berechnen Sie die fixen Fahrzeugkosten je Einsatztag.**
c) **Berechnen Sie den km-Satz.**
d) **Für einen Transport über 1 045 km sind 2 Einsatztage erforderlich. Berechnen Sie die Selbstkosten für diesen Transport.**

Aufgabe 5 siehe folgende Seite

Zusammenfassung – Ermittlung der Fahrzeugselbstkosten

FAZIT

Fahrzeugselbstkosten

fixe Einsatzkosten
zeitabhängige Einsatzkosten
(fixe Einsatzkosten)

z. B.
- Kfz-Steuer
- Kfz-Versicherung
- Garagenkosten
- Fahrerlohnkosten
- zeitabhängige Abschreibung
- kalkulatorische Zinsen

+

allgemeine Kosten
- allgemeine Verwaltungskosten
- kalkulatorischer Unternehmerlohn
- kalkulatorische Miete
- kalkulatorische Wagnisse

fixe Einsatzkosten
+ allgemeine Kosten
= **fixe Fahrzeugkosten**

↓

Bezugsgröße
Einsatztage

↓

Tagessatz der fixen Fahrzeugkosten:

$$\frac{\text{fixe Fahrzeugkosten}}{\text{Einsatztage}}$$

variable Einsatzkosten
km-abhängige Einsatzkosten
(variable Einsatzkosten)

z. B.
- Kraftstoffkosten
- Schmierstoffkosten
- Reifenkosten
- Reparaturkosten
- km-abhängige Abschreibung

variable Fahrzeugkosten

↓

Bezugsgröße
km-Leistung

↓

km-Satz:

$$\frac{\text{variable Einsatzkosten}}{\text{km-Leistung}}$$

Fahrzeug-Selbstkosten:

	fixe Einsatzkosten
+	**allgemeine Kosten**
+	**variable Einsatzkosten**
=	**Fahrzeug-Selbstkosten**

5

Für ein Rollfuhrfahrzeug mit 7,49 t zulässigem Gesamtgewicht fallen 45.200,00 € fixe Fahrzeugkosten an. Die km-abhängigen Fahrzeugkosten betragen 9.100,00 €. Der Lkw ist mit 7.200,00 € allgemeinen Kosten zu belasten. Die jährliche Fahrleistung beträgt 38 000 km. Die Nutzungsdauer wird auf sieben Jahre geschätzt. Das Fahrzeug wird jährlich an 240 Tagen eingesetzt.

a) **Berechnen Sie die fixen Fahrzeugkosten.**
b) **Berechnen Sie die fixen Fahrzeugkosten je Einsatztag.**
c) **Berechnen Sie den km-Satz.**
d) **Für einen Transport wird ein halber Einsatztag benötigt. Die Entfernung beträgt 93 km. Berechnen Sie die Selbstkosten für diesen Transport.**

Zusammenfassende Aufgaben

1

Für einen Lieferwagen liegen folgende Daten vor:

Zulässiges Gesamtgewicht	3 500 kg
Nutzlast	1 685 kg
Geschätzte Nutzungsdauer	7 Jahre
Jährliche km-Leistung	50 000 km
Nutzungsdauer der Reifen	50 000 km
Kraftstoffverbrauch auf 100 km	13 l
Preis pro Liter Kraftstoff	1,25 €
Einsatztage jährlich	240
Kaufpreis inkl. Umsatzsteuer	27.370,00 €
Kaufpreis netto (Anschaffungskosten)	23.000,00 €
Geschätzte Wiederbeschaffungskosten	27.000,00 €
Geschätzter Wiederverkaufserlös, netto	4.000,00 €
Durchschnittlich gebundenes Umlaufvermögen	3.500,00 €
Kalkulatorische Abschreibung zu 50 % zeitabhängig	
Wiederbeschaffungskosten der Reifen	600,00 €
Schmierstoffkosten: 3 % der Treibstoffkosten	
Reparaturkosten jährlich	2.400,00 €
Garage/Unterstellung jährlich	600,00 €
Kfz-Steuer jährlich	413,00 €
Kfz-Versicherung jährlich	800,00 €
Kalkulatorischer Zinssatz	8 %
Fahrpersonalkosten jährlich	
Bruttolöhne	23.800,00 €
Sozialversicherungsaufwand Arbeitgeber	24,5 %
Spesen	2.050,00 €
Allgemeine Verwaltungskosten jährlich	13.200,00 €

a) **Berechnen Sie die fixen Einsatzkosten pro Jahr.**
b) **Berechnen Sie die variablen Einsatzkosten pro Jahr.**
c) **Berechnen Sie die gesamten Einsatzkosten pro Jahr.**
d) **Berechnen Sie die fixen Fahrzeugkosten pro Jahr.**
e) **Berechnen Sie den Tagessatz.**
f) **Berechnen Sie den km-Satz.**

2

Für einen Lkw liegen folgende Daten vor:

Zulässiges Gesamtgewicht	24 000 kg
Nutzlast	14 000 kg
Geschätzte Nutzungsdauer	5 Jahre
Einsatztage jährlich	230
Jährliche km-Leistung	130 000 km
Nutzungsdauer der Reifen	150 000 km

Fortsetzung

Kraftstoffverbrauch auf 100 km	36 l
Preis pro Liter Kraftstoff	1,20 €
Kaufpreis inkl. Umsatzsteuer	107.100,00 €
Kaufpreis netto (Anschaffungskosten)	90.000,00 €
Geschätzte Wiederbeschaffungskosten	102.000,00 €
Geschätzter Wiederverkaufserlös, netto	15.000,00 €
Durchschnittlich gebundenes Umlaufvermögen	12.500,00 €
Kalkulatorische Abschreibung zu 50 % zeitabhängig	
Wiederbeschaffungskosten der Reifen	3.200,00 €
Schmierstoffkosten: 3 % der Treibstoffkosten	
Reparaturkosten jährlich	10.400,00 €
Garage/Unterstellung jährlich	600,00 €
Kfz-Steuer jährlich	1.400,00 €
Kfz-Versicherung jährlich	4.200,00 €
Kalkulatorischer Zinssatz	7,5 %
Fahrpersonalkosten jährlich	
Bruttolöhne	28.300,00 €
Sozialversicherungsaufwand des Arbeitgebers	24,5 %
Spesen	3.900,00 €
Allgemeine Verwaltungskosten jährlich	8.600,00 €

a) Berechnen Sie die fixen Einsatzkosten pro Jahr.
b) Berechnen Sie die variablen Einsatzkosten pro Jahr.
c) Berechnen Sie die gesamten Einsatzkosten pro Jahr.
d) Berechnen Sie die fixen Fahrzeugkosten pro Jahr.
e) Berechnen Sie den Tagessatz.
f) Berechnen Sie den km-Satz.

6.2.6 Auswertung der Fahrzeugkostenkalkulation oder Selbstkostentarif für Fahrzeuge

Transportaufträge unterscheiden sich hauptsächlich in der unterschiedlichen **Entfernung** und dem zu transportierenden Gewicht. Die variablen Fahrzeugkosten werden mit dem km-Satz berechnet, die fixen Kosten auf der Basis des Tagessatzes. Sowohl die variablen als auch die fixen Fahrkosten werden auf das Transportgewicht bezogen.

So lassen sich Transportsätze (Frachtsätze) auf der Basis von 100 kg für

die variablen Fahrzeugkosten,
die fixen Fahrzeugkosten
und die gesamten Fahrzeugkosten bilden.

Die ermittelten **Transportsätze (Frachtsätze)** stellen **Selbstkosten** dar.

- Ist es möglich, die Transportleistung unter den eigenen Selbstkosten einzukaufen, sollte der Transportauftrag an einen Unternehmer vergeben werden.
- Lohnend ist die eigene Transportleistung (Selbsteintritt), wenn der Transporterlös über den Selbstkosten liegt.

Mithilfe der ermittelten Transportsätze kann eine **Tabelle** mit beliebigen **Entfernungen** und **Gewichtsstufen** erarbeitet werden. Je kleiner dabei die Entfernungs-und Gewichtsstufen sind, desto genauer ist der ausgewiesene Wert.

Aus Vereinfachungsgründen werden in der Musteraufgabe die Entfernungen 200 km bis 600 km bei einer km-Stufe von 200 km dargestellt. Ebenfalls stark vereinfacht ist die Gewichtsstufung. Sie beträgt in der Musteraufgabe 5 000 kg, 15 000 kg und 25 000kg.

Muster-AUFGABE

Ein Lkw verursacht pro Einsatztag fixe Fahrzeugkosten von 290,00 €.
Die km-abhängigen Kosten betragen 0,50 €.

a) **Ermitteln Sie den Frachtsatz für die Entfernungen 200 km, 400 km und 600 km, bei alternativen Gewichten 5 000 kg, 15 000 kg und 25 000 kg. Unterteilen Sie die jeweiligen Frachtsätze in km-abhängige Kosten, zeitabhängige Kosten und Gesamtkosten.**

b) **Erstellen Sie eine Tabelle.**

LÖSUNG ZU a)

	Frachtsätze je 100 kg bei 200 km Entfernung		
	5 000 kg	15 000 kg	25 000 kg
variable Fahrzeugkosten bei 200 km 200 · 0,50 € = 100,00 € (1)	(2) 2,00 €	0,67 €	(2) 0,40 €
fixe Fahrzeugkosten bei einem Einsatztag = 290,00 € (4)	(4) 5,80 €	1,93 €	(5) 1,16 €
gesamte Fahrzeugkosten bei 200 km = 390,00 € (6)	(6) **7,80 €**	**2,60 €**	**1,56 €**

	Frachtsätze je 100 kg bei 400 km Entfernung		
	5 000 kg	15 000 kg	25 000 kg
variable Fahrzeugkosten bei 400 km 400 · 0,50 € = 200,00 €	4,00 €	1,33 €	0,80 €
fixe Fahrzeugkosten bei einem Einsatztag = 290,00 €	5,80 €	1,93 €	1,16 €
gesamte Fahrzeugkosten bei 400 km = 490,00 €	**9,80 €**	**3,26 €**	**1,96 €**

	Frachtsätze je 100 kg bei 600 km Entfernung		
	5 000 kg	15 000 kg	25 000 kg
variable Fahrzeugkosten bei 600 km 600 · 0,50 € = 300,00 €	6,00 €	2,00 €	1,20 €
fixe Fahrzeugkosten bei einem Einsatztag = 290,00 €	5,80 €	1,93 €	1,16 €
gesamte Fahrzeugkosten bei 600 km = 590,00 €	**11,80 €**	(7) **3,93 €**	**2,36 €**

Fortsetzung

LÖSUNGS WEG

1 Zunächst werden die variablen (km-abhängigen) Kosten für die Entfernung 200 km ermittelt:
km-Satz · Entfernung ergibt die km-abhängigen Kosten.

2 Die variablen Kosten sind nun auf 100 kg Gewicht (Frachtsatz oder Transportsatz) umzurechnen. Werden auf die Entfernung 200 km beispielsweise **5 000 kg** befördert, beträgt der Frachtsatz für die variablen Kosten 100,00 € : 50 = 2,00 €.

3 Werden auf die Entfernung 200 km beispielsweise **25 000 kg** befördert, beträgt der **Frachtsatz für die variablen Kosten** 100,00 € : 250 = 0,40 €.

4 Die fixen Fahrzeugkosten betragen pro Einsatztag 290,00 €. Auch für die fixen Fahrzeugkosten wird der Frachtsatz (100 kg) ermittelt. Werden 5 000 kg befördert, beträgt der Frachtsatz für die fixen Fahrzeugkosten 290 € : 50 = 5,80 €.

5 Werden **25 000 kg** befördert, beträgt der Frachtsatz für die fixen Fahrzeugkosten 290,00 € : 250 = 1,16 €.

6 Der Frachtsatz für die **gesamten Fahrzeugkosten** ergibt sich aus der Addition von variablem Frachtsatz und Frachtsatz der fixen Fahrzeugkosten. Der Frachtsatz für 5 000 kg bei 200 km Entfernung ergibt sich aus der Addition:

	Frachtsatz der variablen Fahrzeugkosten	2,00 €
+	Frachtsatz der fixen Fahrzeugkosten	5,80 €
=	**Frachtsatz 5 000 kg/200 km**	**7,80 €**

7 Nun kann jeder Frachtsatz für alle Entfernungen und Transportgewichte dargestellt werden. Hier soll der Frachtsatz für 15 000 kg bei einer Entfernung von 600 km erklärt werden:

	Frachtsatz der variablen Fahrzeugkosten	2,00 €
+	Frachtsatz der fixen Fahrzeugkosten	1,93 €
=	**Frachtsatz 15000 kg/600 km**	**3,93 €**

LÖSUNG ZU b)

Entfernung		Frachtsätze je 100 kg: **8** 5 000 kg	15 000 kg	25 000 kg **8**
200 **9** km	variable Fahrzeugk.	2,00 €	0,67 €	0,40 €
	fixe Fahrzeugkosten	5,80 €	1,93 €	1,16 €
	Fahrzeugkosten	**7,80 €**	**2,60 €**	**1,56 €**
400 km	variable Fahrzeugk.	4,00 €	**10** 1,33 €	0,80 €
	fixe Fahrzeugkosten	5,80 €	1,93 €	1,16 €
	Fahrzeugkosten	**9,80 €**	**3,26 €**	**1,96 €**
600 km	variable Fahrzeugk.	6,00 €	2,00 €	1,20 €
	fixe Fahrzeugkosten	5,80 €	1,93 €	1,16 €
	Fahrzeugkosten	**11,80 €**	**3,93 €**	**2,36 €**

LÖSUNGS WEG

8 **In der Tabelle werden die Gewichtsstufen waagerecht abgetragen.**
9 **Die Entfernungen werden in der Tabelle senkrecht abgetragen.**
10 **Die bereits ermittelten Frachtsätze werden eingetragen.**

Zusammenfassung

Frachtsatz für 100 kg

Frachtsatz der fixen Fahrzeugkosten	+	Frachtsatz der variablen Fahrzeugkosten
Berechnung: $\dfrac{\text{fixe Fahrzeugkosten}}{\dfrac{\text{Gewicht}}{100}}$		Berechnung: $\dfrac{\text{km-Satz} \cdot \text{Entfernung}}{\dfrac{\text{Gewicht}}{100}}$

FAZIT

Aufgaben zum Sachverhalt

1

Ein Sattelzug verursacht pro Einsatztag fixe Fahrzeugkosten von 276,00 €. Die km-abhängigen Kosten betragen 0,52 €.

a) **Ermitteln Sie den Frachtsatz für die Entfernungen 200 km, 400 km und 600 km bei alternativen Gewichten 5 000 kg, 15 000 kg und 25 000 kg. Unterteilen Sie die jeweiligen Frachtsätze in km-abhängige Kosten, zeitabhängige Kosten und Gesamtkosten.**

b) **Erstellen Sie eine Tabelle.**

2

Ein Lastzug mit einem zulässigen Gesamtgewicht von 40 t verursacht pro Einsatztag fixe Fahrzeugkosten von 254,00 €. Die km-abhängigen Kosten betragen 0,55 €.

a) **Ermitteln Sie den Frachtsatz für die Entfernungen 300 km, 350 km, 400 km und 450 km bei alternativen Gewichten 15 000 kg, 17 500 kg und 20 000 kg. Unterteilen Sie die jeweiligen Frachtsätze in km-abhängige Kosten, zeitabhängige Kosten und Gesamtkosten.**

b) **Erstellen Sie eine Tabelle.**

Zusammenfassende Aufgaben

1

Für einen Lkw liegen folgende Daten vor:

Zulässiges Gesamtgewicht	24 000 kg
Nutzlast	15 000 kg
Geschätzte Nutzungsdauer	6 Jahre
Einsatztage jährlich	230
Jährliche km-Leistung	140 000 km
Nutzungsdauer der Reifen in km	130 000 km
Kraftstoffverbrauch auf 100 km	33 l
Preis pro Liter Kraftstoff, netto	1,23 €
Kaufpreis inkl. Umsatzsteuer	107.100,00 €
Kaufpreis, netto (Anschaffungskosten)	90.000,00 €
Geschätzte Wiederbeschaffungskosten (= Nettobetrag)	100.000,00 €
Geschätzter Wiederverkaufserlös, netto	5.000,00 €
Durchschnittlich gebundenes Umlaufvermögen	11.000,00 €
Kalkulatorische Abschreibung zu 50 % zeitabhängig	
Wiederbeschaffungskosten der Reifen (= Nettobetrag)	4.000,00 €
Schmierstoffkosten: 3 % der Treibstoffkosten	
Reparaturkosten jährlich	9.400,00 €
Garage/Unterstellung jährlich	600,00 €
Kfz-Steuer jährlich	2.100,00 €
Kfz-Versicherung jährlich	2.300,00 €

Fortsetzung

Kalkulatorischer Zinssatz	8,5 %
Fahrpersonalkosten jährlich	
Bruttolöhne	28.500,00 €
Sozialversicherungsaufwand Arbeitgeber	24,4 %
Spesen	4.200,00 €
Allgemeine Verwaltungskosten jährlich	10.300,00 €

a) **Berechnen Sie die fixen Einsatzkosten pro Jahr.**

b) **Berechnen Sie die variablen Einsatzkosten pro Jahr.**

c) **Berechnen Sie die gesamten Einsatzkosten pro Jahr.**

d) **Berechnen Sie die fixen Fahrzeugkosten pro Jahr.**

e) **Berechnen Sie den Tagessatz.**

f) **Berechnen Sie den km-Satz.**

g) **Ermitteln Sie den Frachtsatz für die Entfernungen 300 km, 500 km und 700 km bei alternativen Gewichten 5 000 kg, 10 000 kg und 15 000 kg.**
Unterteilen Sie die jeweiligen Frachtsätze in km-abhängige Kosten, zeitabhängige Kosten und Gesamtkosten.

2

Für einen Motorwagen mit Anhänger liegen nachstehende Daten vor.

		Motorwagen	Anhänger
Zulässiges Gesamtgewicht		38,0 t	
Nutzlast		25,0 t	
Geschätzte Nutzungsdauer		6 Jahre	10 Jahre
Jährlicher km-Durchschnitt		100 000 km	100 000 km
Nutzungsdauer in km		600 000 km	1 000 000 km
Nutzungsdauer der Reifen		140 000 km	180 000 km
Wiederbeschaffungskosten der Reifen		2.500,00 €	2.900,00 €
Kraftstoffverbrauch auf 100 km		38 l	–
Kraftstoffpreis je l, netto		1,26 €	
Anschaffungskosten		86.000,00 €	21.000,00 €
Geschätzte Wiederbeschaffungskosten		102.000,00 €	26.000,00 €
Gesch. Wiederverkaufserlös, netto		17.000,00 €	5.000,00 €
Gebundenes Umlaufvermögen		9.000,00 €	1.000,00 €
Leistungsabhängige Abschreibung		50 %	50 %
Zeitabhängige Abschreibung		50 %	50 %
Schmierstoffkosten in % der Treibstoffkosten		3 %	
Kfz-Steuer jährlich		700,00 €	–
Kfz-Haftpflichtversicherung jährlich		2.800,00 €	103,00 €
Kfz-Kaskoversicherung jährlich		750,00 €	260,00 €
Garage/Unterstellung jährlich		600,00 €	600,00 €
Reparaturkosten jährlich		8.500,00 €	1.500,00 €
Fahrpersonalkosten jährlich			
Löhne	28.000,00 €		
Sozialaufwand	24 %		
Spesen	5.000,00 €		
Allgemeine Verwaltungskosten		zusammen 10.400,00 €	
Kalkulatorischer Zinssatz		7 %	
Einsatztage		240	

a) **Berechnen Sie die fixen Fahrzeugkosten für den Motorwagen mit Anhänger pro Jahr.**

b) **Berechnen Sie die fixen Fahrzeugkosten für den Motorwagen mit Anhänger pro Einsatztag (Tagessatz).**

c) **Berechnen Sie die variablen Einsatzkosten für den Motorwagen mit Anhänger pro Jahr.**

d) **Berechnen Sie den km-Satz für den Motorwagen mit Anhänger.**

e) **Ermitteln Sie den Frachtsatz für die Entfernungen 400 km, 500 km und 600 km bei alternativen Gewichten 15 000 kg, 20 000 kg und 25 000 kg. Unterteilen Sie die jeweiligen Frachtsätze in km-abhängige Kosten, zeitabhängige Kosten und Gesamkosten.**

3

Für einen Sattelzug liegen folgende Daten vor.

	Motorwagen	Auflieger
Zulässiges Gesamtgewicht	36 000 kg	
Nutzlast	26 000 kg	
Geschätzte Nutzungsdauer	5 Jahre	10 Jahre
Einsatztage jährlich	240	240
Jährliche km-Leistung	120 000 km	120 000 km
Nutzungsdauer der Reifen	140 000 km	150 000 km
Kraftstoffverbrauch auf 100 km	36 l	–
Preis pro Liter Kraftstoff, netto	1,28 €	
Kaufpreis inkl. Umsatzsteuer	119.000,00 €	–
Kaufpreis netto (Anschaffungskosten)	100.000,00 €	25.000,00 €
Geschätzte Wiederbeschaffungskosten	120.000,00 €	30.000,00 €
Gesch. Wiederverkaufserlös, netto	10.000,00 €	3.000,00 €
Durchschn. gebundenes Umlaufvermögen	10.000,00 €	1.800,00 €
Kalkulatorische Abschreibung zeitabhängig	50 %	50 %
Zeitabhängige Abschreibung	50 %	50 %
Wiederbeschaffungskosten der Reifen	3.400,00 €	1.000,00 €
Schmierstoffkosten in % der Treibstoffkosten	3 %	
Reparaturkosten monatlich	1.050,00 €	110,00 €
Garage/Unterstellung jährlich	1.200,00 €	1.200,00 €
Kfz-Steuer jährlich	1.058,00 €	1.738,00 €
Kfz-Versicherung vierteljährlich	700,00 €	35,00 €
Kalkulatorischer Zinssatz	8,0 %	8,0 %
Fahrpersonalkosten jährlich		
Bruttolöhne	30.500,00 €	
Sozialversicherungsaufwand Arbeitgeber	24,4 %	
Spesen	6.000,00 €	
Allgemeine Verwaltungskosten jährlich	9.270,00 €	

a) **Berechnen Sie die fixen Einsatzkosten pro Jahr.**

b) **Berechnen Sie die variablen Einsatzkosten pro Jahr.**

c) **Berechnen Sie die gesamten Einsatzkosten pro Jahr.**

d) **Berechnen Sie die fixen Fahrzeugkosten pro Jahr.**

e) **Berechnen Sie den Tagessatz.**

f) **Berechnen Sie den km-Satz.**

g) **Ermitteln Sie den Frachtsatz für die Entfernungen 500 km, 550 km und 600 km bei alternativen Gewichten 15000 kg, 20000 kg und 25000 kg. Unterteilen Sie die jeweiligen Frachtsätze in km-abhängige Kosten, zeitabhängige Kosten und Gesamtkosten.**

6.3 Kalkulation der Lagerkosten

Mit der **Lagerkostenrechnung** wird die **fortlaufende Kostenkontrolle** der Lageraufträge durchgeführt. Die Lagerkosten sind Selbstkosten, die der Marktpreis mindestens abdecken sollte. Der Marktpreis sollte neben den Selbstkosten einen angemessenen Gewinn enthalten.

Die **Lagerkalkulation** wird unterteilt in:

- Berechnung der Umschlagkosten (Kosten für Ein-, Auslagerung, Umschlaggeräte)
- Berechnung der Lagerungskosten (Kosten der eigentlichen Lagerung)
- Berechnung der Kommissionierkosten

Lagerkosten setzen sich aus den Kosten der Einlagerung, Kosten der Auslagerung, Kosten der Umschlaggeräte, Kosten der eigentlichen Lagerung und gegebenenfalls Kosten der Kommissionierung zusammen.

Üblicherweise werden die **Lagerkosten pro 100 kg** berechnet.

LÖSUNG

a) Auslagerungskosten je Palette:

60 Minuten ≙ 28,50 €
3 Minuten ≙ x €

$$x = \frac{28{,}50\ € \cdot 3}{60} = 1{,}425\ €$$

b) Auslagerungskosten je 100 kg:

400 kg ≙ 1,425 €
100 kg ≙ x €

$$x = \frac{1{,}425\ € \cdot 100}{400} = 0{,}36\ €$$

Aufgaben zum Sachverhalt

1

Spedition Barth & Söhne GmbH betätigt sich als Lagerhalter. Das durchschnittliche tägliche Auslagerungsgewicht beträgt 17 000 kg. Lohn- und Lohnnebenkosten fallen in Höhe von 30,00 € je Stunde und Lagerarbeiter an.

Für die Auslagerung liegen folgende Daten vor:

Abpackungsstruktur	Gewicht	durchschnittliche Auslagerungszeit
manuell	10 kg	3,5 Minuten
manuell	25 kg	4,0 Minuten
vollpalettiert	500 kg	2,5 Minuten
vollpalettiert	700 kg	2,5 Minuten

Berechnen Sie die Auslagerungskosten für 100 kg

a) für Ware mit der Abpackungsstruktur „manuell 10 kg".
b) für Ware mit der Abpackungsstruktur „manuell 25 kg".
c) für vollpalettierte Ware, Palettengewicht 500 kg.
d) für vollpalettierte Ware, Palettengewicht 700 kg.

2

Spedition Hollmann OHG betätigt sich auch als Lagerhalter. Das durchschnittliche tägliche Auslagerungsgewicht beträgt 15 000 kg. Lohn- und Lohnnebenkosten fallen in Höhe von 31,00 € je Stunde und Lagerarbeiter an.

Für die Auslagerung liegen folgende Daten vor:

Abpackungsstruktur	Gewicht	durchschnittliche Auslagerungszeit
manuell	5 kg	3,0 Minuten
manuell	10 kg	3,5 Minuten
manuell	25 kg	4,0 Minuten
teilpalettiert	30 kg	3,0 Minuten
vollpalettiert	300 kg	2,5 Minuten
vollpalettiert	500 kg	3,0 Minuten
vollpalettiert	700 kg	3,5 Minuten

Berechnen Sie die Auslagerungskosten für 100 kg

a) für Ware mit der Abpackungsstruktur „manuell 5 kg".
b) für Ware mit der Abpackungsstruktur „manuell 10 kg".
c) für Ware mit der Abpackungsstruktur „manuell 25 kg".
d) für teilpalettierte Ware.
e) für vollpalettierte Ware, Palettengewicht 300 kg.
f) für vollpalettierte Ware, Palettengewicht 500 kg.
g) für vollpalettierte Ware, Palettengewicht 700 kg.

Kosten der Umschlaggeräte (Gabelstaplerkosten-Kalkulation) 6.3.1.3

Kosten der **Umschlaggeräte** (z.B. Gabelstapler, Hubwagen) fallen zusätzlich zu den Lohnkosten bei der Ein- und Auslagerung an. Kosten der Umschlaggeräte sind beispielsweise kalkulatorische Abschreibungen, kalkulatorische Zinsen, Energiekosten und Reparaturen.

Hinweis: Bei der Kalkulation der Gabelstaplerkosten gibt es zwei Methoden.

1. Methode: Die Personalkosten für die Gabelstaplerbedienung werden bereits bei den Kosten der Einlagerung und den Kosten der Auslagerung erfasst. Folglich enthält der Stundensatz für den Gabelstapler keine Personalkosten. Diese Methode wird in diesem Buch dargestellt.

2. Methode: Die Personalkosten für die Gabelstaplerbedienung werden bei der Kalkulation der Gabelstaplerkosten berücksichtigt. Dann enthält der Stundensatz für den Gabelstapler zusätzlich auch die Personalkosten

Muster-**AUFGABE**

Für die Wareneinlagerung eines Lebensmittelherstellers werden täglich 2,5 Gabelstaplerstunden, für die Warenauslagerung täglich 3 Gabelstaplerstunden benötigt. Es werden täglich durchschnittlich jeweils 15 750 kg ein- und ausgelagert.
Über den Gabelstapler liegen folgende Daten vor:

Monatliche Arbeitstage	20
Durchschnittliche tägliche Einsatzzeit	6 Stunden
Anschaffungskosten	40.000,00 €
Geschätzte Wiederbeschaffungskosten	46.000,00 €
Geplante Nutzungsdauer	10 Jahre
Kalkulatorische Zinsen pro Jahr	2.300,00 €
Jährliche Reparaturen	2.500,00 €
Jährlicher Energieverbrauch	1.400,00 €

Berechnen Sie
1. **die Kosten für eine Gabelstaplerstunde.**
2. **die Kosten der Umschlaggeräte (hier: Gabelstaplerkosten) für 100 kg.**

LÖSUNG

1. Kosten für eine Gabelstaplerstunde:

Kalkulatorische Abschreibung jährlich	4.600,00 €
Kalkulatorische Zinsen jährlich	2.300,00 €
Reparaturen jährlich	2.500,00 €
Energieverbrauch jährlich	1.400,00 €
Gabelstaplerkosten pro Jahr	**1** 10.800,00 €

Einsatzstunden pro Jahr: 20 · 12 · 6 = 1 440 **2**

$$\text{Kosten f. 1 Gabelstaplerstunde} = \frac{\text{Gesamtkosten}}{\text{Einsatzstunden}} = \frac{10.800{,}00\ €}{1\,440} = 7{,}50\ €\ \textbf{3}$$

2. Gabelstaplerkosten pro 100 kg:

Einsatzkosten/Jahr	10.800,00 €
Einsatzkosten/Tag 10.800,00 € : 240	**4** 45,00 €
Einsatzkosten/Stunde 45,00 € : 6	7,50 €

Einsatzkosten/100 kg für Lagerauftrag:

$$= \frac{\text{Einsatzkosten/Stunde} \cdot \text{Einsatzstunden für Lagerauftrag}}{\text{tägliche Einlagerung}} \cdot 100$$

$$= \frac{7{,}50\ € \cdot 2{,}5\ \textbf{5}}{15\,750\ \textbf{6}} \cdot 100\ \textbf{7} = \underline{\underline{0{,}12\ €/100\ \text{kg}}}\ \text{(Einlagerungssatz)}$$

Fortsetzung

LÖSUNGSWEG

$$= \frac{\text{Einsatzkosten/Stunde} \cdot \text{Einsatzstunden für Lagerauftrag}}{\text{tägliche Auslagerung}} \cdot 100$$

$$= \frac{7{,}50\ € \cdot 3\ \text{(5)}}{15\,750\ \text{(6)}} \cdot 100\ \text{(7)} = 0{,}14\ €/100\ \text{kg (Auslagerungssatz)}$$

1. Gabelstaplerkosten pro Jahr ermitteln.
2. Jährliche Einsatzstunden ermitteln. (tägliche Einsatzstunden · monatliche Arbeitstage · 12)
3. Kosten für eine Gabelstaplerstunde ermitteln.
4. Tägliche Einsatzkosten des Gabelstaplers berechnen.
5. Tägliche Einsatzstunden des Gabelstaplers für bestimmten Lagerauftrag berechnen.
6. Einsatzkosten pro 100 kg für bestimmten Lagerauftrag berechnen.
7. Multiplikation mit 100, damit ein Kostensatz auf 100-kg-Basis ausgewiesen werden kann.

Aufgaben zum Sachverhalt

1

Für die Wareneinlagerung eines Sportartikelherstellers werden täglich 1,5 Gabelstaplerstunden, für die Warenauslagerung täglich 3,5 Gabelstaplerstunden benötigt. Es werden täglich durchschnittlich jeweils 12 250 kg ein- und ausgelagert. Über den Gabelstapler liegen folgende Daten vor:

Monatliche Arbeitstage	20
Durchschnittliche tägliche Einsatzzeit	6,5 Stunden
Anschaffungskosten	32.000,00 €
Geschätzte Wiederbeschaffungskosten	40.000,00 €
Geplante Nutzungsdauer	8 Jahre
Kalkulatorische Zinsen pro Jahr	1.950,00 €
Vierteljährliche Reparaturen	520,00 €
Monatlicher Energieverbrauch	100,00 €

a) **Berechnen Sie die Kosten für eine Gabelstaplerstunde.**
b) **Berechnen Sie die Einsatzkosten der Einlagerung und der Auslagerung je 100 kg.**

2

Getrennte Batteriekalkulation für Gabelstapler

Für die Wareneinlagerung eines Spirituosenherstellers werden täglich 1,5 Gabelstaplerstunden, für die Warenauslagerung täglich 2,5 Gabelstaplerstunden benötigt. Es werden täglich durchschnittlich jeweils 10 500 kg ein- und ausgelagert.

Über den Gabelstapler liegen folgende Daten vor:

Monatliche Arbeitstage	20
Durchschnittliche tägliche Einsatzzeit	6 Stunden
Anschaffungskosten ohne Batterie	45.000,00 €
Geschätzte Wiederbeschaffungskosten ohne Batterie	50.000,00 €
Anschaffungskosten Batterie	10.000,00 €
Geschätzte Wiederbeschaffungskosten Batterie	12.500,00 €
Geplante Nutzungsdauer des Gabelstaplers	10 Jahre
Geplante Nutzungsdauer der Batterie	5 Jahre
Kalkulatorische Zinsen pro Jahr	2.500,00 €
Vierteljährliche Reparaturen	800,00 €
Monatlicher Energieverbrauch	100,00 €

a) **Berechnen Sie die Kosten für eine Gabelstaplerstunde.**
b) **Berechnen Sie die Einsatzkosten der Einlagerung und der Auslagerung je 100 kg.**

Berechnung der Umschlagkosten[1] 6.3.1.4

Die **Umschlagkosten** werden für 100 kg berechnet. Dabei werden die Kosten für die **Einlagerung**, die Kosten für die **Auslagerung** und die Kosten für Umschlaggeräte addiert. Betrachtet man die vorangegangenen Musteraufgaben, so ergeben sich folgende Umschlagkosten:

Kosten für die Einlagerung	0,49 €/100 kg (siehe S. 199)
Kosten für die Auslagerung	0,36 €/100 kg (siehe S. 200)
Kosten für Umschlaggeräte bei Ein- und Auslagerung (0,12 + 0,14)	0,26 €/100 kg (siehe S. 201/202)
Umschlagkosten	**1,11 €**/100 kg

Hinweis: Gegenüber manchen Kunden wird nicht **ein Umschlagsatz** für Einlagerung, Auslagerung und Umschlaggeräte ermittelt, sondern jeweils **ein Einlagerungssatz inklusive Kosten für Umschlaggeräte** bei der Einlagerung und **ein Auslagerungssatz inklusive Kosten für Umschlaggeräte** bei der Auslagerung. Notwendig ist diese Unterteilung bei getrennter Abrechnung von Ein- und Auslagerung.

Zusammenfassung Umschlagkosten 6.3.1.5

FAZIT

Umschlagkosten/100 kg:

  Einlagerungskosten/100 kg
\+ Auslagerungskosten/100 kg
\+ Kosten Umschlaggeräte/100 kg
= Umschlagkosten/100 kg

oder Trennung in:

Einlagerungssatz/100 kg: (siehe Hinweis)

  Einlagerungskosten/100 kg
\+ Kosten Umschlaggeräte/100 kg
= Einlagerungssatz/100 kg

Auslagerungssatz/100 kg: (siehe Hinweis)

  Auslagerungskosten/100 kg
\+ Kosten Umschlaggeräte/100 kg
= Auslagerungssatz/100 kg

Kosten der Umschlaggeräte

Tägliche Kosten Umschlaggeräte = Einsatzstunden für Lagerauftrag · Stundensatz

Kosten der Umschlaggeräte/100 kg (Einlagerung)

$$= \frac{\text{Einsatzkosten Umschlaggeräte/Std.} \cdot \text{Einsatzstd.}}{\text{tägliche Einlagerungsmenge}} \cdot 100$$

Kosten der Umschlaggeräte/100 kg (Auslagerung)

$$= \frac{\text{Einsatzkosten Umschlaggeräte/Std.} \cdot \text{Einsatzstd.}}{\text{tägliche Auslagerungsmenge}} \cdot 100$$

Aufgabe zum Sachverhalt

Spedition Kolb betätigt sich auch als Lagerhalter. Lohn- und Lohnnebenkosten fallen in Höhe von 30,00 € je Stunde und Lagerarbeiter an. Der Stundensatz für die Umschlaggeräte (ohne Personalkosten) beträgt 6,20 €.

Fortsetzung

1 In der Speditionspraxis werden die Umschlagkosten häufig als „Handling-Kosten" bezeichnet.

Für die Einlagerung liegen folgende Daten vor:

Abpackungsstruktur	Gewicht	Ø Einlagerungszeit
manuell	25 kg	2,0 Minuten
vollpalettiert	500 kg	3,5 Minuten

Für die Auslagerung liegen folgende Daten vor:

Abpackungsstruktur	Gewicht	Ø Auslagerungszeit
manuell	25 kg	2,5 Minuten
vollpalettiert	500 kg	4,0 Minuten

a) **Berechnen Sie die Einlagerungskosten für 100 kg**
   – für Kolli mit 25 kg – für Paletten mit 500 kg.

b) **Berechnen Sie die Auslagerungskosten für 100 kg**
   – für Kolli mit 25 kg – für Paletten mit 500 kg.

c) **Berechnen Sie die Kosten der Umschlaggeräte für 100 kg**
   – für Kolli mit 25 kg – für Paletten mit 500 kg.

d) **Ermitteln Sie die Umschlagkosten für 100 kg**
   – für Kolli mit 25 kg – für Paletten mit 500 kg.

6.3.2 Lagerungskosten

6.3.2.1 Elemente der Lagerungskosten

Zunächst sind die **gesamten Lagerungskosten** zu ermitteln. In der Speditionspraxis werden die Lagerungskosten monatlich berechnet.

Lagerungskosten setzen sich zusammen aus:

- tatsächlich gezahlter Miete bei gemietetem Lagerhaus bzw. kalk. Miete bei eigenem Gebäude
- kalk. Abschreibung für eigenes Gebäude, Lagereinrichtung, Lagergeräte, Förderzeuge (Rollenbahnen, Aufzüge, Hochregalbedienungsgeräte)
- kalkulatorischen Zinsen
- Reparaturen für Lagergebäude, Lagereinrichtung und Förderzeuge
- Lagerversicherungen
- Energiekosten: Wasser, Strom, Heizung
- Reinigungskosten
- allgemeinen Verwaltungskosten

6.3.2.2 Berechnung der Lagerungskosten pro 100 kg

1. Schritt: m^2-Kosten pro Monat

Die gesamten monatlichen Lagerungskosten werden auf die durchschnittlich belegte Fläche bezogen. Es lassen sich dann die **m^2-Kosten pro Monat** ermitteln.

Beispiel: Die Lagerungskosten für Oktober betrugen 16.000,00 €. Die gesamte Lagerfläche beträgt 2 500 m^2, die durchschnittlich genutzte beträgt 2 000 m^2.

$$\textbf{m}^2\textbf{-Kosten Oktober} = \frac{16.000,00\ €}{2\ 000\ m^2} = 8,00\ €/m^2$$

MERKE

$$m^2\text{-Kosten pro Monat} = \frac{\text{Lagerungskosten/Monat}}{\text{Ø belegte Lagerfläche}}$$

2. Schritt: Ø kg-Auslastung pro m²

Dem Kunden gegenüber benötigt der Spediteur nur selten die Preisangabe auf m²-Basis. Vielmehr möchte die Kundschaft die Preisangabe auf kg-Basis, z. B. per 100 kg. Hierzu ist es erforderlich, die durchschnittliche kg-Auslastung pro m² zu ermitteln.

Beispiel: Der durchschnittliche Lagerbestand betrug im Oktober 2 200 000 kg, die durchschnittlich genutzte Lagerfläche 2 000 m² (siehe Beispiel bei Schritt 1).

$$\textbf{Ø kg-Auslastung pro m}^2 = \frac{2\,200\,000 \text{ kg}}{2\,000 \text{ m}^2} = 1\,100 \text{kg/m}^2$$

MERKE

$$\text{Ø kg-Auslastung pro m}^2 = \frac{\text{Ø Lagerbestand in kg}}{\text{Ø belegte Lagerfläche}}$$

3. Schritt: Lagerungskosten pro 100 kg/Monat

Beispiel: In den Schritten 1 und 2 sind die monatlichen Lagerungskosten pro m² (8,00 €) und die durchschnittliche kg-Auslastung pro m² (1 100 kg) berechnet worden. Daraus lassen sich die monatlichen Lagerungskosten für 100 kg berechnen:

$$\textbf{Lagerungskosten pro 100 kg/Monat} = \frac{8{,}00 \text{ €}}{1\,100} \cdot 100 = 0{,}73 \text{ €}$$

MERKE

$$\text{Lagerungskosten pro 100 kg/Monat} = \frac{\text{m}^2\text{-Kosten/Monat}}{\text{Ø kg-Auslastung pro m}^2} \cdot 100$$

Hinweis: Gelegentlich werden die Lagerungskosten nicht auf 100 kg/Monat bezogen, sondern auf 100 kg für den exakten Lagerungszeitraum (tagegenaue Abrechnung). Hierzu ist die Einbeziehung der Umschlaghäufigkeit notwendig, wenn tagegenau abgerechnet werden soll. Da Speditionsbetriebe aber häufig nur ganze Monate abrechnen, kommt die Kalkulation mit Umschlagshäufigkeiten sehr selten vor.

Muster-**AUFGABE**

Für ein eigenes Lagerhaus der SLAG – Spedition- und Lagerei AG – Berlin, sind nachstehende Daten bekannt:

Bilanzielle Abschreibung	100.000,00 €	jährlich
Kalkulatorische Abschreibung	120.000,00 €	jährlich
Tatsächliche gezahlte Zinsen für das Lagergebäude (Zinsaufwand)	44.500,00 €	jährlich
Kalkulatorische Verzinsung des eingesetzten Kapitals	72.000,00 €	jährlich
Reparaturen am Lagerhaus	1.500,00 €	vierteljährlich
Versicherungskosten Lagerhaus	9.000,00 €	halbjährlich
Energiekosten	2.700,00 €	monatlich
Allgemeine Verwaltungskosten	45.900,00 €	jährlich
Ø belegte Lagerfläche	4 000 m²	
Ø Lagerbestand in kg	2 000 000 kg	
Monatliche Einlagerungsmenge	800 000 kg	

a) **Berechnen Sie die Lagerungskosten für 100 kg/Monat.**

b) **Berechnen Sie die Lagerungskosten für 100 kg, wenn die Ware vom 17. März bis 28. Juni gelagert wird. (Hinweis: angefangene Monate werden üblicherweise als volle Monate berechnet.)**

LÖSUNG

a) **1. Schritt: m^2-Kosten pro Monat:**

Monatliche Lagerungskosten:

Kalkulatorische Abschreibung	120.000,00 € : 12 =	10.000,00 €
Kalkulatorische Verzinsung des eingesetzten Kapitals	72.000,00 € : 12 =	6.000,00 €
Reparaturen am Lagerhaus	1.500,00 € : 3 =	500,00 €
Versicherungskosten Lagerhaus	9.000,00 € : 6 =	1.500,00 €
Energiekosten	=	2.700,00 €
Allgemeine Verwaltungskosten	45.900,00 € : 12 =	3.825,00 €
Monatliche Lagerungskosten	**1**	**24.525,00 €**

Die durchschnittlich belegte Lagerfläche beträgt 4 000 m^2.

$$m^2\text{-Kosten pro Monat} = \frac{\text{Lagerungskosten/Monat}}{\varnothing \text{ belegte Lagerfläche}} = \frac{24.525{,}00\ €}{4\,000\ m^2} = 6{,}13\ €/m^2$$

2. Schritt: Ø kg-Auslastung pro m^2:

$$\varnothing \text{ kg-Auslastung pro } m^2 = \frac{\varnothing \text{ Lagerbestand in kg}}{\varnothing \text{ belegte Lagerfläche}} = \frac{2\,000\,000\ kg}{4\,000\ m^2} = 500\ kg/m^2 \quad \textbf{2}$$

3. Schritt: Lagerungskosten pro 100 kg/Monat:

$$\text{Lagerungskosten für 100 kg/Monat} = \frac{m^2\text{-Kosten pro Monat}}{\varnothing \text{ kg-Auslastung pro } m^2} \cdot 100 = \frac{6{,}13\ €}{500} \cdot 100 = 1{,}23\ €$$

b) **Lagerungskosten/100 kg von 17. März – 28. Juni**

Lagerungskosten pro 100 kg/Monat	**3**	1,23 €
Lagerungskosten pro 100 kg für 4 Monate (März, April, Mai, Juni)	**4**	4,92 €

LÖSUNGSWEG

1 **1. Schritt:** Monatliche Lagerungskosten berechnen.
Zinsaufwendungen und bilanzielle Abschreibungen werden nicht in die Kostenrechnung übernommen. Vielmehr werden die kalkulatorischen Zinsen und die kalkulatorische Abschreibung berücksichtigt. Alle Lagerungskosten werden auf einen Monat bezogen

2 **2. Schritt:** Berechnung der ø kg-Auslastung pro m^2.

3 **3. Schritt:** Berechnung der Lagerungskosten pro 100 kg/Monat.

4 Angefangene Monate (hier März und Juni) werden als volle Monate gezählt.

Aufgaben zum Sachverhalt

1

Für ein gemietetes Lagerhaus werden jährlich 280.000,00 € Miete bezahlt. Die Versicherungskosten betragen 15.000,00 € jährlich. Energiekosten fallen in Höhe von 4.000,00 € monatlich an. Die allgemeinen Verwaltungskosten für das Lager werden im Quartals-BAB mit 14.000,00 € ausgewiesen.

Die gesamte Lagerfläche beträgt 6 250 m^2, von der durchschnittlich 80 % belegt sind. Der durchschnittliche Lagerbestand beträgt 2 500 t.

Berechnen Sie die Lagerungskosten für 100 kg/Monat.

2

Für ein eigenes Lagerhaus der Wehrle & Sohn GmbH, Freiburg, sind nachstehende Daten bekannt:

Bilanzielle Abschreibung	80.000,00 €	jährlich
Kalkulatorische Abschreibung	90.000,00 €	jährlich
Tatsächlich gezahlte Zinsen für das Lagergebäude (Zinsaufwand)	6.000,00 €	vierteljährlich
Kalkulatorische Verzinsung des eingesetzten Kapitals	33.000,00 €	jährlich
Reparaturen am Lagerhaus	2.500,00 €	vierteljährlich
Versicherungskosten Lagerhaus	1.000,00 €	monatlich
Energiekosten	10.500,00 €	halbjährlich
Allgemeine Verwaltungskosten	32.700,00 €	halbjährlich
Vorhandene Lagerfläche	5 800 m^2	
Ø belegte Lagerfläche	5 000 m^2	
Ø Lagerbestand in kg	1 200 000 kg	

Berechnen Sie die Lagerungskosten für 100 kg/Monat.

Berechnung der Kommissionierungskosten 6.3.3

Eingelagerte Ware wird vom Spediteur oftmals in einer **anderen Zusammenstellung oder in anderen Einheiten** ausgelagert. Dabei kann die umsortierte Ware auch bezettelt oder beschriftet werden. Diese Umsortierung der Ware, eventuell mit weiteren Dienstleistungen verbunden, bezeichnet man als **Kommissionierung**.

Die Kommissionierkosten werden separat erfasst und auf **100 kg auszulagernde Ware** bezogen. Nachdem ein angemessener Gewinnzuschlag berücksichtigt ist, kann dem Speditionskunden der Marktpreis für die Kommissionierung von 100 kg mitgeteilt werden.

Zur Berechnung der Kommissionierungskosten notwendige Daten sind:

- Gesamtgewicht der kommissionierten Ware,
- Zeitbedarf für einen Kommissionierungsauftrag,
- Zeitbedarf für die Kommissionierung von 100 kg,
- Personalkosten je Stunde.

Muster-AUFGABE

Ein Auftraggeber lagert pro Monat 300 000 kg aus. Die Ware wird auf Paletten mit jeweils 500 kg kommissioniert. Der Zeitbedarf für eine Palette beträgt 20 Minuten. Eine Arbeitsstunde kostet 33,00 €.

a) **Berechnen Sie die Kommissionierkosten pro Palette.**
b) **Berechnen Sie die Kommissionierkosten pro 100 kg.**

LÖSUNG

a) Kommissionierkosten pro Palette (500 kg):

1 Arbeitsstunde → 60 Minuten ≙ 33,00 €
1 Palette → 20 Minuten ≙ x €

$$x = \frac{33{,}00\ € \cdot 20}{60} = \underline{\underline{11{,}00\ €}}$$

b) Kommissionierkosten pro 100 kg:

500 kg (1 Palette) ≙ 11,00 €
100 kg ≙ x €
100 kg ≙ 2,20 €

Aufgaben zum Sachverhalt

1

Ein Auftraggeber lagert pro Monat 225 000 kg aus. Die Ware wird auf Paletten mit jeweils 450 kg kommissioniert. Der Zeitbedarf für eine Palette beträgt 25 Minuten. Eine Arbeitsstunde kostet 31,00 €.

a) **Berechnen Sie die Kommissionierkosten pro Palette.**
b) **Berechnen Sie die Kommissionierkosten per 100 kg.**

2

Für einen Kunden lagert die Spedition Rhönnfeldt, Fulda, monatlich 160 000 kg aus. Die Ware wird auf Paletten mit jeweils 600 kg kommissioniert. Der Zeitbedarf für eine Palette beträgt 30 Minuten. Die Lagerarbeiter werden mit 12,00 € Stundenlohn bezahlt. Die Lohnnebenkosten betragen 130 % des Stundenlohns.

a) **Berechnen Sie die Kommissionierkosten pro Palette.**
b) **Berechnen Sie die Kommissionierkosten per 100 kg.**

6.3.4 Berechnung der Lagerverwaltungskosten

Die anteiligen Kosten der allgemeinen Verwaltung für das Lager sind bereits bei den Lagerungskosten erfasst worden. Nun sind noch die **in der Lagerabteilung aufgetretenen Verwaltungskosten** zu berücksichtigen.

Lagerverwaltungskosten sind hauptsächlich Lohn- bzw. Gehaltskosten für den Lagermeister. Die Lagerverwaltungskosten werden zeitanteilig für die **eingelagerte Ware** erfasst und auf **100 kg** bezogen.

Muster-**AUFGABE**

Ein Auftraggeber lagert pro Monat durchschnittlich 300 000 kg ein. Monatlich fallen für diesen Auftrag 60 Stunden Lagerverwaltung an. Der Stundensatz für eine Lagerverwaltungsstunde beträgt 35,00 €.

Berechnen Sie die Lagerverwaltungskosten für 100 kg/Monat.

LÖSUNG

300 000 kg	≙	2.100,00 € (35,00 € · 60)
100 kg	≙	x €
100 kg	=	0,70 €

Aufgaben zum Sachverhalt

1

Ein Auftraggeber lagert pro Monat durchschnittlich 180 000 kg ein. Monatlich fallen für diesen Auftrag 50 Stunden Lagerverwaltung an. Der Stundensatz für eine Lagerverwaltungsstunde beträgt 32,50 €.

Berechnen Sie die Lagerverwaltungskosten für 100 kg/Monat.

2

Ein Auftraggeber lagert pro Monat durchschnittlich 85 000 kg ein. Monatlich fallen für diesen Auftrag 18 Stunden Lagerverwaltung an. Eine Lagerverwaltungsstunde verursacht Lohn- und Gehaltskosten in Höhe von 13,00 €. Die Lohn- und Gehaltsnebenkosten belaufen sich auf 120 %.

Berechnen Sie die Lagerverwaltungskosten für 100 kg/Monat.

Zusammenfassung der Kalkulation der Lagerkosten 6.3.5

FAZIT

Lagerkosten =

Kosten der Einlagerung
\+ Kosten der Auslagerung
\+ Kosten für Umschlaggeräte für Ein- und Auslagerung
} Kosten für den Umschlag

\+ Lagerungskosten
\+ Lagerverwaltungskosten

\+ Kommissionierkosten

= **Lagerkosten**

Fallstudie: Kalkulation der Lagerkosten 6.3.6

Muster-**AUFGABE**

Der Suppenhersteller AROMIA AG lagert bei der Spedition Griesinger, Gießen, einen Teil seiner Fertigprodukte ein. Das monatliche Einlagerungsgewicht beträgt 420 000 kg. Die einzulagernde Ware wird auf Paletten mit jeweils 500 kg geliefert.

Das monatliche Auslagerungsgewicht für die AROMIA AG beträgt ebenfalls 420 000 kg. Auch die auszulagernde Ware befindet sich auf Paletten mit 500 kg.

Für die monatliche Einlagerung der 420 000 kg werden täglich 1¾ Gabelstaplerstunden, für die Auslagerung täglich 3,5 Gabelstaplerstunden benötigt. Der Gabelstapler verursacht pro Stunde Kosten in Höhe von 10,00 €. Es werden 20 Arbeitstage zugrunde gelegt.

Zur Berechnung der Lagerungskosten stehen folgende Daten zur Verfügung:

Kosten einer Arbeitsstunde	33,00 €	
Kalkulatorische Abschreibung	54.000,00 €	jährlich
Kalkulatorische Verzinsung des eingesetzten Kapitals	39.000,00 €	jährlich
Reparaturen am Lagerhaus	1.500,00 €	vierteljährlich
Versicherungskosten Lagerhaus	6.000,00 €	halbjährlich
Energiekosten	1.150,00 €	monatlich
Allgemeine Verwaltungskosten	20.100,00 €	jährlich
Ø belegte Lagerfläche	2 500 m^2	
Ø Lagerbestand in kg	1 200 000 kg	
Ø Lagerbestand der AROMIA AG	210 000 kg	

Für die Lageraufträge der AROMIA AG sind monatlich 50 Lagerverwaltungsstunden notwendig. Der Stundensatz für eine Lagerverwaltungsstunde beträgt 36,00 €.

1. **Berechnen Sie die Lagerkosten. Ermitteln Sie dabei folgende Zwischenergebnisse:**
   a) **Kosten der Einlagerung für 100 kg**
   b) **Kosten der Auslagerung für 100 kg**
   c) **Kosten der Umschlaggeräte für 100 kg**
   d) **Umschlagkosten für 100 kg**
   e) **Lagerungskosten für 100 kg/Monat**
   f) **Lagerverwaltungskosten für 100 kg/Monat**
   g) **Lagerkosten für 124 000 kg, wenn die Ware vom 15. Sept. bis 15. Dez. eingelagert war. Angefangene Monate werden als volle Monate gezählt.**
2. Im September wurden durchschnittlich 685 000 kg Waren der AROMIA AG gelagert. Das Gewicht der im September eingelagerten Waren betrug 420 000 kg. Ebenfalls 420 000 kg wurden ausgelagert. Spedition Griesinger stellt der AROMIA AG für Lagerleistungen im September 14.750,00 € zuzüglich Umsatzsteuer in Rechnung. **Berechnen Sie den Gewinn bzw. Verlust aus diesem Lagergeschäft.**

LÖSUNG ZU 1.

a) **Kosten der Einlagerung für 100 kg:**

Einlagerungskosten je Palette:

60 Minuten ≙ 33,00 €
2,5 Minuten ≙ x € [420 000 : (500 · 20)] = 42; 105 : 42 = 2,5

$$x = \frac{33{,}00\ € \cdot 2{,}5}{60} = 1{,}375\ €$$

Einlagerungskosten je 100 kg:

500 kg ≙ 1,375 €
100 kg ≙ x €
x = 0,275 €

420 000 kg : 500 = 840 Paletten/mtl.
840 Paletten : 20 = 42 Paletten/Tag
105 Min. : 42 = 2,5 Min./Palette

b) **Kosten der Auslagerung für 100 kg:**

Auslagerungskosten je Palette:

60 Minuten ≙ 33,00 €
5 Minuten ≙ x € [420 000 : (500 · 20)] = 42; 210 : 42 = 5,0

$$x = \frac{33{,}00\ € \cdot 5}{60} = 2{,}75\ €$$

Auslagerungskosten je 100 kg:

500 kg ≙ 2,75 €
100 kg ≙ x €
x = 0,55 €

420 000 kg : 500 = 840 Paletten/mtl.
840 Paletten : 20 = 42 Paletten/Tag
210 Min. : 42 = 5 Min./Palette

c) **Kosten der Umschlaggeräte für 100 kg:**

Einsatzkosten/Monat (Einlagerung) = Einsatzstunden · Stundensatz · Tage = 1,75 · 10,00 € · 20 = 350,00 €

$$\text{Kosten der Umschlaggeräte/100 kg (Einlagerung)} = \frac{\text{Einsatzkosten/Monat}}{\text{monatl. Umschlag}} \cdot 100$$

$$\text{Kosten der Umschlaggeräte/100 kg (Einlagerung)} = \frac{350{,}00\ €}{420\,000} \cdot 100 = 0{,}083\ €$$

Einsatzkosten/Monat (Auslagerung) = Einsatzstunden · Stundensatz · Tage = 3,5 · 10,00 € · 20 = 700,00 €

$$\text{Kosten der Umschlaggeräte/100 kg (Auslagerung)} = \frac{700{,}00\ €}{420\,000} \cdot 100 = 0{,}166\ €$$

d) **Umschlagkosten für 100 kg:**

	Kosten der Einlagerung	0,275 €/100 kg
+	Kosten der Auslagerung	0,55 €/100 kg
+	Kosten für Umschlaggeräte (0,083 + 0,166)	0,25 €/100 kg
=	Umschlagkosten für 100 kg	1,075 €/100 kg

e) **Lagerungskosten für 100 kg/Monat:**

Monatliche Lagerungskosten

Kalkulatorische Abschreibung	54.000,00 €	:	12	=	4.500,00 €
Kalkulatorische Zinsen	39.000,00 €	:	12	=	3.250,00 €
Reparaturen	1.500,00 €	:	3	=	500,00 €
Versicherungen	6.000,00 €	:	6	=	1.000,00 €
Energiekosten					1.150,00 €
Allgemeine Verwaltungskosten	20.100,00 €	:	12	=	1.675,00 €
Monatliche Lagerungskosten					12.075,00 €

m² Kosten pro Monat

$$= \frac{\text{Lagerungskosten/Monat}}{\varnothing \text{ belegte Lagerfläche}} = \frac{12.075{,}00\ €}{2\,500\ m^2} = 4{,}83\ €$$

Ø kg-Auslastung pro m²:

$$\varnothing \text{ kg-Auslastung pro } m^2 = \frac{\varnothing \text{ Lagerbestand in kg}}{\varnothing \text{ belegte Lagerfläche}} = \frac{1\,200\,000}{2\,500\ m^2} = 480\ kg/m^2$$

Lagerungskosten pro 100 kg/Monat:

$$\frac{4{,}83\ €}{480} \cdot 100 = \underline{\underline{1{,}01\ €}}$$

oder einfacher:

12.075,00 €	≙	1 200 000 kg
x €	≙	100 kg
x	≙	1,01 €

f) Lagerverwaltungskosten für 100 kg/Monat:

420 000 kg ≙ 50 · 36,00 €
100 kg ≙ x
x = 0,43 € für 100 kg/Monat

g) Lagerkosten für 124 000 kg für den Zeitraum 15. Sept. – 15. Dez.:

	Kosten der Einlagerung	100 kg	0,275 €
+	Kosten der Auslagerung	100 kg	0,55 €
+	Kosten für Umschlaggeräte	100 kg	0,25 €
=	Umschlagkosten	100 kg	1,075 €
+	Lagerungskosten (100 kg/Monat 1,01 €) Lagerungskosten vom 15. Sept.–15. Dez. (4 Monate)		4,04 €
+	Lagerverwaltungskosten (100 kg/Monat 0,43 €) Lagerverwaltungskosten für 4 Monate (0,43 · 4)		1,72 €
=	Lagerkosten	100 kg/4 Monate	6,835 €

Lagerkosten für 100 kg/4 Monate = 6,835 €

Lagerkosten für 124 000 kg/4 Monate[1]
(1 240 · 6,835 €) = **8.475,40 €**

Lagerabrechnung und Gewinnermittlung für September:

	Kosten der Einlagerung	420 000 kg	(4 200 · 0,275)	1.155,00 €
+	Kosten der Auslagerung	420 000 kg	(4 200 · 0,55)	2.310,00 €
+	Kosten für Umschlaggeräte	420 000 kg	(4 200 · 0,25)	1.050,00 €
=	Umschlagkosten			4.515,00 €
+	Lagerungskosten	685 000 kg/Monat	(6 850 · 1,01)	6.918,50 €
+	Lagerverwaltungskosten	420 000 kg/Monat	(4 200 · 0,43)	1.806,00 €
=	**Lagerkosten für 685 000 kg/September**			13.239,50 €

Ergebnisermittlung:

	Einnahmen für Lagerleistung	14.750,00 €
–	Kosten für Lagerleistung	13.239,50 €
=	**Gewinn (September)**	1.510,50 €

LÖSUNG ZU 2.

1 Angefangene Monate werden als volle Monate gezählt.

Zusammenfassende Aufgaben

1

Ein Markenartikelhersteller lagert bei der Spedition Schröder, Kiel, einen Teil seiner Fertigprodukte ein. Das monatliche Einlagerungsgewicht beträgt 120 000 kg. Die einzulagernde Ware wird auf Paletten mit jeweils 600 kg geliefert.

Das monatliche Auslagerungsgewicht für den Markenartikelhersteller beträgt ebenfalls 120000 kg. Auch die auszulagernde Ware befindet sich auf Paletten mit 600 kg. Für die Einlagerung der 120000 kg werden täglich 1 Gabelstaplerstunde, für die Auslagerung täglich 1,5 Gabelstaplerstunden benötigt. Der Gabelstapler verursacht pro Stunde Kosten in Höhe von 9,80 €. Es werden 20 Arbeitstage zugrunde gelegt.

Zur Berechnung der Lagerungskosten stehen folgende Daten zur Verfügung:

Kosten einer Arbeitsstunde	28,50 €	
Kalkulatorische Abschreibung Lagergebäude	66.000,00 €	jährlich
Kalkulatorische Verzinsung des eingesetzten Kapitals	30.000,00 €	jährlich
Reparaturen am Lagerhaus	1.800,00 €	vierteljährlich
Versicherungskosten Lagerhaus	9.000,00 €	jährlich
Energiekosten	4.800,00 €	vierteljährlich
Allgemeine Verwaltungskosten	4.020,00 €	vierteljährlich
Ø belegte Lagerfläche insgesamt	3800 m²	
Ø Lagerbestand in kg insgesamt	1200000 kg	
Ø Lagerbestand des Markenartikelherstellers	180000 kg	

Für die Lageraufträge des Markenartikelherstellers sind monatlich 38 Lagerverwaltungsstunden notwendig. Der Stundensatz für eine Lagerverwaltungsstunde beträgt 34,50 €.

Berechnen Sie die Lagerkosten. Ermitteln Sie dabei folgende Zwischenergebnisse:

a) **Kosten der Einlagerung für 100 kg**
b) **Kosten der Auslagerung für 100 kg**
c) **Kosten der Umschlaggeräte für 100 kg**
d) **Umschlagkosten für 100 kg**
e) **Lagerungskosten für 100 kg/Monat**
f) **Lagerverwaltungskosten für 100 kg/Monat**
g) **Berechnen Sie die Lagerkosten für 34000 kg Markenartikel, die vom 12. Mai bis 18. Aug. eingelagert waren.**

2

Die Läpple Maschinenbau AG lagert bei ihrer Hausspedition Ullmann & Kramer, Stuttgart, Rohstoffe ein. Das monatliche Einlagerungsgewicht beträgt 225000 kg. Die einzulagernde Ware wird auf Paletten mit jeweils 750 kg geliefert.

Das monatliche Auslagerungsgewicht für die Maschinenbau AG beträgt ebenfalls 225000 kg. Auch die auszulagernde Ware befindet sich auf Paletten mit 750 kg.

Für die Einlagerung der 225000 kg werden täglich 1,75 Gabelstaplerstunden, für die Auslagerung täglich 1,25 Gabelstaplerstunden benötigt. Der Gabelstapler verursacht pro Stunde Kosten in Höhe von 5,50 €. Es werden 20 Arbeitstage zugrunde gelegt.

Zur Berechnung der Lagerungskosten stehen folgende Daten zur Verfügung:

Kosten einer Arbeitsstunde	29,50 €	
Bilanzielle Abschreibung für das Lager	97.500,00 €	jährlich
Kalkulatorische Abschreibung für das Lager	89.000,00 €	jährlich
Zinsaufwand für Lager	14.500,00 €	jährlich
Kalkulatorische Verzinsung des eingesetzten Kapitals	36.000,00 €	jährlich
Reparaturen am Lagerhaus	2.500,00 €	vierteljährlich
Versicherungskosten Lagerhaus	12.000,00 €	jährlich
Energiekosten	6.300,00 €	vierteljährlich
Allgemeine Verwaltungskosten	5.400,00 €	vierteljährlich
∅ belegte Lagerfläche insgesamt	4200 m^2	
∅ Lagerbestand in kg insgesamt	1095000 kg	
∅ Lagerbestand des Maschinenbau AG	450000 kg	

Für die Lageraufträge der Maschinenbau AG sind monatlich 43 Lagerverwaltungsstunden notwendig. Der Stundensatz für eine Lagerverwaltungsstunde beträgt 34,00 €.

Der Kunde ist bereit, für die gesamte Lagerleistung 3,30 € pro 100 kg zu bezahlen.

a) **Berechnen Sie die Lagerkosten für 100 kg, wenn die Ware durchschnittlich einen Monat gelagert wird.**
b) **Berechnen Sie den Gewinn bzw. Verlust je 100 kg Lagerleistung.**
c) **Wie hoch ist der Gewinnzuschlag in Prozent?**

Zusammenfassende Aufgabe einschließlich Kommissionierkosten:

3

Der Lebensmittelhersteller Gondolfo AG, Essen, liefert der benachbarten Spedition Pfefferkorn GmbH, Essen, verschiedene Fertigprodukte auf Paletten mit einem durchschnittlichen Palettengewicht von 400 kg. Die Spedition Pfefferkorn kommissioniert die von den jeweiligen Großhändlern gewünschten Fertigprodukte auf Paletten mit einem durchschnittlichen Gewicht von 250 kg. Durchschnittlich werden pro Monat jeweils 675000 kg ein- und ausgelagert. Für die Einlagerung werden täglich 1,5 Gabelstaplerstunden, für die Auslagerung täglich 3 Gabelstaplerstunden benötigt. Der Gabelstapler verursacht pro Stunde Kosten von 11,00 €. Es werden 20 Arbeitstage zugrunde gelegt.

Folgende Daten sind bekannt:

Einlagerungszeit für 400-kg-Palette:	2 Minuten
Auslagerungszeit für 250-kg-Palette:	2,5 Minuten
Kommissionierzeit für 250-kg-Palette:	20 Minuten

Zur Berechnung der Lagerungskosten stehen folgende Daten zur Verfügung:

Kosten einer Arbeitsstunde	30,50 €	
Bilanzielle Abschreibung für das Lager	125.000,00 €	jährlich
Kalkulatorische Abschreibung für das Lager	90.000,00 €	jährlich
Zinsaufwand für Lager	25.000,00 €	jährlich
Kalkulatorische Verzinsung des eingesetzten Kapitals	33.000,00 €	jährlich
Reparaturen am Lagerhaus	3.750,00 €	vierteljährlich

Fortsetzung

Versicherungskosten Lagerhaus	12.480,00 €	jährlich
Energiekosten	7.500,00 €	vierteljährlich
Allgemeine Verwaltungskosten	5.100,00 €	vierteljährlich
Ø belegte Lagerfläche insgesamt	7500 m^2	
Ø Lagerbestand in kg insgesamt	3850000 kg	
Ø Lagerbestand der Gondolfo AG	450000 kg	

Für die Lageraufträge der Gondolfo AG sind monatlich 28 Lagerverwaltungsstunden notwendig. Der Stundensatz für eine Lagerverwaltungsstunde beträgt 35,25 €.

a) **Berechnen Sie die Lagerkosten für 100 kg, wenn die Ware durchschnittlich zwei Monate gelagert wird.**

b) **Dem Lagerkunden werden die Lagerkosten zuzüglich 20 % Gewinnzuschlag in Rechnung gestellt. Berechnen Sie den Preis für 100 kg Lagerleistung.**

7 Deckungsbeitragsrechnung

7.1 Vergleich Vollkostenrechnung – Deckungsbeitragsrechnung (Teilkostenrechnung)

Ziel der **Vollkostenrechnung** ist es, **alle anfallenden Kosten** auf die Kostenträger zu überwälzen. Gemeinkosten werden mithilfe betriebsinterner Verhältniszahlen im BAB verteilt, Einzelkosten werden direkt zugeordnet. Zu den so ermittelten Kosten je Kostenträger wird ein angemessener Gewinn zugeschlagen und damit der Verkaufspreis ermittelt. Die Vollkostenrechnung ist nur anwendbar, wenn der Markt die **errechneten Preise akzeptiert**. Man bezeichnet eine derartige Marktsituation als **Anbietermarkt**.

Bei **starkem Wettbewerb** kann der **einzelne Anbieter den Preis nicht mehr selbst bestimmen**, dieser wird vielmehr vom Markt festgelegt. Ein derartiger **Wettbewerbspreis** wird auch als **Datum[1] bezeichnet**. Diese Marktsituation wird als **Nachfragermarkt** bezeichnet.

Die traditionelle **Vollkostenrechnung** hat folgende **Nachteile**:

- Oftmals kann der Preis nicht durch Kalkulation von Einzelkosten, Gemeinkosten und Gewinn berechnet werden, da der **Marktpreis ein „Datum"** ist und als Wettbewerbspreis vorgegeben ist.
- Das **Verursachungsprinzip** kann nicht streng verfolgt werden. Teilweise werden Gemeinkosten, insbesondere die Budgetierung, „willkürlich" auf die Kostenstellen verteilt.
- Die Zuschlagskalkulation aufgrund des Betriebsabrechnungsbogens unterstellt eine **Proportionalität von Einzel- und Gemeinkosten**, die in der Realität so nicht gegeben ist.

Im Gegensatz zur Vollkostenrechnung steht die **Teilkostenrechnung**, auch **Deckungsbeitragsrechnung** genannt. Hier werden die Kosten in **beschäftigungsunabhängige (fixe)** und **beschäftigungsabhängige (variable)** Kosten unterteilt. Zunächst werden **nur die variablen Kosten** dem Kostenträger zugerechnet.

Der **Deckungsbeitrag** ist der Beitrag, den ein Produkt oder eine Dienstleistung zur **Deckung der fixen Kosten** leistet. Bei der **Deckungsbeitragsrechnung** rechnet man:

  Markterlös
– variable Kosten
= Deckungsbeitrag

1 Datum – fest vorgegeben, weil vom einzelnen Anbieter nicht zu verändern

Auf jeden Fall müssen die variablen Kosten von den Markterlösen gedeckt sein, da ansonsten die ungedeckten variablen Kosten die ohnehin vorhandenen Fixkosten zu einem noch größeren Verlust erhöhen.

Vollkostenrechnung	Teilkostenrechnung
Ausgangspunkt sind die Kosten.	Ausgangspunkt ist der erzielbare Marktpreis.
Marktform: Anbietermarkt	Marktform: Nachfragermarkt
Kostenrechnung ohne Trennung in fixe und variable Kosten	Kostenrechnung mit Trennung in fixe und variable Kosten
Ermöglicht die Feststellung der Selbstkosten	Selbstkosten können nicht ermittelt werden.
Als Mittel zur Gewinnoptimierung ungeeignet	Entscheidungsorientiertes Instrument zur Gewinnoptimierung

Abhängigkeit der Kosten von der Beschäftigung 7.2

Variable Kosten 7.2.1

Variable Kosten werden als leistungsabhängige oder beschäftigungsabhängige Kosten bezeichnet.

Variable Kosten sind beispielsweise:

- Kraftstoffverbrauch
- Reifenverbrauch
- Portokosten
- Kosten des Büromaterials
- Telefon- und Telexkosten

Fixe Kosten 7.2.2

Fixe Kosten werden als leistungsunabhängige oder beschäftigungsunabhängige Kosten bezeichnet.

Fixe Kosten sind beispielsweise:

- Lohn- und Gehaltskosten
- Steuern und Versicherungen
- Kalkulatorische Zinsen
- Kalkulatorischer Unternehmerlohn
- Miete/Kalkulatorische Miete
- Kalkulatorische Abschreibungen[1]

Der Deckungsbeitrag 7.3

Der **Deckungsbeitrag** ist der Beitrag, den ein Produkt oder eine Dienstleistung zur **Deckung der fixen Kosten** leistet. Er zeigt an, in welchem Umfang das Produkt bzw. die Dienstleistung zur Deckung der fixen Kosten und damit zur Gewinnerzielung (eventuell auch Verlustminderung) beiträgt.

1 Vgl. Kapitel 6.2.3.

FAZIT

Der **Deckungsbeitrag** wird errechnet:

	Markterlös der Dienstleistung	(E)
–	direkt zurechenbare variable Kosten der Dienstleistung	(Kv)
=	**Deckungsbeitrag der Dienstleistung**	**(DB)**
–	anteilige Fixkosten	(Kf)
=	Erfolg der Dienstleistung	(G/V)

Deckungsbeitrag > fixe Kosten → Gewinn

Deckungsbeitrag < fixe Kosten → Verlust in Höhe der nicht gedeckten Fixkosten

Muster-**AUFGABE**

Die Spedition Baier & Schneider OHG, Schwerin, hat die Leistungsbereiche nationale Spedition und internationale Spedition.

Kostenrechnerische Untersuchungen haben für September folgende Durchschnittswerte ergeben:

	Nationale Spedition	**Internationale Spedition**
Nettoverkaufserlös je Auftrag	685,00 €	822,00 €
Variable Kosten je Auftrag	329,00 €	610,00 €
Anzahl der monatlichen Aufträge im September	415	145

Die fixen Kosten der Spedition Baier & Schneider betragen monatlich 153.000,00 €.

a) **Ermitteln Sie den Deckungsbeitrag der einzelnen nationalen Speditionsleistung und den Deckungsbeitrag der einzelnen internationalen Speditionsleistung.**
b) **Ermitteln Sie den Deckungsbeitrag der nationalen Speditionsleistungen und der internationalen Speditionsleistungen im September.**
c) **Ermitteln Sie das Monatsergebnis.**
d) **Auf welchen Betrag verändert sich das Periodenergebnis, wenn die Abteilung „Internationale Spedition“ geschlossen würde und die Fixkosten unverändert blieben?**

LÖSUNG

a) **Deckungsbeitrag der einzelnen Speditionsleistung:**

		Nationale Spedition	**Internationale Spedition**
	Nettoverkaufspreis	685,00 €	822,00 €
–	Variable Kosten	329,00 €	610,00 €
=	Deckungsbeitrag je Auftrag	356,00 €	212,00 €

b) **Deckungsbeitrag (DB) der Speditionsabteilungen:**

DB nationale Spedition	=	DB je nat. Sped.-Leist.	·	Aufträge
	=	356,00 €	·	415
	=	147.740,00 €		
DB intern. Spedition	=	DB je internat. Sped.-Leist.	·	Aufträge
	=	212,00 €	·	145
	=	30.740,00 €		

c) **Periodenergebnis:**

	Deckungsbeitrag nationale Spedition	147.740,00 €
+	Deckungsbeitrag internationale Spedition	30.740,00 €
=	Gesamter Deckungsbeitrag	178.480,00 €
–	Fixe Gesamtkosten	153.000,00 €
=	Periodenergebnis (Gewinn)	25.480,00 €

d) Nach Schließung der Abteilung „Internationale Spedition" leistet die Nationale Speditionsabteilung einen Deckungsbeitrag wie bisher von 147.740,00 €. Dieser Betrag reicht nicht aus, die unverändert vorhandenen Fixkosten in Höhe von 153.000,00 € zu decken. Der Periodenverlust beträgt also 5.260,00 €.

Aufgaben zum Sachverhalt

1

Die Spedition Kolb GmbH, Kaiserslautern, hat in ihren Leistungsbereichen nachstehende Durchschnittsdaten für den Monat April erhoben:

	Nationaler Güterkraftwagenverkehr	Internationaler Güterkraftwagenverkehr	Lager
Nettoverkaufserlös je Auftrag	134,00 €	985,00 €	634,00 €
Variable Kosten je Auftrag	98,00 €	612,00 €	399,00 €
Anzahl der Aufträge im April	240	125	84

Die fixen Kosten der Spedition Kolb GmbH betrugen im April 61.000,00 €.

a) **Ermitteln Sie den Deckungsbeitrag der einzelnen Speditionsleistungen.**

b) **Ermitteln Sie den Deckungsbeitrag der einzelnen Abteilungen im April.**

c) **Ermitteln Sie das Ergebnis (Periodengewinn/Periodenverlust) für den Monat April.**

d) **Auf welchen Betrag verändert sich das Monatsergebnis, wenn die Abteilung „Lager" geschlossen würde und die Fixkosten unverändert blieben?**

2

Die Spedition Werding, Bochum, hat in ihren Leistungsbereichen nachstehende Durchschnittsdaten für das 3. Quartal erhoben:

	Lkw	Luftfracht	Seefracht
Nettoverkaufserlös je Auftrag	859,00 €	412,00 €	1.322,00 €
Variable Kosten je Auftrag	387,00 €	257,00 €	1.237,00 €
Anzahl der Aufträge im 3. Quartal	560	885	285

Die fixen Kosten der Spedition Werding betrugen im dritten Quartal 447.500,00 €.

Fortsetzung

a) **Ermitteln Sie den Deckungsbeitrag der einzelnen Speditionsleistungen.**
b) **Ermitteln Sie den Deckungsbeitrag der einzelnen Abteilungen im 3. Quartal.**
c) **Ermitteln Sie das Ergebnis (Periodengewinn/Periodenverlust) für das 3. Quartal.**
d) **Auf welchen Betrag verändert sich das Periodenergebnis, wenn die Abteilung „Seefracht" geschlossen würde und die Fixkosten unverändert blieben?**

7.4 Deckungsbeitragsrechnung als Mittel der Sortimentgestaltung

Bei einer möglichen Mengensteigerung der Speditionsleistungen hat die **Speditionsleistung** mit dem **höchsten einzelnen Deckungsbeitrag** Vorrang. Die Rangfolge der Speditionsleistungen wird also von der Höhe der Deckungsbeiträge je Speditionsleistung bestimmt.

Die Kundenwünsche nach Vollständigkeit des Sortiments können zur Beibehaltung von „Verlustprodukten" zwingen, wenn nur so die Absatzhöhe der „Gewinnprodukte" erhalten werden kann.

Muster-
AUFGABE

Die Spedition Bayer OHG, Koblenz, hat in ihren Leistungsbereichen nachstehende Durchschnittswerte für den Monat August erhoben:

Die fixen Kosten der Spedition Bayer OHG betrugen im August 62.500,00 €.

	Nationaler Güterkraftwagenverkehr	Internationaler Güterkraftwagenverkehr	Lager
Nettoverkaufserlös je Auftrag	48,00 €	910,00 €	805,00 €
Variable Kosten je Auftrag	51,00 €	639,00 €	387,00 €
Anzahl der Aufträge im August	258	108	88
Deckungsbeitrag je Speditionsleistung	– 3,00 €	271,00 €	418,00 €
Deckungsbeitrag der Speditionsabteilung	– 774,00 €	29.268,00 €	36.784,00 €

	Deckungsbeitrag der Spedition	65.278,00 €
–	Fixe Kosten	– 62.500,00 €
=	Periodenergebnis	= 2.778,00 €

a) Angenommen die Spedition Bayer OHG könnte in jedem Leistungsbereich weitere Aufträge erhalten. Begründen Sie, für welche Abteilung zusätzliche Aufträge angenommen bzw. abgelehnt werden sollten.
Legen Sie die Rangfolge der weiteren Aufträge fest.

b) Um das Monatsergebnis zu verbessern, wird erwogen die Abteilung „Nationaler Güterkraftwagenverkehr" zu schließen.
Berechnen Sie das veränderte Monatsergebnis, wenn dadurch die Fixkosten um monatlich 8.000,00 € sinken.

LÖSUNG

a) Rangfolge für Zusatzaufträge:

	Nat. GKV	Internat. GKV	Lager
Nettoverkaufspreis	48,00 €	910,00 €	805,00 €
− Variable Kosten	51,00 €	639,00 €	387,00 €
= Deckungsbeitrag je Speditionsleistung	− 3,00 €	271,00 €	418,00 €

Vorrang hat die Lagerei, weil jeder zusätzliche Auftrag einen Beitrag zur Deckung der fixen Kosten (bzw. zur Gewinnerhöhung) in Höhe von 418,00 € leistet. An zweiter Stelle ist der internationale Güterkraftwagenverkehr zu fördern, der einen Beitrag zur Deckung der fixen Kosten (oder zur Gewinnerhöhung) in Höhe von 271,00 € je Auftrag leistet.

Die nationale Güterkraftwagenverkehrsleistung wird unter den variablen Kosten verkauft. Eine Steigerung dieser Leistung würde eine Ergebnisverschlechterung in Höhe von 3,00 € je zusätzlicher Leistung bedeuten. Deshalb soll die nationale Güterkraftwagenverkehrsleistung nicht gefördert werden.

Die Rangfolge ist also: 1. Lager; 2. Internat. GKV.

b) Ergebnisermittlung

	mit Abteilung Nat. GKV	ohne Abteilung Nat. GKV
Deckungsbeitrag Nat. GKV	− 774,00 €	–
Deckungsbeitrag Internat. GKV	29.268,00 €	29.268,00 €
Deckungsbeitrag Lager	36.784,00 €	36.784,00 €
= Gesamter Deckungsbeitrag	65.278,00 €	66.052,00 €
− Fixe Gesamtkosten	62.500,00 €	54.500,00 €
= Periodengewinn	2.778,00 €	11.552,00 €
Ergebnisverbesserung:		+ 8.774,00 €

Die Abteilung Nat. GKV erbringt bisher einen negativen Deckungsbeitrag von 774,00 €, da der Marktpreis unter den variablen Kosten liegt. Bei Schließung der Abteilung „Nat. GKV" entfällt dieser negative Deckungsbeitrag. Zusätzlich wird das Ergebnis durch die nun um 8.000,00 € geringeren Fixkosten verbessert.

Aufgaben zum Sachverhalt

1

Die Spedition Nagel & Partner GmbH, Ulm, hat in ihren Leistungsbereichen nachstehende Durchschnittswerte für den Monat Mai erhoben:

	Nahbereich	Fernbereich	Internat. Güterkraftverkehr
Nettoverkaufserlös je Auftrag	44,50 €	712,00 €	1.022,00 €
Variable Kosten je Auftrag	49,50 €	364,00 €	524,00 €
Anzahl der Aufträge im Mai	1 184	404	308

Die fixen Kosten der Spedition Nagel & Partner GmbH betrugen im Mai 330.000,00 €.

a) **Ermitteln Sie den Deckungsbeitrag der einzelnen Speditionsleistungen.**

b) **Ermitteln Sie den Deckungsbeitrag der einzelnen Abteilungen für den Monat Mai.**

c) **Ermitteln Sie das Ergebnis (Periodengewinn/Periodenverlust) für den Monat Mai.**

Fortsetzung

d) Die Spedition Nagel & Partner GmbH könnte in jedem Leistungsbereich weitere Aufträge erhalten. Begründen Sie, für welche Abteilung zusätzliche Aufträge angenommen bzw. abgelehnt werden sollten.
Legen Sie die Rangfolge der weiteren Aufträge fest.

e) Die Geschäftsleitung möchte von Ihnen wissen, wie sich bei Schließung der Abteilung „Nahbereich" das Monatsergebnis verändern würde. Die Fixkosten würden dadurch um 11.000,00 € sinken.
Berechnen Sie das Monatsergebnis, wenn die Abteilung „Nahbereich" geschlossen werden würde.

f) **Welche Gründe könnten die Spedition Nagel & Partner GmbH veranlassen, die Abteilung „Nahbereich" nicht zu schließen?**

2

Die Spedition Karcher AG, Münster, hat nachstehende Deckungsbeiträge je Speditionsleistung ermittelt:

	Deckungsbeiträge	**Freie Kapazität**
Regionalbereich	+ 2,50 €	30 Aufträge
Fernbereich	+ 63,00 €	24 Aufträge
Seefracht	+ 89,50 €	19 Aufträge
Luftfracht	+ 45,90 €	36 Aufträge

Ein weltweiter Konjunkturaufschwung erhöht die Nachfrage nach Speditionsleistungen. Die Spedition Karcher AG kann 50 weitere Aufträge erhalten.

a) **Begründen Sie, für welche Abteilungen weitere Aufträge angenommen werden sollten.**

b) **Ermitteln Sie die dadurch eingetretene Ergebnisverbesserung.**

7.5 Bestimmung der Preisuntergrenze

Die **Preisuntergrenze** gibt den Nettoverkaufspreis einer Speditionsleistung an, der gefordert werden muss, um im bestehenden Wettbewerb zu überleben. Es wird zwischen der kurz- und langfristigen Preisuntergrenze unterschieden.

Langfristig sollten die Preise mindestens kostendeckend sein. Die langfristige Preisuntergrenze liegt dort, wo die **Nettoverkaufserlöse alle Kosten**, also variable und fixe, **decken**. Langfristig muss der Nettoverkaufspreis mindestens die Kosten decken, um das Unternehmen und die Beschäftigung zu erhalten.

Langfristige Preisuntergrenze:

Nettoverkaufspreis = variable + fixe Kosten

Kurzfristig sollten auf jeden Fall die variablen Kosten gedeckt sein. Es ergibt sich dann zwangsläufig in Höhe der nicht gedeckten fixen Kosten ein betrieblicher Verlust. Ein solcher Verlust kann kurzfristig in Zeiten starken Wettbewerbs hingenommen werden. Auf Dauer würde dieser Verlust aber zur Insolvenz des Speditionsbetriebes führen.

Kurzfristige Preisuntergrenze:

Nettoverkaufspreis = variable Kosten

Muster-
AUFGABE

In einem Speditionsbetrieb werden nachstehende Durchschnittswerte ermittelt:

	Nahbereich	Fernbereich	International
Anzahl der Aufträge	750	100	80
Nettopreis je Auftrag	20,00 €	400,00 €	525,00 €
Variable Kosten je Auftrag	15,00 €	236,00 €	455,00 €
Fixe Kosten je Abteilung	3.000,00 €	8.000,00 €	10.000,00 €

a) **Welcher Nettoverkaufspreis stellt für einen Auftrag im Nahbereich, im Fernbereich und im internationalen Verkehr die kurzfristige Preisuntergrenze dar?**
b) **Welcher Nettoverkaufspreis stellt für einen Auftrag im Nahbereich, im Fernbereich und im internationalen Verkehr die langfristige Preisuntergrenze dar?**
c) **Ermitteln Sie das Betriebsergebnis.**
d) Die Nettoerlöse je Auftrag aller Abteilungen sind wegen des zunehmenden Wettbewerbs und der schwachen Konjunktur rückläufig. Es müssen Preiseinbußen von 10 % hingenommen werden.
Beurteilen Sie, ob und gegebenenfalls wie lange (kurzfristig/langfristig) die jeweilige Leistung angeboten wird.

LÖSUNG

a) **Kurzfristige Preisuntergrenze** = variable Kosten
für Nahbereichsleistungen = 15,00 €
für Fernbereichsleistungen = 236,00 €
für internationale Speditionsleistungen = 455,00 €

b) **Langfristige Preisuntergrenze** = variable + fixe Kosten je Leistung

für Nahbereichsleistungen $= 15{,}00\text{ €} + \frac{3.000{,}00\text{ €}}{750} = 19{,}00\text{ €}$

für Fernbereichsleistungen $= 236{,}00\text{ €} + \frac{8.000{,}00\text{ €}}{100} = 316{,}00\text{ €}$

für internationale Sped.-Leist. $= 455{,}00\text{ €} + \frac{10.000{,}00\text{ €}}{80} = 580{,}00\text{ €}$

c) **Betriebsergebnisermittlung:**

	Deckungsbeitrag Nahbereich	(20,00 € – 15,00 €) · 750 =	3.750,00 €
	Deckungsbeitrag Fernbereich	(400,00 € – 236,00 €) · 100 =	16.400,00 €
	Deckungsbeitrag internat. Sp.	(525,00 € – 455,00 €) · 80 =	5.600,00 €
=	Gesamter Deckungsbeitrag	=	25.750,00 €
–	Fixe Gesamtkosten	=	21.000,00 €
=	Periodenergebnis (Gewinn)		4.750,00 €

d) **Bei 10%igen Preiseinbußen betragen:**

	Nettoverkaufspreise je Leistung	variable Kosten je Leistung	fixe Kosten je Leistung
Nahbereich	18,00 €	15,00 €	4,00 €
Fernbereich	360,00 €	236,00 €	80,00 €
Internationale Sped.	472,50 €	455,00 €	125,00 €

Fortsetzung

Die Nettopreise der Fernbereichsleistungen decken auch nach der Preissenkung die Kosten. Hier ist die langfristige Preisuntergrenze noch nicht erreicht.

Die Nettopreise der Nahbereichsleistungen und der Internationalen Speditionsleistungen liegen über den variablen Kosten, aber unter den Gesamtkosten. Diese Preise sollten nur kurzfristig gehalten werden.

Aufgaben zum Sachverhalt

1

Spedition Ernst & Co. OHG, Wuppertal, ermittelt folgende Durchschnittswerte für den Monat November:

	Nahbereich	Fernbereich	International
Anzahl der Aufträge	2 000	900	200
Nettopreis je Auftrag	45,00 €	920,00 €	1.200,00 €
Variable Kosten je Auftrag	40,00 €	540,00 €	970,00 €
Fixe Kosten je Abteilung	26.000,00 €	270.000,00 €	28.000,00 €

a) **Welcher Nettoverkaufspreis stellt für einen Auftrag im Nahbereich, im Fernbereich und im internationalen Verkehr die jeweilige kurzfristige Preisuntergrenze dar?**
b) **Welcher Nettoverkaufspreis stellt für einen Auftrag im Nahbereich, im Fernbereich und im internationalen Verkehr die jeweilige langfristige Preisuntergrenze dar?**
c) **Ermitteln Sie das Betriebsergebnis.**
d) Die Nettoerlöse je Auftrag aller Abteilungen sind wegen des zunehmenden Wettbewerbs und der schwachen Konjunktur rückläufig. Es müssen Preiseinbußen von 15 % hingenommen werden.
Beurteilen Sie, ob und gegebenenfalls wie lange zu welchem Preis die jeweilige Leistung angeboten wird.

2

Spedition Brunnmayer GmbH, Bamberg, ermittelt nachstehende Durchschnittswerte für den Monat Januar:

	Lkw	Luftfracht	Seefracht
Anzahl der Aufträge	1 500	210	100
Nettopreis je Auftrag	875,00 €	920,00 €	1.980,00 €
Variable Kosten je Auftrag	450,00 €	740,00 €	1.550,00 €
Fixe Kosten je Abteilung	580.000,00 €	32.000,00 €	26.000,00 €

a) **Berechnen Sie die jeweilige kurzfristige Preisuntergrenze je Abteilungsauftrag.**
b) **Berechnen Sie die jeweilige langfristige Preisuntergrenze je Abteilungsauftrag.**
c) **Ermitteln Sie das Betriebsergebnis.**
d) **Berechnen Sie die maximal möglichen Preisreduzierungen je Abteilungsauftrag, wenn die langfristige Preisuntergrenze gewahrt werden soll.**
e) **Berechnen Sie die maximal möglichen Preisreduzierungen je Abteilungsauftrag, wenn die kurzfristige Preisuntergrenze gewahrt werden soll.**

Lkw-Transportleistung – make or buy? 7.6

Bei dem Entscheidungsproblem selbst erbrachte Transportleistung oder eingekaufte Transportleistung („Make-or-buy-Problem") ist eine Vielzahl von Gründen abzuwägen, um zur „richtigen" Entscheidung zu kommen. Neben nicht quantifizierbaren Entscheidungskriterien (qualitative Entscheidungskriterien), z. B. Zuverlässigkeit, spielen für die Entscheidungsfindung auch kostenrechnerische Überlegungen (quantitative Entscheidungskriterien) eine wesentliche Rolle; z. B. die Gewinnbeeinflussung.

Qualitative Entscheidungskriterien für den Fremdunternehmer:

- Konzentration auf „Kernaktivitäten". Ziel ist dabei die „schlanke Dienstleistung"[1].
- Regressmöglichkeiten bei Lieferfristüberschreitung und Schadensfällen
- Qualitätsicherung. Oft kann durch Fremdunternehmer eine bessere Qualität erreicht werden, da sich der Fremdunternehmer auf die Transportleistung spezialisiert hat.
- Hoher Verfügbarkeitsgrad der Transportleistung. Ausfälle von eigenen Lastkraftwagen und oder eigenem Personal führen zu Leistungsverzögerungen. Das Marktangebot der Fremdunternehmer kann geschickt genutzt werden.

Qualitative Entscheidungskriterien gegen den Fremdunternehmer:

- Unabhängigkeit von Fremdunternehmen. Der Spediteur ist nicht von der Transportdurchführung und der Preispolitik des Fremdunternehmens abhängig.
- Kapazitätsauslastung. Aus sozialen Gründen (Weiterbeschäftigung von Mitarbeitern) wird auf Fremdtransporte verzichtet.

Auch bei Speditionsdienstleistungen besteht die Tendenz zu geringer Dienstleistungstiefe; der Anteil der Fremdleistungen steigt ständig. Die Speditionen versprechen sich durch starke Einflussnahme auf die Fremdunternehmer (strenge Qualitätsvorgaben, Sanktionen bei Unzuverlässigkeit) eine feste Auftragsbindung an die Versender.

Quantitative Entscheidungskriterien (kostenrechnerische Entscheidung)
Legt man dem „Make-or-buy-Problem" ausschließlich quantitative Entscheidungskriterien zugrunde, wird im Industriebetrieb die Deckungsbeitragsrechnung als Entscheidungshilfe herangezogen.

FAZIT

Make or **buy?**

Make	buy?
⬇	⬇
selbst erstellte Tranportleistung	**eingekaufte Transportleistung**
⬇	⬇
verursacht hohe fixe Kosten	**fixe Kosten werden vollständig abgebaut**
⬇	⬇
wenn Marktpreis > variable Kosten (Ansatz der Deckungskostenrechnung)	**wenn Marktpreis < variable Kosten** (Ansatz der Deckungskostenrechnung)
⬇	⬇
Alle Kosten sind gedeckt. (Ansatz der Vollkostenrechnung)	**Kosten sind nicht vollständig gedeckt.** (Ansatz der Vollkostenrechnung)

1 im Industriebetrieb als „lean production" bezeichnet

In Industriebetrieben mag die Deckungsbeiragsrechnung bei bestimmten Kostenstrukturen eine nützliche Entscheidungshilfe sein. Bei der Lkw-Transportleistung dominieren jedoch die Fixkosten. Von Praktikern werden die Fixkostenanteile bei der Fahrzeugkostenkalkulation mit weit über 80 % angegeben. Der Ansatz der Deckungsbeitragsrechnung in Industriebetrieben, bei gedeckten variablen Kosten die Produktion selbst durchzuführen, kann für Speditionen nicht direkt übernommen werden. Bei Transportleistungen sind üblicherweise nur ca. 15 % variable Kosten. Diese Leistungen selbst zu erbringen, wenn nur die (sehr geringen) variablen Kosten gedeckt sind, könnte eine gravierende Fehlentscheidung sein. Deshalb entscheiden Spediteure – im Gegensatz zu Industriebetrieben – häufig mit der Vollkostenrechnung.

Mithilfe der Vollkostenrechnung wird eine Transportleistung selbst erbracht, wenn alle Kosten gedeckt sind. So ist eine entsprechende Gewichts- und Kilometerauslastung gegeben. Kann die Spedition diese vollständige Kostendeckung nicht erreichen, so wird sie die diesbezügliche Transportkapazität abbauen und zukünftig Fremdunternehmer mit der Transportdurchführung beauftragen.

Das Entscheidungsproblem „make or buy“ wird oftmals nicht mit ja oder nein, sondern mit sowohl als auch beantwortet. Relationen mit selbstkostendeckender Gewichts- und Kilometerauslastung werden mit eigenen Fahrzeugen und eigenem Personal durchgeführt; Relationen, die nicht vollständig kostendeckend sind, werden an Fremdunternehmer abgegeben. Dank anderer Kostenstrukturen und Transportorganisationen können diese Fremdunternehmer konkurrenzfähig sein.

7.7 Zusammenfassung der Deckungsbeitragsrechnung

FAZIT

Abteilung Lkw-Verkehr	Abteilung Luftfracht	Abteilung Seefracht
Erlöse Lkw-Verkehr	Erlöse Luftfracht	Erlöse Seefracht
– variable Kosten Lkw-Verkehr	– variable Kosten Luftfracht	– variable Kosten Seefracht
= Deckungsbeitrag Lkw-Verkehr	= Deckungsbeitrag Luftfracht	= Deckungsbeitrag Seefracht

Gesamter Deckungsbeitrag aller Abteilungen
– fixe Kosten des Speditionsbetriebs
= Periodenergebnis

Langfristige Preisuntergrenze:

Nettoverkaufspreis = variable + fixe Kosten
Angestrebt ist die Deckung aller Kosten.

Kurzfristige Preisuntergrenze:

Nettoverkaufspreis = variable Kosten
Angestrebt ist die Deckung der beschäftigungsabhängigen Kosten.

Mehrstufige Deckungsbeitragsrechnung als Controlling-Instrument 7.8

Bei der **mehrstufigen Deckungsbeitragsrechnung** werden zunächst die variablen Kosten in variable Einzelkosten (Speditionskosten) und variable Gemeinkosten unterteilt. Danach wird der Fixkostenblock zerlegt in abteilungsfixe und unternehmensfixe Kosten. Die **abteilungsfixen Kosten** werden von der jeweiligen Abteilung verursacht. Die **unternehmensfixen Kosten** werden zwar von allen Abteilungen verursacht, sind jedoch nicht den einzelnen Abteilungen direkt zuordenbar. Folglich müssen die unternehmensfixen Kosten von allen Abteilungen getragen werden. Da die variablen Kosten gestuft – zunächst die variablen Einzelkosten (Speditionskosten) und dann die variablen Gemeinkosten – abgezogen werden und danach die fixen Kosten ebenfalls gestuft – zunächst die abteilungsfixen Kosten und dann die unternehmensfixen Kosten – abgezogen werden, sind mehrere Zwischenergebnisse möglich. Diese Zwischenergebnisse werden einerseits unter den Abteilungen und andererseits innerhalb einer Abteilung über einen längeren Zeitraum hinweg verglichen. Häufig wird das Erreichen bestimmter Zwischenergebnisse von der Unternehmensführung vorgegeben.

Mithilfe der mehrstufigen Deckungsbeitragsrechnung kann herausgefunden werden, ob eine Abteilung einen Deckungsbeitrag 1 zur Abdeckung der abteilungsfixen Kosten erwirtschaftet. Darüber hinaus sollte ein Deckungsbeitrag 2 zur Abdeckung der unternehmensfixen Kosten erwirtschaftet werden.

MERKE

Die mehrstufige Deckungsbeitragsrechnung ist ein Instrument zur Beurteilung,

- **ob eine Abteilung aus Rentabilitätsgründen geschlossen werden soll,**
- **an welchem Punkt angesetzt werden soll, um die Abteilung rentabler zu gestalten.**

Die Stufung erfolgt nach dem Grad der direkten Zuordnung:

variable Einzelkosten (Speditionskosten)	⟶	sehr gut direkt zuordenbar
variable Gemeinkosten	⟶	gut direkt zuordenbar
abteilungsfixe Kosten	⟶	bedingt direkt zuordenbar
unternehmensfixe Kosten	⟶	nicht direkt zuordenbar

Abrechnungsschema der mehrstufigen Deckungsbeitragsrechnung:

	Markterlös	
–	variable Einzelkosten (Speditionskosten)	z. B.: gesamte Kontenklasse 7
=	Rohgewinn	
–	variable Gemeinkosten	z. B.: Personalkosten
=	Deckungsbeitrag 1	
–	abteilungsfixe Kosten	z. B.: anteilige Abschreibungen
=	Deckungsbeitrag 2	
–	unternehmensfixe Kosten	z. B.: Kosten der Unternehmensführung (Management)
=	Betriebsergebnis	

Nachdem vom Markterlös alle variablen Kosten und alle fixen Kosten abgezogen worden sind, verbleibt das Betriebsergebnis (Markterlös – Kosten).

Der Deckungsbeitrag 2 muss positiv sein, damit die unternehmensfixen Kosten mit abgedeckt werden können. Ist der Deckungsbeitrag 2 negativ, kann das Betriebsergebnis verbessert werden, indem die Abteilung mit negativem Deckungsbeitrag 2 geschlossen wird. Die abteilungsfixen Kosten der zu schließenden Abteilung entfallen. Die unternehmensfixen Kosten bleiben von der Schließung unberührt, sie bestehen in gleicher Höhe weiter.

Betrachtet man mehr als ein Produkt bzw. Abteilung, weist die mehrstufige Deckungsbeitragsrechnung folgendes Schema auf:

Lkw	Luft	See
Markterlöse Lkw-Fracht	Markterlöse Luftfracht	Markterlöse Seefracht
– Lkw-Speditionskosten	– Luftfrachtspeditionskosten	– Seefrachtsped.-Kosten
= Rohgewinn Lkw-Fracht	= Rohgewinn Luftfracht	= Rohgewinn Seefracht
– variable Gemeinkosten	– variable Gemeinkosten	– variable Gemeinkosten
= Deckungsbeitrag 1	= Deckungsbeitrag 1	= Deckungsbeitrag 1
– Lkw-abteilungsfixe Kosten	– luftfrachtabt.-fixe Kost.	– seefrachtabt.-fixe Kost.
= Deckungsbeitrag 2 (Lkw)	= Deckungsbeitrag 2 (Luft)	= Deckungsbeitrag 2 (See)

Gesamter Deckungsbeitrag 2 der Spedition
– unternehmensfixe Kosten
= Betriebsergebnis

Die unternehmensfixen Kosten werden in der Praxis unterschiedlich verteilt.

Erste Möglichkeit:
Da eine direkte Zuordnung der unternehmensfixen Kosten auf die einzelnen Abteilungen nicht ohne weiteres möglich ist, werden sie nicht auf die einzelnen Abteilungen verteilt. Die unternehmensfixen Kosten sind dann in einem Betrag von dem gesamten Deckungsbeitrag der Spedition abzuziehen.

Zweite Möglichkeit:
Die zweite Variante verteilt auch die unternehmensfixen Kosten auf die einzelnen Abteilungen. Mögliche Schlüssel hierzu können Anzahl der Mitarbeiter, Lohn- und Gehaltssumme oder Speditionserlöse der jeweiligen Abteilung darstellen.

Muster-
AUFGABE

Die Spedition Herrhausen GmbH, Suhl, ermittelt in der Kosten- und Leistungsrechnung nachstehende Beträge:

Erlös-/Kostenarten	insgesamt	Lkw-Fracht	Luftfracht	Seefracht
Speditionserlöse	950.000,00 €	450.000,00 €	300.000,00 €	200.000,00 €
Variable Gemeinkosten	48.000,00 €	10.000,00 €	18.000,00 €	20.000,00 €
Unternehmensfixe Kosten	150.000,00 €			
Speditionskosten (variable Einzelkosten)	323.000,00 €	30.000,00 €	175.000,00 €	118.000,00 €
Abteilungsfixe Gemeinkosten	380.000,00 €	252.000,00 €	43.000,00 €	85.000,00 €

a) Ermitteln Sie für jede Abteilung den Rohgewinn, den Deckungsbeitrag 1 und den Deckungsbeitrag 2.
b) Ermitteln Sie das Betriebsergebnis der Spedition Herrhausen GmbH.
c) Ermitteln Sie das Betriebsergebnis der Spedition Herrhausen GmbH, nachdem die Verlust bringende Abteilung aufgelöst wurde.
d) Angenommen, die Spedition Herrhausen GmbH möchte die Verlust bringende Abteilung nicht schließen, weil ihre Auftraggeber alle Speditionsleistungen von einem einzigen Spediteur angeboten haben möchten. Welche Möglichkeiten bestehen das Betriebsergebnis über Veränderungen in der Verlust bringenden Abteilung zu verbessern?

LÖSUNG

a)/b)

Erlös-/Kostenarten	insgesamt	Lkw-Fracht	Luftfracht	Seefracht
Speditionserlöse	950.000,00 €	450.000,00 €	300.000,00 €	200.000,00 €
– Speditionskosten (variable Einzelkosten)	323.000,00 €	30.000,00 €	175.000,00 €	118.000,00 €
= Abteilungs-rohgewinn	627.000,00 €	420.000,00 €	125.000,00 €	82.000,00 €
– variable Gemeinkosten	48.000,00 €	10.000,00 €	18.000,00 €	20.000,00 €
= Deckungsbeitrag 1	579.000,00 €	410.000,00 €	107.000,00 €	62.000,00 €
– abteilungsfixe Gemeinkosten	380.000,00 €	252.000,00 €	43.000,00 €	85.000,00 €
= Deckungsbeitrag 2	199.000,00 €	158.000,00 €	64.000,00 €	–23.000,00 €
– unternehmensfixe Kosten	150.000,00 €			
= Betriebsergebnis	49.000,00 €			

199.000,00 €
– 150.000,00 €
= 49.000,00 €

c) 158.000,00 € + 64.000,00 € – 150.000,00 € = 72.000,00 €

d) Die Abteilung Seefracht hat einen positiven Deckungsbeitrag 1 in Höhe von 62.000,00 €. Die abteilungsfixen Kosten betragen jedoch 85.000,00 € und verursachen somit einen negativen Deckungsbeitrag 2 in Höhe von – 23.000,00 €. Mögliche Ansätze, um den negativen Deckungsbeitrag 2 zu verringern bzw. einen positiven Deckungsbeitrag 2 zu erreichen:

1. Reduzierung der abteilungsfixen Kosten in der Abteilung Seefracht
2. Preiserhöhungen für Seefrachtleistung
3. Reduzierung der variablen Einzelkosten Seefracht
4. Reduzierung der variablen Gemeinkosten Seefracht

Aufgaben zum Sachverhalt

1

Die Spedition Barkensen e. Kfm., Rendsburg, ermittelt in der Kosten- und Leistungsrechnung nachstehende Beträge:

Erlös-/ Kostenarten	insgesamt	Lkw-Fracht	Luftfracht	Seefracht
Speditionserlöse	1.200.000,00 €	750.000,00 €	250.000,00 €	200.000,00 €
Variable Gemeinkosten	98.000,00 €	25.000,00 €	40.000,00 €	33.000,00 €
Unternehmensfixe Kosten	210.000,00 €			
Speditionskosten	315.000,00 €	40.000,00 €	155.000,00 €	120.000,00 €
Abteilungsfixe Gemeinkosten	450.000,00 €	355.000,00 €	70.000,00 €	25.000,00 €

a) **Ermitteln Sie für jede Abteilung den Rohgewinn, den Deckungsbeitrag 1 und den Deckungsbeitrag 2.**
b) **Ermitteln Sie das Betriebsergebnis der Spedition Barkensen e. Kfm.**
c) **Ermitteln Sie das Betriebsergebnis der Spedition Barkensen e. Kfm., nachdem die verlustbringende Abteilung geschlossen wurde.**

2

Die Spedition Huber & Trinkner GmbH, Schwerte, ermittelt in der Kosten- und Leistungsrechnung nachstehende Beträge:

Erlös-/ Kostenarten	insgesamt	Nationale Verkehre	Internationale Verkehre
Variable Gemeinkosten	90.000,00 €	65.000,00 €	25.000,00 €
Uunternehmensfixe Kosten	180.000,00 €		
Speditionskosten	320.000,00 €	100.000,00 €	220.000,00 €
Abteilungsfixe Gemeinkosten	785.000,00 €	590.000,00 €	195.000,00 €
Speditionserlöse	1.500.000,00 €	950.000,00 €	550.000,00 €
Anzahl der Mitarbeiter	15	12	3

a) **Ermitteln Sie für jede Abteilung den Rohgewinn, den Deckungsbeitrag 1 und den Deckungsbeitrag 2.**
b) **Ermitteln Sie das Betriebsergebnis der Spedition Huber & Trinkner GmbH.**
c) **Ermitteln Sie das Betriebsergebnis je Abteilung, wenn die unternehmens-fixen Kosten nach der Anzahl der Mitarbeiter verteilt werden.**
d) **Welche Gründe können einen Spediteur dazu veranlassen, eine verlustbringende Abteilung nicht zu schließen?**

3

Die Spedition Tillmann GmbH & Co. KG, Kiel, ermittelt in der Kosten- und Leistungsrechnung nachstehende Beträge:

Erlös-/ Kostenarten	**insgesamt**	**Lkw-Fracht**	**Luftfracht**	**Seefracht**
Speditionserlöse	1.300.000,00 €	850.000,00 €	250.000,00 €	200.000,00 €
Vvariable Gemeinkosten	198.000,00 €	120.000,00 €	35.000,00 €	43.000,00 €
Unternehmensfixe Kosten	122.000,00 €			
Speditionskosten	325.000,00 €	165.000,00 €	40.000,00 €	120.000,00 €
Abteilungsfixe Gemeinkosten	480.000,00 €	415.000,00 €	38.000,00 €	27.000,00 €

a) Ermitteln Sie für jede Abteilung den Rohgewinn, den Deckungsbeitrag 1 und den Deckungsbeitrag 2.

b) Ermitteln Sie das Betriebsergebnis der Spedition Tillmann GmbH & Co. KG.

c) Prüfen Sie, ob zur Verbesserung des Betriebsergebnisses eine Abteilung geschlossen werden sollte.

Zusammenfassung der mehrstufigen Deckungsbeitragsrechnung

FAZIT

Abteilung Luftfracht	**Abteilung Luftfracht**	**Abteilung Seefracht**
Erlöse Lkw-Verkehr	Erlöse Luftfracht	Erlöse Seefracht
– Lkw-Speditionskosten (variable Einzelkosten)	– Luftfrachtspeditionskosten (variable Einzelkosten)	– Seefrachtsped.-Kosten (variable Einzelkosten)
= Rohgewinn Lkw-Fracht	= Rohgewinn Luftfracht	= Rohgewinn Seefracht
– variable Gemeinkosten Lkw	– variable Gemeinkosten Luft	– variable Gem.-Kost. See
= Deckungsbeitrag 1	= Deckungsbeitrag 1	= Deckungsbeitrag 1
– Lkw-abteilungsfixe Kosten	– luftfrachtabt.-fixe Kost.	– seefrachtabt.-fixe Kost.
= Deckungsbeitrag 2 (Lkw)	= Deckungsbeitrag 2 (Luft)	= Deckungsbeitrag 2 (See)

= Gesamter Deckungsbeitrag 2 aller Abteilungen
– unternehmensfixe Kosten
= Betriebsergebnis (Periodenergebnis)

Bei negativem Deckungsbeitrag 2 wird durch Auflösung der verlustbringenden Abteilung das Betriebsergebnis verbessert.

Anstatt die verlustbringende Abteilung aufzulösen, kann versucht werden die Kosten- und Erlösstruktur dieser Abteilung zu verbessern durch:

- Preiserhöhung für Abteilungsleistungen (falls am Markt durchsetzbar)
- Reduzierung der variablen Einzelkosten der Abteilung
- Reduzierung der variablen Gemeinkosten der Abteilung
- Reduzierung der abteilungsfixen Kosten

Mithilfe der mehrstufigen Deckungsbeitragsrechnung kann beurteilt werden, ob eine Speditionsabteilung aus Rentabilitätsgründen geschlossen werden soll bzw. an welchem Punkt angesetzt werden soll, um die Abteilung rentabler zu gestalten.

8 Break-even-Analyse (kritische Kostenpunkte) als Controlling-Instrument

Zwischen der Erbringung von Speditionsleistungen und der Höhe der Kosten bestehen Beziehungen. Es gibt Kosten, die unabhängig von der Höhe der Ausbringungsmenge (Frachttonne, Umschlagtonne) anfallen. Das sind die fixen Kosten. Andere Kosten verändern sich, wenn sich die Ausbringungsmenge verändert. Diese Kosten werden als variable Kosten bezeichnet.

Für die **Break-even-Analyse** werden Gesamtkosten und Erlöse bei unterschiedlichen Ausbringungsmengen (Frachttonnen, Umschlagtonnen) betrachtet. So kann beispielsweise anhand einer Grafik festgestellt werden, ab welcher Ausbringungsmenge (Frachttonnen, Umschlagsleistung) mit Gewinn gearbeitet wird. Weiterhin kann die gewinnmaximale Ausbringungsmenge (Frachttonnen, Umschlagsleistung) ermittelt werden. Der Kurvenverlauf ermöglicht die Bestimmung des Break-even-Point (Gewinnschwelle), der Verlustzone, der Gewinnzone und des Gewinnmaximums.

Erklärung der verwendeten Abkürzungen:

E	=	Gesamterlös
e	=	Stückerlös (Tonnenerlös)
K	=	Gesamtkosten
K_f	=	Fixkosten insgesamt
K_v	=	variable Gesamtkosten
k	=	Stückkosten (Tonnenkosten)
k_v	=	variable Stückkosten

Beispiel: Eine Spedition erzielt bei einer Frachttonne durchschnittlich 400,00 € Netto-Speditionserlöse. Je Abrechnungsperiode werden durchschnittlich 500 Frachttonnen umgeschlagen. Die variablen Kosten betragen im Abrechnungszeitraum 75.000,00 €. Die fixen Kosten belaufen sich in der Abrechnungsperiode auf 100.000,00 €. Aus technischen und personellen Gründen können pro Abrechnungsperiode maximal 600 Frachttonnen umgeschlagen werden.

Variable Kosten je Frachttonne. Bei einem Umschlag von 500 Frachttonnen entstehen 75.000,00 € variable Kosten. Auf 1 Tonne umgerechnet sind das

$$\frac{75.000,00\ €}{500\ \text{Frachttonnen}} = 150,00\ €\ \text{variable Kosten je Frachttonne}\ (k_v).$$

Die **Gesamtkosten** für die im Abrechnungszeitraum umgeschlagenen 500 Frachttonnen belaufen sich dann auf:

	variable Kosten (K_v); 500 · 150,00 €	= 75.000,00 €
+	fixe Kosten (K_f)	= 100.000,00 €
=	Gesamtkosten (K)	= 175.000,00 €

Kostenfunktion. Die Gesamtkosten können mithilfe der Kostenfunktion $K(x) = K_v + K_f$ ermittelt werden, wobei an die Stelle von x mögliche Frachttonnenumschläge gesetzt werden. Für obiges Beispiel ergibt sich folgende Kostenfunktion:

$$\begin{aligned}
\text{Gesamtkosten} &= \text{variable Kosten} + \text{fixe Kosten}\\
K(x) &= K_v + K_f\\
K(x) &= k_v \cdot x + K_f\\
K(x) &= 150,00\ € \cdot x + 100.000,00\ €
\end{aligned}$$

Hieraus lassen sich die Kosten für den Umschlag von 500 Frachttonnen berechnen.

K(500) = 150,00 € · 500 + 100.000,00 € = 175.000,00 €

Um die Aussagefähigkeit der Rechnung zu erhöhen, sollen die Kostenfunktion K(x) und die Erlösfunktion E(x) grafisch dargestellt werden.

Die **Erlösfunktion** lautet:

Gesamterlös = Tonnenerlös · Menge (Stückzahl)
E(x) = e · x
E(x) = 400,00 € · x
E(500) = 400,00 € · 500 = 200.000,00 €
Die **Kostenfunktion** lautet: **K(x) = 150,00 € · x + 100.000,00 €.**

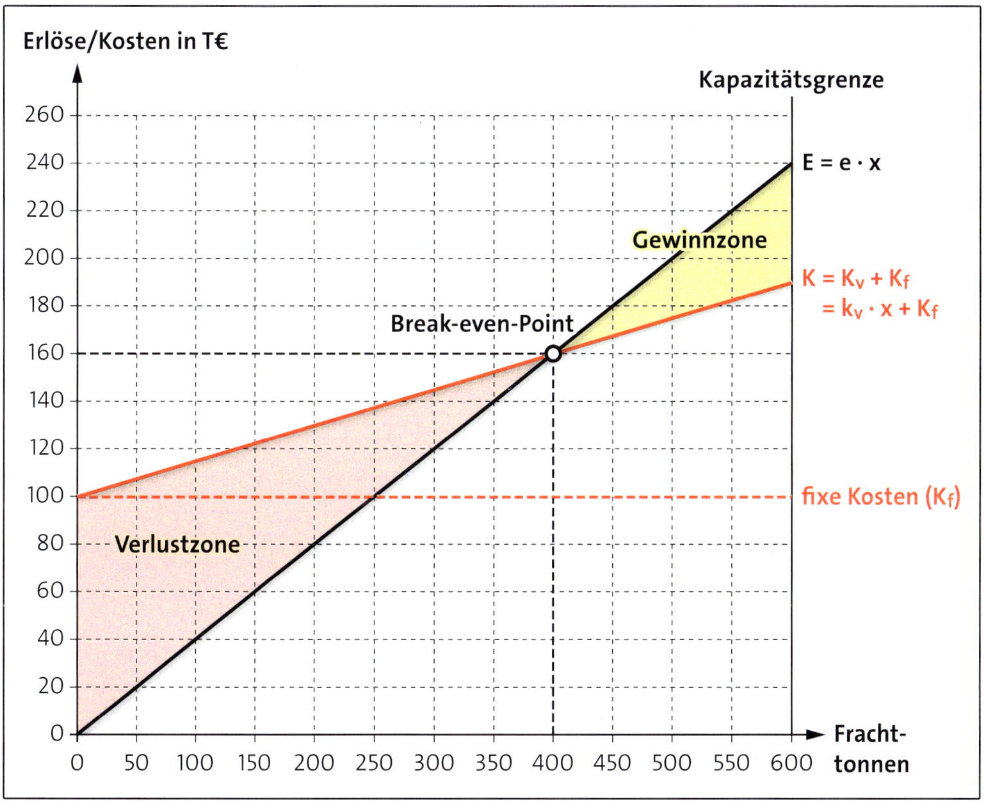

Erläuterungen zur Grafik:
Verlauf der Kostenfunktion. Für den Fall, dass kein Absatz erzielt wird, fallen dennoch die fixen Kosten von 100.000,00 € an. Die Kostenfunktion beginnt also an der Stelle x = 0 mit dem Wert 100.000,00 €. Für jede umgeschlagene Frachttonne beträgt der Kostenzuwachs 150,00 € variable Kosten. Die Kostenfunktion verläuft also linear bis zur Kapazitätsgrenze 600 Frachttonnen. Die fixen Kosten werden als Parallele[1] zur x-Achse eingezeichnet, da sie sich bei unterschiedlichem Frachtumschlag nicht verändern.

1 Die Fixkosten können bei einer bestimmten Auslastung sprunghaft ansteigen. Sie verlaufen dann ebenfalls als Parallele zur x-Achse – allerdings mit einem höheren Wert als bisher (sprungfixe Kosten).

Verlauf der Erlösfunktion. Die Erlösfunktion beginnt bei einer Umschlagsmenge x = 0 mit E = 0. Jede umgeschlagene Tonne bringt einen Erlöszuwachs von 400,00 €. Die Erlösfunktion verläuft also linear vom Ursprung bis zur Kapazitätsgrenze 600 Frachttonnen.

Break-even-Point (Gewinnschwelle). Der Schnittpunkt von Erlös- und Kostenfunktion markiert diejenige Umschlagsmenge (400 Tonnen), bei der Kosten und Erlöse genau gleich hoch sind. Bei einer geringeren Umschlagsmenge als an der Gewinnschwelle wird mit Verlust gearbeitet, weil dort die Kosten größer als die Erlöse sind. Am Break-even-Point wird weder Gewinn noch Verlust erzielt. Bei einer größeren Umschlagsmenge als an der Gewinnschwelle wird mit Gewinn gearbeitet, weil jetzt die Erlöse größer als die Kosten sind. Am Schnittpunkt (Übergang von der Verlustzone in die Gewinnzone) sind die Kosten gleich den Erlösen. Der Schnittpunkt stellt die Schwelle zum Gewinn (Gewinnschwelle) dar.

Berechnung des Break-even-Points. Bei der Berechnung des Break-even-Points werden die Gesamtkosten und die Gesamterlöse gleichgesetzt. Vor diesem Schnittpunkt sind die Kosten größer als die Erlöse, nach dem Schnittpunkt sind die Kosten geringer als die Erlöse. Am Schnittpunkt (Übergang von der Verlustzone in die Gewinnzone) sind die Kosten gleich den Erlösen.

$$
\begin{aligned}
\text{Gesamterlöse} &= \text{Gesamtkosten} \\
E(x) &= K(x) \\
E(x) &= K_v + K_f \\
e \cdot x &= k_v \cdot x + K_f \\
400{,}00\,€ \cdot x &= 150{,}00\,€ \cdot x + 100.000{,}00\,€ \\
250{,}00\,€ \cdot x &= 100.000{,}00\,€ \\
x &= 400 \text{ Stück}
\end{aligned}
$$

Bei der Ausbringungsmenge (Frachtumschlag) von 400 Einheiten (Tonnen) sind Kosten und Erlöse genau gleich. Über 400 Tonnen befindet sich der Betrieb in der Gewinnzone, unter 400 Tonnen in der Verlustzone.

Verlustzone. Liegt links vom Schnittpunkt der Erlösfunktion mit der Kostenfunktion (Break-even-Point). In diesem Bereich sind die Kosten höher als die Erlöse, weil sich die Fixkosten auf eine relativ geringe Anzahl von Frachttonnen verteilen und die Fixkosten je Frachttonne zusammen mit den variablen Kosten je Frachttonne größer sind als die Erlöse je Frachttonne. Es handelt sich also um die Verlustzone.

Gewinnzone. Liegt rechts vom Schnittpunkt der Erlösfunktion mit der Kostenfunktion (Break-even-Point). In diesem Bereich sind die Erlöse höher als die Kosten, weil sich die Fixkosten auf eine relativ große Anzahl von Frachttonnen verteilen und die Fixkosten je Frachttonne zusammen mit den variablen Kosten je Frachttonne kleiner sind als die Erlöse je Frachttonne. Es handelt sich also um die Gewinnzone.

Kapazitätsgrenze. Mit zunehmender Umschlagsmenge verbessert sich das Betriebsergebnis. Das wird aus dem sich vergrößernden Abstand zwischen Erlös- und Kostenfunktion deutlich. An der Kapazitätsgrenze ist der Abstand zwischen Erlös- und Kostenfunktion – und damit der Betriebsgewinn – am größten. Die aus technischen und personellen Gründen vorgegebene Kapazitätsgrenze liegt hier bei 600 Frachttonnen je Abrechnungsperiode.

Gewinnmaximum. An der Kapazitätsgrenze ist der Abstand zwischen Erlös- und Kostenfunktion am größten. Dieser Abstand (Erlöse – Kosten) drückt den Betriebsgewinn aus, der folglich an der Kapazitätsgrenze maximal ist, weil der gleichbleibende Fixkostenblock auf immer mehr Frachttonnen verteilt wird, und damit die Fixkosten je Frachttonnen sinken (Fixkostendegression).

Berechnung des maximal möglichen Gewinns (bei voller Kapazitätsauslastung):

Erlöse an der Kapazitätsgrenze 600 Tonnen (600 · 400,00 €)	E	=	240.000,00 €
– Kosten an der Kapazitätsgrenze 600 Tonnen;			
fixe Kosten	Kf	=	100.000,00 €
variable Kosten für 600 Frachttonnen	K_v	=	90.000,00 €
= **maximal möglicher Gewinn**	G_{max}	=	**50.000,00 €**

Berechnung des Gewinns bei 500 Frachttonnen:

Erlöse für 500 Frachttonnen (500 · 400,00 €)	E	=	200.000,00 €
– Kosten für 500 Frachttonnen			
fixe Kosten	Kf	=	100.000,00 €
variable Kosten für 500 Frachttonnen	Kv	=	75.000,00 €
= **Gewinn bei 500 Frachttonnen**	$G_{(500)}$	=	**25.000,00 €**

FAZIT

Break-even-Point (Gewinnschwelle) – Schnittpunkt der Speditionserlöse mit den Gesamtkosten

Verlustzone – liegt im Bereich Erlöse < Gesamtkosten

Gewinnzone – liegt im Bereich Erlöse > Gesamtkosten

Gewinnmaximum – liegt an der Kapazitätsgrenze *(bei linearem Verlauf der Erlös- und Kostenfunktionen)*

Berechnung des Break-even-Points

$$\text{Kosten} = \text{Erlöse}$$
$$K(x) = E(x)$$
$$K_v + K_f = E(x)$$
$$k_v \cdot x + K_f = e \cdot x$$

9 Analyse des Jahresabschlusses als Controlling-Instrument

Auf Grundlage des Jahresabschlusses werden auch in der Spedition Kennzahlen aus der Bilanz und der Gewinn- und Verlustrechnung entwickelt, die die Unternehmensführung und -planung unterstützen. Die ermittelten Kennzahlen müssen anschließend analysiert werden, um so betriebswirtschaftliche Vorgänge und Tatbestände ausdrücken und steuern zu können.

9.1 Auswertung der Bilanz

Nachstehende Bilanzen der EUSPED GmbH, Köln, sollen analysiert werden.

BILANZ DER EUSPED GMBH IN T€

AKTIVA	Berichtsjahr	Vorjahr	PASSIVA	Berichtsjahr	Vorjahr
Anlagevermögen			**Eigenkapital**	1.418	1.292
1. Sachanlagen	2.000	1.700	**Fremdkapital**		
2. Finanzanlagen	300	450	1. langfristiges	1.154	1.071
Umlaufvermögen			2. kurzfristiges	448	435
1. Vorräte	84	90			
2. Forderungen	542	472			
3. liquide Mittel	94	86			
	3.020	2.798		3.020	2.798

Die Bilanzanalyse wird unterteilt in:

- Kennzahlen der Vermögensstruktur
- Kennzahlen der Kapitalstruktur
- Kennzahlen der Kapital- und Vermögensstruktur

9.1.1 Kennzahlen der Vermögensstruktur

Das Vermögen steht auf der **Aktivseite der Bilanz**. Die Vermögensstruktur eines Unternehmens ist abhängig von der Branche, in der es tätig ist. So ist die Speditionsbranche mit einem Anteil von 70 % – 80 % Anlagevermögen sehr anlageintensiv, während bei Handelsunternehmen das Umlaufvermögen überwiegt.

Anlageintensität. Bei anlageintensiven Betrieben ist in den Anlagen langfristig Kapital gebunden und verursacht so erhebliche fixe Kosten in Form von Abschreibungen, Zinsen des investierten Kapitals, Instandhaltungskosten, Steuern und Versicherungen. Diese hohen Fixkosten zwingen das Unternehmen einen hohen Auslastungsgrad anzustreben, um erfolgreich arbeiten zu können. In Konjunkturkrisen bzw. bei Absatzrückgang führt eine hohe Fixkostenbelastung zu höheren Stückkosten, die jedoch am Markt meist nicht durchzusetzen sind.

Umlaufintensität. Sie sagt aus, wie viel Prozent des Vermögens als Umlaufvermögen gehalten werden.

Forderungsintensität. Die Forderungsintensität zeigt, welchen prozentualen Anteil die Forderungen am Vermögen haben. Eine hohe Forderungsintensität weist auf „schleppende Forderungseingänge" hin.

$$\text{Anlageintensität} = \frac{\text{Anlagevermögen} \cdot 100}{\text{Gesamtvermögen}}$$

$$\text{Umlaufintensität} = \frac{\text{Umlaufvermögen} \cdot 100}{\text{Gesamtvermögen}}$$

$$\text{Forderungsintensität} = \frac{\text{Forderungen} \cdot 100}{\text{Gesamtvermögen}}$$

MERKE

Berechnung der Kennzahlen der Vermögensstruktur am Beispiel der EUSPED GmbH:

Kennzahl	Formel	Berichtsjahr	Vorjahr
Anlageintensität	$\frac{\text{AV} \cdot 100}{\text{Vermögen}}$	$\frac{2.300 \cdot 100}{3.020} = 76{,}2\,\%$	$\frac{2.150 \cdot 100}{2.798} = 76{,}8\,\%$
Umlaufintensität	$\frac{\text{UV} \cdot 100}{\text{Vermögen}}$	$\frac{720 \cdot 100}{3.020} = 23{,}8\,\%$	$\frac{648 \cdot 100}{2.798} = 23{,}2\,\%$
Forderungsintensität	$\frac{\text{Ford.} \cdot 100}{\text{Vermögen}}$	$\frac{542 \cdot 100}{3.020} = 18{,}0\,\%$	$\frac{472 \cdot 100}{2.798} = 16{,}9\,\%$

Auswertung: Die Anlageintensität der EUSPED GmbH liegt im Durchschnitt der Speditionsbranche. Die Anlageintensität ist gegenüber dem Vorjahr zwar zurückgegangen, aber dies ist nur auf den Rückgang der Finanzanlagen zurückzuführen. Die hohe Anlageintensität verursacht hohe Fixkosten. Deshalb sollte die EUSPED GmbH auf einen hohen Auslastungsgrad achten.

Die Forderungsintensität ist gegenüber dem Vorjahr leicht gestiegen, was auf „schleppenderen Forderungseingang" zurückgeführt werden kann.

9.1.2 Kennzahlen der Kapitalstruktur (vertikale Kennzahlen)

Die **Passivseite der Bilanz** gibt über die **Finanzierung** (Kapitalherkunft, Kapitalstruktur) Auskunft. Die Finanzierungskennzahlen zeigen auf, inwieweit das Unternehmen mit eigenen oder fremden Mitteln arbeitet.

Das Eigenkapital erfüllt eine Haftungsfunktion gegenüber den Gläubigern und eine Finanzierungsfunktion.

MERKE

Eigenkapitalquote (Grad der finanziellen Unabhängigkeit)	=	$\frac{\text{Eigenkapital} \cdot 100}{\text{Gesamtkapital (EK + FK)}}$
Fremdkapitalquote (Grad der Verschuldung)	=	$\frac{\text{Fremdkapital} \cdot 100}{\text{Gesamtkapital (EK + FK)}}$

Berechnung der Kennzahlen der Kapitalstruktur am Beispiel der EUSPED GmbH:

		Berichtsjahr	Vorjahr
Eigenkapitalquote (Grad der finanziellen Unabhängigkeit)	$\frac{\text{EK} \cdot 100}{\text{Gesamtkapital}}$	$\frac{1.418 \cdot 100}{3.020}$ = 46,95 %	$\frac{1.292 \cdot 100}{2.798}$ = 46,18 %
Fremdkapitalquote (Grad der Verschuldung)	$\frac{\text{FK} \cdot 100}{\text{Gesamkapital}}$	$\frac{1.602 \cdot 100}{3.020}$ = 53,05 %	$\frac{1.506 \cdot 10}{2.798}$ = 53,82 %

Auswertung: Mit ca. 47 % ist der Grad der finanziellen Unabhängigkeit der EUSPED GmbH weit über dem Durchschnitt der Speditionsbranche, der bei ca. 6 % liegt. Damit ist eine überdurchschnittliche Krisenfestigkeit und Kreditwürdigkeit des Unternehmens gegeben.

Der Rückgang des Verschuldungsgrades von 53,82 % auf 53,05 % zeigt, dass weniger Vermögen als bisher mit Fremdkapital finanziert wird.

Finanzierungsstruktur der Speditionen 2005–2008

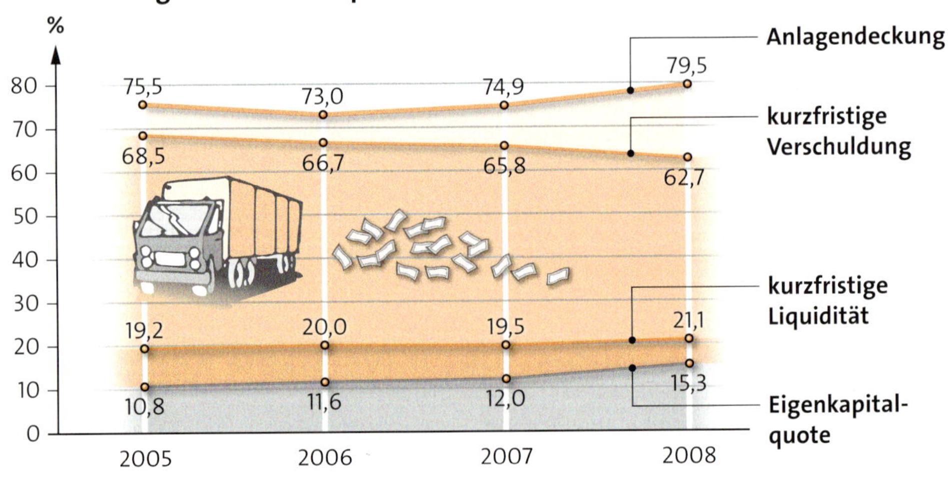

Quelle: Branchendienst der Sparkassen-Finanzgruppe

Kennzahlen der Kapital- und Vermögensstruktur 9.1.3

Bisher wurden Zahlenwerte der Aktivseite (Vermögensseite) einerseits und der Passivseite (Kapital) andererseits in ein Verhältnis zueinander gesetzt. Weiterhin kann man nun Zahlenwerte der Aktivseite mit bestimmten Posten der Passivseite in Beziehung setzen. Solche Kennzahlen werden als **horizontale Kennzahlen** bezeichnet.

Anlagendeckung

Um die finanzielle Stabilität der Finanzierung des Anlagevermögens zu sichern, sollte ein möglichst hoher Anteil des Anlagevermögens mit Eigenkapital finanziert werden. Den prozentualen Anteil des mit Eigenkapital finanzierten Anlagevermögens gibt die Kennzahl **Anlagendeckung I** an.

Den prozentualen Anteil des langfristigen Kapitals im Verhältnis zum Anlagevermögen gibt die Kennzahl **Anlagendeckung II** an. Auf jeden Fall sollte das Anlagevermögen langfristig finanziert werden – entweder mit Eigenkapital oder langfristigem Fremdkapital. Damit wird sichergestellt, dass das Anlagevermögen in einer Krisensituation nicht verkauft werden muss. Als **„Goldene Bilanzregel"** wird eine Anlagendeckung II gefordert, die größer als 100 % ist.

MERKE

Anlagendeckung I

$$\text{Anlagendeckung I} = \frac{\text{Eigenkapital} \cdot 100}{\text{Anlagevermögen}}$$

Anlagendeckung II (Goldene Bilanzregel)

$$\text{Anlagendeckung II} = \frac{(\text{EK + langfr. FK}) \cdot 100}{\text{Anlagevermögen}}$$

Berechnung der Kennzahlen der Kapital- und Vermögensstruktur am Beispiel der EUSPED GmbH:

		Berichtsjahr	Vorjahr
Anlagendeckung I	$\frac{\text{EK} \cdot 100}{\text{Anlageverm.}}$	$\frac{1.418 \cdot 100}{2.300} = 61{,}65\ \%$	$\frac{1.292 \cdot 100}{2.150} = 60{,}09\ \%$
Anlagendeckung II (Goldene Bilanzregel)	$\frac{(\text{EK+langfr. FK}) \cdot 100}{\text{Anlageverm.}}$	$\frac{2.572 \cdot 100}{2.300} = 111{,}83\ \%$	$\frac{2.363 \cdot 100}{2.150} = 109{,}91\ \%$

Auswertung: In der anlageintensiven Speditionsbranche ist die **Anlagendeckung I** mit über 60 % zufriedenstellend, zumal der Anteil des mit Eigenkapital finanzierten Anlagevermögens gegenüber dem Vorjahr gesteigert werden konnte.

Die Forderung der **Anlagendeckung II** (Goldene Bilanzregel) nach einer Mindestdeckung von 100 % ist in beiden Berichtsjahren erfüllt. Der Speditionsbetrieb zeigt mit einem Wert von ca. 110 % eine gute Krisenfestigkeit, die durch den Anstieg dieser Kennzahl gegenüber dem Vorjahr unterstrichen wird.

Liquidität

Unter **Liquidität**[1] versteht man die Zahlungsfähigkeit eines Unternehmens. Die Erhaltung der Zahlungsfähigkeit ist für jedes Unternehmen existenznotwendig. Dauerhafte Zahlungsunfähigkeit führt zur Insolvenz des Unternehmens. Zahlungsein- und -ausgänge müssen exakt geplant werden, damit Zahlungsunfähigkeit vermieden wird.

- Die **Liquidität I. Grades** zeigt die **Barliquidität** des Unternehmens an. Sie gibt an, wie viel Prozent der kurzfristigen Verbindlichkeiten mit den Barmitteln (Bank, Kasse) bezahlt werden können. In der Regel reichen 20 % Barliquidität aus, um die Zahlungsfähigkeit zu erhalten.
- Die **Liquidität II. Grades** zeigt die **einzugsbedingte Liquidität** des Unternehmens an. Sie gibt an, wie viel Prozent der kurzfristigen Verbindlichkeiten mit Barmitteln und eingegangenen Forderungen beglichen werden können. Für eine ausreichende Zahlungsbereitschaft sollten bei der einzugsbedingten Liquidität mindestens 100 % erreicht werden.
- Die **Liquidität III. Grades** zeigt die **umsatzbedingte Liquidität** des Unternehmens an. Sie gibt an, wie viel Prozent der kurzfristigen Verbindlichkeiten mit dem Umlaufvermögen (Barmittel, Forderung, Vorräte) beglichen werden können. Die umsatzbedingte Liquidität hat für die Speditionsbranche im Gegensatz zu Handel und Industrie keine Bedeutung, da der Spediteur keine „produzierten Vorräte“ hält.

MERKE

Liquidität I. Grades (Barliquidität) $= \dfrac{\text{Flüssige Mittel} \cdot 100}{\text{Kurzfristige Verbindlichkeiten}}$

Liquidität II. Grades (Einzugsbedingte Liquidität) $= \dfrac{(\text{Flüssige Mittel} + \text{Forderungen}) \cdot 100}{\text{Kurzfristige Verbindlichkeiten}}$

Berechnung der Kennzahlen der Kapital- und Vermögensstruktur am Beispiel der EUSPED GmbH:

		Berichtsjahr	Vorjahr
Liquidität I. Grades (Barliquidität)	$\dfrac{\text{Fl. Mittel} \cdot 100}{\text{Kurzfr. Verb.}}$	$\dfrac{94 \cdot 100}{448} = 20{,}98\,\%$	$\dfrac{86 \cdot 100}{435} = 19{,}77\,\%$
Liquidität II. Grades (Einzugsbedingte Liquidität)	$\dfrac{(\text{Fl. M.} + \text{Ford.}) \cdot 100}{\text{Kurzfr. Verb.}}$	$\dfrac{636 \cdot 100}{448} = 141{,}96\,\%$	$\dfrac{558 \cdot 100}{435} = 128{,}28\,\%$

Auswertung: Die Liquidität I. Grades hat sich gegenüber dem Vorjahr geringfügig verbessert. Die Liquidität II. Grades hat sich wesentlich verbessert, wobei jedoch bereits das Vorjahr zufriedenstellende Werte ausweist. Generell sollte bei der Liquidität II. Grades beachtet werden, dass die durchschnittliche Forderung erst nach ca. 55 Tagen eingeht. Deshalb sollte in Speditionsbetrieben die Liquidität II. Grades größer als 100 % sein.

1 Liquidität (lat. „Flüssigsein“), die Zahlungsbereitschaft einer Wirtschaftseinheit

Zusammenfassung – Kennzahlen der Bilanzauswertung

1. Kennzahlen der Vermögensstruktur (vertikale Kennzahlen)

AKTIVA — BILANZ — PASSIVA

Anlageintensität

$$= \frac{\text{Anlagevermögen} \cdot 100}{\text{Gesamtvermögen}}$$

Umlaufintensität

$$= \frac{\text{Umlaufvermögen} \cdot 100}{\text{Gesamtvermögenn}}$$

2. Kennzahlen der Kapitalstruktur (vertikale Kennzahlen)

AKTIVA — BILANZ — PASSIVA

Eigenkapitalquote
(Grad der finanziellen Unabhängigkeit)

$$= \frac{\text{Eigenkapital} \cdot 100}{\text{Gesamtkapital}}$$

Fremdkapitalquote
(Grad der Verschuldung)

$$= \frac{\text{Fremdkapital} \cdot 100}{\text{Gesamtkapital}}$$

3. Kennzahlen der Vermögens- und Kapitalstruktur (horizontale Kennzahlen)

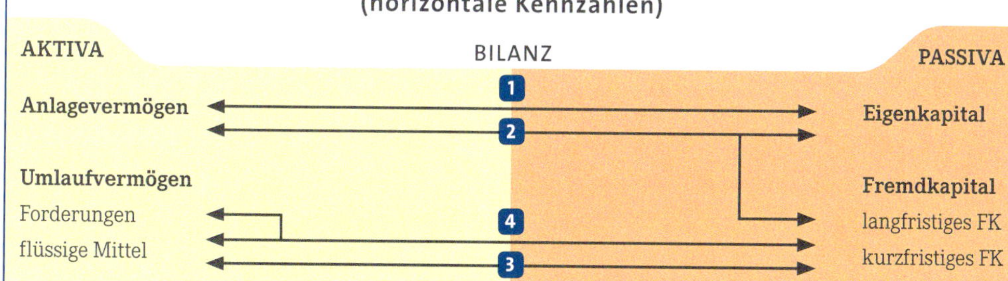

1 Anlagendeckung I $= \frac{\text{Eigenkapital} \cdot 100}{\text{Anlagevermögen}}$

2 Anlagendeckung II (Goldene Bilanzregel) $= \frac{(\text{Eigenkapital} + \text{langfrist. Fremdkapital}) \cdot 100)}{\text{Anlagevermögen}}$

3 Liquidität I. Grades (Barliquidität) $= \frac{\text{flüssige Mittel} \cdot 100}{\text{kurzfristige Verbindlichkeiten}}$

4 Liquidität II. Grades Einzugsbedingte Liquidität $= \frac{(\text{flüssige Mittel} + \text{Forderungen}) \cdot 100}{\text{kurzfristige Verbindlichkeiten}}$

Aufgaben

1

Als Assistent der Geschäftsleitung der Spedition Rehn sollen Sie folgende Bilanzkennzahlen ermitteln und analysieren:
- **Anlageintensität, Umlaufintensität**
- **Eigenkapitalquote, Fremdkapitalquote**
- **Anlagendeckung I und II**
- **Liquidität I. Grades und II. Grades**

Hinweis: Die gesamten Rückstellungen sind langfristig.

BILANZ
SPEDITION F. REHN GMBH IN T€

AKTIVA		PASSIVA	
I. Anlagevermögen		**I. Eigenkapital**	
1. Bebaute Grundstücke	950	1. Stammkapital	1.000
2. Fuhrpark	1.935	2. Rücklagen	150
3. BGA	847	**II. Fremdkapital**	
II. Umlaufvermögen		1. Rückstellungen	356
1. Vorräte	69	2. Darlehensschulden	2.500
2. Forderungen	633	3. kurzfr. Verbindl.	594
3. Flüssige Mittel	166		
	4.600		**4.600**

2

Die Allsped GmbH, Dessau, steht zum Verkauf. Zur Beurteilung des Unternehmens steht Ihnen die letzte Bilanz zur Verfügung.

Analysieren Sie die Bilanz der Allsped GmbH bezüglich:
- **Anlageintensität, Umlaufintensität**
- **Eigenkapitalquote, Fremdkapitalquote**
- **Anlagendeckung I**
- **Anlagendeckung II**
- **Liquidität I. Grades**
- **Liquidität II. Grades**

Hinweis: Die Rückstellungen sind zu 50 % langfristig. Der Bilanzgewinn verbleibt im Unternehmen und wird den Rücklagen zugeführt. Die Darlehensschulden sind langfristig

BILANZ ZUM 31. DEZ. .. IN €

AKTIVA		PASSIVA	
I. Eigenkapital		**I. Eigenkapital**	
1. Grundstücke, Gebäude	360.000,00	1. Stammkapital	650.000,00
2. Techn. Anl.	370.000,00	2. Rücklagen	96.000,00
3. Fuhrpark	430.000,00	3. Bilanzgewinn	63.000,00
4. Betriebs- und Geschäftsausst.	90.000,00	**II. Fremdkapital**	
		1. Rückstellungen	30.000,00
II. Umlaufvermögen		2. Verbindlichkeiten	
1. Vorräte	42.000,00	a) Darlehensschulden	562.200,00
2. Forderungen	240.000,00	b) Verbindlichk. a. LL	189.000,00
3. Kasse, Bank	78.600,00	c) Sonst kurzf. Verbindl.	20.400,00
	1.610.600,00		**1.610.600,00**

9.2 Auswertung der Gewinn- und Verlustrechnung

Als Ergänzung zur Bilanzanalyse werden mithilfe der Gewinn- und Verlustrechnung Kennzahlen zur Rentabilität des Kapitaleinsatzes, zur Produktivität des Faktoreinsatzes und zur Ermittlung des Cashflows entwickelt und bewertet.

Nachstehende Gewinn- und Verlustrechnung der EUSPED GmbH in Staffelform soll ausgewertet werden:

GuV-Position	Berichtsjahr in €	Vorjahr in €
1. Speditionserlöse[1]	6.116.000,00	5.912.000,00
+ 2. sonstige betriebliche Erträge	20.000,00	14.000,00
– 3. betriebliche Aufwendungen		
a) Aufwand für bezogene Leistungen	2.005.000,00	1.942.000,00
b) Aufwendungen für Treibstoffe usw.	744.000,00	703.000,00
= **Rohertrag**	= **3.387.000,00**	= **3.281.000,00**
– 4. Personalaufwand	2.620.000,00	2.577.000,00
– 5. Abschreibungen	188.000,00	165.000,00
– 6. sonstige betriebliche Aufwendungen[2]	520.000,00	317.000,00
+ 7. Zinsen und ähnliche Erträge	172.000,00	182.000,00
– 8. Zinsen und ähnliche Aufwendungen	145.000,00	163.000,00
= **9. Ergebnis aus gewöhnlicher Geschäftstätigkeit**	= **86.000,00**	= **241.000,00**
+ 10. außerordentliche Erträge	224.000,00	142.000,00
– 11. außerordentliche Aufwendungen	66.000,00	160.000,00
= 12. außerordentlliches Ergebnis	+ 158.000,00	– 18.000,00
– 13. Steuern vom Einkommen und Ertrag	48.000,00	44.000,00
– 14. sonstige Steuern	70.000,00	60.000,00
= **15. Jahresüberschuss[3]**	= **126.000,00**	= **119.000,00**

9.2.1 Rentabilität

Hauptziel jeder unternehmerischen Tätigkeit ist die Erzielung eines angemessenen Gewinns. Der erzielte Gewinn kann aber erst dann richtig beurteilt werden, wenn er zu bestimmten Größen ins Verhältnis gesetzt wird. Als Größen dienen hauptsächlich

- das *Eigenkapital* zur Berechnung der *Eigenkapitalrentabilität*,
- das *Gesamtkapital* zur Berechnung der *Gesamtkapitalrentabilität*,
- der *Umsatz* zur Berechnung der *Umsatzrentabilität*.

Die Rentabilität fragt, wie sich der Kapitaleinsatz oder der Umsatz „lohnt“. So bedeutet beispielsweise eine Umsatzrentabilität von 4 %, dass 100,00 € Umsatz 4,00 € Gewinn abwerfen.

1 Im Speditionsbetrieb entsprechen die Umsatzerlöse (Speditionserlöse) der Gesamtleistung. Bei Industriebetrieben gilt: Umsatzerlöse + aktivierte Eigenleistungen + Bestandsveränderungen = Gesamtleistung.
2 Unter „sonstige betriebliche Aufwendungen“ werden hier nur die Verwaltungskosten erfasst.
3 bzw. Jahresfehlbetrag im Falle eines Verlustes.

Eigenkapitalrentabilität. Der Gewinn stellt die Verzinsung des durch den Unternehmer eingesetzten Eigenkapitals dar. Die Eigenkapitalrentabilität sollte über dem landesüblichen Zinssatz für langfristige Anleihen liegen, da man dem Unternehmer auch eine Risikoprämie für sein Unternehmerwagnis zugestehen muss.

MERKE

Eigenkapitalrentabilität (Unternehmerrentabilität)

$$\text{Eigenkapitalrentabilität} = \frac{\text{Gewinn} \cdot 100}{\text{Eigenkapital}}$$

Gesamtkapitalrentabilität. Bei der Gesamtkapitalrentabilität müssen neben dem Gewinn auch die gezahlten Fremdkapitalzinsen berücksichtigt werden, weil das Gesamtkapital neben dem Gewinn auch die gezahlten Zinsen für das Fremdkapital erwirtschaftet hat. Wenn nichts anderes angegeben ist, wird ein Fremdkapitalzinssatz von 7 % unterstellt.

Für die Entscheidung, ob eine Investition fremdfinanziert oder aus Eigenkapital finanziert werden soll, ist der Vergleich von Eigenkapital- und Gesamtkapitalrentabilität notwendig. Solange der Fremdkapitalzinssatz unter dem Gesamtkapitalzinssatz liegt, erhöht sich die Eigenkapitalrentabilität bei einer weiteren Fremdfinanzierung. In diesem Fall wirkt das zusätzliche Fremdkapital als „Hebel" zur Steigerung der Eigenkapitalrentabilität (Leverage -Effekt[1]).

MERKE

Gesamtkapitalrentabilität (Unternehmensrentabilität)

$$\text{Gesamtkapitalrentabilität} = \frac{(\text{Gewinn} + \text{Zinsaufwand}) \cdot 100}{\text{Gesamtkapital}}$$

Umsatzrentabilität. Die Umsatzrentabilität zeigt, wie viel Prozent der Umsatzerlöse dem Unternehmen als Gewinn zufließen. Dies ist der Anteil am Umsatz, der nicht durch Aufwand gebunden ist und für Gewinnausschüttungen bzw. zu Investitionszwecken zur freien Verfügung steht. In der Bundesrepublik Deutschland beträgt die durchschnittliche Umsatzrentabilität aller Wirtschaftszweige ca. 2,5 %. Dies bedeutet, dass von 100,00 € Umsatz 97,50 € als Aufwand fest gebunden sind und nur 2,50 € zur freien Verfügung des Unternehmens übrig bleiben.

MERKE

Umsatzrentabilität (Gewinnanteil)

$$\text{Umsatzrentabilität} = \frac{\text{Gewinn} \cdot 100}{\text{Umsatzerlöse}}$$

Berechnung der Rentabilitätskennzahlen am Beispiel der EUSPED GmbH:[2]

EUSOED GmbH		Berichtsjahr	Vorjahr
Eigenkapital-rentabilität	$\frac{\text{Gewinn} \cdot 100}{\text{Eigenkapital}}$	$\frac{126.000,00 \cdot 100}{1.418.000,00} = 8,89\ \%$	$\frac{119.000,00 \cdot 100}{1.292.000,00} = 9,21\ \%$
Gesamtkapital-rentabilität	$\frac{(\text{Gew.} + \text{Zinsaufw.}) \cdot 100}{\text{Gesamtkap.}}$	$\frac{(126.000,00 + 145.000,00) \cdot 100}{3.020.000,00} = 8,97\ \%$	$\frac{(119.000,00 + 163.000,00) \cdot 100}{2.798.000,00} = 10,07\ \%$
Umsatz-rentabilität	$\frac{\text{Gewinn} \cdot 100}{\text{Umsatz}}$	$\frac{126.000,00 \cdot 100}{6.116.000,00} = 2,06\ \%$	$\frac{119.000,00 \cdot 100}{5.912.000,00} = 2,01\ \%$

1 lever (frz.) = heben, anheben; Leverage-Effekt = Hebeleffekt

2 Bilanz-Daten siehe S. 101; GuV-Daten siehe S. 243

Die Eigenkapitalrentabilität liegt über dem Kapitalmarktzinssatz und ist deshalb als zufriedenstellend anzusehen. Bei dem angegebenen langfristigen Kapitalmarktzinssatz von 7 % ist bei einer Eigenkapitalrentabilität von 8,9 % eine verbleibende Risikoprämie von 1,9 % (8,9 % — 7 %) ebenfalls als zufriedenstellend anzusehen.

Die Gesamtkapitalrentabilität beträgt ca. 9 %. Können Investitionen zu einem tatsächlichen Zinssatz unter 9 % fremdfinanziert werden, lohnt sich die Aufnahme von Darlehen, weil sich dadurch die Eigenkapitalrentabilität verbessern würde. Bei Zinssätzen über 9 % wäre die Finanzierung mit Eigenmitteln (Gewinn bzw. zusätzliches Eigenkapital) sinnvoll, weil sonst die Eigenkapitalrentabilität sinken würde.

Die Umsatzrentabilität der EUSPED GmbH liegt zwar mit 2,06 % unter der allgemeinen Umsatzrentabilität, aber bezogen auf die Speditionsbranche ist diese Umsatzrentabilität überdurchschnittlich gut. Von 100,00 € sind 97,94 € als Aufwand gebunden und 2,06 € stehen zur freien Disposition des Unternehmers. Gegenüber dem Vorjahr hat sich eine geringe Verbesserung der Umsatzrentabilität eingestellt.

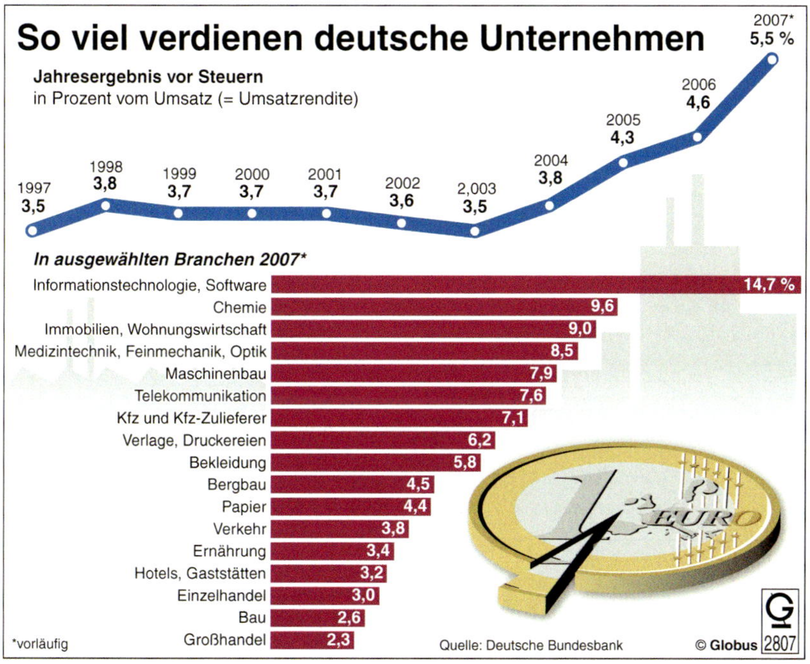

9.2.2 Cashflow-Analyse

Messzahl für die Ertrags- und Selbstfinanzierungskraft des Unternehmens ist der Cashflow. Unter Cashflow versteht man den Finanzüberschuss; vereinfacht ausgedrückt die Differenz zwischen den Einnahmen und den Ausgaben. Diese Differenz steht dem Unternehmen zur Verfügung für:

- Finanzierung von Investitionen
- Schuldentilgung
- Gewinnausschüttung

Da normalerweise Aufwendungen und Erträge und damit auch der **Jahresüberschuss** (Gewinn) bekannt sind, wird ausgehend vom Jahresüberschuss (Erträge – Aufwendungen) **zum Cashflow** (Einnahmen – Ausgaben) gerechnet.

Der Jahresüberschuss (Gewinn) muss korrigiert werden um

- Aufwendungen, die keine Ausgaben sind (ausgabelose Aufwendungen).
- Erträge, die keine Einnahmen sind (einnahmelose Erträge).

Zum Cashflow zählen deshalb der Jahresüberschuss und alle nicht auszahlungswirksamen Aufwendungen des Geschäftsjahres, wie z. B. Abschreibungen und Einstellungen in Rückstellungen. Nicht auszahlungswirksame Aufwendungen führen zu keiner Ausgabe (Geldabfluss). Somit sind sie neben dem Jahresüberschuss (Gewinn) verfügbar.

Nicht einnahmewirksame Erträge des Geschäftsjahres, wie z. B. Erträge aus der Auflösung von Rückstellungen, werden abgezogen, weil diese Erträge nicht in Form von Einnahmen zur Verfügung stehen.

Berechnung des Cashflows nach der vereinfachten „Praktikerformel“:

MERKE

Cashflow =	Jahresüberschuss (Gewinn)
	+ Abschreibungen im lfd. Geschäftsjahr
	+ Einstellungen in Rückstellungen im lfd. Geschäftsjahr
	= Cashflow

Aussagefähigkeit. Der Cashflow lässt erkennen, in welchem Umfang sich ein Unternehmen aus eigener Kraft finanziert. Aus Höhe und Entwicklung des Cashflows können Rückschlüsse auf die Ertragskraft, Selbstfinanzierungskraft, Kreditwürdigkeit und Expansionsfähigkeit gezogen werden. Deshalb ist der Cashflow aussagefähiger als die rein gewinnorientierten Rentabilitätskennzahlen.

Cashflow-Kennzahlen. Sehr aussagefähig ist der Cashflow, wenn man ihn zu den Umsatzerlösen in Beziehung setzt. In diesem Fall wird erkennbar, wie viel Prozent der Umsatzerlöse für Investitionszwecke, Kredittilgung und Dividendenausschüttung frei zur Verfügung stehen.

MERKE

$$\text{Cashflow-Umsatzverdienstrate} = \frac{\text{Cashflow} \cdot 100}{\text{Umsatzerlöse}}$$

Cashflow und Umsatzrentabilität der Speditionen 2005–2008

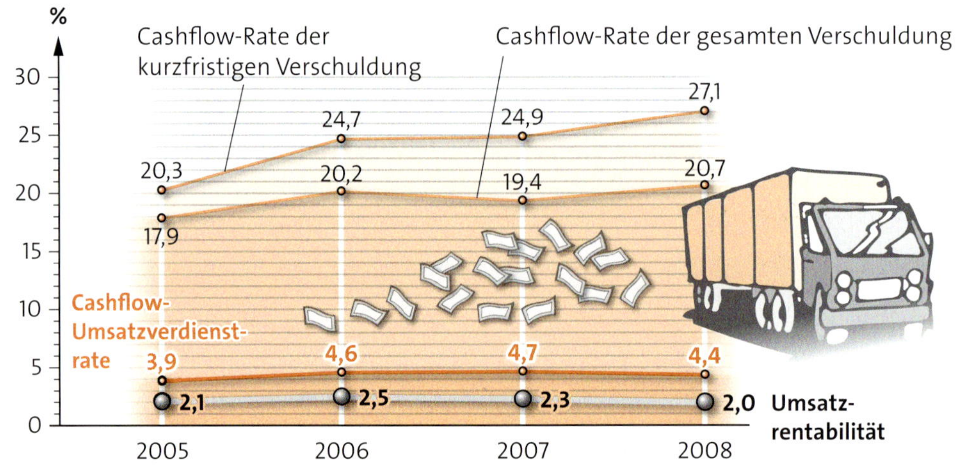

Quelle: Branchendienst der Sparkassen-Finanzgruppe; eigene Recherche

Berechnung der Cashflow-Werte am Beispiel der EUSPED GmbH:

Beispiel: EUSOED GmbH	Berichtsjahr	Vorjahr
Jahresüberschuss (Gewinn) in €	126.000,00	119.000,00
+ Abschreibungen lfd. Jahr in €	+ 188.000,00	+ 165.000,00
= **Cashflow in €**	= **314.000,00**	= **284.000,00**
Cashflow-Umsatzverdienstrate	$\frac{314.000,00 \cdot 100}{6.116.000,00} = 5,13\,\%$	$\frac{284.000,00 \cdot 100}{5.912.000,00} = 4,80\,\%$

Auswertung:
Im Berichtsjahr stehen somit der EUSPED GmbH 5,13 % der Umsatzerlöse als selbst erwirtschaftete Finanzierungsmittel frei zur Verfügung. Oder anders ausgedrückt: Je 100,00 € Umsatz stehen 5,13 € als freier Finanzüberschuss zur Verfügung. Gegenüber dem Vorjahr trat eine leichte Steigerung ein, die auf den gestiegenen Gewinn und die höheren Abschreibungen zurückzuführen ist.

AUFGABEN 1-2

1 Folgende GuV-Daten sind bekannt: Jahresüberschuss 212.000,00 €, Abschreibungen 304.000,00 €, Zinsaufwendungen 104.000,00 €, Zinserträge 16.000,00 €, Speditionserlöse 3.356.000,00 €.

Das Eigenkapital beträgt 1.500.000,00 €, das Fremdkapital 1.300.000,00 €.

Berechnen und interpretieren Sie
- **a) die Eigenkapitalrentabilität,**
- **b) die Gesamtkapitalrentabilität,**
- **c) die Umsatzrentabilität,**
- **d) den Cashflow,**
- **e) die Cashflow-Umsatzverdienstrate.**

2 **Begründen Sie, welche nachstehenden GuV-Positionen in den Cashflow – ausgehend vom Jahresüberschuss – einzurechnen sind.**
- a) Personalaufwand
- b) Zinsaufwand
- c) Abschreibungen
- d) Treibstoffverbrauch
- e) Einstellungen in Steuerrückstellungen
- f) Allgemeine Verwaltungskosten

Kapitelzusammenfassende Aufgaben

1

Ermitteln und interpretieren Sie aus nachstehenden Angaben (S. 248)
- **a) die Anlagenintensität,**
- **b) die Umlaufintensität,**
- **c) die Forderungsintensität,**
- **d) die Eigenkapitalquote,**
- **e) die Fremdkapitalquote,**
- **f) die Anlagendeckung I,**
- **g) die Anlagendeckung II,**
- **h) die Liquidität I. Grades,**
- **i) die Liquidität II. Grades,**
- **j) die Eigenkapitalrentabilität,**
- **k) die Gesamtkapitalrentabilität,**
- **l) die Umsatzrentabilität,**
- **m) den Cashflow,**
- **n) die Cashflow-Umsatzverdienstrate.**

2

Berechnen Sie zu nachstehender Aufgabe die Beträge für das Eigenkapital und die kurzfristigen Verbindlichkeiten, wenn der Bilanzgewinn zu 50 % ausgeschüttet wird und zu 50 % im Unternehmen verbleibt.

Fortsetzung

BILANZ ZUM 31. DEZ. .. IN €

AKTIVA		PASSIVA	
I. Anlagevermögen		**I. Eigenkapital**	
1. Grundstücke Gebäude	550.000,00	1. Stammkapital	1.100.000,00
2. Technische Anlagen	600.000,00	2. Rücklagen	300.000,00
3. Fuhrpark	1.200.000,00	3. Bilanzgewinn	240.000,00
4. Betriebs- und Geschäftsausst.	300.000,00	**II. Fremdkapital**	
II. Umlaufvermögen		1. Rückstellungen	60.000,00
1. Vorräte	100.000,00	2. Verbindlichkeiten	
2. Forderungen	500.000,00	a) Darlehensschulden	1.500.000,00
3. Kasse, Bank	150.000,00	b) Verbindlichk. a. LL	160.000,00
		c) Sonst kurzf. Verbindl.	40.000,00
	3.400.000,00		**3.400.000,00**

GuV-Position	Berichtsjahr in €	
1. Speditionserlöse		6.332.000,00
+ 2. sonstige betriebliche Erträge		30.000,00
– 3. Betriebliche Aufwendungen		
a) Aufwand für bezogene Leistungen		2.500.000,00
b) Aufwendungen für Treibstoffe usw.		900.000,00
– 4. Personalaufwand		1.980.000,00
– 5. Abschreibungen		410.000,00
– 6. sonstige betriebliche Aufwendungen		190.000,00
+ 7. Zinsen und ähnliche Erträge		18.000,00
– 8. Zinsen und ähnliche Aufwendungen		64.000,00
= 9. Ergebnis aus gewöhnlicher Geschäftstätigkeit		**= 336.000,00**
+ 10. außerordentliche Erträge	12.000,00	
– 11. außerordentliche Aufwendungen	15.000,00	
= 12. außerordentliches Ergebnis		– 3.000,00
– 13. Steuern vom Einkommen und Ertrag		31.000,00
– 14. sonstige Steuern		62.000,00
= 15. Jahresüberschuss		**= 240.000,00**

Hinweis: Der Bilanzgewinn verbleibt in voller Höhe im Unternehmen.
Die Rückstellungen sind zu 80 % langfristig.
Die Darlehensschulden sind langfristig.

Weitere Erfolgskennzahlen 9.2.3

Mit den Erfolgskennzahlen kann die Spedition die Quellen des Erfolges ermitteln. Die Entwicklung der Umsatzhöhe je Beschäftigten oder der Pro-Kopf-Ertrag zeigen, ob das Unternehmen erfolgreich arbeitet bzw. an welchen Stellen Korrekturen erforderlich sind. Andere Kennzahlen wie beispielsweise die Personalaufwandsquote zeigen den Anteil der Personalkosten und deren Entwicklung an. Je früher der Unternehmer unerwünschte Entwicklungen bemerkt, desto effizienter kann er reagieren.

Personalaufwandsquote

Der Personalaufwand (Löhne, Gehälter, soziale Abgaben) wird in Prozent der Speditionserlöse (Gesamtleistung) ausgedrückt. Die Personalaufwandsquote gibt an, wie viel Prozent der Speditionserlöse auf Personalkosten entfallen. Die durchschnittliche Personalaufwandsquote der Speditionsbranche liegt bei 15 %.[1]

MERKE

$$\text{Personalaufwandsquote} = \frac{\text{Personalaufwand} \cdot 100}{\text{Speditionserlöse}}$$

Abschreibungsaufwandsquote

Die Jahresabschreibungen werden in Prozent der Speditionserlöse ausgedrückt. Die Abschreibungsaufwandsquote gibt an, wie viel Prozent der Speditionserlöse auf Abschreibungen entfallen. Die durchschnittliche Abschreibungsaufwandsquote der Speditionsbranche beträgt 3 %.[1]

MERKE

$$\text{Abschreibungsaufwandsquote} = \frac{\text{bilanzielle Abschreibungen} \cdot 100}{\text{Speditionserlöse}}$$

Der erstaunlich niedrige Branchendurchschnitt von 3 % lässt sich mit dem durchschnittlich geringen Anlagevermögen der Spediteure erklären. Häufig wird das bewegliche Anlagevermögen geleast (vgl. Seite 265 ff.). Bei geleastem Anlagevermögen wird beim Leasingnehmer (= Spediteur) keine Abschreibung vorgenommen, da der Spediteur lediglich „mietet“ und nicht Eigentümer des geleasten Anlagegutes ist.

Zinsaufwandsquote

Die Zinsaufwendungen werden in Prozent der Speditionserlöse (Gesamtleistung) ausgedrückt. Die Zinsaufwandsquote gibt an, wie viel Prozent der Speditionserlöse auf Zinsaufwendungen entfallen. Die durchschnittliche Zinsaufwandsquote der Speditionsbranche beträgt 1 %.[1]

MERKE

$$\text{Zinsaufwandsquote} = \frac{\text{Zinsaufwendungen} \cdot 100}{\text{Speditionserlöse}}$$

1 Branchendienst der Sparkassenorganisation, DSGV, Geschäftsstelle Bonn

Umsatz je Beschäftigten

Die Speditionserlöse werden auf die Zahl der Beschäftigten umgelegt. Das Ergebnis zeigt, welcher Umsatz durchschnittlich auf einen Beschäftigten entfällt. Der Umsatz je Beschäftigten beträgt in der Speditionsbranche durchschnittlich 174.000,00 €. Von diesem Umsatz müssen aber neben den Personalkosten alle anderen Aufwendungen wie beispielsweise Zinsen, Abschreibungen, Aufwand für bezogene Leistungen, Treibstoffverbrauch, Steuern gedeckt werden.

MERKE

$$\text{Umsatz je Beschäftigten} = \frac{\text{Speditionserlöse}}{\text{Zahl der Beschäftigten}}$$

Pro-Kopf-Rohertrag

Der Pro-Kopf-Rohertrag wird auf die Zahl der Beschäftigten umgelegt. Dabei werden die Speditionserlöse abzüglich Aufwand für bezogene Leistungen gerechnet. Denn die Speditionsmitarbeiter haben ja nur die Wertschöpfung nach dem Einkauf bis zum Verkauf der Speditionsleistungen erbracht. Das Ergebnis zeigt, welche Wertschöpfung (Wertzugewinn) durchschnittlich auf einen Beschäftigten entfällt. Der Pro-Kopf-Rohertrag je Beschäftigten beträgt in der Speditionsbranche durchschnittlich 54.000,00 €. Im Vergleich zum Umsatz je Beschäftigten zeigt der Pro-Kopf-Rohertrag lediglich die vom Mitarbeiter für die Spedition bewirkte Wertschöpfung. Der Pro-Kopf-Rohertrag ist eine der wichtigsten Kennzahlen für die Erfolgsentwicklung der Spedition.

MERKE

$$\text{Pro-Kopf-Rohertrag} = \frac{\text{Rohertrag (Speditionserlöse – Aufwand bezogene Leistungen)}}{\text{Zahl der Beschäftigten}}$$

AUFGABE

Die EUSPED GmbH hatte im Jahresdurchschnitt 27 Mitarbeiter.
Berechnen Sie aus der Gewinn- und Verlustrechnung der EUSPED GmbH

a) die Personalaufwandsquote,
b) die Abschreibungsaufwandsquote,
c) die Zinsaufwandsquote,
d) den Umsatz je Beschäftigten,
e) den Pro-Kopf-Rohertrag.

Kapitelzusammenfassende Aufgaben

1

Ermitteln und interpretieren Sie aus nachstehenden Angaben

a) die Anlagenintensität,
b) die Umlaufintensität,
c) die Forderungsintensität,
d) die Eigenkapitalquote,
e) die Fremdkapitalquote,
f) die Anlagendeckung I,
g) die Anlagendeckung II,
h) die Liquidität I. Grades,
i) die Liquidität II. Grades,
j) die Eigenkapitalrentabilität,
k) die Gesamtkapitalrentabilität,
l) die Umsatzrentabilität,
m) den Cashflow,
n) die Cashflow-Umsatzverdienstrate.

AKTIVA — BILANZ ZUM 31. DEZ. .. IN € — **PASSIVA**

Aktiva		Passiva	
I. Anlagevermögen		**I. Eigenkapital**	
1. Grundstücke		1. Stammkapital	2.000.000,00
Gebäude	650.000,00	2. Rücklagen	300.000,00
2. Technische Anlagen	800.000,00	3. Bilanzgewinn	240.000,00
3. Fuhrpark.	1.600.000,00		
4. Betriebs- u. Geschäftsausst.	400.000,00	**II. Fremdkapital**	
		1. Rückstellungen	60.000,00
II. Umlaufvermögen		2. Verbindlichkeiten	
1. Vorräte	100.000,00	a) Darlehensschulden	600.000,00
2. Forderungen	600.000,00	b) Verbindlichkeiten a. LL	350.000,00
3. Kasse	150.000,00	c) Sonst kurzf. Verbindl.	750.000,00
	4.300.000,00		**4.300.000,00**

GuV-Position		Berichtsjahr in €
1. Speditionserlöse (Gesamtleistung)		8.400.000,00
+ 2. sonstige betriebliche Erträge		40.000,00
– 3. betriebliche Aufwendungen		
a) Aufwand für bezogene Leistungen		2.900.000,00
b) Aufwendungen für Treibstoffe usw.		910.000,00
= **Rohertrag**		= **4.630.000,00**
– 4. Personalaufwand		3.119.000,00
– 5. Abschreibungen		540.000,00
– 6. sonstige betriebliche Aufwendungen		220.000,00
+ 7. Zinsen und ähnliche Erträge		26.000,00
– 8. Zinsen und ähnliche Aufwendungen		57.000,00
= **9. Ergebnis aus gewöhnlicher Geschäftstätigkeit**		= **720.000,00**
+ 10. außerordentliche Erträge	120.000,00	
– 11. außerordentliche Aufwendungen	150.000,00	
= 12. außerordentliches Ergebnis		– 30.000,00
– 13. Steuern vom Einkommen und Ertrag		100.000,00
– 14. sonstige Steuern		350.000,00
= **15. Jahresüberschuss**		= **240.000,00**

Hinweis: Der Bilanzgewinn verbleibt in voller Höhe im Unternehmen.
Die Rückstellungen sind zu 80 % langfristig. Die Darlehensschulden sind langfristig. Es werden durchschnittlich 45 Mitarbeiter beschäftigt.

2 **Berechnen Sie zu obiger Aufgabe die Beträge für das Eigenkapital und die kurzfristigen Verbindlichkeiten, wenn der Bilanzgewinn zu 50 % ausgeschüttet wird und zu 50 % im Unternehmen verbleibt.**

3 **Berechnen Sie zu obiger Aufgabe**

a) die Personalaufwandsquote,
b) die Abschreibungsaufwandsquote,
c) die Zinsaufwandsquote,
d) den Umsatz je Beschäftigten,
e) den Pro-Kopf-Rohertrag.

10 Führen mit Kennzahlen

10.1 Kennzahlenanalyse und Führungsentscheidungen

Auszug aus dem Geschäftsbericht der Spedition Hallmann AG:
„Die Personalaufwendungen sind im Vergleich zum Vorjahr um 242.000,00 € auf 3.011.000,00 € gestiegen. Im Branchendurchschnitt erhöhte sich der Personalaufwand nur um 1,3 %."

Welche Interpretation lässt die Entwicklung der Personalkosten bei der Spedition Hallmann AG zu?

Der Unternehmer kann mithilfe von Erfolgskennzahlen die Entwicklung des Unternehmens kontrollieren und entsprechend korrigieren.

Geeignete Erfolgskennzahlen werden dabei über einen mehrjährigen Zeitraum verglichen. Meistens werden mehrere Kennzahlen gleichzeitig zusammenhängend analysiert, da eine einzige Kennzahl Fehlinterpretationen zulässt. Eine häufige Fehlinterpretation ist die Ansicht, dass Aufwandsteigerungen, z. B. steigender Personalaufwand, grundsätzlich den Gewinn mindern. Man bedenke dabei: Wird ein neuer Mitarbeiter eingestellt, verursacht er zwar weitere Personalkosten; führt aber seine Arbeitsleistung zu einer deutlichen Umsatzerhöhung, steigt auch die Umsatzrentabilität und der Umsatz je Beschäftigten.

Beispiele für Kennzahlenanalyse und Führungsentscheidungen:

Kennzahl	Entwicklung	Bedeutung/ Führungsentscheidung
Beispiel 1: Umsatzrentabilität Personalaufwandsquote	sinkt steigt	Gestiegene Personalkosten drücken die Umsatzrentabilität. Die Personalkosten müssen geprüft und eventuell reduziert werden.
Beispiel 2: Umsatzrentabilität Personalaufwandsquote	steigt steigt	Steigende Personalkosten haben auch die Umsatzrentabilität erhöht. Mehr Mitarbeiter erzielen aber auch mehr Umsatz und mehr Gewinn. Die eingeschlagene Unternehmensstrategie kann erfolgreich weitergeführt werden.
Beispiel 3: Umsatz je Beschäftigten Pro-Kopf-Rohertrag	steigt sinkt	Der Umsatz je Beschäftigten steigt. Gleichzeitig nimmt die Wertschöpfung (Pro-Kopf-Rohertrag) jedoch ab. Pro Mitarbeiter werden demnach mehr Leistungen bezogen; die nachfolgende innerbetriebliche Wertschöpfung nimmt jedoch ab. Dies kann dazu führen, dass der Unternehmer eigenes Personal abbaut und bestimmte Leistungen nicht mehr selbst erstellt, sondern von außen bezieht.

Muster-
AUFGABE

Die Spedition Rapid GmbH legt nachstehendes Zahlenwerk vor:

GuV-Position	Berichtsjahr	Vorjahr
1. Speditionserlöse (Gesamtleistung)	11.350.000,00 €	10.825.000,00 €
– 2. betriebliche Aufwendungen a) Aufwand für bezogene Leistungen b) Aufwendungen für Treibstoffe	 5.220.000,00 € 920.000,00 €	 5.216.000,00 € 790.000,00 €
= Rohertrag	**= 5.210.000,00 €**	**= 4.819.000,00 €**
– 3. Personalaufwand	3.216.000,00 €	3.276.000,00 €
– 4. Abschreibungen	452.000,00 €	448.000,00 €
– 5. sonstige betriebliche Aufwendungen	812.000,00 €	801.000,00 €
+ 6. Zinsen und ähnliche Erträge	14.000,00 €	13.000,00 €
– 7. Zinsen und ähnliche Aufwendungen	164.000,00 €	171.000,00 €
= 8. Ergebnis aus gewöhnlicher Geschäftstätigkeit	**= 580.000,00 €**	**= 136.000,00 €**
+ 9. außerordentliche Erträge	80.000,00 €	94.000,00 €
– 10. außerordentliche Aufwendungen	92.000,00 €	59.000,00 €
– 11. Steuern	168.000,00 €	152.000,00 €
= 12. Jahresüberschuss (Gewinn)	**= 400.000,00 €**	**= 19.000,00 €**
Mitarbeiter	93	97

Teil I:

Berechnen Sie für das Berichtsjahr und das Vorjahr

a) die Umsatzrentabilität,
b) die Personalaufwandsquote,
c) die Abschreibungsaufwandsquote,
d) den Umsatz je Beschäftigten,
e) den Pro-Kopf-Rohertrag.

Beschreiben Sie die Entwicklung der jeweiligen Kennzahl gegenüber dem Vorjahr.

Teil II:

Vergleichen Sie den Umsatz je Beschäftigten und die Personalaufwandsquote im Berichtsjahr und im Vorjahr. Begründen Sie, welche der beiden Kennzahlen für die Unternehmensleitung wichtiger ist.

Teil III:

a) Übertragen Sie die GuV-Positionen in eine Excel-Tabelle.
b) Berechnen Sie die Umsatzrentabilität, die Personalaufwandsquote, die Abschreibungsaufwandsquote, den Umsatz je Beschäftigten und den Pro-Kopf-Rohertrag für das Berichtsjahr und das Vorjahr in der übertragenen Excel-Tabelle.
c) Berechnen Sie in einer weiteren Spalte die prozentuale Veränderung der einzelnen GuV-Positionen gegenüber dem Vorjahr.
d) Geben Sie die verwendeten Formeln an.

LÖSUNG

Die Spedition Rapid GmbH legt nachstehendes Zahlenwerk vor:

Kennzahl	Berichtsjahr	Vorjahr
Umsatzrentabilität	$\frac{400.000,00 \cdot 100}{11.350.000,00}$ = 3,52 %	$\frac{19.000,00 \cdot 100}{10.825.000,00}$ = 0,18 %
Personalaufwandsquote	$\frac{3.216.000,00 \cdot 100}{11.350.000,00}$ = 28,30 %	$\frac{3.276.000,00 \cdot 100}{10.825.000,00}$ = 30,26 %
Abschreibungsaufwandsquote	$\frac{452.000,00 \cdot 100}{11.350.000,00}$ = 3,98 %	$\frac{4.480.000,00 \cdot 100}{10.825.000,00}$ = 4,14 %
Umsatz je Beschäftigten	$\frac{11.350.000,00\text{ €}}{93}$ = 122.043,01 €	$\frac{10.825.000,00\text{ €}}{97}$ = 111.597,94 €
Pro-Kopf-Rohertrag	$\frac{5.210.000,00\text{ €}}{93}$ = 56.021,51 €	$\frac{4.819.000,00\text{ €}}{97}$ = 49.680,41 €

Umsatzrentabilität

Die Umsatzrentabilität hat sich erfreulicherweise von 0,18 % auf 3,52 % verändert. Von 100,00 € Umsatz beträgt der Gewinn nunmehr 3,52 € gegenüber 0,18 € im Vorjahr.

Personalaufwandsquote

Bei steigenden Umsatzerlösen haben sich die Personalaufwendungen reduziert. Statt bisher 30,26 % beträgt die Personalaufwandsquote nun nur noch 28,3 % der Umsatzerlöse.

Abschreibungsaufwandsquote

Die Abschreibungsaufwandsquote blieb nahezu konstant. Die Spedition hat ihr Anlagevermögen nicht erhöht.

Umsatz je Beschäftigten

Der Umsatz je Beschäftigten ist kräftig gestiegen. Je Mitarbeiter beträgt die Umsatzsteigerung 10.445,00 €. In diesem Betrag ist allerdings auch der Wert der bezogenen Leistungen enthalten.

Pro-Kopf-Rohertrag

Der Pro-Kopf-Rohertrag, also die innerbetriebliche Wertschöpfung je Mitarbeiter, ist um 6.342,00 € gestiegen.

Teil II:

Der Umsatz je Beschäftigten umfasst bezogene Leistungen und innerbetriebliche Wertschöpfung. Der Pro-Kopf-Rohertrag stellt dagegen lediglich die innerbetriebliche Wertschöpfung dar. Deshalb muss der Umsatz je Beschäftigten höher sein als der Pro-Kopf-Rohertrag. Zur Beurteilung der eigenen Unternehmensleistung ist der Pro-Kopf-Rohertrag wichtiger, da er die eigene Unternehmensleistung wiedergibt.

Teil III:

Excel-Tabelle

Tabelle 1

	A	B	C	D
1	Erfolgskennziffern der Spedition Rapid GmbH			
2				
3	Nr.	GuV-Position	Berichtsjahr	Vorjahr
4	1	Speditionserlöse (Gesamtleistung)	11.350.000,00 €	10.825.000,00 €
5	2	betriebliche Aufwendungen		
6		a) Aufwand für bezogene Leistungen	5.220.000,00 €	5.216.000,00 €
7		b) Aufwand für Treibstoffe usw.	920.000,00 €	790.000,00 €
8		***Rohertrag***	***5.210.000,00 €***	***4.819.000,00 €***
9	3	Personalaufwand	3.216.000,00 €	3.276.000,00 €
10	4	Abschreibungen	452.000,00 €	448.000,00 €
11	5	sonstige betr. Aufwendungen	812.000,00 €	801.000,00 €
12	6	Zinsen und ähnliche Erträge	14.000,00 €	13.000,00 €
13	7	Zinsen und ähnliche Aufwendungen	164.000,00 €	171.000,00 €
14	***8***	***Ergebnis aus gewöhnl. Geschäftstätigkeit***	***580.000,00 €***	***136.000,00 €***
15	9	außerordentliche Erträge	80.000,00 €	94.000,00 €
16	10	außerordentliche Aufwendungen	92.000,00 €	59.000,00 €
17	11	Steuern	168.000,00 €	152.000,00 €
18	***12***	***Jahresüberschuss (Gewinn)***	***400.000,00 €***	***19.000,00 €***
19				
20				
21		Mitarbeiter	93	97
22				
23				
24	a)	Umsatzrentabilität		
25	b)	Personalaufwandsquote		
26	c)	Abschreibungsaufwandsquote		
27	d)	Umsatz je Beschäftigten		
28	e)	Pro-Kopf-Rohertrag		

Tabelle 2

	A	B	C	D
1	Erfolgskennziffern der Spedition Rapid GmbH			
2				
3	Nr.	GuV-Position	Berichtsjahr	Vorjahr
4	1	Speditionserlöse (Gesamtleistung)	11.350.000,00 €	10.825.000,00 €
5	2	betriebliche Aufwendungen		
6		a) Aufwand für bezogene Leistungen	5.220.000,00 €	5.216.000,00 €
7		b) Aufwand für Treibstoffe usw.	920.000,00 €	790.000,00 €
8		***Rohertrag***	***5.210.000,00 €***	***4.819.000,00 €***
9	3	Personalaufwand	3.216.000,00 €	3.276.000,00 €
10	4	Abschreibungen	452.000,00 €	448.000,00 €
11	5	sonstige betr. Aufwendungen	812.000,00 €	801.000,00 €
12	6	Zinsen und ähnliche Erträge	14.000,00 €	13.000,00 €
13	7	Zinsen und ähnliche Aufwendungen	164.000,00 €	171.000,00 €
14	***8***	***Ergebnis aus gewöhnl. Geschäftstätigkeit***	***580.000,00 €***	***136.000,00 €***
15	9	außerordentliche Erträge	80.000,00 €	94.000,00 €
16	10	außerordentliche Aufwendungen	92.000,00 €	59.000,00 €
17	11	Steuern	168.000,00 €	152.000,00 €
18	***12***	***Jahresüberschuss (Gewinn)***	***400.000,00 €***	***19.000,00 €***
19				
20				
21		Mitarbeiter	93	97
22				
23				
24	a)	Umsatzrentabilität	3,52 %	0,18 %
25	b)	Personalaufwandsquote	28,33 %	30,26 %
26	c)	Abschreibungsaufwandsquote	3,98 %	4,14 %
27	d)	Umsatz je Beschäftigten	122.043,01 €	111.597,94 €
28	e)	Pro-Kopf-Rohertrag	56.021,51 €	49.680,41 €

Fortsetzung

Tabelle 3

	A	B	C	D	E
1		**Erfolgskennziffern der Spedition Rapid GmbH**			
2					
3	**Nr.**	**GuV-Position**	**Berichtsjahr**	**Vorjahr**	**Prozentuale Veränderung gegenüber Vorjahr**
4	1	Speditionserlöse (Gesamtleistung)	11.350.000,00 €	10.825.000,00 €	4,85 %
5	2	betriebliche Aufwendungen			
6		a) Aufwand für bezogene Leistungen	5.220.000,00 €	5.216.000,00 €	0,08 %
7		b) Aufwand für Treibstoffe usw.	920.000,00 €	790.000,00 €	16,46 %
8		***Rohertrag***	***5.210.000,00 €***	***4.819.000,00 €***	8,11 %
9	3	Personalaufwand	3.216.000,00 €	3.276.000,00 €	-1,83 %
10	4	Abschreibungen	452.000,00 €	448.000,00 €	0,89 %
11	5	sonstige betr. Aufwendungen	812.000,00 €	801.000,00 €	1,37 %
12	6	Zinsen und ähnliche Erträge	14.000,00 €	13.000,00 €	7,69 %
13	7	Zinsen und ähnliche Aufwendungen	164.000,00 €	171.000,00 €	-4,09 %
14	***8***	***Ergebnis aus gewöhnl. Geschäftstätigkeit***	***580.000,00 €***	***136.000,00 €***	326,47 %
15	9	außerordentliche Erträge	80.000,00 €	94.000,00 €	-14,89 %
16	10	außerordentliche Aufwendungen	92.000,00 €	59.000,00 €	55,93 %
17	11	Steuern	168.000,00 €	152.000,00 €	10,53 %
18	***12***	***Jahresüberschuss (Gewinn)***	***400.000,00 €***	***19.000,00 €***	2005,26 %
19					
20					
21		Mitarbeiter	93	97	-4,12 %
22					
23					
24	a)	Umsatzrentabilität	3,52 %	0,18 %	1907,88 %
25	b)	Personalaufwandsquote	28,33 %	30,26 %	-6,37 %
26	c)	Abschreibungsaufwandsquote	3,98 %	4,14 %	-3,77 %
27	d)	Umsatz je Beschäftigten	122.043,01 €	111.597,94 €	9,36 %
28	e)	Pro-Kopf-Rohertrag	56.021,51 €	49.680,41 €	12,76 %

Tabelle 4

	A	B	C	D	E
1		**Erfolgskennziffern der Spedition Rapid GmbH**			
2					
3	**Nr.**	**GuV-Position**	**Berichtsjahr**	**Vorjahr**	**Prozentuale Veränderung gegenüber Vorjahr**
4	1	Speditionserlöse (Gesamtleistung)	11350000	10825000	=(C4-D4)/D4
5	2	betriebliche Aufwendungen			
6		a) Aufwand für bezogene Leistungen	5220000	5216000	=(C6-D6)/D6
7		b) Aufwand für Treibstoffe usw.	920000	790000	=(C7-D7)/D7
8		***Rohertrag***	***C4-C6-C7***	***D4-D5-D6***	=(C8-D8)/D8
9	3	Personalaufwand	3216000	3276000	=(C9-D9)/D9
10	4	Abschreibungen	452000	448000	=(C10-D10)/D10
11	5	sonstige betr. Aufwendungen	812000	801000	=(C11-D11)/D11
12	6	Zinsen und ähnliche Erträge	14000	13000	=(C12-D12)/D12
13	7	Zinsen und ähnliche Aufwendungen	164000	171000	=(C13-D13)/D13
14	***8***	***Ergebnis aus gewöhnl. Geschäftstätigkeit***	***C8-C9-C10-C11+C12-C13***	***D8-D9-D10-D11+D12-D13***	=(C14-D14)/D14
15	9	außerordentliche Erträge	80000	94000	=(C15-D15)/D15
16	10	außerordentliche Aufwendungen	92000	59000	=(C16-D16)/D16
17	11	Steuern	168000	152000	=(C17-D17)/D17
18	***12***	***Jahresüberschuss (Gewinn)***	***C14+C15-C16-C17***	***D14+D15-D16-D17***	=(C18-D18)/D18
19					
20					
21		Mitarbeiter	93	97	=(C21-D21)/D21
22					
23					
24	a)	Umsatzrentabilität	=C18/C4	=D18/D4	=(C24-D24)/D24
25	b)	Personalaufwandsquote	=C9/C4	=D9/D4	=(C25-D25)/D25
26	c)	Abschreibungsaufwandsquote	=C10/C4	=D10/D4	=(C26-D26)/D26
27	d)	Umsatz je Beschäftigten	=C4/C21	=D4/D21	=(C27-D27)/D27
28	e)	Pro-Kopf-Rohertrag	=C8/C21	=D8/D21	=(C28-D28)/D28

AUFGABEN

1

Die Spedition Rapid GmbH legt nachstehendes Zahlenwerk vor:

GuV-Position	Berichtsjahr	Vorjahr
1. Speditionserlöse (Gesamtleistung)	3.011.000,00 €	2.930.000,00 €
– 2. betriebliche Aufwendungen a) Aufwand für bezogene Leistungen b) Aufwendungen für Treibstoffe	 1.377.000,00 € 241.000,00 €	 1.300.000,00 € 199.000,00 €
= **Rohertrag**	**= 1.393.000,00 €**	**= 1.431.000,00 €**
– 3. Personalaufwand	902.000,00 €	879.000,00 €
– 4. Abschreibungen	115.000,00 €	117.000,00 €
– 5. sonstige betriebliche Aufwendungen	208.000,00 €	220.000,00 €
+ 6. Zinsen und ähnliche Erträge	7.000,00 €	9.000,00 €
– 7. Zinsen und ähnliche Aufwendungen	84.000,00 €	94.000,00 €
= **8. Ergebnis aus gewöhnlicher Geschäftstätigkeit**	**= 91.000,00 €**	**= 130.000,00 €**
+ 9. außerordentliche Erträge	9.000,00 €	8.000,00 €
– 10. außerordentliche Aufwendungen	6.000,00 €	5.000,00 €
– 11. Steuern	22.000,00 €	26.000,00 €
= **12. Jahresüberschuss (Gewinn)**	**= 72.000,00 €**	**= 107.000,00 €**
Mitarbeiter	26	24

Teil I:

Berechnen Sie für das Berichtsjahr und das Vorjahr

a) die Umsatzrentabilität,
b) die Personalaufwandsquote,
c) die Abschreibungsaufwandsquote,
d) den Umsatz je Beschäftigten,
e) den Pro-Kopf-Rohertrag.

Beschreiben Sie die Entwicklung der jeweiligen Kennzahl gegenüber dem Vorjahr.

Teil II:

Berechnen Sie die Veränderung bei Ziffer 2 b „Aufwendungen für Treibstoffe“.

a) Wie ist diese Veränderung zu erklären?
b) Welche Maßnahmen sind geeignet, um dieser Entwicklung gegenzusteuern?

Teil III:

a) Übertragen Sie die GuV-Positionen in eine Excel-Tabelle.
b) Berechnen Sie die Umsatzrentabilität, die Personalaufwandsquote, die Abschreibungsaufwandsquote, den Umsatz je Beschäftigten und den Pro-Kopf-Rohertrag für das Berichtsjahr und das Vorjahr in der übertragenen Excel-Tabelle.
c) Berechnen Sie in einer weiteren Spalte die prozentuale Veränderung der einzelnen GuV-Positionen gegenüber dem Vorjahr.
d) Geben Sie die verwendeten Formeln an.

2

Der Branchendienst der Sparkassenorganisation, DSGV, Geschäftsstelle Bonn, hat für die Speditionsunternehmen Branchendurchschnitte ermittelt:

Bezeichnung der Kennzahl	Berichtsjahr	Vorjahr
Umsatzrentabilität	1,1 %	1,4 %
Cashflow-Rate	3,4 %	4,1 %
Personalaufwandsquote	12,8 %	13,2 %
Abschreibungsaufwandsquote	1,5 %	1,8 %
Umsatz je Beschäftigten	204.000,00 €	174.100,00 €
Pro-Kopf-Rohertrag	59.700,00 €	53.800,00 €
Eigenkapitalquote	5,3 %	6,2 %

a) Analysieren und beschreiben Sie allgemein die Lage der Speditionsbranche im Vorjahr.

b) Beurteilen Sie die Entwicklung in der Speditionsbranche, indem Sie die Veränderung von Vorjahr zum Berichtsjahr berücksichtigen.

10.2 Fallstudie: Führen mit Kennzahlen

Praxis-AUFGABE

Die Spedition Hildenbrand GmbH, Erfurt, legt für das Berichtsjahr und das Vorjahr nachstehende Informationen vor:

GuV-Rechnung der Spedition Hildenbrand GmbH
Beträge in T€

GuV-Position	Berichtsjahr	Vorjahr
1. Speditionserlöse (Gesamtleistung)	1.320	1.180
– 2. betriebliche Aufwendungen		
a) Aufwand für bezogene Leistungen	572	575
b) Aufwendungen für Treibstoffe	18	14
= Rohertrag	**= 780**	**= 591**
– 3. Personalaufwand	332	299
– 4. Abschreibungen	39	36
– 5. sonstige betriebliche Aufwendungen	52	50
+ 6. Zinsen und ähnliche Erträge	1	1
– 7. Zinsen und ähnliche Aufwendungen	44	35
= 8. Ergebnis aus gewöhnlicher Geschäftstätigkeit	**= 264**	**= 172**
+ 9. außerordentliche Erträge	12	9
– 10. außerordentliche Aufwendungen	10	12
– 11. Steuern	96	69
= 12. Jahresüberschuss (Gewinn)	**= 170**	**= 100**
Mitarbeiter	**11**	**10**

BILANZ DER SPEDITION HILDENBRAND GMBH

BETRÄGE IN T€

AKTIVA	Berichtsjahr	Vorjahr	PASSIVA	Berichtsjahr	Vorjahr
Anlagevermögen			Eigenkapital	412	388
1. Sachanlagen	1.020	985	Fremdkapital		
2. Finanzanlagen	15	20	1. langfristiges	550	540
Umlaufvermögen			2. kurzfristiges	1.081	885
1. Vorräte	35	50			
2. Forderungen	950	740			
3. Liquide Mittel	23	18			
	2.043	**1.813**		**2.043**	**1.813**

Teil I:

a) Berechnen und beurteilen Sie für das Berichtsjahr und das Vorjahr die Vermögensstruktur anhand einer geeigneten Kennzahl.
b) Berechnen und beurteilen Sie für das Berichtsjahr und das Vorjahr die Kapitalstruktur anhand einer geeigneten Kennzahl.
c) Beurteilen Sie die Bilanz für das Berichtsjahr und das Vorjahr anhand von geeigneten horizontalen Kennzahlen.
d) Ermitteln und beurteilen Sie für das Berichtsjahr und das Vorjahr Rentabilitätskennzahlen und Cashflow-Werte.
e) Ermitteln und beurteilen Sie für das Berichtsjahr und das Vorjahr die Personalaufwandsquote, die Abschreibungsaufwandsquote, den Umsatz je Beschäftigten und den Pro-Kopf-Rohertrag.
f) Verfassen Sie einen kurzen Geschäftsbericht. Stellen Sie dabei die Situation der Spedition Hildenbrand GmbH im Berichtsjahr und im Vergleich Berichtsjahr zu Vorjahr dar.

Teil II:

a) Geben Sie oben stehende Angaben in eine vierspaltige Excel-Tabelle ein. Gliedern Sie Spalte 1 wie folgt: GuV-Positionen; danach Mitarbeiter, danach Bilanz Aktiva und Passiva und schließlich die unterschiedlichen Kennzahlen.

b) Fügen Sie in Spalte 1 die in Teil I verwendeten Kennzahlen hinzu. Berechnen Sie in Spalte 2 (Berichtsjahr), in Spalte 3 (Vorjahr) und in Spalte 4 (prozentuale Abweichung) die jeweiligen Werte mithilfe von Formeln.

C

Leasing oder Bankkredit oder doch Miete?

Die Spedition Kramer GmbH, Jena, benötigt zur Ausdehnung der Südeuroparelation dringend einen neuen Lkw mit einem zulässigen Gesamtgewicht von 38 t. Das verfügbare Eigenkapital reicht nicht aus, um die Anschaffungskosten von ca. 200.000,00 € zu decken.

Wer sich mit dem Erwerb hochwertiger Investitionsgüter wie Lastzügen beschäftigen muss, weiß, dass die Frage nach der richtigen Finanzierung eine spannende Angelegenheit ist.

Was tun, wenn der Lkw nicht mit Eigenkapital bezahlt werden kann? Neben dem Bankkredit bieten sich hier Leasing und Miete als Alternative an.

1 Der Bankkredit

Wenn die Bank einen Kredit für die Anschaffung eines Lastkraftwagens gewährt, wird sie in der Regel nur bis zu 60 % der Anschaffungskosten zur Verfügung stellen. Die restlichen 40 % muss der Kreditnehmer üblicherweise in Form von verfügbarem Eigenkapital beisteuern.

Falls der Kreditnehmer kein verfügbares Eigenkapital hat, steigt das Kreditrisiko der Bank. Sie kann auch dann die vollen Anschaffungskosten finanzieren, wenn der Kreditnehmer einen höheren Zinssatz akzeptiert oder den Kredit innerhalb einer Kreditlaufzeit zurückbezahlt, die wesentlich kürzer ist als die Nutzungsdauer des Gutes. Mit dieser Vereinbarung ist gewährleistet, dass die Bank ihr Geld sehr schnell zurückbekommt. Sollte der Kreditnehmer die Bankschulden nicht begleichen können, könnte die Bank den noch relativ neuwertigen Gegenstand verkaufen und sich so schadlos halten.

Für den vereinbarten Kredit wird die Bank Tilgungsleistungen und Zinszahlungen verlangen. Der Spediteur wird in der GuV-Rechnung den Zinsaufwand und die Abschreibungen als Aufwand gewinnmindernd ansetzen. Er muss Zinsen und Tilgung als Geldabfluss (Ausgabe) bezahlen können.

Muster-
AUFGABE

Im Nahbereich wird eine zusätzliche Relation angefahren. Dazu muss ein neuer Lkw angeschafft werden.

Anschaffungskosten	40.000,00 €
+ 19 % Umsatzsteuer	7.600,00 €
= Anschaffungspreis	47.600,00 €

Der Lkw wird 8 Jahre lang genutzt. Die Abschreibung erfolgt linear. Die Bank gewährt einen Kredit über 5 Jahre. Die jährliche Tilgung beträgt 20 %, der Zinssatz 6 %. Zins- und Tilgungszahlungen erfolgen jährlich am Jahresende.

Berechnen Sie die fehlenden Werte in nachstehender Tabelle.

Jahr	Darl.-Schuld in €	Zinsen in € (Aufwand und Ausgabe)	Tilgung in € (Ausgabe)	Abschreibung in € (Aufwand)	Ausgabe (Geldabfluss) in € (Zins und Tilgung)	Aufwand (Gewinnminderung) in € (Zins und Abschr.)
1						
2						
3						
4						
5						
6						
7						
8						
Summe						

Bitte nicht beschriften.

LÖSUNG

Hinweis: Da die Umsatzsteuer einen durchlaufenden Posten[1] darstellt, müssen lediglich die Anschaffungskosten[2] (hier also 40.000,00 €) finanziert werden.

Jahr	Darl.-Schuld in €	Zinsen (3) in € (Aufwand und Ausgabe)	Tilgung (1) in € (Ausgabe)	Abschreibung (6) in € (Aufwand)	Ausgabe (Geldabfluss) (5) in € (Zins und Tilgung)	Aufwand (Gewinnminderung) (7) in € (Zins und Abschr.)
1	40.000,00	2.400,00	8.000,00	5.000,00	10.400,00	7.400,00
2	32.000,00	1.920,00	8.000,00	5.000,00	9.920,00	6.920,00
3	24.000,00	1.440,00	8.000,00	5.000,00	9.440,00	6.440,00
4	16.000,00	960,00	8.000,00	5.000,00	8.960,00	5.960,00
5	8.000,00	480,00	8.000,00	5.000,00	8.480,00	5.480,00
6				5.000,00		5.000,00
7				5.000,00		5.000,00
8				5.000,00		5.000,00
Summe		(4) **7.200,00**	(2) **40.000,00**	**40.000,00**	**47.200,00**	**47.200,00**

Lösungsweg:

(1) Tilgung innerhalb von 5 Jahren mit jeweils 20 %;
jährlicher Tilgungsbedarf in den ersten 5 Jahren: 40.000,00 € · 20 % = 8.000,00 €;
danach keine Tilgung mehr

Fortsetzung

1 Siehe Kapitel A11.1, S.70
2 Siehe Kapitel A12.1, S.79

AUFGABEN

1 Im Nahbereich wird eine zusätzliche Relation angefahren. Dazu muss ein neuer Lkw angeschafft werden.

Anschaffungskosten	60.000,00 €
+ 19 % Umsatzsteuer	11.400,00 €
= Anschaffungspreis	71.400,00 €

Der Lkw wird 10 Jahre lang genutzt. Die Abschreibung erfolgt linear. Die Bank gewährt einen Kredit über 6 Jahre. Die jährliche Tilgung beträgt $16\frac{2}{3}$ %, der Zinssatz 5 %. Zins- und Tilgungszahlungen erfolgen jährlich am Jahresende.

Berechnen Sie die fehlenden Werte in nachstehender Tabelle.

Jahr	**Darl.-Schuld in €**	**Zinsen in €** (Aufwand und Ausgabe)	**Tilgung in €** (Ausgabe)	**Abschreibung in €** (Aufwand)	**Ausgabe (Geldabfluss) in €** (Zins und Tilgung)	**Aufwand (Gewinnminderung) in €** (Zins und Abschr.)
1						
2						
3						
4						
5						
6						
7						
8						
9						
10						
Summe						

Bitte nicht beschriften.

2 Im Nahbereich wird eine zusätzliche Relation angefahren. Dazu muss ein neuer Lkw angeschafft werden.

Anschaffungskosten	120.000,00 €
+ 19 % Umsatzsteuer	22.800,00 €
= Anschaffungspreis	142.800,00 €

Der Lkw wird 8 Jahre lang genutzt. Die Abschreibung erfolgt linear. Die Bank gewährt einen Kredit über 5 Jahre. Die jährliche Tilgung beträgt 20 %, der Zinssatz 5,5 %. Zins- und Tilgungszahlungen erfolgen jährlich am Jahresende.

Berechnen Sie die fehlenden Werte in nachstehender Tabelle.

Jahr	Darl.-Schuld in €	Zinsen in €	Tilgung in €	Abschreibung in €	Ausgabe (Geldabfluss) in €	Aufwand (Gewinnminderung) in €
		(Aufwand und Ausgabe)	(Ausgabe)	(Aufwand)	(Zins und Tilgung)	(Zins und Abschr.)
1						
2						
3						
4						
5						
6						
7						
8						
Summe						

Bitte nicht beschriften.

Leasing[1] 2

Beim **Leasing** werden Investitionsgüter, in unserem Beispiel der Lkw, für eine gewisse Dauer, üblicherweise mehrere Jahre, angemietet. Während dieser Zeit ist der Leasingvertrag unkündbar, die gleich bleibende Leasingrate ist monatlich zu bezahlen. Nach Ablauf dieser mehrjährigen unkündbaren Grundmietzeit kann der Lkw zum Restkaufpreis übernommen werden oder zu besonders günstigen Leasingraten weiterhin genutzt werden.

Der Leasinggegenstand gehört dem Leasinggeber und wird bei ihm bilanziert. Der Leasingnehmer hat während der Leasingdauer die Leasingrate zu entrichten.

Bei der Berechnung der **Leasingrate** wird der Leasinggeber den Kaufpreis für das Leasinggut, Zinsen, Vertriebs- und Verwaltungskosten, Risikoprämie und Gewinnanteil einrechnen. Wenn der Leasinggeber große Mengen des Leasinggutes erwirbt, kann durch die indirekte Weitergabe der günstigen Einkaufsbedingungen die Leasingrate attraktiv gestaltet werden.

FAZIT

Leasing bedeutet	• Mietvertrag über unkündbare Grundmietzeit.
Leasing verursacht Geldabfluss	• in Höhe der Leasingraten.
Leasing verursacht Aufwand	• in Höhe der Leasingraten.
Leasing erfordert	• kein Eigenkapital.
Leasing befreit	• von der Gewerbesteuerlast für den Leasinggegenstand.[2]
Leasing belastet	• die Liquidität gleichmäßig.

1 to lease = mieten; ein Mietvertrag mit einer unkündbaren Grundmietzeit wird als Leasing, genauer als „Financial Leasing" bezeichnet.
2 Da der Leasinggegenstand nicht beim Leasingnehmer bilanziert wird, muss dieser auch keine Gewerbesteuer aus dem Leasinggut bezahlen.

Leasing oder Bankkredit oder doch Miete?

Muster-
AUFGABE

Ein Lkw soll über mehrere Jahre geleast werden. Die monatliche Leasingrate für die ersten 4 Jahre (Grundmietzeit) beträgt 2,0 % der Anschaffungskosten. Bei Vertragsverlängerung wird eine Jahresmiete von 10 % der Anschaffungskosten fällig. Der Lkw wird voraussichtlich 7 Jahre benötigt. Die Anschaffungskosten für den Lkw betragen 60.000,00 €.

Berechnen Sie die fehlenden Positionen in nachstehender Tabelle.

Jahr	Leasingrate	Ausgabe	Aufwand
1			
2			
3			
4			
5			
6			
7			
Summe			

Bitte nicht beschriften.

LÖSUNG

Jahr	Leasingrate	Ausgabe	Aufwand
1	1 14.400,00	14.400,00	14.400,00
2	14.400,00	14.400,00	14.400,00
3	14.400,00	14.400,00	14.400,00
4	14.400,00	14.400,00	14.400,00
5	2 6.000,00	6.000,00	6.000,00
6	6.000,00	6.000,00	6.000,00
7	6.000,00	6.000,00	6.000,00
Summe	3 75.600,00	75.600,00	75.600,00

Lösungsweg:

1 Jährliche Leasingrate in den ersten 5 Jahren:
60.000,00 € · 2 % · 12 = 14.400,00 €

2 Jährliche Leasingrate nach dem 5. Jahr:
60.000,00 € · 10 % = 6.000,00 €

3 Leasingzahlungen während der gesamten Laufzeit

AUFGABE

Eine Krananlage soll über mehrere Jahre geleast werden. Die monatliche Leasingrate für die ersten 6 Jahre (Grundmietzeit) beträgt 1,25 % der Anschaffungskosten. Bei Vertragsverlängerung wird eine Jahresmiete von 5 % der Anschaffungskosten fällig. Die Krananlage wird voraussichtlich 10 Jahre benötigt. Die Anschaffungskosten für die Krananlage betragen 120.000,00 t.

Berechnen Sie die fehlenden Positionen in nachstehender Tabelle.

Jahr	Leasingrate	Ausgabe	Aufwand
1			
2			
3			
4			
5			
6			
7			
Summe			

Bitte nicht beschriften.

Leasing oder Kreditfinanzierung? 3

Eine mittelständische Spedition benötigt einen neuen Lkw. Der Lkw soll während der nächsten 8 Jahre ständig eingesetzt werden. Es ist kein verfügbares Eigenkapital vorhanden. Die Geschäftsleitung überlegt, ob Leasing oder Kreditfinanzierung durchgeführt werden soll. Dabei ist zunächst der rechnerische Vergleich durchzuführen. Aber auch weitere betriebswirtschaftliche Sachverhalte sollen berücksichtigt werden.

Muster-AUFGABE

Der Lkw hat einen Anschaffungspreis ohne Umsatzsteuer von 200.000,00 €. Er soll 8 Jahre genutzt werden. Der Lkw wird linear abgeschrieben.

Die **Hausbank** bietet folgende Finanzierungsmöglichkeit:

Darlehen von 200.000,00 €, Ratentilgung innerhalb von 4 Jahren mit jeweils 25 % pro Jahr. Da der Spediteur kein verfügbares Eigenkapital hat, verlangt die Bank die vollständige Kredittilgung nach der halben Nutzungsdauer. Zinssatz 6,5 %, Zins- und Tilgungszahlungen erfolgen jährlich am Jahresende.

Fortsetzung

Alternativ unterbreitet die **Leasing AG** folgendes Angebot:

Monatliche Leasingrate für die ersten 5 Jahre (Grundmietzeit) 1,5 % der An-schaffungskosten. Bei Vertragsverlängerung wird eine Jahresmiete von 10 % des Anschaffungswertes fällig.

a) **Vergleichen Sie Kreditfinanzierung und Leasing, indem Sie nachstehende Tabelle ergänzen.**

b) **Beurteilen Sie die beiden Finanzierungsarten hinsichtlich der Liquiditätsbelastung in den einzelnen Nutzungsjahren und über die gesamte Nutzungsdauer.**

	Kreditkauf					Leasing	
Jahr	Zins (in €)	Tilgung (in €)	Abschreibung (in €)	Ausgabe (Geldabfluss) (in €)	Gesamtaufwand (Gewinnminderung) (in €)	Ausgabe (Geldabfluss) (in €)	Aufwand (Gewinnminderung) (in €)
1							
2							
3							
4							
5							
6							
7							
8							
Summe							

Bitte nicht beschriften.

LÖSUNG

	Kreditkauf					Leasing	
Jahr	Zins 3 (in €)	Tilgung 1 (in €)	Abschreibung 6 (in €)	Ausgabe (Geldabfluss) (Zins- und Tilgung) 5 (in €)	Gesamtaufwand (Zins- und Abschreibung 7	Ausgabe (Geldabfluss) (in €)	Aufwand (Gewinnminderung) (in €)
1	13.000,00	50.000,00	25.000,00	63.000,00	38.000,00	9 36.000,00	9 36.000,00
2	9.750,00	50.000,00	25.000,00	59.750,00	34.750,00	36.000,00	36.000,00
3	6.500,00	50.000,00	25.000,00	56.500,00	31.500,00	36.000,00	36.000,00
4	3.250,00	50.000,00	25.000,00	53.250,00	28.250,00	36.000,00	36.000,00
5	–	–	25.000,00	–	25.000,00	36.000,00	36.000,00
6	–	–	25.000,00	–	25.000,00	9 20.000,00	9 20.000,00
7	–	–	25.000,00	–	25.000,00	20.000,00	20.000,00
8	–	–	25.000,00	–	25.000,00	20.000,00	20.000,00
Summe	32.500,00 4	200.000,00 2	200.000,00	232.500,00 11	232.500,00	240.000,00 10	240.000,00

LÖSUNGSWEG

1 Tilgung innerhalb von 4 Jahren mit jeweils 25 %; jährlicher Tilgungsbedarf in den ersten 4 Jahren 200.000,00 € · 25 % = 50.000,00 €; danach keine Tilgung mehr

2 Tilgung über gesamte Laufzeit = 200.000,00 €

3 Zinsberechnung im ersten Jahr: 200.000,00 € · 6,5 % = 13.000,00 €

Zinsberechnung im zweiten Jahr: 150.000,00 € · 6,5 % = 9.750,00 €

4 Zinszahlungen während Gesamtlaufzeit

5 Der Geldabfluss setzt sich aus Zins- und Tilgungszahlungen zusammen; Addition von 1 und 3.

6 Der Lkw wird 8 Jahre lang genutzt. Bei linearer Abschreibung sind jährlich 200.000,00 € : 8 = 25.000,00 € abzuschreiben.

7 Der Gesamtaufwand wird durch Addition der Zinsen und Abschreibungen ermittelt. Zinsen und Abschreibungen gehen als Aufwand gewinnmindernd in die GuV-Rechnung ein. Die Tilgung stellt lediglich eine Ausgabe dar, aber keinen Aufwand.

8 In den ersten 8 Jahren beträgt die monatliche Leasingrate 200.000,00 € · 1,5 % = 3.000,00 €. Jährlich sind dann 3.000,00 € · 12 = 36.000,00 € zu bezahlen.

9 Nach den ersten 5 Jahren beträgt die jährliche Leasingrate 200.000,00 € · 1,5 % = 20.000,00 €.

Über die gesamte Nutzungsdauer hinweg verursacht Leasing 10 240.000,00 € Ausgaben, die Kreditfinanzierung 11 lediglich 232.500,00 €.

b) In den ersten vier Nutzungsjahren liegt die Liquiditätsbelastung bei der Kreditfinanzierung deutlich über dem Leasing. So werden im ersten Nutzungsjahr 63.000,00 € bei der Kreditfinanzierung benötigt, dagegen nur 36.000,00 € beim Leasing. Ab dem 5. Jahr erfordert nur Leasing Geldabfluss. Die hohe Liquiditätsbelastung in den ersten 4 Jahren kann eine schwere Bürde für den Spediteur sein, also ein weiterer Grund für das Leasing.

Über die gesamte Laufzeit hinweg ist der Geldabfluss beim Leasing etwas höher als bei der Kreditfinanzierung. Trotz der etwas geringeren Liquiditätsbelastung beim Kreditkauf werden viele Spediteure das Leasing vorziehen, weil die Ausgabenbelastung sich gleichmäßiger über die gesamte Nutzungsdauer verteilt.

FAZIT

Gegenüber dem Bankkredit hat Leasing folgende

Vorteile

- Beim Leasing ist kein Eigenkapital erforderlich.
- Leasing ist „bilanzneutral“, d. h., die Kennzahlen werden nicht belastet.
- Beim Leasing fällt keine Gewerbesteuer an.
- Beim Leasing ist die Liquiditätsbelastung gleichmäßiger als beim Bankkredit.

Nachteil

- Leasing ist insgesamt betrachtet teurer als die bankfinanzierte Anschaffung.

Aufgaben zum Sachverhalt

1

Ein Volvo FH 16-660 hat einen Anschaffungspreis ohne Umsatzsteuer von 120.000,00 €. Er soll 8 Jahre genutzt werden. Der Lkw wird linear abgeschrieben.

Die **Hausbank** bietet folgende Finanzierungsmöglichkeit:

Darlehen von 120.000,00 €, Ratentilgung innerhalb von 4 Jahren mit jeweils 25 % pro Jahr. Da der Spediteur kein verfügbares Eigenkapital hat, verlangt die Bank die vollständige Kredittilgung nach der halben Nutzungsdauer. Zinssatz 6,5 %, Zins- und Tilgungszahlungen erfolgen jährlich am Jahresende.

Alternativ unterbreitet die **Leasing AG** folgendes Angebot:

Monatliche Leasingrate für die ersten 5 Jahre (Grundmietzeit) 1,5 % des Anschaffungspreises ohne Umsatzsteuer. Bei Vertragsverlängerung wird eine Jahresmiete von 10 % der Anschaffungskosten fällig.

a) Vergleichen Sie Kreditfinanzierung und Leasing, indem Sie nachstehende Tabelle ergänzen.

b) Beurteilen Sie die beiden Finanzierungsarten hinsichtlich der Liquiditätsbelastung in den einzelnen Nutzungsjahren und über die gesamte Nutzungsdauer.

Kreditkauf						Leasing	
Jahr	Zins (in €)	Tilgung (in €)	Abschreibung (in €)	Ausgabe (Geldabfluss) (in €)	Gesamtaufwand (Gewinnminderung) (in €)	Ausgabe (Geldabfluss) (in €)	Aufwand (Gewinnminderung) (in €)
1							
2							
3							
4							
5							
6							
7							
8							
Summe							

Bitte nicht beschriften.

2

Ein Iveco Transporter hat einen Anschaffungspreis ohne Umsatzsteuer von 48.000,00 €. Er soll 8 Jahre genutzt werden. Der Lkw wird linear abgeschrieben.

Die **Hausbank** bietet folgende Finanzierungsmöglichkeit:

Darlehen von 48.000,00 €, Ratentilgung innerhalb von 4 Jahren mit jeweils 25 % pro Jahr. Da der Spediteur kein verfügbares Eigenkapital hat, verlangt die Bank die vollständige Kredittilgung nach der halben Nutzungsdauer. Zinssatz 6,5 %, Zins- und Tilgungszahlungen erfolgen jährlich am Jahresende.

Alternativ unterbreitet die **Leasing AG** folgendes Angebot:

Monatliche Leasingrate für die ersten 5 Jahre (Grundmietzeit) 1,5 % des Anschaffungspreises ohne Umsatzsteuer. Bei Vertragsverlängerung wird eine Jahresmiete von 10 % der Anschaffungskosten fällig.

a) **Vergleichen Sie Kreditfinanzierung und Leasing, indem Sie nachstehende Tabelle ergänzen.**

b) **Beurteilen Sie die beiden Finanzierungsarten hinsichtlich der Liquiditätsbelastung in den einzelnen Nutzungsjahren und über die gesamte Nutzungsdauer.**

	Kreditkauf					Leasing	
Jahr	Zins (in €)	Tilgung (in €)	Abschreibung (in €)	Ausgabe (Geldabfluss) (in €)	Gesamtaufwand (Gewinnminderung) (in €)	Ausgabe (Geldabfluss) (in €)	Aufwand (Gewinnminderung) (in €)
1							
2							
3							
4							
5							
6							
7							
8							
Summe							

Bitte nicht beschriften.

4 Miete

Beim Mietvertrag[1] entfällt die beim Leasing übliche unkündbare Grundmietzeit. Wird ein zusätzliches Fahrzeug nur kurzzeitig oder immer wieder sporadisch benötigt, bietet sich die sogenannte Kurzzeitmiete an. Die Mietdauer ist flexibel und lässt sich auch in einem laufenden Vertrag kurzfristig anpassen. Fahrzeugwechsel innerhalb eines laufenden Vertrages sind möglich. So hat der Kunde eine **größere Flexibilität** als beim Bankkredit und Leasing. Durch Mietfahrzeuge können Speditionsaufträge flexibel und kurzfristig angenommen werden. Das Mieten von Lastkraftwagen kann daher Spitzenlasten abdecken und kurzfristigen Bedarf überbrücken.

Praxis-
AUFGABE

Fallstudie: Finanzierungsentscheidung

Die Spedition Kurt Metz GmbH benötigt drei neue gleichartige Fahrzeuge. Zwei dieser Fahrzeuge werden ständig eingesetzt sein. Das dritte Fahrzeug soll nur sporadisch eingesetzt werden, um die Belastungsspitzen aufzufangen. Geplanter Einsatz:

Fahrzeug 1: ständig, über gesamte Nutzungsdauer von 8 Jahren

Fahrzeug 2: ständig, über gesamte Nutzungsdauer von 8 Jahren

Fahrzeug 3: sporadisch, über 8 Jahre hinweg, monatlich an ca. 4 Arbeitstagen

Aus der Preisliste des Fahrzeugs sind bekannt:

Anschaffungskosten, Nettokaufpreis	100.000,00 €
+ 19 % Umsatzsteuer	19.000,00 €
= Anschaffungspreis	119.000,00 €

Für die geplante Investition steht insgesamt verfügbares Eigenkapital von 40.000,00 € zur Verfügung. Bei sofortiger Bezahlung gewährt der Lkw-Verkäufer 10 % Rabatt. Die Hausbank erwartet bei der Kreditfinanzierung einen Eigenkapitalanteil von etwa 40 %. Bei diesem Eigenkapitalanteil beträgt der Zinssatz 6 %. Der Kredit ist innerhalb von 6 Jahren durch gleichmäßige Tilgungen zurückzuzahlen.

Bei einer Kreditfinanzierung ohne Eigenkapitalanteil würde die Hausbank 7 % Zinsen verlangen. Der Kredit wäre dann ebenfalls innerhalb von 6 Jahren durch gleichmäßige Tilgungen zurückzubezahlen. Alternativ wird Fahrzeugleasing angeboten. Während der Grundmietzeit (5 Jahre) beträgt die monatliche Leasinggebühr 1,8 % von den Anschaffungskosten 100.000,00 €, danach 4 % pro Jahr.

1 **Stellen Sie auf ein Fahrzeug bezogen**

a) die Kreditfinanzierung mit Eigenkapitalanteil dar,

b) die Kreditfinanzierung ohne Eigenkapitalanteil dar,

c) die Leasingfinanzierung dar.

2 **Beschreiben Sie, wie die Beschaffung finanziert werden sollte. Begründen Sie Ihren Vorschlag.**

1 Mietvertrag im Sinne von § 535 BGB, auch als „operatives Leasing" bezeichnet

D

Einkommensteuererklärung des Arbeitnehmers

Die Antragsveranlagung beim Finanzamt 1

Das Steuersystem ist so aufgebaut, dass der Arbeitnehmer im Kalenderjahr normalerweise eher zu viel Lohnsteuer bezahlt als zu wenig. Lohnsteuer muss regelmäßig mit der Gehaltszahlung, also monatlich, an das Finanzamt abgeführt werden. Insbesondere unterschiedlich hohe Monatsgehälter können dazu führen, dass die monatlichen Lohnsteuerzahlungen eine höhere Summe ergeben, als auf das Jahresgehalt tatsächlich Lohnsteuer zu bezahlen ist. Wenn ein Arbeitnehmer ausschließlich Einkünfte aus nichtselbstständiger Tätigkeit hat, muss er keine Steuernachzahlung befürchten; im Gegenteil: Häufig erstattet das Finanzamt zu viel bezahlte Lohnsteuer.

Auf die Einkünfte aus nichtselbstständiger Arbeit (Löhne und Gehälter) wird die so genannte Lohnsteuer bezahlt. Liegen außer den Einkünften aus nichtselbstständiger Tätigkeit weitere Einkunftsarten vor (z. B. Zinsen als Einkünfte aus Kapitalvermögen oder Mieteinnahmen als Einkünfte aus Vermietung und Verpachtung), wird nicht mehr lediglich eine Antragsveranlagung, sondern eine Einkommensteuererklärung durchgeführt (siehe S. 280). Die Steuersätze sind bei Lohn- und Einkommensteuer identisch.

FAZIT

Nur Einkunftsart nichtselbstständige Arbeit (Löhne und Gehälter):	→	**Antragsveranlagung (Lohnsteuerjahresausgleich)**
Weitere Einkunftsarten	→	**Einkommensteuererklärung (Hauptvordruck)**
• aus Kapitalvermögen	→	**Anlage KAP**
• aus Vermietung und Verpachtung	→	**Anlage V**
• aus selbstständiger Arbeit	→	**Anlage S**
• aus Gewerbebetrieb	→	**Anlage G**

Wie wird die Antragsveranlagung durchgeführt? 1.1

Unbedingt notwendig ist die elektronische Lohnsteuerbescheinigung[1] für das zurückliegende Kalenderjahr. Hier sind als wichtige Angaben enthalten:

- Jahresbruttolohn,
- bezahlte (einbehaltene) Lohnsteuer im Kalenderjahr,
- bezahlter (einbehaltener) Solidaritätszuschlag im Kalenderjahr,
- bezahlte (einbehaltene) Kirchensteuer,
- Arbeitnehmeranteil an der Rentenversicherung, Krankenversicherung, Arbeitslosenversicherung, Pflegeversicherung
- Arbeitgeberanteil an der Rentenversicherung.

In den amtlichen Vordruck werden zunächst die persönlichen Daten eingetragen:

- Name, Vorname,
- Anschrift,
- Geburtstag,
- Familienstand,
- Steuerklasse,
- Bankverbindung (wichtig für die Steuererstattung!).

1 Die Einführung der elektronischen Lohnsteuerbescheinigung wurde aus technischen Gründen verschoben. Für das Jahr 2012 gilt weiterhin die letztmals 2010 ausgestellte Lohnsteuerkarte.

Einkommensteuererklärung des Arbeitnehmers

Auf der elektronischen Lohnsteuerbescheinigung von Saskia Michelmann sind für das letzte Kalenderjahr folgende Werte aufgeführt:

Bruttoarbeitslohn	1	35.457,00 €
Lohnsteuer	2	5.612,00 €
Solidaritätszuschlag	3	308,66 €
Kirchensteuer (8 %) (im Vorjahr erstattet: 8,96 €)	4	448,96 €
Rentenversicherung Arbeitnehmeranteil		3.591,00 €
Rentenversicherung Arbeitgeberanteil		3.591,00 €
Krankenversicherung Arbeitnehmeranteil		2.851,00 €
Pflegeversicherung Arbeitnehmeranteil		442,00 €

2011

Anlage N

Jeder Ehegatte mit Einkünften aus nichtselbstständiger Arbeit hat eine eigene Anlage N abzugeben.

X stpfl. Person / Ehemann ☐ Ehefrau

1 Name: Michelmann, Saskia

2 Vorname

3 Steuernummer

4 eTIN lt. Lohnsteuerbescheinigung(en), sofern vorhanden: IHLASSI94J18S — eTIN lt. weiterer Lohnsteuerbescheinigung(en), sofern vorhanden

Einkünfte aus nichtselbständiger Arbeit 4

Angaben zum Arbeitslohn

		Kz	Lohnsteuerbescheinigung(en) Steuerklasse 1 – 5 (EUR, Ct)		Kz	Lohnsteuerbescheinigung(en) Steuerklasse 6 oder einer Urlaubskasse (EUR, Ct)
5	Steuerklasse	168				
6	Bruttoarbeitslohn	110	35.457,—	1	111	,—
7	Lohnsteuer	140	5.612,00	2	141	,
8	Solidaritätszuschlag	150	308,66	3	151	,
9	Kirchensteuer des Arbeitnehmers	142	448,96	4	143	,
10	Nur bei konfessionsverschiedener Ehe: Kirchensteuer für den Ehegatten	144	,		145	,

Die Lohnsteuererklärung wird vom Finanzamt folgendermaßen bearbeitet:

	Bruttoarbeitslohn 1
–	Werbungskosten 5
=	Einkünfte aus nichtselbstständiger Arbeit 6
–	Sonderausgaben 7
–	außergewöhnliche Belastungen
–	Kinderfreibetrag/Betreuungsfreibetrag
=	zu versteuerndes Einkommen 8

Besteuerungsgrundlagen zur Steuerfestsetzung 2011
Berechnung des zu versteuernden Einkommens

	€	Insgesamt €
Einkünfte aus nichtselbstständiger Arbeit		
Bruttoarbeitslohn	35.457,00 **1**	
– Werbungskosten	1.000,00[1] **5**	
= Einkünfte	34.457,00	
Gesamtbetrag der Einkünfte	34.457,00	34.457,00
– Sonderausgaben unbeschränkt abzugsfähig		440,00
– Vorsorgeaufwendungen		4.647,00[2] **7**
= Einkommen/zu versteuerndes Einkommen		29.370,00 **8**

Berechnung der Einkommensteuer	
zu versteuern nach der Grundtabelle	29.370,00 **8**
tarifliche Einkommensteuer	5.427,00
festzusetzende Einkommensteuer	5.427,00

Auf das so ermittelte zu versteuernde Einkommen **8** wird anhand der Einkommensteuertabelle (bei Alleinstehenden gilt die Grundtabelle) die Einkommensteuerschuld **9** ermittelt. Dieser Betrag wird mit der abgeführten Lohnsteuer **10** verglichen. Zu viel abgeführte Lohnsteuer **11** wird dem Steuerpflichtigen erstattet.

Hat der Steuerpflichtige zu viel Lohnsteuer bezahlt, ist automatisch auch zu viel Kirchensteuer und Solidaritätszuschlag bezahlt worden, da diese Größen in Abhängigkeit der Lohn- bzw. Einkommensteuer bezahlt werden. Neben der Erstattung für zu viel bezahlte Lohnsteuer wird das Finanzamt auch zu viel bezahlte Kirchensteuer **12** und zu viel bezahlten Solidaritätszuschlag **13** erstatten. Zu viel bezahlte Lohn- bzw. Einkommensteuer, Kirchensteuer und Solidaritätszuschlag werden insgesamt **14** erstattet.

Jahr	Einkommensteuer in €	Kirchensteuer rk in €	Solidaritätszuschlag in €	Insgesamt in €
festgesetzt werden	**9** 5.427,00	434,16	298,49	
ab Steuerabzug vom Lohn	**10** 5.612,00	448,96	308,66	
verbleibende Beträge	– 185,00	– 14,80	– 10,17	– 209,97
Restguthaben des Steuerpflichtigen	**11** 185,00	**12** 14,80	**13** 10,17	**14** 209,97

Das Guthaben von insgesamt 209,97 € wird erstattet auf das Konto Nr. 294929 bei der Kreissparkasse (BLZ 620 500 00).

Werbungskosten bei Einkünften aus nichtselbstständiger Tätigkeit 1.2

Werbungskosten sind Aufwendungen zur Erwerbung, Sicherung und Erhaltung der Einnahmen (§ 9 EStG). Typische Beispiele für Werbungskosten bei den Einkünften aus nichtselbstständiger Arbeit sind Bewerbungskosten und Fahrtkosten zum Arbeitsplatz, Ausgaben für berufstypische Arbeitskleidung, Ausgaben für Fachliteratur, Kontoführungsgebühren und

1 s. S. 276
2 s. S. 277

Beiträge an Gewerkschaften. Die Fahrtkosten für die kürzeste Entfernung zwischen Wohnung und Arbeitsstätte werden mit 0,30 € je Entfernungskilometer (einfache Entfernung) angesetzt.

Jeder Arbeitnehmer kann pauschal[1] 1.000,00 € Werbungskosten ansetzen, die er im Einzelnen nicht nachweisen muss. Ein Einzelnachweis ist nur erforderlich, wenn der Arbeitnehmer mehr als 1.000,00 € jährlich an Werbungskosten ansetzen möchte.

Beispiel:
Die Wohnung der Speditionskauffrau Saskia Michelmann ist 13 Kilometer (einfache Entfernung) von ihrem Arbeitsplatz entfernt. Saskia Michelmann hatte im letzten Kalenderjahr 230 bezahlte Arbeitstage. Sie hatte 25 Tage Urlaub und war an 12 Tagen krank.

	Bezahlte Arbeitstage:	230	
–	Urlaubstage	25	
–	Krankheitstage	12	
=	Anzahl der Fahrten	193	· 13 · 0,30 = **752,70 Fahrtkosten**

Hier darf die günstigere Werbungskostenpauschale in Höhe von 1.000,00 € angesetzt werden.

FAZIT

Typische Werbungskosten des Arbeitnehmers	• Bewerbungskosten • Fahrtkosten zum Arbeitsplatz • berufstypische Arbeitskleidung • Gewerkschaftsbeiträge • Kosten für Fachliteratur • Kontoführungsgebühren (pauschal 16,00 €)
Werbungskostenpauschale (Arbeitnehmerpauschbetrag)	Jeder Arbeitnehmer kann pauschal (ohne Einzelnachweis) 1.000,00 € Werbungskosten jährlich ansetzen.
Werbungskostennachweis	Werbungskosten über 1.000,00 € jährlich müssen einzeln in der gesamten Höhe nachgewiesen werden.

Aufgaben zum Sachverhalt

1
Ein Speditionskaufmann wohnt 17 km von seinem Arbeitsplatz entfernt.
Er fährt an 198 Tagen im Jahr zu seiner Spedition.
Für das Abonnement der DVZ zahlt er vierteljährlich 49,00 €.
Berechnen Sie die Werbungskosten für den Lohnsteuerjahresausgleich.

2
Die Auszubildende Daniela Klein fährt mit der Stadtbahn zur Arbeit.
Die Monatskarte kostet 35,00 €.
Der halbjährliche Gewerkschaftsbeitrag beträgt 25,00 €.
Berechnen Sie die Werbungskosten für den Lohnsteuerjahresausgleich.

3
Der Speditionskaufmann Johannes Wolpert fährt an 190 Arbeitstagen täglich insgesamt 64 km zur Arbeit und zurück.
Im Berechnungsjahr kaufte er sich für 345,00 € Fachliteratur.
Entsprechende Belege liegen vor.
Berechnen Sie die Werbungskosten für den Lohnsteuerjahresausgleich.

1 Arbeitnehmerpauschale

Sonderausgaben 1.3

Sonderausgaben sind vom Staat aus sozial-, wirtschafts- und finanzpolitischen Gründen steuerbegünstigte Ausgaben, die im Kalenderjahr bezahlt wurden und weder Betriebsausgaben noch Werbungskosten sind (vgl. § 10 EStG). Der Gesetzgeber fördert diese „privaten" Ausgaben, weil er beispielsweise die Vermögensbildung, etwa zur Altersvorsorge, und die Risikovorsorge für besonders zweckmäßig hält.

Die Sonderausgaben werden unterteilt in **unbeschränkt** und **beschränkt** abzugsfähige Sonderausgaben:

Unbeschränkt abzugsfähige Sonderausgaben und Vorsorgeaufwendungen	**Weitere Vorsorgeaufwendungen**	**Beschränkt abzugsfähige Sonderausgaben, die keine Vorsorgeaufwendungen sind**
• gezahlte Kirchensteuer • gesetzliche Rentenversicherung Arbeitnehmeranteil • gesetzliche Rentenversicherung Arbeitgeberanteil • zertifizierte Rentenverträge (sog. Rürup- oder Basisrentenverträge • Beiträge zur gesetzlichen Krankenversicherung • Beiträge zur gesetzlichen Pflegeversicherung	Beiträge zur • Krankenversicherung über die Basisabsicherung hinaus • Arbeitslosenversicherung • private Unfallversicherung • Haftpflichtversicherung • Lebensversicherung • Berufsunfähigkeitsversicherung	• Aufwendungen für hauswirtschaftlich Beschäftigte • Spenden für mildtätige, kirchliche, religiöse und wissenschaftliche Zwecke • Spenden an politische Parteien • Unterhaltsleistungen • Kosten für Berufsausbildung in einem nicht ausgeübten Beruf
in voller Höhe absetzbar	Weitere Vorsorgeaufwendungen können im Rahmen des Höchstbetrages von 2.800,00 € geltend gemacht werden, soweit der Höchstbetrag nicht bereits durch Beiträge zu Basisrenten-, Kranken- und Pflegeversicherung ausgeschöpft wurde.	Die jeweiligen Höchstbeträge stehen in § 10 EStG. So dürfen Spenden für mildtätige, kirchliche, religiöse und wissenschaftliche Zwecke max. 5 % des Gesamtbetrages der Einkünfte ausmachen. Für die Aus- und Weiterbildung in einem nicht ausgeübten Beruf dürfen max. 920,00 € am Ort oder 1.227,00 € bei auswärtiger Unterbringung angesetzt werden.

Ausgaben für die Hausrat- und Kaskoversicherungen stellen keine Vorsorgeaufwendungen dar, da es sich um Sachversicherungen handelt.

Aufgabe zum Sachverhalt

Sevim Makula ist im dritten Ausbildungsjahr zur Speditionskauffrau. Sie hatte im letzten Kalenderjahr folgende Ausgaben für Versicherungsbeiträge:

Arbeitnehmerbeitrag zur Krankenversicherung	756,00 €
Arbeitnehmerbeitrag zur Rentenversicherung	1.053,00 €
Arbeitnehmerbeitrag zur Arbeitslosenversicherung	351,00 €
Arbeitnehmerbeitrag zur Pflegeversicherung	91,80 €

Weiterhin bezahlte sie 47,00 € Kirchensteuer.

Ermitteln Sie **a) die unbeschränkt abzugsfähigen Sonderausgaben und die unbeschränkt abzugsfähigen Vorsorgeaufwendungen,**
b) die abzugsfähigen weiteren Vorsorgeaufwendungen.

1.4 Außergewöhnliche Belastungen

Außergewöhnliche Belastungen sind dann gegeben, wenn einem Steuerpflichtigen zwangsläufig größere Aufwendungen erwachsen als der überwiegenden Mehrzahl der Steuerpflichtigen gleicher Einkommens- und Vermögensverhältnisse, z. B. bei **Krankheit, Schwerbehinderung, Tod, Beschäftigung einer Haushaltsgehilfin** (vgl. § 33 EStG). Wenn die Aufwendungen die zumutbare Eigenbelastung[1] übersteigen, wird auf Antrag der übersteigende Betrag als außergewöhnliche Belastung vom Gesamtbetrag der Einkünfte abgezogen.

1.5 Sonderfreibeträge

Steuerpflichtigen mit Kindern stehen **Kinderfreibeträge** oder Kindergeld zu. Der Kinderfreibetrag wird vom Einkommen abgezogen, die damit verbundene Steuerersparnis hängt also vom persönlichen Steuersatz der steuerpflichtigen Eltern ab. Das Kindergeld wird vom Arbeitgeber bzw. von der Familienkasse der Arbeitsagentur ausgezahlt. Das Finanzamt berücksichtigt bei der Steuererklärung die für den Steuerpflichtigen jeweils günstigste Alternative (= Günstigerprüfung).

1 Die zumutbare Eigenbelastung wird in Abhängigkeit der Ausgabenhöhe und des Einkommens berechnet.

FAZIT

Berechnungsschema zur Ermittlung der Einkommensteuerschuld bei Einkünften aus nichtselbstständiger Arbeit:

Einnahmen aus nichtselbstständiger Tätigkeit (Jahreslohn/Jahresgehalt)
– Werbungskosten

= **Einkünfte** aus nichtselbstständiger Tätigkeit
= **Summe der Einkünfte/Gesamtbetrag der Einkünfte**
– Sonderausgaben
– außergewöhnliche Belastungen

= **Einkommen**
– Kinderfreibetrag

= **zu versteuerndes Einkommen**
(Bemessungsgrundlage für die Einkommensteuer)

In der Steuertabelle wird die zu zahlende Einkommensteuer abgelesen. Dieser Betrag wird mit der vorausbezahlten Jahreslohnsteuer verglichen. Zu viel bezahlte Steuer erstattet das Finanzamt auf Antrag.

Zusammenfassende Aufgabe

Die ledige Speditionskauffrau Eva Haufe erstellt einen Lohnsteuerjahresausgleich für das vergangene Jahr. Die Lohnsteuerkarte weist folgende Daten auf:

Bruttoarbeitslohn	23.200,00 €
Einbehaltene Lohnsteuer	4.119,90 €
Kirchensteuer	329,59 €
Solidaritätszuschlag	226,59 €
Rentenversicherungsanteil Arbeitgeber	2.273,60 €
Rentenversicherungsanteil Arbeitnehmer	2.273,60 €
Krankenversicherungsanteil Arbeitnehmer	1.902,40 €
Pflegeversicherungsanteil Arbeitnehmer	226,20 €
Arbeitslosenversicherungsanteil Arbeitnehmer	348,00 €

Persönliche Situation:

Entfernung Arbeitsstätte – Wohnung 17 km
208 Arbeitstage
Ausgaben für Fachliteratur 45,00 €
Lebensversicherung 50,00 € monatlich
Kfz-Haftpflichtversicherung 560,00 €
Berufsunfähigkeitsversicherung 16,00 € monatlich

a) **Berechnen Sie die Werbungskosten.**

b) **Berechnen Sie die Einkünfte aus nichtselbstständiger Arbeit.**

c) **Berechnen Sie die Sonderausgaben.**

d) **Berechnen Sie das zu versteuernde Einkommen.**

2 Weitere Einkunftsarten

Der Einkommensteuer unterliegen die Einkünfte aus den 7 Einkunftsarten nach § 2 Abs. 1 EStG. Eine Einkunftsart haben Sie bereits kennengelernt, das sind die Einkünfte aus nichtselbstständiger Arbeit. Auf Seite 2 der Einkommensteuererklärung sind die Einkunftsarten des Steuerpflichtigen anzugeben:

Einkünfte im Kalenderjahr 2011	aus folgenden Einkunftsarten:		
Land- und Forstwirtschaft	lt. **Anlage L**		
Gewerbebetrieb	lt. **Anlage G**	für steuerpflichtige Person (bei Ehegatten: Ehemann)	lt. **Anlage G** für Ehefrau
Selbständige Arbeit	lt. **Anlage S**	für steuerpflichtige Person (bei Ehegatten: Ehemann)	lt. **Anlage S** für Ehefrau
Nichtselbständige Arbeit	lt. **Anlage N**	für steuerpflichtige Person (bei Ehegatten: Ehemann)	lt. **Anlage N** für Ehefrau
Kapitalvermögen	lt. **Anlage KAP**	für steuerpflichtige Person (bei Ehegatten: Ehemann)	lt. **Anlage KAP** für Ehefrau
Vermietung und Verpachtung	lt. **Anlage(n) V**	Anzahl	
Sonstige Einkünfte	**Renten** lt. **Anlage R**	für steuerpflichtige Person (bei Ehegatten: Ehemann)	**Renten** lt. **Anlage R** für Ehefrau
	lt. **Anlage SO**		

Das EStG unterteilt die Einkünfte in Gewinn- und Überschusseinkünfte, wie die folgende Übersicht zeigt:

Einkunftsarten nach EStG	**Einkünfte sind**
1. Einkünfte aus Land- und Forstwirtschaft 2. Einkünfte aus Gewerbebetrieb 3. Einkünfte aus selbstständiger (nichtgewerblicher) Arbeit, z. B. Ärzte, Rechtsanwälte	Betriebseinnahmen – Betriebsausgaben = **Gewinn** (Einkünfte)
4. Einkünfte aus nichtselbstständiger Arbeit 5. Einkünfte aus Kapitalvermögen 6. Einkünfte aus Vermietung und Verpachtung 7. Sonstige Einkünfte, z. B. Spekulationsgewinne	Überschuss der Einnahmen über die Werbungskosten, also: Einnahmen – Werbungskosten = **Einkünfte**

Die Einnahmen zu den Einkünften 4.–7. können um die Werbungskosten (Aufwendungen zur Erwerbung, Sicherung und Erhaltung der Einnahmen, § 9 EStG) gekürzt werden. Die Einnahmen können gekürzt werden um:

4. Einnahmen aus nichtselbstständiger Arbeit	**abzüglich Werbungskosten** *z. B. Fahrtkostenpauschale, berufstypische Arbeitskleidung, Gewerkschaftsbeitrag, Fachliteratur 920,00 € pauschal oder Einzelnachweis bei höheren Werbungskosten* **= Einkünfte aus nichtselbstständiger Arbeit**
5. Einnahmen aus Kapitalvermögen	**abzüglich Werbungskosten** *z. B. Kontoführungskosten für Wertpapierkonto, Bankspesen 51,00 € pauschal oder Einzelnachweis bei höheren Werbungskosten Der Sparerfreibetrag beträgt 750,00 €.* **= Einkünfte aus Kapitalvermögen**
6. Einnahmen aus Vermietung und Verpachtung	**abzüglich Werbungskosten** *z. B. Zinsen für aufgenommene Darlehen, Abschreibungen auf Gebäude/Wohnung, Reparaturkosten* **= Einkünfte aus Vermietung und Verpachtung** (können auch negativ sein).

6425280

Berechnungsschema zur Ermittlung des zu versteuernden Einkommens

Gemäß § 2 EStG kann nach dem folgenden – vereinfachten – Schema das zu versteuernde Einkommen und danach die Einkommensteuer ermittelt werden:

	Einkünfte aus Land- und Forstwirtschaft (Gewinn)
+	Einkünfte aus Gewerbebetrieb (Gewinn)
+	Einkünfte aus selbstständiger Arbeit (Gewinn)
+	Einkünfte aus nichtselbstständiger Arbeit (Einnahmen – Werbungskosten)
+	Einkünfte aus Kapitalvermögen (Einnahmen – Werbungskosten)
+	Einkünfte aus Vermietung und Verpachtung (Einnahmen – Werbungskosten)
+	Sonstige Einkünfte im Sinne des § 22 EStG
=	**Summe der Einkünfte**
–	Altersentlastungsbetrag (ab dem 64. Lebensjahr)
=	**Gesamtbetrag der Einkünfte**
–	Sonderausgaben
–	außergewöhnliche Belastungen
=	**Einkommen**
–	Kinderfreibetrag/Betreuungsfreibetrag
=	**zu versteuerndes Einkommen**

↓

Bemessungsgrundlage für tarifliche Einkommensteuer

↓

Anwendung der Steuertabelle (Grundtabelle bei Ledigen, Splittingtabelle bei Verheirateten)

↓

Einkommensteuer

3 Vermögenswirksame Leistungen und Wohnungsbauprämie

Zur Förderung einer zusätzlichen Altersvorsorge und des privaten Wohneigentums werden unter bestimmten Voraussetzungen verschiedene staatliche Sparförderungen gewährt.

Vermögenswirksame Leistungen

Nach dem 5. Vermögensbildungsgesetz fördert der Staat die Vermögensbildung durch die Anlage **vermögenswirksamer Leistungen.** Vermögenswirksame Leistungen sind Geldleistungen, die der Arbeitgeber vom Lohn/Gehalt abzieht und an den Träger der vermögenswirksamen Leistung (z. B. Bausparkasse, Vermögensbeteiligungen) überweist. Oft beteiligen sich die Arbeitgeber an der Vermögensbildung ihres Arbeitnehmers mit einem entsprechenden Arbeitgeberanteil. Die staatliche Förderung besteht in einer Arbeitnehmersparzulage, die für bestimmte Anlageformen (siehe Tabelle Seite 282) vom Finanzamt gewährt wird. Begünstigt sind einmalige oder für die Dauer von sechs Jahren laufende Einzahlungen. Die Sperrfrist beträgt sieben Jahre. Die beiden Anlageformen in Bausparverträge oder andere Vermögensbeteiligungen können nebeneinander in Anspruch genommen werden.

Damit die Arbeitnehmersparzulage gewährt wird, dürfen bestimmte Einkommensgrenzen nicht überschritten werden (siehe Tabelle Seite 282).

1.3.1 Haustarife im Nahbereich

Auszüge aus dem Haustarif[1] der EURO Sped GmbH

Bei der Abrechnung nach „Tabelle 1: Gestellung von Fahrzeug und Fahrer" werden die Zurverfügungstellung von Fahrzeug und Fahrer in Stundensätzen und die zurückgelegten km in km-Sätzen berechnet. So werden auch Standzeiten mit verrechnet.

Tabelle 1: Gestellung von Fahrzeug und Fahrer

Nutzlast bis	km-Satz	Stundensatz je angefangene Stunde
5 t	0,37 €	43,30 €
6 t	0,39 €	43,99 €
7 t	0,41 €	44,63 €
8 t	0,42 €	45,51 €
14 t	0,54 €	48,99 €
15 t	0,57 €	49,57 €
23 t	0,65 €	53,94 €
24 t	0,66 €	54,51 €
25 t	0,67 €	55,03 €
26 t	0,68 €	55,61 €
27 t	0,69 €	56,12 €

Bei der Abrechnung nach „Tabelle 2: Erbrachte Transportleistung" werden das transportierte Gewicht und die Lastkilometer berechnet. Es steht dabei die erbrachte Transportleistung im Vordergrund.

Tabelle 2: Erbrachte Transportleistung, Transportsatz in €/t

Entfernung in km bis einschl.	Gewicht der Ladung in t ab								
	3	4	5	6	7	8	9	10	11
30	46,29	36,25	30,22	26,18	23,28	21,09	19,38	18,00	16,86
35	51,98	40,61	33,78	28,40	25,85	23,42	21,59	19,95	18,66
40	57,54	44,87	37,25	32,15	28,50	25,64	23,59	21,86	20,43
45	62,98	49,03	40,64	35,04	31,03	28,00	25,63	23,73	22,16
50	68,30	53,11	43,98	37,87	33,50	30,20	28,41	25,55	23,85
55	73,51	59,42	47,23	40,64	35,92	32,37	29,58	27,35	25,52
60	78,61	61,00	50,42	43,36	38,29	34,48	31,51	29,11	27,14
80	98,02	75,88	62,58	53,70	47,34	42,56	38,83	35,83	33,37
85	102,64	79,42	65,48	56,17	49,50	44,49	40,58	37,44	34,86
90	107,19	82,91	68,33	58,59	51,63	46,39	42,30	39,02	36,33

Entfernung in km bis einschl.	Gewicht der Ladung in t ab								
	21	22	23	24	25	26	27	28	29 u. mehr
60	17,40	16,87	16,38	15,92	15,49	15,08	14,70	14,34	13,99
65	18,39	17,83	17,31	16,83	16,38	15,94	15,55	15,16	14,80
70	19,37	18,78	18,23	17,72	17,25	16,80	16,38	15,98	15,60

1 Die Struktur der Haustarife kann auch nach PLZ-Bereichen gegliedert werden.

Ein Fahrzeug mit 7,5 t Nutzlast wird zu Erdaushubarbeiten eingesetzt. Die Entfernung zwischen Be- und Entladestelle beträgt 2,4 km. Das Fahrzeug befördert in der Stunde durchschnittlich 5 Ladungen und wird am 1. Tag 7,5 Stunden und am 2. Tag 2,5 Stunden benötigt.

Wie hoch ist das Beförderungsentgelt nach Tabelle 1?

1 Muster-AUFGABE

LÖSUNG

	Stundensätze: Insgesamt 10 Stunden · 45,31 €	**453,10 €**
+	**km-Satz: 0,42 · 240**	**100,80 €**
	Nettoentgelt	**553,90 €**
+	**19 % USt**	**105,24 €**
	Bruttoentgelt	**659,14 €**

Ein Großhändler beauftragt den Spediteur Karl Weber, Güter bei verschiedenen Kunden abzuladen. Die gesamte Sendung wiegt 11 000 kg. Die gefahrene Strecke beträgt insgesamt 89 km.

Berechnen Sie das Beförderungsentgelt, wenn Tabelle 2 abzüglich 7,5 % vereinbart ist.

2 Muster-AUFGABE

LÖSUNG

	89 km/11 t = 11 · 36,33	**399,63 €**
–	**7,5 % Marge**	**29,97 €**
	Nettoentgelt	**369,66 €**
+	**19 % USt**	**70,24 €**
	Beförderungsentgelt	**439,90 €**

Aufgaben zum Sachverhalt

1

Ein Landschaftsgärtner, der eine Parkanlage gestaltet, benötigt von Frachtführer Wolter einen 7,5-t-Lkw. Die Einsatzzeit beträgt 2 Stunden und 45 Minuten. Insgesamt werden 37 km zurückgelegt.

Berechnen Sie das Beförderungsentgelt nach Tabelle 1.

2

Ein Handwerker benötigt für den Transport verschiedener Maschinen einen Lkw mit Ladebordwand. Die Spedition Nolte stellt ihm ein Fahrzeug mit einer Nutzlast von 5 t. Die Lastentfernung beträgt 30,5 km. Das Fahrzeug ist 3 Stunden und 35 Minuten im Einsatz. Nolte berechnet für den Einsatz von Fahrzeugen mit Ladebordwand einen Zuschlag von 5 %.
Es wurde ein Nachlass von 12,5 % auf den Gesamtpreis vereinbart.

Berechnen Sie das Beförderungsentgelt.

3

In einem Wald sind 6 000 kg Holz an verschiedenen Stellen abzuholen und zum Lagerplatz zu transportieren. Der berechnete Anfahrtsweg beträgt 15 km, der Lastweg 38 km, die Einsatzzeit 2 Stunden und 15 Minuten.

Berechnen Sie das Beförderungsentgelt, wenn ein Fahrzeug mit Ladekran eingesetzt wurde, für das ein Zuschlag von 10 % berechnet wird.

Auszug aus den Nebengebühren

1.	Versendernachnahme, 2 %	mindestens	15,40 €
2.	Avisgebühren	pro Sendung	5,10 €
3.	Fixtagzustellung nach Ablauf der Regellaufzeit		15,40 €
4.	Wiegen/Aufmessen	pro Sendung mindestens	2,60 €
5.	Lagergeld je 100 kg/Tag		1,05 €
6.	Rechnungserstellung bei unfreien Sendungen		6,10 €
7.	Abliefernachweis		6,10 €
8.	Palettentausch	Euro-Flachpalette	2,60 €
		Gitterbox	10,30 €
9.	Stand-/Wartezeiten von mehr als einer halben Std.	je halbe Std.	17,90 €
10.	Gefahrgut-Handling-Zuschlag, pro Sendung	bis 300 kg	10,20 €
		301–1 000 kg	15,40 €
		über 1 000 kg	20,50 €

Muster-**AUFGABE**

Die Frankenexpress GmbH, Erlangen, bildet die Preise für Stückgutsendungen auf Basis ihres Haustarifs. Ein Kunde verschickt folgende Sendung frei Haus nach Dortmund (Ortsklasse II) über 482 km:

3 Euro-Paletten – nicht stapelbar	zu je 450 kg
1 Euro-Gitterbox	230 kg

Der Kunde wünscht einen Abliefernachweis. Da der Kunde Stammkunde der Frankenexpress GmbH ist, erhält er einen Rabatt in Höhe von 10 %.

Erstellen Sie die Abrechnung.

LÖSUNG

Frachtpflichtiges Sendungsgewicht:

Euro-Paletten, 3 · 450 kg		1 350 kg
Euro-Gitterbox – Mindestgewicht		300 kg
Abrechnungsgewicht		1 650 kg
	Transport bis Empfänger (bis 1 700 kg)	291,90 €
+	Abliefernachweis	6,10 €
+	Palettentauschgebühren 3 · Euro-Flachpalette/je 2,60 €	7,80 €
	1 · Euro-Gitterbox	10,30 €
	Grundpreis	316,10 €
–	10 % Rabatt	31,61 €
	Rechnungspreis, netto	284,49 €
+	19 % USt	54,05 €
	Rechnungspreis, brutto	338,54 €

Aufgaben zum Sachverhalt

1

Die Frankenexpress GmbH, Erlangen, erhält folgenden Auftrag:

Frei-Haus-Sendung nach Köln über 395 km:

4 Euro-Paletten – stapelbar .... zu je 250 kg
2 Euro-Gitterboxen .... zu je 230 kg

Der Kunde wünscht einen Abliefernachweis. Da der Kunde Stammkunde der Frankenexpress GmbH ist, erhält er einen Rabatt in Höhe von 10 % auf den Haustarif.

Erstellen Sie die Abrechnung.

2

Folgender Auftrag geht an die Frankenexpress GmbH:

Sendung – frei Haus nach Chemnitz über 265 km:

2 Euro-Paletten – nicht stapelbar .... je 480 kg
3 Euro-Gitterboxen .... je 180 kg

Der Kunde wünscht einen Abliefernachweis. Es wurden keine Nachlässe auf den Haustarif vereinbart.

Erstellen Sie die Abrechnung.

3

3 Alukisten mit je 65 kg werden über die Frankenexpress GmbH unfrei nach Berlin (440 km) als Nachnahmesendung verschickt. Der Einzugsbetrag der Sendung beträgt 2.784,00 €.

a) **Erstellen Sie auf Basis des Haustarifs die Rechnung an den Empfänger in Berlin.**
b) **Erstellen Sie auf Basis des Haustarifs die Abrechnung an den Absender.**

4

Ein Industriebetrieb beliefert einen Kunden in Freiburg/Br. (410 km) regelmäßig mit Montagematerial in Versandboxen frei Haus. Das Durchschnittsgewicht beträgt 235 kg je Gitterbox.

Der Industriebetrieb lieferte im Monat März 21 Gitterboxen aus. Eine Konkurrenzspedition führte diesen Auftrag für 1.600,00 € + 19 % USt aus.

a) **Wie hoch ist der Transportpreis eines Behälters?**
b) **Wie hoch müsste der Rabatt der Frankenexpress GmbH sein, wenn der Preis der Konkurrenzspedition um 15 % unterboten werden müsste?**

5

Eine Gefahrgut-Sendung soll frei Haus nach Wien über 585 km befördert werden: 6 Euro-Paletten – nicht stapelbar – zu je 286 kg mit Abliefernachweis.

Aufgrund der Konkurrenzsituation müssen 20 % Rabatt auf den Transportpreis gewährt werden.

Erstellen Sie die Abrechnung der Frankenexpress GmbH auf Basis des Haustarifs.

1.3.3 Haustarife im Fernbereich – Expressdienste

Für besonders eilige oder zeitgenaue Gütertransporte bieten viele Speditionen Spezialverkehre mit Abliefergarantien an.

Die Express-Angebote werden in **„Overnight-Dienste“** (12–24 Stunden Haus-Haus-Lieferung) und **„Sameday“**- bzw. **„Innight-Dienste“** (unter 12 Stunden Haus-Haus-Lieferung) unterschieden, für die dann aufgrund der besonderen Kostenstruktur auch unterschiedliche Haustarife gelten.

Preisliste: Express (in €)

kg \ km	bis 40	bis 75	bis 100	bis 150	bis 200	bis 250	bis 300	bis 350
bis 150	48,00	53,50	57,50	62,50	67,90	72,40	75,40	78,60
bis 175	50,90	57,00	61,50	67,10	73,10	78,10	81,60	85,10
bis 200	53,60	60,70	65,80	72,40	79,40	85,10	89,20	93,30
bis 225	61,20	69,30	75,10	82,50	90,30	97,00	101,60	106,20
bis 250	64,10	72,80	79,10	87,10	95,50	102,70	107,50	112,50
bis 275	66,90	76,30	83,00	91,50	100,60	108,30	113,50	118,80
bis 300	71,30	81,60	88,90	98,20	108,00	116,40	122,10	127,90
bis 325	76,30	87,30	95,20	105,32	115,90	124,90	131,00	137,30
bis 350	78,80	90,50	98,20	109,20	120,30	129,80	136,20	142,70

Preisliste: Express-Plus (in €)

kg \ km	bis 100	bis 200	bis 300
bis 10	45,00	49,00	51,00
bis 20	47,00	50,00	53,00
bis 30	49,00	52,00	55,00
bis 40	53,00	56,00	59,00
bis 50	55,00	58,00	62,00
bis 75	64,00	68,00	72,00
bis 100	73,00	77,00	82,00
bis 125	83,00	92,00	98,00
bis 150	87,00	97,00	105,00

Muster-**AUFGABE**

Die Frankenexpress GmbH bietet ihren Kunden Express-Verkehre an. Für „Overnight“-Transporte gilt die Preisliste Express, für „Sameday“- bzw. „Innight“-Transporte die Preisliste Express-Plus.

a) Eine Gitterbox mit Montageteilen im Gewicht von 318 kg soll bis 08:00 Uhr am nächsten Morgen beim Empfänger in Ulm (189 km) sein.

Welcher Rechnungsbetrag wird dem Kunden für diese „frei Haus“-Lieferung in Rechnung gestellt?

b) Eine Maschinensteuerung (52 kg) im Wert von 10.000,00 € wird innerhalb 8 Stunden benötigt und über 234 km zum Kunden unfrei transportiert.

Über welchen Betrag lautet die Rechnung?

LÖSUNG

a) Preisliste Express, da „Overnight-Dienst“:
bis 325 kg/bis 200 km – 115,90 €

Haus-Haus-Express, netto	115,90 €
+ 19 % USt	22,02 €
Rechnungsbetrag, brutto	137,92 €

b) Preisliste Express-Plus, da „Innight-Dienst“:
bis 75 kg/bis 300 km – 72,00 €

Haus-Haus-Express Plus, netto	72,00 €
+ 19 % USt	13,68 €
Rechnungsbetrag, brutto	85,68 €

Aufgaben zum Sachverhalt

1

Eine Euro-Palette mit Formteilen im Gewicht von 248 kg soll bis 10:00 Uhr am nächsten Morgen beim Empfänger in Altenberg (278 km) sein.

Welcher Rechnungsbetrag wird dem Kunden in Rechnung gestellt?

2

Ein Ersatzteil (76 kg) wird um 11:00 Uhr beim Absender übernommen und über 194 km zum Kunden unfrei transportiert. Die Sendung muss bis spätestens 18:00 Uhr eintreffen.

Über welchen Betrag lautet die Rechnung?

3

Ein Austauschmotor (130 kg) soll als „Innight-Express“ über 264 km nach Friedberg transportiert werden.

Wie hoch ist der Einzugsbetrag beim Empfänger?

4

Eine Gitterbox (320 kg) muss bis 09:00 Uhr am nächsten Morgen im GVZ Dessau (336 km) sein.

Wie hoch ist der Frachtbetrag, der dem Auftraggeber in Rechnung gestellt wird?

1.3.4 Haustarife im Fernbereich – Komplett- und Teilladungsverkehre

Die Preise für Komplettladungen und Teilladungen werden in der Praxis marktorientiert nach Angebot und Nachfrage, auch saisonabhängig, gebildet. Dabei ist die Preisbildungsbasis die individuelle Fahrzeugkostenrechnung oder ein universeller Haustarif für Ladungsgüter.

Je nach Marktlage können die kalkulierten Preise durchgesetzt werden oder es müssen Kürzungen akzeptiert werden.

Muster-AUFGABE

Die Spedition Gruner GmbH, Bad Homburg, erbringt Güterfernverkehrsleistungen im Selbsteintritt. Die Gruner GmbH bildet die Preise für Transportleistungen im Güterkraftverkehr auf Basis der eigenen Kostenrechnung und der Marktsituation.

Eine Stahlkonstruktion (11 m x 2,30 m x 2,20 m) im Gewicht von 16 200 kg soll von Frankfurt/Main nach Chemnitz transportiert werden. In Chemnitz kann eine Rückladung nach Würzburg zum Pauschalpreis von 680,00 € übernommen werden. Das Fahrzeug ist 2 volle Tage im Einsatz.

Der eingesetzte Sattelzug weist folgende Kostenstruktur auf:

variable Kosten	0,50 €/km
fixe Kosten	342,00 €/Tag
Gemeinkostenzuschlag auf die Fahrzeugkosten	30 %
Gewinnzuschlag	11 %

Transportentfernungen:

Frankfurt/Main – Chemnitz	415 km
Chemnitz – Würzburg	324 km
Würzburg – Bad Homburg	128 km
Frankfurt/Main – Bad Homburg	19 km

a) **Berechnen Sie den Angebotspreis, netto, für die Stahlkonstruktion als 100-kg-Satz und als Lademeter-Satz.**

b) **Wie viel Prozent Preisnachlass auf den Haustarif „Ladungsgut" entspricht der Angebotspreis des 100-kg-Satzes?**

Auszug aus dem Haustarif „Ladungsgüter" der Spedition Gruner GmbH:

Ladungsgüter in €/100 kg

Entfernung	bis 5 t	bis 10 t	bis 15 t	bis 20 t	bis 23 t	bis 25 t
401–420 km	7,72	6,07	5,49	5,08	4,91	4,87
421–440 km	7,93	6,24	5,64	5,17	5,05	5,00
441–460 km	8,15	6,42	5,80	5,36	5,19	5,14

c) **Wie hoch ist der Erfolg des Rundlaufs, wenn der Kunde den Auftrag auf Basis des Angebotspreises erteilt hat?**

LÖSUNG

a) **km-Einsatz:**

Bad Homburg – Frankfurt/M. (leer)	19 km
Frankfurt/Main – Chemnitz (Last)	415 km
insgesamt	434 km

Transportkosten:

variable Kosten 434 km · 0,50 €/km	217,00 €
+ fixe Kosten für 1 Einsatztag	342,00 €
Fahrzeugkosten	559,00 €
+ Gemeinkostenzuschlag 30 %	167,70 €
Selbstkosten	726,70 €
+ Gewinnzuschlag 11 %	79,94 €
Angebotspreis, netto	806,64 €

100-kg-Satz:

16 200 kg ≙ 806,64 €
100 kg ≙ x

$$x = \frac{806{,}64 \cdot 100}{16\,200} = \underline{\underline{4{,}98\ €}}$$

Lademeter-Satz:

11 Lademeter ≙ 806,64 €
1 Lademeter ≙ x

$$x = \frac{806{,}64}{11} = \underline{\underline{73{,}33\ €}}$$

b)

Haustarif	5,17 €/100 kg
− Angebotspreis	4,98 €/100 kg
Preisdifferenz	0,19 €/100 kg

5,17 €/100 kg ≙ 100 %
0,19 €/100 kg ≙ x

$$x = \frac{100 \cdot 0{,}19}{5{,}17} = \underline{\underline{3{,}68\ \%}}$$

c) **Kosten des Rundlaufs:**

Rückfahrt = 324 km (Last) + 128 km (leer) = 452 km

Rückfahrtkosten:

variable Kosten 452 km · 0,50 €/km	226,00 €
+ fixe Kosten für 1 Einsatztag	342,00 €
= Fahrzeugkosten	568,00 €
+ Gemeinkostenzuschlag 30 %	170,40 €
= Selbstkosten	738,40 €

Gesamtkosten:

Selbstkosten – Hinfahrt	726,70 €
+ Selbstkosten – Rückfahrt	738,40 €
= Selbstkosten, insgesamt	1.465,10 €

Erlöse:

Hinfahrt	806,64 €
+ Rückfahrt	680,00 €
= Gesamterlös, netto	1.486,64 €

Erfolg:

Gesamterlös des Rundlaufs	1.486,64 €
− Selbstkosten des Rundlaufs	1.465,10 €
= Erfolg des Rundlaufs	21,54 €

Aufgaben zum Sachverhalt

1

9,4 t Druckerzeugnisse werden mit einem Motorwagen der Spedition Gruner GmbH von Bad Homburg nach Hamburg (488 km) transportiert.

Als Preisgrundlage wird der 10-t-Satz des Haustarifs abzüglich 20 % vereinbart. Auszug aus dem Haustarif:

	in €/100 kg			
	bis 5 t	bis 10 t	bis 15 t	bis 20 t
461–480 km	9,38	7,60	6,96	6,51
481–500 km	9,60	7,78	7,13	6,66
501–520 km	9,84	7,97	7,30	6,82

a) **Erstellen Sie die Abrechnung dieses Transports.**

b) **Wie hoch ist der Erfolg dieses Transports, wenn das Fahrzeug mit Gesamtkosten von 1,20 €/km kalkuliert wird?**

2

Im Rahmen eines Logistikprojekts müssen zweimal wöchentlich 32 Paletten mit durchschnittlich 380 kg, netto, von Nürnberg nach Wuppertal (458 km) befördert werden.

Zu welchem Preis könnte die Spedition Frank KG, Nürnberg, den Palettenstellplatz auf dieser Strecke anbieten, wenn der Haustarif zugrunde gelegt wird?

Auszug aus dem Haustarif der Spedition Frank KG, Nürnberg:

	in €/100 kg			
	bis 10 t	bis 12 t	bis 14 t	bis 16 t
441–550 km	6,29	5,68	5,01	4,65
551–560 km	6,54	5,93	5,27	4,91
561–570 km	6,80	6,19	5,52	5,16

3

Die Spedition K. Steiner, Schwieberdingen, versendet eine Wechselbrücke mit 8 630 kg Autozubehör im kombinierten Ladungsverkehr von Ludwigsburg nach Hamburg.

Kosten:

1 Wechselbrücke (Halbsendung) .... (Festpreis der Kombiverkehrs KG)	399,00 €
Vorlaufkosten	12 km zu je 1,12 €/km
Nachlaufkosten	23 km zu je 1,33 €/km

Zu welchem 100-kg-Satz könnte der Transport angeboten werden, wenn die Spedition Steiner 18 % Gemeinkostenzuschlag und 10 % Gewinn einrechnet?

4

Im kombinierten Ladungsverkehr zwischen Freiburg und Mailand kostet ein Sattelauflieger je Strecke 420,00 €. Bei einem paarigen Verkehr mit durchschnittlich 11 800 kg Fracht entstehen insgesamt 190,00 € Vor- und Nachlaufkosten.

Erstellen Sie einen Kostenvergleich mit einem traditionellen Transport auf dieser Strecke (420 km) bei 2 Einsatztagen, 400,00 € Fixkosten pro Tag und variablen Kosten von 0,48 €/km sowie 92,00 € Transportnebenkosten.

5

Der Frachtführer Karl Mayer, München, führt internationale Transporte durch. Für den Transport von Elektrogeräten nach Spanien soll Mayer ein Angebot abgeben.

Auftragsdaten:

Hinfahrt:	18 240 kg Fracht nach Madrid	(2 030 km) – 2,5 Einsatztage
Rückfahrt:	14 620 kg Barcelona – München	(1 410 km) – 2 Einsatztage
Leerfahrt:		630 km – 1 Einsatztag

Kalkulationsdaten:

variable Kosten	0,50 €/km
fixe Kosten	410,00 €/Tag
Einsatzkosten (Maut usw.)	8 % der Fahrzeugkosten
Verwaltungsgemeinkosten	15 %
Gewinnzuschlag	12 %

a) **Erstellen Sie das Angebot für den Transport nach Madrid, ohne Berücksichtigung der Leerfahrt nach Barcelona.**

b) **Wie hoch müsste der Preis für die Rückfracht von Kfz-Ersatzteilen der Seat S.p.A., Barcelona, nach München mindestens sein, um die Gesamtkosten Mayers abzudecken?**

6

Die Spedition Kunze GmbH, Magdeburg, führt ihre Aufträge, soweit möglich, im Selbsteintritt durch. Der Fuhrpark baut auf 4 Fahrzeugtypen auf, die folgende Kostenstrukturen aufweisen:

Fahrzeugtyp	**7,5-t-Nahverk.-Lkw**	**14-t-Hebebühne-Lkw**	**40-t-Wechselbrücken-Zug**	**Sattelzug**
variable Kosten/km	0,30 €/km	0,46 €/km	0,52 €/km	0,52 €/km
Fixkostenstruktur/Tag				
1. Personalkosten	144,00 €/Tag	160,00 €/Tag	184,00 €/Tag	184,00 €/Tag
2. Kapitalkosten (Zins, AfA)	53,00 €/Tag	76,00 €/Tag	105,00 €/Tag	107,00 €/Tag
3. Fahrzeugbereit.-Kosten (Vers.-Steuer)	41,00 €/Tag	69,00 €/Tag	81,00 €/Tag	92,00 €/Tag
4. WAB*-Kosten (7 Stück)			63,00 €/Tag	
gesamte Fixkosten	**238,00 €/Tag**	**305,00 €/Tag**	**433,00 €/Tag**	**383,00 €/Tag**
Ø km/Monat	5 000 km	6 000 km	10 000 km	12 500 km

**WAB = Wechselaufbau*

6.1

Erstellen Sie für den Sattelzug einen Haustarif mit 50-km-Stufen und 2-t-Abständen für den Bereich 16 t – 20 t und 200 km – 300 km.

Kalkulieren Sie die Selbstkosten mit 18 % Abteilungsgemeinkosten und 8 % „Overhead"-Kosten.

6.2

Welchen Monatserlös müssen die einzelnen Fahrzeugtypen bei 22 Arbeitstagen durchschnittlich erwirtschaften, um ihre Kosten abdecken zu können, wenn zusätzlich noch 18 % Abteilungsgemeinkosten und 8 % „Overheadkosten" berücksichtigt werden müssen?

6.3

a) **Welcher km-Preis für 100 kg müsste für den Sattelzug verlangt werden, wenn das Fahrzeug an 22 Einsatztagen durchschnittlich mit 15,5 t ausgelastet ist und durch den Erlös auch 18 % Abteilungsgemeinkosten, 8 % „Overheadkosten" und 10 % Gewinn erwirtschaftet werden sollen?**

b) **30 Paletten mit Batterien im Gewicht von je 520 kg sollen von Magdeburg nach Regensburg (446 km) transportiert werden. Zu welchem 100-kg-Satz kann diese Sendung angeboten werden, wenn der kalkulierte Preis von a) zugrunde gelegt wird?**

c) **Zu welchem Preis pro Palettenstellplatz könnte der Auftrag bei sonst gleichen Bedingungen angeboten werden?**

6.4

Ein 14-t-Hebebühnen-Lkw könnte im Rahmen von regelmäßigen Frischdienstlieferungen in den Großraum Hannover eingesetzt werden. Der Auftraggeber bietet eine km-Pauschale von 1,98 € bei 22 Einsatztagen und einer Fahrleistung von durchschnittlich 270 km pro Tag.

a) **Kalkulieren Sie diesen Auftrag.**

b) **Entscheiden Sie über die Auftragsannahme und begründen Sie Ihre Entscheidung.**

6.5

Im Rahmen eines Exportauftrags werden 3 420 kg Maschinenteile in einer Kiste (3,90 cm x 210 cm x 120 cm) nach Hamburg befördert.

Auf der Rückfahrt können erst in Hannover 3,4 t Druckerzeugnisse zu 4,65 €/100 kg nach Magdeburg übernommen werden. Das Fahrzeug ist ganztägig unterwegs.

Entfernungen:	Magdeburg – Hamburg	286 km
	Magdeburg – Hannover	147 km
	Leerfahrt	142 km

a) **Begründen Sie, welches Fahrzeug aus dem Fuhrpark der Spedition Kunze GmbH für diesen Transport am besten geeignet ist.**

b) **Wie viel Euro konnten durch die Rückfracht erlöst werden?**

c) **Welcher Pauschalpreis müsste für die Kiste nach Hamburg verlangt werden, wenn das Fahrzeug an diesem Tag neben den eigenen Kosten auch 12 % Abteilungsgemeinkosten, 8 % „Overheadkosten" und 10 % Gewinn erwirtschaften soll?**

6.6

12 400 kg Alu-Formteile sollen von Magdeburg nach Calais/Frankreich (1 084 km) transportiert werden. Der Auftraggeber zahlt 1.750,00 € für diesen Transport an die Kunze GmbH. Bis zur Rückkunft ist das Wechselbrückenfahrzeug 4 Tage im Einsatz. Dem Auftraggeber werden die zwei Wechselbrücken 2 Tage vor Abfahrt ohne Berechnung zur Verfügung gestellt.

a) **Welchem 100-kg-Satz entspricht der gezahlte Transportpreis? .**

b) **Inwieweit deckt dieser Preis die Fahrzeugkosten (einschließlich 18 % Gemein-kostenzuschlag und 8 % „Overheadkosten") bis Calais bei zwei Einsatztagen?**

c) **Wie viel Euro müssten bei einer Rückfracht aus Calais erlöst werden, um neben den**

Eisenbahnverkehr 2

Preisermittlung 2.1

Die Preisbildung beim Eisenbahnverkehr ist abhängig von der Konkurrenz anderer Verkehrsträger. Grundlage für die Abrechnung mit der Railion Deutschland bleiben weiterhin die unverbindlichen Frachtentafeln.

Mit Großkunden vereinbaren die Kundenberater unternehmensspezifische, besondere Preislisten, die nicht veröffentlicht werden.

Grundlagen der Frachtberechnung im Wagenladungsverkehr 2.2

Die Preisfindung der DB Schenker Rail Deutschland AG basiert bei aller Flexibilität in der kostenorientierten Preisfindung auf den folgenden Grundlagen:

Grundlagen der Frachtberechnung		
Entfernung	**Gewicht**	**Nebenleistungen**
• kürzester Schienenweg • Entfernungsdegression • relationsabhängige Preise	• diverse Rundungsvorschriften zum frachtpflichtigen Gewicht • 13,499 t Mindestgewicht je Achsenwagen • 34,499 t Mindestgewicht je Drehgestellwagen	• Locofrachten (Beförderungen innerhalb eines Bahnhofs) • Serviceleistungen (z.B. Standgeld)

Grundsätze der Frachtberechnung 2.2.1

Wagenladungen	
Gewicht der Sendung	Rundung der tatsächlichen Gewichte auf volle Tonnen, d. h. bis 499 kg abrunden, ab 500 kg aufrunden
Allgemeine Preisliste (APL)	ausgerechnetes branchenunabhängiges Standardangebot
Frachtpreise zur Allgemeinen Preisliste	**Preistafel 1** – Transporte in einem Wagen mit zwei Achsen **Preistafel 2** – Transporte in einem Wagen mit mehr als zwei Achsen
Entgelte für Serviceleistungen	z. B.: Wiegegeld: pro Einzelwagen 39,00 € Wagenstandgeld für geschlossene Güterwagen: 1.–7. Tag, je Tag 25,00 €
Tiefladewagen	grundsätzlich freie Preisvereinbarungen
Privatwagen	Fracht wird um einen Mindestabschlag gekürzt: bei Regelwagen 15 % Leerlauffrachten: Abrechnung nach einer extra Frachtentafel
Ganzzüge	marktorientierte Frachtpreise auf Basis vereinbarter Preise

2.2.2 Wagenladungen nach Allgemeiner Preisliste

Für Transporte in einem Wagen mit zwei Achsen						
Sendungsgewicht in kg	bis 13 499	13 500 – 17 499	17 500 – 21 499	21 500 – 25 499	25 500 – 30 499 [2]	jede weitere Tonne kostet
Entfernung bis km	Wagenpreise in € – ohne Umsatzsteuer					
200	638	678	767	856	960	35
220	638	711	805	900	1.007	38
240	654	753	854	953	1.067	39
260	690	797	902	1.007	1.129	42
280	726	839	950	1.062	1.188	45
300	764	882	997	1.114	1.248	47
320	798	922	1.044	1.166	1.304	48
340	830	958	1.088	1.214	1.360	50
360	864	996	1.129	1.263	1.413	51
380	896	1.035	1.172	1.308	1.466	53
400	928	1.072	1.216	1.356	1.519	54
450	978	1.129	1.277	1.428	1.599	58
500	1.044	1.204	1.365	1.524	1.706	64
550	1.106	1.275	1.445	1.614	1.809	66
[1] 600	1.164	1.342	1.520	1.699	[3] 1.901	70
650	1.219	1.407	1.593	1.778	1.994	74
700	1.273	1.470	1.664	1.859	2.082	76
750	1.316	1.518	1.719	1.920	2.150	79
800	1.345	1.553	1.758	1.964	2.200	82
850	1.376	1.587	1.798	2.009	2.249	83
900	1.406	1.621	1.839	2.052	2.298	84
950	1.436	1.657	1.877	2.096	2.347	86
1 000	1.466	1.693	1.916	2.140	2.398	88
1 100	1.513	1.745	1.976	2.207	2.472	91
1 200	1.571	1.814	2.054	2.295	2.571	94
1 300	1.632	1.885	2.135	2.383	2.671	97
1 400	1.693	1.953	2.213	2.472	2.768	103
1 500	1.753	2.024	2.292	2.561	2.866	105

Quelle: Railon Deutschland AG, Mainz

Muster-
AUFGABE

Eine Wagenladung Druckfarbe im Gewicht von 27 620 kg soll von Ludwigshafen nach Hamburg (588 km) in einem Wagen der Gattung „H" unfrei transportiert werden.

Mit welchem Frachtbetrag wird der Empfänger in Hamburg belastet?

LÖSUNG

27 620 kg = 28 000 kg frachtpflichtiges Gewicht

Frachtbetrag = Entfernung 600 km [1] – Gewichtsspalte 25 500 bis 30 499 t [2]

= 1.901,00 € [3]

	Frachtbetrag, netto	1.901,00 €
+	19 % USt	361,19 €
	Frachtbetrag, brutto	2.262,19 €

LÖSUNGSWEG

1. Aufgerundete Transportentfernung ermitteln.
2. Gerundete Gewichtsspalte ermitteln.
3. Frachtbetrag: Schnittpunkt der Entfernungszeile mit der Gewichtsstufenspalte ablesen.

Aufgaben zum Sachverhalt

1

21,4 t Kühlgüter werden von Köln über 368 km nach Stuttgart in einem 2-achsigen Kühlwagen der Gattung „I" unfrei befördert.

Wie hoch ist der Transportpreis?

2

28,5 t Gussteile werden frei Haus von Chemnitz nach Wolfsburg (343 km) in einem Achswagen (2 Achsen) unter 14 m Länge transportiert.

Wie hoch ist das Frachtentgelt, wenn ein Nachlass von 25 % auf die Fracht vereinbart und der Wagen von der Railion Deutschland AG verwogen wurde?

3

Ein Achswagen mit 22 360 kg Granulat wird von Ludwigshafen nach Flensburg über 792 km frei Haus transportiert.

Wie hoch ist das Frachtentgelt, wenn der Absender 20 % Preisnachlass auf die Fracht vereinbart hat?

4

Ein Zulieferer der Automobilindustrie könnte jeden Werktag 3 Achsenwagen mit je 20,6 t von Bochum frei Haus nach Stuttgart-Zuffenhausen (432 km) versenden.

Wie viel Prozent Preisnachlass müsste die Railion Deutschland AG dem Kunden gewähren, wenn dieser für den Straßentransport bisher 4,90 €/100 kg bezahlt hat und sie den Kunden durch einen niedrigeren Preis gewinnen kann?

5

a) Versandboxen im Gesamtgewicht von 31 820 kg gehen in einem privaten Achswagen über 265 km zum Kunden. Der Wagen wird erst am 3. Tag nach seiner Ankunft in Fulda vom Eigentümer übernommen, sodass 2 Standtage in Rechnung gestellt werden.

   Mit welchem Betrag belastet die Railion Deutschland AG das Konto des Kunden, wenn ein pauschaler Preisnachlass von 15 % auf alle Bahnregelpreise vereinbart ist?

b) Die leeren Versandboxen gehen am 4. Tag wieder zum Absender zurück.

   Mit welchem Betrag wird das Konto belastet, wenn ein pauschaler Preisnachlass von 15 % vereinbart ist? Die leeren Versandboxen wiegen 7,854 t.

6

Für den Bau einer Neubaustrecke setzt ein privates Bauunternehmen 6 Achswagen ein.
Die Wagen sind mit Schienen- und Baumaterial mit folgenden Gewichten beladen:

33,4 t	32,8 t	27,3 t	31,7 t	26,6 t	28,5 t

Mit welchem Frachtbetrag belastet die Railion Deutschland AG das Bauunternehmen, wenn die Transportentfernung 323 km beträgt?

2.3 Abrechnung im Kombiverkehr

2.3.1 Allgemeine Grundsätze der Frachtberechnung

Kombiverkehr	
Leistungsangebote im kombinierten Verkehr	• Ganzzüge • Stellplätze
Operateure im Kombinierten Verkehr	• Kombiverkehr KG (europäischer Marktführer im Kombinierten Verkehr Schiene – Straße) • Transfracht GmbH (überwiegend Containerverkehre zu den deutschen Seehäfen) • Intercontainer-Interfrigo SA (hauptsächlich Seehafen-Containerverkehre) • Polzug Intermodal GmbH (Kombinierte Verkehre zwischen Osteuropa und den Nordseehäfen) • Hupac (Kombinierte Verkehre im Alpentransit sowie Seehafenverkehre) • Ökombi GmbH (Kombinierte Verkehre im Alpentransit, größter europäischer Anbieter der Rollenden Landstraße)
Leistungsumfang	Die Operateure bilden meist eigenständige Ganzzüge und bieten ihren Kunden • Stellplätze im Haus-Haus-Verkehr • Stellplätze im Terminal-Terminal-Verkehr
Frachtpreise	Freie Preisbildung auf Basis von Stellplätzen (Ladeeinheiten) nach Angebot und Nachfrage
Nebenleistungen gegen Einzelberechnung	z. B. – Terminalumschlag – Depot-Serviceleistungen – Zwischenlagerung von Containern
Angebote im Containerverkehr	• Binnencontainer (20 ft/40 ft) • ISO-Container (20 ft/40 ft)
Angebote z. B. Kombiverkehrs KG	• „Rollende Landstraße" • „Auflieger" (SAL = Sattelauflieger) • Wechselbehälter (Wechselbrücken, Container)
Preisberechnung z. B. Kombiverkehrs KG	Die Fracht wird pro LE (Ladungseinheit) berechnet, indem der Grundpreis mit dem jeweiligen Koeffizienten, der sich aus Länge und Gesamtgewicht der LE ergibt, multipliziert wird. Es gilt folgendes Koeffizientenraster:

Ladeeinheit nach Länge und Gesamtgewicht

t \ m	≤ 6,15	6,16-7,82	7,83-9,15	9,16-13,75	SAL
≤ 8	0,48	0,50	0,75	0,96	1,00
> 8 – ≤ 16,5	0,48	0,50	0,75	0,96	1,00
> 16,5 – ≤ 22	0,75	0,75	0,90	1,00	1,00
> 22 – ≤ 34	0,75	0,75	0,96	1,00	1,00
> 34	0,85	0,85	1,00	1,00	1,00

Pro Sendung gilt als Mindestfaktor 1,00.

6403300

Containerverkehr 2.3.2

Muster-AUFGABE

Ein Spediteur schickt Ventilatoren von Reutlingen wöchentlich in zwei 20-Fuß-Containern mit je 12,2 t Gesamtgewicht und je 1 230 Ventilatoren im Haus-Haus-Verkehr über den Container-Terminal Nagold nach Braunschweig (564 km). Mit der Kombiverkehr KG wird ein Grundpreis von 1.720,00 € für den Haus-Haus-Verkehr ausgehandelt.

a) **Mit welchem Frachtbetrag wird das Konto des Absenders wöchentlich belastet?**
b) **Wie hoch ist der Frachtkostenanteil eines Ventilators im Containerverkehr?**

LÖSUNG

a) 20-Fuß-Container = 20 · 30,48 cm = 6,096 m (Länge)
Ermittlung des Koeffizienten:
9,2 t/6,096 m : 0,48 · 2 LE = 0,96
aber: Mindestfaktor pro Sendung 1,0

1 Sendung	1.720,00 €
+ 19 % USt	326,80 €
Frachtbetrag, brutto	2.046,80 €

b) 1 230 Ventilatoren · 2 Container = 2 460 Ventilatoren
2 460 Ventilatoren = 1.720,00 €
1 Ventilator = 0,70 €

Aufgaben zum Sachverhalt

1

Die Spedition Stein GmbH, Bremen, verschickt in einer Sendung folgende Wechselbehälter nach München:
1 Wechselbehälter mit 7,4 t und 6,10 m,
1 Wechselbehälter mit 15,6 t und 7,30 m.
Der Grundpreis der Sendung beträgt 1.680,00 €.

Mit welchem Preis belastet die Kombiverkehr KG das Stundungskonto der Spedition Stein GmbH?

2

Die Winzergenossenschaft Freiburg/Br. versendet zwei 20-Fuß-Container mit Wein in Kartons auf jeweils 15 Paletten nach Oldenburg (683 km). Für den Transport sind 1.940,00 € als Grundpreis vereinbart. Pro Palette sind 90 Kartons zu je 6 Flaschen gepackt und mit Folie verschweißt. Das Gesamtgewicht beträgt 18 200 kg.

a) **Wie hoch sind die Transportkosten pro Palette?**
b) **Wie hoch sind die Transportkosten pro Weinflasche?**

3

Die Metallbau Reimer GmbH in Osnabrück produziert Gehäuseteile direkt in 40-Fuß-Containern. 12-mal pro Monat werden zwei 40-Fuß-Container mit je 14 870 kg über die Spedition Müller zum Kunden nach Nürnberg (484 km) verschickt. Die Kombiverkehr KG verlangt einen Grundpreis von 780,00 €.

a) **Wie hoch sind die Frachtkosten eines Containers von Osnabrück nach Nürnberg?**
b) **Welchem Frachtpreis für 100 kg entsprechen diese Frachtkosten?**
c) **Wie hoch ist der monatliche Transportpreis?**
d) **Im gewerblichen Güterfernverkehr werden auf dieser Strecke 4,65 €/100 kg verlangt. Um wie viel Prozent müsste der Grundpreis der Kombiverkehr KG mindestens gesenkt werden, um einen wettbewerbsfähigen Preis verlangen zu können?**

3

Unternehmer Raisch erhält von der Spedition Wiebel KG den Auftrag, 20 Euro-Paletten und 6 Gitterboxen im Gesamtgewicht von 14 296 kg von Bremen nach Gotha/Thüringen zu transportieren. Pro Lademeter wurden 67,00 € inklusive Maut vereinbart.

a) **Welchen Betrag stellt Raisch der Spedition Wiebel KG in Rechnung?**
b) **Welchem 100-kg-Satz entspricht dieser Transportpreis?**

4

Spedition Wiebel KG erhält folgende Sammelgutsendungen für die Relation Stuttgart: 1 Werkzeugmaschine 5,20 m · 2,33 m · 1,79 m, 6 379 kg; 6 Kolli Ersatzteile, insgesamt 3,00 m · 2,35 m · 175 m, 5 158 kg; 35 Paletten mit je 500 Packungen Kaffee zu je 500 g.

a) **Ermitteln Sie, wie viele Paletten des 3. Auftrags zugeladen werden können, wenn der Frachtführer Ulmer einen Lastzug mit zwei 7-m-Wechselbrücken einsetzt.**
b) **Wie hoch ist der Transportpreis des Hauptlaufs nach Stuttgart (633 km), wenn die Kapazität des Lkw voll ausgelastet wurde und ein 100-kg-Satz von 5,80 € vereinbart wurde?**

3.4 Abrechnung mit den Kunden im Spediteursammelgutverkehr[1]

Haus-Haus-Entgelte (Auszug), Preise in €

Entfernung in km	Gewicht in kg				
	1–50	**51–100**	**101–200**	**201–300**	**301–400**
1– 100	29,70	50,30	71,20	103,20	132,30
101– 200	32,10	55,60	81,80	120,80	156,90
201– 300	32,70	56,60	83,40	123,70	161,00
301– 400	32,80	57,00	84,20	125,30	163,10
401– 500	33,00	57,40	85,20	126,70	165,20
501– 600	33,60	58,30	86,80	129,50	169,10
601– 700	34,20	60,10	90,30	135,30	177,50
701– 800	34,70	60,90	92,10	138,30	181,40
801–1 000	35,30	62,60	95,60	144,30	189,90

Entfernung in km	Gewicht in kg				
	401–500	**501–600**	**601–700**	**701–800**	**801–900**
1– 100	158,10	184,20	215,60	246,80	257,00
101– 200	189,90	222,80	261,20	299,40	316,40
201– 300	194,90	229,30	268,60	308,30	326,30
301– 400	197,40	232,40	272,60	312,70	331,60
401– 500	200,20	235,60	276,20	316,90	336,30
501– 600	205,70	242,10	283,90	325,80	346,20
601– 700	216,00	255,00	299,20	343,50	366,20
701– 800	221,20	261,50	306,70	352,00	376,10
801–1 000	231,80	274,20	322,00	369,70	396,10

1 Der „Tarif für den Spediteursammelgutverkehr" wird von der Vereinigung der Sammelgutspediteure im BSL zur Anwendung empfohlen.

Entfernung in km	Gewicht in kg					
	901–1 000	1 001–1 250	1 251–1 500	1 501–2 000	2 001–2 500	2 501–3 000
1– 100	285,70	311,50	337,80	347,50	348,30	349,00
101– 200	352,40	390,50	428,20	445,10	464,50	481,90
201– 300	363,50	403,80	443,50	461,40	483,80	504,00
301– 400	369,10	410,30	451,20	469,40	493,30	515,20
401– 500	374,60	417,00	458,80	477,50	503,20	526,20
501– 600	385,70	430,10	474,00	493,90	522,50	548,40
601– 700	407,90	456,40	504,10	526,30	561,10	592,70
701– 800	418,80	469,40	519,30	542,60	580,70	614,80
801–1 000	441,10	495,80	549,60	575,30	619,30	658,90

Nebengebühren

1. Für zusätzliche Leistungen werden zum Haus-Haus-Entgelt berechnet:

a) Gebühr für Versendernachnahmen .... 2 %, mindestens 15,30 €
b) Avisgebühren .... pro Sendung 5,10 €
c) Zustellung an einem vorgeschriebenen Tag (Fixtag) nach Ablauf der Regellaufzeit .... 15,30 €
d) Wiegen von Gütern sowie Aufmessen von Sperrgütern nach Zeit und Aufwand .... pro Sendung mindestens 2,60 €
e) Lagergeld für Güter normalen Umfangs .... pro Tag und 100 kg 1,00 €
mindestens 2,10 €
f) Rechnungserstellung für Unfrei-Empfänger, die nicht zur sofortigen Zahlung bereit sind, sowie für Dritte .... 6,10 €
g) Nachträgliche Verfügungen des Versenders (z. B. Änderungen der Frankatur) und Anweisungen des Empfängers .... pro Sendung mindestens 5,10 €
h) Beschaffung eines Ablieferungsnachweises .... mindestens 6,10 €
i) Palettentauschgebühr für – genormte Flachpaletten .... je Palette 2,60 €
– genormte Gitterboxpaletten .... je Palette 10,20 €
j) Stand- und Wartezeiten von mehr als einer halben Std. .... je halbe Std. 17,90 €

2. Die bei der Versendung gefährlicher Güter erforderlichen zusätzlichen Leistungen werden mit einem angemessenen Betrag, mindestens aber in folgender Höhe abgerechnet:

pro Sendung bis 300 kg .... mindestens 10,20 €
301 kg bis 1 000 kg .... mindestens 15,30 €
über 1 000 kg .... mindestens 20,50 €

Quelle: Vereinigung der Sammelspediteure im BSL, Bonn

Muster-**AUFGABE**

Die Ventrax GmbH, Hanau, verschickt über die Spedition Eurosped GmbH an einen Kunden in Freiburg 3 Gitterboxen à 874 kg über 291 km „frei Haus".

a) Welchen Frachtbetrag berechnet die Eurosped GmbH ihrem Kunden, wenn ein Nachlass von 20 % auf das Haus-Haus-Entgelt und Palettentauschgebühren laut Nebengebührentarif vereinbart wurden?

b) Über welchen Betrag lautet die Rückrechnung des Empfangsspediteurs in Freiburg, wenn der Nachlauf mit 55,00 € in Rechnung gestellt wird und für E+V 1,30 € je angefangene 100 kg vereinbart sind?

c) Wie viel Euro verbleiben der Eurosped GmbH bei diesem Sammelguttransport zur Deckung ihrer Restkosten?

LÖSUNG

a) Frachtgewicht: 3 · 874 kg = 2 622 kg/291 km

Rechnung an die Ventrax GmbH:

	Haus-Haus-Entgelt	504,00 €
–	20 % Preisnachlass	100,80 €
	angepasster KS	403,20 €
+	Palettentauschgebühr 3 · 10,20 €	30,60 €
	Frachtbetrag, netto	433,80 €
+	19 % USt	82,42 €
	Frachtbetrag, brutto	516,22 €

b) **Rückrechnung des Empfangsspediteurs:**

	E+V für 2 700 kg: 1,30 · 27	35,10 €
+	Nachlaufentgelt	55,00 €
+	Palettentauschgebühr	30,60 €
	Rechnungsbetrag, netto	120,70 €
+	19 % USt	22,93 €
	Rechnungsbetrag, brutto	143,63 €

c) **Erlös aus dem Sammelguttransport für die Ventrax GmbH:**

	netto	433,80 €
–	Rückrechnung des Empfangsspediteurs, netto	120,70 €
	Deckungsbetrag zur Abdeckung der Restkosten	313,10 €

Aufgaben zum Sachverhalt

1

Im Rahmen des Sammelguttransports aus dem Raum Hanau geht eine Euro-Palette mit Sägeblättern (485 kg) „unfrei" zum Sägewerk Faller nach Denzlingen bei Freiburg (284 km).

Welcher Rechnungsbetrag wird dem Sägewerk Faller durch den Empfangsspediteur in Rechnung gestellt?

2

Zwei Gitterboxen mit je 874 kg werden durch die Ventrax GmbH unfrei an einen weiteren Kunden in Freiburg (291 km) versandt. Je Gitterbox ist eine Versendernachnahme in Höhe von 952,00 € beim Empfänger einzuziehen.

a) **Wie viel Euro hat der Empfänger in Freiburg bei Auslieferung der Sendung an den Empfangsspediteur zu zahlen?**

b) **Welchen Betrag schuldet der Empfangsspediteur dem Versandspediteur Eurosped GmbH, wenn für die Zustellung 42,30 € und für E+V 1,45 € je angefangene 100 kg berechnet werden?**

3

Ebenfalls nach Freiburg wurden 3 Kisten (Maße je Kiste: 280 x 90 x 60 cm) als Sammelgut der Eurosped GmbH, Hanau, über 306 km transportiert. Aufgrund der Sperrigkeit der Sendung werden 300 kg pro m^3 berechnet. Die Sendung geht „frei Haus" an den Empfänger in Freiburg. Der Absender wünscht einen Ablieferungsnachweis.

a) **Ermitteln Sie das frachtpflichtige Gewicht der Sendung.**

b) **Erstellen Sie die Abrechnung des Empfangsspediteurs an den Empfänger der Sendung, wenn für die Zustellung inklusive Maut 45,00 € belastet werden.**

c) **Erstellen Sie die Abrechnung des Versandspediteurs an den Absender. Mit der Eurosped GmbH wurde ein Nachlass von 25 % auf das Haus-Haus-Entgelt vereinbart.**

d) **Erstellen Sie die Abrechnung des Empfangsspediteurs an den Versandspediteur in Hanau, wenn für E+V 1,40 € je angefangene 100 kg anfallen.**

4

Aus der Sammelgutsendung der Eurosped GmbH, Hanau, nach Freiburg sind 5 Paletten mit insgesamt 2 355 kg Schneidwerkzeuge für die MEBA AG, Breisach (278 km), „frei Haus" bestimmt.

Für die gesamte Sammelgutsendung nach Freiburg kalkuliert die Eurosped GmbH mit 1.105,00 € Gesamtkosten.

Wie viel Euro Preisnachlass könnte die Eurosped GmbH der MEBA AG auf den Haus-Haus-Satz gewähren, wenn mindestens 10 % Gewinn erwirtschaftet werden sollen und der Erlös der restlichen Sendungsteile bei 945,00 € liegt?

Vermischte Aufgaben 3.5

1

Im Rahmen eines Sammelguttransports von München nach Bremen im Gesamtgewicht von 17 380 kg werden auch Druck-Erzeugnisse im Gewicht von 375 kg auf einer Einweg-Palette über 782 km „frei Haus" befördert.

Mit dem Kunden ist ein Haus-Haus-Entgelt nach dem Tarif für den Spediteursammelgutverkehr abzüglich 20 % vereinbart. Der Empfangsspediteur verrechnet für E+V 1,25 € je angefangene 100 kg Sendungsgewicht.

a) **Wie hoch sind die anteiligen Frachtkosten der Druck-Erzeugnisse im Hauptlauf, wenn der Frachtführer pauschal 756,00 € für den Transport erhält?**

b) **Erstellen Sie die Abrechnung für den Versender der Druck-Erzeugnisse inklusive 4,07 € Maut.**

c) **Über welchen Betrag lautet die Rückrechnung des Empfangsspediteurs in Bremen, wenn für den Nachlauf 26,00 € berechnet werden?**

d) An Vorlaufkosten fallen für die Druck-Erzeugnisse 24,50 € an. Der Versandspediteur rechnet für seine eigenen Kosten (Hallenumschlag, büromäßige Bearbeitung, Gemeinkostenanteil usw.) für diese Sendung 55,60 €.

Wie hoch ist der rechnerische Gewinn dieser Sendung?

2

Die Zentralgenossenschaft e.G. Württemberg, Möglingen, erteilt der Spedition Ganzel GmbH in Stuttgart den Speditionsauftrag, 200 Kisten Wein zu je 15 Flaschen (2 750 kg) im Sammelgutverkehr „frei Haus" nach Gotha zu transportieren. Die Vorlaufkosten der Sendung belaufen sich auf 22,00 €. Die Ganzel GmbH beauftragt den Frachtführer Pfaff mit dem Transport. Die Sendung wird von Empfangsspediteur Gehr GmbH, Erfurt, übernommen.

Die Spedition Ganzel GmbH hat folgende Vereinbarungen getroffen:

– mit dem Absender: Haus-Haus-Entgelt nach BSL-Empfehlung
– mit dem Frachtführer: Transportpreis je km und 100 kg: 0,025 €
– mit dem Empfangsspediteur: E+V 1,20 € je angefangene 100 kg
  Nachlauf bis 30 km: 1,30 € je 100 kg

Entfernungen:		
	Stuttgart–Möglingen	17 km
	Stuttgart–Gotha	396 km
	Stuttgart–Erfurt	417 km
	Möglingen–Gotha	381 km
	Erfurt–Gotha	27 km

a) **Erstellen Sie die Abrechnung mit der Zentralgenossenschaft in Möglingen.**
b) **Erstellen Sie die Abrechnung mit dem Frachtführer Pfaff.**
c) **In welcher Höhe erfolgt die Rückrechnung des Empfangsspediteurs?**
d) **Wie hoch ist der Rohertrag der Sendung für die Spedition Ganzel GmbH?**

3

Die Spedition Franz Rüdinger OHG, Lörrach, erhält von einem Kunden aus Freiburg den Auftrag, 3 Paletten Steingut im Gesamtgewicht von 580 kg nach Hof unfrei zu transportieren.
Es wird der Haus-Haus-Tarif abzüglich 15 % vereinbart, wobei als Mindestgewicht pro Palette 350 kg berechnet werden sollen, weil die Paletten nicht gestapelt werden können.
Die Vorlaufkosten betragen laut Haustarif 0,10 € pro km und 100 kg.
Für den Hauptlauf werden mit dem Unternehmer für 15 840 kg 825,00 € vereinbart.
Der Empfangsspediteur berechnet für E+V 1,30 € je angefangene 100 kg effektives Gewicht und die Hausfracht mit 39,50 €.

Entfernungsangaben:	Freiburg–Hof	490 km
	Lörrach–Hof	548 km
	Freiburg–Lörrach	58 km

a) Welcher Rechnungsbetrag wird dem Empfänger in Hof in Rechnung gestellt?
b) Wie hoch sind die anteiligen Frachtkosten der 3 Paletten, wenn das Effektivgewicht zum Ansatz kommt?
c) Erstellen Sie die Rückrechnung des Empfangsspediteurs an die Spedition Franz Rüdiger.
d) Wie hoch ist der Bruttoerfolg dieses Sendungsteils für die Spedition Rüdiger?

4

Spedition Gellert KG, Wangen/Allgäu, übergibt im Rahmen ihres Sammelladungsverkehrs in das östliche Ruhrgebiet folgende Sendungen (verschiedene Molkereiprodukte) auf Euro-Paletten (EU) an den Frachtführer Ostertag:

1. 13 EU 2 270 kg von Wangen nach Unna „frei Haus“
2. 7 EU 2 350 kg von Lindau nach Dortmund „unfrei“
3. 8 EU 1 320 kg von Wangen nach Lünen „frei Haus“
4. 6 EU 2 150 kg von Wangen nach Gütersloh „unfrei“

Entfernungen:	Wangen	– Lindau	28 km
		– Dortmund	610 km
		– Unna	635 km
		– Lünen	622 km
		– Gütersloh	693 km
	Dortmund	– Unna	14 km
		– Lünen	12 km
		– Gütersloh	88 km
		– Lindau	620 km

Ostertag berechnet 0,15 € pro t/km.

Der Empfangsspediteur in Dortmund verlangt für E+V 1,40 € pro angefangene 100 kg je Sendungsteil, für den Nachlauf 0,07 € pro km und 100 kg. Mit den Auftraggebern wurde der Tarif für den Spediteursammelgutverkehr (unverbindliche Preisempfehlung) abzüglich 20 % vereinbart.

a) Erstellen Sie die Abrechnung mit dem Absender/Empfänger für die Sendungen 1. bis 4. gemäß der vorgegebenen Frankatur.
b) Wie hoch sind die Frachtkosten des Hauptlaufs nach Dortmund?
c) Erstellen Sie die Rückrechnung des Empfangsspediteurs für den gesamten Auftrag.
d) Ermitteln Sie den Bruttospeditionserfolg dieser Sammelgutsendung, wenn die Vorlaufkosten insgesamt 95,60 € betragen.

Binnenschifffahrt 4

Preisermittlung 4.1

Das Entgelt für Binnenschifftransporte ist frei vereinbar. Jeder Frachtführer muss anhand seiner Kosten ermitteln, welchen Preis er benötigt. Den Preis berechnet er in der Regel mithilfe seines Haustarifs. Arbeitet der Frachtführer allerdings nach dem Referenztarif FTB (Frachten- und Tarifanzeiger der Binnenschifffahrt), muss er anhand einer Kalkulation ermitteln, ob er seinem Auftraggeber einen Rabatt (Marge) gewähren kann.

Frachtberechnung 4.2

Kalkulation der Schiffskosten 4.2.1

Zielsetzung des Binnenschiffers sollte Kostendeckung als Entgeltuntergrenze sein. Für den Frachtführer ist es also wichtig zu wissen, welche Kosten für sein Schiff entstehen.

Bei der **Kalkulation der Fracht** müssen folgende **Kostenarten** berücksichtigt werden:

- Personalkosten
  (Gehälter, Löhne und Nebenkosten)
- Materialkosten
  (hauptsächlich Treib- und Schmierstoffkosten)
- Reparaturkosten
- Versicherungskosten
- Steuern
- Betriebsgemeinkosten
- Verwaltungskosten
- kalkulatorischer Unternehmerlohn
  (ersetzt bei Partikulierschiffen – teilweise – die Personalkosten)
- kalkulatorische Abschreibungen
- kalkulatorische Zinsen
- kalkulatorische Wagnisse
  (Frachtausfall durch Eisgang, Hoch- oder Niedrigwasser, unvorhergesehene Werftaufenthalte)

Zusätzlich sind je nach Vertrag weitere Kostenbestandteile in das Entgelt einzurechnen:

- Ufer- und Hafengelder
- öffentlich-rechtliche Schifffahrtsabgaben
- Umschlaggelder

Zunächst werden die Gesamtschiffskosten pro Jahr ermittelt. Der Kostensatz je Betriebstag wird durch die Verteilung der Gesamtschiffskosten auf die Betriebstage berechnet.

MERKE

$$\text{Kosten je Betriebstag} = \frac{\text{Gesamtschiffskosten je Jahr}}{\text{Betriebstage}}$$

Die Betriebstage werden ermittelt, indem von den Kalendertagen die Ruhetage (Urlaub, Sonn- und Feiertage, an denen nicht gefahren wird) und die voraussichtlichen Stillliegezeiten (z.B. geplante Werftaufenthalte) abgezogen werden.

Schiffe, die „Rund um die Uhr" fahren (z.B. Reederei-Schiffe auf dem Rhein), haben eine höhere Anzahl von Betriebstagen als Schiffe, die entweder aufgrund äußerer Bedingungen (z.B. Schleusenzeiten) oder aufgrund der Personalsituation (oft Partikulierschiffe) in der Regel nur tagsüber fahren. Dadurch haben die Partikulierschiffe häufig einen höheren Kostensatz je Betriebstag. Um dennoch konkurrenzfähig zu sein, wird häufig die eigene Arbeitszeit und die der mitarbeitenden Familienangehörigen sehr niedrig oder gar nicht in die Gesamtschiffskosten eingerechnet.

Muster-
AUFGABE

Der Partikulier Egon Schmecker, Halle, kauft ein gebrauchtes Binnenschiff, Tragfähigkeit 840 t, für 400.000,00 €. Sein Eigenkapital beträgt 100.000,00 €, den Rest finanziert er auf 10 Jahre mit einem Existenzgründungskredit zu 8 %. Das durchschnittlich gebundene Kapital beträgt 200.000,00 €. An Unternehmerlohn kalkuliert er für ein Geschäftsjahr insgesamt 70.000,00 €, für Treibstoff und Schmierstoff 55.000,00 €, Reparaturkosten 17.500,00 €, Versicherungen 15.000,00 €, Steuern 10.000,00 € und 2.500,00 € Verwaltungskosten. Schmecker rechnet mit einer Nutzungsdauer von 10 Jahren und einem Wiederbeschaffungswert von 450.000,00 €. Weiterhin kalkuliert er anhand langjähriger Erfahrungswerte mit 12 Tagen Frachtausfall wegen Eisgangs, Hoch- und Niedrigwassers. Als Wagniskosten kalkuliert er 580,00 € je Tag. Schmecker fährt generell sonntags sowie an jedem zweiten Samstag nicht. Weiterhin rechnet er zusätzlich mit 14 Tagen Urlaub.

Berechnen Sie

a) die Gesamtschiffskosten je Jahr,
b) die Anzahl der Betriebstage,
c) den Kostensatz je Betriebstag.
d) Welchen Preis muss Frachtführer Schmecker für einen viertägigen Transportauftrag verlangen, wenn er mit einem Gewinnzuschlag von 7,5 % rechnet?

LÖSUNG

a)

Materialkosten (Treibstoff- und Schmierkosten)	55.000,00 €
Reparaturkosten	17.500,00 €
Versicherungen	15.000,00 €
Steuern	10.000,00 €
Verwaltungskosten	2.500,00 €
kalkulatorischer Unternehmerlohn	70.000,00 €
kalkulatorische Abschreibungen (10 % von 450.000,00 €)	45.000,00 €
kalkulatorische Zinsen (8 % von 200.000,00 €)	16.000,00 €
kalkulatorische Wagnisse (580,00 € · 12)	6.960,00 €
Gesamtschiffskosten pro Jahr	237.960,00 €

b)

Anzahl der möglichen Betriebstage		365 Tage
– Ruhetage		
Sonntage	52 Tage	
Samstage	26 Tage	
Urlaub	14 Tage	– 92 Tage
		273 Tage

c) $\frac{237.960{,}00\ €}{273\ \text{Tage}} = \underline{\underline{871{,}65\ €/\text{Tag}}}$

d)

Kostensatz je Betriebstag (Selbstkosten)	871,65 €
+ 7,5% Gewinnzuschlag	65,37 €
= Tagessatz	937,02 €

937,02 €/Tag · 4 Tage = $\underline{\underline{3.748{,}08\ €}}$

Aufgaben zum Sachverhalt

1

Reederei Lahnstein, Münster, kalkuliert ihr 1 500-t-Motorschiff „Bernhard" mit 130.000,00 € Lohnkosten, 90.000,00 € Treibstoff- und Schmierstoffkosten, 37.500,00 € Reparaturkosten, 29.000,00 € Versicherungen, 21.000,00 € Steuern und 75.000,00 € Betriebsgemein- und Verwaltungskosten.
An kalkulatorischen Kosten werden berücksichtigt: 56.250,00 € Abschreibungen, 10,5 % Zinsen des durchschnittlich gebundenen Kapitals von 475.000,00 € sowie 14.000,00 € Wagnisse.

Das Schiff soll an 325 Tagen im Jahr eingesetzt werden.

Der Reederei Lahnstein, Münster, liegt ein Angebot von 7,50 €/t für einen viertägigen Transport von 1 200 t Importkoks von Rotterdam nach Basel vor.

Einen Anschlussauftrag könnte die Reederei Lahnstein zwei Tage nach geplanter Löschung des Schiffes in Straßburg übernehmen.

a) **Berechnen Sie die Einnahmen des Kokstransports.**
b) **Ermitteln Sie die Gesamtschiffskosten je Jahr.**
c) **Berechnen Sie den Tagessatz.**
d) **Berechnen Sie die Kosten der Reise bis zum Anschlussauftrag in Straßburg.**
e) **Berechnen Sie den Gewinn/Verlust der Schiffsreise.**
f) **Welche Möglichkeiten gibt es für den Partikulier, seinen Tagessatz zu senken?**

2

Ein Partikulier erhält für einen Transport von 970 t Düngemitteln von Antwerpen nach Ludwigshafen ein Angebot von 8.730,00 €. Der reine Transport dauert 60 Stunden. Die Beladung ist zusätzlich mit 1 Tag, die Löschung mit 1,5 Tagen anzusetzen. Der Partikulier rechnet mit folgenden jährlichen Kosten für sein 1 300-t-Schiff:

Personalkosten 37.500,00 €, kalkulatorischer Unternehmerlohn 70.000,00 €, Treibstoff- und Schmierstoffkosten 74.000,00 €, Reparaturkosten 17.500,00 €, Ver-sicherungen und Steuern 19.000,00 €, Betriebs- und Verwaltungskosten 24.500,00 €, 6⅔ % kalkulatorische Abschreibungen des Wiederbeschaffungswertes 1.250.000,00 €, 8,75 % kalkulatorische Zinsen vom durchschnittlich gebundenen Kapital 500.000,00 €, kalkulatorische Wagnisse 8.000,00 €.

Durchschnittlich fährt der Partikulier nur an der Hälfte der Samstage und Sonntage, zusätzlich pausiert er noch an 4 Feiertagen und 12 Urlaubstagen.

a) **Ermitteln Sie die Gesamtschiffskosten je Jahr.**
b) **Berechnen Sie den Tagessatz.**
c) Bei der Ausführung des Auftrags fallen zusätzlich folgende Kosten an:

	Laden in Antwerpen	**Löschen in Ludwigshafen**
Ufergeld	0,45 €/t Ladung	0,40 €/t Ladung
Hafengeld	0,08 €/t Tragfähigkeit	0,10 €/t Tragfähigkeit

Berechnen Sie den Gewinn/Verlust der Schiffsreise.

3

Die Reederei Blohm soll den Transport von 1 120 t Rohstahl von Stuttgart nach Antwerpen besorgen. Sie beauftragt mit der Transportdurchführung den Partikulier Waldemar Günthert. Dieser soll einen Tonnensatz von 8,50 € erhalten.
Die jährlichen Schiffskosten des Partikuliers setzen sich folgendermaßen zusammen:
kalkulatorischer Unternehmerlohn 62.500,00 €, Personalkosten 35.500,00 €, Treibstoff- und Schmierstoffkosten 78.000,00 €, Reparaturkosten 15.000,00 €, Versicherungen, Steuern und Verwaltungskosten 37.500,00 €, kalkulatorische Abschreibungen 5 % von 1.100.000,00 € Wiederbeschaffungswert des Schiffskörpers und 10 % von 240.000,00 € Wiederbeschaffungswert der maschinellen Ausrüstung, 7,5 % kalkulatorische Zinsen vom durchschnittlich gebundenen Kapital 550.000,00 €, kalkulatorische Wagnisse jeweils 780,00 € für 15 Tage.
Günthert kalkuliert mit 305 Einsatztagen.
Die Fahrtzeit von Stuttgart nach Antwerpen beträgt 5 Arbeitstage, für Be- und Entladung kalkuliert Günthert jeweils 0,75 Tage.
Günthert kann in Antwerpen eine Rückladung nach Duisburg-Ruhrort übernehmen.

a) **Berechnen Sie die Gesamtschiffskosten je Jahr.**
b) **Berechnen Sie den Tagessatz des Partikuliers Günthert.**
c) Günthert kalkuliert nach langjähriger Erfahrung Ufer- und Hafengelder mit 2,05 % des Transporterlöses. Zusätzlich fallen 1,138 €/t Neckarkanalabgaben für Rohstahl bis Stuttgart an.
Ermitteln Sie die Kosten Güntherts für den Transport von Antwerpen nach Stuttgart.
d) **Berechnen Sie den Gewinn Güntherts aus diesem Transport.**

4.2.2 Erfassung von öffentlich-rechtlichen Schifffahrtsabgaben sowie Ufer- und Hafengeldern in der Binnenschifffahrtskalkulation

Zu den öffentlich-rechtlichen Schifffahrtsabgaben zählen Kanal- und Schleusengebühren, die dem Frachtführer berechnet werden. Dieser belastet die Gebühren entweder dem Frachtzahler zusätzlich zum vereinbarten Frachtentgelt oder er rechnet die Schifffahrtsabgaben bereits bei der Offertabgabe in seinen Tonnensatz ein. Die Vorgehensweise ist abhängig von den Vereinbarungen im Frachtvertrag.
Die Schifffahrtsabgaben werden häufig mit Tausendstelcent pro Tonne je Tarifkilometer angegeben (z.B. 0,383 Cent/t je Tarifkilometer). Deshalb ermitteln manche Reeder und Partikuliere ihre eigenen Tonnensätze auf Zehntelcent genau.

Muster-AUFGABE

Partikulier Emil Landsinger transportiert mit seinem 1 250-t-Schiff 980 t Getreide von Antwerpen nach Stuttgart. Insgesamt benötigt er für die Abwicklung dieses Auftrags 5 Tage.
Seine Gesamtschiffskosten pro Jahr betragen 435.000,00 €. Landsinger rechnet mit insgesamt 68 Ruhetagen.

a) **Berechnen Sie den Tonnensatz für den Auftrag.**
b) **Berechnen Sie den Tonnensatz unter zusätzlicher Berücksichtigung von 1,412 € Neckarkanalabgaben je Tonne Getreide.**
c) **Berechnen Sie den Tonnensatz, wenn für den Transport Ufergeld in Höhe von 0,58 €/t Ladung sowie Hafengeld von 0,15 €/t Tragfähigkeit entstehen.**

LÖSUNG

a) Betriebstage: 365 Tage – 68 Ruhetage = 297 Tage

Tagessatz: $\frac{435.000,00\ €}{297\ \text{Tage}} = 1.464,65\ €$

Kosten des fünftägigen Transports: 1.464,65 €/Tag · 5 Tage = 7.323,25 €

Berechnung des Frachtsatzes (Tonnensatzes): $\frac{7.323,25\ €}{980\ t} = \underline{\underline{7,473\ €/t}}$

b)	Frachtsatz	7,473 €/t
+	Schifffahrtsabgaben	1,412 €/t
	Tonnensatz inkl. Abgaben	**8,885 €/t**

c)	Kosten inkl. Kanalabgaben:	8,885 €/t ·	980 t	8.707,30 €
+	Ufergeld:	0,580 €/t ·	980 t	568,40 €
+	Hafengeld:	0,150 €/t ·	1 250 t	187,50 €
	Gesamtkosten des Transportes			9.463,20 €

Tonnensatz inkl. aller Abgaben: 9.463,20 € : 980 t = $\underline{\underline{9,656\ €/t}}$

Aufgaben zum Sachverhalt

1

Partikulier Landsinger transportiert 1 130 t Schrott von Stuttgart nach Rotterdam. Er rechnet mit insgesamt 6,5 Tagen für die Ausführung des gesamten Auftrags. Die Neckarkanalabgaben für Schrott betragen 0,776 €/t, das Ufergeld in Stuttgart 0,35 €/t Ladung und in Rotterdam 0,38 €/t Ladung. An Hafengeld fällt in Stuttgart 0,08 €/t Tragfähigkeit an, in Rotterdam 8,85 € je 100 t Tragfähigkeit. (Restliche Angaben vgl. Musteraufgabe.)

a) **Berechnen Sie die Gesamtkosten für den Transport.**

b) **Berechnen Sie den Tonnensatz, den er seinem Auftraggeber mindestens in Rechnung stellen muss, damit er keinen Verlust einfährt.**

2

Die Schifffahrtsabgaben für den Transport von Kies auf einer kanalisierten Binnenwasserstraße betragen 0,313 Cent/t je Tarifkilometer.

Berechnen Sie den Tonnensatz der Schifffahrtsabgaben (auf drei Nachkommastellen gerundet) für

a) 98 Tarifkilometer, b) 164 Tarifkilometer, c) 201 Tarifkilometer.

3

Berechnen Sie mit den Ergebnissen der Aufgaben 2a), 2b) und 2c) die Schifffahrtsabgaben beim Transport von 1 327 t Kies.

4

Kanalabgaben für Containertransporte auf abgabenpflichtigen Wasserstraßen in Deutschland:

beladene 20'-Container	0,025 €/km
beladene 40'-Container	0,050 €/km
leere Container	abgabenfrei

a) Ein 72-TEU-Binnenschiff transportiert 16 beladene 20'-Container, 21 beladene 40'-Container und 3 leere 20'-Container über 63 km.

Berechnen Sie die Kanalabgaben.

b) Auf einer 213 km langen Fahrt werden 60 % der Stellplätze eines 80-TEU-Binnenschiffes genutzt, wobei 7 der transportierten 20'-Container unbeladen sind.

Berechnen Sie die Kanalabgaben.

c) Ein 70-TEU-Binnenschiff transportiert 3 leere 20'-Container, 3 leere 40'-Container, 19 beladene 20'-Container sowie 16 beladene 40'-Container.

Berechnen Sie die abgabenpflichtige Entfernung, wenn für den Transport 206,55 € Kanalabgaben zu bezahlen sind.

5

Tarif über Hafen- und Ufergeld (Auszug)

Das **Ufergeld** beträgt für	
– leere Container je Ladeeinheit	0,85 €
– in Containern umgeschlagene Güter ohne Rücksicht auf Güterart und Gewicht je Ladeeinheit (20'- oder 40'-Container)	6,25 €
Das **Hafengeld** beträgt für	
– Containerschiffe mit Güterumschlag je t Tragfähigkeit	0,50 €
mindestens jedoch	15,00 €

a) Ein 75-TEU-Binnenschiff schlägt im Hafen 17 beladene 20'-Container, 17 beladene 40'-Container sowie 6 leere 40'-Container um. Die Tragfähigkeit des Schiffes beträgt 1 320 t.

Berechnen Sie das Hafen- und Ufergeld.

b) Bei der Beladung am Containerterminal werden 60 % der Stellplätze eines 70-TEU-Binnenschiffes mit 20'-Containern beladen, wobei 8 der transportierten 20'-Container leer sind. Die Tragfähigkeit des Schiffes beträgt 1 265 t.

Berechnen Sie das Hafen- und Ufergeld.

c) Ein 70-TEU-Binnenschiff löscht 11 leere 20'-Container, 3 leere 40'-Container, 19 beladene 20'-Container sowie 8 beladene 40'-Container. Anschließend lädt das leere Binnenschiff 25 beladene 20'-Container sowie 17 beladene 40'-Container. Die Tragfähigkeit des Schiffes beträgt 1 050 t.

Berechnen Sie das Hafen- und Ufergeld.

Haustarif für die Massengutverfrachtung 4.2.3

Das Entgelt ist abhängig von der Entfernung, vom Transportweg (Berg- oder Talfahrt) sowie von Gewicht und Sperrigkeit der Sendung.

Zusätzlich können Zuschläge für Niedrigwasser (Kleinwasserzuschläge) und Liegegelder für das Überschreiten von Lade- und Löschzeiten berechnet werden. Weiterhin müssen die Frachtführer für die Benutzung von Kanälen und vielen Flüssen öffentlich-rechtliche Schifffahrtsabgaben (Schleusen- und Kanalgebühren) abführen, die sie in ihren Preis einrechnen müssen.

Güterart:	Schüttgut
Verkehrsbereich:	von Rhein-Ruhr-Häfen, Krefeld-Uerdingen und Kanalstationen, Neuss, Köln nach Mosel-, Saar-, Rhein-, Main- und Neckarstationen
I. Grundfracht:	ab frei gestaut Schiff Ladehafen bis frei Ankunftsschiff Löschhafen

nach	Grundfracht in €/t
Moselstationen	
Wellen	6,07
Saarstationen	
Dillingen	6,34
Rheinstationen	
Worms/Ludwigshafen/Mannheim	6,10
Speyer	6,61
Karlsruhe	6,99
Kehl	8,43
Weil	10,76
Grenzach	11,31

nach	Grundfracht in €/t
Mainstationen	
Rüsselsheim	5,59
Frankfurt	5,90
Aschaffenburg	6,68
Würzburg	7,56
Bamberg	9,01
Erlangen	9,56
Neckarstationen	
Heidelberg	6,45
Heilbronn	7,65
Stuttgart	9,18

II. Kleinwasserzuschläge

a) Bei einem Kauber Pegel unter 0,96 m:

0,95 m bis 0,91 m	60 %
0,90 m bis 0,81 m	70 %
0,80 m bis 0,71 m	80 %
0,70 m bis 0,61 m	100 %

b) Für Verladungen nach den Mosel- und Saarhäfen:

1,40 m bis 1,31 m	10 %
1,30 m bis 1,21 m	20 %
1,20 m bis 1,11 m	30 %
1,10 m bis 1,01 m	45 %
1,00 m bis 0,91 m	60 %
0,90 m bis 0,81 m	70 %

III. Laden und Löschen/Liegegeld

nach der Lade- und Löschzeitenverordnung **(Bin SchLV)**

a) Die Ladezeit beginnt nach Ablauf des Tages, an dem die Ladebereitschaft angezeigt wird.

b) Bei Voranmeldung der Ladebereitschaft beginnt die Ladezeit **zwei Stunden nach** dem in der **Voranmeldung** genannten Zeitpunkt.
Voraussetzung ist jedoch, dass der Frachtführer **zum angemeldeten Zeitpunkt ladebereit** ist.

c) Die Ladezeit beträgt **eine Stunde für jeweils 45 Tonnen**.

d) Auf die Ladezeit angerechnet werden Werktage zwischen 06:00 Uhr und 20:00 Uhr.

e) Das dem Frachtführer geschuldete **Standgeld (Liegegeld)** beträgt bei einem Schiff mit einer **Tragfähigkeit bis zu 1 500 Tonnen für jede angefangene Stunde**, während der Frachtführer nach Ablauf der Lade- und/oder Löschzeit wartet, **0,05 € je Tonne Tragfähigkeit**.
Bei einem Schiff mit einer **Tragfähigkeit über 1 500 Tonnen** beträgt das für jede angefangene Stunde anzusetzende Liegegeld **75,00 € zuzüglich 0,02 € für jede über 1 500 Tonnen liegende Tonne**.

1 Muster-AUFGABE

Ein Partikulier transportiert mit seinem Motorschiff „Elbvogel", Tragfähigkeit 1 500 t, 1 250 t Steinkohle von Köln-Niehl nach Mannheim/ Rheinau.

a) **Ermitteln Sie den Tonnensatz.**

b) **Berechnen Sie die Nettogrundfracht für die gesamte Sendung.**

c) **Berechnen Sie den abzurechnenden Tonnensatz bei einem Kauber Pegel von 0,92 m.**

d) Das Binnenschiff kann aufgrund des Niedrigwassers (vgl. c) nur zu 50 % beladen werden.
Welches Nettofrachtentgelt wird dem Frachtschuldner in Rechnung gestellt?

LÖSUNG

a) Grundfracht: 6,10 €/t
b) Grundfracht der Gesamtsendung: 6,10 €/t · 1 250 t = 7.625,00 €
c) KWZ: 60 %. Um KWZ erhöhte Grundfracht: 6,10 €/t · 1,6 = 9,76 €/t
d) Gewicht der Ladung: 1 500 t · 0,5 = 750 t
Fracht der Gesamtsendung: 9,76 €/t · 750 t = 7.320,00 €

2 Muster-AUFGABE

Von Krefeld-Uerdingen sollen 800 t Koks mit dem Binnenschiff „Moseltal", Tragfähigkeit 1 120 t, nach Dillingen/Saar transportiert werden. Der Kauber Pegel beträgt 1,13 m.

Berechnen Sie

a) **den abzurechnenden Tonnensatz,**
b) **das Nettofrachtentgelt,**
c) **die Ladezeit,**
d) **das Liegegeld, wenn die Ladezeit 25 Std. beträgt.**

LÖSUNG

a) Grundfracht: 6,34 €/t
Um KWZ erhöhte Grundfracht: 6,34 €/t · 1,3 = 8,24 €/t
b) Nettofracht: 8,24 €/t · 800 t = 6.592,00 €
c) 800 t : 45 t/Std. = 17,78 Std. => 18 Std.
d) 1 120 t · 0,05 €/t · 7 Std. = 392,00 €

Aufgaben zum Sachverhalt

1

Von Krefeld-Uerdingen sollen 1 600 t Koks mit dem Binnenschiff „Bingen", Tragfähigkeit 1 600 t, nach Grenzach transportiert werden. Der Kauber Pegel beträgt 1,17 m.

a) **Wie hoch ist der Tonnensatz und das Nettofrachtentgelt?**
b) **Wie hoch ist das Liegegeld, wenn die Löschung 32 Std. in Anspruch nimmt?**

2

Von Dortmund-Stadthafen werden 950 t Koks nach Erlangen transportiert. Der Kauber Pegel beträgt 1,26 m.

Wie hoch ist der Tonnensatz, das Nettofrachtentgelt[1] und die jeweils maximal mögliche Lade- und Löschzeit?

1 Mosel-, Saar-, Main- und Neckarkanalabgaben sind in den Grundfrachten nicht enthalten. Sie sind dem Frachtzahler separat zu berechnen.

3

Der Partikulier Niklas übernimmt in Neuss 1 620 t Steinkohle nach Wellen/ Mosel. Das Schiff hat eine Tragfähigkeit von 2 050 t. Niklas vereinbart 11,5 % Rabatt auf die um den KWZ erhöhte Grundfracht. Der Kauber Pegel beträgt 1,17 m.

Die Beladung erfolgt am Montag von 08:00 Uhr bis 20:00 Uhr, am Dienstag von 06:00 bis 20:00 Uhr und am Mittwoch von 06:00 Uhr bis 19:00 Uhr.

Berechnen Sie den Tonnensatz, die Nettofracht und das Liegegeld.

4

Die Rederei: Rheingau transportiert für das Stahlwerk Flöckner AG 650 t Koks von Duisburg-Ruhrort nach Weil. Vereinbart wurde ein Rabatt von 9,5 % auf die um den KWZ erhöhte Grundfracht

Berechnen Sie den Tonnensatz bei einem Kauber Pegel von

a) **0,65 m,**
b) **0,75 m und**
c) **0,85 m.**

5

Partikulier Römmele transportiert mit seinem Binnenschiff Schüttgut von Köln nach Stuttgart. Mit dem Absender hat Römmele eine Minusmarge von 20 % vereinbart.

Berechnen Sie, wie viele Tonnen Römmele transportiert, wenn das Nettoentgelt 7.197,12 € beträgt.

6

Das Binnenschiff „Baden IV“ der Mannheimer Reederei Badenia AG lädt in Duisburg 1 890 t Düngemittel für einen Empfänger in Weil. Die Nutzlast des eingesetzten Binnenschiffes beträgt 2 480 t.

a) **Wie viele Stunden darf die Beladung maximal dauern, damit kein Liegegeld anfällt?**

b) Durch Schäden am Förderband verzögert sich die Beladung und dauert insgesamt 47 Stunden.
Berechnen Sie das Liegegeld für das Binnenschiff.

c) **Berechnen Sie die Nettogrundfracht für die gesamte Sendung.**

d) **Ermitteln Sie den abzurechnenden Tonnensatz bei einem Kauber Pegel von 0,76 m?**

7

Das Nettoentgelt für einen Transport von 870 t Schüttgut von Duisburg nach Bamberg beträgt inklusive KWZ 11.181,24 €.

Ermitteln Sie den KWZ in Prozent.

4.3 Umschlaggebühren

Zu den Umschlaggebühren zählen Hafengeld, Ufergeld, Umschlag- und Lagergeldsätze, Gebühren für Zollabfertigungen und Gebühren für Nebenleistungen.

4.3.1 Ufergeld und Hafengeld

Die einzelnen Hafenverwaltungen legen für ihren Binnenhafen **Ufer- und Hafengeldordnungen fest.**

Die Berechnung von Ufer- und Hafengeldern soll am Beispiel der Karlsruher Rheinhäfen dargestellt werden.

Ufer- und Hafengeldordnung der KVVH
– Karlsruher Versorgung und Hafen GmbH –
Geschäftsbereich Rheinhäfen (Auszug)

1 Allgemeine Bestimmungen

1.6 Die Rechnungsbeträge werden jeweils auf 0,10 € aufgerundet.

1.7 Ufer- und Hafengeld sind Nettosätze, denen die Umsatzsteuer zugeschlagen wird.

2 Ufergeld

2.1 Ufergeld ist für alle Güter zu entrichten, die über das Ufer oder von Schiff zu Schiff umgeschlagen bzw. verladen werden.

2.2 Ufergeld wird nach der Art und dem Bruttogewicht der umgeschlagenen Güter berechnet. Das Gewicht wird auf volle Tonnen (t) aufgerundet, bei Containerumschlag für jeden Container im Einzelfall.

2.4 Bei Mischladungen von Gütern verschiedener Klassen wird für die gesamte Ladung der Ufergeldsatz für das Gut der höchsten Güterklasse angewendet, sofern nicht das Gewicht der Güter getrennt nach Güterklassen nachgewiesen wird.
Bei Containern gilt dagegen folgende Regelung:
Beladene Container werden in der Güterklasse I, leere Container in GüterklasseIII eingestuft.

2.5 Die Höhe des Ufergeldes regelt der Hafentarif.

3 Hafengeld

3.2 Hafengeld wird bei Wasserfahrzeugen zur Güterbeförderung nach deren Tragfähigkeit berechnet.

3.5 Die Höhe des Hafengeldes regelt der Hafentarif.

Hafentarif für die Rheinhäfen Karlsruhe (Auszug)

1	**Ufergeld**		
1.1	Das Ufergeld beträgt	für Güter der Güterklassen I und II	0,53 € je Tonne
		für Güter der Güterklassen III und IV.......	0,47 € je Tonne
		für Güter der Güterklasse V..............	0,32 € je Tonne
		für Güter der Güterklasse VI.............	0,29 € je Tonne
1.2	Das Ufergeld für Sand und Kies (sämtlich unbearbeitet) beträgt...		0,15 € je Tonne
1.3	Das Ufergeld für Flüssiggas beträgt..........................		0,53 € je Tonne
1.4	Das Ufergeld für Schrott beträgt		0,47 € je Tonne
2	**Hafengeld**		
2.1	Das Hafengeld beträgt für		
	Wasserfahrzeuge zur Güterbeförderung je Tonne Tragfähigkeit ...		0,10 €
	jedoch mindestens		50,00 €

Quelle: KVVH GmbH, Karlsruhe

6403318

Muster-AUFGABE

Das Motorgüterschiff „Paul Krieger", 1 465 t Tragfähigkeit, liegt zwei Tage im Karlsruher Rheinhafen.

Berechnen Sie jeweils Hafengeld und Ufergeld, wenn

a) kein Güterumschlag stattfindet,

b) 1 200 t Glasscherben (Güterklasse VI) an Land umgeschlagen werden,

c) 650 t Filz und Pappe (Güterklasse III) vom Motorgüterschiff auf einen Schubleichter umgeschlagen werden.

LÖSUNG

a) Hafengeld: je t Tragfähigkeit 0,10 €
1 465 t · 0,10 €/t = 146,50 €
Ufergeld fällt nicht an, da kein Umschlag getätigt wird.

b) Hafengeld: je t Tragfähigkeit 0,10 €
1 465 t · 0,10 €/t = 146,50 €
Ufergeld: je t Ladungsgewicht 0,29 €
1 200 t · 0,29 €/t = 348,00 €

c) Hafengeld: je t Tragfähigkeit 0,10 €
1 465 · 0,10 €/t = 146,50 €
Ufergeld: je t Ladungsgewicht 0,47 €
650 t · 0,47 €/t = 305,50 €

Aufgaben zum Sachverhalt

Berechnen Sie jeweils Hafengeld und Ufergeld nach der Karlsruher „Ufer- und Hafengeldordnung" und dem Karlsruher „Hafentarif".

1 MS „Werra", Tragfähigkeit 870 t, löscht in 1,5 Tagen 740 t Hohlblocksteine (Güterklasse V) auf das Kai.

2
a) MS „Haveltal", Tragfähigkeit 980 t, übernimmt binnen 36 Stunden aus mehreren Schubleichtern 427 t Pflastersteine (Güterklasse V), 128 t Bergbaumaschinenteile (Güterklasse I) und 286 t Braunkohlenkoks (Güterklasse VI).
b) MS „Haveltal" übernimmt die in Aufgabe a) genannte Ladung, ohne dass die genauen Einzelgewichte bekannt sind.

3 MS „Neptun", 1 250 t Tragfähigkeit, lädt binnen 20 Stunden 2 Eisenbahntriebwagen mit jeweils 78 t sowie 2 Beiwagen mit jeweils 48 t vom Schwergutkai.
Das Ladungsgut gehört zur Güterklasse I.

4 MS „Calypso", Tragfähigkeit 1 850 t, entlädt in 2 Tagen 1 680 t Glasscherben (Güterklasse VI) an Land und übernimmt binnen weiterer 48 Stunden von einem Leichter 12 Traktoren mit jeweils 7,2 t Gewicht (Güterklasse I) und vom Kai 817 t Kies (Güterklasse VI).

5 MS „Saxonia", Tragfähigkeit 2 140 t, liegt 1,5 Tage im Karlsruher Bunkerhafen und schlägt dabei 64 beladene 20'-Container (Güterklasse I) mit einem Gesamtgewicht von jeweils 16,78 t und 17 leere 20'-Container (Güterklasse III) um.
Das Eigengewicht eines 20'-Containers beträgt 2 030 kg.

4.3.2 Umschlag- und Lagergeldsätze, Gebühren für Nebenleistungen

Der Tarif der Umschlagsspedition Hallstein GmbH für ihren Hauptsitz und verschiedene Niederlassungen in Deutschland, Belgien und den Niederlanden ist ein Referenztarif und nennt Richtpreise (Empfehlungspreise) für Umschlag, Lagerung und Nebenleistungen.

Haustarif der Binnenumschlagsspedition Hallstein GmbH (Auszug):

Entgelte/Tarife (in €)

Allgemeine Kranleistungssätze
Für die Kranleistungen werden Entgelte erhoben:
- Das Entgelt setzt sich zusammen aus einem Stundensatz, einem Tonnensatz und dem Stundenlohn.
- Bei Containerumschlag setzt sich das Entgelt zusammen aus einem Stundensatz, einem Entgelt je Container und dem Stundenlohn.

Allgemeine Entgelte in

Leistungsangebot (Kräne)	Stundensatz ohne Arbeitskraft	Tonnen- bzw. Container- bzw. Palettensatz
Bereich bis 1 500 t:		
Greifergut/Hakengut	120,00	0,32/t
Bereich über 500 t:		
Greifergut/Hakengut	110,00	0,32/t
Containerumschlag	120,00	4,00/C
Paletten/Big Bags:		
bis 1 000 kg	120,00	3,50/P
über 1 000 kg	120,00	3,70/P

Bahnentgelte
Für die Zustellung von Bahnwaggons werden von der Hafenbahn Zustellungsgebühren berechnet; diese betragen:
20,00 € für 4-achsige Wagen
12,50 € für 2-achsige Wagen

Lagergeld in je 1000 kg und je angefangenen Monat

	gedecktes Lager	ungedecktes Lager
Greifergut	–	0,48
Hakengut:		
Einzelgewicht bis 4 000 kg	2,15	1,85
Einzelgewicht über 4 000 kg	2,15	1,35
Paletten, Big Bags:		
bis 1 000 kg	2,40	1,35
über 1 000 kg	2,00	0,80

Nebenleistungen – Arbeitsleistungen

1. Entfernung von Herkunftszeichen		je Kollo	1,15 €
2. Signieren (Bezetteln)		minimal je Kollo	1,20 €
3. Verkeilen (Verzurren, Stauen, Trimmen)		je Arbeitnehmer und Stunde	35,00 €
4. Sortieren		je Arbeitnehmer und Stunde	35,00 €
5. Verwiegen in Verbindung mit Verladeleistungen			
	in fertigen Hubs bis 1 000 kg	je 1 000 kg	5,25 €
	in fertigen Hubs über 1 000 kg	je 1 000 kg	4,75 €
	minimal	pauschal	6,35 €
6. Extraarbeiten			
	a) je Arbeitnehmer	je Stunde	35,00 €
	b) Stapler	je Stunde	25,00 €
	c) Frontlader	je Stunde	45,00 €
	d) Kran	je Stunde	120,00 €
7. Frachtbriefe, Begleitpapiere, minimal		je Sendung	12,50 €
8. Gebühr für die Ausstellung von			
	a) Lagerscheinen	je Schein	25,00 €
	b) Orderlagerscheinen	je Schein	36,00 €
	c) Lagerempfangsscheinen	je Schein	12,50 €

Nebenleistungen – Geldliche Leistungen

1. Nachnahmeprovision für verauslagte Frachten und Spesen			2 %
2. Vorlageprovision			2 %
3. Inkassoprovision	bis 100,00 € = 2,0 %	minimal	1,00 €
	bis 500,00 € = 1,0 %	minimal	2,00 €
	bis 2.000,00 € = 0,5 %	minimal	4,00 €
	bis 5.000,00 € = 4,0 ‰	minimal	5,00 €
	über 5.000,00 € = 2,0 ‰	minimal	10,00 €

Auf die genannten Entgelte wird die Mehrwertsteuer in ihrer jeweiligen Höhe verrechnet.

1 Muster-AUFGABE

Das Motorschiff „Neuenstein" löscht in Kelheim 1 200 t Großkoks durch 2 Greifer. Der Greifereinsatz beträgt jeweils 5 Stunden.

Berechnen Sie die Kosten des Umschlags ohne USt bei Vereinbarung der Richtsätze

LÖSUNG

Umschlagsatz je Stunde bis 1 500 t:	120,00 €/Std.
Umschlagsatz je t:	0,32 €/Std.
Arbeitskraft je Stunde:	35,00 €/Std.
2 · 5 Std. · 120,00 €/Std. =	1.200,00 €
2 · 5 Std. · 35,00 € =	350,00 €
1 200 t · 0,32 €/t =	384,00 €
	1.934,00 €

2 Muster-AUFGABE

Aus dem Motorschiff „Gnadental“ werden mit einem Kran in 12 Arbeitsstunden 672 t Stabstahl entladen und 14 Tage in einem Kaischuppen eingelagert. Der Stahl ist in Bunde zu je 7 t zusammengefasst.

Bei der Entladung wird die Sendung Bandstahl auf Wunsch des Empfängers verwogen. Für das Wiegen wird ein Preis von 3,55 €/Bund vereinbart. Weiterhin wird dem anliefernden Frachtführer ein Lager-Empfangsschein ausgestellt. Bei der Abwicklung des Auftrags entstehen zusätzlich 29 Arbeitsstunden.

Berechnen Sie die Umschlag- und Lagerkosten des Empfängers bei der Vereinbarung „frei gestaut Empfangsschiff“.

LÖSUNG

Bei der Vereinbarung „frei gestaut Empfangsschiff“ muss der Empfänger die Umschlag- und Lagerkosten bezahlen.

Umschlagsatz je Stunde bis 1 500 t				120,00 €/Std.
Umschlagsatz je t				0,32 €/Std.
Arbeitskraft je Stunde				35,00 €/Std.
Umschlag:	12 Std.	·	35,00 €/Std. =	420,00 €
	12 Std.	·	120,00 €/Std. =	1.440,00 €
	672 t	·	0,32 €/t =	215,04 €
Arbeitskosten:	29 Std.	·	35,00 €/Std. =	1.015,00 €
Lagerkosten:	672 t	·	2,15 €/t =	1.444,80 €
Kosten der Verwiegung:	3,55 €/t	·	672 t/7 t =	340,80 €
Kosten des Lagerempfangsscheins				12,50 €
Kosten des Empfängers ohne USt				4.888,14 €

Aufgaben zum Sachverhalt

1

2 400 t Kohlen werden nach einer Freilagerung von 6 Wochen durch 2 Greifer innerhalb von 14,5 Stunden in Schubleichter verladen. Zusätzlich fallen 12 Arbeitsstunden an. Vereinbart sind die Sätze des Haustarifs. Für alle Leistungen außer den Personalkosten erhält der Auftraggeber 22,5 % Rabatt.

Ermitteln Sie den dem Auftraggeber in Rechnung gestellten Nettobetrag.

2

Das Motorschiff „Gelsenkirchen“ wird mit Filz und Pappe beladen, verpackt in 35 Big Bags, Gewicht je Bag 3 150 kg, Maße je Big Bag 2,25 m x 1,80 m x 1,70 m, und 87 Big Bags, Gewicht je Bag 2 090 kg, Maße je Big Bag 2,60 m x 2,20 m x 1,85 m. Bei der Beladung des Binnenschiffes werden die angelieferten Big Bags vom Umschlagbetrieb jeweils verwogen und signiert. Insgesamt fallen 21 Kranstunden an. Je Kranstunde werden zusätzlich 3 Mitarbeiter für die anfallenden Nebenleistungen eingesetzt.

Berechnen Sie die Umschlagkosten bei einem Rabatt von 15 % auf die vom Umschlagbetrieb erbrachten Leistungen mit Ausnahme der Personalkosten.

3

Aus einem Motorschiff, Tragfähigkeit 1 570 t, werden innerhalb von 8 Stunden durch 2 Kräne 1 035 t Schredder-Schrott (Güterklasse VI) entladen und 3 Wochen zwischengelagert. Der Einlagerer lässt sich vom Lagerhalter einen Orderlagerschein ausstellen. Bei der Löschung fallen 7 Stunden Extraarbeiten sowie 5 Frontladerstunden an.

Berechnen Sie die Umschlag- und Lagerkosten. Es sind keine Rabatte vereinbart worden.

Zusammenfassende Aufgaben zu den Umschlaggebühren

1

MS „Vera“, Tragfähigkeit 950 t, lädt binnen 24 Stunden durch den Einsatz von 2 Greifern 860 t Steinkohle (Güterklasse VI), die zuvor 7 Wochen am Hafenkai gelagert wurden. Zusätzlich fallen 8 Arbeitsstunden an.

a) **Berechnen Sie das Hafengeld.**
b) **Berechnen Sie das Ufergeld.**
c) **Berechnen Sie das Umschlaggeld bei einer vereinbarten Marge von 16⅔ % auf die Kranleistungen.**
d) **Berechnen Sie das Lagergeld bei einer Marge von 24 %.**

2

MS „Goliath“, Tragfähigkeit 1 880 t, übernimmt aus mehreren Schubleichtern
847 t Steinkohle (Güterklasse VI),
435 t Großkoks (Güterklasse VI) und
384 t Steinsplitt, Körnung 55 mm (Güterklasse III).

Insgesamt fallen 38 Stunden Greifereinsatz und 49 Stunden Extraarbeit an.

a) **Berechnen Sie das Hafengeld.**
b) **Berechnen Sie das Ufergeld.**
c) **Berechnen Sie das Umschlaggeld bei einer vereinbarten Minusmarge von 20 %.**

3

MS „Loreley“, 1 630 t Tragfähigkeit, lädt binnen 22 Stunden 2 Industrie-Diesellokomotiven (Güterklasse I) mit jeweils 85 t sowie 8 Güterwaggons (Güterklasse I) mit jeweils 14,5 t vom Schwergutkai.

Bei der Ladetätigkeit werden 2 Kräne eingesetzt.

Zusätzlich fallen bei der Verladung insgesamt 85 Stunden für Verkeilen und Verzurren und sonstige Arbeiten, 7,5 Staplerstunden sowie 13,5 Kranstunden extra an.

a) **Berechnen Sie das Hafengeld.**
b) **Berechnen Sie das Ufergeld.**
c) **Berechnen Sie das Umschlaggeld bei einem vereinbarten Umschlagsatz von 2,40 €/t für Güter bis 20 t und 2,00 €/t für Güter zwischen 80 t und 100 t.**

4

MS „Rhein-Express I“, Tragfähigkeit 1 740 t, entlädt in 9 Stunden 1 530 t Kies an Land und übernimmt binnen weiterer 16 Arbeitsstunden von einem Leichter 4 Maschinen mit jeweils 34,8 t Gewicht (Güterklasse I) und vom Kai 803 t Steinsplitt, Körnung 70 mm (Güterklasse VI), der dort seit 15 Tagen für die Versendung lagert.

Bei der Löschung und der Beladung kommen jeweils zwei Kräne zum Einsatz.

Zusätzlich fallen beim Löschen und Beladen des Schiffes 61 Stunden Arbeitsleistungen an.

a) **Berechnen Sie das Hafengeld.**
b) **Berechnen Sie das Ufergeld.**
c) **Für die Maschinen wurde ein Umschlagentgelt von 252,80 € je Stück vereinbart. Berechnen Sie das Umschlaggeld bei einer Minusmarge von 6,75 % auf den Gesamtbetrag.**
d) **Berechnen Sie das Lagergeld. Es wurde kein Rabatt vereinbart.**

5

MS „Eilfracht 13“, Tragfähigkeit 1 725 t, löscht mittels eines Krans binnen 2,5 Arbeitstagen zu jeweils 12 Stunden 1 057 Big Bags Pappe (Güterklasse III) zu je 0,325 t (Maß je Big Bag: 1,2 m x 1,2 m x 1,25 m) auf Schubleichter.

Anschließend werden binnen 6 Stunden 1 268 t nicht magnetfähiger Schrott (Güterklasse VI) vom Kai geladen. Bei der Beladung werden 2 Greifer eingesetzt. Der Schrott wird seit 7 Wochen am Kai gelagert. Zusätzlich fallen beim Löschen und Beladen des Schiffes 49 Stunden Arbeitsleistungen an.

a) **Berechnen Sie das Hafengeld.**
b) **Berechnen Sie das Ufergeld.**
c) **Berechnen Sie das Umschlaggeld bei einer vereinbarten Minusmarge von 32 %.**
d) **Berechnen Sie das Lagergeld. Es wurde ein Rabatt von 12,5 % vereinbart.**

Zusammenfassende Aufgaben zur Binnenschifffahrt[1]

1

Die Chemischen Werke Leuna bieten der Reederei Stolzenburg, Wittenberge, für die Anmietung (Gestellung) eines Schubleichters, Tragfähigkeit 280 t, für 120 Tage als zusätzlichen Lagerraum 24.000,00 € netto.

Reederei Stolzenburg müsste, da ihre eigenen Leichter im Moment ausgelastet sind, diesen Leichter in Hamburg mieten, Tagessatz 169,00 € abzüglich 23 % Rabatt, und nach dem Ablauf der Mietzeit wieder nach Hamburg zurückbringen. Für den Transport von und nach Hamburg kalkuliert Stolzenburg jeweils 2 Tage.

Für die Gestellung und Abholung des Schubleichters kalkuliert Stolzenburg den Einsatz des Schubschiffes mit folgenden Kosten:

Personalaufwand für Gestellung und Abholung des Schubleichters jeweils 1.220,00 €, Treibstoff- und Schmiermittelverbrauch jeweils 425,00 €, anteilige Reparaturkosten insgesamt 250,00 €, anteilige Versicherungskosten und Steuern insgesamt 325,00 €, anteilige Gemeinkosten und Verwaltungskosten insgesamt 1.250,00 €, kalkulatorische Abschreibungen: 10 % von 900.000,00 € für insgesamt 8 Tage, kalkulatorische Zinsen 9 % des durchschnittlich gebundenen Kapitals 375.000,00 € für 8 Tage, anteilige kalkulatorische Wagnisse insgesamt 325,00 €.

Berechnen Sie

a) **die Kosten des Schubschiffeinsatzes,**
b) **den Tagessatz für das Schubschiff,**
c) **den Tagessatz des Schubleichters,**
d) **die Kosten des Schubleichters für Stolzenburg während der Mietzeit,**
e) **die Gesamtkosten,**
f) **den Gewinn/Verlust der Reederei Stolzenburg.**
g) Die Chemischen Werke Leuna möchten den Mietvertrag um 70 Tage verlängern. **Welchen Betrag muss die Reederei Stolzenburg mindestens verlangen, damit sie in diesen zusätzlichen 70 Tagen einen Gewinn von 5 % erwirtschaftet?**

1 Bei den zusammenfassenden Aufgaben werden verschiedene Häfen und Binnenschifffahrtsunternehmen berücksichtigt. Aus Platzgründen werden im Buch jeweils nur ein Tarif eines Hafens oder eines Binnenschifffahrtsunternehmens abgedruckt. Bei der Lösung findet der jeweilige „passende“ Tarif Anwendung.

2

Partikulier Landry transportiert mit seinem MS „Karla“, Tragfähigkeit 1 690t, 1 240 t nicht magnetischen Schrott (Güterklasse VI) von Stuttgart nach Duisburg-Parallelhafen. Er rechnet mit insgesamt 1 Tag Beladung, 3,5 Tagen Fahrtzeit und mit 1,5 Arbeitstagen zu je 12 Stunden Löschung mittels Greifern auf das Kai. Die Neckarkanalabgaben für Schrott betragen 0,781 €/t, das Ufergeld je t Ladung in Stuttgart 0,285 € und in Duisburg 0,300 €, das Hafengeld in Stuttgart und Duisburg je t Tragfähigkeit jeweils 0,075 €.

a) Landry kalkuliert sein Schiff mit folgenden jährlichen Kosten:
99.000,00 € Lohnkosten, 90.000,00 € Treib- und Schmierstoffkosten, 27.000,00 € Reparaturkosten, 21.500,00 € Versicherungen, 17.750,00 € Steuern und 12.500,00 € Betriebsgemein- und Verwaltungskosten.
An kalkulatorischen Kosten werden berücksichtigt: 57.900,00 € Abschreibungen, 9,5 % Zinsen des durchschnittlich gebundenen Kapitals von 0,625 Mio. € sowie 11.500,00 € Wagnisse.
Das Schiff soll an 318 Tagen im Jahr eingesetzt werden.

Berechnen Sie den Tonnensatz (inkl. Neckarkanalabgaben), den Landry seinem Auftraggeber mindestens in Rechnung stellen muss, damit er keinen Verlust einfährt.

b) **Berechnen Sie den Nettotransportpreis, wenn Landry auf den unter a) berechneten Tonnensatz einen Gewinnzuschlag von 5 % kalkuliert.**

c) Der Empfänger erhält 16 % Rabatt auf das Umschlaggeld und 21 % Rabatt auf die siebenwöchige Lagerung des Schrotts in einem ungedeckten Lager am Kai. Bei der Lagerung fallen insgesamt 12 Frontladerstunden und 5 Kranstunden an, für die jeweils ein Rabatt von 17,5 % gewährt wird.

Ermitteln Sie die Kosten des Empfängers bei der Vereinbarung „frei gestaut Abgangsschiff Stuttgart“.

3

Tansport von 967 t Schrott (Güterklasse VI) von Kehl nach Duisburg-Ruhrort mit dem Binnenschiff „Spreeperle“, Tragfähigkeit 1 100 t. Der Frachtführer übernimmt in Duisburg 289,75 t Dämmstoffe (Güterklasse II) in Big Bags (1,20 m x 1,10 m x 0,90 m) zu je 250 kg nach Kehl.

a) **Ermitteln Sie die Binnenschiffsfracht für den Schrotttransport, wenn ein Tonnensatz von 5,10 € vereinbart wurde.**

b) Beim Schrottumschlag wird ein Kran eingesetzt.

Berechnen Sie das Ufergeld für die 16-stündige Löschung des Schrotts sowie der Umschlagkosten. Für den Umschlag wurde eine Minusmarge von 6,5 % vereinbart.

c) **Prüfen Sie, ob bei der Löschung Liegegeld anfällt.**

d) Der Umschlag der Dämmstoffe erfolgt binnen 2 Arbeitstagen zu je 10 Arbeitsstunden. Eingesetzt werden 2 Kräne. Zusätzlich fallen beim Umschlag an: 62 Arbeitsstunden zu je 28,00 €/Std. und 19 Frontladerstunden. Für die Kranstunden und die Frontladerstunden wurde mit Ausnahme der Personalkosten ein Rabatt von 21 % vereinbart.

Berechnen Sie das Ufergeld und die Umschlagkosten der 289,75 t Dämmstoffe vom Kai auf das Binnenschiff.

e) **Berechnen Sie das Hafengeld. Duisburg berechnet je 100 t Tragfähigkeit 8,25 €; Kehl berechnet je t Tragfähigkeit 0,075 €.**

Fortsetzung

f) Die Ausführung der beiden Transporte nimmt insgesamt 8 Tage in Anspruch. Für den Transport der Dämmstoffsendung erhält der Frachtführer ein Nettoentgelt von 8.428,89 €.

Der Frachtführer kalkuliert folgende jährliche Schiffskosten bei 320 Betriebstagen: Personalaufwand 97.500,00 €, Treibstoff- u. Schmierstoffkosten 71.500,00 €, Reparaturkosten 16.000,00 €, Versicherungen u. Steuern 18.500,00 €, Gemein- u. Verwaltungskosten 21.500,00 €, 5% kalk. Abschreibungen v. Wiederbeschaffungswert 1.000.000,00 € des Schiffkörpers und 10 % kalk. Abschreibungen v. Wiederbeschaffungswert 250.000,00 € der Maschinenanlage, 8 % kalk. Zinsen der durchschnittlich gebundenen 625.000,00 € sowie 6.250,00 € Wagniskosten.

Berechnen Sie den Gewinn/Verlust des Frachtführers aus der „Rundreise".

4

Das Binnenschiff „Mannheim" des Partikuliers Schmittle hat eine Tragfähigkeit von 1 450 t.

Partikulier Schmittle soll für einen Transport von 1 030 t Kohle von Duisburg nach Stuttgart 8,20 €/t erhalten. Schmittle rechnet mit einer Transportzeit von 3 Tagen. Für die Beladung und das Löschen setzt er zusätzlich jeweils 1 Tag an. Nach § 1 der „Verordnung über Lade- und Löschzeiten sowie das Liegegeld in der Binnenschifffahrt (Lade- und Löschzeitenverordnung BinSchLV)" vereinbart Schmittle, die Lade- und Entladebereitschaft rechtzeitig voranzumelden, sodass 2 Stunden nach Erreichen des Schiffes die Lade- und Löschtätigkeit begonnen werden kann.

Schmittle rechnet mit folgenden jährlichen Kosten:

Personalkosten 112.000,00 €, Treibstoff- und Schmierstoffkosten 90.000.00 €, Reparaturkosten 19.500,00 €, Versicherungen und Steuern 21.500,00 €, Betriebs- und Verwaltungskosten 20.500,00 €, 5 % kalkulatorische Abschreibungen des Wiederbeschaffungswerts 1.300.000,00 €, 7,5 % kalkulatorische Zinsen vom durchschnittlich gebundenen Kapital 650.000,00 €, kalkulatorische Wagnisse 6.000,00 €.

Durchschnittlich fährt der Partikulier nur an der Hälfte der Samstage und Sonntage, zusätzlich pausiert er noch an 8 Urlaubstagen.

a) Schmittle kalkuliert die Hafen- und Ufergelder mit 2,2 % auf die Gesamtschiffskosten.

Ermitteln Sie die Gesamtschiffskosten je Jahr inklusive der Hafen- und Ufergelder.

b) **Berechnen Sie den Tagessatz.**

c) Zusätzlich fallen für den Transport auf dem Neckar Abgaben von 0,763 €/t an.

Berechnen Sie den Gewinn/Verlust der Schiffsreise.

d) Tatsächlich muss Schmittle für den Transport je t Ladung 0,46 € Ufergeld sowie je t Tragfähigkeit 0,08 € Hafengeld abführen.

Ermitteln Sie den korrigierten Gewinn/Verlust der Schiffsreise.

Seefrachtverkehr 5

Preisermittlung 5.1

Für die Seeschifffahrt gibt es keine international verbindlich vorgeschriebenen Tarife. Die Seefrachtberechnung im für den Spediteur wichtigen Linienverkehr erfolgt anhand der Frachttarife der einzelnen Reedereien, Schifffahrtskonferenzen oder Pools. Reedereien, die keiner Konferenz oder keinem Pool angeschlossen sind, bieten im Wettbewerb um die Befrachter bis zu 20 % günstigere Frachtsätze an. Um nicht zu viel Frachtaufkommen an diese Outsider zu verlieren, räumen Konferenzen und Pools ihren Befrachtern Konferenzrabatte (Sofortrabatt, Zeitrabatt) ein.

Frachtberechnung im Stückgutverkehr 5.2

Reine Gewichtsraten 5.2.1

Die Fracht wird für eine Gewichtseinheit angegeben, z. B. für 1 000 kg, unabhängig vom Raummaß der Ladung.

Muster-AUFGABE

Verschiffung einer Drehmaschine, Bruttogewicht 12,68 t, von Bremen nach Montevideo/Uruguay. Die vereinbarte Frachtrate beträgt 198,78 USD/t bei einem Kurs von 1,25 USD/EUR.

Berechnen Sie die Fracht für die Verschiffung in Euro.

LÖSUNG

Fracht in USD (12,68 t · 198,78 USD/t)	2.520,53 USD
Umrechnung in Euro (2.520,53 USD : 1,25 USD/EUR)	2.016,42 EUR

AUFGABE zum Sachverhalt

Berechnen Sie die Fracht in Euro:

a) Verschiffung eines 98 t schweren Kran-Lkw mit den Maßen 9,80 m Länge, 2,80 m Breite und 4,10 m Höhe. Die Frachtrate beträgt 112,30 €/t.

b) Verschiffung von jeweils 712 kg chemischen Lösungsmitteln auf 25 Einwegpaletten (Eigengewicht je Palette: 35 kg). Die Frachtrate beträgt 39,80 USD/t (Kurs: 1,20 USD/EUR).

c) Ein 46,3 t schwerer Tank für ein Chemiewerk in China wird von Antwerpen aus verschifft. Der Tank ist 23 m lang und hat einen Durchmesser von 6,80 m. Die vereinbarte Frachtrate beträgt 213,85 USD/t (Kurs: 1,20 USD/EUR).

Reine Maßraten 5.2.2

Die Fracht wird für eine Raumeinheit angegeben, z. B. für 1 m^3 oder für 1 Container, unabhängig vom Gewicht der Sendung.

Muster-AUFGABE

Verschiffung einer Druckmaschine von Rostock nach Belem/Brasilien. Die verpackte Maschine hat ein Maß von 4,2 m x 2,6 m x 2,1 m. Die vereinbarte Frachtrate beträgt 95,97 USD/m^3 bei einem Kurs von 1,25 USD/EUR.

Berechnen Sie die Fracht für die Verschiffung in Euro.

LÖSUNG

Benötigte Raumeinheiten (4,2 m x 2,6 m x 2,1 m)	22,932 m^3
Fracht in USD (22,932 m^3 · 95,97 USD/m^3)	2.200,78 USD
Umrechnung in Euro (2.200,78 USD: 1,25 USD/EUR)	1.760,62 EUR

AUFGABE zum Sachverhalt

Berechnen Sie die Fracht in Euro:

a) Ein 98 t schwerer Kran-Lkw mit den Maßen 9,80 m Länge, 2,80 m Breite und 4,10 m Höhe wird von Hamburg nach Westafrika verschifft. Die vereinbarte Frachtrate je m^3 beträgt 155,00 €.

b) Eine 96 t schwere Presse, verpackt in eine Überseekiste (8,92 m x 2,35 m x 2,98 m), wird nach Australien verschifft. Als Rate wird mit der englischen Reederei 142,15 GBP/m^3 vereinbart (Kurs: 0,63 GBP/EUR).

c) Verschiffung eines zylinderförmigen Brauereikessels für eine Brauerei in Brasilien. Der Kessel, der 46,8 t wiegt, ist 29,8 m lang und hat einen Durchmesser von 7,12 m. Die vereinbarte Frachtrate beträgt 7,20 USD/m^3 (Kurs: 1,20 USD/EUR).

5.2.3 Maß-/Gewichtsraten

Maß-/Gewichtsraten enthalten zusätzlich zum angegebenen Frachtentgelt einen der folgenden Zusätze:

- M/G = Maß/Gewicht
- W/M = Weight/Measurement
- per Frachttonne (frt)
- in Schiffswahl
- in Reeders Wahl

Zur Abrechnung kommt das Maß **oder** das Gewicht, je nachdem, welches Abrechnungskriterium dem Verfrachter **die höheren Einnahmen** erbringt.
Bei der Anwendung der Maß-/Gewichtsraten wird von einem Maß-Gewichts-Verhältnis von 1 : 1 ausgegangen. Dies bedeutet:

- **Abrechnung nach Maß, wenn $1 m^3$ leichter ist als 1 t ($m^3 > t \rightarrow m^3$).**

Beispiel: Eine Kiste mit den Maßen 2,0 m x 1,5 m x 1,6 m wiegt 3,8 t.
Berechnen Sie das Maß-/Gewichtsverhältnis (Sperrigkeit) und geben Sie die Grundlage für die Frachtberechnung an.
Benötigte Raumeinheiten: 2,0 m x 1,5 m x 1,6 m = 4,8 m^3

Maß-/Gewichtsverhältnis: $\frac{4,8}{3,8} = 1,263$-mal

Abrechnung nach Raummaß, da die Kiste mehr als 1-mal messend ist.

- **Abrechnung nach Gewicht, wenn $1 m^3$ schwerer ist als 1 t ($m^3 < t \rightarrow t$).**

Beispiel: Eine Kiste mit den Maßen 2,5 m x 1,5 m x 1,2 m wiegt 6,25 t.
Berechnen Sie das Maß-/Gewichtsverhältnis (Sperrigkeit) und geben Sie die Grundlage für die Frachtberechnung an.
Benötigte Raumeinheiten: 2,5 m x 1,5 m x 1,2 m = 4,5 m^3

Maß-/Gewichtsverhältnis: $\frac{4,5}{6,25} = 0,72$-mal

Abrechnung nach Gewicht, da die Kiste weniger als 1-mal messend ist.

- **Bei der Abrechnung nach Maß-/Gewichtsraten wird die gewählte Abrechnungsgrundlage als frt (Frachttonne) bezeichnet.**

Beispiel 1: Sendungsgewicht: 13,876 t; Maß: 15,208 m^3 } 15,208 frt

Beispiel 2: Sendungsgewicht: 18,212 t; Maß: 16,173 m^3 } 18,212 frt

1 Muster-AUFGABE

Verschiffung einer Industriepresse von Emden nach Maracaibo/Venezuela. Die verpackte Presse, Bruttogewicht 24,786 t, hat ein Maß von 6,2 m x 2,7 m x 1,9 m. Die vereinbarte Frachtrate beträgt 112,33 USD M/G bei einem Kurs von 1,25 USD/EUR.

Berechnen Sie die Fracht für die Verschiffung in Euro.

LÖSUNG

Benötigte Raumeinheiten (6,2 m x 2,7 m x 1,9 m) .... 31,806 m³

Maß-/Gewichtsverhältnis (Sperrigkeit) $\frac{31,806}{24,786}$ 1,283-mal

Abrechnung nach **Raummaß**, da die Kiste **mehr als 1-mal messend** ist.

Fracht in USD (31,806 frt · 112,33 USD/frt) .... 3.572,77 USD

Umrechnung in Euro (3.572,77 USD : 1,25 USD/EUR) .... 2.858,22 EUR

2 Muster-AUFGABE

Verschiffung einer Karosseriepresse von Hamburg nach Madras/Indien. Die zerlegte und verpackte Presse, Bruttogewicht 24,6 t, hat ein Maß von 4,6 m x 2,5 m x 2,0 m. Die vereinbarte Frachtrate beträgt 102,85 USD per frt bei einem Kurs von 1,25 USD/EUR.

Berechnen Sie die Fracht für die Verschiffung in Euro.

LÖSUNG

Benötigte Raumeinheiten (4,6 m x 2,5 m x 2,0 m) .... 23,0 m³

Maß-/Gewichtsverhältnis (Sperrigkeit) $\frac{23,0}{24,6}$ 0,935-mal

Abrechnung nach **Gewicht**, da die Kiste **weniger als 1-mal messend** ist.

Fracht in USD (24,6 t · 102,85 USD) .... 2.530,11 USD

Umrechnung in Euro (2.530,11 USD : 1,25 USD/EUR) .... 2.024,09 EUR

Aufgaben zum Sachverhalt

1

Eine 12,8 t schwere Maschine mit den Maßen 3,1 m x 1,6 m x 2,4 m wird nach St. Petersburg verschifft. Als Frachtrate werden 161,05 € M/G vereinbart.

Berechnen Sie die Frachtkosten.

2

Ein Baukran, zerlegt in einzelne Segmente mit folgenden Maßen und Gewichten, wird als *eine Sendung*[1] auf die Philippinen verschifft:

- Segment 1: 28,00 m x 2,30 m x 2,30 m, 36,25 t
- Segment 2: 16,85 m x 2,30 m x 2,30 m, 21,75 t
- Segment 3: 32,30 m x 2,10 m x 1,60 m, 27,70 t
- Segment 4: 16,15 m x 2,10 m x 1,60 m, 13,85 t
- Segment 5: verpackt in einer Seekiste 2,80 m x 2,15 m x 2,35 m, 17,85 t

Auf Anfrage verlangt die Rotterdamer Reederei Van der Kerk für eine Verschiffung von Bremerhaven nach Manila 72,50 € M/G, die Londoner Reederei Simon Little Ltd 46,75 GBP M/G (Kurs: 0,65 GBP/EUR).

Ermitteln Sie das günstigste Angebot und berechnen Sie den Transportpreis in Euro.

3

Ein Schweizer Hersteller von Niederflur-Elektrotriebwagen nimmt an einer Ausschreibung in den USA teil. Deshalb verschifft er einen 52 t schweren Triebwagen mit 37,60 m Länge, 3,05 m Breite und 3,89 m Gesamthöhe.

Berechnen Sie die Frachtkosten in Euro, wenn 9,80 USD M/G abgerechnet werden (Kurs: 1,28 USD/EUR).

1 Üblicherweise wird das Maß-/Gewichtsverhältnis (Sperrigkeit) auf die Gesamtsendung bezogen.

5.2.4 Seefrachtraten mit Wertstaffel

Wertstaffeln sind bei reinen Gewichts- oder reinen Maßraten sowie bei Maß-/Gewichtsraten möglich.

Beispiel: bis 1.500,00 € per frt 175,00 €
über 1.500,00 € per frt 215,00 € über 2.500,00 € per frt 240,00 €

Muster-AUFGABE

Verschiffung einer mit Maschinenteilen beladenen 4,2 m x 1,7 m x 1,5 m messenden Seekiste, Bruttogewicht 13,85 t, Wert 24.736,10 €, vonBremerhaven nach Karatschi/Pakistan.

LÖSUNG

Benötigte Raumeinheiten (4,2 m x 1,7 m x 1,5 m) .... 10,71 m^3

Maß-/Gewichtsverhältnis $\frac{10,71}{13,85}$ 0,773-mal

Abrechnung nach **Gewicht**, da die Kiste **weniger als 1-mal messend** ist.

Wert je t: $\frac{24.736,10\ €}{13,85\ t}$ .... 1.786,00 €/t

Abrechnung von 215,00 € je Frachttonne.

Fracht in Euro (13,85 t · 215,00 €) .... 2.977,75 €

AUFGABE zum Sachverhalt

Reederei Popinga AG, Wismar, verschifft zwischen Wismar und Helsinki nach folgendem Haustarif:

bis 800,00 €/frt	60,00 €	über 1.100,00 €/frt	95,00 €
über 800,00 €/frt	80,00 €	über 1.350,00 €/frt	105,00 €

Berechnen Sie die Frachtkosten für folgende Aufträge:

a) 178 Holzplatten mit den Maßen 1,40 m x 2,10 m x 0,025 m und dem jeweiligen Gewicht von 46,3 kg. Der Auftraggeber gibt als FOB-Wert je Platte 112,50 € an. Die Reederei gibt dem Auftraggeber einen Rabatt von 12 %.

b) Seekisten verschiedener Versender:

	Maße	Gewicht	Wert in €
Seekiste 1:	4,20 m x 1,95 m x 2,12 m	16,850 t	6.780,00 €
Seekiste 2:	4,05 m x 1,19 m x 1,60 m	9,035 t	8.880,00 €
Seekiste 3:	2,67 m x 1,84 m x 1,05 m	2,693 t	8.795,00 €

c) 12 960 Dosen verschiedene Lackfarben in 1-kg-Dosen, verpackt in Kartons (40 cm x 32 cm x 13 cm) mit jeweils 12 Dosen (Bruttogewicht je Karton: 13,8 kg). Die Kartons werden 10-lagig ohne Überstände auf Industriepaletten (1,20 m x 1,00 m x 0,20 m, Eigengewicht: 32 kg) gestapelt. Der FOB-Wert je Karton beträgt 150,00 €.

5.2.5 Wertraten (Ad Valorem Rates)

Die Seefracht wird als Prozentsatz des FOB-Wertes ermittelt.

Muster-AUFGABE

Verschiffung von 16,2 t Pkw-Ersatzteilen, FOB-Wert 123.432,85 €, verpackt in 5 Seekisten mit den jeweiligen Ausmaßen 2,1 m x 1,8 m x 1,8 m. Berechnen Sie die Seefracht, wenn eine Wertrate von 3,15% vereinbart wurde.

LÖSUNG

Fracht in Euro (3,15 % von 123.432,85 €) .... 3.888,13 €

6425330

Auf Anfrage erhält die MABAU AG Hannover für die Versendung von Baumaschinen nach Südamerika die Wertrate „3,1 % des FOB-Wertes, mindestens 3.200,00 € je Maschine“.

FOB-Wert eines Baukrans	1.200.000,00 €
FOB-Wert eines Geraders	724.000,00 €
FOB-Wert eines Kleinbaggers	139.800,00 €
FOB-Wert eines gebrauchten Kleinbaggers	26.800,00 €

Berechnen Sie den Verschiffungspreis für die einzelnen Baumaschinen.

AUFGABE zum Sachverhalt

FAK-Raten (Freight All Kinds) 5.2.6

FAK-Raten sind artikelunabhängige Pauschalfrachten, z. B. für Containerladungen.

Verschiffung von drei 20-Fuß-Containern von Bremen nach Savannah/USA, vereinbarte Box-Rate 780,00 USD (Kurs : 1,25 USD/EUR)

Container 1: 17,5 t Wein, Wert 131.250,00 €
Container 2: Prototyp einer Lackieranlage, Gewicht 12,57 t, Wert 280.000,00 €
Container 3: 1 gebrauchter Pkw und Ersatzteile, Gewicht 4,2 t, Wert 35.000,00 €

Berechnen Sie die Fracht für die drei Container in Euro.

Muster-AUFGABE

LÖSUNG

Fracht in USD (780,00 USD · 3) .... 2.340,00 USD

Die Fracht für jeden Container ist gleich, unabhängig von Gewicht und Wert des Containerinhalts.

Umrechnung in Euro (2.340,00 USD: 1,25 USD/EUR) .... 1.872,00 EUR

Aufgaben zum Sachverhalt

1

Für den Feederverkehr mit Norwegen, Schweden und Finnland rechnet die Lübecker Reederei Kanzler GmbH ab Bremen und Hamburg mit folgenden Preisen:

20’-Vollcontainer	300,00 €	Für 40’-Container jeweils 65 % Zuschlag	
20’-Open-top-Container	375,00 €	Umschlag je 20’-Container	
20’-Kühlcontainer	490,00 €	je Hafen	105,00 €
20’-Flüssigkeitscontainer	525,00 €	Umschlag je 40’-Container	135,00 €

Berechnen Sie das Entgelt inklusive Umschlag für die Verschiffung.

a) Drei 20’-Vollcontainer, zwei 40’-Kühlcontainer sowie jeweils einen 20’- und einen 40’-Flüssigkeitscontainer von Bremen nach Helsinki.
b) Fünf 40’-Open-top-Container, drei 40’-Kühlcontainer sowie acht 20’-Flüssigkeitscontainer von Stockholm nach Hamburg. Der Versender erhält einen Rabatt von 12,75 %.

2

Ein norwegischer Fischexporteur beabsichtigt den Versand von vier 20’-Kühlcontainern sowie von drei 40’-Kühlcontainern von Bergen nach Bremen. Er ist bereit für den Containertransport inkl. Umschlägen max. 6.000,00 € zu bezahlen.
Kann die Reederei auf dieses Angebot eingehen, wenn sie in ihrem Haustarif 5 % Gewinnzuschlag eingerechnet hat?

5.2.7 Lumpsum-Raten

Lumpsum-Raten sind Pauschalfrachten für benannte Artikel, z. B. pro Pkw bei Pkw-Verschiffung oder pro Tier bei der Verschiffung lebender Tiere.

5.2.8 Zuschläge

Auf die Seefrachtrate werden häufig in Abhängigkeit von Gut oder Fahrtgebiet Zuschläge berechnet, um unvorhersehbare, unwägbare und befristete Risiken zu kompensieren.[1] Die Zuschläge werden, je nach Tarif, entweder auf die Grundfracht oder auf die bereits durch Zuschläge erhöhte Grundfracht bezogen.

- **Längenzuschläge (Long Length Additionals) und**
- **Schwergutzuschläge (Heavy Lift Additionals)**

Für lange Frachtstücke wird ein Längenzuschlag berechnet, der von den einzelnen Reedereien separat festgelegt wird (meist ab 12 m). Viele Reedereien und Konferenzen berechnen für Schwerkolli (in den meisten Tarifen ab 5 Tonnen) einen Schwergewichtszuschlag je t Gesamtgewicht.

Muster-**AUFGABE**

Verschiffung eines Tanks für die chemische Industrie mit den Maßen 18,5 m x 3,3 m x 3,3 m, Gewicht 67,85 t, mit einem Schwergutschiff von Kiel nach Turku/Finnland. Der vereinbarte Seefrachttarif beträgt 56,34 € W/M. Die Reederei berechnet für Frachtstücke ab 15 m Länge einen Längenzuschlag von 9,50 €/t und zusätzlichen m und ab 8 t einen Schwergutzuschlag von 7,85 €/t für das Effektivgewicht.

Berechnen Sie

a) die Grundfracht (reine Tariffracht),
b) den Längenzuschlag,
c) den Schwergutzuschlag,
d) die Gesamtfracht.

LÖSUNG

a) Benötigte Raumeinheiten (18,5 m x 3,3 m x 3,3 m) .... $201{,}465\ m^3$

Maß-/Gewichtsverhältnis: $\frac{201{,}465\ m^3}{67{,}85}$ 2,969-mal

Abrechnung nach **Raummaß**, da der Tank **mehr als 1-mal messend** ist.

Grundfracht (201,465 frt · 56,34 €/frt) .... 11.350,54 €

b) Längenzuschlag (9,50 €/t · 67,85 t · 3,5) .... 2.256,01 €

c) Schwergutzuschlag (7,85 €/frt · 67,85 t) .... 532,62 €

d) Gesamtfracht .... 14.139,17 €

Hinweis: Längenzuschläge und Schwergutzuschläge können sowohl vom Effektivgewicht als auch vom frachtpflichtigen Gewicht (= frt) berechnet werden.

- **Gefährdungszuschläge (War Risk Surcharges)**

Die Reedereien berechnen bei der Verschiffung in kriegsgefährdete Gebiete zur Abdeckung des erhöhten Risikos häufig Gefährdungszuschläge.

Beispiel: Verschiedene Reedereien berechnen für Freetown (Sierra Leone) einen War Risk Surcharge:

je 20'-Container	je 40'-Container
555,00 EUR	990,00 EUR
320,00 GBP	576,00 GBP
500,00 USD	900,00 USD

1 Die europäische Seeverladerorganisation European Shippers' Councils (ESC) möchte die Zuschläge abschaffen, da die Reeder die zusätzlichen Kosten häufig nicht nachweisen können. Somit dienen diese Zuschläge offensichtlich nur zur Verbesserung der Einnahmen, ohne dass eine tatsächliche Mehrbelastung besteht.

- **Bunkerölzuschlag (BAF = Bunker Adjustment Factor/Bunker Surcharge)**

Der Bunkerölzuschlag ist ein Zuschlag zur vereinbarten Seefrachtrate bei einer Erhöhung der Treibstoffpreise.

Beispiele: Für Containertransporte zwischen Europa und Madagaskar südgehend 74,00 € per TEU und 61,00 € per TEU nordgehend.

- **Währungszu- und Währungsabschläge (CAF = Currency Adjustment Factor)**[1]

Währungszu- und -abschläge sollen die durch das Floaten[2] entstehenden Risiken der Wechselkursschwankungen der Abrechnungswährung abmildern. Die meisten Konferenzen rechnen auf der Basis des USD ab.

Beispiele[3]**:**

1. Für Transporte von der Hamburg/Bayonne Range nach den USA wurde am 1. April 2006 der CAF auf minus 7 % festgesetzt.
2. Zum 1. April 2006 hat die „Europe to Australia and New Zealand Conference" ihren CAF ausgesetzt.

- **Verstopfungszuschläge (Congestion Surcharges)**

Verstopfungszuschläge sind Zuschläge für die Inkaufnahme längerer Wartezeiten in bestimmten Häfen, in denen die Schiffe wegen Überfüllung nur schleppend abgefertigt werden.

Beispiel: Zum 1. August 2006 wurde für Containertransporte von Europa nach Malabo (Äquatorial-Guinea) ein Congestion Surcharge von 200,00 € je TEU eingeführt.

Treuerabatte 5.2.9

Konferenztarife gewähren den Befrachtern bei einem vorbestimmten Ladungsaufkommen Treuerabatte, um dadurch die Preisvorteile der Outsider zu egalisieren, die in der Regel um 10 % günstigere Frachtraten anbieten.

- **Sofortrabatt (Immediate Rebate)**

Befrachter, die sich verpflichten in einem festgelegten Zeitraum ausschließlich auf Konferenzschiffen zu verladen, erhalten einen Sofortrabatt. Er wird sofort bei der Rechnungserstellung abgezogen und beträgt meist 9,5 % der Tariffracht.

- **Zeitrabatt (Deferred Rebate)**

Spediteure/Befrachter, die keinen Kontrakt mit einer Konferenz eingehen, können nach Ablauf eines festgelegten Zeitraums (meist ein halbes Jahr) einen Zeitrabatt beantragen, wenn sie nachweislich sämtliche Ladungen auf der von der Konferenz bedienten Relation auf Konferenzschiffen verladen haben. Der Zeitrabatt beträgt üblicherweise 10% der bereits bezahlten Tariffracht.

1 Einige Konferenzen bezeichnen den Währungszuschlag auch als CAC (Currency Adjustment Charge).
2 Gebräuchliche Bezeichnung für das freie Schwanken der Wechselkurse ohne vorgegebene Bandbreiten.
3 Sämtliche Beispiele dieser Seite sind der DVZ entnommen (Ratenänderungen in der Linienfahrt).

Vermischte Aufgaben zur Frachtberechnung im Stückgutverkehr

1

Berechnen Sie die Seefracht in Euro für folgende konventionelle Stückgutpartie, bestehend aus 4 Kolli zu je 8,457 t Gewicht. Der FOB-Wert der Sendung beträgt 74.259,00 €. Die einzelnen Kolli haben die Maße 2,04 m x 1,98 m x 1,12 m. (Kurs: 1,26 USD/EUR)

Tarifauszug:

Frachtrate lt. Tarif:	112,80 USD M/G oder 1,5 % ad valorem in Schiffswahl
Schwergewichtszuschlag:	für Kolli ab 5 t Gesamtgewicht in Höhe von 3,75 USD je t Gesamtgewicht
CAF:	7 % auf die Grundfracht
Immediate Rebate:	9,5 % auf die Gesamtfracht (Grundfracht + Zuschläge)

2

Berechnen Sie die Seefracht in Euro für einen 20'-Container, beladen mit 21,6m³ Sportartikeln, Gewicht der Sendung 4 893 kg, von Bremerhaven nach Durban/Südafrika. Der Wert der Sendung beträgt 126.450,00 €. (Kurs: 1,26 USD/EUR)

Tarifauszug:

minimale Containerauslastung:	17 m³/17 t		
maximale Containerauslastung:	31,6 m³/21,8 t		
Frachtrate lt. Tarif:	bis	3-mal messend	254,00 USD W/M
	bis	5-mal messend	228,50 USD W/M
	über	5-mal messend	119,00 USD W/M
CAF:	minus 5 % auf die Grundfracht		
THC je Umschlag:	142,00 USD je 20'-Container		
Immediate Rebate:	9,5 % auf die Gesamtfracht (Grundfracht + Zuschläge – Abschläge)		

3

Versendung von 35 Kolben für Schiffsdieselmotoren von Emden nach Pusan/Südkorea.

Maß je verpackter Kolben:	1,20 m Höhe x 0,70 m Breite x 0,70 m Tiefe, stapelbar
Gewicht je verpackter Kolben:	287 kg
Wert je Kolben:	6.250,00 €

Berechnen Sie die Seefracht in Euro alternativ für Stückgutversand mit einer Konferenz und Containerversand mit einem Outsider.
(Kurs: 1,26 USD/EUR)

Auszug aus den Tarifen:

Stückguttarif einer Konferenz	
Frachtrate laut Tarif:	152,50 USD W/M
CAF:	6 % auf die Grundfracht
Immediate Rebate:	9,5 % auf die Gesamtfracht

Containertarif eines Outsiders	20'	40'
Frachtrate laut Tarif	135,00 USD M/G	115,00 USD M/G
minimale Containerauslastung – bei Maßratengütern – bei Gewichtsratengütern	 17 m³ 17 t	 34 m³ 17 t
maximale Containerauslastung – bei Maßratengütern – bei Gewichtsratengütern	 31,6 m³ 21,8 t	 68,8 m³ 27 t
Congestion Surcharge für Containerumschlag	180,00 USD je Container	
CAF	7,5 % auf die Grundfracht	

4

Verschiffung einer 86,85 t schweren Diesellokomotive, FOB-Wert 1,6 Mio. €, vom Schwergutkai Hamburg nach Bergen/Norwegen mit einem schwedischen RoRo-Schiff. Die Lokomotive hat eine Länge über Puffer von 16,85 m. Benötigter Stauraum für den Versand der Diesellokomotive: 126,375 m³.

Tarifauszug:

Abrechnung nach Reeders Wahl		
bis	50.000,00 SEK Wert/t	= per frt 305,00 SEK
über	50.000,00 SEK Wert/t	= per frt 370,00 SEK
über	100.000,00 SEK Wert/t	= per frt 415,00 SEK

Schwergutzuschlag:	ab 8 t 52,00 SEK je t Gesamtgewicht
Längenzuschlag:	ab 14 m 898,75 SEK je zusätzliches m Gesamtlänge
CAF:	plus 4,6 % auf die Grundfracht
BAF:	4,8 % auf die Grundfracht
Sofortrabatt:	9,5 % auf die Gesamtfracht

Berechnen Sie die Seefracht in Euro. (Kurs: 9,41 SEK/EUR)

Abrechnung von Seehafenspeditionsleistungen 5.3

Umschlagsentgelte und Lagergelder 5.3.1

Zusätzlich zur Seefracht fallen in den Häfen Kosten für Umschlagsleistungen (Kaigeld, Lagergeld) an. Für die Abrechnung gibt es in der Regel eine **örtliche Preisempfehlung (Referenztarif)**.

In Wilhelmshaven erfolgt die Abrechnung von öffentlich-rechtlichem Hafengeld und den Kaileistungen nach dem „Tarif für den Hafen Wilhelmshaven (Niedersächsisches Hafengebiet)“.

Tarif für den Hafen Wilhelmshaven (Niedersächsisches Hafengebiet) (Auszug)

§ 1 Geltungsbereich, Hafenentgelte

(...)

(2) (...) es werden vom Hafenamt erhoben:
- Hafengeld §§ 2–8
- Kaigeld §§ 9–11
- Lagergeld § 12

(4) Bei bestimmten Entgelten (Hafengeld, Kaigeld) richtet sich die Höhe der Entgelte nach Fahrtgebieten. Das Fahrtgebiet bestimmt sich nach dem Hafen, aus dem das Schiff Ladung löscht oder für den es Ladung übernimmt.
Es werden folgende Fahrtgebiete festgelegt:
a) Übersee; (...)
b) Europa; (...)
c) Binnen; (...)

§ 2 Hafengeld

(1) Für jedes Einlaufen (...) sowie für die Benutzung von Liegeplätzen und Wasserflächen ist Hafengeld zu zahlen.

Tarif für den Hafen Wilhelmshaven (Niedersächsisches Hafengebiet) (Auszug)

§ 3 Hafengeld für Seeschiffe

(1) Das Hafengeld für Seeschiffe bemisst sich nach der Bruttoraumzahl (BRZ), dem Schiffstyp und dem Fahrtgebiet.

(2) Das Hafengeld beträgt für den Tag des Einlaufens und die folgenden 6 Tage zusammen:

Schiffstyp	Fahrtgebiet		
	Übersee	Europa	Binnen
	€ je BRZ	€ je BRZ	€ je BRZ
RoRo-Frachtschiffe bis 7000 BRZ	0,1015	0,0609	0,0406
RoRo-Frachtschiffe über 7000 BRZ	0,1723	0,1015	0,0609
Sonstige Schiffe bis 3900 BRZ	0,1929	0,1117	0,0710
Sonstige Schiffe über 3900 BRZ	0,3857	0,2030	0,1218

Für jeden folgenden Tag des Aufenthalts im Hafen beträgt das Hafengeld 20 % dieser Beträge.

§ 4 Hafengeld für Binnenschiffe

(1) Das Hafengeld für Binnenschiffe bemisst sich nach der Tragfähigkeit des Schiffes. Für den Tag des Einlaufens und die 6 folgenden Tage wird kein Hafengeld erhoben. Für jeweils weitere 7 Tage beträgt das Hafengeld 0,1117 € je Tonne Tragfähigkeit.

§ 9 Kaigeld (Kajegeld)

Für die unmittelbare oder mittelbare Benutzung der Kaianlagen, Landungsbrücken oder anderen Hafenanlagen durch Wasserfahrzeuge zu Umschlagzwecken ist ein Kajegeld zu zahlen.

§ 10 Kajegeld für den Güterumschlag

Maßgebend für die Berechnung des Kajegeldes für den Güterumschlag sind

a) das Fahrtgebiet. (...)

b) die Güterart. Beim Umschlag von Containern und im RoRo-Verkehr wird nicht nach Güterarten unterschieden.

c) das Gütergewicht. Das Gütergewicht wird nach Tonnen (t) berechnet. Beim Umschlag von Containern und im RoRo-Verkehr wird das Kajegeld nach Einheiten berechnet.

§ 11 Befreiung vom Kaigeld

Kajegeld wird nicht erhoben für den Umschlag von Bord zu Bord.

Anlage zum Preisverzeichnis NPorts für den Hafen Wilhelmshaven (§ 10)
Kajegeld

Umschlaggut	Fahrtgebiet Übersee	Fahrtgebiet Europa	Fahrtgebiet Binnen
I. Kajegeld nach Einheiten	€ je Einheit	€ je Einheit	€ je Einheit
Container:			
– Container 20'	13,9766	13,9766	3,3495
– Container 40'	19,5692	19,5692	5,5825
– Container (leer)	2,5071	2,5071	1,1165
RoRo-Verkehre:			
– Units, beladen*	11,1650	11,1650	3,9179
– Units, leer**	2,5071	2,5071	2,5071
– Sattelzugmaschinen, Lkw (leer)	6,1611	6,1611	6,1611
– Terminalfremde Zugmaschinen*	3,9179	3,9179	1,1165

* Units, beladen = Trailer, Container, Lkw, Lkw-Anhänger und Rolltrailer

** Units, leer = Trailer, Container und Lkw-Anhänger

Umschlaggut	Fahrtgebiet Übersee	Fahrtgebiet Europa	Fahrtgebiet Binnen
II. **Kajegeld nach Gewicht**	€ je Tonne	€ je Tonne	€ je Tonne
– Stückgüter	2,6187	1,8676	0,1726
– Massenstückgüter	1,7357	0,6902	0,1218
– Lose Massenstückgüter	0,4162	0,4162	0,1218
– Güter des IMDG-Codes			
a) Klassen 1, 5.2, LSA-I Stoffe der Kl. 7	12,2917	12,2917	12,2917
b) Klasse 7, ausgenommen LSA-I Stoffe der Kl. 7	21,2237	21,2237	21,2237
c) alle anderen Klassen	4,3848	4,3848	4,3848
– Metalle, Schrott	0,8425	0,3654	0,1218
– Forstprodukte	1,0150	0,5684	0,1218
– Getreide, Futtermittel	0,2944	0,1523	0,1218
– pflanzliche Öle und Fette	0,6090	0,5075	0,4060
– Düngemittel	0,3756	0,3451	0,1218
– Sand, Steine, Erden, Baumaterialien, Schlacke	0,4162	0,3248	0,1218
– Kohle, Koks	0,3300	0,3300	0,2000

Quelle für die Tarifauszüge: Niedersachsen Ports GmbH & Co. KG, Niederlassung Wilhelmshaven

Haustarif des Kaibetriebes Cornelsen GmbH, Wilhelmshaven (Auszug)

A. Umschlagsentgelte	€ je 1 000 kg
Holz in Stämmen und Blöcken	
– Einzelgewichte über 5 000 kg	12,10
– Einzelgewichte von 1 501 bis 5 000 kg	13,75
– Einzelgewichte bis 1 500 kg	17,15
Sperrholz, Furnier, Spanplatten in Bündeln, Verschlägen, Paletten	
– Stückgewichte über 300 kg	11,90
– Stückgewichte bis 300 kg	14,55
Langmaterialien (Stab-, Formstahl, Rohre)	
– in Längen bis 8 m	4,30
– in Längen von 8 m bis 15 m	5,35
– in Längen über 15 m	5,90
Walzerzeugnisse	
– in Packstücken über 1 000 kg	4,35
– in Packstücken bis 1 000 kg	4,80

A. Umschlagsentgelte	€ je 1 000 kg
Ballengut	
– in Packstücken über 100 kg	12,95
– in Packstücken bis 100 kg	14,40
Sackgut	
– in Packstücken über 50 kg	13,20
– in Packstücken von 25 kg bis 50 kg	14,15
– in Packstücken bis 25 kg	15,20
Allgemeines Stückgut	
– in Packstücken über 20 kg	13,75
– in Packstücken bis 20 kg	16,45
Container	**€ je Container**
– 20’	80,00
– 40’	110,00
Ermäßigungen für durchpalettierte Ladungen	
– Gesamtgewicht bis 10 t	5 %
– Gesamtgewicht über 10 t bis 25 t	20 %
– Gesamtgewicht über 25 t	30 %

B. Lagergeld

(1) Entgeltfreie Kailagerung für Import-, Export- und Seedurchfuhrgüter: 4 Kalendertage

(2) Lagergeld nach Ablauf der entgeltfreien Tage je 1 000 kg
im gedeckten Lager: 1,75 €/Tag
im Freilager: 8,90 €/Monat

C. Entgelte für besondere Leistungen

(1) Überlassung von **Kranen und Gabelstaplern** mit Arbeitskräften des Kaibetriebes in €:

a) **Krane** (mit Führer)	je Stunde
bis 8 t Tragfähigkeit	95,00
bis 15 t Tragfähigkeit	145,00
bis 25 t Tragfähigkeit	224,00
bis 40 t Tragfähigkeit	307,50
über 40 t Tragfähigkeit	412,50
b) **Gabelstapler** (mit Führer)	je Stunde
	63,00

Die Stundensätze gelten je angefangene Stunde.

(2) Bereitstellung eines **Schwimmkrans** bis zu 200 t für den Umschlag:
- je Hebevorgang das jeweilige Umschlagsentgelt
- zusätzlich ein Bereitstellungsentgelt für jede angefangene halbe Stunde

für Stückgewichte bis 100 000 kg	157,50
über 100 000 bis 200 000 kg	196,00

Muster-AUFGABE

Löschung von 7 Teakstämmen und 342 Teakholzblöcken aus Südamerika von dem Frachtschiff „Esmaralda" (6 380 BRZ) auf offene Eisenbahnwagen. Die einzelnen Stämme wiegen 8 980 kg, 7 598 kg, 7 541 kg, 6 498 kg, 5 267 kg, 4 892 kg und 4 734 kg. Die Teakholzblöcke wiegen im Schnitt 2 413 kg.

a) Berechnen Sie das Hafengeld. **b) Berechnen Sie das Kaigeld.**
c) Berechnen Sie das Umschlagsentgelt.

Vereinbart wurde Abrechnung nach Tarif abzüglich 14,5 % Rabatt.

LÖSUNG

a) 6 380 BRZ · 0,3857 €/BRZ .... 2.460,77 €
b) Stammholz: 45,510 t · 1,0150 €/t .... 46,19 €
Holzblöcke: 2,413 t · 342 · 1,0150 €/t .... 837,62 €
3.344,58 €

c)

Gewicht	Umschlagsentgelt/ 1000 kg	Umschlagsentgelt	
Stämme über 5 000 kg			
35,884 t	12,10 €	35,884 t · 12,10 €/t =	434,20 €
von 1 501 bis 5 000 kg			
9,626 t	13,75 €	9,626 t · 13,75 €/t =	132,36 €
Holzblöcke			
342 · 2,413 t = 825,246 t	13,75 €	825,246 t · 13,75 €/t =	11.347,13 €
		Summe:	11.913,69 €
		– 14,5 % Rabatt	1.727,49 €
			10.186,20 €

Aufgaben zum Sachverhalt

1

Das Küstenmotorschiff „Kap Arcona" (BRZ: 3 850) löscht folgende in Polen geladene Güter:

Güter Art der Entladung	Maße/Packstücke	Menge
Rohre direkt auf Sattelhänger	zwischen 10 und 14 m Länge	263,590 t
Düngemittel direkt in Bahnwaggon	in Säcken zu je 40 kg	435,840 t
Stückgut indirekt	auf Paletten (Durchschnittsgewicht: 450 kg)	56,753 t
beladene Container direkt auf Bahnwaggon	20'-Container 40'-Container	8 Stück 5 Stück

a) Berechnen Sie das Hafengeld. **b) Berechnen Sie das Kaigeld.**
c) Berechnen Sie das Umschlagsentgelt bei einer Rabattvereinbarung von 7 %.

2

Verschiffung von 17,85 t Stückgut in Kisten zu je 25 kg von Wilhelmshaven nach Ancona/Italien. Die Kisten messen 0,60 m x 0,40 m x 0,30 m. Der Vorlauf erfolgt per Lkw. Die Sendung wird bis zur Verladung 12 Tage im Kaischuppen eingelagert.

a) Berechnen Sie das Lagergeld. **b) Berechnen Sie das Umschlagsentgelt.**
c) Berechnen Sie die Fracht bei einer Rate von 76,40 € M/G.

3

Spedition Emert liefert mit geschlossenen Lastkraftwagen folgende Güter an den Kai zur direkten Verladung auf das im Afrikaverkehr eingesetzte Stückgutschiff „Natal“ (BRZ: 6 800).

Gutart	Anzahl der Packstücke	Gewicht je Packstück
Allgemeines Stückgut	570	18 kg
	390	27 kg
	180	57 kg
	210	103 kg
	30	650 kg
Sackgut (Getreide)	120	60 kg
	4 480	35 kg
	6 130	20 kg
Container	20’-Container	25 Stück
	40’-Container	9 Stück

Emert hat mit dem Kaiumschlagsunternehmen folgende Rabattregelung vereinbart:

bis	5.000,00 €	Umschlagsentgelt	5,0 %
über	5.000,00 €	bis 10.000,00 € Umschlagsentgelt zusätzlich für den 5.000,00 € überschreitenden Betrag	8,0 %
über	10.000,00 €	bis 20.000,00 € Umschlagsentgelt zusätzlich für den 10.000,00 € überschreitenden Betrag	10,5 %

a) **Berechnen Sie das Hafengeld.**
b) **Berechnen Sie das Kaigeld.**
c) **Berechnen Sie das Umschlagsentgelt.**

4

Das Seeschiff „Vaasa“ (BRZ: 9 350) löscht Güter aus Ostseeanliegerstaaten.

1 354,700 t Spanplatten, verpackt in Verschlägen zu jeweils 1,9 t,
242,785 t Sperrholz in Bündeln zu je 295 kg,
406,400 t Sperrholz in Bündeln zu je 254 kg,
36 Paletten Furniere zu je 390 kg.

Das Gut wird im Kaischuppen 8 Tage eingelagert, bevor es der Empfänger per Bahn weitertransportieren lässt.

a) **Berechnen Sie das Hafengeld.**
b) **Berechnen Sie das Kaigeld.**
Das Kaiumschlagsunternehmen gewährt folgende Rabatte:
15 % auf Güter in Verschlägen
13 % auf Güter in Bündeln
10,5 % auf palettierte Güter
c) **Berechnen Sie das Umschlagsentgelt.**
d) **Berechnen Sie das Lagergeld. Es wurde ein Rabatt von 12,5 % vereinbart.**

5

Durch einen 50-t-Schwimmkran werden binnen 42¼ Stunden 756 Röhren eines Herstellers aus dem Ruhrgebiet für Erdgasleitungen im Nahen Osten von Schuten (Leichtern) auf das Schwergutschiff „Klaipeda“ verladen. Die Röhren sind jeweils 18,50 m lang und wiegen 11,35 t je Stück.

a) **Berechnen Sie das Kaigeld.**
b) **Berechnen Sie das Umschlagsentgelt für die Röhren, wenn ein Schwergewichtszuschlag von 4,5 % vereinbart wurde.**
c) **Berechnen Sie das Bereitstellungsentgelt des Schwimmkrans.**

6

Ein Stückgutschiff (BRZ: 2 880) löscht folgende Güter, die es in Kiel geladen hat. Die Güter werden in einem Lagerschuppen 19 Tage eingelagert.

Gutart	Anzahl der Packstücke	Gewicht je Packstück
Allgemeines Stückgut in Packstücken		
bis 20 kg	273	19,5 kg
über 20 kg	134	52,1 kg
Stückgut in Säcken		
über 50 kg	112	80,0 kg
von 25–50 kg	156	40,0 kg
bis 25 kg	233	15,0 kg
Stückgut in Ballen		
über 100 kg	58	658,5 kg
bis 100 kg	180	85,3 kg

a) **Berechnen Sie das Hafengeld.**
b) **Berechnen Sie das Kaigeld.**
c) **Berechnen Sie die Umschlagsentgelte bei einem Rabatt von 9,8 %.**
d) Zur Einlagerung der Güter sind 2 Gabelstapler (bis 4 t Tragfähigkeit) jeweils 5 Stunden 35 Minuten im Einsatz. **Berechnen Sie das Lagergeld.**

Abrechnung von Speditionsleistungen im Versand 5.3.2

Zusätzlich zum Hafen- und Lagergeld sowie dem Umschlagsentgelt der Seehafenspediteure fallen weitere Entgelte für die Abrechnung von Speditionsleistungen an. Die Abrechnung der Nebenleistungen wie FOB-Lieferung, Verschiffung oder Verzollung erfolgt nach Haustarifen der Seehafenspediteure.

Haustarif des Kaibetriebes Cornelsen GmbH, Wilhelmshaven

Abrechnung von Speditionsleistungen im Versand (Auszug)
A. Abrechnung: Abrechnung in Euro nach dem Bruttogewicht.
B. Güterverzeichnis und Provisionssätze in €

		FOB-Provision		Verschiffungsprovision	
		je 1 000 kg	m/m[1]	je 1 000 kg	m/m
Langmaterialien (Stab-, Formstahl, Rohre)	bis 50 000 kg	1,95	40,00	1,95	40,00
	ab 50 001 kg	1,70	103,75	1,70	103,75
	ab 100 001 kg	1,50	170,00	1,50	170,00
	ab 250 001 kg	1,35	375,00	1,35	375,00
	ab 500 001 kg	1,15	662,50	1,15	662,50
Gefahrgut (außer in Vollcontainern)	ab 10 001 kg	11,25	150,00	11,25	150,00
	ab 15 001 kg	9,75	168,75	9,75	168,75
	ab 25 001 kg	8,25	243,75	8,25	243,75
	ab 50 001 kg	6,75	412,50	6,75	412,50
Stückgut allgemein (außer in Vollcontainern)	ab 15 001 kg	4,90	84,50	4,90	84,50
	ab 25 001 kg	4,15	122,00	4,15	122,00
	ab 50 001 kg	3,40	206,25	3,40	206,25
	ab 100 001 kg	3,00	337,50	3,00	337,50

1 Minimalsätze, die mindestens je Sendung berechnet werden

Vollcontainer/Flats	Stückzahl je Sendung	FOB-Provision je 1 000 kg	FOB-Provision m/m	Verschiffungsprovision je 1 000 kg	Verschiffungsprovision m/m
20'-Container	1–2	31,75	56,25	31,75	56,25
	ab 3	23,45		23,45	
	ab 10	20,35	211,00	20,35	211,00
35'-/40'-/45'-Container	1–2	43,75	56,25	43,75	56,25
	ab 3	32,85		32,85	
	ab 10	28,45	295,50	28,45	295,50

Zuschläge für		
– Open-top-Container, Flats, Out-of-gauge-Container[1]	+	25 %
– Flüssigkeits- und temperaturkontrollierte Container	+	50 %
– Gefahrgut-Container (GGV-See)	+	100 %

C. Entgelte für besondere Leistungen

(1) Ausfuhrzollabfertigung

Erledigung der Ausfuhrerklärung

	je 1 000 kg	m/m je Sendung
1. Für im Inland zur Ausfuhr zollvorabgefertigte Sendungen		
ab 10 001 kg	1,40	18,25
ab 50 001 kg	0,80	50,00
ab 100 001 kg	0,75	82,50
ab 250 001 kg	0,65	187,50
ab 500 001 kg	0,55	325,00
2. Für im Inland zur Ausfuhr nicht zollvorabgefertigte Sendungen		
ab 10 001 kg	1,95	25,75
ab 50 001 kg	1,20	71,25
ab 100 001 kg	1,05	117,50
ab 250 001 kg	0,90	262,50
ab 500 001 kg	0,75	450,00

3. Besorgung des Exemplars Nr. 3 der Ausfuhranmeldung von der Ausgangszollstelle und Rücksendung an den Ausführer 17,50

(2) Abfertigung im innergemeinschaftlichen Güterverkehr

1. Beschaffung oder Kontrolle der Umsatzsteuer-Identifikationsnummer (ID-Nr.) 17,50
2. Meldung zur Intrahandelsstatistik (Intrastat-Meldung)
   inklusive 2 Tarifpositionen 17,50
   für jede weitere Tarifposition 2,75
3. zusammenfassende Meldungen über steuerbefreite innergemeinschaftliche Lieferungen
   inklusive 2 Tarifpositionen 17,50
   für jede weitere Tarifposition 2,75

(3) Für Konsulatsfakturen, Handelsfakturen, Zollfakturen, Ursprungs-, Gesundheits- und sonstige Zeugnisse, amtliche Beglaubigungen aller Art

1. Aufmachung und Besorgung der amtlichen Beglaubigung je Satz Fakturen:
   für das erste Blatt 37,50
   für jedes weitere Blatt 22,50
   Ursprungs-, Gesundheits- und/oder sonstige Zeugnisse:
   für das erste Blatt 26,50
   für jedes weitere Blatt 19,50
   Besorgung der amtlichen Beglaubigungen je Satz und Beglaubigungsstelle:
   a) Fakturen, Ursprungs-, Gesundheits- und/oder andere Zeugnisse 20,50
   b) Konnossemente 20,50
   c) Spediteurrechnungen 20,50
   d) Warenverkehrsbescheinigungen 5,00

1 Container, bei dem die Ladung die äußeren Abmessungen des Containers überschreitet

2. Mehrere Urkunden für die gleiche Sendung:
Werden für eine Sendung mehrere Urkunden benötigt, wird für die höchsttarifierte Urkunde der volle Tarifsatz und für jede weitere Urkunde der halbe Tarifsatz berechnet.

(4) Konnossemente, Mate's Receipt, Spediteur-Übernahmebescheinigung, Porti und sonstige Kosten

1.	Konnossement-Aufmachung	je Konnossement	22,00
2.	Spediteur-Übernahmebescheinigung, FCR	je Dokument	13,00
3.	Porti und sonstige Kosten	je Auftrag	7,00 bis 19,00

(5) Vorlageprovision für verauslagte Beträge (Frachten, Zölle, Gebühren) je Auftrag .... 1,50 %, mindestens 2,50

(6) Nachnahmen, Einzug von Wechseln

bis zum Betrag	von 2.500,00 €	1,00 %, mindestens	5,00
	ab 2.501,00 €	0,75 %, mindestens	25,00
	ab 5.001,00 €	0,50 %, mindestens	37,50
	ab 10.000,00 €	0,25 %, mindestens	62,50

1 Muster-AUFGABE

Berechnen Sie die FOB-Provision für den Export von 270 t Stabstahl bei einem Rabatt von 12 %.

LÖSUNG

270 t · 1,35 €/t	364,50 €
Mindestabrechnung nach Haustarif	375,00 €
– 12% Rabatt	45,00 €
FOB-Provision, netto	330,00 €

2 Muster-AUFGABE

Berechnen Sie die Verschiffungsprovision für drei 20'-Container mit Gefahrgut.

LÖSUNG

23,45 €/t · 3 St.	70,35 €
+ 100 % Zuschlag	70,35 €
Verschiffungsprovision, netto	140,70 €

3 Muster-AUFGABE

Berechnen Sie die Kosten einer Ausfuhrverzollung von 336,75 t Stückgut nach Brasilien. Die Sendung wurde im Inland nicht zollvorabgefertigt. Bei der Abwicklung des Auftrags entstanden 5.245,87 € Vorauslagen für Vorlauffrachten und Gebühren. Für die Ausfuhrzollabfertigung wurde mit dem Auftraggeber ein Rabatt von 4 % vereinbart.

LÖSUNG

Ausfuhrverzollung	
336,8 t · 0,90 €/t	303,12 €
+ 1,5 % Vorlageprovision	78,69 €
Summe	381,81 €
– 4 % Rabatt aus 381,81 €	15,27 €
Speditionsentgelt	366,54 €
+ Vorlage	5.245,87 €
Gesamtentgelt	5.612,41 €

Aufgaben zum Sachverhalt

1

Berechnen Sie die FOB-Provision für folgende Exporte. Es wurde jeweils 5 % Rabatt auf den Haustarif vereinbart.

a) 16,5 t palettiertes Gefahrgut
b) neun 20'-Container
c) vier 35'-Open-top-Container
d) ein 40'-Gefahrgut-Container
e) 68,5 t Stückgut, verpackt in Fässern und Kisten

2

Berechnen Sie für folgende Exporte die Gesamtprovision (FOB-Provision und Verschiffungsprovision) bei 8 % Rabatt.

a) 35 Stahlrohre zu je 11,5 t
b) 26,8 t Gefahrgut in Kisten
c) fünfzehn 40'-Flüssigkeitscontainer
d) 123,6 t Stückgut in Kisten, Fässern und Bündeln
e) sechs 20'-Flats

3

Berechnen Sie die Spediteurprovision für die Ausfuhrverzollung von 42,3 t Stückgut nach Kolumbien.

a) Sendung wurde im Inland bereits zollvorabgefertigt.
b) Sendung wurde nicht zollvorabgefertigt.

4

Berechnen Sie das Entgelt für die Ausfuhrverzollung von 69,7 t Stückgut per Küstenmotorschiff nach Spanien. Der Spediteur überprüft die ID-Nr. des spanischen Kunden, besorgt die Intrastat-Meldung (9 Positionen) und erstellt die Meldung über steuerbefreite innergemeinschaftliche Lieferung.

Vereinbart wurde Abrechnung nach Haustarif abzüglich 6⅔ % Rabatt.

5

Seehafenspediteur Cornelsen zieht für einen Verlader einen Wechsel über 8.763,97 € und einen Wechsel über 1.980,05 € ein. Es entstehen Barauslagen von 57,80 €.

Erstellen Sie die Abrechnung des Spediteurs.

6

Spedition Cornelsen besorgt für einen Auftraggeber Exporte nach Haustarif abzüglich 6 % Rabatt.

Erstellen Sie die Abrechnungen für folgende Speditionsleistungen.

a) Cornelsen besorgt die FOB-Lieferung und Verschiffung von 46 t Gefahrgut auf Paletten nach Indien. Bei der Verzollung der nicht zollvorabgefertigten Sendung entstehen Spesen von 187,50 €. Brühl lässt auftragsgemäß die Handelsfaktura und die Warenverkehrsbescheinigung beglaubigen. Weiterhin besorgt er die Konnossementserstellung. Hierbei entstehen Spesen von 65,00 €. Weiterhin legt Cornelsen für Frachten und Lagergeld 4.873,00 € vor.

b) Besorgung der Verschiffung und FOB-Lieferung von 160 Paletten Stückgut zu je 760 kg nach Neuseeland. Für Porti und sonstige Kosten für FOB-Lieferung und Verschiffung berechnet der Spediteur 212,84 €. Die Ware wurde bereits zollvorabgefertigt. Insgesamt wurden 12.865,23 € vorausgelegt. Auftragsgemäß wurde ein FCR erstellt und die Beglaubigung des Konnossements, der Warenverkehrsbescheinigung und des Ursprungszeugnisses (4 Blätter) besorgt. Für die Besorgung von steuerlichen Nachweisen stellt er 18,00 € in Rechnung.

Abrechnung von Speditionsleistungen im einkommenden Verkehr 5.3.3

Die Abrechnung von Speditionsleistungen im einkommenden Verkehr erfolgt nach Haustarifen der Seehafen-Spedition.

Haustarif des Kaibetriebes Cornelsen GmbH, Wilhelmshaven (Auszug)

Abrechnung von Speditionsleistungen im einkommenden Verkehr

A. Abrechnung:
Abrechnung in € nach dem Bruttogewicht.

B. Güterverzeichnis und Provisionssätze in € je 1 000 kg für Empfangnahme und Abfertigung

Sendungen	**Massengut** Holz, Steine, …	**Eisen u. Stahl** Lang-materialien Walzerzeugnisse	**Gefahrgut** (außer als Vollcontainer-Ladungen)	**Stückgut** (außer als Vollcontainer-Ladungen)
bis 50 000 kg	4,45	6,20	24,75	12,40
ab 50 001 kg	4,05	5,10	20,25	10,15
ab 100 001 kg	3,60	4,50	18,00	9,00
ab 250 001 kg	3,15	3,95		
ab 500 001 kg	2,70	3,40		

Vollcontainer/ Flats	**Stückzahl je Sendung**	**€ je Stück**	**m/m**
20'-Container	1–2	62,50	112,50
	ab 3	46,90	
	ab 10	40,65	
30'-/40'-/45'-Container	1–2	87,50	112,50
	ab 3	65,65	
	ab 10	56,90	

Zuschläge für

Open-top-Container, Flats, Out-of-gauge-Container	+ 25 %
Flüssigkeits- und temperaturkontrollierte Container	+ 25 %
Gefahrgut-Container (GGV-See)	+ 100 %

C. Zollbehandlung

(1) Abfertigung zum freien Verkehr	**Gewicht**	**€ je 1 000 kg**
1. Ausstellung der Einfuhranmeldung und des Zollantrags, Zollanmeldung einschl. Abfertigung, Errechnung und Deklarierung des Zollwertes	ab 10 001 kg	11,65
	ab 15 001 kg	10,10
	ab 25 001 kg	8,55
	ab 50 001 kg	7,00
	ab 100 001 kg	6,20
	ab 250 001 kg	5,40
	ab 500 001 kg	4,65
2. Zusätzlich für die zweite und jede weitere Zolltarifposition		12,50
3. Ausstellen und Besorgen der Einfuhrerklärung oder Einfuhrgenehmigung je Antrag		27,50
4. Öffnen und wieder schließen von Packstücken auf Verlangen des Zolls		nach Arbeitszeit
5. Ausstellen und Beschaffen des Ersatzbelegs für Zwecke des Vorsteuerabzugs je Beleg		15,00
6. Nachreichen von Unterlagen zur endgültigen Zollabfertigung		20,00

		Gewicht	je 1 000 kg
(2) Abfertigung zum freien Verkehr Ausstellen des Zollgutversandscheins und Abfertigung		ab 10 001 kg	11,65
		ab 15 001 kg	10,10
		ab 25 001 kg	8,55
		ab 50 001 kg	7,00
		ab 100 001 kg	6,20
(3) Entgelte für besondere Leistungen			
1. Ladescheine, Namenslagerscheine, Lagerempfangsscheine		je Schein	12,50
2. Orderlagerscheine		je Schein	22,50
3. Porti und sonstige Kosten		je Auftrag	7,00 bis 19,00
4. Kontrollen, Musterziehen, Besichtigen, Marken, Zählen, Reparieren, Sortieren, Stapeln		je Stunde	35,00
(4) Vorlageprovision für verauslagte Beträge (Frachten, Zölle, Gebühren) je Auftrag		1,5 %, mindestens	2,50
(5) Nachnahmen, Einzug von Wechseln bis zum Betrag			
von 2.500,00 €		1,00 % mindestens	5,00
ab 2.501,00 €		0,75 % mindestens	25,00
ab 5.001,00 €		0,50 % mindestens	37,50
ab 10.000,00 €		0,25 % mindestens	62,50

1 Muster-AUFGABE

Seehafenspediteur Cornelsen fertigt 43,6 t einkommendes Stückgut ab.
Berechnen Sie die Provision für Empfangnahme und Abfertigung nach Haustarif abzüglich 4,5 % Rabatt.

LÖSUNG

Provision je t	12,40 €
Provision für 43,6 t (12,40 €/t · 43,6 t)	540,64 €
– 4,5 % Rabatt	24,33 €
Entgelt, netto	516,31 €

2 Muster-AUFGABE

Berechnen Sie die Provision für die Abfertigung von vier 40’-Open-top-Containern bei einer Minusmarge von 6⅔ %.

LÖSUNG

Provision je 40’-Container (ab 3 Stück)	65,65 €
+ 25% Zuschlag für Open-top-Container	16,41 €
Provision je 40’-Open-top-Container	82,06 €
Provision für 4 Container 82,06 €/Cont. · 4 Container	328,24 €
– 6⅔% Rabatt	21,88 €
Nettoentgelt	306,36 €

3 Muster-AUFGABE

Seehafenspediteur Cornelsen fertigt 37,852 t Stückgüter aus einer einkommenden Sendung zum freien Verkehr ab. Die Sendung enthält 23 verschiedene Zolltarifpositionen. Im Zuge der Zollbehandlung hat der Spediteur 3 Einfuhrerklärungen sowie eine Einfuhrgenehmigung zu erbringen. Weiterhin muss er zur endgültigen Zollabfertigung in zwei Fällen Einfuhrunterlagen nachreichen.

Berechnen Sie das Entgelt, das der Spediteur dem Auftraggeber in Rechnung stellt.

LÖSUNG

Empfangnahme und Abfertigung (37,852 t · 12,40 €/t)	469,36 €
Abfertigung zum freien Verkehr (37,852 t · 8,55 €/t)	323,63 €
Entgelt für 22 Zolltarifpositionen (22 · 12,50 €/t)	275,00 €
Erstellen von	
3 Einfuhrerklärungen (3 · 27,50 €)	165,00 €
1 Einfuhrgenehmigung (1 · 27,50 €)	27,50 €
Nachreichen von Unterlagen (2 · 20,00 €)	40,00 €
Entgelt, netto	1.300,49 €

4 Muster-AUFGABE

Berechnen Sie das Nettoentgelt, das Spedition Cornelsen bei einer Minusmarge von 7,8 % in Rechnung stellt.

- Erstellen von 3 Ladescheinen, 6 Orderlagerscheinen, 4 Lagerempfangsscheinen
- Porti und sonstige Kosten für 7 Aufträge
  Abrechnung laut Vereinbarung: Mindestbetrag + 50 %
- Transportversicherungsprämien: 1.245,00 €
- Vorlage von

Vorlage von	Lagergeld	6.540,00 €
	Frachten	8.296,98 €
	Zoll	12.157,93 €
	EUSt	7.651,77 €
	Kaiumschlagsgebühren fremder Kaiumschlagsunternehmen	2.345,72 €

LÖSUNG

	Erstellen von Ladescheinen (12,50 € · 3)	37,50 €
	Erstellen von Orderlagerscheinen (22,50 € · 6)	135,00 €
	Erstellen von Lagerempfangsscheinen (12,50 € · 4)	50,00 €
	Porti und sonstige Kosten (7,00 € · 1,5 · 7)	73,50 €
	Transportversicherungsprämien	1.245,00 €
	Vorlageprovision (36.992,40 € · 0,015)	554,89 €
	Speditionsentgelt, netto	2.095,89 €
–	7,8 % Rabatt	163,48 €
	Speditionsentgelt, netto	1.932,41 €
+	Vorlagen	36.992,40 €
	Rechnungsbetrag, netto	38.924,81 €

Aufgaben zum Sachverhalt

1

Berechnen Sie die Provision eines Seehafenspediteurs für Empfangnahme und Abfertigung folgender einkommender Seefrachte nach SST-Import abzüglich 4,5 % Rabatt.

a) 4,762 t palettiertes Gefahrgut
b) vier 20'-Gefahrgutcontainer
c) 273,45 t Stabstahl
d) sieben 20'-Out-of-gauge-Container und drei 45'-Open-top-Container
e) 66,954 t Edelhölzer in Stämmen und Blöcken und 23,188 t Schnittholz

2

Berechnen Sie für folgende Importe die Empfangs- und Abfertigungsprovision bei 8 % Rabatt.

a) 37 Stahlrohre zu je 9,8 t
b) 32,782 t Gefahrgut in Kisten
c) dreizehn temperaturkontrollierte 40'-Container
d) 97,6 t Stückgut in Kisten, Fässern und Ballen
e) zwölf 20'-Container, davon vier Flats, drei Open-top-Container und zwei Out-of-gauge-Container sowie ein Gefahrgutcontainer

3

Berechnen Sie die Spediteurprovision für die Einfuhrverzollung einer Sammelladung Stückgut von 47,459 t aus Kanada bei einem Rabatt von 8⅓ %.

Die Sendung besteht aus insgesamt 13 Zolltarifpositionen.

a) **Abfertigung zum freien Verkehr.** Ausstellen der Einfuhranmeldung und des Zollantrags, Zollanmeldung einschließlich Abfertigung, Errechnung und Deklarierung des Zollwertes, Besorgung der Einfuhrgenehmigung, für Öffnen und Schließen der Packstücke Berechnung von 134,80 €, weiterhin müssen einmalig verschiedene Einfuhrunterlagen für die endgültige Zollabfertigung nachgereicht werden.
b) **Abfertigung zum Zollgutversand.** Ausstellen des Zollgutversandscheins; für die Nämlichkeitssicherung und Vorführung der Waren fallen insgesamt 213,65 € an.

4

Spedition Cornelsen organisiert den Import von 820 t Granitpflastersteinen aus einem Drittland. Cornelsen erstellt zwei Lagerempfangsscheine sowie einen Orderlagerschein für eine Teilpartie von 160 t.

Berechnen Sie das Entgelt für die Empfangnahme und Abfertigung sowie die Einfuhrverzollung zum freien Verkehr bei einem Rabatt von 6⅔ %.

5

Eine Spedition besorgt für einen japanischen Auftraggeber die Abfertigung einer Stückgutsendung, Gewicht 117,3 t, 19 Tarifpositionen zum freien Verkehr. Für Kontrollen, Markieren und Stapeln fallen 17 Arbeitsstunden an.

Die Spedition erstellt die Einfuhrerklärung und beschafft für Zwecke des Vorsteuerabzugs vier Ersatzbelege. Außerdem müssen zweimal Einfuhrunterlagen nachgereicht werden.

Berechnen Sie das Entgelt, das der Spediteur seinem Auftraggeber in Rechnung stellt.

6

Spedition Cornelsen nimmt 27,6 t Gefahrgut in Kisten in Empfang und fertigt die insgesamt 4 Zolltarifpositionen zum freien Verkehr ab.

Für Fracht, Zoll und EUSt legt sie 17.452,90 € und 658,65 US-$ vor. Weiterhin zieht sie für den Auftraggeber einen Wechsel über 18.503,97 € und einen Wechsel über 3.467,05 € ein. Dabei entstehen Barauslagen von 149,80 €.

Berechnen Sie die Schuld des Auftraggebers, wenn die Abrechnung nach Haustarif abzüglich 4 % Rabatt erfolgt (Kurs: 1,20 USD/EUR).

Zusammenfassende Aufgaben

1

Spedition Havelgönne besorgt die Verschiffung von 24,785 m^3 Pkw-Ersatzteilen, Gewicht 19,3 t, in einem 20'-Open-top-Container von Mokpo/Südkorea nach Hamburg. Die Ersatzteile haben einen FOB-Wert von 125.600,00 €.

Die Reederei, Mitglied der West India Trans Pacific Conference, berechnet die Box-Rate nach folgender Tarifstaffel:

bis	1-mal messend	35,00 USD	W/M,	mindestens	700,00 USD
bis	2-mal messend	30,00 USD	W/M,	mindestens	600,00 USD
bis	3-mal messend	26,00 USD	W/M,	mindestens	520,00 USD
über	3-mal messend	23,50 USD	W/M,	mindestens	470,00 USD

Zusätzlich berechnet sie einen CAF von + 3 % und gewährt dem Verlader einen Sofortrabatt von 9,5 % auf die Grundfracht.

Weiterhin besorgt Havelgönne den Umschlag und die landseitige Behandlung des FCL-Containers, wofür er pauschal 144,25 € berechnet, sowie die Abfertigung zum freien Verkehr. Die Terminal Handling Charges (THC)[1] und die Container Service Charges (CSC)[2] der West India Trans Atlantic Conference betragen zusammen 295,00 € pro Container. Für Abfertigung zum freien Verkehr besorgt Havelgönne die Einfuhrerklärung. Er legt dem Auftraggeber die Fracht, THC und CSC voraus.

a) **Berechnen Sie die Seefracht in Euro, inklusive THC und CSC (Kurs: 1,20 USD/EUR)**
b) **Erstellen Sie die Abrechnung für die Abfertigung zum freien Verkehr. Vereinbarungsgemäß gewährt der Spediteur für Speditionsleistungen einen Rabatt von 7,5 %.**

2

Spedition Scholl soll die FOB-Lieferung und Verschiffung von 78 Rohren von Hamburg nach St. Petersburg/GUS besorgen. Sie werden direkt aus Eisenbahnwagen auf das Schwergutschiff „Baltica" (BRZ: 12 800) verladen. Die Rohre wiegen jeweils 14,8 t und sind 12,75 m lang.

Die vereinbarte Fracht je t beträgt 34,90 €. Die Reederei berechnet ab 12 m Ladelänge einen Längenzuschlag von 4,50 €/frt je zusätzl. m Frachtlänge und ab 6,5 t einen Gewichtszuschlag von 6,50 € je t Zusatzgewicht.

a) **Berechnen Sie das Hafengeld.**
b) **Wie hoch ist das Kaigeld?**
c) **Berechnen Sie die Seefracht.**
d) **Berechnen Sie das Umschlagsentgelt abzüglich 9 % Rabatt.**
e) Spedition Scholl besorgt die FOB-Lieferung, Verschiffung und die Ausfuhrverzollung der im Inland nicht zollvorabgefertigten Sendung. Scholl besorgt das Konnossement sowie die Beglaubigung des Konnossements, der Handelsfaktura, der Spediteurrechnung und der Warenverkehrsbescheinigung. Dabei fallen 312,80 € Barauslagen an.
Erstellen Sie die Abrechnung für die Ausfuhrabfertigung und Verzollung.

1 THC sind Gebühren beim Import von FCL-Containern für Entgegennahme vom Schiff sowie Lagerung und Auslieferung vom Terminal. Die THC zahlt der Empfänger bzw. Empfangsspediteur.
2 CSC sind die bei FOB-Lieferung anfallenden Kosten für die landseitige Behandlung von FCL-Containern.

3

Das Seeschiff „Halifax“ (BRZ: 32 850) löscht im Freihafen Hamburg kanadische Hölzer:

112 Paletten Furnierholz zu je 250 kg; 69 Paletten Sperrholz zu je 190 kg; 340,29 t Sperrholz in Bündeln zu je 285 kg; 439,45 t Spanplatten, verpackt in Verschlägen zu je 2,35 t.

Das Gut wird 7 Tage im Kaischuppen zwischengelagert, bevor es vom Empfangsspediteur Stelzig zum freien Verkehr abgefertigt wird.

a) **Wie hoch ist das Hafengeld?**

b) **Ermitteln Sie die Höhe des Kaigeldes.**

c) **Berechnen Sie die Umschlagskosten.**

Das Kaiumschlagsunternehmen gewährt neben dem im Tarif angeführten Palettenrabatt zusätzlich 5 % Rabatt auf Güter in Verschlägen und 1,5 % Rabatt auf Güter in Bündeln.

d) **Berechnen Sie das Lagergeld. Es wurde ein Rabatt von 10,5 % auf den Haustarif vereinbart.**

e) Der Speditionsauftrag umfasst 3 Zolltarifpositionen. Stelzig erledigt die Einfuhrerklärung und erstellt einen Ersatzbeleg für den VSt-Abzug, weiterhin muss er zweimal Einfuhrunterlagen für die endgültige Zollabfertigung nachreichen.

Erstellen Sie die Abrechnung für Empfangnahme und Abfertigung sowie die Verzollung zum freien Verkehr bei einem Rabatt von 12,5 %.

4

Seehafenspediteur Holz KG soll die FOB-Lieferung und Verschiffung von fünf 40’-Containern (darunter ein Flüssigkeitscontainer, ein Open-top-Container, ein temperaturkontrollierter Container) von Hamburg nach Veracruz/Mexico besorgen. Die Box-Rate der Trans Atlantic Conference beträgt für 20’-Container 820,00 USD. Für 40’-Container wird ein Frachtzuschlag von 60 % berechnet. Die Terminal Handling Charges/Container Service Charges der Trans Atlantic Conference betragen 338,00 € je Container (Kurs: 1,25 USD/EUR).

a) **Berechnen Sie die Seefracht einschließlich THC/CSC in Euro.**

b) **Wie hoch ist das Kaigeld?**

c) **Berechnen Sie die Provision der Holz KG für FOB-Lieferung und Verschiffung nach Haustarif abzüglich 6 % Rabatt.**

d) Die Sendung, insgesamt 77,379 t, wurde im Inland nicht zollvorabgefertigt. Bei der Abwicklung des Auftrags entstanden insgesamt Vorauslagen von 4.598,43 €. Die Holz KG lässt die Handelsfaktura, das von ihr besorgte Konnossement und die Spediteurrechnung beglaubigen. Für Porti und sonstige Kosten berechnet die Holz KG pauschal 70,00 €.

Ermitteln Sie die Kosten der Ausfuhrverzollung und die anfallenden Nebenkosten abzüglich 4,8 % Rabatt.

Luftfrachtverkehr 6

Preisermittlung 6.1

Die Fluggesellschaften veröffentlichen in ihren Tarifhandbüchern die gültigen Tarife. Der bedeutendste Tarif, an dessen Herausgabe ca. 200 Fluggesellschaften beteiligt sind, ist **„The Air Cargo Tariff" (TACT)** der IATA.

Andere Tarife sind ähnlich aufgebaut. Ebenso orientieren sich Charter-Fluggesellschaften und Non-IATA-Fluggesellschaften mit ihren Tarifen an dem IATA-Tarifsystem. Die Darstellung der Luftfrachtberechnung kann sich deshalb auf das Tarifgefüge der IATA beschränken.

Nicht immer werden die IATA-Raten auch tatsächlich abgerechnet. Häufig werden zwischen IATA-Agent und Airline Preise („Marktraten") ausgehandelt und individuell festgelegt.

Zwischen **IATA-Rate** und **Marktrate** ergibt sich deshalb bisweilen eine Spanne, da die **Marktraten meist erheblich niedriger** sind als die veröffentlichten IATA-Raten.

Trotz dieser Entwicklung muss man das **IATA-Tarifgefüge** genau kennen, denn

- häufig orientiert sich die Marktrate an der IATA-Rate, es wird ein prozentualer Abschlag von der IATA-Rate berechnet,
- die Abrechnung zwischen Spediteur als IATA-Agent und der IATA-Fluggesellschaft erfolgt häufig nach den veröffentlichten Raten. Marktraten entstehen durch Rückvergütungen (kick-backs),
- IATA-Raten haben nach wie vor uneingeschränkte Gültigkeit, z. B. innerhalb bestimmter Verkehrsgebiete und bei Kapazitätsengpässen.

Der TACT der IATA 6.2

Allgemeines 6.2.1

Der **TACT** ist ein **richtungsgebundener Stationentarif**, er gilt also nicht gleichzeitig für die Gegenrichtung. Die **Raten** sind immer in der **Währung des Abgangslandes** angegeben. Mit der Angabe **„local curr."** ist local currency = Währung des Abgangslandes gemeint. Die Angabe „USD" im TACT bedeutet US-$.

Gewichtsberechnung 6.2.2

Das frachtpflichtige Gewicht wird ermittelt, indem das tatsächliche Gewicht auf das nächste halbe oder volle Kilogramm aufgerundet wird (lbs werden auf volle lbs aufgerundet).

Beispiele:

tatsächliches Gewicht: (actual weight)		frachtpflichtiges Gewicht: (chargeable weight)
50,4 kg	→	50,5 kg
50,1 kg	→	50,5 kg
50,7 kg	→	51,0 kg

1 **Geben Sie das frachtpflichtige Gewicht für folgende Luftfrachtsendungen an:**
a) 49,7 kg b) 60,4 kg c) 65,5 kg d) 70,0 kg e) 66,1 kg

2 **Geben Sie das frachtpflichtige Gewicht für folgende Luftfrachtsendungen an:**
a) 59,6 lbs b) 63,2 lbs c) 75,4 lbs d) 84,5 lbs

AUFGABEN zum Sachverhalt **1-2**

6.2.3 Volumenberechnung

Sendungen, deren Rauminhalt im Verhältnis zum Bruttogewicht außergewöhnlich hoch ist (**„sperrige Sendungen“**), werden nach dem Volumen berechnet. Der Rauminhalt berechnet sich aus den größten rechtwinkligen Ausmessungen eines Packstücks, wobei auf **volle cm gerundet** wird.

Im Luftfrachtverkehr werden 6 dm^3 bzw. 6 000 cm^3 einem Kilogramm gleichgesetzt. Hat ein Kilogramm Luftfracht mehr als 6 dm^3, so ist die Frachtberechnung aufgrund der errechneten Volumeneinheiten vorzunehmen.

MERKE

Für die Berechnung des Volumengewichts gilt folgende Formel:

$$\frac{\text{größte Länge} \cdot \text{größte Breite} \cdot \text{größte Höhe in cm}}{6\,000} = \text{Volumengewicht in kg}$$

Das berechnete Volumengewicht ist auf das nächsthöhere halbe oder volle Kilogramm aufzurunden.

Die Entscheidung, ob Volumenfracht oder Gewichtfracht anzuwenden ist, bezieht sich immer auf die Gesamtsendung und nicht auf die einzelnen Packstücke.

Muster-AUFGABE

Eine Luftfrachtsendung besteht aus 2 Kisten:

1. Kiste: 115,3 cm x 55,2 cm x 45,7 cm; Gewicht: 50,4 kg
2. Kiste: 130,7 cm x 55,6 cm x 75,2 cm; Gewicht: 79,8 kg

Berechnen Sie das frachtpflichtige Gewicht der Luftfrachtsendung.

LÖSUNG

Berechnung des tatsächlichen Gewichts:

1. Packstück	50,4 kg
2. Packstück	79,8 kg
Sendungsgewicht	130,2 kg (1)

Berechnung der Volumen-kg:

1. Packstück: $\frac{115 \cdot 55 \cdot 46}{6\,000}$ (2) = 48,49 Volumen-kg
2. Packstück: $\frac{131 \cdot 56 \cdot 75}{6\,000}$ (2) = 91,70 Volumen-kg

} 140,19 Volumen-kg (3)

Tatsächliches Gewicht (Effektivgewicht)	130,20 kg (4)
Volumengewicht (Raumgewicht)	140,19 kg
Abrechnung nach Volumengewicht	**140,50 Volumen-kg** (5)

LÖSUNGSWEG

(1) Effektives (tatsächliches) Sendungsgewicht ermitteln.
(2) Für die Berechnung der Volumen-kg die Ausmessungen auf volle cm runden.
(3) Volumen-kg für die gesamte Sendung ermitteln.
(4) Vergleich Effektivgewicht – Volumengewicht. Das Volumengewicht der Luftfrachtsendung (140,19 Vol.-kg) ist höher als das tatsächliche (effektive) Sendungsgewicht (130,2 kg). Für die Frachtberechnung wird deshalb das Volumengewicht herangezogen.
(5) Das für die Frachtberechnung maßgebliche Gewicht (hier: Volumengewicht) auf das nächste halbe oder volle Kilogramm aufrunden.

Aufgaben zum Sachverhalt

1-6

1 Eine Luftfrachtsendung besteht aus einem Paket.
Gewicht: 48,2 kg, Maße: 120 cm x 100 cm x 30 cm.
Berechnen Sie das frachtpflichtige Gewicht.

2 Eine Luftfrachtsendung besteht aus einem Paket.
Gewicht: 45,9 kg, Maße: 90 cm x 70 cm x 25 cm.
Berechnen Sie das frachtpflichtige Gewicht.

3 Eine Luftfrachtsendung besteht aus einem Paket.
Gewicht: 18,6 kg, Maße: 60,2 cm x 54,6 cm x 30,3 cm.
Berechnen Sie das frachtpflichtige Gewicht.

4 Eine Luftfrachtsendung besteht aus einem Paket.
Gewicht: 17,2 kg, Maße: 79,3 cm x 74,8 cm x 26,5 cm.
Berechnen Sie das frachtpflichtige Gewicht.

5 Eine Luftfrachtsendung besteht aus 3 Packstücken.
1. Packstück Gewicht: 65,7 kg Maße: 105 cm x 81 cm x 58 cm
2. Packstück Gewicht: 74,3 kg Maße: 130 cm x 95 cm x 50 cm
3. Packstück Gewicht: 33,5 kg Maße: 98 cm x 42 cm x 25 cm

Berechnen Sie das frachtpflichtige Gewicht.

6 Eine Luftfrachtsendung besteht aus 3 Packstücken.
1. Packstück Gewicht: 27,4 kg Maße: 71 cm x 59 cm x 15 cm
2. Packstück Gewicht: 13,6 kg Maße: 88 cm x 88 cm x 24 cm
3. Packstück Gewicht: 21,9 kg Maße: 98 cm x 42 cm x 25 cm

Berechnen Sie das frachtpflichtige Gewicht.

Mindestfrachten 6.2.4

Für Luftfrachtsendungen sind **Mindestfrachtbeträge** festgesetzt, die grundsätzlich nicht unterschritten werden dürfen. Die Mindestfrachtbeträge werden im TACT mit der Abkürzung „M“ (Minimum Charges) ausgewiesen.

Mindestfracht	Sendungen von Deutschland
48,00 €	nach anderen deutschen Flughäfen
56,24 €	in das Tarifgebiet IATA-Europa
76,69 €	nach Flughäfen in IATA-Afrika, nach Flughäfen in IATA-Fernost, nach Flughäfen in Nord-, Mittel- und Südamerika
84,36 €	nach Flughäfen in das IATA-Gebiet Australien/Südwest-Pazifik

Luftfrachtraten 6.2.5

Die im TACT angegebenen **Luftfrachtraten** stellen Transportpreise je kg dar. Beachten Sie, dass die Abkürzung „M“ für Mindestfrachtbetrag steht und keine Rate per kg darstellt.

6.2.5.1 General Cargo Rates (GCR) – Allgemeine Raten

Die **Allgemeinen Raten** (GCR) werden in **Normalraten** und **Mengenrabattraten** (Quantity-Rates) unterteilt.
Unter **Normalraten** versteht man die Raten für Sendungen mit einem Gewicht **unter 45 frachtpflichtigen kg**. Normalraten werden im TACT mit „N" abgekürzt. Da die Normalrate für Sendungen von einem Gewicht unter 45 frachtpflichtigen kg gilt, wird sie auch als **„Minus-45-kg-Rate"** (– 45-kg-Rate) bezeichnet.

Mengenrabattraten (Quantity-Rates) gelten ab einem bestimmten frachtpflichtigen Mindestgewicht. Sie bieten **günstigere Frachtraten** pro kg als die Normalrate. Die Gewichtsstaffelung der Mengenraten (z. B. 45, 100, 300, 500, 800) nennt man **„breakpoints"**. Liegt das Sendungsgewicht unter dem Breakpoint einer Mengenrabattrate, ist sie trotzdem anzuwenden, wenn sich trotz des höheren frachtpflichtigen Gewichts wegen der niedrigeren Frachtrate insgesamt geringere Frachtkosten ergeben („Higher Breakpoint-weight").

Muster-**AUFGABE**

Aus dem TACT ergibt sich Folgendes:

date/ type	note	item	min weight	local curr.
DÜSSELDORF EURO		EUR	**DE**	**DUS KGS**
BEIJING		**CN**	M	76.69
			N	11.22
			45	7.39
			100	4.00
			300	3.34
			500	3.24

1. **Berechnen Sie die Luftfracht für eine nicht sperrige Luftfrachtsendung von Düsseldorf nach Beijing (Peking) im Gewicht von 41,2 kg.**
2. **Berechnen Sie die Luftfracht für eine nicht sperrige Luftfrachtsendung von Düsseldorf nach Beijing (Peking) im Gewicht von 244,7 kg.**

LÖSUNG

1. 41,2 kg Luftfracht
   N-Rate: 41,2 kg → 41,5 frachtpfl. kg;
   41,5 · 11,22 € .... 465,63 €

   oder alternativ

   Q-45-Rate: Abrechnungsmindestgewicht beträgt 45 kg
   45 · 7,39 € .... 332,55 €

   Die Q-45-Rate ist abzurechnen, da sie eine geringere Luftfracht ergibt.

2. 244,7 kg Luftfracht
   Q-100-Rate: 244,7 kg → 245,0 frachtpfl. kg
   245 · 4,00 € .... 980,00 €

   oder alternativ

   Q-300-Rate: Abrechnungsmindestgewicht beträgt 300 kg
   300 · 3,34 € .... 1.002,00 €

   Die Q-100-Rate ist abzurechnen, da sie eine geringere Luftfracht ergibt.

Aufgaben zum Sachverhalt

1

Luftfracht Dresden–Nairobi. Auszug aus dem TACT:

date/ type	note	item	min weight	local curr.
DRESDEN EURO		EUR	**DE**	**DRS** KGS
NAIROBI		**KE**	M	76.69
			N	6.21
			100	4.27
			300	3.66
			500	3.14

a) **Berechnen Sie die Luftfracht für ein Paket im Gewicht von 5,2 kg.**
b) **Berechnen Sie die Luftfracht für ein Paket im Gewicht von 17,1 kg.**
c) **Berechnen Sie die Luftfracht für ein Packstück im Gewicht von 39,6 kg.**
d) **Berechnen Sie die Luftfracht für ein Packstück im Gewicht von 63,4 kg.**
e) **Berechnen Sie die Luftfracht für ein Packstück im Gewicht von 58,3 kg und den Maßen 125 cm x 110 cm x 40 cm.**
f) **Berechnen Sie die Luftfracht für eine nicht sperrige Sendung mit dem Gewicht 387,3 kg.**
Zeigen Sie die Berechnung des frachtpflichtigen Gewichts.

2

Luftfracht Frankfurt–Mombasa. Auszug aus dem TACT:

date/ type	note	item	min weight	local curr.
FRANKFURT EURO		EUR	**DE**	**FRA** KGS
MOMBASA		**KE**	M	76.69
			N	14.14
			45	10.66

a) **Berechnen Sie die Luftfracht für ein Paket im Gewicht von 25,2 kg.**
b) **Berechnen Sie die Luftfracht für ein Paket im Gewicht von 7,1 kg.**
c) **Berechnen Sie die Luftfracht für ein Packstück im Gewicht von 45,4 kg.**
d) **Berechnen Sie die Luftfracht für ein Packstück im Gewicht von 78,3 kg und den Maßen 115 cm x 80 cm x 20 cm.**
e) Eine Luftfrachtsendung besteht aus 2 Packstücken.
1. Packstück Gewicht: 24,1 kg 82 cm x 82 cm x 40 cm
2. Packstück Gewicht: 15,2 kg 60 cm x 55 cm x 45 cm
Berechnen Sie die Luftfracht.

3

Luftfracht Köln – Melbourne. Auszug aus dem TACT:

date/ type	note	item	min weight	local curr.
COLOGNE EURO		EUR	**DE**	**CGN** KGS
MELBOURNE		**VI AU**[1]	M	84,36
			N	15.74
			45	11.37
			100	7.32
			300	6.17
			500	5.57
			800	5.07

a) **Berechnen Sie die Luftfracht für ein Paket im Gewicht von 45,2 kg.**
b) **Berechnen Sie die Luftfracht für ein Paket im Gewicht von 33,4 kg.**
c) **Berechnen Sie die Luftfracht für ein Packstück im Gewicht von 5,4 kg.**
d) **Berechnen Sie die Luftfracht für ein Packstück im Gewicht von 228,5 kg.**
e) **Berechnen Sie die Luftfracht für ein Packstück im Gewicht von 30,4 kg und den Maßen 108 cm x 94 cm x 24 cm.**
f) **Berechnen Sie die Luftfracht für eine nicht sperrige Sendung mit dem Gewicht 337,6 kg.**
g) Eine Luftfrachtsendung besteht aus 3 Packstücken.
1. Packstück Gewicht: 29,1 kg 82 cm x 62 cm x 40 cm
2. Packstück Gewicht: 17,2 kg 65 cm x 45 cm x 45 cm
3. Packstück Gewicht: 18,4 kg 80 cm x 40 cm x 40 cm
Berechnen Sie die Luftfracht.
h) **Ab welchem tatsächlichen Gewicht ist die Q-800-Rate günstiger als die Q-500-Rate?**

6.2.5.2 Specific Commodity Rates — Spezialraten

Spezialraten (**Co**mmodity **Ra**te oder **CORA**) sind gegenüber den Normalraten um bis zu 80 % ermäßigt. Sie gelten nur für die Beförderung exakt beschriebener Waren oder Warengruppen, für die eine vierstellige Itemnummer angegeben sein muss. Spezialraten gelten stets nur zwischen zwei genau bestimmten Flughäfen.
Der TACT unterscheidet bei den Spezialraten nach **10 Warengruppen** mit Warenbeschreibungen (Commodity Descriptions) und Warennummern von 0001 bis 9999.
Spezialraten haben nach IATA-Vorschrift Vorrang[2] vor allen anderen Tarifarten. Wie bei den Mengenraten sind auch bei den Spezialraten Mindestfrachtberechnungsgewichte zu berücksichtigen.

1 VI AU bedeutet: Victoria Australien
2 Bei kleinen Gewichten muss allerdings eine alternative Frachtberechnung erfolgen, da die Anwendung der allgemeinen Raten zu einer günstigeren Fracht führen kann.

Muster-AUFGABE

Luftfracht Berlin–Ndola. Auszug aus dem TACT:

date/ type	note	item	min weight	local curr.
BERLIN EURO		EUR	**DE**	**BER** KGS
NDOLA		**ZM**	M	76.69
			N	15.42
			45	11.61
		6495	500	5.91

6495 = PHARMACEUTICALS, DRUGS, MEDICINE ...

1. **Berechnen Sie die Luftfracht für Medikamente im Gewicht von 224 kg.**
2. **Berechnen Sie die Luftfracht für Medikamente im Gewicht von 412 kg.**

LÖSUNG

1. Medikamente, 124 kg
   Rate Q-45: 224 · 11,61 € = 2.600,64 €
   oder alternativ
   Spezialrate 6495 500: 500 · 5,91 € = 2.955,00 €
   Die Q-45-Rate ergibt die günstigere Luftfracht.

2. Medikamente, 412 kg
   Rate Q-45: 412 · 11,61 € = 4.783,32 €
   oder alternativ
   Spezialrate 6495 500: 500 · 5,91 € = 2.955,00 €
   Die Spezialrate (CORA) 6495 500 ergibt die günstigere Luftfracht.

Aufgaben zum Sachverhalt

1

Luftfracht Leipzig–Osaka. Auszug aus dem TACT:

date/ type	note	item	min weight	local curr.
LEIPZIG EURO		EUR	**DE**	**LEJ** KGS
OSAKA		**JP**	M	76.69
			N	15.18
			45	10.96
			100	7.62
			200	5.54
			300	4.48
		1024	100	6.25
		7109	100	3.90
		9998	45	4.64

1024 = FISH (LIVE, INEDIBLE), CORAL, WEED, FISH FOOD
7109 = NEWSPAPERS
9998 = HOUSEHOLD GOODS, ...

Berechnen Sie die Luftfracht für

a) 123,3 kg Zierfische.
b) 55,7 kg Zierfische.
c) 63,5 kg Zierfische.
d) 203,9 kg Zierfische.
e) 21,8 kg Zeitungen.
f) 62,2 kg Zeitungen.
g) 185,3 kg Zeitungen.
h) 67,4 kg Haushaltswaren.
i) 290,0 kg Haushaltswaren.
j) 312,9 kg Haushaltswaren.

2

Luftfracht München – Lusaka. Auszug aus dem TACT:

date/ type	note	item	min weight	local curr.
MUNICH EURO		EUR	**DE**	**MUC** KGS
LUSAKA		**ZM**	M	76.69
			N	14.36
			45	10.81
		4235	100	7.18
		4235	500	5.93
		4235	1000	4.80
		4700	500	6.19
		6495	500	5.77
		8400	250	6.66

4235 = MOTORSCOOTERS; MOTORCYCLES,CYCLES, ...
4700 = MEDICAL TOOLS ...
6495 = PHARMACEUTICALS, DRUGS, MEDICINE ...
8400 = PHOTOGRAPHIC INSTRUMENTS

a) Berechnen Sie die Luftfracht für 40,0 kg Fahrräder.
b) Berechnen Sie die Luftfracht für 95,3 kg Fahrräder.
c) Berechnen Sie die Luftfracht für 324,9 kg Fahrräder.
d) Berechnen Sie die Luftfracht für 817,1 kg Fahrräder.
e) Ab welchem tatsächlichen Gewicht ist die Q-1000-Spezialrate 4235 günstiger als die Q-500-Spezialrate 4235?
f) Berechnen Sie die Luftfracht für 122,5 kg Blitzgeräte.
g) Berechnen Sie die Luftfracht für 389,1 kg Medikamente.

6.2.5.3 Class-Rates – Warenklassenraten

Warenklassenraten sind Tarife für speziell bezeichnete Warengruppen. Sie haben in der Anwendung stets **Vorrang vor allgemeinen Frachtraten** (GCR)[1], kommen aber erst zur Anwendung, wenn keine Spezialrate existiert. Die Berechnung der Warenklassenraten basiert je nach Fluggebiet auf der Normalrate (N) oder der anwendbaren allgemeinen Rate.

Warenklassenraten werden entweder durch **Zuschläge** (Surcharges) oder durch **Abschläge** (Reduction) gebildet. Grundlage für Zu- und Abschläge ist je nach Fluggebiet die Normalrate (N) oder die anwendbare allgemeine Rate.

Beispiele für **Warenklassenraten**, die durch **Zuschläge** gebildet werden, sind:
- lebende Tiere
- Tierställe
- sterbliche Überreste
- Wertfracht wie Gold, Diamanten, ...

Beispiele für **Warenklassenraten**, die durch **Abschläge** gebildet werden, sind:
- Zeitungen, Zeitschriften, Magazine
- Bücher, Kataloge, Blindenschriftausrüstungen
- unbegleitetes Reisegepäck

1 Ausnahme: GCR ist günstiger als die ermäßigte Warenklassenrate.

Muster-
AUFGABE

Auszug aus dem TACT

date/ type	note	item	min weight	local curr.
HANOVER EURO		EUR	**DE**	**HAJ** KGS
TOKYO		JP	M	76.69
			N	15.18
			45	10.96
			100	7.62
			200	5.54
			300	4.48
		1024	100	6.25
		7109	100	3.90
		9998	45	4.64

1024 = FISH (LIVE, INEDIBLE), CORAL, WEED, FISH FOOD
7109 = NEWSPAPERS
9998 = HOUSEHOLD GOODS, ...

a) Eine Kiste mit Edelmetallen ist von Hannover nach Tokio zu befördern. Das Gesamtgewicht beträgt 64,7 kg. Die Class-Rate beträgt 200 % von N.
b) Eine Büchersendung im Gewicht von 23,4 kg ist von Hannover nach Tokio zu befördern. Die Class-Rate beträgt 50 % von N.
c) Eine Büchersendung im Gewicht von 204,0 kg ist von Hannover nach Tokio zu befördern. Die Class-Rate beträgt 50 % von N.
d) Zeitungen im Gewicht von 89,7 kg sind von Hannover nach Tokio zu befördern. Die Class-Rate beträgt 50 % von N.

LÖSUNG

a) Normalrate (N) · 200 % = Class-Rate 15,18 · 200 % = 30,36 €
64,7 kg → 65 frachtpfl. kg; → 65 · 30,36 € = 1.973,40 €

b) Normalrate (N) · 50 % = Class-Rate 15,18 · 50 % = 7,59 €
23,4 kg → 23,5 frachtpfl. kg; → 23,5 · 7,59 € = 178,37 €

c) Normalrate (N) · 50 % = Class-Rate 15,18 · 50 % = 7,59 €
203,6 kg → 204 frachtpfl. kg; → 204 · 7,59 € = 1.548,36 €
oder alternativ Q-200-Rate:
203,6 kg → 204 frachtpfl. kg; → 204 · 5,54 € = 1.130,16 €
Die Q-200-Rate ergibt die günstigere Fracht und ist deshalb anzuwenden.

d) Normalrate (N) · 50 % = Class-Rate 15,18 · 50 % = 7,59 €
89,7 kg → 90,0 frachtpfl. kg; → 90 · 7,59 € = 683,10 €
oder alternativ Spezialrate 7109:
Mindestgewicht 100 kg → 100 · 3,90 € = 390,00 €
Die Spezialrate ergibt die günstigere Fracht und ist deshalb anzuwenden.

Aufgaben zum Sachverhalt

1-2

Berechnen Sie jeweils die Luftfracht.

1 Ein Hund in einem Transportmittelbehälter ist von Hannover nach Tokio zu befördern. Das Gesamtgewicht beträgt 38,3 kg. Die Class-Rate beträgt 170 % von N.

2 Eine Büchersendung im Gewicht von 52,8 kg ist von Hannover nach Tokio zu befördern. Die Class-Rate beträgt 50 % von N.

3-5

3 Ein Hund in einem Transportmittelbehälter ist von Hannover nach Tokio zu befördern. Das Gesamtgewicht beträgt 46,1 kg. Die Class-Rate beträgt 170 % von N.

4 Eine Büchersendung im Gewicht von 12,3 kg ist von Hannover nach Tokio zu befördern. Die Class-Rate beträgt 50 % von N.

5 1 Goldbarren, 2,0 kg, ist von Hannover nach Tokio zu befördern. Die Class-Rate beträgt 200 % von N.

6.2.5.4 Bulk Unitization Charges – Container- bzw. Palettenfrachten (ULD-Programm)

Für **Container und Paletten** gibt es das „Bulk Unitization Program", auch **„ULDProgramm"** (Unit Load Device Program) genannt. Güter werden auf Paletten oder in Containern verladen. Die Container sind oft den Konturen der Frachträume von Flugzeugen angepasst.

Die Raten für Container- und Palettenverladungen beziehen sich nicht auf die Warenart, sondern auf das zu verladende Gewicht. Die Container-/Palettenrate ist also eine **FAK-Rate** (Freight All Kind).

Container und Paletten werden mit den Ziffern 1 bis 9 gekennzeichnet. Je nach Ladeeinheit und Fluggebiet wird ein **frachtpflichtiges Mindestgewicht** vorgeschrieben. Das frachtpflichtige Mindestgewicht wird als **„Pivot Weight"** bezeichnet.

Im TACT ist die Fracht für das PIVOT WEIGHT mit /**B** angegeben. Wird ein Container über das Mindestgewicht (Pivot Weight) hinaus beladen, wird für das **Gewicht über dem Mindestgewicht** die **OVER PIVOT RATE** (im TACT = /**C**) berechnet.

PIVOT WEIGHT /B = Mindestfrachtbetrag
OVER PIVOT WEIGHT /C = Rate für Gewicht über Mindestgewicht

Muster-**AUFGABE**

Luftfracht Hamburg–Brisbane. Auszug aus dem TACT:

date/ type	note	item	min weight	local curr.
HAMBURG EURO		EUR	**DE**	**HAM** KGS
BRISBANE		**AU**	M	84.36
			N	15.74
			45	11.37
			100	7.32
			300	6.17
			500	5.57
			800	5.07
	/C			4.47
20	/B		3000	14.564.15
5	/B		2000	9.709.43
8	/B		1000	4.854.72

1. **Berechnen Sie die Luftfracht für einen Container der Klasse 8. Das Sendungsgewicht beträgt 1 187 kg.**
2. **Berechnen Sie die Luftfracht für einen Container der Klasse 5 mit einem Sendungsgewicht von 1 923 kg.**
3. **Berechnen Sie die Luftfracht für einen Container der Klasse 5 mit einem Sendungsgewicht von 2 385 kg.**

LÖSUNG

1. Fracht für PIVOT WEIGHT, Klasse 8 .... 4.854,72 €
   + 187 kg OVER PIVOT (187 · 4,47 €) .... 835,89 €
   5.690,61 €
2. Fracht für PIVOT WEIGHT, Klasse 5 .... 9.709,43 €
   (Mindestfrachtbetrag)
   Kein OVER PIVOT WEIGHT.
3. Fracht für PIVOT WEIGHT, Klasse 5 .... 9.709,43 €
   + 385 kg OVER PIVOT (385 · 4,47 €) .... 1.720,95 €
   11.430,38 €

AUFGABE zum Sachverhalt

Luftfracht Berlin–Christchurch. Auszug aus dem TACT:

date/ type	note	item	min weight	local curr.
BERLIN EURO		EUR	**DE**	**BER** KGS
CHRISTCHURCH		**NZ**	M	84.36
			N	16.40
			45	12.02
			100	7.97
			300	6.83
			500	6.22
			800	5.73
	/C			5.13
5	/B		2000	11.022.43
8	/B		1000	5.511.22

a) **Berechnen Sie die Luftfracht für eine Palette Klasse 5, Nettogewicht 1 624 kg.**
b) **Berechnen Sie die Luftfracht für eine Palette Klasse 5, Nettogewicht 2 078 kg.**
c) **Berechnen Sie die Luftfracht für einen Container Klasse 8, Nettogewicht 966 kg.**
d) **Berechnen Sie die Luftfracht für einen Container Klasse 8, Nettogewicht 1 261 kg.**

Contract Rates – Kontraktraten 6.2.5.5

Bei den **Kontraktraten** für Spediteure/Sammellader handelt es sich um nicht veröffentlichte **Fest-Tonnage-Raten**, die auf Monatsbasis abgeschlossen werden.

Kontraktraten werden von den Fluggesellschaften direkt und individuell mit Verladern und Luftfrachtspediteuren für einzelne Relationen ausgehandelt.

Kontraktraten bilden in der Regel die Grundlage für hauseigene Speditionstarife. Für den Spediteur ist die **Netto-Rate** bedeutsam.

MERKE

Ermittlung der Netto-Kontraktrate:

Monatskontraktrate für z.B. 50 t FRA – LAX
– z. B. Belade-Entgelt bei Verladung in Containern
– Kommission, z. B. 6 %
– Bonus (bei höherem Aufkommen)
= Netto-Kontraktrate

AUFGABE zum Sachverhalt

42,2 kg Luftfracht sollen von Stuttgart nach Padang in Indonesien transportiert werden. Im TACT ist keine Durchrate Stuttgart–Padang veröffentlicht.

Auszug aus dem TACT:

Konstruktionsraten
Band 2 (gelbe Seiten)

PADANG		ID	PDG
U.S. DOLLAR	USD	KGS	KGS
CONST. OVER	JKT	JAKARTA	ID
AREA 2			
GCR	N	0.60	0.60

Direktraten
Band 1

STUTTGART		DE	STR
EURO	EUR		
JAKARTA	ID	M	76.69
		N	4.49
		100	3.24
		300	3.07
		500	2.91

Der IATA-Umrechnungskurs für den USD beträgt derzeit 1,07459 EUR.
Berechnen Sie die N-Rate für 42,2 kg Luftfracht von Frankfurt nach Padang/Indonesien. Ermitteln Sie die Luftfracht.

6.2.5.7 Ratenkombination

Für bestimmte Flugstrecken gibt es zwischen Abgangs- und Zielflughafen weder eine Durchrate noch lässt sich eine Durchrate konstruieren. Dann ist es möglich, eine Rate durch Kombination von zwei Direktraten zu bilden. Dabei ist stets die Richtungsgebundenheit der Raten zu beachten.

Muster-AUFGABE

17,8 kg Luftfracht sollen von Nürnberg nach Morombe (MXM) in Madagaskar transportiert werden.

Ermitteln Sie die Rate für die Strecke NUE–MXM.

LÖSUNG

Der TACT weist weder eine Direktrate NUE–MXM noch eine Konstruktionsmöglichkeit aus. Es sind nun zwei Raten zu kombinieren. Infrage kommen die Raten Nürnberg–Antananarivo (NUE–TNR) und Antananarivo–Morombe (TNR–MXM).

Auszug aus dem TACT:

Rate NUE–TNR	GCR	N	17,17 EUR
Rate TNR–MXM **1**	GCR	N	1,50 USD

Ermittlung der Rate TNR–MXM in EUR: **2**
Umrechnung von 1,50 USD in EUR: 1,50 · 1,07459 **3**
(IATA-Umrechnungskurs 1,00 USD = 1,07459 EUR)

Rate NUE–TNR	GCR	N	17,17 EUR
Rate TNR–MXM	GCR	N	1,61 EUR
Rate NUE–MXM	GCR	N	18,78 EUR

LÖSUNGSWEG

1. Raten NUE–TNR und TNR–MXM ermitteln.
2. RATE TNR–MXM in EUR umrechnen, dabei
3. IATA-Umrechnungskurs für USD in EUR verwenden.
4. Beide Raten addieren.

AUFGABE zum Sachverhalt

Eine Kiste mit den Abmessungen 90 cm x 80 cm x 70 cm und 121 kg ist von Stuttgart nach Zhanjiang (ZHA) per Luftfracht zu transportieren. Berechnen Sie die Luftfracht. Im TACT werden weder Direktrate noch Ratenkonstruktionspunkt ausgewiesen. Nachstehende Raten werden im TACT genannt:

STR—BJS (Peking)	Q 100	4,00 €
BJS—ZHA (Zhanjiang)	Q 45	7,20 CNY

Umrechnung der CNY in EUR = $\frac{\text{CNY} \cdot 1{,}71694}{8{,}27956}$

Besonderheiten des TACT 6.2.5.8

Notes

Manche Raten im TACT sind mit Anmerkungen („NOTES“) versehen, die sich aus Zahlen oder Buchstaben zusammensetzen. Hier einige Beispiele:

Notes	Bedeutung
G 155	APPLICABLE ON THE SERVICES OF AF, LH, UT, AZ. (Nur anwendbar bei Verladung mit Air France, Lufthansa usw.)
G 075	ONLY COMBINABLE WITH CANADIAN DOMESTIC RATES (Nur mit kanadischen Inlandsraten zu kombinieren)
0014	RATES APPLICABLE TO IMPORT CARGO ONLY (Rate gilt nur für Importfracht)
SK01	Flug mit SAS
FM	Gilt für FEDEX

Intermediate Point Rule

Specific Commodity Rates gelten grundsätzlich nur für die angegebene Relation. Unter bestimmten Voraussetzungen dürfen „Intermediate Points“ benutzt werden, was zu einer Frachtkostenersparnis führt, weil die Spezialraten dann auch für nicht ausgewiesene Zielflughäfen gelten.

Anwendungsvoraussetzungen:

- Zielflughafen liegt im selben Land wie der Flughafen, nach welchem eine Spezialrate veröffentlicht ist.
- Die N-Rate für den „dazwischenliegenden Flughafen“ ist nicht höher als die N-Rate zum Zielflughafen.
- Es darf keine anwendbare Spezialrate zum Zielflughafen veröffentlicht sein, die sonst angewendet werden muss.

6.2.6 Surcharges

In den letzten Jahren haben die Airlines (Carrier) Aufschläge (surcharges) auf die Luftfrachten erhoben. Diese Aufschläge sollen insbesondere die sich verändernden Kerosinpreise (Fuel Surcharge) berücksichtigen und dem höheren Sicherheitsaufwand bei der Frachtprüfung (Security Surcharge) gerecht werden.

6.2.6.1 Fuel Price Index[1]

Bei sich verändernden Kerosinpreisen wird der Carrier den Kerosinzuschlag erhöhen oder senken. Die Veränderung der Fuel Surcharge (Kerosinaufschlag) basiert auf dem Fuel Price Index. Dieser bildet den Durchschnitt der Kerosinpreise ab, die an den fünf[2] weltweit wichtigsten Spotmärkten[3] bezahlt werden. Sobald dieser Index für zwei aufeinander folgende Wochen über dem Schwellenwert liegt, löst dies eine Anpassung der Fuel Surcharge aus.

Der **Treibstoffaufschlag** wird weltweit auf Grundlage des **Actual Weight** berechnet[4].

Methodik

Fuel Price Index **überschreitet** für einen Zeitraum von mehr als zwei aufeinanderfolgenden Wochen	Fuel Surcharge **wird erhoben** in € je kg
115	0,05
135	0,10
165	0,15
190	0,20
215	0,25
240	0,30
265	0,35
290	0,40
315	0,45
340	0,50
365	0,55
390	0,60
415	0,65
440	0,70

1 Fuel Price Index, Basis: 53,35 US Cent je Galone Kerosin (3,785 Liter) = 100
Der aktuelle Wert und weitere Informationen zur Methodik werden im Internet unter www.iata.org/whatwedo/economics/fuel_monitor/index.htm veröffentlicht.
2 Rotterdam, Mediterranean, Far East Singapore, US-Golf, US-Westcoast
3 Handelsplätze für Kerosin und Rohöl
4 Ausnahmen:
Treibstoffaufschlag basiert auf Chargeable Weight, wenn dies durch das Gesetz des betreffenden Landes vorgeschrieben ist;
Treibstoffaufschlag basiert auf Chargeable Weight, wenn in ausgewählten Ländern der National Carrier den Aufschlag auf Chargeable Weight Basis berechnet.

Fuel Price Index **unterschreitet** für einen Zeitraum von mehr als zwei aufeinanderfolgenden Wochen	Fuel Surcharge **wird reduziert** auf ein Level von
420	0,65 €/kg
395	0,60 €/kg
370	0,55 €/kg
345	0,50 €/kg
320	0,45 €/kg
295	0,40 €/kg
270	0,35 €/kg
245	0,30 €/kg
220	0,25 €/kg
195	0,20 €/kg
170	0,15 €/kg
145	0,10 €/kg
120	0,05 €/kg
100	Fuel Surcharge wird aus dem Markt genommen

Entwicklung des Fuel Price Index seit 1. August 2001

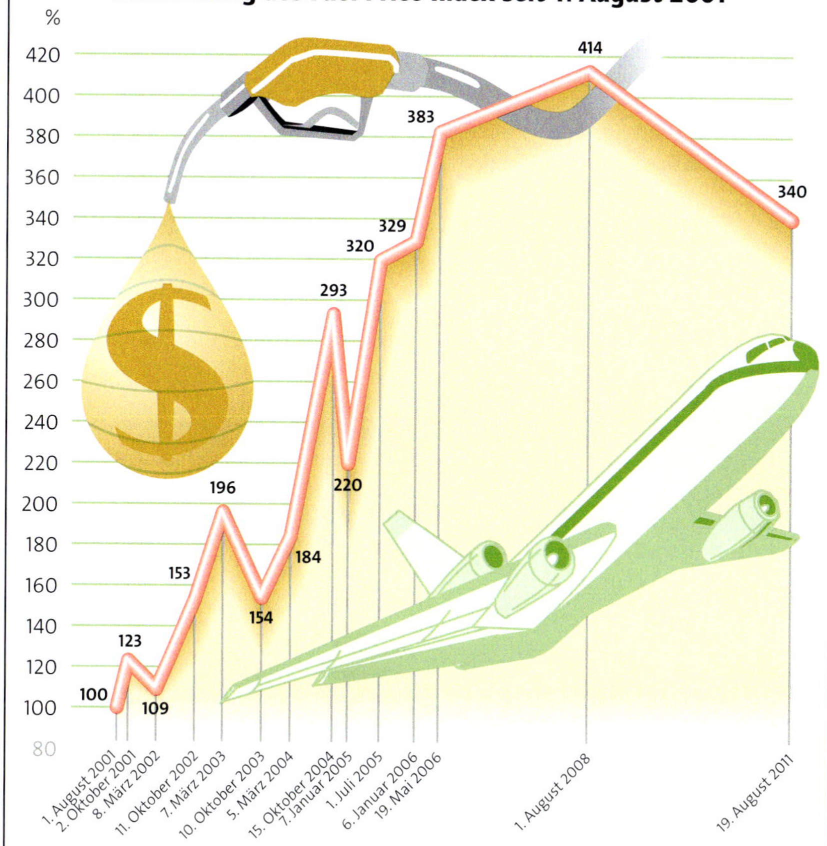

6.2.6.2 Security Surcharge

Um die Sicherheit im Luftverkehr zu erhöhen, werden die Luftfrachtgüter vor der Verladung in das Flugzeug intensiv untersucht. Dieser erhöhte Aufwand wird von den Airlines über den Sicherheitszuschlag weitergegeben. Der Sicherheitszuschlag ist im TACT festgelegt. Er beträgt zurzeit 0,15 € je kg tatsächliches Gewicht (actual weight).

6.2.7 Zusammenfassung Luftfracht

TACT
- richtungsgebundener Stationentarif
- Raten beziehen sich auf ein kg bzw. lb.
- Raten sind in der Währung des Abgangslandes angegeben (local currency).

Gewichtsberechnung: Das tatsächliche Gewicht wird auf das nächste halbe oder volle Kilogramm aufgerundet.

Volumenberechnung: $\frac{\text{Länge} \cdot \text{Breite} \cdot \text{Höhe in cm}}{6\,000}$ = Volumen-kg

Sperrigkeit bezieht sich auf Luftfrachtsendung, nicht auf einzelnes Packstück.

M	**Mindestfracht,** darf nicht unterschritten werden.
N	**Normalrate,** gilt für Sendungen mit frachtpflichtigem Gewicht unter 45 kg.
Q 45 Q 100 Q 300 Q 500	**Mengenrabattraten** (Quantity-Rates), gelten ab einem bestimmten frachtpflichtigen Mindestgewicht.
CORA	auch SCR genannt, **Spezialraten** (**S**pecific **C**ommodity **R**ates), stark ermäßigte Raten, gelten nur für bestimmte Waren zwischen zwei genau bestimmten Flughäfen.
R	**Warenklassenraten** (**reduced** = ermäßigt), z. B. für Bücher, Zeitschriften, unbegleitetes Reisegepäck, Blindenschriften. Berechnung: Abschlag auf N-Rate bzw. anwendbare allgemeine Rate
S	**Warenklassenraten** (**Surcharge** = Zuschlag), z. B. für lebende Tiere, Wertfracht, sterbliche Überreste. Berechnung: Zuschlag auf N-Rate bzw. anwendbare allgemeine Rate
/C	**OVER PIVOT WEIGHT** Fracht per kg für Gewicht über dem Mindestgewicht bei Container/Paletten-verladung
/B	**PIVOT WEIGHT** frachtpflichtiges Mindestgewicht mit Angabe der Mindestfracht (Unterschiedliche Mindestgewichte und Mindestfrachten je nach Containertyp)
RCP	**Ratenkonstruktionspunkt (Konstruktionsrate)** Immer dann zu bilden, wenn keine Direktrate angegeben und die Bildung einer Konstruktionsrate erlaubt ist.
Raten-kombi-nation	**Kombination von zwei veröffentlichten Direktraten** Nur anwendbar, wenn weder eine Durchrate vom Abgangsflughafen zum Zielflughafen angegeben ist noch eine Durchrate konstruiert werden kann.

6425368

TACT-Auszug mit Erläuterungen:

	date/ type	note	(1) item	min weight	local curr. (3)	
(4)	FRANKFURT			(5) DE	FRA (6)	
(7)	EURO		(8) EUR		KGS (9)	
					(3)	
(10)	OSAKA		(11) JP	M	76.69	
				N	15.18	
				(2) 45	10.96	
				100	7.62	
				200	5.54	
			(15)	300	4.48	
			1024	100	6.25	
			7109	100	3.90	
			9998	45	4.64	
		(12) /C			...	
(13)	5/B		(14) 1051	....	10.668,11	(15)
	8/B		1051	....	12.856,43	

(16)
1024 = Fish (live, inedible), coral, weed, fish food
7109 = Newspapers
9998 = Household goods etc.

(1) item = Warennummer der Spezialrate

(2) min weight = frachtpflichtiges Mindestgewicht

(3) local currency = Währung des Abgangslandes → hier EUR (8)

(4) Abgangsflughafen

(5) Abgangsstaat

(6) Abkürzung für Abgangsflughafen

(7) Währung des Abgangslandes

(8) Währung des Abgangslandes (3-Buchstaben-Code)

(9) Ratenangabe per Kilogramm (KGS = kg)

(10) Zielflughafen

(11) Staat des Zielflughafens

(12) Over Pivot Rate

(13) Containerart

(14) Frachtpflichtiges Mindestgewicht des Containers

(15) Mindestfrachtbetrag

(16) Warenbeschreibung für Spezialraten

6.3 Preisermittlung ohne TACT

Die IATA-Raten aus dem TACT finden hauptsächlich bei geringen Sendungsgewichten und relativ seltenem Luftfrachtaufkommen des Versenders Anwendung. Insbesondere bei höheren Sendungsgewichten werden zwischen Luftfrachtspediteur und Carrier Preise ausgehandelt und als so genannte Marktraten bzw. „all in" Raten individuell festgelegt.

6.3.1 Komponenten der Marktrate bzw. „all in" Rate

Die Marktrate bzw. „all in" Rate besteht aus den Komponenten

eigentliche Rate	nach actual weight (tatsächliches Gewicht) oder Density (Gewicht-/Volumenverhältnis) →	chargeable weight (frachtpflichtiges Gewicht)
+ Surcharges (Zuschläge)	nach Risikogebiet → nach Treibstoffverbrauch → nach Sicherheitsprüfung →	War Risk Surcharge Fuel Surcharge Security Surcharge
= Marktrate („all in" Rate)		

Die eigentliche Rate entspricht nicht der TACT-Rate, sondern liegt relativ weit unter dieser. Die eigentliche Rate kann jedoch über den TACT ermittelt werden, z. B. TACT-Rate · 55 % = eigentliche Rate (bei einem Rabatt von 45 % auf TACT).

6.3.2 Kalkulation mit der „all in" Rate

Die meisten Carrier berechnen aus den Komponenten (eigentliche Rate, Fuel Surcharge, Security Surcharge) eine „all in" Rate. Diese „all in" Rate bezieht sich auf das frachtpflichtige (chargeable) Gewicht. Die drei Komponenten der Marktraten werden aber teilweise auf actual weight aber auch auf chargeable weight bezogen. Viele Carrier ermitteln so die „all in" Rate:

Komponenten der „all in" Rate	Bezugsgröße
eigentliche Rate (nicht TACT)	chargeable weight
Fuel Surcharge	actual weight
Security Surcharge	actual weight

Aus allen Komponenten wird schließlich die "all in" Rate auf der Basis „chargeable weight" berechnet.

Da der Raumbedarf der Luftfrachtsendung im Flugzeug bei der Komponente „eigentliche Rate" preisbestimmend ist, wird die eigentliche Rate auf das frachtpflichtige Gewicht bezogen. Das frachtpflichtige (chargeable) Gewicht wird je nach dem Gewicht/Volumenverhältnis (Density) auf der Basis tatsächliches Gewicht (actual weight) oder Volumengewicht (volume weight) berechnet.

Da der Treibstoffverbrauch von dem Sendungsgewicht abhängt, wird der Fuel Surcharge in Abhängigkeit des tasächlichen Gewichts (actual weight) berechnet.

Der Security-Surcharge wird von den meisten europäischen Carriern vom actual weight berechnet. Dagegen berechnen viele asiatische Carrier den Security Surcharge vom chargeable weight.

Muster-
AUFGABE

1 200 kg actual/1 500 kg volume Luftfracht sollen von Frankfurt nach Atlanta/USA befördert werden. Der Carrier bietet folgende Preise an:

Eigentliche Rate	0,50 €/kg chargeable
Fuel Surcharge:	1,05 €/kg actual
Security Surcharge:	0,30 €/kg actual

a) Berechnen Sie die "all in" Rate des Carriers pro kg.

b) Berechnen Sie die „all in" Rate des Luftfrachtspediteurs, wenn er gegenüber seinem Kunden 7,6 % Zuschlag einkalkuliert.

LÖSUNG

a) 1 200 kg actual/1 500 kg volume

Eigentliche Rate	chargeable	0,50 € · 1 500	=	750,00 €
Fuel Surcharge	actual	1,05 € · 1 200	=	1.260,00 €
Security Surcharge	actual	0,30 € . 1 200	=	360,00 €
TOTAL			**=**	**2.370,00 €**
"all in" Rate chargeable weight (2.370,00 € : 1 500)			**=**	**1,58 €**

b) 1 200 kg actual/1 500 kg volume

	"all in" Rate pro kg chargeable weight (2.370,00 € : 1 500)	=	1,58 €
+	Zuschlag des Luftfrachtspediteurs 7,6 %	=	0,12 €
=	**„all in" Rate pro kg für den Versender**		**1,70 €**

FAZIT

Carrier	Luftfrachtspediteur	Versender
berechnet	berechnet	bezahlt
„all in" Rate des Carriers	„all in" Rate des Luftfrachtspediteurs	an den Luftfrachtspediteur „all in" Rate des Luftfrachttspediteus
wie?	wie?	was?
Eigentliche Rate + Fuel Surcharge + Security Surcharge + Sonstiges = „all in" Rate des Carriers	„all in" Rate des Carriers + Zuschlag = „all in" Rate des Luftfrachtspediteurs	„all in" Rate des Luftfrachtspediteurs

Aufgaben zum Sachverhalt

1

Die Abmessungen einer Luftfrachtsendung betragen 1,00 m x 1,20 m x 1,60 m.
Das actual weight beträgt 690 kg.
Der Carrier bietet folgende Preise an:

Rate	0,55 €/kg chargeable
Fuel Surcharge	0,90 €/kg actual
Security Surcharge	0,20 €/kg actual

a) Berechnen Sie die "all in" Rate des Carriers.
b) Berechnen Sie die „all in" Rate des Luftfrachtspediteurs, wenn er gegenüber seinem Kunden 10 % Zuschlag einkalkuliert.

2

Eine Luftfrachtsendung mit den Maßen 2,40 m x 1,20 x 3,00 m wiegt 1 180 kg.
Der Carrier bietet folgende Preise an:

Rate	0,42 €/kg chargeable
Fuel Surcharge	1,15 €/kg actual
Security Surcharge	0,24 €/kg actual

a) Berechnen Sie die "all in" Rate des Carriers.
b) Berechnen Sie die „all in" Rate des Luftfrachtspediteurs, wenn er gegenüber seinem Kunden 10 % Zuschlag einkalkuliert.

3

Eine Luftfrachtsendung mit den Maßen 2,10 m x 1,90 m x 1,60 m wiegt 980 kg.
Der Carrier bietet folgende Preise an:

Rate	0,42 €/kg chargeable
Fuel Surcharge	1,15 €/kg actual
Security Surcharge	0,24 €/kg actual

a) Berechnen Sie die "all in" Rate des Carriers.
b) Berechnen Sie die „all in" Rate des Luftfrachtspediteurs, wenn er gegenüber seinem Kunden 10 % Zuschlag einkalkuliert.

4

Der Carrier möchte für eine Lower-Deck-Palette mit 1 600 kg durchschnittlicher Auslastung 3.200,00 € Luftfracht.

Welche „all in" Rate chargeable wird er verlangen, wenn der Fuel Surcharge 1,20 €/kg und der Security Surcharge 0,16 €/kg betragen

5

Eine Luftfrachtsendung mit den Maßen 2,05 m x 1,85 m x 1,70 m wiegt 960 kg.
Der Carrier bietet folgende Preise an:

Rate	Marge von 40 % auf die normale TACT-Rate 1,05 €/kg chargeable
Fuel Surcharge	1,10 €/kg actual
Security Surcharge	0,22 €/kg actual

a) Berechnen Sie die „all in" Rate des Carriers.
b) Berechnen Sie die „all in" Rate des Luftfrachtspediteurs, wenn er gegenüber seinem Kunden 8 % Zuschlag einkalkuliert.

Globalisierung der Luftfracht

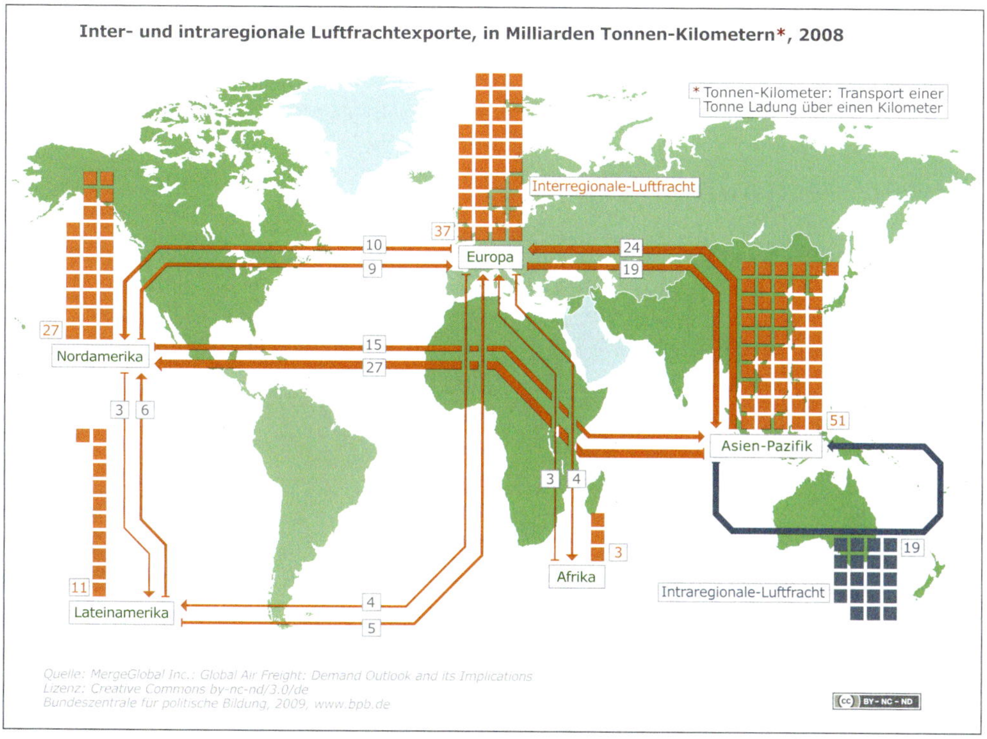

Bildquelle: MergeGlobal, Inc.

F

Grundlagen des kaufmännischen Rechnens

1 Prozentrechnung

Die Prozentrechnung ist eine Vergleichsrechnung. Dabei wird das Verhältnis zur Zahl 100[1] gerechnet, um besser vergleichen zu können. Das Wort „Prozent" wird aus dem italienischen abgeleitet und bedeutet übersetzt „vom Hundert" oder „auf 100 bezogen".

Muster-AUFGABE

Für Kurierfahrten will die Spedition Erich Schnell KG, Schleswig, einen Kleintransporter anschaffen. Das Autohaus Wolf GmbH, Kiel, unterbreitet der Spedition Schnell das folgende Angebot:

Kleintransporter PA 02
Nettolistenpreis: 18.950,00 €
Überführung: 5 % vom Nettolistenpreis
Rabatt 8% (auf den Nettolistenpreis)

Berechnen Sie die Überführungskosten in Euro.

LÖSUNG

Berechnung der Überführungskosten des Kleintransporters PA 02:
5 % (= **Prozentsatz**) des Nettolistenpreises:

100 % ≙ 18.950,00 € (Listenpreis, netto → Vergleichszahl = **Grundwert**)
5 % ≙ x € (Überführungskosten → gesuchter **Prozentwert**)

$$x = \frac{\text{Grundwert} \cdot \text{Prozentsatz}}{100} = \frac{18.950,00\ € \cdot 5}{100} = \mathbf{947,50\ €\ (Prozentwert)}$$

Die Überführungskosten des Kleintransporters betragen 947,50 €, netto.

Das nachfolgende Beispiel soll die Bedeutung der Prozentrechnung erklären:
Ein Fußballnationalspieler erhält in der neuen Saison statt 800.000,00 € Jahresgehalt nun 80.000,00 € mehr Gehalt. Ein Amateurspieler erhält statt 300,00 € monatlich jetzt 60,00 € mehr. Wer erhält prozentual eine größere Erhöhung?

Der Nationalspieler bekommt zwar absolut gesehen – also in Euro – stolze 80.000,00 € mehr. Der Amateurspieler hat absolut – also in Euro – 60,00 € mehr. Aber relativ „auf 100 betrachtet" bekommt der Amateurspieler 20 % mehr, der Nationalspieler dagegen nur 10 %. (80.000,00 € bezogen auf 800.000,00 € entsprechen 10 %; 60,00 € von 300,00 € entsprechen dagegen 20 %).

MERKE

- Die Prozentrechnung ist eine Vergleichsrechnung.
- Der Grundwert wird immer mit der Zahl 100 gleichgesetzt.
- In der Prozentrechnung wird mit drei Größen gerechnet:
  – Grundwert (als Vergleichszahl)
  – Prozentwert (als Teilgröße des Grundwertes)
  – Prozentsatz (als Verhältniszahl des Prozentwertes zum Grundwert)
- Wird die Zahl 1000 als Vergleichszahl verwendet, spricht man von der Promillerechnung.[2]
- Ein Prozent entspricht zehn Promille (1 % = 10 ‰).

1 Prozent = vom Hundert, ital. per cento, lat. = pro centum = für Hundert
2 Promille = vom Tausend, ital. per mille, lat. = pro mille = für Tausend

Berechnung des Prozentwertes 1.1

Muster-AUFGABE

Autohaus Wolf GmbH gewährt der Spedition Schnell KG beim Kauf eines Kleintransporters 8 % Rabatt auf den Nettolistenpreis. (vgl. Musteraufgabe Seite 376)

Wie viel Euro Rabatt erhält die Spedition Schnell KG?

LÖSUNG

100 % ≙ 18.950,00 €
8 % ≙ x €

$$x = \frac{18.950{,}00\ € \cdot 8}{100} = \mathbf{1.516{,}00\ €}$$

Beim Kauf des Kleintransporters würde die Spedition Schnell KG einen Preisnachlass von 1.516,00 € erhalten.

MERKE

$$\text{Prozentwert} = \frac{\text{Grundwert} \cdot \text{Prozentsatz}}{100}$$

Aufgaben zum Sachverhalt

1

Das Bruttogehalt eines Mitarbeiters beträgt 2.500,00 €. Folgende Abzüge sind zu berücksichtigen:

Lohnsteuer 324,50 €, Kirchensteuer 29,21 €, Krankenversicherung 8,2 %, Arbeitslosenversicherung 1,5 %, Rentenversicherung 9,8 %, Solidaritätszuschlag auf die Lohnsteuer 5,5 %, Pflegeversicherung 0,975 %.

Welches Nettogehalt erhält der Mitarbeiter?

2

Die Bank löst einen Barscheck über 690,00 € ein. Sie berechnet für Scheckeinlösungen eine Gebühr von 0,2 %.

Mit welchem Betrag wird der Scheckaussteller insgesamt belastet?

3

Ein Unternehmer schreibt folgende Anlagen ab:

Fuhrpark	AW: 2.300.000,00 €	BW: 1.725.000,00 €	25 % linear
Gebäude	AW: 1.740.000,00 €	BW: 1.531.200,00 €	4 % linear
Betriebsausstattung	AW: 480.000,00 €	BW: 349.920,00 €	10 % degressiv

(AW = Anschaffungswert, BW = Buchwert)

a) Wie hoch sind die Abschreibungsbeträge der drei Anlagewerte?
b) Aus welchem Nutzungsjahr stammen die oben genannten Beträge?

4

Eine Spedition hat drei Niederlassungen. Die Umsatzanteile betragen:

Stammhaus = 36 %, Niederlassung A = 25 %, Niederlassung B = 19 % und Niederlassung C = 432.000,00 €.

a) Welchen Umsatz erzielte das Stammhaus und die Filialen A und B?
b) Wie hoch war der Gesamtumsatz?

1.4 Prozentrechnung vom vermehrten Grundwert

Muster-AUFGABE

Die Spedition Schnell möchte ein Navigationssystem in den Kleintransporter PA 02 einbauen lassen. Das Autohaus Wolf GmbH bietet das Gerät zum Bruttopreis von 1.059,10 € an.

Wie hoch ist der Nettopreis bei einem Umsatzsteuersatz von 19 %?

LÖSUNG

Nettopreis	x €	≙ 100 %	Grundwert
+ Umsatzsteuer 19 % von	x €	≙ 19 %	Erhöhung
= **Bruttopreis**	**1.059,10 €**	**≙ 119 %**	**vermehrter Grundwert**

119 % ≙ 1.059,10 €
100 % ≙ x €

$$x = \frac{1.059,10\,€ \cdot 100}{119} = \mathbf{890,00\,€}$$

Der Nettopreis des Navigationsgeräts beträgt 890,00 €.

1.5 Prozentrechnung vom verminderten Grundwert

Muster-AUFGABE

Die Spedition Schnell KG möchte ein Navigationssystem in den Kleintransporter PA 02 einbauen lassen. Das Audio-Center Carle e. K. bietet ein Auslaufmodell zum Nettopreis von 840,00 € an, das um 12,5 % reduziert wurde.

Zu welchem Nettopreis wurde das Auslaufmodell ursprünglich angeboten?

LÖSUNG

alter Nettopreis	x €	≙ 100 %	Grundwert
– 12,5 % Preisnachlass	x €	≙ 12,5 %	Senkung
= **reduzierter Preis**	**840,00 €**	**≙ 87,5 %**	**verminderter Grundwert**

87,5 % ≙ 840,00 €
100 % ≙ x €

$$x = \frac{840,00\,€ \cdot 100}{87,5} = \mathbf{960,00\,€}$$

Das Gerät wurde ursprünglich zu einem Nettopreis von 960,00 € verkauft.

Zusammenfassemde Aufgaben

1

Der Fuhrpark der Spedition Haller besteht zu 60 % aus „Jumbo-Lkws“.

Wie viele Fahrzeuge umfasst der gesamte Fuhrpark, wenn im Anlagevermögen 72 Großraum-Lkws erfasst sind?

2

Ein Kleintransporter wird für die Kalkulation linear in 4 Jahren abgeschrieben.

Wie hoch ist der angesetzte Nettowiederbeschaffungspreis, wenn der Abschreibungsbetrag jährlich bei 4.342,00 € liegt?

3

Ein Stapler hat ein Eigengewicht von 2 950 kg. Die Tragfähigkeit des Staplers liegt bei 38 % des Gesamtgewichts.

Kann eine Palette mit 1 050 kg Gesamtgewicht mit diesem Stapler transportiert werden?

4

Eine deutsche Großspedition scannt täglich ca. 29 500 Expresssendungen, die in das Sendungsverfolgungssystem ELTON eingespeist werden. 8 % des gesamten Expresssendungsaufkommens kann aus verschiedenen Gründen noch nicht gescannt werden.

Wie groß ist das durchschnittliche tägliche Sendungsaufkommen?

Zinsrechnung 2

Einführung 2.1

Der Zins ist der Preis, den man für die Überlassung von Geld bezahlt oder bekommt. Der Zeitraum der Geldüberlassung wird entweder in Zinstagen, Zinsmonaten oder Zinsjahren ausgedrückt.

Die Zinsrechnung ist eine um den Faktor Zeit erweiterte Prozentrechnung, bei der der Preis **(Zins)** für die Inanspruchnahme eines Kapitals für eine festgelegte Zeit berechnet wird.

In der Praxis werden die Zinstage nach unterschiedlichen Methoden berechnet.

- In Deutschland berechnen die meisten Geschäftsbanken die Zinsen für Spareinlagen und Darlehen weiterhin mithilfe der **kaufmännischen Zinsrechnung**[1] **(deutsche Zinsmethode)**. Hierbei wird jeder Monat mit 30 Zinstagen und das Jahr mit 360 Zinstagen berechnet (30/360).
- Die **Eurozinsmethode (französische Methode)** findet am Geldmarkt Verwendung, unter anderem bei der Verzinsung von Tagesgeldkonten und bei der Diskontierung von Wechseln. Hierbei werden die Tage kalendergenau ermittelt (28, 29, 30, 31), das Jahr aber mit 360 Tagen berücksichtigt **(act/360)**[2].
- Die Verzinsung von Bundespapieren (z. B. Bundesanleihen, Bundesobligationen und Bundesschatzbriefe) erfolgt nach der englischen Methode, bei der sowohl das Jahr (365, 366) als auch die Tage (28, 29, 30, 31) kalendermäßig berücksichtigt werden **(act/act)**.

Methoden der Zinsberechnung	**• Kaufmännische Zinsrechnung • Deutsche Zinsmethode**	**• Eurozinsmethode • Französische Zinsmethode**	**• BGB-Methode • Englische Zinsmethode**
Zinstage	jeder Monat 30 Tage	kalendergenau (28, 29, 30, 31)	kalendergenau (28, 29, 30, 31)
Jahr in Tagen	360 Tage	360 Tage	kalendergenau (365, 366)
	30/360	act/360	act/act
Anwendung	übliche Zinsberechnung in Deutschland Bei der Verzinsung bis zum 28. (29.) Februar werden nur 28 (29) Zinstage gerechnet.	Geldmarktgeschäfte, Wechseldiskontierung	unter Privatleuten, Stückzinsen

(Fortsetzung nächste Seite)

1 In diesem Kapitel werden die Zinstage nach der kaufmännischen Methode berechnet.
2 „act" (Abk. für actual) bedeutet, dass jeweils die tatsächliche Anzahl der Tage berücksichtigt wird.

Methoden der Zinsberechnung	• Kaufmännische Zinsrechnung • Deutsche Zinsmethode	• Eurozinsmethode • Französische Zinsmethode	• BGB-Methode • Englische Zinsmethode
Beispiel 1	**20.000,00 € Kredit vom 25.10. bis 26.01. bei 8 % Zins**		
Zinstage	**91**[1] (5 + 30 + 30 + 26)	**93** (6 + 30 + 31 + 26)	**93** (6 + 30 + 31 + 26)
Zinsen	$\frac{20.000{,}00\,€ \cdot 8 \cdot \mathbf{91}}{100 \cdot \mathbf{360}} = 404{,}44\,€$	$\frac{20.000{,}00\,€ \cdot 8 \cdot \mathbf{93}}{100 \cdot \mathbf{360}} = 413{,}33\,€$	$\frac{20.000{,}00\,€ \cdot 8 \cdot \mathbf{93}}{100 \cdot \mathbf{365}} = 407{,}67\,€$
Beispiel 2	**20.000,00 Kredit vom 16.01. bis 02.06. bei 8 % Zins**		
Zinstage	**136** (14 + 30 + 30 + 30 + 30 + 2)	**137** (15+ 28 + 31 + 30 + 31 + 2)	**137** (15 + 28 + 31 + 30 + 31 + 2)
Zinsen	$\frac{20.000{,}00\,€ \cdot 8 \cdot \mathbf{136}}{100 \cdot \mathbf{360}} = 604{,}44\,€$	$\frac{20.000{,}00\,€ \cdot 8 \cdot \mathbf{137}}{100 \cdot \mathbf{360}} = 608{,}89\,€$	$\frac{20.000{,}00\,€ \cdot 8 \cdot \mathbf{137}}{100 \cdot \mathbf{365}} = 600{,}55\,€$

2.2 Berechnung der Zinstage bei der kaufmännischen Zinsrechnung

Vereinfachungen bei der kaufmännischen Zinsrechnung:

1 Jahr = 360 Tage, jeder Monat = 30 Tage;
der Tag von dem aus gerechnet wird, zählt nicht mit.

Aufgaben zum Sachverhalt

1

Ermitteln Sie die Zinstage.

a) 12.10.– 31.10. b) 08.02.– 24.03. c) 30.05.– 30.09. d) 23.12.– 09.01.
e) 18.01.– 02.03. f) 27.02.– 01.04. g) 30.11.– 31.01. h) 01.07.– 15.08.

2

Ermitteln Sie die Zinstage.

a) 19.10.– 29.12. b) 01.05.– 31.05. c) 06.02.– 31.12. d) 17.07.– 30.11.
e) 29.03.– 17.10. f) 03.03.– 30.09. g) 17.08.– 13.12. h) 01.01.– 31.12.

2.3 Berechnung der Zinsen

Muster-AUFGABE

Die Volksbank Erfurt unterbreitet der Spedition Bauer GmbH für den Kauf eines neuen Staplers folgenden Finanzierungsvorschlag: Kreditsumme 20.000,00 €, Zinssatz 8 %, Rückzahlung nach 3 Jahren.

Berechnen Sie

a) die Zinsen für ein Jahr,
b) die Zinsen für die gesamte Laufzeit des Kredites,
c) die Zinsbelastung je Monat.

MERKE

Allgemeine Zinsformel: $\text{Zins } (z) = \frac{\text{Kapital } (K) \cdot \text{Zinssatz } (p) \cdot \text{Tage } (t)}{100 \cdot 360}$ $\quad z = \frac{K \cdot p \cdot t}{100 \cdot 360}$

1 Keine Verzinsung des Einzahlungstages, jedoch Verzinsung des Rückzahlungstages.

LÖSUNG

a) Berechnung der Jahreszinsen: $z = \frac{20.000,00 € \cdot 8}{100}$ = **1.600,00 €**

b) Berechnung der Zinsen für die gesamte Laufzeit:

$z = \frac{20.000,00 € \cdot 8}{100 \cdot 360}$ = **4.800,00 €**

c) Berechnung der Monatszinsen: $z = \frac{20.000,00 € \cdot 8 \cdot 30}{100 \cdot 360}$ = **133,33 €**

Aufgaben zum Sachverhalt

1

Spedition Weigand e. K. kauft einen Kleintransporter für brutto 22.620,00 €. 3.700,00 € werden sofort bar bezahlt, der Rest wird mit einem Kredit zwischenfinanziert. Die Laufzeit des Kredites beträgt 5 Monate, der vereinbarte Jahreszinssatz 10,4 %.

Berechnen Sie die Zinsen.

2

Lagerhalter Haubele OHG nimmt am 05.07. einen Kredit über 70.000,00 € zu einem Zinssatz von 7,75 % auf. Am 15. Oktober steigen die Zinsen um 0,6 %.

Berechnen Sie die am 31.12. fälligen Zinsen.

3

Spedition Morlok GmbH erhält am 17.04. eine Rechnung über 12.800,00 € mit einem Zahlungsziel von 4 Wochen.

Am 19.06. erhält Morlok folgende Mahnung, die die Rechnungseingänge bis zum 13.06. berücksichtigt.

	Rechnungsbetrag, fällig am 15.05.	12.800,00 €
+	8,37 % Verzugszinsen (0,37 % Basiszinssatz + 8 %)	89,28 €
	+ zu überweisender Betrag	12.889,28 €

Berechnung von Kapital, Zeit und Zinssatz 2.4

Berechnung des Kapitals 2.4.1

Muster-AUFGABE

Spedition Hundertmark AG, Unna, erweitert ihr Kommissionierungslager. Sie rechnet mit einem zusätzlichen Gewinn von 12.000,00 € pro Jahr.

Wie viel Euro kann die Spedition investieren, wenn sie mindestens eine Kapitalrendite von 3,5 % erreichen möchte?

LÖSUNG

Allgemeine Formel zur Berechnung des Kapitals: $K = \frac{z \cdot 100 \cdot 360}{p \cdot t}$

$K = \frac{12.000,00 € \cdot 100 \cdot 360}{3,5 \cdot 360}$ = **342.857,14 €**

Der Umbau des Kommissionierungslagers darf höchstens 342.857,14 € kosten.

Aufgaben zum Sachverhalt

1

Für ein am 30.04. zu 7,5 % angelegtes Kapital schreibt die Bank am Jahresende 3.225,00 € Zinsen gut.

Berechnen Sie die Höhe des angelegten Kapitals.

2

Spedition Mauser GmbH, Chemnitz, finanziert einen neuen Lkw teilweise mit einem Bankkredit zu 8,5 %. Die monatliche Zinsbelastung beträgt 297,50 €.

Ermitteln Sie die Kreditsumme.

3

Die Unitrans Maier KG, Gütersloh, will für ein Logistikprojekt eine Lagerhalle an der Autobahn kaufen. Der monatlich erwartete Rohgewinn liegt bei 6.000,00 €. Die Abschreibungen der Halle betragen 13.000,00 € jährlich, die Unterhaltskosten 5.750,00 € je Quartal.

Welchen Kaufpreis dürfte die Unitrans Maier KG höchstens zahlen, wenn sich das eingesetzte Kapital mindestens zu 5 % verzinsen soll?

2.4.2 Berechnung der Zeit

Muster-AUFGABE

Spedition Klaiber OHG, Bremerhaven, schuldet der Mineralölgroßhandlung Damaschke GmbH 12.852,00 € aus einer Treibstofflieferung. Am 16.03. überweist Spedition Klaiber 13.001,40 € inklusive Verzugszinsen nach § 288 Abs. 2 BGB (Höhe der Verzugszinsen: Basiszinssatz[1] 0,37 % + 8 %) und § 247 BGB.

Ermitteln Sie den Fälligkeitstag der Rechnung.

LÖSUNG

Allgemeine Formel zur Berechnung der Zeit (Tage): $t = \frac{z \cdot 100 \cdot 360}{K \cdot p}$

Verzugszinsen: 13.001,40 € – 12.852,00 € = 149,40 €

Zinssatz: 8 % + 0,37 % = 8,37 %

$t = \frac{149{,}40\ € \cdot 100 \cdot 360}{12.852{,}00\ € \cdot 8{,}37} = \mathbf{50\ Tage}$

16.03. – 50 Tage = **26.01.**

Die Rechnung über 12.852,00 € war am 26.01. fällig.

1 Der Basiszinssatz ist der Nachfolger des Diskontsatzes. Als Bezugsgröße für den Basiszinssatz dient der Zinssatz für längerfristige Refinanzierungsgeschäfte (LRG-Satz) der Europäischen Zentralbank. Jeweils zum 01.01. und 01.07. eines Jahres wird der Basiszinssatz angepasst. Vgl. § 247 BGB.

Aufgaben zum Sachverhalt

1

Die Osnabrücker Spedition Maierink KG zahlt am 31.12. für ein Darlehen von 32.800,00 € Zinsen in Höhe von 1.129,78 €. Der Zinssatz beträgt 7,75 %.

Ermitteln Sie, wann Maierink den Kredit aufnahm.

2

Die Silotransporte Kramm KG nahm bei ihrer Hausbank ein Darlehen über 45.000,00 € auf. Der Zinssatz erhöhte sich nach 75 Tagen von 7,4 % auf 8,2 %.

Berechnen Sie die Gesamtlaufzeit des Darlehens, wenn die Kramm KG nach Ablauf des Kredites insgesamt 47.846,25 € zurückzahlt.

3

Fuhrunternehmen Eva Kanninga, Husum, zahlt am 10.10. für einen mit 8 % verzinsten Kredit 16.544,36 € zurück.

Wann wurde das Darlehen von 15.800,00 € aufgenommen?

Berechnung des Zinssatzes 2.4.3

Muster-AUFGABE

Die Transsped GmbH, Augsburg, finanziert einen neuen Lkw, Kaufpreis 98.000,00 €, per Bankkredit. Die Monatszinsen betragen 673,75 €.

Berechnen Sie den Zinssatz des Bankkredites.

LÖSUNG

Allgemeine Formel zur Berechnung des Zinssatzes: $p = \frac{z \cdot 100 \cdot 360}{K \cdot t}$

Jahreszins: 673,75 € · 12 = 8.085,00 €

$p = \frac{8.085{,}00 \cdot 100 \cdot 360}{98.000{,}00 \cdot 360} = 8{,}25\ \%$ oder $p = \frac{673{,}75 \cdot 100 \cdot 360}{98.000{,}00 \cdot 30}$ **= 8,25 %**

Der Zinssatz des Kredites beträgt 8,25 %.

Aufgaben zum Sachverhalt

1

Sammelladungsspedition Halter KG, Goslar, gibt ihrem Frankfurter Partnerspediteur Zwickel am 01.07. ein Darlehen von 18.000,00 €.

Zu welchem Zinssatz wurde das Darlehen verzinst, wenn Zwickel am 25.09. insgesamt 18.285,60 € überweist?

2

Speditionskauffrau Anna Loose zahlt am 31.12. für ein Mitarbeiterdarlehen von 6.500,00 €, das sie am 16.10. erhielt, 92,19 €.

Berechnen Sie den Zinssatz des Darlehens.

3

Lagerhalter Bönisch GmbH, Berlin, nimmt am 19. Mai ein Darlehen über 40.000,00 € zu 9 % auf. Zum 1. Oktober ändert sich der Zinssatz.

Am 31. Dezember werden für das Darlehen einschließlich Zinsen 42.250,00 € zurückbezahlt. **Wie viel Prozent beträgt der geänderte Zinssatz?**

2.5 Effektive Verzinsung

2.5.1 Effektivverzinsung bei der Inanspruchnahme von Krediten

Bei der Berechnung der Effektivverzinsung werden die Gesamtkosten eines Kredites (z. B. Zinsen, Disagio, Bearbeitungsgebühren, Spesen) berücksichtigt und auf den tatsächlich ausbezahlten Kreditbetrag bezogen.

Muster-AUFGABE

Spedition Kleinhans GmbH, Quakenbrück, nimmt bei ihrer Hausbank vom 10. März bis 15. November ein Darlehen zu folgenden Bedingungen auf:
Kreditbetrag 50.000,00 €, Disagio 3 %, Bearbeitungsgebühr 2 ‰ vom Kreditbetrag, Spesen 35,00 €, Zinssatz 7,8 %.

Berechnen Sie den Effektivzinssatz des Kredites.

LÖSUNG

Auszahlungsbetrag

Darlehensbetrag	50.000,00 €
– 3 % Disagio	1.500,00 €
– Bearbeitungsgebühr (2 ‰ von 50.000,00 €)	100,00 €
– Spesen	35,00 €
= Auszahlungsbetrag	48.365,00 €

Kreditkosten

Zinsen (7,8 % von 50.000,00 € für 245 Tage)	2.654,17 €
+ Disagio	1.500,00 €
+ Bearbeitungsgebühr	100,00 €
+ Spesen	35,00 €
= Gesamtkosten des Kredites	4.289,17 €

Effektiver Zinssatz

Kapital:	Auszahlungsbetrag	48.365,00 €
Zeit:	Inanspruchnahme des Darlehens	245 Tage
Zins:	Gesamtkosten des Kredites	4.289,17 €

$$p = \frac{z \cdot 100 \cdot 360}{K \cdot t} = \frac{4.289{,}17 \cdot 100 \cdot 360}{48.365{,}00 \cdot 245} = \mathbf{13{,}03\ \%}$$

Der effektive Zinssatz für das in Anspruch genommene Darlehen beträgt 13,03 %.

Aufgaben zum Sachverhalt

1

Die Braunschweiger Transport GmbH nimmt bei ihrer Hausbank ein Darlehen über 12.000,00 € auf. Die Kreditbedingungen der Bank lauten:

Zinssatz 8,5 %, Auszahlung 98 %, 1 % Bearbeitungsgebühr aus dem Kreditbetrag, Mindestlaufzeit 8 Jahre.

Berechnen Sie den effektiven Zinssatz des Kredites.

2

Partikulier Schnepf nimmt für die Modernisierung seines Motorschiffes „Elbvogel" einen Bankkredit auf.

Kreditbedingungen:	Laufzeit	18 Monate
	Kreditbetrag	55.000,00 €
	Zinssatz	7⅔ %
	Disagio	3 %
	Bearbeitungsgebühr	5,5 ‰ des Kreditbetrages
	Gebühren	280,00 €
	Spesen	155,00 €

Berechnen Sie den effektiven Zinssatz des Kredites.

3

Um mittelfristige Verbindlichkeiten ausgleichen zu können, nimmt die Saarbrücker Spedition Henkel OHG einen 50.000-€-Kredit zu folgenden Bedingungen auf:

Laufzeit	8 Monate
Zinssatz	8,3 %
Disagio	2,5 %
Bearbeitungsgebühr	0,4 %
Spesen	280,00 €

Berechnen Sie den effektiven Zinssatz des Kredites.

Effektivverzinsung bei Zahlung mit Skontoabzug 2.5.2

Muster-AUFGABE

Fuhrunternehmer Kollmer e. K., Potsdam, kauft einen neuen Lkw. Die Eingangsrechnung weist einen Rechnungsbetrag von 42.000,00 € + Umsatzsteuer aus.
Die Zahlungsbedingungen des Lieferanten lauten:
Zahlung mit 3 % Skonto innerhalb von 8 Tagen oder 60 Tage netto Kasse.

a) **Welchem effektiven Zinssatz entspricht der Skontoabzug?**
b) Um die Skontozahlung ausnutzen zu können, müsste Kollmer einen Bankkredit zu 9,8 % aufnehmen.
   Berechnen Sie die Ersparnis bei der günstigeren Zahlungsart.

LÖSUNG

a)

Rechnungsbetrag	42.000,00 €
+ 19 % USt	7.980,00 €
Bruttopreis	49.980,00 €
– 3 % Skonto	1.499,40 €
zu zahlender Betrag	48.480,60 €

Berechnung des effektiven Zinssatzes (Umwandlung des Skontosatzes in einen Jahreszinssatz):

Kapital:	zu zahlender Betrag	48.480,60 €
Zeit:	Zahlungsziel (60) – Skontofrist (8)	52 Tage
Zins:	Skontobetrag	1.499,40 €

$$p = \frac{z \cdot 100 \cdot 360}{K \cdot t} = \frac{1.499,40 \cdot 100 \cdot 360}{48.480,60 \cdot 52} = \mathbf{21,41\ \%}$$

Die Skontogewährung von 3 % entspricht einem Jahreszinssatz von 21,41 %.

b) Berechnung der Kreditzinsen:

Kapital:	Kreditbetrag (Bruttobetrag – Skonto)	48.480,60 €
Zeit:	Zahlungsziel (60) – Skontofrist (8)	52 Tage

$$z = \frac{48.480,60\ € \cdot 9,8 \cdot 52}{100 \cdot 360} = 686,27\ €$$

Skontobetrag	1.499,40 €
Kreditkosten	686,27 €
Ersparnis	**813,13 €**

Aufgaben zum Sachverhalt

1

Die Nürnberger Reifenhof AG vereinbart in ihren Kaufverträgen folgende Zahlungsbedingungen: „Zahlbar innerhalb von 14 Tagen mit 2,5 % Skonto oder innerhalb von 50 Tagen netto Kasse."

Berechnen Sie den Jahreszinssatz, der dem Skontoabzug entspricht.

2

Spedition Moser GmbH, Hannover, erhält für bezogene Stapler eine Rechnung über 32.960,00 €. Die Zahlungsbedingungen lauten: „Zahlbar binnen 7 Tagen mit 3 % Skonto oder innerhalb 30 Tagen netto Kasse."

Um den Skonto in Anspruch nehmen zu können, müsste Spedition Moser einen Kredit zu 9,7 % aufnehmen.

a) **Berechnen Sie den Jahreszinssatz, der dem Skontoabzug entspricht.**
b) **Ermitteln Sie die Ersparnis aus der günstigeren Zahlungsweise.**

3

Spedition Rick KG, Bruchsal, kauft bei dem Lkw-Händler Bauer & Möldner einen Lkw für 98.000,00 €. Laut Rechnung gelten folgende Zahlungsbedingungen: „Zahlung mit 2 % Skonto innerhalb von 14 Tagen oder innerhalb 60 Tagen netto Kasse."

Um den Skonto ausnutzen zu können, müsste Spedition Rick mit einem Kredit zu 9,25 % zwischenfinanzieren.

Wie hoch wäre die Ersparnis aus der günstigeren Zahlungsweise?

Währungsrechnen 3

Kursnotierungen 3.1

Preisnotierung und Mengennotierung 3.1.1

NOTIERUNGSARTEN

Preisnotierung	Mengennotierung
Der Wechselkurs gibt in der Preisnotierung an, wie viel eine feste Einheit Fremdwährungen (z. B. 100,00 CHF) in inländischer Währung kosten (z. B. EUR). **100 ausl. Währungseinheiten = x EUR**	Der Wechselkurs gibt in der Mengennotierung an, welche Menge der ausländischen Währungseinheit (z. B. USD) für eine inländische Währungseinheit (z. B. EUR) gezahlt wird. **1,00 EUR = x ausl. Währungseinheiten** Merke: Bei der Mengennotierung • bezieht sich die Notierung immer auf **1,00 € (Euro)**, • ist die **Inlandswährung Euro die feste Größe,** • ist die jeweilige Auslandswährung (z. B. USD oder GBP) die variable Größe, • wird **der Wechselkurs für 1,00 EUR in der jeweiligen Auslandswährung ausgedrückt.**
Die **Preisnotierung** findet bei der Kursangabe im jeweiligen Heimatland vieler ausländischer Währungen Verwendung. Beispiele: Kursnotierung der Tschechischen Krone, der Dänischen Krone, der Norwegischen Krone oder der Schwedischen Krone z. B.: • 100,00 CZK = 3,94 EUR (**Kurs für 100,00 CZK** in Tschechien) • 100,00 DKK = 13,42 EUR (**Kurs für 100,00 DKK** in Dänemark) • 100,00 NOK = 11,61 EUR (**Kurs für 100,00 NOK** in Norwegen) • 100,00 SEK = 9,85 EUR (**Kurs für 100,00 SEK** in Schweden)	Die **Mengennotierung** findet beispielsweise Verwendung innerhalb der Europäischen Währungsunion (EWU) für den Euro, in den USA für den Dollar, in Großbritannien für das Pfund und in der Schweiz für den Schweizer Franken. z. B.: • **Kurs für 1,00 EUR** in der EWU 1,00 EUR = 1,46 USD 1,00 EUR = 0,90 GBP 1,00 EUR = 8,53 NOK • **Kurs für 1,00 GBP** in Großbritannien 1,00 GBP = 1,11 EUR • **Kurs für 1,00 USD** in den USA 1,00 USD = 0,68 EUR • **Kurs für 1,00 CHF** in der Schweiz 1,00 CHF = 0,67 EUR

3.1.2 Geldkurs und Briefkurs

GELD- UND BRIEFKURSE DES EURO (AM BEISPIEL VON SORTEN)
– DIE GEHANDELTE WÄHRUNG IST DER EURO –

Geldkurs	Briefkurs
Beispiel: Ein Spediteur tauscht in Wismar 1.000,00 EUR in USD. = **Ankauf von Euro** durch die Bank **Kurs:** 1,40 USD/EUR = 1,40 Geld • **Bank kauft** 1,00 EUR für 1,40 USD. • Für 1.000,00 EUR erhält er von der Bank 1.400,00 USD.	Beispiel: Ein Spediteur tauscht in Wismar USD in 1.000,00 EUR um. = **Verkauf von Euro** durch die Bank **Kurs:** 1,52 USD/EUR = 1,52 Brief • **Bank verkauft** 1,00 EUR für 1,52 USD. • Für 1.000,00 EUR muss er bei der Bank 1.520,00 USD bezahlen.
Geldkurs ist der niedrigere Ankaufkurs für den Euro.	**Briefkurs ist der höhere Verkaufskurs für den Euro.**

MERKE

- **Der Geldkurs ist niedriger als der Briefkurs.**
- **Die Wahl des Kurses erfolgt aus der Sicht der umtauschenden Bank:**
  - **> Die Bank kauft Euro an. ⟶ Geldkurs**
  - **> Die Bank verkauft Euro. ⟶ Briefkurs**
- **Bei steigendem Eurokurs steigt der Wert des Euro und der Wert der Auslandswährung sinkt.**
- **Bei sinkendem Eurokurs sinkt der Wert des Euro und der Wert der Auslandswährung steigt**

3.1.3 Kurstabellen

Kurstabelle einer Geschäftsbank für den Tausch zwischen inländischer Währung Euro und ausländischen Währungen (Stand Januar 2012):

MENGENNOTIZ: 1, 00 € = x WÄHRUNG			**Sortenkurse**[1] für 1,00 €		**Devisenkurse**[2] für 1,00 €	
			Ankauf	**Verkauf**	**Geld**	**Brief**
Land			**Bank kauft Euro**[3] **an** (Bank verk. ausländ. Währung)	**Bank verkauft Euro**[4] (Bank kauft ausländ. Währ. an.)	**Bank kauft Euro**[5] **an** (Bank verk. ausländ. Währung)	**Bank verkauft Euro**[6] (Bank kauft ausländ. Währ. an.)
Australien	AUD	(Dollar)	1,24	1,39	1,2962	1,3089
Dänemark	DKK	(Krone)	7,11	7,73	7,4331	7,4359
Großbr.	GBP	(Pfund)	0,82	0,88	0,8498	0,8553
Japan	JPY	(Yen)	100,49	108,57	103,0200	104,1900
Kanada	CAD	(Dollar)	1,29	1,42	1,3477	1,3571
Norwegen	NOK	(Krone)	7,37	8,14	7,6769	7,7180
Schweden	SEK	(Krone)	8,58	9,52	8,9928	9,0586
Schweiz	CHF	(Franken)	1,21	1,28	1,2332	1,2405
Singapur	SGD	(Dollar)	1,65	1,93	1,7186	1,7300
Tschech. Rep.	CZK	(Krone)	23,13	27,59	25,1420	25,5150
USA	USD	(Dollar)	1,29	1,39	1,3239	1,3462

Wert eines Euro in der jeweiligen Währung

1 Kurs je Euro in ausländischen Geldsorten. Sorten Geldscheine und Münzen in ausländischer Währung
2 Devisenkurs: Kurs je Euro für Zahlungsanweisungen in ausländischen Währungseinheiten Devisen: Zahlungsanweisungen im Auslandsgeschäft wie z. B. Wechsel, Scheck, Schuldschein
3 zum Ankaufskurs
4 zum Verkaufkurs
5 zum Geldkurs
6 zum Briefkurs

Umtausch von Währungen zwischen EU-Mitgliedsländern und Nicht-EU-Mitgliedsländern 3.2

Umtausch von Euro in Auslandswährungen 3.2.1

1 Muster-AUFGABE

Ein Spediteur tauscht in Regensburg **EUR in 5.000,00 USD.**
Wie viel Euro benötigt er?

LÖSUNG

- Bank kauft EUR an (Geldeingang in EUR bei der Bank).
- Bank verkauft USD (Geldausgang in USD bei der Bank).

Bank kauft EUR an gegen USD. Deshalb kommt der **Ankaufkurs (Geldkurs)** zur Anwendung.

Lösung: 1,00 EUR = 1,29 USD
x EUR = 5.000,00 USD

$$x\ \text{EUR} = \frac{5.000,00 \cdot 1,00}{1,29} = \mathbf{3.875,97\ EUR}$$

2 Muster-AUFGABE

Ein französischer Importeur tauscht zur Begleichung einer Nachnahme bei seiner Bank **1.200,00 EUR in CHF.**
Wie viel CHF erhält er?

LÖSUNG

- Bank verkauft CHF (Geldausgang in CHF bei der Bank).

Bank kauft EUR an gegen CHR. Deshalb kommt der **Ankaufkurs (Geldkurs)** zur Anwendung.

Lösung: 1,00 EUR = 1,21 CHF
1.200,00 EUR = x CHF

$$x\ \text{CHF} = \frac{1.200,00 \cdot 1,21}{1,00} = \mathbf{1.452,00\ CHF}$$

Aufgaben zum Sachverhalt

1 Tausch von 1.320,50 EUR in SEK

2 Tausch von 4.825,00 EUR in JPY

3 Fahrer Gruber tauscht in Flensburg 500,00 EUR in NKR um.
Wie viele NKR erhält er?

4 Der spanische Frachtführer Lopez schuldet einem dänischen Auftraggeber Schadenersatz für einen Totalschaden an 2,85 t Transportgut aus einem internationalen Lkw-Transport (Warenwert je kg: 212,05 DKK).
Berechnen Sie die Ersatzleistung in EUR und DKK. (Kurs für 1,00 SZR: 1,16 EUR)

5 Spedition Walther GmbH, Neunkirchen, kauft einen schwedischen Lkw für 102.000,00 EUR und bezahlt den Kaufpreis mit einem Wechsel. Zusätzlich fallen Gebühren von 2,3 % an, die in die auf SEK ausgestellte Wechselsumme eingerechnet werden sollen.
Berechnen Sie die Wechselsumme in SEK.

6 Während eines Berufspraktikums in London tauscht eine Speditionskauffrau dort 1.000,00 EUR in 815,00 GBP.
a) **Zu welchem Kurs rechnete die englische Bank ab?**
Beachte: Mengennotierung in Großbritannien
b) **Wie viel GBP Gewinn oder Verlust hätte die Speditionskauffrau bei einem Umtausch in Deutschland gehabt?**

3.2.2 Umtausch von Auslandswährungen in Euro

1 Muster-AUFGABE

Ein Kapitän tauscht in Helsinki **5.000,00 USD in EUR** um.

LÖSUNG

- Bank verkauft Euro an (Geldausgang in Euro bei der Bank).
- Bank kauft USD (Geldeingang in USD bei der Bank).

Bank verkauft EUR an gegen USD. Deshalb kommt der **Verkaufkurs (Briefkurs)** zur Anwendung.

Lösung: 1,00 EUR = 1,39 USD
x EUR = 5.000,00 USD

$$x \text{ EUR} = \frac{5.000,00 \cdot 1,00}{1,39} = \mathbf{3.597,12\ EUR}$$

2 Muster-AUFGABE

Ein Binnenschiffer tauscht in Antwerpen **CHF in 2.800,00 EUR** um.

LÖSUNG

- Bank verkauft Euro (Geldausgang in Euro bei der Bank).
- Bank kauft CHF an (Geldeingang in USD bei der Bank).

Bank verkauft EUR gegen CHF. Deshalb kommt der **Verkaufskurs (Briefkurs)** zur Anwendung.

Lösung: 1,00 EUR = 1,28 CHF
2.800,00 EUR = x CHF

$$x \text{ CHF} = \frac{2.800{,}00 \cdot 1{,}28}{1{,}00} = \mathbf{3.584{,}00\ CHF}$$

Aufgaben zum Sachverhalt

1 Tausch von 472,90 SEK in EUR

2 Tausch von 134.000,00 JPY in EUR

3 Frau Bergerova, Geschäftsführerin einer Prager Spedition, tauscht in Frankfurt/Oder Tschechische Kronen in 850,00 EUR um.
Wie viele Tschechische Kronen muss sie umtauschen?

4 Lagerhalter Roll, Lörrach, kommt von einer Geschäftsreise zurück und tauscht bei seiner Hausbank 182,50 GBP und 39.650,00 JPY in EUR um.
Wie viel Euro erhält er insgesamt?

5 Johanna Diether tauscht in Oldenburg für einen internationalen Speditionskongress in London EUR in 1.200,00 GBP. Aufgrund einer Erkrankung kann sie den Termin nicht wahrnehmen und tauscht die GBP in EUR zurück.
Welchen Verlust erleidet sie durch den Rücktausch, wenn sich die Kurse in der Zwischenzeit nicht geändert haben?

6 Spediteur Knoll hob bei einem Englandbesuch 250,00 GBP an einem Geldautomaten ab. Dafür buchte ihm seine Bank später 298,12 EUR ab.
Mit welchem Eurokurs rechnete die Bank den Tausch ab, wenn in der Abrechnung zusätzlich 4,00 EUR Gebühren in Rechnung gestellt wurden?

Sonderziehungsrecht (SZR) 3.3

Neben ausländischen Währungen, mit denen der Spediteur im Rahmen der weltweiten Vernetzung täglich arbeitet, wird die Kunstwährung **„Sonderziehungsrecht" (SZR)** immer wichtiger für die Abwicklung nationaler und internationaler Speditionsgeschäfte, da die Haftung der verschiedenen Verkehrsträger sowie die Haftung der Spediteure auf dieser „Kunstwährung" basieren.

Anwendungsbereiche der SZR	Maximale Haftung je kg (bei Beschädigung oder Verlust)
Frachtführer	
• Nationaler Güterkraftverkehr nach HGB (alle Verkehrsträger)	• 8,33 SZR je kg durch Frachtführer
• Nationaler Güterkraftverkehr nach VBGL	• 8,33 SZR je kg durch Frachtführer
• Internationaler Güterkraftverkehr nach CMR	• 8,33 SZR je kg durch Frachtführer
• Internationale Eisenbahnbeförderung nach ER/CIM	• 17,00 SZR je kg durch Frachtführer
• Binnenschifffahrt nach dem Budapester Übereinkommen	• 666,67 SZR je Ladungseinheit oder 2,00 SZR je kg durch Frachtführer • bei Containerverladung 1.500,00 SZR für den Container und 25.000,00 SZR für das Ladegut durch Frachtführer
• Seeschifffahrt nach Visby-Rules	• 666,67 SZR je Stück/Einheit oder 2,00 SZR je kg durch Verfrachter
• Luftfracht nach Montrealer Übereinkommen	• 19,00 SZR je kg durch Carrier
Spediteur	
• Haftung nach ADSp > für Frachtführertätigkeit nach Ziffer 23.1.2 > für Verkehrsverträge unter Einschluss eines Seetransportes nach Ziffer 23.1.3	• wie der jeweilige Frachtführer • 2,00 SZR je kg durch Spediteur
• FIATA-FBL[1]	• 2,00 SZR je kg durch Spediteur

Der internationale Währungsfonds (IWF) führte am 1. Januar 1970 das „Kunstgeld" Sonderziehungsrecht ein, um die Abwicklung internationaler Überbrückungskredite für devisenschwache Länder zu vereinfachen. Die SZR haben im Rahmen des IWF die Funktion von Währungsreserven, die es den Mitgliedsländern erlaubt bei Zahlungsschwierigkeiten fremde Währungen (Devisen) gegen Hingabe ihrer SZR zu beschaffen. Die Anzahl der Sonderziehungsrechte der einzelnen Länder ist wiederum von der Wirtschaftskraft des entsprechenden Landes abhängig.

Seit 1981 wurde der Wert eines SZR mithilfe der Wechselkurse eines „gewichteten Korbes" der fünf Währungen der größten Exportländer (Welthandelsanteile) ermittelt. Bedingt durch die Europäische Währungsunion EWU wurde die DEM (Deutsche Mark) und der FRF (Französische Franc) ersetzt durch den EUR. Der Währungskorb besteht seither aus den vier wichtigsten Weltwährungen **US-Dollar** (USD), **Euro** (EUR), **Japanische Yen** (JPY) und **Britische Pfund** (GBP).

1 FIATA-FBL (FIATA Combined Transport Bill of Lading) ist ein akkreditivfähiges Transportdokument, in dem bei einem internationalen Transport mit verschiedenen Verkehrsträgern der beauftragte Spediteur bis zur Ablieferung an den Empfänger für jeden Transportabschnitt mit maximal 2,00 SZR haftet.

SZR-Korb	
Währung	**fester Bestandteil in jeweiliger Währung**
US-Dollar	0,6320 USD
Euro	0,4100 EUR
Japanische Yen	18,4000 JPY
Britische Pfund	0,0903 GBP

Der Wert eines SZR wird folgendermaßen ermittelt:

1,00 SZR = 0,6320 USD + 0,4100 EUR + 18,4000 JPY + 0,0903 GBP

Die genannten Währungsbeträge werden an jedem Geschäftstag über die Marktkurse in USD-Beträge umgerechnet. Als Marktkurs werden die Mittelkurse zwischen den mittags im Londoner Devisen-Kassa-Markt festgestellten Ankauf- und Verkaufkursen verwendet. Die Summe der Werte, ausgedrückt in US-Dollar, ergibt den Wert eines SZR. Der SZR-Wert in EUR wird ermittelt, indem der ermittelte SZR-Wert in US-Dollar mit dem amtlichen Mittelkurs für den USD in EUR umgerechnet wird.

Beispiel für die Wertermittlung eines SZR[1]

Währung	Betragsanteil in jeweiliger Währung	Mittelkurs am Devisen-Kassa-Markt[2] je USD	Gegenwert in USD	Rechenweg
USD	0,6600	1,00000 USD/USD	0,660000	0,6600 · 1,00000
EUR	0,4230	1,33880 USD/EUR	0,566312	0,4230 · 1,33880
JPY	12,1000	77,39000 JPY/USD	0,156351	12,1000 : 77,39000
GBP	0,1110	1,57070 USD/GBP	0,174348	0,1110 · 1,57070

1,00 SZR = **1,557011** USD
1,00 SZR = 1,162990 EUR
(1,557011 : 1,33880)

Aufgaben zum Sachverhalt

1

Berechnen Sie den Wechselkurs des SZR zum USD (in USD pro SZR).

Kurse der einzelnen Währungen in US-Dollar:

1,00 EUR = 1,20 USD; 1,00 USD = 118,08 JPY; 1,00 GBP = 1,95 USD

2

Am Londoner Devisen-Kassa-Markt werden folgende Dollar-Mittelkurse ermittelt:

1,0000 USD; 1,2843 EUR; 115,48 JPY; 1,8749 GBP

a) **Berechnen Sie den Wert eines SZR in USD und in EUR.**

b) Der „Währungskorb" des SZR besteht aus vier Währungen.
Ermitteln Sie das prozentuale Gewicht der vier Währungen im „Korb" des SZR.

c) **Erklären Sie, was mit dem Gewicht des Euro passiert, wenn er gegenüber dem Dollar an Wert verliert.**

1 Veröffentlichung des IWF mit den Kursen vom 08.12.2011
2 Der Wechselkurs für EUR und GBP lautet auf US-Dollar pro Währungseinheit, der Wechselkurs für JPY auf Währungseinheit pro US-Dollar.

4 Indexzahlen

Indexzahlen sind Verhältniszahlen, mit denen man zeitliche Entwicklungen verfolgen kann, weil sie dynamisierte Kennzahlen sind. Ein bestimmtes Ausgangsjahr wird gleich 100 gesetzt und die entsprechenden gleichgearteten Daten der Folgejahre werden darauf bezogen. Dabei ist aber zu beachten, dass das Basisjahr (=100)[1] durch einmalige Ereignisse nicht aus dem Rahmen des Normalen fällt, weil sonst die Indexreihe verzerrte Entwicklungen aufzeigt. Der Vorteil der Indexzahl liegt darin, dass diese bei Datenentwicklungen einen wesentlich schnelleren Überblick ermöglicht als die absoluten Zahlen.

- Indexwerte > 100 % bedeuten eine Steigerung gegenüber dem Basisjahr.
- Indexwerte < 100 % bedeuten eine Verringerung gegenüber dem Basisjahr.

Ein Index[2] zeigt eine Entwicklung an. Die Veränderungen gegenüber dem Basisjahr werden als zeitliche Reihe dargestellt.

Beispiel für Indizes:

- Verbraucherindex der privaten Lebenshaltung
- HVPI[3] (Europäischer harmonisierter Verbraucher-Preis-Index)
- Biffex[4] (Frachtratenentwicklung in der Seeschifffahrt)
- DAX (Deutscher Aktienindex)
- Dow Jones (US-Aktienindex)
- Fuel Price Index (siehe Seite 366/367)

Die **Indexwerte** erlauben neben dem **Vergleich mit dem Basisjahr** auch die Berechnung der **relativen Änderung gegenüber dem Vorjahr**. Dabei muss allerdings der Vorjahreswert gleich 100 % gesetzt werden.

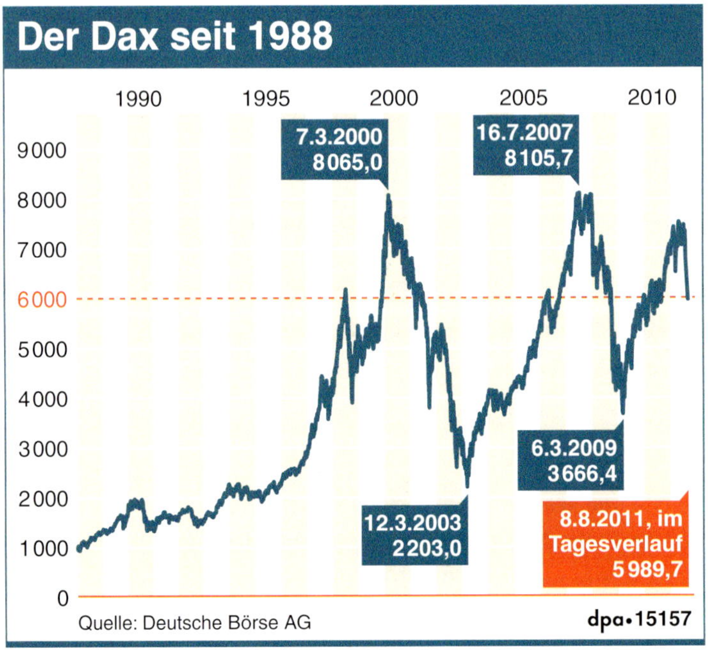

1 Bei bestimmten Indizes, wie z.B. Biffex, DAX, kann die Basis auch 1 000 sein.
2 Index = Anzeiger – Beispielsweise zeigt der Preisindex die Preisveränderungen der privaten Lebenshaltung an.
3 Europäischer Harmonisierter Verbraucher-Preis-Index für die Mitgliedstaaten der Europäischen Union (EU) sowie Norwegen und Island auf Preisbasis 2005
4 Biffex (Baltic International Freight Futures Exchange) = Index zur Beobachtung der Preisentwicklung von Seefrachtraten

Preisindex der Lebenshaltung 4.1

Das Statistische Bundesamt ermittelt die Verbraucherpreisentwicklung mithilfe eines fiktiven Warenkorbs. Die Steigerungen der Verbraucherpreise dieses Warenkorbs werden jeweils auf ein Basisjahr bezogen. In regelmäßigen Abständen wird der Inhalt des Warenkorbs den aktuellen Verbrauchsgewohnheiten in Deutschland angepasst.

Das Wägungsschema des Verbraucherpreisindex
Prozentanteile im Basisjahr 2005

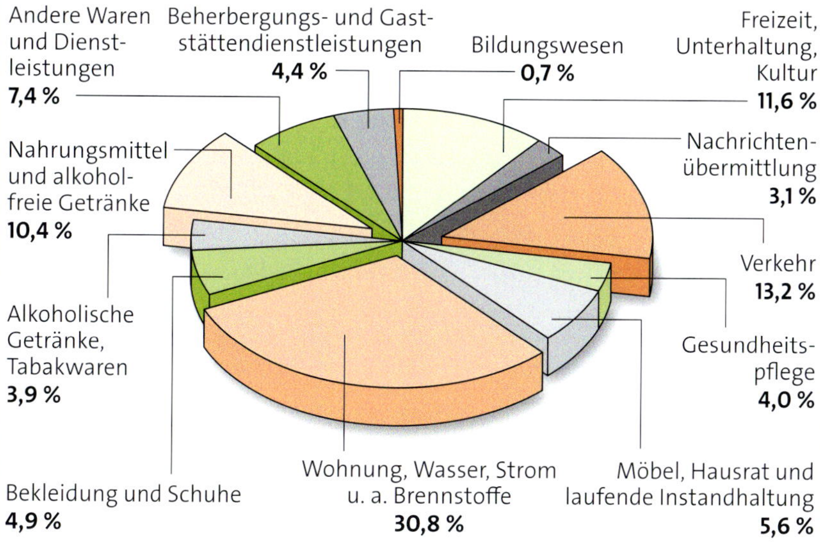

Muster-**AUFGABE**

Das Statistische Bundesamt berechnet den Verbraucherindex der privaten Lebenshaltung. Für eine bestimmte Warenmenge („Warenkorb") mussten im Basisjahr 2005 2.359,00 € bezahlt werden. In den folgenden Jahren mussten für den gleichen Warenkorb durchschnittlich nachstehende Beträge gezahlt werden:

2005 ≙ 2.359,00 € (= Basisjahr)
2006 ≙ 2.396,74 €
2007 ≙ 2.451,00 €
2008 ≙ 2.509,98 €
2009 ≙ 2.524,13 €
2010 ≙ 2.552,44 €

a) **Ermitteln Sie den Verbraucherindex für die Lebenshaltung für die Jahre 2005 bis 2010.**

b) **Um wie viel Prozent sind die Preise im Jahr 2010 gegenüber dem Basisjahr gestiegen?**

c) **Um wie viel Prozent sind die Preise im Jahr 2010 gegenüber dem Vorjahr gestiegen?**

LÖSUNG

a)

Jahr	Preis des Warenkorbs	Indexberechnung: Preisindex
2005	2.359,00 €	$\frac{2.359,00 \cdot 100}{2.359,00}$ = → 100 Basis
2006	2.396,74 €	$\frac{2.396,74 \cdot 100}{2.359,00}$ = 101,6
2007	2.451,00 €	$\frac{2.451,00 \cdot 100}{2.359,00}$ = 103,9
2008	2.509,98 €	$\frac{2.509,98 \cdot 100}{2.359,00}$ = 106,4
2009	2.524,13 €	$\frac{2.524,13 \cdot 100}{2.359,00}$ = 107,0
2010	2.552,44 €	$\frac{2.552,44 \cdot 100}{2.359,00}$ = 108,2

b) 2.359,00 € ≙ 100 % (2005)
2.509,98 € ≙ x % (2008) **x = 6,4 %**

c) Preisanstieg 2008 gegenüber 2007: 2.509,98 € – 2.451,00 € = 58,98 €
2.451,00 € ≙ 100 %
58,98 € ≙ x % **x = 2,41 %**

Aufgaben zum Sachverhalt

1

a) Erstellen Sie die Indexzahlen (auf ganze Zahlen runden) für die Umsatzentwicklung der Spedition Rehm GmbH in den Jahren 01 bis 05. Basisjahr soll dabei das Jahr 01 sein

Umsätze der Spedition Rehm GmbH in €.

01	02	03	04	05
1.285.000,00	1.332.000,00	1.403.000,00	1.347.000,00	1.535.000,00

b) Um wie viel Prozent ist der Umsatz im Jahr 04 gegenüber dem Basisjahr gestiegen?

c) Um wie viel Prozent ist der Umsatz im Jahr 05 gegenüber dem Vorjahr gestiegen?

2

a) Erstellen Sie die Indexreihe[1] (auf ganze Zahlen runden) für die jeweiligen Abteilungsumsätze der Spedition Rehm GmbH in den Jahren 01 bis 05, bezogen auf das Basisjahr 01 (Umsätze in T€).

Abteilung	Umsatz				
	01	02	03	04	05
Nationale Spedition	2.334	2.598	2.382	2.096	2.284
Internationale Spedition	1.285	1.332	1.403	1.347	1.535
Lagerei	712	776	869	749	810

b) Werten Sie die Indexreihen der Abteilungsumsätze aus.

1 Indexreihe = Zahlenreihe, die sich auf ein Basisjahr mit dem Indexwert 100 bzw. 1 000 bezieht

Indexzahlen für Kraftfahrzeuge 4.2

In die meisten Nutzfahrzeugtests fließt die Wirtschaftlichkeit der Fahrzeuge nur zu etwa 27 % in die Gesamtwertung ein. Der neu entwickelte TÜV-EUROCARGO-Index bewertet nur die Wirtschaftlichkeitsfaktoren Anschaffungskosten, Kraftstoffverbrauch, Steuern, Haftpflicht- und Kaskoversicherung, Abschreibung sowie den Aufwand pro Jahr für Wartung, Instandhaltung und Reparaturen.

Diese Faktoren wurden wie folgt gewichtet und fließen in eine einzige Zahl, den Index, ein.

Für jede Fahrzeugklasse gibt es ein Referenzfahrzeug, dessen Gesamtkosten bei 100 km Fahrleistung im Index gleich 100 gesetzt wird. Basis für den Wirtschaftlichkeitsvergleich ist dabei eine angenommene Nutzungsdauer von fünf Jahren und eine Jahresfahrleistung von 120 000 km.

TÜV-EUROCARGO-Index

für schwere Lkw: 66,93 € ≙ 100 (Basis)

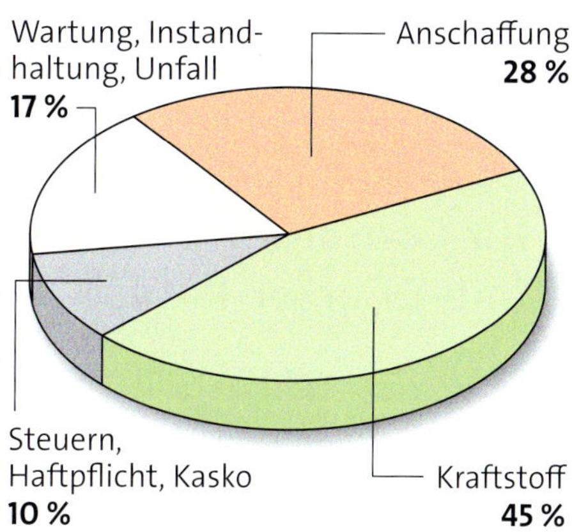

Muster-AUFGABE

Bei schweren Lkws ist der MB Actros 2546 LS das Referenzfahrzeug. Die Gesamtkosten dieses Fahrzeugs liegen bei 66,93 € pro 100 km.

Das Vergleichsfahrzeug ist ein MAN TGA 460 mit einem Indexwert von 98,5.

a) **Begründen Sie, ob der MAN TGA 460 wirtschaftlicher ist als der MB Actros 2546 LS als Referenzfahrzeug.**

b) **Wie hoch sind die Kosten des MAN TGA 460 pro 100 km?**

LÖSUNG

a) Da das Referenzfahrzeug mit einem Index von 100 bewertet wurde, ist der MAN TGA 460 mit einem Indexwert unter 100 wirtschaftlicher als der MB Actros 2546 LS.

b) Actros: 100 (Indexbasis) ≙ 66,93 € pro 100 km
MAN: 98,5 ≙ x € pro 100 km

$$x\text{ €} = \frac{66{,}93\text{ €} \cdot 98{,}5}{100} \triangleq \mathbf{65{,}93\text{ € pro 100 km}}$$

Die Gesamtkosten des MAN TGA 460 liegen mit 65,93 €/100 km um 1,00 € unter den Kosten des MB Actros 2546 LS.

Aufgaben zum Sachverhalt

1

Bei schweren Lkws ist der MB Actros 2546 LS das Referenzfahrzeug. Die Gesamtkosten dieses Fahrzeugs liegen bei 66,93 € pro 100 km.

Ein skandinavischer Lkw hat im TÜV-EUROCARGO-Index einen Indexwert von 104,2.

Wie hoch sind die Gesamtkosten pro 100 km für dieses Fahrzeug?

2

Ein französischer Lkw-Hersteller verspricht beim neuen Lkw-Modell eine Verbesserung der Wirtschaftlichkeit bezogen auf den TÜV-EUROCARGO-Index um 8 %.

Welchen neuen Indexwert würde dieses neue Lkw-Modell dann erhalten, wenn die Gesamtkosten des alten Modells bei 68,64 €/100 km und die des Referenzmodells bei 66,93 € liegen?

3

Für den Lkw IVECO Stralis liegen nach der Wirtschaftlichkeitsrechnung die folgenden Kosten für eine Fahrleistung von 100 km vor: fixe Kosten 17,61 €, variable Kosten 48,12 €.

Welchen Indexwert hat der IVECO Stralis im TÜV-EUROCARGO-Index (Basiswert siehe Musteraufgabe)?

4.3 Hamburg-Index für Containerschiffe (Containership Time-Charter-Rates)

Mehr als 75 % der weltweiten Containerschiff-Chartertonnage wird über Hamburg bereedert. Um die Transparenz in diesem Markt zu verbessern, hat die Maklervereinigung VHSS[1] den Hamburg-Index für Containerschiffe entwickelt.

Dieser Schiffsindex basiert auf den Marktpreisen von 1997 und ermöglicht so die realistische Einschätzung des aktuellen Chartermarktes für ausgewählte Schiffstypen. Als Vergleichsparameter wird die US-Dollar-Rate pro Tag und 14-t-TEU (Slot) zugrunde gelegt. Die VHSS veröffentlicht und aktualisiert den Hamburg-Index 14-tägig über die Deutsche Verkehrszeitung (DVZ) und das Internet.

1 VHSS = Vereinigung Hamburger Schiffsmakler und Schiffsagenten e.V.

Muster-
AUFGABE

Im Internet veröffentlicht die VHSS1 die folgenden Hamburg-Indexraten für Containerschiffe mit 1 000 bis 1 999 TEU:

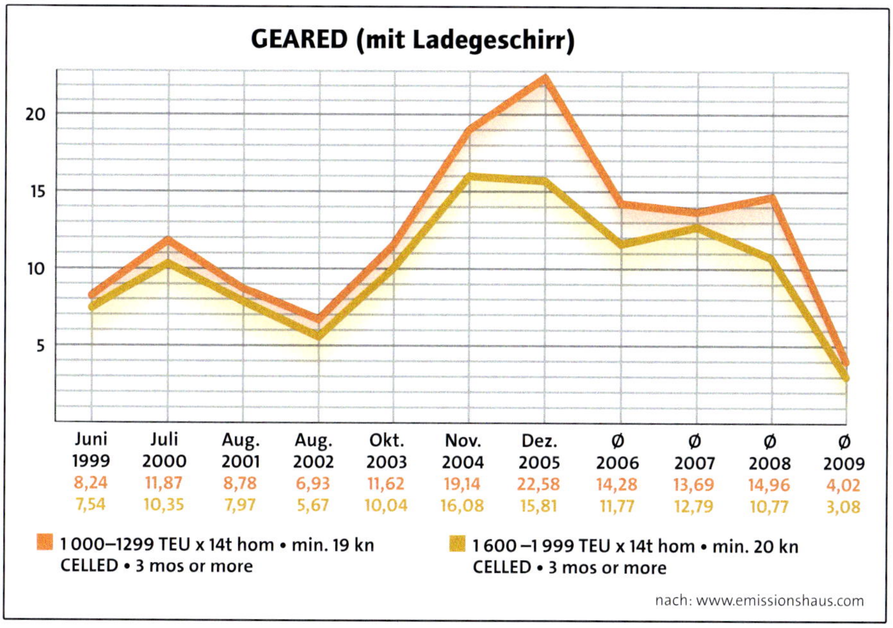

Berechnen Sie für den Zeitraum 1999 bis 2009 eine Indexreihe für Containerschiffe von 1 000 TEU bis 1 299 TEU. Indexbasis ist das Jahr 1997 mit 12,47.

LÖSUNG

	Aktuelle Indexrate	Rechenweg	Index bezogen auf Basis 12,47 = 100
Ø 2009	4,02	4,02 · 100:12,47	32,24
Ø 2008	14,96	14,96 · 100:12,47	119,97
Ø 2007	13,69	13,69 · 100:12,47	109,78
Ø 2006	14,28	14,28 · 100:12,47	114,5
Dez. 2005	22,58	22,58 · 100:12,47	181,1
Nov. 2004	19,14	19,14 · 100:12,47	153,5
Okt. 2003	11,62	11,62 · 100:12,47	93,2
Sept. 2002	6,93	6,93 · 100:12,47	55,6
Aug. 2001	8,78	8,78 · 100:12,47	70,4
Juli 2000	11,87	11,87 · 100:12,47	95,2
Juni 1999	8,24	8,24 · 100:12,47	66,1

Aufgabe zum Sachverhalt

Für Containerschiffe der Größe 1 600 TEU – 1 999 TEU zeigt der Hamburg-Index folgende Durchschnittsraten bis 2009:

Basisjahr	1997	1999	2000	2001	2002	2003	2004	2005	2006	2007	2008	2009
USD pro 14t/TEU/Tag	10,50	7,54	10,35	7,97	5,67	10,04	16,08	15,81	11,77	12,79	10,77	3,08

a) Erstellen Sie die Indexreihe für die Jahre 1999 bis 2009.

b) Erläutern Sie den Verlauf des Hamburg-Index in diesem Fall.

c) Um wie viel Prozent ist die Indexrate im Jahr 2002 gegenüber dem Basisjahr eingebrochen? Diskutieren Sie die Ursache hierfür.

Zusammenfassende Aufgaben

1

Der „Harmonisierte Verbraucher-Preis-Index“ der Europäischen Union gründet auf dem Basisjahr 1996 und weist folgende Indizes aus:

Jahr	HVPI-Index Europa-EU	VPI-Index Deutschland[1]	VPI-Index Frankreich[1]	VPI-Index Irland[1]	VPI-Index Niederlande[1]
1996	100	100	100	100	100
1997	101,7	101,5	101,3	101,2	101,9
1998	103,0	102,1	102,0	103,4	103,7
1999	104,3	102,8	102,5	106,0	105,8
2000	106,3	105,3	104,4	111,6	108,3
2001	108,6	106,2	106,3	116,0	113,8
2002	110,8	107,6	108,3	121,5	118,3

a) Berechnen Sie die Preissteigerung von 1999 auf 2000 in der Europäischen Union (EU) auf Basis des HVPI.

b) Berechnen Sie die Preissteigerung von 1999 auf 2000 in Deutschland auf Basis des VPI-Index.

c) Berechnen Sie die Preissteigerung von 1999 auf 2002 in Frankreich auf Basis des VPI-Index.

d) Berechnen Sie die Preissteigerung von 1999 auf 2001 in Irland auf Basis des VPI-Index.

e) Berechnen Sie die Preissteigerung von 1999 auf 2000 in den Niederlanden auf Basis des VPI-Index.

f) Werten Sie die durchschnittliche Preissteigerung von 1999 auf 2002 in den Mitgliedsländern gegenüber dem HVPI-Index aus.
Welches Land erhielt 2001 von der EZB wegen der Indexüberschreitung eine Rüge?

g) Werten Sie die durchschnittliche Preissteigerung von 1999 auf 2002 in den Mitgliedsländern untereinander aus.

1 Nationale Verbraucher-Preis-Indizes

2

Für einen französischen Lkw liegen nach der Wirtschaftlichkeitsrechnung die folgenden Kosten für eine Fahrleistung von 100 km vor: fixe Kosten 17,21 €, variable Kosten 49,02 €.

Welchen Indexwert hat dieses Fahrzeug im TÜV-EUROCARGO-Index? (Basiswert 66,93 € pro 100 km)

3

Der Hamburg-Index zeigt für Containerschiffe der Größe 700 bis 799 TEU folgende Entwicklung:

Basisjahr 1997	2002	2003	2004	2005	2006	2007	2008	2009
12,47 USD pro 14t/TEU/Tag = 100	9,11	12,07	18,37	21,96	16,73	16,90	15,43	6,02

a) **Berechnen Sie die durchschnittliche Containerrate in USD für die Jahre 2002 bis 2009.**

b) **Um wie viel Prozent stieg die Indexrate zwischen 2003 und 2004?**

G

Anhang zur Weiterbildung

1 Zeitliche Abgrenzungen

1.1 Notwendigkeit der zeitlichen Abgrenzung

Die **Buchführung** eines Unternehmens **soll alle Aufwendungen und Erträge einer Rechnungsperiode erfassen**, um alle Veränderungen des Vermögens und Kapitals zu dokumentieren. Der Unternehmenserfolg ist also **periodengenau** zu ermitteln. In der Praxis betreffen jedoch viele erfolgswirksame Geschäftsfälle zwei Rechnungsperioden (Geschäftsjahre). Diese Geschäftsfälle sind daher auf die beiden betroffenen Rechnungsperioden **verursachungsgerecht** zu verteilen.

GESETZ

§ 252 Abs. 1 Nr. 5 HGB Aufwendungen und Erträge des Geschäftsjahres sind unabhängig von den Zeitpunkten der entsprechenden Zahlungen im Jahresabschluss zu berücksichtigen.

MERKE

- **Der Unternehmenserfolg ist periodengerecht zu ermitteln.**
- **Aufwendungen und Erträge sind periodengerecht auf die betroffenen Geschäftsjahre zu verteilen.**

1.2 Rückstellungen

Rückstellungen müssen für alle Aufwendungen gebildet werden, die dem abgelaufenen Geschäftsjahr zugeordnet werden, deren genaue Höhe und/oder Fälligkeit am Bilanzstichtag jedoch noch nicht feststehen. Rückstellungen dienen der periodengenauen Ermittlung des Jahreserfolges, denn grundsätzlich sind alle Aufwendungen in der Geschäftsperiode zu erfassen, in der sie verursacht wurden. Die Höhe der Aufwendungen ist nach vernünftiger kaufmännischer Beurteilung zu schätzen.

FAZIT

Vgl. § 249 HGB Rückstellungen sind Verpflichtungen, deren Eintritt hinsichtlich Bestehen und Zeitpunkt als noch nicht sicher gilt und/oder deren betragsmäßige Höhe noch unbestimmt ist.

Bildung von Rückstellungen/Arten der Rückstellungen 1.2.1

Rückstellungen müssen[1] u. a. gebildet werden

- für **ungewisse Verbindlichkeiten**, z. B. zu erwartende Steuernachzahlungen (z. B. Gewerbesteuer), Pensionsverpflichtungen, Prozesskosten (Rechts- und Beratungskosten), Garantieverpflichtungen,
- für im Geschäftsjahr **unterlassene Aufwendungen für Instandhaltung**, die innerhalb der ersten drei Monate des folgenden Geschäftsjahres nachgeholt werden,
- für Gewährleistungen, die ohne rechtliche Verpflichtung erbracht werden (Vertrags- oder Kulanzgarantie).

MERKE

- **Rückstellungen sind Schulden für Aufwendungen,**
  - **die am Bilanzstichtag ihrem Grunde nach feststehen,**
  - **nicht jedoch in ihrer Höhe und/oder Fälligkeit.**
- **Rückstellungen dienen der periodengerechten Ermittlung des Jahreserfolges.**

Die Buchung von Rückstellungen 1.2.2

Bei der Buchung von Rückstellungen wird zunächst das betreffende Aufwandskonto im Soll mit dem geschätzten Betrag belastet und im Haben des Kontos **Rückstellungen (060, 061, 065)** gegengebucht.

Muster-AUFGABE

Wir erwarten für einen schwebenden Rechtsstreit Rechtsanwalts- und Gerichtskosten in Höhe von etwa 2.400,00 €. Wir rechnen mit dem Verlust des Rechtsstreits und bilden am Jahresende eine Rückstellung.

LÖSUNG

Buchung zum 31. Dezember:

1 Bildung der Rückstellung:

465 Rechts- und Beratungskosten .... **2.400,00 €**
an 065 Rückstellungen .... **2.400,00 €**

2 Abschluss des Aufwandskontos

94 GuV-Konto .... **2.400,00 €**
an 465 Rechts- und Beratungskosten .... **2.400,00 €**

3 Abschluss des Rückstellungskontos

065 Rückstellungen .... **2.400,00 €**
an 99 SB-Konto .... **2.400,00 €**

S	465 Rechts- u. Ber.-Ko.		H
1 065	2.400,00	2 94	2.400,00

S	065 Rückst.		H
3 99	2.400,00	1 465	2.400,00

Abschluss über SB

S	94 GuV-Konto		H
2 465	2.400,00		

Abschluss über SB

A	99 SB-Konto		B
		3 065	2.400,00

1 Weitere Möglichkeiten Rückstellungen zu bilden, werden in § 249 Abs. 1 und 2 HGB aufgeführt.

1.2.3 Die Auflösung von Rückstellungen

Folgende Ereignisse führen zur Auflösung einer Rückstellung:

- Der Grund für die Bildung der Rückstellung fällt weg.
  Zum Beispiel: Wir gewinnen den Prozess.
- Die Schuld steht jetzt ihrer Höhe nach fest und wird von uns beglichen.
  Zum Beispiel: Das Finanzamt stellt uns den rechtsverbindlichen Steuerbescheid für die Gewerbesteuer des letzten Geschäftsjahres zu, die wir überweisen.

GESETZ

Vgl. § 249 Abs. 2 HGB Rückstellung dürfen nur aufgelöst werden, soweit der Grund hierfür entfallen ist.

Muster-AUFGABE (Fortsetzung)

Der Rechtsstreit wird im Februar des nächsten Jahres entschieden.

a) Wir verlieren den Rechtsstreit. Die Anwalts- und Gerichtskosten betragen wie geschätzt 2.400,00 €.

b) Wir verlieren den Rechtsstreit. Die Anwalts- und Gerichtskosten betragen insgesamt 4.200,00 €.

c) Wider Erwarten gewinnen wir den Prozess. Die gesamten Kosten gehen zulasten des Prozessgegners.

LÖSUNG

a) Die Rückstellung entspricht der Schuld
Buchungsschritte:
- Auflösung der Rückstellung im neuen Jahr
- Überweisung der Schuld

065	**Rückstellungen**	**2.400,00 €**	
	an 102 Bank		**2.400,00 €**

b) Die Rückstellung ist geringer als die Schuld → Periodenfremder Aufwand
Buchungsschritte:
- Auflösung der Rückstellung im neuen Jahr
- Verbuchung des periodenfremden Aufwandes
- Überweisung der Schuld

065	**Rückstellungen**	**2.400,00 €**	
211	**Periodenfremde Aufwendungen**	**1.800,00 €**	
	an 102 Bank		**4.200,00 €**

c) Die Rückstellung ist höher als die Schuld → Periodenfremder Ertrag
Buchungsschritte:
- Auflösung der Rückstellung im neuen Jahr
- Verbuchung des periodenfremden Ertrages

065	**Rückstellungen**	**2.400,00 €**	
	an 289 Erträge aus der Auflösung von Rückstellungen		**2.400,00 €**

MERKE

Die im alten Geschäftsjahr geschätzte Höhe der Rückstellungen stimmt in der Regel nicht mit den im neuen Geschäftsjahr tatsächlich anfallenden Aufwendungen überein. Daher entsteht bei der Auflösung der Rückstellungen regelmäßig ein periodenfremder Aufwand oder periodenfremder Ertrag, da dieser Aufwand oder Ertrag nicht aus dem laufenden Geschäftsjahr resultiert.

FAZIT

Rückstellungen

Erfassung aller **Aufwendungen,**
- die am Bilanzstichtag ihrem Grunde nach feststehen,
- deren Höhe und/oder Fälligkeit am Jahresende aber noch nicht feststehen.

Höhe der Rückstellungen

Schätzung nach vernünftiger kaufmännischer Beurteilung

Zweck der Rückstellungen

Periodengerechte Erfolgsermittlung des Jahreserfolges, um vergleichbare Jahresabschlüsse zu erhalten

Buchung der Rückstellungen

- **Aufwand in der Kontenklasse 4 in geschätzter Höhe**
  - **406/412 Freiwillige soziale Leistungen**
  - **450 Gewerbesteuer**
  - **465 Rechts-, Prüfungs- und Beratungskosten**
- **Gegenbuchung als Verbindlichkeit auf dem Konto 06 Rückstellungen**

Auflösung der Rückstellung

- **Grund für die Rückstellung fällt weg.**
- **Höhe der genauen Schuld steht fest.**

Wirkung der Auflösung

Wegen der geschätzten Höhe der Rückstellungen sind bei der Auflösung drei Fälle möglich:

1. Die **Rückstellung entspricht der Schuld.**
   Keine Auswirkung auf den Erfolg des laufenden Geschäftsjahres.
2. Die **Rückstellung ist kleiner als die Schuld.**
   Es entsteht ein periodenfremder Aufwand und mindert den Erfolg des laufenden Geschäftsjahres.
3. Die **Rückstellung ist größer als die Schuld.**
   Es entsteht ein **periodenfremder Ertrag** und erhöht den Erfolg des laufenden Geschäftsjahres.

Aufgaben zum Sachverhalt

1

Aufgrund einer Betriebsprüfung muss Spedition Zimmermann KG mit einer Gewerbesteuernachzahlung in Höhe von 5.200,00 € rechnen.

a) Buchen Sie zum 31. Dezember.

b) Der Gewerbesteuerbescheid im neuen Geschäftsjahr beträgt

Alternative 1: 6.350,00 €, Alternative 2: 4.780,00 €.

2

Für einen laufenden Prozess rechnet die Spedition Kraut & Co. mit Kosten von ungefähr 14.000,00 €.

a) Buchen Sie zum 31. Dezember.

b) Kraut & Co. verlieren den Prozess und überweisen im neuen Geschäftsjahr

Alternative 1: 15.300,00 €, Alternative 2: 12.750,00 €.

3

a) Die Badische Lagerhaus AG, Lörrach, bildet am Jahresende eine Rückstellung in Höhe von 35.000,00 € für unterlassene Reparaturen der Lagerhalle.

b) Nach der Reparatur der Lagerhalle wird der Rechnungsbetrag über 32.000,00 € + 6.080,00 € USt Mitte Februar überwiesen.

4

Aufgrund einer Betriebsprüfung ist mit einer Gewerbesteuernachzahlung von 6.300,00 € zu rechnen.

a) Buchen Sie zum 31. Dezember.

b) Der Steuerbescheid des Finanzamtes beträgt

Alternative 1: 4.900,00 €, Alternative 2: 6.780,00 €.

5

a) Am Jahresende werden der Pensionsrückstellung für die Belegschaftsmitglieder der Internationalen Spedition Hering 132.000,00 € zugeführt.

b) Wegen Kündigung von Belegschaftsmitgliedern werden Pensionsrückstellungen in Höhe von 17.600,00 € aufgelöst.

6

Die Jahresabschlussrechnung der Berufsgenossenschaft steht am Jahresende noch aus. Spedition Mollenkopf KG schätzt den Aufwand auf 2.600,00 €.

a) Buchen Sie zum 31. Dezember

b) Die Jahresabschlussrechnung der Berufsgenossenschaft über 1.980,00 € geht am 22. Januar des neuen Jahres bei der Spedition Mollenkopf KG ein.

Buchen Sie die Überweisung der Unfallversicherungsbeiträge.

7

Die Logsped AG, Dresden, produziert Regalfördersysteme, für die sie eine Garantie von 12 Monaten gewährt. Der Jahresumsatz für das laufende Geschäftsjahr beträgt 1,85 Mio. €. Als Rückstellungsprozentsatz dient der Durchschnitt der Gewährleistungen aus den letzten 5 Geschäftsjahren.

Geschäftsjahr	01	02	03	04	05
Umsatz in T€	820	740	1.090	1.350	1.720
Gewährleistungen in T€	20,50	16,65	38,15	43,20	48,16

Buchen Sie zum 31. Dezember.

8

Prüfen Sie, ob aufgrund folgender Sachverhalte zum 31. Dezember eine Rückstellung zu bilden ist.

a) Aufgrund mehrerer Fehldispositionen sind Garantieansprüche unserer Kunden in Höhe von ungefähr 12.000,00 € zu erwarten.

b) Aus Kulanzgründen sind weitere Ersatzleistungen in Höhe von 3.000,00 € sehr wahrscheinlich.

c) Ein Verzichtkunde klagt gegen uns wegen vorsätzlicher mangelhafter Ausführung eines Auftrages.

d) Am Jahresende bestehen Ansprüche wegen noch nicht genommenen Urlaubs unserer Mitarbeiter in Höhe von 8.500,00 €.

e) Aufgrund einer Betriebsprüfung rechnen wir für das abgelaufene Geschäftsjahr mit einer Gewerbesteuernachzahlung von 12.800,00 €.

f) Das Dach eines Lagerschuppens muss nach einem Sturm im Dezember dringend repariert werden. Der Kostenvoranschlag des Dachdeckers für Januar beträgt 38.080,00 € brutto.

Sonstige Forderungen 1.3

Während des alten Geschäftsjahres fallen Erträge an, die bis zum Bilanzstichtag noch nicht erfasst wurden, da sie erst im nächsten Geschäftsjahr zu Einnahmen werden. Um den Erfolg des alten Geschäftsjahres periodengerecht ermitteln zu können, sind diese Erträge durch eine vorbereitende Abschlussbuchung als **Ertrag des alten Jahres** zu erfassen.

1 Muster-AUFGABE

Die Volksbank Wernigerode schreibt 600,00 € Zinsen für das letzte Quartal erst im neuen Jahr gut.

LÖSUNG

Darstellung des Sachverhalts: **Bilanzstichtag 31. Dezember**

Altes Geschäftsjahr				Neues Geschäftsjahr			
Sept.	Okt.	Nov.	Dez.	Jan.	Febr.	März	April
600,00 € **Ertrag im alten Jahr**				600,00 € **Einnahme im neuen Jahr**			

Die Zinsen für das letzte Quartal sind ein Ertrag des alten Jahres, die aber erst im neuen Jahr zu Einnahmen führen. Zum 31. Dezember des alten Jahres sind die 600,00 € als **„Sonstige Forderungen“** zu buchen.

MERKE

Erträge, die wirtschaftlich in das alte Jahr gehören, jedoch erst im neuen Jahr zu Einnahmen werden, müssen am Bilanzstichtag (31. Dezember) als **Forderungen** auf dem Konto **„1492 Sonstige Forderungen“** gebucht werden.

Begründung: Der Jahresgewinn des Speditionsunternehmens muss periodengenau ermittelt werden. Die 600,00 € Zinsertrag erhöhen im alten Jahr die Erträge und somit auch den Jahresgewinn.

LÖSUNG (Fortsetzung)

Buchung zum 31. Dezember:

1 Erfassung des Ertrages:

		Soll	Haben
1492 Sonstige Forderungen		**600,00 €**	
	an 271 Zinserträge		**600,00 €**

2 Abschluss des Kontos „Sonstige Forderungen"

		Soll	Haben
99 SB-Konto		**600,00 €**	
	an 1492 Sonstige Forderungen		**600,00 €**

3 Abschluss des Kontos „Zinserträge"

		Soll	Haben
271 Zinserträge		**600,00 €**	
	an 94 GuV-Konto		**600,00 €**

S — **1492 Sonstige Forderungen** — H

S		H	
1	600,00	2	600.00

S — **271 Zinserträge** — H

S		H	
3	600,00	1	600.00

Abschluss über SB

Abschluss über SB

A — **99 SB-Konto** — P

A		P	
2	600,00		

A — **94 GuV-Konto** — P

A		P	
		3	600,00

Im neuen Geschäftsjahr wird das Aktivkonto „Sonstige Forderungen" mit dem Bestand 600,00 € eröffnet.

4 Buchung im neuen Geschäftsjahr bei Gutschrift der Zinsen

		Soll	Haben
102 Bank		**600,00 €**	
	an 1492 Sonstige Forderungen		**600,00 €**

S — **1492 Sonstige Forderungen** — H

S		H	
AB	600,00	4	600.00

S — **102 Bank** — H

S		H	
4	600,00		

2 Muster-**AUFGABE**

Unser Mieter zahlt die Miete für die Monate November, Dezember und Januar nachträglich am 15. Februar des neuen Geschäftsjahres; 7.200,00 €.

LÖSUNG

Darstellung des Sachverhalts: **Bilanzstichtag 31. Dez.**

Altes Geschäftsjahr				Neues Geschäftsjahr			
Sept.	Okt.	Nov.	Dez.	Jan.	Febr.	März	April
		4.800,00 € **Ertrag im alten Jahr**		2.400,00 € **Ertrag im neuen Jahr**	7.200,00 € **Einnahme im neuen Jahr**		

Die Mieterträge für die Monate November und Dezember sind ein Ertrag des alten Jahres, die aber erst im neuen Jahr zu Einnahmen führen. Zum 31. Dezember des alten Jahres sind die anteiligen 4.800,00 € als **„Sonstige Forderungen"** zu buchen.

LÖSUNG (Fortsetzung)

Buchung zum 31. Dezember:

1 Erfassung des Ertrages

1492 Sonstige Forderungen		**4.800,00 €**	
	an 280 Gebäudeerträge		**4.800,00 €**

2 Abschluss des Kontos „Sonstige Forderungen"

99 SB-Konto		**4.800,00 €**	
	an 1492 Sonstige Forderungen		**4.800,00 €**

3 Abschluss des Kontos „Gebäudeerträge"

280 Gebäudeerträge		**4.800,00 €**	
	an 94 GuV-Konto		**4.800,00 €**

S	1492 Sonstige Forderungen		H
1	4.800,00	2	4.800.00

S	280 Gebäudeerträge		H
3	4.800,00	1	4.800.00

Abschluss über SB

A	99 SB-Konto		P
2	4.800,00		

Abschluss über SB

A	94 GuV-Konto		P
		3	4.800,00

Im neuen Geschäftsjahr wird das Aktivkonto „Sonstige Forderungen" mit dem Bestand 4.800,00 € eröffnet.

4 **Buchung im neuen Geschäftsjahr bei Gutschrift der Mieterträge**

102 Bank		**7.200,00 €**	
	an 1492 Sonstige Forderungen		**4.800,00 €**
	280 Gebäudeerträge		**2.400,00 €**

S	1492 Sonstige Forderungen		H
AB	4.800,00	4	4.800.00

S	102 Bank		H
4	7.200,00		

S	280 Gebäudeerträge		H
		4	2.400.00

Aufgaben zu Sonstige Forderungen

	Buchen Sie die Abgrenzung zum 31. Dezember.
1	Ein Mieter hat die zum 1. Dezember fällige Dezembermiete von 3.450,00 € bis zum Jahresabschluss (31. Dezember) noch nicht gezahlt.
2	Frachtführer Sperling hat bei der Spedition Möck & Co. am 1. September ein Darlehen in Höhe von 20.000,00 € zu 10 % p. a. aufgenommen. Vereinbarungsgemäß hat er die halbjährlich fälligen Darlehenszinsen Ende Februar zu begleichen.
3	Spedition Klenk erhält die Mietzahlungen für vermietete Lagerräume für die Monate November bis einschließlich Januar in der Höhe von 16.500,00 € erst am 1. Februar.
4	Für eine Festgeldanlage über 60.000,00 € erhält Spedition Roth & Schwarz 9 % Zinsen p. a. Die Abrechnung erfolgt am 30. März nächsten Jahres für das vergangene Halbjahr.

1.4 Sonstige Verbindlichkeiten

Während des alten Geschäftsjahres fallen Aufwendungen an, die bis zum Bilanzstichtag noch nicht erfasst wurden, da sie erst im nächsten Geschäftsjahr zu Ausgaben werden. Um den Erfolg des alten Geschäftsjahres periodengerecht ermitteln zu können, sind diese Aufwendungen durch eine vorbereitende Abschlussbuchung als **Aufwand des alten Jahres** zu erfassen.

1 Muster-AUFGABE

Spedition Römmele KG überweist die Dezembermiete für gemietete Büroräume vereinbarungsgemäß erst Mitte Januar, 6.800,00 €.

LÖSUNG

Darstellung des Sachverhalts: **Bilanzstichtag 31. Dezember**

Altes Geschäftsjahr		Neues Geschäftsjahr	
Nov.	Dez.	Jan.	Febr.
	6.800,00 € **Aufwand im alten Jahr**	6.800,00 € **Ausgabe im neuen Jahr**	

Die Miete für den letzten Monat ist ein Aufwand des alten Jahres, der aber erst im neuen Jahr zu Ausgaben führt. Zum 31. Dezember des alten Jahres sind die 6.800,00 € als **„Sonstige Verbindlichkeiten“** zu buchen.

MERKE

Aufwendungen, die wirtschaftlich in das alte Jahr gehören, jedoch erst im neuen Jahr zu Ausgaben werden, müssen am Bilanzstichtag (31. Dezember) als **Verbindlichkeiten** auf dem Konto **„1692 Sonstige Verbindlichkeiten“** gebucht werden.
Begründung: Der Jahresgewinn des Speditionsunternehmens muss periodengenau ermittelt werden. Die 6.800,00 € Mietaufwand erhöhen im **alten Jahr den Aufwand und mindern somit den Jahresgewinn.**

LÖSUNG (Fortsetzung)

Buchung zum 31. Dezember:

1 Erfassung des Aufwandes

430	**Mietkosten**	**6.800,00 €**	
	an 1692 Sonstige Verbindlichkeiten		**6.800,00 €**

2 Abschluss des Kontos „Sonstige Verbindlichkeiten“

1692	**Sonstige Verbindlichkeiten**	**6.800,00 €**	
	an 99 SB-Konto		**6.800,00 €**

3 Abschluss des Kontos „Mietkosten“

94	**GuV-Konto**	**6.800,00 €**	
	an 430 Mietkosten		**6.800,00 €**

S	430 Mietkosten		H
1	6.800,00	3	6.800,00

S	1692 Sonst. Verb		H
3	6.800,00	1	6.800,00

Abschluss über GuV

A	94 GuV-Konto		P
3	6.800,00		

Abschluss über SB

A	99 SB-Konto		P
		2	6.800,00

Im neuen Geschäftsjahr wird das Passivkonto „Sonstige Verbindlichkeiten“ mit dem Bestand 6.800,00 € eröffnet.

4 **Buchung im neuen Geschäftsjahr bei Überweisung der Miete**

1692	**Sonstige Verbindlichkeiten**	**6.800,00 €**	
	an 102 Bank		**6.800,00 €**

S	1692 Sonst. Verbindlichk.		H
4	6.800,00	AB	6.800,00

S	102 Bank		H
		4	6.800,00

2 Muster-AUFGABE

Für einen Kredit vom 1. November bis 31. Januar zahlt Spedition Rehn nachträglich 360,00 € Zinsen.

LÖSUNG

Darstellung des Sachverhalts: **Bilanzstichtag 31. Dez.**

Altes Geschäftsjahr				Neues Geschäftsjahr			
Sept.	Okt.	Nov.	Dez.	Jan.	Febr.	März	April
		240,00 €		120,00 €	360,00 €		
		Aufwand im alten Jahr		**Aufwand im neuen Jahr**	**Ausgbe im neuen Jahr**		

Die Zinsen für die Monate November und Dezember sind ein Aufwand des alten Jahres, der aber erst im neuen Jahr zu Ausgaben führt. Zum 31. Dezember des alten Jahres sind die anteiligen 240,00 € als **„Sonstige Verbindlichkeiten"** zu buchen.

LÖSUNG (Fortsetzung)

Buchung zum 31. Dezember:

1 Erfassung des Aufwands

221 Zinsaufwendungen	**240,00 €**	
an 1692 Sonstige Verbindlichkeiten		**240,00 €**

2 Abschluss des Kontos „Sonstige Verbindlichkeiten"

1692 Sonstige Verbindlichkeiten	**240,00 €**	
an 99 SB-Konto		**240,00 €**

3 Abschluss des Kontos „Zinsaufwendungen"

94 GuV-Konto	**240,00 €**	
an 221 Zinsaufwendungen		**240,00 €**

S	221 Zinsaufwendungen		H
1	240,00	3	240.00

S	1692 Sonst. Verbindlichkeiten		H
2	240,00	1	240,00

Abschluss über GuV

A	94 GuV-Konto		P
3	240,00		

Abschluss über SB

A	99 SB-Konto		P
		2	240,00

Im neuen Geschäftsjahr wird das Passivkonto „Sonstige Verbindlichkeiten" mit dem Bestand 240,00 € eröffnet.

4 **Buchung im neuen Geschäftsjahr bei Überweisung der Zinsen**

1692 Sonstige Verbindlichkeiten	**240,00 €**	
221 Zinsaufwendungen	**120,00 €**	
an 102 Bank		**360,00 €**

S	1692 Sonst. Verbindlichkeiten		H
4	240,00	AB	240,00

S	102 Bank		H
		4	360,00

S	221 Zinsaufwendungen		H
4	120.00		

Aufgaben zu Sonstige Verbindlichkeiten

Buchen Sie die Abgrenzung zum 31. Dezember.

1 Von den 16.500,00 € Fahrerlöhnen vom 29. Dezember bis zum 3. Januar entfallen 48 % auf das alte Jahr.

2 Die Transportversicherungsprämien für Dezember in Höhe von 6.545,00 € werden erst im Januar abgeführt.rägern

Am 1. Dezember wurden neue Lkws angemeldet. Spedition Breuling erwartet die Kfz-Steuerabbuchung im Januar. Die jährliche Kfz-Steuer beträgt 6.180,00 €.	3
Spedition Kunkel OHG nimmt zum 1. September einen Kredit über 120.000,00 € auf, Zinssatz 8 %, Zinstermin nachträglich halbjährlich.	4

Aktive Rechnungsabgrenzung (ARA) 1.5

Während des alten Geschäftsjahres fallen Ausgaben für Aufwendungen des folgenden Geschäftsjahres an. Um den Erfolg des alten Geschäftsjahres periodengerecht ermitteln zu können, sind diese bereits im alten Geschäftsjahr als Aufwand gebuchten Ausgaben durch eine vorbereitende Abschlussbuchung zu „stornieren“ und auf ein aktives Bestandskonto umzubuchen. Durch die vorzeitige Bezahlung (Ausgabe im alten Jahr) entsteht eine **Leistungsforderung** an den Empfänger der Zahlung.

1 Muster-AUFGABE

Spedition Grüner begleicht 1.800,00 € Kfz-Versicherung für das folgende Jahr bereits am 18. Dezember per Banküberweisung

LÖSUNG

Darstellung des Sachverhalts:

Bilanzstichtag

Altes Geschäftsjahr	Neues Geschäftsjahr						
Dez.	Jan.	Febr.	März	April	...	...	Dez
↑ 1.800,00 € **Ausgabe im alten Jahr**	1.800,00 € **Aufwand im neuen Jahr**						

Die Ausgabe für die Kfz-Versicherung erfolgt im alten Jahr, stellt aber in voller Höhe Aufwand des neuen Geschäftsjahres dar. Zum 31. Dezember des alten Jahres sind die bereits als Aufwand überwiesenen und gebuchten 1.800,00 € Kfz-Versicherung zu korrigieren, indem sie umgebucht („neutralisiert“, „storniert“) werden auf das Konto **„Aktive Rechnungsabgrenzungsposten“**

MERKE

Aufwendungen, die wirtschaftlich ins neue Jahr gehören, aber bereits im alten Geschäftsjahr gebucht wurden, müssen am Jahresende auf das Konto **070 Aktive Rechnungsabgrenzungsposten** gebucht („storniert“) werden.

Begründung: Der Jahresgewinn des Speditionsunternehmens muss **periodengenau** ermittelt werden. Die bereits für das nächste Jahr gebuchte Kfz-Versicherung würde den Gewinn des alten Geschäftsjahres um 1.800,00 € mindern.

Im Konto **„Aktive Rechnungsabgrenzungsposten“** werden **Leistungsforderungen** gesammelt; die im Voraus bezahlte Kfz-Versicherung begründet einen Versicherungsschutz für das folgende Jahr.

LÖSUNG
(Fortsetzung)

Buchung zum 18. Dezember:

1 Erfassung des Aufwands

430	**Mietkosten**	**6.800,00 €**	
	an 1692 Sonstige Verbindlichkeiten		**6.800,00 €**

Buchung zum 31. Dezember:

2 Neutralisierung/Stornierung des Aufwands:

070	**ARA**	**1.800,00 €**	
	an 424 Kfz-Versicherung		**1.800,00 €**

3 Abschluss des Kontos „Aktive Rechnungsabgrenzungsposten":

99	**SB-Konto**	**1.800,00 €**	
	an 070 ARA		**1.800,00 €**

Abschluss des Kontos „Kfz-Versicherung"

Eine Abschlussbuchung aus diesem Geschäftsfall entfällt, da der ursprüngliche Aufwand 1.800,00 € durch die Umbuchung auf das Konto „ARA" storniert wurde.

S — 424 Kfz-Versicherung — H

S		H	
1	1.800,00	2	1.800.00

S — 070 ARA — H

S		H	
2	1.800,00	3	1.800.00

↓ Keine Auswirkung auf Erfolgsrechnung

↓ Abschluss über SB

S — 94 GuV-Konto — H

S	H

A — 99 SB-Konto — P

A		P
3	1.800,00	

S — 102 Bank — H

S	H	
	1	1.800.00

Im neuen Geschäftsjahr wird das Aktivkonto „Aktive Rechnungsabgrenzungsposten" mit dem Bestand 1.800,00 € eröffnet.

4 **Buchung im neuen Geschäftsjahr zur Erfassung des Aufwandes**

424	**Kfz-Versicherung**	**1.800,00 €**	
	an 070 ARA		**1.800,00 €**

S — 070 ARA — H

S		H	
AB	1.800,00	1	1.800.00

S — 424 Kfz-Versicherung — H

S		H
4	1.800,00	

2
Muster-
AUFGABE

Spedition Menzel mietet ab 1. Dezember Büroräume für monatlich 2.700,00 €. Laut Mietvertrag überweist sie die Miete am 30. November für ein Vierteljahr mit 8.100,00 € im Voraus.

LÖSUNG

Darstellung des Sachverhalts: **Bilanzstichtag 31. Dezember**

Altes Geschäftsjahr		Neues Geschäftsjahr	
Nov.	Dez.	Jan.	Febr.
8.100,00 € **Ausgabe im alten Jahr**	2.400,00 € **Aufwand im alten Jahr**	5.400,00 € **Aufwand im neuen Jahr**	

Ende November wird die Miete für die nächsten drei Monate überwiesen und als Aufwand gebucht. Allerdings betreffen lediglich die 2.700,00 € Mietaufwand des Dezembers die Erfolgsrechnung des alten Jahres. Deshalb ist zum 31. Dezember der Mietaufwand für Januar und Februar (5.400,00 €) durch eine Umbuchung auf das Konto „Aktive Abgrenzungsposten" zu „stornieren". Somit verbleibt nur die Dezembermiete in Höhe von 2.700,00 € in der Erfolgsrechnung des alten Jahres und mindert den Gewinn in dieser Höhe. Der Mietaufwand für Januar und Februar mindert den Jahreserfolg des neuen Geschäftsjahres.

LÖSUNG (Fortsetzung)

Buchung zum 30. November:

1 Erfassung des Aufwands

430 Mietkosten .... **8.100,00 € an 102 Bank** .... **8.100,00 €**

Buchung zum 31. Dezember:

2 Neutralisierung/Stornierung des Aufwands, der das neue Jahr betrifft

70 ARA .... **5.400,00 € an 430 Mietkosten** .... **5.400,00 €**

3 Abschluss des Kontos „Aktive Rechnungsabgrenzungsposten"

99 SB-Konto .... **5.400,00 € an 070 ARA** .... **5.400,00 €**

4 Abschluss des Kontos „Mietkosten"

94 GuV-Konto .... **2.700,00 € an 430 Mietkosten** .... **2.700,00 €**

S 430 Mietkosten H

S		H	
1	8.100,00	2	5.400,00
		4	2.700,00
	8.100,00		8.100,00

S 070 ARA H

S		H	
2	5.400,00	3	5.400,00

Abschluss über GuV

S 94 GuV-Konto H

S		H	
4	2.700,00		

Abschluss über SB

A 99 SB-Konto P

A		P	
3	5.400,00		

S 102 Bank H

S		H	
		1	8.100,00

Fortsetzung

4 Buchung im neuen Geschäftsjahr zur Erfassung des Ertrages

072 PRA		3.600,00 €	
	an 271 Zinserträge		3.600,00 €

S	072 PRA		H
4	3.600,00	AB	3.600,00

S	271 Zinserträge		H
		4	3.600,00

2 Muster-AUFGABE

Spedition Erlewein erhält für vermietete Lagerflächen von ihrem Mieter die Vierteljahresmiete in Höhe von 5.700,00 € vereinbarungsgemäß am 30. November im Voraus per Banküberweisung.

LÖSUNG

Darstellung des Sachverhalts:

Bilanzstichtag 31. Dezember

Altes Geschäftsjahr		Neues Geschäftsjahr	
Nov.	Dez.	Jan.	Febr.
5.700,00 € **Einnahmen im alten Jahr**	1.900,00 € **Ertrag im alten Jahr**	3.8000,00 € **Ertrag im neuen Jahr**	

Spedition Erlewein erhält am 30. November die Miete für die nächsten drei Monate und verbucht deshalb am 30. November einen Ertrag von 5.700,00 €. Allerdings betreffen lediglich die 1.900,00 € Mietertrag des Dezembers die Erfolgsrechnung des alten Jahres. Deshalb ist zum 31. Dezember der Mietertrag für Januar und Februar (3.800,00 €) durch eine Umbuchung auf das Konto „Passive Abgrenzungsposten" zu „stornieren". Somit verbleibt nur die Dezembermiete in Höhe von 1.900,00 € in der Erfolgsrechnung des alten Jahres und erhöht den Gewinn. Der Mietertrag für Januar und Februar erhöht den Jahreserfolg des neuen Geschäftsjahres.

LÖSUNG (Fortsetzung)

Buchung zum 30. November:

1 Erfassung des Ertrags

102 Bank .... 5.700,00 € an 280 Gebäudeerträge .... 5.700,00 €

Buchungen zum 31. Dezember:

2 Neutralisierung/Stornierung des Aufwands, der das neue Jahr betrifft

280 Gebäudeerträge .... 3.800,00 € an 72 PRA .... 3.800,00 €

3 Abschluss des Kontos „Passive Rechnungsabgrenzungsposten"

070 PRA .... 3.800,00 € an 99 SB-Konto .... 3.800,00 €

4 Abschluss des Kontos „Gebäudeerträge"

280 Gebäudeerträge .... 1.900,00 € an 94 GuV-Konto .... 1.900,00 €

S	280 Gebäudeerträge		H
2	3.800,00	1	5.700,00
4	1.900,00		
	5.700,00		5.700,00

S	070 PRA		H
3	3.800,00	2	3.800,00

Abschluss über GuV

S	94 GuV-Konto		H
		4	1.900,00

Abschluss über SB

A	99 SB-Konto		P
		3	3.800,00

S	102 Bank		H
1	5.700,00		

Im neuen Geschäftsjahr wird das Passivkonto „Passive Rechnungsabgrenzungsposten" mit dem Bestand 3.800,00 € eröffnet.

5 Buchung im neuen Geschäftsjahr zur Erfassung des Ertrages

072 PRA	**3.800,00 €**	
an 280 Gebäudeerträge		**3.800,00 €**

S	072 PRA		H
5	3.800,00	AB	3.800,00

S	280 Gebäudeerträge		H
		5	3.800,00

Aufgaben zur Passiven Rechnungsabgrenzung

Buchen Sie jeweils
- **a) den Geschäftsfall.**
- **b) die Abgrenzung zum 31. Dezember**
- **c) die Erfassung des Ertrages im neuen Geschäftsjahr.**

1 Ein Lagerarbeiter zahlt die Halbjahreszinsen von 3.000,00 € für ein ihm gewährtes Mitarbeiterdarlehen am 1. Oktober bar für ein Halbjahr im Voraus.

2 Die Lagermiete wurde von unserem Kunden am 1. November vertragsgemäß für ein Vierteljahr im Voraus überwiesen, 3.450,00 €.

Aufgaben zur zeitlichen Abgrenzung

1 Zinsen für das laufende Geschäftsjahr werden von unserer Bank erst im Februar des nächsten Jahres gutgeschrieben; 2.300,00 €. **Buchen Sie zum 31. Dezember.**

2 Der DSLV-Beitrag für das nächste Geschäftsjahr wurde bereits im November überwiesen; 1.050,00 €. **Buchen Sie zum 31. Dezember.**

3 Bankgutschrift im November für Mieten; 6.000,00 €, die das erste Quartal des neuen Geschäftsjahres betreffen. **Buchen Sie zum 31. Dezember.**

4 Der DSLV-Beitrag für das laufende Geschäftsjahr wird erst im neuen Geschäftsjahr überwiesen; 890,00 €. **Buchen Sie zum 31. Dezember.**

5

Spedition Frießinger pachtet ein Grundstück als Lagerplatz und überweist jeweils am 1. März und 1. September nachträglich 10.200,00 € Pacht für das vorausgegangene Halbjahr.

a) Buchen Sie die zeitliche Abgrenzung zum 31. Dezember. b) Buchen Sie zum 1. März.

6

Fuhrunternehmer Knurps gewährt am 31. Oktober einem Fahrer ein Darlehen über 6.000,00 € zum Zinssatz von 7 %. Die Zinsen sind halbjährlich nachträglich jeweils am 30. April und 31. Oktober zu überweisen.

a) Buchen Sie die zeitliche Abgrenzung zum 31. Dezember. b) Buchen Sie zum 30. April.

7

Spedition Bunk überweist am 28. November die fälligen Kfz-Steuern über 2.160,00 € für die Zeit vom 1. Dezember des laufenden Geschäftsjahres bis zum 31. Mai des folgenden Geschäftsjahres.

a) Buchen Sie die Ausgabe am 28. November.
b) Buchen Sie die zeitliche Abgrenzung zum 31. Dezember.
c) Buchen Sie zum 1. Januar des neuen Geschäftsjahres.

8

Am 1. November hat ein Mieter die Vierteljahresmiete über 4.500,00 € für die Monate November, Dezember und Januar auf das Bankkonto der Spedition Haag überwiesen.

a) Buchen Sie die Einnahme am 1. November.
b) Buchen Sie die zeitliche Abgrenzung zum 31. Dezember.
c) Buchen Sie zum 1. Januar des neuen Geschäftsjahres.

Zusammenfassende Übersicht: Zeitliche Abgrenzung

FAZIT

Zeitpunkt der Zahlung

Altes Jahr		Neues Jahr	
Eine Spedition begleicht einen Aufwand des neuen Jahres vor dem Bilanzstichtag, z. B. Mietaufwand.	Eine Spedition erhält einen Ertrag des neuen Jahres vor dem Bilanzstichtag, z. B. Zinserträge.	Eine Spedition begleicht einen Aufwand des alten Jahres nach dem Bilanzstichtag, z. B. Mietaufwand.	Eine Spedition erhält einen Ertrag des alten Jahres nach dem Bilanzstichtag, z. B. Zinserträge.
↓	↓	↓	↓
im Voraus bezahlt (bereits im alten Geschäftsjahr für das neue Geschäftsjahr)	**im Voraus erhalten** (bereits im alten Geschäftsjahr für das neue Geschäftsjahr)	**noch zu bezahlen** (erst im neuen Geschäftsjahr für das alte Geschäftsjahr)	**noch zu erhalten** (erst im neuen Geschäftsjahr für das alte Geschäftsjahr)
↓	↓	↓	↓
Aktive Rechnungsabgrenzungsposten	**Passive Rechnungsabgrenzungsposten**	**Sonstige Verbindlichkeiten**	**Sonstige Forderungen**

Bewertung der Vermögensgegenstände und Schulden am Bilanzstichtag 2

Notwendigkeit der Bewertung 2.1

GESETZ

§ 242 Abs. 1 HGB

Der Kaufmann hat zu Beginn seines Handelsgewerbes und für den Schluss eines jeden Geschäftsjahrs einen das Verhältnis seines Vermögens und seiner Schulden darstellenden Abschluss (Eröffnungsbilanz, Bilanz) aufzustellen.

Der Spediteur muss also die einzelnen Vermögensteile und Schulden in das Inventar und die Schlussbilanz übernehmen. Bei den Anlagegütern und Forderungen sind beispielsweise entsprechende Abschreibungen vorzunehmen. Weiterhin sind etwaige Rückstellungen zu bilden. Die Bewertung der Bilanzposten wirkt sich entscheidend auf den Jahreserfolg aus. Ein Mehr oder Weniger im Wertansatz (z. B. Abschreibungen) hat ein gleiches Mehr oder Weniger an Gewinn zur Folge.

Auswirkung der Bewertung auf den Jahreserfolg. Wird beispielsweise das Vermögen falsch bewertet, führt dies zwangsläufig zu einer falschen Darstellung der Vermögenslage und des Jahreserfolges des Spediteurs.

Beispiel: Werden die Abschreibungen für den Fuhrpark nicht leistungsbezogen, sondern in geringerer Höhe vorgenommen, weist die Vermögensposition „Fuhrpark" eine zu hohe Bewertung (= zu hohes Vermögen) aus.

Insbesondere die Gläubiger des Unternehmens müssen vor einer Täuschung durch zu hohe Bewertung der Vermögensposten geschützt werden (Gläubigerschutz). Aber andererseits muss auch im Interesse des Steueraufkommens eine zu niedrige Bewertung verhindert werden. Der Gesetzgeber hat deshalb Bewertungsvorschriften erlassen, die willkürliche Über- und Unterbewertungen verbieten.

Steuerrechtliche Bewertung. Die **steuerrechtliche Bewertung** (Steuerbilanz) soll die Ermittlung des steuerpflichtigen Gewinns nach einheitlichen Grundsätzen sicherstellen und damit eine „gerechte" Besteuerung ermöglichen. Die steuerrechtlichen Vorschriften sind in den §§ 5–7 des Einkommensteuergesetzes enthalten. Sie gelten für alle Unternehmen.

Handelsrechtliche Bewertung. Die **handelsrechtliche Bewertung** (Handelsbilanz) soll in erster Linie dem Gläubigerschutz und der Kapitalerhaltung dienen. Das **Prinzip der Vorsicht** ist oberster Bewertungsgrundsatz. Folglich führt die handelsrechtliche Bewertung zu einer **Unterbewertung des Vermögens** und **Überbewertung der Schulden.** Die handelsrechtlichen Bewertungsvorschriften nach den §§ 252—256 HGB gelten ebenfalls für alle Unternehmen.

MERKE

Bewertung bedeutet die Bestimmung des Wertansatzes für die einzelnen Vermögensgegenstände und Schulden in der Jahresbilanz.

Bewertung beeinflusst die Höhe des Jahreserfolges. Bewertungsvorschriften verhindern die willkürliche Über- und Unterbewertung.

2.2 Bewertungsübersicht nach HGB

Bewertungsgrundsätze nach HGB. Gemäß § 252 HGB sind Vermögensgegenstände und Schulden zum Bilanzstichtag einzeln und vorsichtig zu bewerten. Risiken und vorhersehbare Verluste sind deshalb zu berücksichtigen. Dieses Prinzip der Vorsicht wirkt sich auf der Aktivseite als Niederstwertprinzip aus, nach dem Vermögensgegenstände grundsätzlich mit dem niedrigeren Wert anzusetzen sind. Auf der Passivseite gilt das Höchstwertprinzip, nach dem die Schulden mit dem jeweils höheren Wert angesetzt werden müssen.

Eine Bewertung, die das Vermögen unterbewertet, Schulden aber eher überbewertet, entspricht dem Vorsichtsprinzip und dem Gläubigerschutz.

2.2.1 Bewertung des Anlagevermögens

Bei der Bewertung des Anlagevermögens muss zwischen abnutzbaren und nicht abnutzbaren Gegenständen des Anlagevermögens unterschieden werden.

Abnutzbare Anlagegüter sind mit den Anschaffungs- oder Herstellungskosten abzüglich **planmäßiger Abschreibungen** auch als fortgeführte Anschaffungs- oder Herstellungskosten anzusetzen. **Außerplanmäßige Abschreibungen** sind zusätzlich im Falle einer dauernden Wertminderung vorzunehmen, beispielsweise bei Schadensfällen oder Wertverfall durch technischen Fortschritt. Nach § 253 Abs. 2 HGB besteht hierbei Abschreibungspflicht.

Ist die Wertminderung nicht dauernd, muss die Abschreibung nicht erfolgen (gemildertes Niederstwertprinzip).

Nicht abnutzbare Anlagegüter sind höchstens zu den Anschaffungskosten anzusetzen. Bei einer dauernden Wertminderung muss eine außerplanmäßige Abschreibung auf den niedrigeren Tageswert erfolgen. Nicht abnutzbare Anlagegüter sind beispielsweise: Grundstücke, Wertpapiere und Beteiligungen als Daueranlage.

Positionen des Anlagevermögens	Bewertungsvorschriften
Grundstücke	Grundstücke sind mit den Anschaffungskosten anzusetzen. Sie dürfen nicht planmäßig abgeschrieben werden, da sie nicht abnutzbar sind. Außergewöhnliche Ereignisse werden als außerplanmäßige Abschreibung erfasst.
Bauten	Bauten werden linear abgeschrieben. Wertansatz: Anschaffungskosten abzüglich Abschreibungen.
Bewegliches Anlagevermögen – Maschinen – Betriebs- und Geschäftsausstattung – Fuhrpark	Das bewegliche abnutzbare Anlagevermögen darf wahlweise linear oder degressiv abgeschrieben werden. In der Bilanz sind Anschaffungskosten abzüglich Abschreibungen anzusetzen.
Software (Computerprogramme)	– Betriebsspezifische Computerprogramme (Individualprogramme) werden linear und zeitanteilig abgeschrieben. – Standardsoftware (nicht betriebsspezifisch entwickelte) wird entsprechend den GWG-Regelungen abgeschrieben; vgl. Seite 95

Bewertung des Umlaufvermögens 2.2.2

Die Gegenstände des Umlaufvermögens dürfen höchstens mit ihren Anschaffungskosten bewertet werden. Ist jedoch der Tageswert am Bilanzstichtag niedriger, muss der niedrigere Tageswert angesetzt werden. Von den beiden Werten Anschaffungskosten und Tageswert ist stets der niedrigere anzusetzen (strenges Niederstwertprinzip). Vgl. § 253 Abs. 3 HGB.

Positionen des Anlagevermögens	Bewertungsvorschriften
Vorräte – Treibstoffe – Schmiermittel – Reifen – Ersatzteile – Heizmaterial – Büromaterial	Für gleichartige Gegenstände des Vorratsvermögens, die zu unterschiedlichen Preisen angeschafft worden sind, darf ein Durchschnittswert[1] ermittelt und angesetzt werden. Ist allerdings der Tageswert am Bilanzstichtag niedriger, so ist dieser anzusetzen.
Forderungen	sind mit dem wahrscheinlichen Wert anzusetzen. Uneinbringliche Forderungen sind abzuschreiben.
Wertpapiere des Umlaufvermögens (kurzfristige Anlage)	Der niedrigere Wert ist anzusetzen; Tageswert am Bilanzstichtag oder letzter Bilanzansatz (höchstens Anschaffungskosten)
Flüssige Mittel	Nennwert

1 Muster-AUFGABE

Am Bilanzstichtag beträgt der Reifenvorrat laut Inventur 40 Stück. Die Anschaffungskosten betrugen 270,00 € je Stück.

Ermitteln Sie den Wertansatz der vorrätigen Reifen, wenn der Reifenpreis am Bilanzstichtag 300,00 € netto beträgt.

LÖSUNG

Anschaffungskosten:	40 · 270,00 € = 10.800,00 €
Tageswert am Bilanzstichtag:	40 · 300,00 € = 12.000,00 €
Bilanzansatz:	40 · 270,00 € = **10.800,00 €**

Das **strenge Niederstwertprinzip** bedingt hier einen Wertansatz von 270,00 € je Reifen, da die Anschaffungskosten nie überschritten werden dürfen. Ansonsten würde ein Gewinn ausgewiesen, der durch Umsatz noch nicht entstanden (realisiert) ist. Nicht realisierte Gewinne dürfen aus Gründen der kaufmännischen Vorsicht nicht ausgewiesen werden.

1 Außer dem Durchschnittswert können unter bestimmten Voraussetzungen nachstehende Wertansätze verwendet werden:
LIFO = last in – first out; der Wertansatz richtet sich nach den zuerst angeschafften Gütern.
FIFO = first in – first out; der Wertansatz richtet sich nach den zuletzt angeschafften Gütern.

2. Am 10. Mai 11 wurde ein Tresor zu 499,80 € gekauft. Er wurde unter Abzug von 3 % Skonto bezahlt.

   a) Errechnen Sie den höchstmöglichen Bilanzansatz zum 31. Dezember 11.
   b) Errechnen Sie den niedrigstmöglichen Bilanzansatz zum 31. Dezember 11.

3. Am 4. April 11 wurde ein Betriebsgebäude für 1.280.000,00 € erworben. Vom Kaufpreis entfielen 300.000,00 € auf das Grundstück. Der Kaufpreis wurde teilweise durch Aufnahme einer Grundschuld finanziert. Weiterhin steht folgendes Zahlenmaterial zur Verfügung:

3,5 % Grunderwerbsteuer	44.800,00 €
Notargebühren für den Kaufvertrag einschl. 19 % USt	11.900,00 €
Grundbuchkosten für die Eigentumsübertragung, einschl. 19 % USt	2.380,00 €
Eintragung der Grundschuld einschl. 19 % USt	1.785,00 €

   Die Nutzungsdauer beträgt 50 Jahre. Es wird linear abgeschrieben.

   Mit welchem Wert ist das bebaute Grundstück am 31. Dezember 11 in der Bilanz zu bilanzieren?

4. Am Bilanzstichtag beträgt der Kraftstoffvorrat 46 000 l. Der durchschnittliche Einkaufspreis ohne USt betrug 1,35 € je l. Am Abschlussstichtag kostet ein Liter Kraftstoff 1,32 € ohne USt.

   a) Errechnen Sie den höchstmöglichen Bilanzansatz zum Bilanzstichtag.
   b) Errechnen Sie den niedrigstmöglichen Bilanzansatz zum Bilanzstichtag.

5. Am 18. Dezember 11 wurden einem Kunden in Übersee 24.000,00 US-$ in Rechnung gestellt. Die Rechnungen werden vereinbarungsgemäß in US-$ fakturiert.

Der Euro-Gegenwert am 18. Dezember 11 betrug	25.100,00 €
Der Euro-Gegenwert am 27. Dezember 11 betrug	24.790,00 €
Der Euro-Gegenwert am 31. Dezember 11 betrug	24.880,00 €

   Mit welchem Wert ist die Forderung am 31. Dezember 11 zu bilanzieren?

H

Fit für die Prüfung?
Aufgaben zur Prüfungsvorbereitung

Die Aufgaben in diesem Kapitel dienen zur Wiederholung und Vertiefung des Lehrstoffes sowie zur selbstständigen Vorbereitung auf Klassenarbeiten und die Prüfung im Fach „Kaufmännische Steuerung und Kontrolle“.

Mit Hilfe der Kapitel- und Seitenangaben ist es möglich, den betreffenden Unterrichtsstoff im Buch nachzuschlagen und selbstständig nochmals zu erarbeiten.

Die Lösungen zu den Aufgaben dieses Kapitels finden Sie als kostenlosen Download im Internet unter www.winklers.de unter der Bestellnummer 6403 dieses Lehrbuches.

Abgrenzungsrechnung (vgl. Lehrbuch S. 141 – 158) 1

a) Berechnen Sie mithilfe der Ergebnistabelle
– das Unternehmensergebnis,
– das Ergebnis ausunternehmensbezogener Abgrenzung,
– das Ergebnis aus kostenrechnerischen Korrekturen,
– das Betriebsergebnis.

b) Überprüfen Sie die ermittelten Ergebisse.

Ergebnistabelle									
Geschäftsbuchführung				Abgrenzungsbereich				Kosten- und Leistungsrechnung	
Unternehmensergebnis				unternehmensbezogene Abgrenzungen		kostenrechnerische Korrekturen		Betriebsergebnis	
Konto	Kontobezeichnung	Aufwendungen	Erträge	Aufwendungen	Erträge	Aufwendungen lt. GB	verrechnete Kosten	Kosten	Leistungen
40	Lohn- und Lohnnebenkosten	281.600							
221	Zinsaufwendungen	9.800							
424	Kfz-Versicherung	32.500							
425	Kfz-Steuern	42.100							
249	Wagnisse	19.200							
24	Abgänge aus Anlageverkäufen	22.800							
247	Bilanzmäßige Abschreibungen	151.000							
271	Zinserträge		32.500						
26	Betriebsfremde Erträge		114.000						
70	Internationale Speditionskosten	105.000							
72	Luftfracht-Speditionskosten	270.800							
74	Kraftwagen-speditionskosten	810.500							
80	Internationale Speditionsleistungen		198.000						
82	Luftfracht-speditionsleistungen		310.200						
84	Kraftwagen-speditionsleistungen		1.685.300						
Kalkulatorischer Unternehmerlohn									
Summen		1.745.300	2.340.000						
Salden		594.700							
		2.340.000	2.340.000						

Bitte nicht beschriften.

2 Kostenstellenrechnung/BAB (vgl. Lehrbuch S. 160 – 174)

1

Ordnen Sie zu, indem Sie die Kennziffern von drei Fragen neben den Stufen der Kostenrechnung eintragen.

Fragen und Beispiele	
1	Welche Person hat die Frachtforderungen bezahlt? z. B. Geschäftsleitung, Abteilungsleiter
2	Wo sind die Kosten entstanden? Ermittlung durch die Statistik, z. B. Lager, Transport, Verwaltung
3	Wann wurden die Frachtforderungen beglichen? z. B. Terminüberwachung
4	Wie sind die Frachtforderungen bezahlt worden? z. B. Überweisung, Nachnahme, Barzahlung
5	Welche Kosten sind entstanden? z. B. Umschlagkosten, Personalkosten, Fahrzeugkosten
6	Wer hat die Kosten zu tragen? z. B. der einzelne Auftrag

Stufen der Kostenrechnung
Kostenartenrechnung
Kostenstellenrechnung
Kostenträgerrechnung

2

Begründen Sie, bei welcher Kostenstelle es sich um eine Hauptkostenstelle handelt.

Zentrale	Finanzbuchhaltung	Personalwesen
Nationaler Güterkraftverkehr	Akquisition	Hafenkran

3

Die Verwaltungskosten der Spedition S & Z GmbH betragen 174.000,00 €. Die Spedition hat folgende Hauptkostenstellen: LKW-Transporte, Binnenschifffahrt, Bahntransporte, Lagerei.
Welche Beträge entfallen auf die einzelnen Hauptkostenstellen, wenn die Verwaltungskosten im Verhältnis 5:3:2:2 aufgeteilt werden?

	Alternative 1	Alternative 2	Alternative 3	Alternative 4	Alternative 5
Lkw-Transporte	43.500,00 €	65.250,00 €	75.000,00 €	72.500,00 €	75.000,00 €
Binnenschifffahrt	43.500,00 €	65.250,00 €	55.500,00 €	43.500,00 €	60.000,00 €
Bahn	43.500,00 €	21.750,00 €	21.750,00 €	29.000,00 €	19.500,00 €
Lagerei	43.500,00 €	21.750,00 €	21.750,00 €	29.000,00 €	19.500,00 €

4

Die Spedition S & Z GmbH weist für ihre Geschäftsbereiche im Monat Mai folgende Zahlen aus:

	Geschäftsbereiche			
	Lkw-Transporte	Binnenschifffahrt	Bahn	Lagerei
Speditionserlöse	500.000,00 €	200.000,00 €	100.000,00 €	150.000,00 €
auftragsgebundene Speditionskosten	320.000,00 €	165.000,00 €	80.000,00 €	120.000,00 €

Weiterhin fallen im Mai nachstehende Betriebskosten an:

Personalkosten	75.000,00 €
Abschreibungen	67.000,00 €
Raumkosten	23.000,00 €
Verwaltungskosten	38.000,00 €
betriebliche Abgaben	22.000,00 €

Ermitteln Sie den Reingewinn.

5

Die Spedition S & Z GmbH verteilt die Werkstattkosten nach der Kilometerleistung der Fahrzeuge auf die einzelnen Abteilungen. Folgende Daten liegen vor:

Abteilung	Lkw	Luftfracht	Lager	Seefracht
km-Leistung	350 000 km	90 000 km	12 000 km	55 000 km
Werkstattkosten	46.644,00 €			

Berechnen Sie den Werkstattkostenanteil für die Abteilung Lager.

6

Der Betriebsabrechnungsbogen (BAB) der Spedition S & Z GmbH weist für das letzte Quartal folgende Werte (in €) aus:

		A		B	
Kostenarten	**Gesamtkosten**	**Verwaltung**	**Werkstatt**	**Nationaler Güterkraftverkehr**	**Inationaler Güterkraftverkehr**
Löhne	750.000,00 €		75.000,00 €	225.000,00 €	450.000,00 €
Gehälter	265.000,00 €	190.000,00 €		41.000,00 €	34.000,00 €
Sozialkosten	205.000,00 €	38.000,00 €	16.000,00 €	53.000,00 €	98.000,00 €
Abschreibungen	248.000,00 €	45.000,00 €	70.000,00 €	60.000,00 €	73.000,00 €
Bürokosten	15.000,00 €	8.500,00 €	1.000,00 €	3.600,00 €	1.900,00 €
Treibstoffverbrauch	62.000,00 €	400,00 €	2.000,00 €	23.600,00 €	36.000,00 €
Ersatzteilverbrauch	8.000,00 €	200,00 €	7.800,00 €		
Betriebliche Steuern	14.000,00 €	6.200,00 €	800,00 €	3.200,00 €	3.800,00 €
Heizkosten	13.000,00 €	11.100,00 €	1.200,00 €	400,00 €	300,00 €
	1.580.000,00 €	299.400,00 €	173.800,00 €		
		→	37.500,00 €	146.900,00 €	115.000,00 €
			211.300,00 €		
			→	71.300,00 €	140.000,00 €
Abteilungsgemeinkosten				628.000,00 €	952.000,00 €
Speditionskosten					343.000,00 €
Abteilungskosten					1.295.000,00 €
Speditionserlöse					1.352.000,00 €
Abteilungsergebnis					

Fortsetzung

a) **Erläutern und begründen Sie, um welche Art von BAB es sich handelt.**

b) **Ermitteln Sie die Abteilungskosten für die Abteilung „Nationaler Güterkraftverkehr“.**

c) **Berechnen Sie den Gewinn der Abteilung „Internationaler Güterkraftverkehr“.**

7

Die Controlling-Abteilung der Spedition S & Z GmbH soll anhand der vorliegenden Daten (vgl. BAB) die Produktpalette überprüfen und Verbesserungsvorschläge unterbreiten.

a) **Verteilen Sie die angegebenen Gemeinkosten.**

b) **Ermitteln Sie die Abteilungsergebnisse mithilfe eines BAB nach untenstehendem Muster unter Berücksichtigung folgender Daten:**

Speditionseinzelkosten	Nationaler Güterkraftverkehr	442.820,00 €
	Internationaler Güterkraftverkehr ...	312.620,00 €
	Sammelgutverkehr	718.600,00 €
Abteilungserlöse	Nationaler Güterkraftverkehr	1.643.450,00 €
	Internationaler Güterkraftverkehr ...	1.468.125,00 €
	Sammelgutverkehr	1.205.410,00 €

Gemeinkostenart	Betrag (in €)	Verteilungsschlüssel	Nationaler Güterkraftverkehr	Internationaler Güterkraftverkehr	Sammelgutverkehr
Summe der Kosten	1.606.500,00	8 : 6 : 3			
Kalkulatorische Abschreibungen	781.200,00	4 : 3 : 1			
Kalkulatorische Zinsen	174.000,00	4 : 4 : 2			
Kalkulatorische Wagnisse	44.160,00	2 : 3 : 3			
Summe der Gemeinkosten	2.605.860,00				
Summe der Einzelkosten					
Gesamtkosten					
Abteilungserlöse					
Abteilungsergebnis					

Bitte nicht beschriften.

c) Die Controllingabteilung hat durch eine Kostenanalyse ermittelt, dass durchschnittlich 21 % der Abteilungskosten fixe Kosten sind. Darin sind insgesamt 195.000,00 € unternehmensfixe Kosten enthalten, die gleichmäßig auf die Abteilungen entfallen.

Berechnen Sie mithilfe einer mehrstufigen Deckungsbeitragsrechnung das Betriebsergebnis.

d) **Unterbreiten Sie begründete Verbesserungsvorschläge hinsichtlich der Produktpalette.**

Kostenträgerrechnung (vgl. Lehrbuch S. 175 – 195) 3

Fahrzeugkostenkalkulation 3.1

1

Die Spedition S & Z GmbH ermittelt für einen Sammelgut-Lkw einen Tagessatz von 250,00 € und einen km-Satz von 0,8242 €.
Wie verändern sich der Tagessatz und der km-Satz, wenn der Nettopreis für Dieselkraftstoff um 6 % steigt und die Treibstoffkosten 60 % der variablen Kosten betragen?

Nennen Sie den Lösungsbuchstaben der richtigen Anwort.

a) Der km-Satz erhöht sich auf 0,8539 €.
b) Der km-Satz bleibt bei 0,8242 €, wenn 6 % weniger km zurückgelegt werden.
c) Der Tagessatz erhöht sich, wenn mehr Kilometer zurückgelegt werden.
d) Der Tagessatz steigt um 6 % auf 265,00 €.
e) Der Tagessatz steigt um 2 % auf 255,00 €.

2

Die Spedition S & Z GmbH kalkuliert einen Lkw mit 38,00 € festen Kosten pro Einsatzstunde und 0,5254 € variablen Kosten pro Kilometer. Weiterhin kalkuliert S & Z mit 60 km/h und einem Verwaltungszuschlag von 25 % auf die Fixkosten.

Ermitteln Sie die Selbstkosten für die Hin- und Rückfahrt bei einer einfachen Transportstrecke von 300 km.

3

Die Spedition S & Z GmbH hat am 15. August einen neuen Nahverkehrs-LKW für 40.000,00 € + 7.600,00 € USt bestellt. Das Fahrzeug wurde am 12. November 20.. geliefert.

Das Neufahrzeug wird am Jahresende kalkuliert. Folgende Daten liegen vor:

geschätzte Wiederbeschaffungskosten	45.000,00 €
Kosten eines Reifensatzes	2.200,00 €
geschätzter Wiederverkaufserlös	5.000,00 €
durchschnittlich gebundenes UV	2.500,00 €
geschätzte Nutzungsdauer im km	360 000 km
geschätzte jährliche km-Leistung	60 000 km
geschätzte Nutzungsdauer der Reifen	50 000 km
Einsatztage pro Jahr	300
Fahrerbesetzung	1,4 Fahrer
Kraftstoffverbrauch je 100 km	12,5 Liter
Literpreis, netto	1,18 €
Schmierstoffkosten je 100 km	0,65 €
Löhne je Fahrer, monatlich	3.500,00 €
Sozialversicherungsaufwand	23,5 %
Spesen je Arbeitstag und Fahrer	15,00 €
Abschreibung	40 % fix
Kfz-Steuer, jährlich	870,00 €
Kfz-Versicherung, jährlich	1.580,00 €
Reparaturkosten je 1000 km	78,00 €
kalkulatorischer Zinssatz	7,8 %
allgemeine Verwaltungskosten im Monat	415,00 €

a) **Berechnen Sie den Tagessatz.**

b) **Berechnen Sie den km-Satz. (auf die vierte Nachkommastelle gerundet)**

c) Für einen Maschinentransport sind folgende Daten bekannt:
4,875 t Bruttogewicht, 2,25 Stunden Laden, 1,25 Stunden Entladen, einfache Wegstrecke 330 km, Tagessatz 9 Stunden, Gewinnzuschlag 4 %.
Ermitteln Sie den Nettorechnungsbetrag, den die Stark GmbH ihrem Kunden in Rechnung stellt,
ca) wenn für das Fahrzeug ein Rücktransport aquiriert werden konnte.
cb) wenn für das Fahrzeug kein Rücktransport vorhanden ist.

d) **Berechnen Sie die bilanzmäßige Abschreibung für das Anschaffungsjahr bei einer Nutzungsdauer von sieben Jahren.**

4

Für ein Nahverkehrsfahrzeug mit 7,5 t zulässigem Gesamtgewicht fallen 43.050,00 € fixe Einsatzkosten an. Die km-abhängigen Kosten betragen 20.391,00 €. Der Lkw ist mit 8.200,00 € allgemeinen Kosten (Verwaltungskosten) zu belasten. Die jährliche Fahrleistung beträgt 42 000 km. Der Tagessatz für den Lkw beträgt 205,00 €.

a) **Berechnen Sie die jährlichen Einsatztage des Lkw.**

b) **Berechnen Sie den km-Satz.**

c) **Ein Kunde möchte den Frachtsatz/100 kg für eine Sonderfahrt wissen.**
Daten für die Kalkulation: 2,884 Tonnen, 23 km Leerfahrt zur Ladestelle, Lastentfernung 264 km, Rückfahrt leer 251 km, Laden und Entladen jeweils 0,75 Stunden, Gewinnzuschlag 5,25 %.

5

Die Controlling-Abteilung der Spedition S & Z GmbH ermittelt in einer Nachkalkulation folgende Daten:

a) **Lkw 1:** Tagessatz 230,00 €
km-Satz 0,7800 €
Anteil der Treibstoffkosten an den variablen Kosten: 45 %.

Kalkulieren Sie den neuen Tagessatz und den neuen km-Satz (auf die vierte Nachkommastelle gerundet) wenn der Nettopreis für Dieselkraftstoff um 8 % steigt.

b) **Lkw 2:** jährliche Fixkosten: . . . . 120.000,00 €
Gesamtkosten je km im ersten Jahr bei einer Fahrleistung von 100 000 km . . . . 1,62 €/km
Gesamtkosten je km im zweiten Jahr bei einer Fahrleistung von 120 000 km . . . . 1,42 €/km

ba) **Berechnen Sie den jeweiligen Kilometer-Satz für das erste und das zweite Jahr.**

bb) **Erklären Sie die Ursache für die Kostensenkung je km im zweiten Jahr.**

6

In einer Fahrzeugkostenkalkulation wurden für einen Lkw der Spedition S & Z GmbH folgende Werte ermittelt:

variable Kosten je km	0,50 €
fixe Kosten je Einsatztag	450,00 €
Einsatztage je Jahr	245
monatliche Fahrleistung	21 000 km

a) **Berechnen Sie die variablen Fahrzeugkosten, die fixen Fahrzeugkosten und die Gesamtkosten für ein Jahr.**

b) Die Verkaufsabteilung wird damit beauftragt einen Haustarif (Selbstkosten-tarif) für das Fahrzeug zu erstellen.
Erstellen Sie eine Tabelle nach folgendem Muster und berechnen Sie die Frachtsätze.

		Frachtsätze je 100 kg		
		5 000 kg	15 000 kg	25 000 kg
400 km	variable Fahrzeugkosten			
	fixe Fahrzeugkosten			
	gesamte Fahrzeugkosten			
600 km	variable Fahrzeugkosten			
	fixe Fahrzeugkosten			
	gesamte Fahrzeugkosten			

Bitte nicht beschriften.

c) Ein Kunde verlangt eine Frachtofferte für den Transport von 25 t über 400 km.
Erstellen Sie auf der Grundlage der ermittelten Frachtsätze einen Angebotspreis mit einem Gewinnzuschlag von 4,8 %.

d) **Berechnen Sie die maximale Minusmarge in Euro und in Prozent unter Berücksichtigung der langfristigen Preisuntergrenze.**

Lagerkalkulation (vgl. Lehrbuch S. 195 – 212) 3.2

1

Die Spedition S & Z GmbH setzt für die Ein- und Auslagerung ihrer Waren einen Gabelstapler ein:

- für die Wareneinlagerung: 3,5 Stunden täglich
- für die Warenauslagerung: 4,0 Stunden täglich

Täglich werden 14 000 kg eingelagert und 14 000 kg ausgelagert.

Es liegen folgende Werte vor:

monatliche Arbeitstage	20
Einsatzzeit	7,5 Stunden
Wiederbeschaffungskosten	42.000,00 €
Nutzungsdauer	6 Jahre
kalkulatorische Zinsen pro Jahr	1.250,00 €
Energieverbrauch pro Jahr	1.750,00 €

Berechnen Sie die Kosten für eine Stunde Gabelstapler-Nutzung.

2

Welche der genannten Kosten sind Bestandteil der Umschlagkosten?

Lagerkosten	Abschreibung der Regale
Lagerverwaltungskosten	Gebäudeversicherungsprämie
Lohnkosten der Ein- und Auslagerung	Abschreibung des Staplers

3

Die MABAU GmbH möchte von der Spedition S & Z GmbH ein Angebot über die Lagerung von Maschinenteilen, verpackt auf Europaletten.

Für die Kalkulation liegen folgende Daten vor:

Einlagerungsgewicht je Palette	800 kg
Einlagerungszeit je Palette	4 Minuten
Auslagerungsgewicht je Palette	500 kg
Auslagerungszeit je Palette	5 Minuten
Kommissionierungszeit je Palette	12 Minuten
Kosten je Gabelstaplerstunde	18,00 €
Kosten je Arbeitsstunde	30,00 €
Lagerungskosten je angefangene 100 kg und je angefangenem Monat	0,85 €
Lagerverwaltungskosten je angefangene 100 kg und je angefangenem Monat	0,30 €
Gewinnzuschlag	4 %

Berechnen Sie den Übernahmesatz je 100 kg bei einer durchschnittlichen Lagerzeit von 10 Wochen.

3.3 Äquivalenzziffernkalkulation

1

Die Kosten der Abteilung Exportspedition der Spedition S & Z GmbH betragen laut BAB 210.319,20 €. Insgesamt wurden 6 006 Aufträge abgewickelt, davon innerhalb Europas 2 800 Aufträge, nach Nordamerika 2 000 Aufträge, nach Afrika 536 Aufträge und die restlichen Aufträge in den asiatischen Raum. Der durchschnittliche Arbeitsaufwand je Auftrag ist gegenüber Europa nach Nordamerika um 50 % höher, nach Afrika um 150 % höher und nach Asien um 80 % höher.

a) **Berechnen Sie die Durchschnittskosten je Auftrag für die einzelnen Kontinente.**

b) **Berechnen Sie die Gesamtkosten der Abteilung Exportspedition für Europa, Nordamerika, Afrika und Asien.**

2

Die Kosten der Abteilung Lkw-Spedition der Kaiser GmbH betragen laut BAB 2.293.800,00 €. Insgesamt wurden 4 741 Aufträge abgewickelt, davon im Nahverkehr 3 003 Aufträge, im nationalen Fernverkehr 1 058 Aufträge, im internationalen Fernverkehr innerhalb der EU 485 Aufträge und die restlichen Aufträge im Fernverkehr nach Drittländern.

Der durchschnittliche Arbeitsaufwand je Auftrag im Nahverkehr beträgt lediglich die Hälfte des Aufwandes beim nationalen Güterfernverkehr. Der Aufwand für die Abwicklung eines Auftrages im Fernverkehr EU ist 60 % höher als beim nationalen Güterfernverkehr.

a) **Berechnen Sie den durchschnittlichen Aufwand für einen Auftrag im Fernverkehr Drittländer, wenn die Gesamtkosten der Abteilung „Fernverkehr Drittländer" 292.500,00 € betragen.**

b) **Berechnen Sie die Durchschnittskosten je Auftrag für die Abteilungen „Nahverkehr", „Nationaler Fernverkehr" sowie „Fernverkehr innerhalb der EU".**

4 Deckungsbeitragsrechnung (vgl. Lehrbuch S. 212 – 227)

1

Die Spedition S & Z GmbH hat für einen Kunden für das letzte Quartal folgende Durchschnittswerte ermittelt:

Anzahl der Aufträge	4 000
Nettopreis je Auftrag	925,00 €
variable Kosten je Auftrag	575,00 €
fixe Kosten	1.390.000,00 €

a) **Ermitteln Sie das Quartalsergebnis für diesen Kunden.**

b) **Wie verhalten Sie sich aus kostenrechnerischen Gesichtspunkten richtig?**

1. Sie bieten die Leistung ausschließlich kurzfristig an, da nur die variablen Kosten gedeckt sind.
2. Sie bieten die Leistung langfristig an, da sowohl die variablen als auch die fixen Kosten gedeckt sind.
3. Sie bieten die Leistung langfristig an, da nur die variablen Kosten gedeckt sind.
4. Sie bieten die Leistung langfristig an, da nur die fixen Kosten gedeckt sind.
5. Sie bieten die Leistung garnicht an, da die variablen Kosten nicht gedeckt sind.

c) **Nennen Sie Möglichkeiten, wie die Spedition S & Z GmbH zukünftig das Ergebnis mit diesem Kunden verbessern könnte.**

2

Für eine Komplettladung im nationalen Güterkraftverkehr (16,3 t über 650 km) hat die Spedition S & Z GmbH mit einem Kunden einen Frachtsatz von 4,75 €/100 kg vereinbart. Die variablen Kosten betragen 0,72 € je Kilometer.

a) **Berechnen Sie das Frachtentgelt (netto) für den Transport.**
b) **Berechnen Sie, wieviel Euro der erwirtschaftete Deckungsbeitrag beträgt.**

3

Das interne Rechnungswesen der Spedition S & Z GmbH hat für das 1. Halbjahr u. a. folgende Zahlen ermittelt:

	Nahverkehr	Nationaler Fernverkehr	Internationaler Fernverkehr
Umsatzerlöse	2.400.000,00 €	2.500.000,00 €	3.400.000,00 €
Einzelkosten	1.800.000,00 €	1.700.000,00 €	2.500.000,00 €
Gemeinkosten,	375.000,00 €	1.100.000,00 €	500.000,00 €
davon variabel	45 %	35 %	70 %
allgemeine Verwaltungskosten	140.000,00 €		

a) **Ermitteln Sie für die einzelnen Abteilungen**
 aa) **den Rohgewinn,**
 ab) **das Abteilungsergebnis,**
 ac) **den Deckungsbeitrag 1,**
 ad) **das Betriebsergebnis.**

b) **Welche Entscheidung treffen Sie aufgrund der Vollkostenrechnung? Begründen Sie Ihre Entscheidung.**

c) **Wie fällt Ihre Entscheidung nach der Deckungsbeitragsrechnung aus, wenn davon auszugehen ist, dass die fixen Kosten der verlustbringenden Abteilung kurzfristig nicht abbaubar sind?**

Break-even-Analyse (vgl. Lehrbuch S. 228 – 233) 5

1

Im Rahmen der Break-even-Analyse sollen Sie den Sachverhalt grafisch veranschaulichen.
Hinweis: Bitte übertragen Sie die untenstehende Grafik in Ihr Arbeitsheft und lösen Sie die Aufgaben.

a) **Zeichnen Sie die proportionale Kosten- und die Erlöskurve ein.**

Kostenverlauf (proportional)		**Erlösverlauf** (proportional)	
100 Frachttonnen	50.000,00 €	100 Frachttonnen	20.000,00 €
400 Frachttonnen	80.000,00 €	250 Frachttonnen	50.000,00 €
600 Frachttonnen	100.000,00 €	500 Frachttonnen	100.000,00 €

Fortsetzung

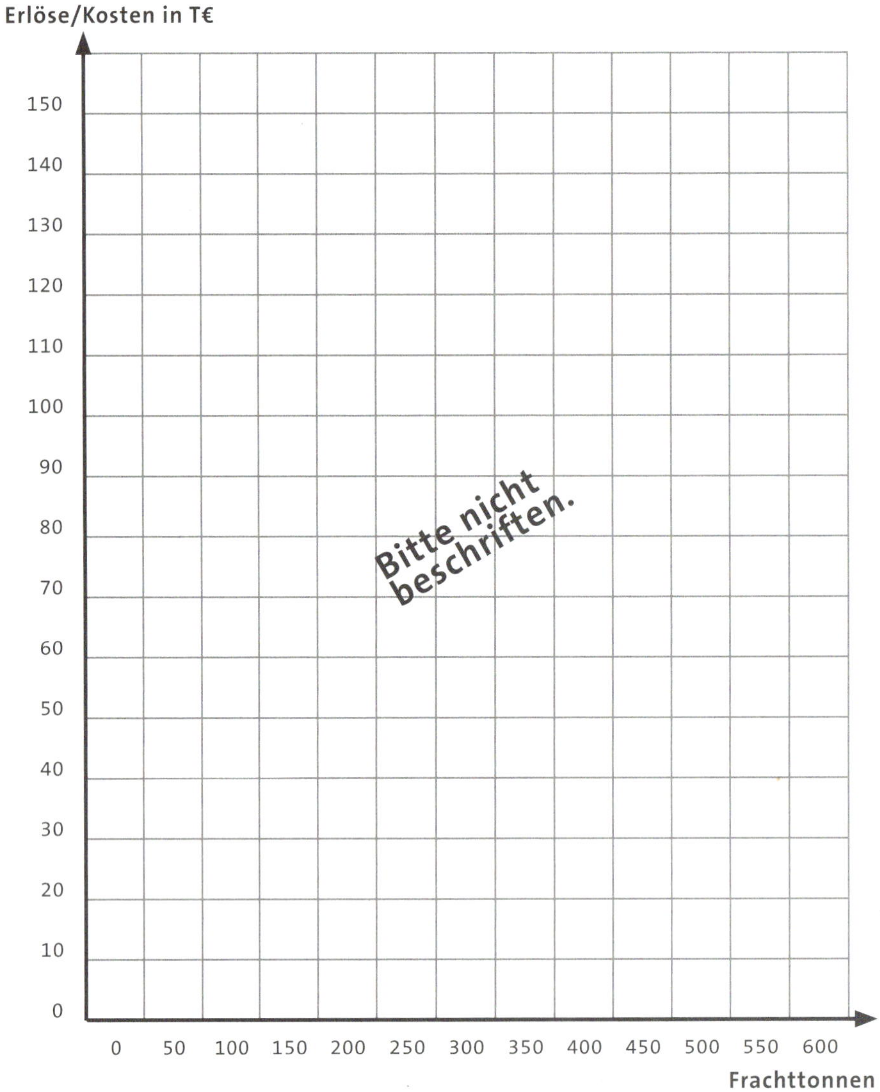

b) Ermitteln Sie den Break-even-Point zeichnerisch.

c) Berechnen Sie die fixen Kosten.

d) Berechnen Sie den Break-even-Point.

2

Für die Abteilung Lkw-Spedition liegen folgende Zahlen vor:

variable Kosten	408.900,00 €
fixe Kosten	925.680,00 €
Anzahl der Aufträge	1 740
Speditionserlöse	1.435.500,00 €

a) Berechnen Sie die kurzfristige Preisuntergrenze.

b) Berechnen Sie die langfristige Preisuntergrenze.

c) Ermitteln Sie den Break-even-Point.

3

Die Spedition S & Z GmbH erzielt bei einer Frachttonne durchschnittlich Nettoerlöse in Höhe von 375,00 €. In der Abrechnungsperiode wurden 1 050 Frachttonnen umgeschlagen. Die variablen Kosten betragen im Abrechnungszeitraum 86.625,00 €. Die fixen Kosten belaufen sich auf 155.000,00 € je Abrechnungsperiode. Aus technischen und personellen Gründen können pro Abrechnungsperiode maximal 1 500 Frachttonnen umgeschlagen werden.

a) **Ermitteln Sie die Gesamtkosten bei 950 Frachttonnen.**

b) **Berechnen Sie den Break-Even-Point mithilfe der Kosten- und der Erlösfunktion.**

c) **Ermitteln Sie das Betriebsergebnis bei 1 050 Frachttonnen.**

d) **Berechnen Sie, ab welchem Frachttonnenumschlag ein Gewinn von mindestens 25.000,00 € erwirtschaftet wird.**

e) **Prüfen Sie rechnerisch, ob die Spedition bei einem Absinken des Frachtumschlags auf 900 t noch einen Gewinn erwirtschaftet, wenn die Nettoerlöse/Tonne aufgrund der großen Konkurrenz um 10 % sinken, die variablen Kosten aber um 5 % und die fixen Kosten um 3,5 % steigen.**

Jahresabschluss und Kennzahlen (vgl. Lehrbuch S. 234 – 257)) 6

1

Die Bilanzen sowie Gewinn- und Verlustrechnungenen der Spedition S & Z GmbH für das abgelaufene Geschäftsjahr (Berichtsjahr) und das Vorjahres weisen folgende Daten aus:

AKTIVA — BILANZ der Spedition S & Z GmbH (in €) — **PASSIVA**

AKTIVA	Berichtsjahr	Vorjahr
A. Anlagevermögen		
I. Sachanlagen		
1. Grundstücke/Bauten	5.600.000,00	5.500.000,00
2. technische Anlagen	1.400.000,00	1.200.000,00
3. Fuhrpark	2.200.000,00	1.200.000,00
4. Betr.- und Geschäftsausst.	1.500.000,00	1.600.000,00
B. Umlaufvermögen		
I. Vorräte	700.000,00	800.000,00
II. Forderungen a. LL	800.000,00	1.000.000,00
III. Kasse/Bankguthaben	1.000.000,00	100.000,00
	13.200.000,00	11.400.000,00

PASSIVA	Berichtsjahr	Vorjahr
A. Eigenkapital		
I. Stammkapital	7.200.000,00	8.600.000,00
B. Umlaufvermögen		
I. langfristiges		
1. Hypothekenschulden	1.500.000,00	900.000,00
2. Darlehensschulden	3.000.000,00	1.100.000,00
II. kurzfristiges		
1. Verbindlichkeiten geg. Kreditinstitute	600.000,00	300.000,00
2. Verbindlichkeiten a. LL	900.000,00	500.000,00
	13.200.000,00	11.400.000,00

Fortsetzung

Gewinn und Verlustrechnung der Spedition S & Z GmbH (in €)

GuV-Position	Berichtsjahr in €	Vorjahr in €
1. Speditionserlöse	24.320.000,00	20.690.000,00
– 2. sonstige betriebliche Erträge		
a. Aufwendungen für bezogene Leistungen	11.590.000,00	10.130.000,00
b. Aufwendungen für Treib- und Schmierstoffe	2.880.000,00	2.420.000,00
– 3. Personalaufwand	5.180.000,00	4.670.000,00
– 4. Abschreibungen	3.060.000,00	2.320.000,00
– 5. Verwaltungskosten	530.000,00	430.000,00
– 6. sonstige betriebliche Aufwendungen	450.000,00	370.000,00
+ 7. Zinsen und ähnliche Erträge	130.000,00	110.000,00
– 8. Zinsen und ähnliche Aufwendungen	105.000,00	86.000,00
= 9. Ergebnis aus gewöhnlicher Geschäftstätigkeit	655.000,00	374.000,00
– 10. Steuern vom Einkommen und Ertrag	162.000,00	98.000,00
= Jahresüberschuss (Jahresfehlbetrag)	493.000,00	276.000,00

a) **Prüfen Sie, ob sich die Liquidität I. Grades und die Liquidität II. Grades gegenüber dem Vorjahr verbessert haben.**

b) **Berechnen Sie die Anlageintensität für das Berichtsjahr.**

c) **Hat die Spedition S & Z GmbH in den beiden Jahren die Goldene Bilanzregel eingehalten?**

d) **Prüfen Sie, ob sich die Eigenkapitalrendite der Spedition S & Z GmbH gegenüber dem Vorjahr verbessert hat.**

e) **Wie hoch ist die Gesamtkapitalrentabilität im Berichtsjahr?**

f) **Laut einer Umfrage lag im Berichtsjahr die durchschnittliche Umsatzrentabilität von Speditionsunternehmen bei 3,2 %.**
Prüfen Sie, ob die Spedition S & Z GmbH besser oder schlechter als der Branchendurchschnitt abschneidet.

g) **Berechnen Sie die Personalaufwandsquote für das Berichtsjahr.**

2

Für einen Sattelzug im Fernverkehr erhält die Controlling-Abteilung folgende Daten zur Auswertung:

Kennzeichen: HN – LX 356	April	Mai	Juni
km-Stand am Monatsanfang	65 031	79 412	98 398
km-Stand am Monatsende	79 412	98 398	116 321
Gefahrene Kilometer pro Monat			
Treibstoffverbrauch pro Monat in Liter	4 026	5 515	4 961
Durchschnittliche Treibstoffkosten pro Liter in €	0,905 €	0,897 €	0,912 €
Treibstoffverbrauch pro 100 km in Liter			
Treibstoffkosten pro Monat in €			
Treibstoffkosten pro 100 km in €			

Bitte nicht beschriften.

a) **Ermitteln Sie für die einzelnen Monate des 2. Quartals den jeweiligen Treibstoffverbrauch pro 100 km.**

b) **Berechnen Sie die Treibstoffkosten des Sattelzugs für die einzelnen Monate.**

c) **Berechnen Sie für die Monate April bis Juni die Treibstoffkosten pro 100 km.**

3

Die Controlling-Abteilung erstellt zur Ermittlung der durchschnittlichen Kapazitätsauslastung der unternehmenseigenen Lkw folgende Übersicht:

Jahr	2005	2006	2007	2008	2009	2010
Lastkilometer	1 610 000	1 798 000	1 876 000	1 976 000	2 056 000	2 098 000
Leerkilometer	866 000	741 000	823 000	731 000	642 000	557 000
Gesamt-kilometer	2 476 000	2 539 000	2 699 000	2 707 000	2 698 000	2 655 000

a) **Berechnen Sie die Indexzahlen für die einzelnen Jahre.**
Die Leerkilometer des Jahres 2005 dienen als Basiszahl (= 100 %).

b) **Beurteilen Sie die Aussagekraft der Indexzahl des Jahres 2010.**

Finanzierung (vgl. Lehrbuch S. 258 – 270) 7

1

Die Spedition S & Z GmbH kauft einen neuen Gabelstapler mit einer Tragkraft von 1,8 t zu einem Anschaffungspreis von 22.500,00 € (netto).
Die betriebsgewöhnliche Nutzungsdauer wird mit 5 Jahren veranschlagt.
Folgende Finanzierungsalternativen stehen zur Auswahl:

1. **Abzahlungsdarlehen der Hausbank:**
   Laufzeit 5 Jahre
   Zinssatz 6 %
   jährliche Tilgung in Höhe von 4.500,00 €
2. **Leasing des Gabelstaplers:**
   Grundmietzeit 3 Jahre
   jährliche Leasingrate während der Grundmietzeit 8.000,00 €,
   danach 2.750,00 € jährlich

a) **Vergleichen Sie die beiden Finanzierungsalternativen hinsichtlich des Aufwands innerhalb der Nutzungszeit. Verwenden Sie dazu eine Tabelle nach folgendem Muster.**

	Kreditkauf						Leasing		Unterschied	
Jahr	Restschuld	Zinsen	Tilgung	Auszahlung	Abschreibung	Aufwand	Leasingraten	Auszahlung	Auszahlung	Aufwand
1										
2										
3										
4										
5										
∑										

Bitte nicht beschriften.

Fortsetzung

b) **Nennen Sie zwei weitere Kriterien, die bei der Entscheidung der Finanzierungsart berücksichtigt werden müssen.**

c) Zur Finanzierung bieten Banken neben Abzahlungsdarlehen auch Annuitätendarlehen und Festdarlehen an.
Beschreiben Sie diese beiden Darlehensarten und erläutern Sie jeweils einen Vorteil im Vergleich zum Annuitätendarlehen.

2

Die Spedition S & Z GmbH kauft einen neuen Lkw für 100.000,00 € auf Ziel, zahlbar netto Kasse innerhalb von 28 Tagen. Bei einer Bezahlung innerhalb von 16 Tagen gewährt der Verkäufer 3 % Skonto.

a) **Berechnen Sie den effektiven Zinssatz für den Liefantenkredit (Lieferantenkonto).**

b) Um das Skonto ausnutzen zu können, muss die Knoll GmbH einen Kredit aufnehmen. Die Bank berechnet eine Bearbeitungsgebühr in Höhe von 1,1 % des Kreditbetrages sowie einen Jahreszinssatz von 8,75 %.
Prüfen Sie rechnerisch, ob sich die Inanspruchnahme des Skontos für die Knoll GmbH rentiert.

3

Die Knoll GmbH benötigt zur Renovierung einer Lagerhalle 130.000,00 € Deshalb nimmt sie vom 10.03. bis zum 22.10. ein Darlehen zum Zinssatz von 7,5 % auf. Vereinbarungsgemäß berechnet die Bank ein Disagio von 4 % und eine Bearbeitungsgebühr von 0,5 % der Kreditsumme. Disagio und Bearbeitungsgebühr werden von der Bank gleich einbehalten.

a) **Berechnen Sie die Höhe des Kreditbetrags, bei dem tatsächlich 130.000,00 € ausbezahlt werden.**

b) **Berechnen Sie den effektiven Zinssatz des Kredites.**

c) **Erklären Sie den Unterschied zwischen „Nominalzinssatz“ und „Effektivzinssatz“.**

4

Die Spedition S & Z benötigt zwei neue gleichartige Fahrzeuge, die jeweils 8 Jahre eingesetzt werden sollen. Insgesamt stehen zur Finanzierung der beiden Lkws 40.000,00 € Eigenkapital zur Verfügung. Auf Anfrage bietet ein Lkw-Händler die Fahrzeuge zu einem Nettopreis von 100.000,00 € je Fahrzeug an. Bei sofortiger Bezahlung gewährt er 10 % Rabatt.

a) Da für die Finanzierung der beiden Lkws lediglich 40.000,00 € Eigenkapital zur Verfügung stehen, bietet die Hausbank für die Finanzierung der beiden Lkws folgende Kreditkonditionen an:

Lkw 1:	Voraussetzung	etwa 40 % Eigenkapital
	Zinssatz	6 %
	Laufzeit	4 Jahre
	Tilgung	gleichmäßige jährliche Tilgung am Jahresende
Lkw 2:	Zinssatz	7 %
	Laufzeit	6 Jahre
	Tilgung	gleichmäßige jährliche Tilgung am Jahresende

Berechnen Sie die Finanzierungskosten über die gesamte Laufzeit, wenn die Knoll GmbH die beiden Lkws im Januar 20.. über ihre Hausbank finanziert.

b) Als Alternative für die Finanzierung bietet der Lkw-Händler ein Fahrzeugleasing zu folgenden Bedingungen an:

Leasinggebühren

– während der Grundmietzeit (5 Jahre) monatlich	1,8 % der Anschaffungskosten
– nach der Grundmietzeit	4 % der Anschaffungskosten pro Jahr

Berechnen Sie die Finanzierungskosten für die beiden Fahrzeuge über die gesamte Laufzeit, wenn sich die Knoll GmbH für das Fahrzeugleasing entscheidet.

Auswahlaufgaben (Multiple Choice)

8

1

Geben Sie an, welche Kosten nicht zu den fixen Fahrzeugkosten gehören.

1. Treibstoffverbrauch
2. Fahrerlöhne
3. Kfz-Steuer
4. Reifenabnutzung
5. leistungsabhängige Abschreibung

2

Geben Sie an, welche Behauptungen falsch sind und verbessern Sie die Aussagen.

1. Betriebskosten werden in den Kontenklassen 1 und 2 gebucht.
2. Auftragsbedingte Speditionskosten werden in der Kontenklasse 7 erfasst.
3. Die Speditionserlöse werden in der Kontenklasse 8 gebucht.
4. Periodenfremde Aufwendungen werden in die Kalkulation übernommen.
5. Der Betriebsabrechnungsbogen dient zur Verteilung der auftragsbedingten Kosten auf die Hauptkostenstellen.

3

Stellen Sie fest, welche der folgenden Aussagen zur Deckungsbeitragsrechnung richtig sind und korrigieren Sie die falschen Aussagen.

1. Mithilfe der Deckungsbeitragsrechnung kann der Gewinn/Verlust bei einem bestimmten Auslastungsgrad ermittelt werden.
2. Fixe Kosten finden bei der Deckunsgbeitragsrechnung keine Berücksichtigung.
3. Die variablen Kosten bestimmen die langfristige Preisuntergrenze.
4. Zur Ermittlung des Deckungsbeitrages werden die variablen Kosten von den Erlösen abgezogen.
5. Mit der mehrstufigen Deckungsbeitragsrechnung kann die Rentabilität der einzelnen Abteilungen beurteilt werden.

4

Geben Sie an, welche Aussagen zur Break-even-Analyse richtig sind.

1. Mithilfe der Break-even-Analyse werden die fixen Kosten den einzelnen Abteilungen zugeordnet.
2. Am Break-even-Point sind die fixen Kosten gleich hoch wie die Erlöse.
3. Die Break-even-Analyse ermittelt die Gewinnschwelle.
4. Im Break-even-Point ist die Summe aus Eigenkapital und Fremdkapital gleich hoch wie die Erlöse.
5. Bei einer niedrigeren Ausbringung als im Break-even-Point erwirtschaftet das Unternehmen einen Verlust.

5

Ein speditionseigener Lkw tankt an der Betriebstankstelle. Geben Sie an, welche der folgenden Begriffe mit diesem Geschäftsfall zusammenhängen.

1. **Treibstoffverbrauch**
2. **Ausgabe**
3. **Eingangsrechnung**
4. **Treibstoffvorrat**
5. **fixe Kosten**
6. **variable Kosten**
7. **Betriebskosten**
8. **auftragsgebundene Speditionskosten**
9. **kalkulatorische Kosten**
10. **betriebsfremder Aufwand**

6

Geben Sie an, welche Aussagen zu den einzelnen Kennzahlen richtig sind und verbessern Sie die falschen Aussagen.

1 Die Anlageintensität gibt an, wie hoch sich das Eigenkapital verzinst.

2 Mithilfe der Fremdkapitalquote lässt sich aus dem Gesamtkapital das Eigenkapital errechnen.

3 Die Summe aus der Eigenkapitalquote und der Fremdkapitalquote sollte mindestens 80 % betragen.

4 Die Anlagendeckung gibt an, wie viel Prozent des Anlagevermögens mit Eigenkapital finanziert werden.

5 Die Eigenkapitalrentabilität dient als Grundlage für die Berechnung der Zinsen für langfristiges Fremdkapital.

9 Gewichtsermittlung, Lademeter, Ladeplan

1

Die Spedition Knoll GmbH stellt folgende Teilsendungen zu einer Sendung zusammen:

- Teilsendung 1: 13 Euro-Flachpaletten, Stapelfaktor 0, Höhe je Palette 1,65 m, Bruttogewicht je Palette 895 kg
- Teilsendung 2: 4 Industriepaletten 1,20 m x 1,20 m, Stapelfaktor 1, Höhe je Palette 0,95m, Bruttogewicht je Palette 375 kg
- Teilsendung 3: 12 Industriepaletten 1,20 m x 1,00 m, Stapelfaktor 2, Höhe je Palette 1,15 m, Bruttogewicht je Palette 320 kg
- Teilsendung 4: 3 Maschinen, verpackt in jeweils einer Holzkiste, Maße je Kiste: Länge 2,12 m x Breite 0,80 m x Höhe 1,55 m, Gewicht je Kiste 1 705 kg

Für den Transport stehen folgende Lkw zur Auswahl:

Lkw	Achszahl	zGG	Lademeter	Aufbau	Nutzlast	Innenhöhe
Sattelzug	4	36 t	13,60 m	Koffer	21 t	2,45 m
Gliederzug	5	40 t	6,25 m + 8,25 m	Koffer	10,5 t + 14,5 t	2,55 m

a) **Berechnen Sie die Lademeter der einzelnen Teilsendungen.**

b) **Wählen Sie ein geeignetes Fahrzeug aus und begründen Sie Ihre Entscheidung.**

c) **Zeichnen Sie einen Ladeplan.**

2

Die Spedition Knoll GmbH schließt mit der Importas AG einen Logistikvertrag. Im Rahmen dieses Vertrages sollen täglich 216 Warengestelle (Länge 2,45 m x Breite 1,18 m x Höhe 2,12 m) per Wechselbrücken zwischen zwei Produktionsstätten hin und zurück transportiert werden.

Zur Auswahl stehen WAB mit einer Ladelänge von 7,15 m, 7,45 m und 7,82 m

a) **Welche WAB würden Sie für die Abwicklung dieser Transporte anschaffen? Begründen Sie Ihre Auswahl.**

b) **Wie viele Warengestelle können pro WAB transportiert werden?**

c) **Wie viele Lkws muss die Knoll GmbH einsetzen, wenn jeder Lkw 6 Hin- und Rückfahrten pro Tag durchführen kann?**

A
Abgrenzungsrechnung 143 ff.
Abschreibungen 87 ff.
– außerplanmäßige 88
– degressive 91 ff.
– kalkulatorische 146 ff.
– lineare 90 f.
– nach Leistungseinheiten 94
– planmäßige 87 f.
Abschreibungsaufwandsquote 249
Abschreibungskreislauf 89 f.
Ad-Valorem-Raten 330
Aktiva 20
Aktive Rechnungsabgrenzung 415 ff.
Aktiv-Passiv-Mehrung 25
Aktiv-Passiv-Minderung 25 f.
Aktivtausch 23
Allgemeine Kosten 189
„all in" Rate 372 f.
Anderskosten 145, 153
Anlageintensität 236
Anlagendeckung 239
Anlagevermögen 16, 20
– Anschaffung 79
– Bewertung 423 ff.
– Inzahlungnahme 84
– Privatentnahme 85
– Verkauf 82
Anschaffungsnebenkosten 79
Anschaffungspreis 79
Anschaffungspreisminderungen 79
Antragsveranlagung 273
Aufwandsgleiche Kosten 143
Aufwandskonten 46 ff.
Aufwendungen
– betriebsfremde 140
– in der Buchführung 44
– neutrale 139
– periodenfremde 140
– sonstige 140
– Zweckaufwendungen 139
Ausgaben 139
Auslagerungskosten 199
Auslandswährung 391 ff.
Außergewöhnliche Belastungen 278

B
BAF 333
Bankkredit 260 ff.
Bestandskonten 26 ff.
Betriebsabrechnungsbogen 163 ff.
– einstufiger 163 ff.
– mehrstufiger 168 ff.
Betriebsfremde
– Aufwendungen 140
– Erträge 141
Bewertung
– Anlagevermögen 423 ff.
– handelsrechtliche 423 ff.
– Schulden 426 f.
– steuerrechtliche 423 ff.
– Umlaufvermögen 425 f.
Bilanz 20, 100, 236
Bilanzauswertung 236
Binnenschifffahrt 309 ff.
– Hafengeld 318 f.
– Haustarif 315 f.
– Kalkulation der Schiffskosten 309 ff.
– Massengutverfrachtung 315 f.
– Nebenleistungsgebühren 320 ff.
– Schifffahrtsabgaben 312 f.
– Ufergeld 318 f.
– Umschlaggebühren 318 f.
Break-even-Analyse 230
Breakpoint 354
Bruttoverdienst 105
Buchführung 11 ff.
– Aufbewahrungspflicht 14
– Aufgaben 12
– Buchführungspflicht 13
– gesetzliche Grundlagen 13
– GoB 13
– nach Belegen 39 ff., 52 ff.
Buchungssatz
– einfacher 33
– zusammengesetzter 35
Bulk Unitization Charges 360 f.
Bunkerölzuschlag 333

C
CAF 333
Cashflow 246
– Analyse 245 ff.
Class-Rates 358 f.
Congestion Surcharge 333
Containerverkehr 301
Contract-Rates 361 f.
Controlling 225 ff., 230 ff.

D
Deckungsbeitrag 214 ff.
Deckungsbeitragsrechnung 214 ff.
– Bestimmung der Preisuntergrenze 220 ff.
– make or buy? 223
– mehrstufige 225
– Sortimentsgestaltung 218 ff.
– Zusammenfassung 229

B
Eigenkapitalquote 238
Eigenkapitalrentabilität 244
Einkunftsarten 280 f.
Einlagerungskosten 198

Einsatzkosten 181
Eisenbahnverkehr 297 ff.
Erfolg 68
Erfolgskonten 44
Ergebnistabelle 153 ff.
Erinnerungswert 90
Erlösfunktion 231 f.
Erträge 141
- betriebliche 141
- betriebsfremde 141
- in der Buchführung 45
- neutrale 141
- periodenfremde 141
- sonstige 141
Ertragskonten 46 ff.
Expressdienste 290 f.

F
Fahrzeugkostenkalkulation 177 ff.
Fahrzeug-Selbstkosten 181
FAK-Rate 331, 360
Fallstudie
- Fahrzeugkosten kalkulieren 184 ff.
- Führen mit Kennzahlen 258 ff.
- Geschäftsprozesse dokumentieren 135 ff.
- Kalkulation der Lagerkosten 209 ff.
Fixe Kosten 181 ff., 215, 225 ff.
Forderungsintensität 237
Frachtberechnung 283
Fremdkapitalquote 238
Fuel Price Index 366 f.
Führungsentscheidungen 252

G
Gefährdungszuschlag 332
General Cargo Rates 354
Geringwertige Wirtschaftsgüter 95
Gesamtkapitalrentabilität 244
Gewichtsberechnung 351
Gewichtsraten 327
Gewinnmaximum 232
Gewinnschwelle 232
Gewinnzone 232
Goldene Bilanzregel 239
Grundsätze ordnungsmäßiger Buchführung 13
Güterfernbereich 287 ff.
Güternahbereich 284 ff.
GuV-Konto 48 ff, 101 f., 243 ff.

H
Hafengeld 318 f.
Hauptkostenstellen 162
Heavy Lift Additional 332
Hilfskostenstellen 168 ff.
- allgemeine 168 ff.
- besondere 168 ff.

I
Index 396 ff.
- Hamburg-Index 400 f.
- Preisindex der Lebenshaltung 397 f.
- TÜV-EUROCARGO-Index 399
Innergemeinschaftlicher Erwerb 132
Intermediate Point Rule 365
Inventar 15
Inventur 14

J
Jahresabschluss 100
Jahresabschlussanalyse 236 ff.

K
Kalkulatorische
- Abschreibungen 146 ff.
- Miete 151 f.
- Wagnisse 150
- Zinsen 148 ff.
Kalkulatorischer Unternehmerlohn 152 f.
Kapazitätsgrenze 232
Kapitalherkunft 21
Kapitalverwendung 21
Kennzahlen 236, 252
- Abschreibungsaufwandsquote 249
- Kapital- und Vermögensstruktur 239 ff.
- Kapitalstruktur 239 ff.
- Personalaufwandsquote 249
- Pro-Kopf-Rohertrag 250
- Umsatz je Beschäftigten 250
- Vermögensstruktur 236 ff.
- Zinsaufandsquote 249
Kennzahlenanalyse 252
Kirchensteuer 107, 274 f.
Kleinwasserzuschlag 315 f.
Kombiverkehr 300
Kommissionierkosten 207
Komplett- und Teilladungsverkehre 291 f.
Konstruktionsraten 362
Kontenplan 61 f.
Kontenrahmen 60 f.
Kontraktraten 361 f.
Kostenfunktion 230 f.
Kostenrechnung 138 ff.
- Abgrenzungsrechnung 143 ff.
- Betriebsabrechnungsbogen 163 ff.
- Deckungsbeitragsrechnung 214 ff.
- Ergebnistabelle 153 ff.
- Fahrzeugkostenkalkulation 177 ff.
- Fahrzeug-Selbstkosten 177 ff.
- fixe Kosten 181 ff., 215, 225 ff.
- Kosten 142
- Kostenartenrechnung 160
- kostenrechnerische Korrekturen 145
- Kostenstellen 162 ff.
- Kostenstellenrechnung 162 ff.
- Kostenträgerrechnung 177

– Lagerkosten 197 ff.
– Leistungen 142
– Schiffskosten des Binnenschiffes 309 ff.
– variable Kosten 181 ff., 215, 225 ff.
– Vollkostenrechnung 161 ff.
– Zusatzkosten 146

L
Lagergeld
– Binnenschifffahrt 320 f.
– Seeschifffahrt 335 f.
Lagerkosten 197 ff.
– Auslagerungskosten 199
– Einlagerungskosten 198
– Kommissionierkosten 207
– Lagerungskosten 204 ff.
– Lagerverwaltungskosten 208
– Umschlaggeräte 201
– Umschlagkosten 198, 203
Längenzuschlag 332
Leasing 260, 265 ff.
Leistungsentnahme 77
Liquidität 240
Local currency 351
Lohn- und Gehaltsbuchungen 105 ff.
Lohn- und Gehaltsvorschüsse 113
Lohnsteuer 106 ff., 274 f.
Lohnsteuer 274 f.
Lohnsteuerbescheinigung, elektronische 273
Lohnsteuerjahresausgleich 273
Long Length Additional 332
Luftfrachtraten 353 f.
– Allgemeine Raten 354 f.
– Bulk Unitizitation Charges 360 f.
– Class Rates 358 f.
– Contract Rates 361 f.
– General Cargo Rates 354 f.
– Konstruktionsraten 362 f.
– Kontraktraten 361 f.
– Quantity Rates 354 f.
– Ratenkombination 364
– Ratenkonstruktionspunkt 363
– Specific Commodity Rates 356 f.
– Spezialrate 356 f.
– ULD Rate 360 f.
Lumpsum-Raten 332

M
Marktrate 372 f.
Maß-/Gewichtsraten 328 f.
Massengutverfrachtung 315 f.
Maßraten 327
Mehrwert 71
Mengenrabattraten 354
Miete (Fahrzeug) 272
Mindestfrachten 353
Minijobentgelt 114

N
Nebenbetrieb 122
Neutrale Aufwendungen 140
Notes 365

O
Over Pivot Weight 360, 368

P
Passiva 20
Passive Rechnungsabgrenzung 418 ff.
Passivtausch 24
Periodenfremde
– Aufwendungen 140
– Erträge 141
Personalaufwandsquote 249
Pivot Weight 360, 368
Planungsrechnung 12
Preisuntergrenze 220
Privatbuchungen 58 ff.
Privatentnahme 77, 85
Pro-Kopf-Rohertrag 250
Prozentrechnung 376 ff.

Q
Quantity-Rates 354 f.

R
Ratenkombination 364
Ratenkonstruktionspunkt 363
Rechnungsabgrenzungen aktive 415 ff.
Reinvermögen 16
Rentabilität 243
– Eigenkapitalrentabilität 244
– Gesamtkapitalrentabilität 244
– Umsatzrentabilität 244
Rückstellungen 404 ff.

S
Sachentnahme 77
Sachliche Abgrenzung 63
Sammelgutverkehr 302 ff.
Sammelposten GWG 95
Schulden Bewertung 426 f.
Schwergutzuschlag 332
Security Surcharge 368
Seefrachtrabatte
– Sofortrabatt 333
– Treuerabatt 333
– Zeitrabatt 333
Seefrachtrechnen 327
– Ad-Valorem-Raten 330
– FAK-Raten 331
– Gewichtsraten 327
– Lumpsum-Raten 332
– Maß-/Gewichtsraten 328 f.

– Maßraten 327
– Wertraten 330
– Wertstaffelraten 330
Seefrachtzuschläge
– BAF 333
– Bunkerölzuschlag 333
– CAF 333
– Congestion Surcharge 333
– Gefährdungszuschlag 332
– Heavy Lift Additional 332
– Längenzuschlag 332
– Long Length Additional 332
– Schwergutzuschlag 332
– Verstopfungszuschlag 333
– Währungsabschlag 333
– Währungszuschlag 333
– War Risk Surcharge 332
Selbstkostentarif 192 ff.
Sofortrabatt 333
Solidaritätszuschlag 107, 274 f.
Sonderausgaben 277
Sonderfreibeträge 278
Sonderziehungsrechte 393 ff.
Sonstige
– Aufwendungen 140
– Erträge 141
– Forderungen 409 f.
– Verbindlichkeiten 412 f.
Sozialversicherungsbeiträge 107
Sozialversicherungsvorauszahlungen 108
Specific Commodity Rates 356 f.
Speditionsaufwand 67
Speditionsertrag 68
Speditionskontenrahmen 60 f.
Sperrigkeit Luftfracht 368
Spezialraten 358 f.
Steuerklassen 106
Steuern 123 ff.
Surcharges 366 ff.
SZR 393 f.

T
TACT 351 ff., 265, 269 ff.
Treuerabatt 333

U
Ufergeld 318 f.
ULD-Raten 360
Umlaufintensität 237
Umlaufvermögen 16, 20, 23 ff.
– Bewertung 425 f.
Umsatz je Beschäftigten 250
Umsatzrentabilität 244
Umsatzsteuer
– international 130 ff.
– national 70 ff.
Umschlaggebühren
– Binnenschifffahrt 318 f.
– Seeschifffahrt 335 ff.
Umschlagkosten 198, 203
Unentgeltliche Wertabgabe 77
Unternehmenserfolg 68

V
Variable Kosten 181, 215, 225 ff.
Verlustzone 232
Vermögenswirksame Leistungen 281 f.
Versicherungen 126 f.
Verstopfungszuschlag 333
Verwaltungskosten 181
Vollkostenrechnung 161 ff.
Volumenberechnung 352
Vorräte 118 ff.
Vorsorgeaufwendungen 277
Vorsteuer 72 ff.

W
Wagenladungsverkehr 297 ff.
Währungsabschlag 333
Währungsrechnen 389 ff.
– Briefkurs 390
– Devisenkurs 390
– Geldkurs 390
– Kurstabellen 390
– Mengennotierung 389
– Preisnotierung 389
– Sortenkurs 390
Währungszuschlag 333
War Risk Surcharge 332
Warenklassenraten 358 f., 368
Werbungskosten 275 f.
Wertraten 330
Wertstaffelraten 330
Wohnungsbauprämie 282

Z
Zahllast 72 ff.
Zeitliche Abgrenzung 404 ff.
Zeitrabatt 333
Zinsrechnung 381 ff.
Zusatzkosten 146, 153
Zweckaufwendungen 143

Fallstudien
– Geschäftsprozesse dokumentieren 135 ff.
– Fahrzeugkosten kalkulieren 184 ff.
– Kalkulation der Lagerkosten 209 ff.
– Führen mit Kennzahlen 258 ff.

Kontenrahmen der Spedition

Herausgegeben vom Deutschen Speditions- und Logistikverband (DSLV)

›undene, direkt zurechenbare
›osten

›e Speditionskosten

ıng
›e Kosten der internationalen Spedition

›ditions-/Überseespeditionskosten

See
See

›e Kosten der Seehafenspedition

›ditionskosten

Luft
Luft
e Kosten der Luftfrachtspedition

›ahrts- u. Binnenumschlagspeditions-

›schifffahrtsspedition
›umschlagspedition

›peditionskosten

›ursammelgutverkehr Eingang
›ursammelgutverkehr Ausgang
›onsnahverkehr
›rkehr im Selbsteintritt
›rkehr mit eigenen Fahrzeugen
›ierter Verkehr
e Kosten der Kraftwagenspedition

›nskosten

›ursammelgutverkehr Eingang
›ursammelgutverkehr Ausgang
›ckgut/Hausverkehr
›gut/Rollfuhr
›e Kosten der Bahnspedition

›n

›erungslager
›ager
elager
›ittellager
›gutlager
›agerei
e Lagerei

›onskosten

›kte

›nd Nebenbetriebe

8 Erlöskonten

80 Internationale Speditionsleistungen

- 800 Import
- 801 Export
- 802 Transit
- 803 Verzollung
- 804 Sonstige Leistungen der internationalen Spedition

81 Seehafenspeditions-/Überseespeditionsleistungen

- 810 Import See
- 811 Export See
- 812 Transit
- 813 Sonstige Leistungen der Seehafenspedition

82 Luftfrachtspedititonsleistungen

- 820 Import Luft
- 821 Export Luft
- 822 Sonstige Leistungen der Luftfrachtspedition

83 Binnenschifffahrts- u. Binnenumschlag-speditionsleistungen

- 830 Binnenschifffahrtsspedition
- 831 Binnenumschlagspedition

84 Kraftwagenspeditionsleistungen

- 840 Spediteursammelgutverkehr Eingang
- 841 Spediteursammelgutverkehr Ausgang
- 842 Speditionsnahverkehr
- 843 Güterverkehr im Selbsteintritt
- 844 Güterverkehr mit eigenen Fahrzeugen
- 845 Kombinierter Verkehr
- 846 Sonstige Leistungen der Kraftwagenspedition

85 Bahnspeditionsleistungen

- 850 Spediteursammelgutverkehr Eingang
- 851 Spediteursammelgutverkehr Ausgang
- 852 DB-Stückgut/Hausverkehr
- 853 Expressgut/Rollfuhr
- 854 Sonstige Leistungen der Bahnspedition

86 Lagereileistungen

- 860 Auslieferungslager
- 861 Dauerlager
- 862 Getreidelager
- 863 Futtermittellager
- 864 Massengutlager
- 865 Möbellagerei
- 866 Sonstige Lagerei

87 Möbelspeditionsleistungen

88 Logistikprojekte

89 Sonstige Umsatzerlöse

- **890 Umsatzerlöse Nebenbetriebe**
- **891 Entnahme**

en[1]

tmaterialien

tnehmer

nstiges gewerbliches

ben für

gen an

sten

ben für

gen an

nger

offverbrauch

erialverbrauch
kstätten

ittel
e Tankstellen

n/EDV
hinen und

Fortsetzung Kontenklasse 4

446 Kommunikationskosten (Porto, Telefon usw.)
447 Sonstige Verwaltungskosten

45 Betriebliche Steuern, Versicherungen und Beiträge

452 Güterschadenhaftpflichtversicherung (GüKG, CMR)
453 Betriebshaftpflichtversicherung
454 Prämie für Haftungsversicherung
455 Sachversicherung
456 Sonstige Versicherung
457 Inanspruchnahme aus Speditionsverträgen nach ADSp (Speditionsversicherung)
458 Gebühren
459 Beiträge

46 Unternehmenskosten

460 Bewirtungskosten
461 Reisekosten
462 Provisionen
465 Rechts-, Prüfungs- und Beratungskosten

47 Kosten der Nebenbetriebe

48 Kalkulatorische Kosten

480 Kalkulatorischer Unternehmerlohn
481 Kalkulatorische Mieten und Pachten
482 Kalkulatorische Zinsen
483 Kalkulatorische Abschreibungen auf Anlagen
484 Kalkulatorische Wagnisse

9 Abschlusskonten

90 Betriebsergebniskonto
91 Finanzergebniskonto
92 Ergebniskonto der gewöhnlichen Geschäftstätigkeit
93 Außerordentliches Ergebniskonto
94 Gesamtergebniskonto vor Steuern
95 Gesamtergebniskonto nach Steuern
96 Bilanzgewinn/Bilanzverlust
97 Neutrales Ergebnis
98 Eröffnungsbilanzkonto
99 Schlussbilanzkonto

7 Auftragsge
Speditions

70 Internationa
700 Impor
701 Expor
702 Transi
703 Verzo
704 Sonsti

71 Seehafensp
710 Impor
711 Export
712 Transi
713 Sonsti

72 Luftfrachtsp
720 Impor
721 Expor
722 Sonsti

73 Binnenschif kosten
730 Binne
731 Binne

74 Kraftwagen
740 Spedi
741 Spedi
742 Spedi
743 Güter
744 Güter
745 Komb
746 Sonst

75 Bahnspediti
750 Spedi
751 Spedi
752 DB-St
753 Expres
754 Sonsti

76 Lagereikost
760 Auslie
761 Dauer
762 Getre
763 Futter
764 Masse
765 Möbe
766 Sonst

77 Möbelspedi

78 Logistikproj

79 Warenaufw

el 3 der Kosten- und Leistungsrechnung).

stungen
d Leistungen
eferungen
men)
ge
-, Transport-
n und
Sozial-
n Finanzamt
undung
bgaben
rnachnahme)
ndlichkeiten

2 Abgrenzungskonten (Sachliche Abgrenzungen)

20 Außerordentliche Aufwendungen

21 Betriebs- und periodenfremde Aufwendungen
- 210 Betriebsfremde Aufwendungen
- 211 Periodenfremde Aufwendungen

22 Zinsen und ähnliche Aufwendungen
- 221 Zinsaufwendungen
- 222 Diskontaufwendungen

23 Steuern vom Einkommen und vom Ertrag
- 230 Körperschaftsteuer
- 232 Gewerbesteuer

24 Sonstige Aufwendungen
- 240 Abgänge aus Anlageverkäufen (Aufwendungen aus Anlageverkäufen)
- 242 Grundstücks- und Gebäudeaufwendungen
- 244 Spenden
- 245 Abschreibungen auf Forderungen (Forderungsverluste)
- 246 Säumniszuschläge
- 247 Bilanzmäßige Abschreibungen
- 248 Warenaufwand des Nebenbetriebes
- 249 Wagnisse

25 Außerordentliche Erträge

26 Betriebs- und periodenfremde Erträge
- 260 Betriebsfremde Erträge
- 261 Periodenfremde Erträge

27 Zinserträge
- 271 Zinserträge
- 272 Diskonterträge

28 Sonstige Erträge
- 280 Grundstücks- und Gebäudeerträge
- 282 Erträge aus der Herabsetzung von Pauschalwertberichtigungen
- 288 Erträge aus Anlageverkäufen
- 289 Erträge aus der Auflösung von Rückstellungen

29 Verrechnete kalkulatorische Kosten
- 290 Verrechneter kalkulatorischer Unternehmerlohn
- 291 Verrechnete kalkulatorische Mieten und Pachten
- 292 Verrechnete kalkulatorische Zinsen
- 293 Verrechnete kalkulatorische Abschreibungen
- 294 Verrechnete kalkulatorische Wagnisse

3 Vorräte

30 Vorräte des Hauptb
- 300 Treib- und Sch
- 301 Reifen
- 302 Ersatzteile un
- 304 Heizmaterial
- 305 Büromaterial
- 306 Sonstige Vorr

31 Vorräte der Neben
- 316 Warenbestan

4 Kostenarten-Kont

40 Lohn- und Lohnneb
- 401 Löhne gewerb
- 402 Aushilfslöhne
- 404 Spesen für Fa Personal
- 405 Gesetzliche s Lohnempfäng
- 406 Freiwillige so Lohnempfäng

41 Gehalts- und Geha
- 410 Gehälter
- 411 Gesetzliche s Gehaltsempf
- 412 Freiwillige so Gehaltsempf
- 413 Spesen für G

42 Fuhrparkkosten
- 420 Treibstoff- ur betriebliche
- 421 Reifenverbra
- 422 Ersatz- und F
- 423 Reparaturen
- 424 Kfz-Versiche
- 425 Kfz-Steuern
- 426 Leasing
- 427 Transport- u
- 428 Treibstoffver
- 429 Sonstige Fuh

43 Kosten gemietete
- 430 Miet- und Pa
- 437 Sonstige Ra

44 Verwaltungskoste
- 440 Büromateria
- 441 Werbekoster
- 442 Kosten des (
- 443 Leasing für
- 444 Reparaturen Büroausstat

oe führen die interne Leistungsverrechnung jedoch nicht in der Buchführung, sondern tabellarisch du

0 Anlage- und Kapitalkonten

00 Immaterielle Vermögensgegenstände
- 001 Geschäfts- oder Firmenwert
- 002 Software (derivativ erworbene)

01 Grundstücke und Gebäude
- 010 Grundstücke
- 011 Gebäude

02 Anlagen, Maschinen, Betriebs- und Geschäftsausstattung
- 020 Transportanlagen und Transportgeräte
- 022 Fuhrpark
- 023 Anhänger/Container/Wechselbehälter
- 024 Betriebs- und Geschäftsausstattung
- 025 Sammelposten GWG
- 0250 Sammelposten GWG 2010
- 0251 Sammelposten GWG 2011
- 0252 Sammelposten GWG 2012
- 0253 Sammelposten GWG 2013
- 0254 Sammelposten GWG 2014
- 0255 Sammelposten GWG 2015
- 0256 Sammelposten GWG 2016
- 0257 Sammelposten GWG 2017
- 0258 Sammelposten GWG 2018
- 0259 Sammelposten GWG 2019
- 026 GWG § 6 Abs. 2 (alte Regelung)

03 Finanzanlagen
- 030 Beteiligungen
- 035 Darlehensforderungen

04 Mittel- und langfristige Verbindlichkeiten mit einer Laufzeit von mehr als 1 Jahr
- 040 Hypothekenschulden
- 041 Bankdarlehen
- 045 Sonstige Darlehen

05 Eigenkapital

06 Rückstellungen
- 060 Rückstellungen für Pensionen und ähnliche Verpflichtungen
- 061 Steuerrückstellungen
- 065 Rückstellungen für Rechts- und Prozesskosten
- 066 Sonstige Rückstellungen

07 Rechnungsabgrenzungsposten
- 070 Aktive Rechnungsabgrenzungsposten
- 072 Passive Rechnungsabgrenzungsposten

08 Wertberichtigungen
- 080 Einzelwertberichtigung bei Sachanlagen
- 081 Einzelwertberichtigung bei Forderungen
- 082 Pauschalwertberichtigung bei Forderungen

1 Finanz- und Privatkonten

10 Liquide Mittel
- 100 Kasse
- 102 Bank

14 Forderungen
- 1400 Forderungen aus Speditions-, Transport-, Lager- und Logistikl
- 1404 Forderungen aus Lieferungen u der Nebenbetriebe
- 1407 Zweifelhafte Forderungen aus l und Leistungen
- 1457 Vorsteuer
- 1480 Durchlaufende Posten (Nachna
- 1490 Vorschüsse an Betriebsangehör
- 1492 Sonstige Forderungen
- 1494 SV-Vorauszahlung

15 Wertpapiere des Umlaufvermögens
- 150 Wertpapiere
- 153 Wechselforderungen

16 Verbindlichkeiten
- 1600 Verbindlichkeiten aus Speditior und Lagerleistungen
- 1604 Verbindlichkeiten aus Lieferung Leistungen der Nebenbetriebe
- 1660 Verbindlichkeiten gegenüber de versicherungsträgern
- 1666 Verbindlichkeiten gegenüber de
- 1667 Verbindlichkeiten aus Frachten
- 1668 Verbindlichkeiten aus Eingangs
- 1669 Umsatzsteuer
- 1680 Durchlaufende Posten (Versend
- 1692 Sonstige Verbindlichkeiten

17 Finanzverbindlichkeiten
- 170 Wechselverbindlichkeiten
- 172 Sonstige kurzfristige Finanzverb

18 Privatkonten

Die Kontenklassen 5 und 6 sind frei für eventuelle interne Leistungsverrechnung. Die meisten Betri